KB115496

「서울대학교 법학연구소
법의지배센터 연구시리즈 2004-1」

국제기준과
법의지배

장 승 화 편저

博 英 社

이 책은 Microsoft 사의 'Rule of Law' Fund 의 지원을 받아 출판되었다.

Seoul National University
MS Rule of Law Center
Research Series 2004-1

Global Standards and Rule of Law

Edited By

Seung Wha Chang

2004

Pakyoungsa Publishing Co.
Seoul, Korea

발 간 사

 우리 대학의 역사를 통틀어 최초의 본격적인 국제적 차원의 산학협동의 효시가 된 "Rule of Law" 연구프로젝트는 2001년 Microsoft사의 지원으로 시작되었다. 1차 연도의 '실체적 정의', 2차 연도의 '절차적 정의'에 이어 이제 3차 연도의 성과물이 '국제기준과 법의 지배'(*Global Standards and Rule of Law*)의 이름으로 출간된다.

 국제화(Globalization)라는 화두는 근원적 정당성이나 실용적 허와 실을 따지기 이전에 이미 현실로 정착되었다. 이 연구보고서는 이 주제가 포섭하는 무수한 세부 영역과 주제 중에 제한된 일부를 다루고 있다. 미처 다루지 못한 부분은 향후 보완될 것이다.

 본 연구가 진행되는 동안 한 가지 특기할 만한 진전이 이루어졌다. 서울대학교 법학연구소의 정식편제 속에 '법의지배센터'가 설립되었다는 사실이다. 이는 본 연구의 지속적인 발전을 위한 제도적 장치가 마련된 것으로 이해해도 좋을 것이다.

 지금까지와 마찬가지로 변함 없는 우의와 애정으로 재원을 마련해 준 Brad Smith, Pamela Passman, Tom Robertson, 정재훈 변호사 등 Microsoft사의 관계자 여러분께 새삼 감사의 뜻을 전한다. 연구에 참여한 모든 분들의 노고를 기리며, 특히 법의지배센터 센터장이자 본 연구의 편집자의 역할을 수행한 장승화 교수의 성의와 빛나는 역량을 특기하고자 한다.

2004년 5월

서울대학교 법과대학 전 학장   **安 京 煥**

Foreword

Bradford Smith*

Over the past several decades, increasing attention has been paid to the appropriate role of laws and regulations in social and economic governance, particularly with respect to the formation of and compliance with international standards. The creation of international bodies, like the WTO, OECD and APEC, has accelerated the development and recognition of such standards, and created a focal point for discussions around the value of bringing national laws and regulations into conformity with them.

What do these developments mean for Korea? This is the fundamental question posed by this important set of papers, touching on areas as diverse as labor, corporate governance, financial regulation, criminal procedures, environmental regulation and international trade. These fine works of scholarship should shed light on many of the underlying issues and provide a basis for further discussion and work on these topics. This dialong is not only good for Korea, but for the international community, which is enriched by Korea's voice and perspective.

Microsoft is honored to sponsor this scholarship, and commends Seoul National University for bringing together such a fine group of scholars on this collection. It is also honored to support the newly formed Center for Rule of Law at Seoul National University.

---

* Senior Vice President, General Counsel, and Corporate Secretary, Microsoft Corporation.

서   문

2003년도 서울대학교 법의지배센터에서 출간한 「절차적 정의와 법의 지배」에 이어 2004년도 연구시리즈(2004-1)로 「국제기준과 법의 지배」를 출간하게 되었다. 이는 매년 서울대학교 법의지배센터에서 한국사회에 법의 지배를 확산하는 데 기여하기 위한 법적 연구성과물을 출간하는 프로젝트의 일환으로 기획된 것이다.

본서는 우리 나라 법제도를 국제기준에 맞게 합치시키는 작업이 우리 나라 법의 지배를 확립하는 데 어떠한 기여를 할 수 있는지에 관한 연구를 담고 있다. 물론 과연 국제기준이란 것이 어디에 존재하는가, 그에 합치시키는 작업이 법의 지배 확산에 기여할 수 있는가 하는 근본적인 문제에 대해서는 이론적 · 정책적으로 아직 많은 논의가 진행중이다. 다만, 한 가지 분명한 것은 우리 나라가 수년 전 외환위기를 겪으며 자의반 타의반 국제기준에 우리 나라 법제도를 합치시키는 것을 조건으로 국제통화기금(IMF) 등으로부터 원조를 받았으며, 그 결과 여러 분야 법제도에 걸쳐서 국제기준에 합치시키기 위한 작업이 시도되었다는 점이다. 이제 외환위기를 탈출한 것으로 평가받는 시기에 접어들면서 우리 사회가 과연 외환위기를 불러 왔던 근본적 · 구조적 문제점으로부터 이제 자유스러워졌는가를 재점검해야 할 필요성에 직면하고 있다.

위와 같은 연구배경 하에 본서에서는 크게 일곱 분야에서 과연 국제기준이 존재하는지를 탐구한 후에 우리 나라 법제도가 그에 합치하는지, 나아가 합치시키기 위해 어떠한 입법적 내지는 해석론적 노력이 필요한지를 분석하고 있다. 그 일곱 분야에는 노동 · 기업지배구조 · 환경 · 금융 · 형사사법절차(영장주의) · 국제통상과 기부관련법제를 포함시켰다. 국제기준과 법의 지배를 논의하면서 인권분야를 제외할 수 없을 것이나, 기획단계에서 이 분야는 별도의 연구대상으로 보류하기로 하였다.

위와 같이 개별 분야에서의 국제기준과 우리 법제도를 연구하는 것에 선행하여 이루어져야 할 작업은 이론적으로 국제기준을 통하여 세계 속에서의 법의 수렴을 시도하는 것이 바람직한 것인지, 나아가 그 국제기준은 획일적인 기준이 제시될 수 있는지, 과연 그러한 획일적 기준을 도입하는 것이 바람직한지에 관한 연구이다. 위 여섯 가지 개별적 분야에서의 연구결과를 이론적으로 종합·정리하는 차원에서 본서의 말미에 이 분야의 국제적 전문가라고 할 수 있는 스탠포드 법과대학의 Thomas Heller 교수의 이론적 연구를 포함시켰다. 동 교수는 기본적으로 국제적으로 법의 지배를 향한 법제도의 통일이 진행되면서 왜 "기준(standards)"의 확립을 통하여 그 과정이 진행되는지를 이론적으로 규명하고 있다. 다만, 국제기준이라는 것이 획일적인 기준이 되어서는 안 되며, 법제도개혁이 이루어지는 사회의 기존법질서를 존중하는 차원에서 이루어질 것을 조심스럽게 제안하고 있다.

일곱 분야 중에서 비교적 국제기준의 도출이 용이하고, 그에 합치시키려는 작업이 입법 또는 판례법의 형성을 통하여 이루어져야 하는 분야로서 노동, 금융, 기업지배구조와 기부관련법제가 그에 해당함이 확인되었다. 이와는 반대로 대립되는 국가제도만이 존재하고 있고 통일된 국제기준을 도출하기 힘든 상황에서 우리 나라 헌법제도 하에서 현명한 해석론을 통하여 법의 지배를 확립할 수 있는 분야로서 환경규제를 들 수 있으며, 그 중에서 대표적 주제로서 리스크규제가 제시되었다. 형사사법절차 중 대표적 주제인 영장제도와 관련하여는 결국 헌법이념에 합치시키는 작업이 국제기준에 합치하면서 법의 지배를 확립하는 방안임이 확인되었고, 국제통상분야에서는 국제적 차원의 법의 지배와 국내적 차원의 법의 지배개념이 달리 인식될 수 있음을 볼 수 있었다.

정인섭 교수는 "국제노동기준과 한국에서의 법의 지배"에서 국제기준은 다름 아닌 국제노동기구(ILO) 관련협약에서 찾을 수 있음을 확인하고 있다. 정교수는 입법과 판례법이 실제 ILO관련협약에 어떻게 영향을 받았고 과연 불일치가 존재하는지에 관한 연구를 수행한 이후에 노동분야에서 법의 지배를 확립하는 길은 한국노동법제도와 그 집행과정에서 국제노동기준의 법규법성을 확인하는 작업이라고 결론짓고 있다.

송옥렬 교수는 "우리 나라 금융규제의 국제화에 관한 소고"에서 관련국제기구에서 제시되는 기준과 영미제도에서 국제기준을 도출한 이후 우리 나라의 금융규제를 진입규제·건전성규제·영업규제, 그리고 금융기관도산처리 분야로 세분하여 국제기준에 비추어 이를 평가하고 있다. 흥미롭게도 송교수는 법제도에 관한 한 우리 금융규제는 국제기준에 도달해 있으나, 실제로 그 집행과정에서 행정규제관청에 과도한 권한이 집중되고 그에 관한 사법적 통제가 이루어지지 않는 점이 법의 지배확립에 걸림돌로 작용하고 있음을 규명하고 있다.

　금융규제와 비슷한 현상은 기업지배구조에서도 관찰되고 있다. 김준기 교수는 "국제기준도입과 법의 지배에 따른 기업지배구조의 변화"에서 기업지배구조에 관한 국제기준을 OECD관련 가이드라인에서 도출한 후 우리 나라의 관련법제는 어느 정도 국제수준에 올라 있으나, 과거 공권력에 의한 지배를 법지배에 입각한 시장중심의 견제/균형체제로 확고히 대체하는 데 실패하고 있음을 보여 주고 있다. 특히 국제그룹, 현대그룹과 한보그룹 사건을 구체적으로 분석하면서 정치적 상황에 따라 법제도가 왜곡집행되었음을 보여 주면서, 결국 법치주의의 확립을 위해서는 투명하고 공정한 절차와 법제도집행이 더욱 요구되며, 이를 달성하는 것이 바로 국제기준에 도달하는 것이라고 결론내리고 있다.

　법지배확립을 위한 제도가 역사적 발전과정에서 정치적 상황에 따라 왜곡되는 현상은 영장제도에서도 마찬가지로 관찰되었다. 우리 나라 형사사법절차의 핵심주제인 영장주의에 관해서 신동운 교수는 동 제도에 관한 연혁적 고찰을 통하여 역사적 발전과정에서 법 이외의 요소에 의하여 영장제도가 왜곡되었음을 규명하고 있다. 신교수는 "국제기준에 비추어 본 한국의 영장제도"에서 국제기준에 합치하는 동시에 형사사법절차에서 고문을 근절함으로써 법의 지배를 확립하는 핵심적 요체로서 영장제도의 개선이 필요함을 역설하면서 이를 위한 입법적 제안을 펼치고 있다.

　조홍식 교수는 환경분야 중에서 국제기준이 존재하기 어려운 대표적 분야의 하나로서 리스크규제를 제시하고 있다. 조교수는 "리스크규제의 합리화: 유전자변형생물체를 중심으로"에서 환경분야에 국제기준이 존재하는 경우 이를 수용하는 것이 바람직하지만, 리스크규제분야와 같이 미국과 유럽연합의 대립된 법제도만이 존재하는 상황에서는 어느 한 제도에 합치시키는 작업보다는 우리 나라 현 리스크규제 관련법제도의 틀 안에서 법의 지배를 확립하는 데 기여할 수 있는 방향으로 해석론을 통해 동 제도를 운용해 나아감이 타당함을 논증하고 있다.

　안덕근 교수는 "국제통상체제에서의 법의 지배확립과 한국의 현황"에서 국제법차원의 법의 지배개념은 국내법차원에서의 법의 지배개념과 상충될 수 있음을 보여 주면서 그 조화의 필요성을 진단하고 있다. 구체적으로 국제통상체제의 핵심인 WTO체제는 분쟁해결절차(특히 상소절차)를 통한 법의 지배의 확립이 긴요하지만, 동시에 국제기구에서 일방적 법의 지배체제의 강화에만 주력하는 것보다는 정치적 유연성을 확보하는 것이 동시에 수반되어야 함을 조심스럽게 주장하고 있다.

마지막으로 박원순 변호사 외 3인은 법의 지배를 자발적 기부행위를 통한 분배적 정의의 실현측면에서 파악하면서 우리 현행 기부관련법제를 국제기준에 맞는 수준으로 제정·개정하는 방안을 제시하고 있다. 우선 비영리법인 설립·운영과 관련한 개선방향을 제시하면서 기부금품모집규제법의 개정논의를 전향적으로 분석하였다. 기부자에 대한 가장 현실적인 인센티브를 제공하여 기부문화의 확산에 기여할 수 있는 기부자에 대한 세제지원개선 방향을 제시하면서 공익성검증체계 도입 및 사후관리강화를 위한 개선방안을 구체적으로 제시하고 있다.

앞서 지적한 바와 같이 우리 나라의 모든 법제도를 그 타당성이 완전히 검증되지 않은 여러 '국제기준' 중의 하나에 합치시키는 것만이 법의 지배를 확립하는 길이라고 일반화할 수는 없다. 그럼에도 불구하고 많은 분야에서는 아직 우리 나라 법제도와 '바람직한' 국제기준 사이에 상당한 간극이 존재함을 부인할 수 없으며, 법제도는 국제기준에 도달했더라도 우리 나라 고유의 불합리한 관행 때문에 실제 법의 지배확립이 지연되고 있음을 본 연구를 통하여 확인할 수 있었다. 그와 관련하여 법의 지배확립은 국제기준을 법제에 반영시키는 작업과 동시에 법집행의 투명성과 공정성이 담보되어야 하며, 이는 한 분야에 국한된 입법작업만이 아니라 전체법분야에 걸친 시스템을 개선함이 필요함을 알 수 있었다.

본서의 출간을 통하여 위 일곱 분야뿐만 아니라 우리 나라 모든 법분야에서 바람직한 국제기준을 도출하고, 우리 법제도를 그에 합치시키는 것과 동시에 투명하고 공정한 법집행을 통해 법의 지배를 확립시키고자 하는 움직임이 확산되는 데 기여할 수 있기를 기원한다.

본 연구에 참가하여 귀중한 연구성과를 내어 주신 신동운 교수님을 비롯한 집필진과 서울대학교 법의지배센터의 설립과 활동을 지원해 준 마이크로소프트(사)와 Brad Smith, Pamela Passman, Tom Robertson, 그리고 정재훈 변호사께 고마움의 뜻을 전한다. 본서의 기획과 추진과정에 적극적으로 도움을 주신 안경환 법대학장님, 김건식 (전)법학연구소장님과 최병조 법학연구소장님, 그리고 1년간 꾸준히 도움을 주신 법학연구소 최태훈 실장과 이정효 연구조교에게도 진심으로 감사드린다.

2004년 5월

장 승 화

주요 목차

제 3 장 국제기준도입과 법의 지배에 따른 기업지배구조의 변화
Global Standards of Corporate Governane and
Their Influence on the Rule of law in Korea
/129 ― 김 준 기

제 4 장 국제기준에 비추어 본 한국의 영장제도
Detention Warrant System of Korea in View
of the International Standard of Rule of
Law/167 ― 신 동 운

제 8 장 GLOBAL STANDARDS/473 ― Thomas Heller

목 차

제 1 장   국제노동기준과 한국에서의 법의 지배/3 — 정 인 섭

제**3**장　국제기준도입과 법의 지배에 따른
기업지배구조의 변화/129 ― 김 준 기

제5장 리스크규제의 합리화: 유전자변형생물체를 중심으로/201 ― 조 홍 식

제 6 장　국제통상체제에서의 '법의 지배'(Rule of Law) 확립과 한국의 현황/281 ── 안 덕 근

제 7 장 국제기준에 비추어 본 기부관련법제의 개선
방향/339 ─ 박태규 · 박원순 · 손원익 · 하승수

제 8 장 GLOBAL STANDARDS/415 — Thomas Heller

제 1 장

국제노동기준과 한국에서의 법의 지배

국제노동기준과 한국에서의 법의 지배

정 인 섭*

제 1 절 서 론

Ⅰ. 국제노동기준의 등장

20세기 초반부터 중반에 이르기까지 국가를 중심으로 한 자본축적의 고도화는 세계시장에 대한 지배적 지위를 둘러싼 갈등으로 나타났고, 그 정치적 갈등은 두 차례의 세계대전으로 구체화되었다. 그런데 이러한 갈등적 세계정치구조의 이면에는 거대화·집중화하고 있던 노동조합운동에 대해서도 새로운 과제를 낳았고, 노동조합운동은 전세계적인 조직화의 경향을 갖게 되었다.

현상적으로는 근로자들이 정치세력으로서 전세계적으로 조직화되었다는 측면을 갖고 있다. 하지만 국제기준의 측면에서 유의하여야 할 점은 국제적인 노동조합운동의 발전이 가져오게 된 노동법의 규범을 발견하고 설정하는 새로운 경로의 모색이다. 국제노동기구(ILO)는 노·사·정의 3자구성원리에 입각한 조직과 활동을 기반으로 국제기준으로서의 법규범을 설정할 뿐만 아니라, 나아가 노·사·정의 3자구성원리에 입각하여 이러한 국제기준으로서의 법규범의 이행과 준수를 감시하면서도 각 국가의 자발적인 이행과 준수를 확보하기 위한 설득 및 기술원조활동을 수행해 오고 있다. 이처럼 국제기준의 법규범성이라는 관점에서, 노동생활영역을 규

* 숭실대학교 법과대학 교수.

율하는 국제노동기준은 독특한 성격을 갖고 있다.

　　ILO의 기준설정 활동은 단순히 대립적인 이해관계를 갖는 당사자의 일방적인 요구의 관철을 통한 규범의 제도화라기보다는 참여와 설득에 의한 규범의 제도화 및 그 이행·준수의 확보로서의 의의를 갖는다. ILO는 설립 당시부터 국제노동기준의 설정이 전적으로 근로자의 요구에만 기반한 것이 아님을 강조해 왔다. 그 이유는 법규범의 이행 및 준수를 권력에 의해 담보할 수 없다는 국제사회의 특수성을 반영한 것이기도 하지만, 적극적으로 그 의의를 파악한다면 대립하는 이해관계 당사자를 규율하는 규범을 제도화하고, 그 제도가 합리적으로 기능하는 데 있어서 이미 규범설정단계에서부터 당사자의 참여와 설득이 설정된 규범의 실질적 효력을 담보하는 중요한 계기임을 밝혔다는 점에서 규범과 현실의 관계에 대한 독특한 전형을 제시했다는 데 있다.

Ⅱ. 국제노동기준의 현대적 의의

　　최근 경제의 세계화가 진행됨에 따라 국제노동기준은 단순히 근로자의 단결활동의 목적 내지는 성과만으로 평가하는 것이 타당하지 않다는 국제노동기준의 본래적 속성에 대한 관심이 새롭게 부각되고 있다. 가장 원천적으로는 국내의 노동기준에 관한 법제도의 보장 자체가 국제적인 경쟁조건의 하나로 받아들여지고 있기 때문이다.

　　국제노동기준은 제1차 세계대전의 종전 후 베르사이유평화조약의 정함에 따라 노동생활의 영역에 있어서 새로운 질서형성을 목적으로 국제연맹의 산하단체로 ILO가 창설되면서 본격화된 것인데, 그 후 오늘날에 이르기까지 거의 80여 년의 기간 동안 지속적인 활동을 통해서 자신의 존재의의를 스스로 재확인해 왔다. 단계적으로는 제2차 세계대전의 종전, 창립 3/4세기 등을 계기로 새로운 국제정세 및 각국의 구체적인 상황에 적합한 국제노동기준의 설정 및 준수를 위한 감시활동을 더욱 체계화해 가고 있다. 1990년대 들어서는 경제의 세계화라는 추세 속에서 각종 국제회의는 근로조건에 관한 각국의 법제도 및 근로조건보장의 관행이 문제되는 이른바 블루라운드의 국면에서도 ILO의 중심적인 역할은 지속적으로 확인·승인되어 오고 있다.

　　특히 1996년 싱가포르에서 개최된 WTO 제1차 장관회의는 ILO에 대해서 국

제노동기준을 설정하고, 그 운용을 감시·감독하는 데 있어서 권위 있는 기관으로
서의 위상을 인정한 이후 ILO는 1998년 총회에서 「노동에서의 기본적 원칙과 권
리 및 그 후속조치에 관한 ILO선언」(이하 "ILO선언"이라 함)을 찬성 273표, 반대
0표, 기권 43표로 채택하였다. ILO는 이 선언을 통하여 국제노동기준의 감독·감
시활동을 강화함과 동시에 각 회원국이 국제노동기준의 준수에서 발생하는 애로사
항을 해결하는 데 있어서 충분하고도 지속적인 기술원조를 더욱 체계화하기 위해
서 국제노동기준 중에서 가장 중심적이라 할 만한 범주의 협약을 핵심협약으로 분
류하면서 그 비준을 확대하는 캠페인을 전개하고 있다.

결국 국제노동기준은 의거해야 할 준거로서의 국제기준이 다른 어떠한 법영역
의 경우보다도 객관적이고 권위 있는 형태로 존재하고 있다고 할 수 있다. 따라서
만일 우리 나라에서 국내의 법률 및 관행을 개선하고자 하는 경우에는 국제기준과
의 정합성에 대한 검토를 통해서 보다 단시간 내에 가시적인 정책효과를 거둘 수
있는 분야로 평가할 수 있다.

Ⅲ. 연구의 방법과 범위

본 연구에서는 ILO를 중심으로 하는 국제노동기준이 전세계적으로 권위 있는
기준으로 인정된 과정과 ILO의 국제노동기준의 정립 및 그 효력의 개요를 살펴보
고, 현재 우리 나라 노동법의 영역에서 법률과 판례를 중심으로 한 관행을 국제노
동기준과의 관계에서 검토함으로써 국제기준이 갖는 의의를 확인해 보고자 한다.

제 2 절 국제적으로 승인된 기준으로서의 ILO기준

Ⅰ. ILO설립의 배경

ILO는 '부정의, 고통 및 궁핍'을 포함하는 근로조건의 문제에 대응하는 국제기
준을 채택할 것을 목적으로 1919년 창설되었다. 초기의 ILO가 근로조건의 개선에
초점을 맞추고 있었던 데 비하여, ILO의 활동목적이 확대된 계기는 1944년 ILO총
회가 채택한 필라델피아선언에서부터이다. 필라델피아선언은 모든 사람이 "경제적

안정과 기회균등 및 자유와 존엄의 조건 하에서" 물질적인 복지와 정신적인 발전을 추구하는 것을 권리로 승인한 것이다.

이러한 내용의 필라델피아선언이 ILO헌장의 일부로 편입된 것은 ILO활동목적의 확대를 의미한다. ILO의 활동목적은 제2차 세계대전의 종전 이후의 세계질서의 재편에 대비하여 보다 형평성 있는 성장을 지향하는 것으로 확대되었다. 즉 ILO의 기준설정활동은 보다 일반적인 차원에서 근로조건과 관련성이 있는 사회정책, 인권 및 시민권의 문제를 포괄하는 것으로 확대되었다. 결국 국제노동기준이 이 문제에 관한 국제적인 3자합의의 표현임은 당연한 귀결이라고 할 수 있다.

ILO는 사회정의 및 국제적으로 승인된 인권 및 노동기본권의 촉진을 추구하는 UN의 특별기구이다. ILO는 1919년에 창설되었고, 국제연맹창설의 기초가 된 베르사이유평화조약에 의해 설립된 기구 중에서 유일하게 지금까지 존재하고 있으며, 1946년에 최초의 UN특별기구가 되었다.

ILO는 노동기본권의 최저기준을 설정하는 협약 및 권고의 형태를 띠는 국제노동기준을 제정한다. 최저기준의 예로는 결사의 자유, 단결권, 단체교섭, 강제근로의 폐지, 기회 및 대우에 있어서의 균등, 기타 노동과 관련된 문제의 모든 영역에 걸친 조건을 규율하는 다른 기준이 있다. 특히 직업훈련 및 직업재활, 고용정책, 노동행정, 노동법과 노사관계, 근로조건, 관리기법의 개선, 협동조합, 사회보장, 노동통계 및 산업안전보건 등의 분야에서는 주로 기술지원을 제공한다. 또한 ILO는 자주적인 노사단체의 발전을 촉진하며, 이들 단체에 대해서 교육 및 권고 서비스를 제공한다. UN체제 하에서 ILO는 그 관리·운영에 정부와 동등한 당사자로서 노사가 참가하는 독특한 3자구성구조를 갖고 있다.

ILO헌장은 제1차 세계대전에 종지부를 찍은 파리평화회의를 통해서 생긴 노동위원회에 의해서 작성되었다. 베르사이유평화조약에 편입된 헌장은 "보편적이고 항구적인 평화는 사회정의에 근거한 경우에만 확립될 수 있다"고 함으로써 평화와 사회정의의 관계에 대해서 처음으로 확인했다.

II. ILO기준의 재조명

이 ILO가 다시금 최근 주목받게 된 것은 1990년대부터 세계화, 정보기술의 발전, 냉전의 종식으로 세계시장이 단일화·거대화하면서 ILO 내부적으로는 물론 외부에서도 노동기준에 대한 국제적 규율의 중요성이 부각되었기 때문이다. 세계화라고 불리는 현상이 나타나기 시작했을 때에는 그것이 국제화, 기술발전, 세계시장의 출현과 민주화와 병행하는 것으로 생각되었고, 궁극적으로는 고용 및 복지 영역에서도 필수적인 요인을 제공하는 것으로 받아들여지고 있었다.

하지만 점차로 그러한 긍정적인 역할에 대한 기대가 모든 국가에 한결같이 적용되는 것은 아니라는 점이 드러나게 되었다. 어떤 국가단위로는 물론이고 국가간, 즉 국제적 단위에서도 사회부정의와 불균등은 여전히 존재하고 있으며, 심지어 확대되어 가는 경향을 보여 주고 있다. 1960년에는 부유한 선진국 20개국의 1인당 총국내생산은 가난한 후진국 20개국의 것보다 18배에 달한다. 1995년까지는 37배가 되었다. 비록 개발도상국의 세계무역에 대한 전반적인 비중은 증가하고 있기는 하지만, 그 성장은 그 나라들 중에서도 몇 개 국가에 제한되고 있다. 전세계적으로 1일 1불 이하의 생계를 유지하고 있는 사람들의 숫자는 1990년대에 들어서 거의 변하지 않고 있다. 즉 세계화과정에서 노동기준의 준수는 보다 큰 의미에서 사회불균등을 제거하고 사회정의를 도모한다는 ILO의 설립목적상 불가피한 중요한 과제로 받아들여지게 되었고, 네 가지 분야에 관한 이른바 '핵심협약'에 대한 비준캠페인을 1995년부터 강화하기 시작했다.

한편 1995년에 코펜하겐에서 열린 UN 사회개발정상회의에서 정상회의사무총장의 특별대표는 정상회의에서 대표들에 대해서 "정치적 및 경제적 합의에 지속가능성을 부여하는 사회적 합의를 구축하고 인간관계의 중심적 요소로서 우애와 연대를 도입"할 기회를 제안했고, 정상회의는 몇 가지 중요한 이행과제에 합의를 도출했다. 이 중 노동문제와 관련해서는, 사회·경제정책의 기본적 우선순위로 완전고용을 내세우고 있으며, 또한 근로자의 기본권을 보호하며, "이 목적을 달성하기 위해서, 강제근로 및 아동노동의 금지, 결사의 자유 및 단결권과 단체교섭의 권리 및 차별금지의 원리를 포함하는 관련된 ILO협약에 대한 존중을 자유롭게 촉진"에 대한 동의가 포함되어 있다.

이처럼 UN이 노동문제에 있어서 ILO의 위상을 인정한 과정은 1996년 싱가포르에서 열렸던 WTO무역정상회의를 통해서 확인되었다. 무역관련장관들은 핵심노동기준에 대한 존중을 공약하였고, 이 기준들은 ILO에서 유래한다고 지적했다. 이와 동시에 노동문제를 보호주의적 목적으로 이용하는 것을 거부하였는데, WTO가 설립 초기부터 근로기준의 준수와 무역문제를 연계시켜야 한다는 이른바 '사회조항'에 관한 논의가 한참 진행되던 시점에서 있었던 싱가포르무역정상회의가 ILO의 권위를 인정한 것은 중요한 의미를 갖는다.

OECD의 경우 공식적인 입장은 아니지만 국제노동기준과 무역의 관계에 관한 연구작업의 결과를 통해 "기본적 인권을 구체화한 노동기준은 경제성장을 촉진시킬 수 있으며, 따라서 전세계의 모든 근로자에게 이익이 된다"는 점을 지적하여 경제적인 관점에서 국제노동기준의 의의를 뒷받침해 주었다. 또한 OECD의 연구는 노동기준의 제고는 외국투자유치에 대한 장애요인은 아니라는 관점도 제시해 주었다.

1998년 6월 ILO총회는 기본적 원칙과 권리에 관한 선언을 채택하였다. 이러한 선언채택에 이른 의의에 대해서 ILO는 "국제공동체가 ILO에게 맡긴 도전과제를 떠맡았다. 그리고 ILO는 세계화의 현실에 대한 대응하기 위한 전세계적인 차원에서의 사회적 최저한도를 확립해 왔던 것이며, 이제 새 천년을 맞이하면서 새로운 낙관을 가질 수 있게 되었다"라고 자평하고 있다.

이후 1999년에는 최악의 형태의 아동노동에 관한 제182호 협약을 채택하여 기본적 원칙에 관련된 협약은 모두 8개로 확대하였고, ILO선언의 취지를 구체적으로 추진하기 위한 집중프로그램이 설치되었고, 몇 개 국에서는 기술협력활동이 시작되었다. 2000년부터는 ILO선언이 입각하고 있는바, 촉진적인 후속조치의 절차가 본격적으로 가동되고 있다.

제 3 절   국제노동기준

I. 국제노동기준의 유형

1. ILO헌장상의 기준: 협약과 권고

ILO의 국제노동기준은 원칙적으로 협약 및 권고의 형태를 취한다. ILO협약은 ILO회원국의 비준을 받게 되는 국제조약이다. ILO권고는 대체로 협약과 동일한 주제를 다루는 데 구속력이 없지만, 각국의 정책의 방향을 제시하는 지침을 제시하고 있다. 두 가지 형태의 국제노동기준은 전세계 모든 국가에서의 관행과 근로조건에 구체적인 영향을 미칠 것을 목적으로 하고 있다.

ILO는 창립된 1919년 이래 2003년 제185호 선원의 신원증명에 관한 개정협약과 2002년 제194호 직업병의 목록에 관한 권고에 이르기까지 협약 및 권고를 채택해 오고 있다.

2002년 말을 기준으로 광범위한 분야에 걸치는 모두 184개의 협약과 194개의 권고를 채택해 왔다. 이 중 ILO이사회는 8개의 협약이 노동에 있어서 인간의 권리에 기본적이라고 분류하였고, 모든 ILO회원국들이 이행하고 비준해야 한다고 하였으며, 이는 1998년 ILO총회에서 선언으로 구체화되었는데 이를 '기본협약'이라고 한다. 또한 노동분야와 관련된 정책과 제도에 본질적인 중요성이 있는 4개의 협약을 '우선협약'으로 분류하고 있다. 나머지 협약들은 대체로 12가지의 범주로 구분된다. 이를 구체적으로 설명하면 다음과 같다.

(1) 기본협약

다음 8개의 ILO협약에 대해서 ILO이사회는 회원국의 개별적인 발전수준과는 무관하게 노동에서의 인간의 권리에 기본적이라고 명시하였다. 이러한 권리는 개별적·집단적 근로조건의 개선을 위해 자유롭게 노력하기 위한 필수적인 도구로 회원국이 제공해야 하는 모든 다른 협약에 대한 전제조건이다.

- 1948년 제 87 호   결사의 자유 및 단결권의 보호에 관한 협약
- 1949년 제 98 호   단결권 및 단체교섭에 관한 협약
- 1930년 제 29 호   강제근로에 관한 협약
- 1957년 제105호   강제근로의 철폐에 관한 협약
- 1958년 제111호   고용 및 직업에 있어서 차별철폐에 관한 협약
- 1951년 제100호   균등보수에 관한 협약(속칭 '동일노동 동일임금협약')
- 1973년 제138호   최저취업연령(혹은 '아동노동철폐')에 관한 협약
- 1999년 제182호   최악의 형태의 아동노동에 관한 협약

ILO의 창립 75주년 및 UN사회개발정상회의에 뒤이은 1995년 5월에 이들 협약의 비준캠페인을 ILO사무총장이 시작하였다. 그 이후로 ILO는 기본협약과 관련된 사전적 의무의 확인과 비준을 모두 70건 등록했다. 또 지금 현재도 많은 나라들은 현재 공식적인 비준절차를 밟고 있으며, 이들 협약을 비준하는 적절성을 검토·재검토를 각자 국내적으로 진행하고 있다.

2003년 12월 시점을 기준으로 한 이들 협약의 비준현황은 다음의 표와 같다.

〈표 1-1〉

비준협약 수	국가 수	누적국가 수
8	99	99
7	33	132
6	14	146
5	10	156
4	9*	165
3	5	170
2	3	173
1	2	175
0	2	177

* 우리 나라는 바레인·인도·키리바티·상토메프린시페·싱가포르·수리남·태국·베트남과 함께 4개 협약을 비준한 상태.

(2) 우선협약

1994년에 이사회는 비준된 ILO협약에 대한 감독사업을 재정비했는데, 다음 4개의 협약을 우선협약으로 정한 것도 그 결정 중의 하나이다.

우선협약의 경우 정규적인 감독절차와 다른 특별한 절차가 적용되는데, 일반적으로 비준한 협약에 대해서는 5년마다 정규적으로 보고하지만 기본협약과 우선협약에 대해서는 매해 보고를 요구하고 있는 점이다.

· 1976년 제144호   노사정협의에 관한 협약*
· 1947년 제 81 호   근로감독에 관한 협약*
· 1969년 제129호   농업부문의 근로감독에 관한 협약
· 1964년 제122호   고용정책에 관한 협약*

이들 협약을 우선협약으로 분류하여 감독절차를 강화한 이유는 이들 협약이 적용되는 주제와 관련된 노동관련제도와 정책결정에서 갖는 중요성 때문이다.

(3) 기타 협약 및 권고

기본협약과 우선협약 이외의 협약을 별도로 부르는 명칭은 없이 그냥 '협약'이

라고 한다. ILO이사회는 협약과 권고를 주제별로 분류하고 있는데, 대체로 다음 12가지로 구분된다.

- 기본권관련
- 고용관련
- 사회정책관련
- 노동행정관련
- 노사관계관련
- 근로조건관련
- 사회보장관련
- 여성의 고용관련
- 아동 및 청년 관련
- 이주근로자관련
- 비도시지역의 토착민 및 원주민인 근로자관련
- 특정한 범주의 근로자관련(선원·고령근로자·해원·항만근로자·농장근로자·소작근로자·간호근로자·호텔 및 요식종사 근로자)

2. ILO헌장 이외의 기준: 선언·결의·결정

매년 다른 기관들의 회의와 함께 열리는 ILO정기총회는 협약이나 권고보다는 공식성이 낮은 문서를 채택하기로 결의하는 경우도 있다. 이것은 지침, 결의 및 선언의 형태를 띤다. 이 문서들은 규범적 효력을 의도하는 경우도 자주 있기는 하지만, 국제노동기준에 관한 ILO제도의 일부분을 이루는 것은 아니다. 그 중요한 예는 아주 많다.

(1) 선 언

이사회나 다른 ILO기관의 선언, 결의 및 결정은 다른 보다 비공식적인 "규범적 기준"이라고 할 수 있다. 하지만 이들은 ILO헌장에서 국제노동기준으로 인정되고 있지는 않다. 「다국적 기업과 사회정책에 관한 이사회의 노사정선언」 및 전술한 「노동에 있어서의 기본적 원칙과 권리에 관한 선언」은 아마도 가장 잘 알려진 '비공식적' 국제노동기준일 것이다.

(2) 결의 및 결정

협약 및 권고 이외에 여러 ILO기관(총회, 전문가의 기술위원회, 특별회의, 산업별

위원회나 연석해양위원회와 같이 특정한 분야의 문제를 다루기 위해서 설립된 기관, 지역별회의, 아시아·태평양·미주·아프리카·유럽의 기술회의)이 동의에 의해서 채택하는 결의와 결정이 있다.

이 결의 및 결정은 다양한 형태를 띤다. 그 내용도 상당히 다양하며, 아주 기술적인 성격을 갖는 것도 있다. 실무상 부여되는 비중도 역시 다양하다. 이 중에서 ILO총회가 채택한 결의 또는 결정은 가장 높은 권위를 갖게 된다. 일반적으로 결의 및 결정은 특별한 상황 및 필요에 대응하기 위한 것인데, ILO가 기술협력활동을 기획하는 경우에 특히 중요성을 갖게 된다.

이들은 특정한 범주의 근로자에 대해서 적용되기도 하고, 특히 기술적인 문제가 있는 세부적인 방법을 다루기도 한다. 경우에 따라서는 새로운 정의나 개념이 포함되기도 하고, 최근 ILO 자신이 관심을 표명하고 있는 아주 최근의 사회경제적 발전상황을 다루기도 한다.

(3) 지　침

마지막으로 ILO의 기술부서의 몇 가지 활동은 국제노동기준에 대해서 기술적인 지원을 목적으로 하는 세부사항을 추가하거나, 국제노동기준의 준수를 위한 기술활동을 보다 개발하는 내용이 포함되어 있다. 그 결과는 "지침"의 형태로 나타나는데, 아주 기술적인 분야에서 국제노동기준을 이행하는 데 관련된 실무적인 중요한 아이디어를 제공한다. 예를 들면 해양산업분야에서 지침은 해양산업의 노동법 및 선박에서의 근로조건의 감독에 대해서 지침이 만들어진 일이 있다. 산업안전보건 분야에서도 많은 유용한 지침이 있었다.

3. UN의 다자조약

UN은 인권과 관련된 분야에서 많은 다자조약을 채택하고 있는데, 그 중 특히 노동기준과 관련된 것으로는 가장 일반적인 성격을 갖는 UN인권선언을 비롯하여 아동권리협약 및 여성차별철폐협약 등 간접적 관련성이 있는 것과 함께 경제적·사회적·문화적 권리에 관한 인권규약, 시민적·정치적 권리에 관한 인권규약이 있다. 이 중 특히 경제적·사회적·문화적 권리에 관한 인권규약에 대해서는 우리나라가 1990년 4월 10일자로 비준하여 1990년 7월 10일자로 효력이 발생, 국내법과 동일한 효력을 갖고 있다.

Ⅱ. 국제노동기준의 특징

ILO헌장은 국제노동기준이 "기후적 조건, 산업조직의 불완전한 발전 또는 다른 여건이 산업상의 여건을 실질적으로 다르게 만드는 나라에 대한 합당한 고려"에 따라 설정되어야 함을 요구하고 있다. 그럼에도 불구하고 보편적으로 적용될 수 있는 기준을 설정한다는 사명은 국제법규의 ILO체계에 고유한 수많은 특징을 낳게 되었다.

애당초 국제노동기준은 모든 국가가——경제적 발전의 정도 또는 사회경제적 체계의 상이에도 불구하고——그것을 비준하고 이행할 수 있을 것을 의도하고 있으며, 따라서 그 성격상 보편성을 가지고 있다. 이러한 의도 때문에 기준은 종종 그 의무에 있어서 일정한 유연성을 갖는 방식으로 기술되어 있다. 기준의 보편성과 그 결과로 경우에 따라서는 보유해야 하는 유연성과 관련하여 몇 가지의 중요한 기준이 국가정책의 유일한 목표를 설정하고, 각국의 조치를 위한 폭넓은 틀을 설정하고 있다. 비준된 경우에 이와 같은 촉진적인 기준은 어떤 국가에게 이러한 목표를 촉진하고, 그리고 이러한 목표를 달성하는 데 있어서 진전상황을 보여 줄 수 있게끔 각국의 환경에 적절한 수단을 활용할 의무를 부과한다.

기준을 채택함에 있어서 노·사·정의 3자가 관여하는 것은 다른 무엇보다도 그 결과가 실행가능성이 있도록 보장하는 것을 목적으로 한다. 요컨대 문제가 된 쟁점에 관한 국제기준이 채택된다면 회원국들이 이를 실제로 준수하고 규범적 효력이 있는 것으로 받아들일 수 있어야 하기 때문이다. 마찬가지로 국제노동기준은 시간의 경과에 따라 새로이 채택되거나 수정될 필요가 있으므로 그 변경·수정 가능성에 대해서도 민감하게 대응하도록 설정되어 있다.

1. 보 편 성

국제노동기준은 전세계의 각 분야의 대표들이 논의하고 채택한다. 현존하는 다양한 각국의 관행에 대한 배려는 준비와 기초작업에서도 관철된다. 이들은 모든 국가가 따를 수 있는 널리 승인된 목표와 각국의 조치를 위한 법칙을 제시한다. 국제적으로 활용가능한 노동기준의 설정이 그 목표이다.

이러한 보편적으로 승인된 목표와 법칙을 구속력 있는 법적인 의무로 전환시키는 것은 어디까지나 각 국가의 주권에 속하는 문제이다. 이것은 비준을 통해서 이루어진다. 그럼에도 불구하고 어떤 특정한 국가에서 비준이 있기 이전에도 그 기준은 문제가 된 당해 사안에 관련된 정책과 조치를 개발하는 데 있어서 중요한 참고기준으로서의 의의를 갖게 된다. 따라서 ILO는 전통적으로 세계 여러 지역과 여러 국가에는 각자 특유한 여러 가지의 기준이 존재하고 있다는 관념에 대한 반대의 입장을 견지해 오고 있다. 여러 가지의 기준이 존재할 수도 있다는 관념에 대한 승인은 "하류인간에게는 하류의 기준이 있다"는 것을 승인하는 것과 다를 바가 없기 때문이라는 것이다.

2. 유 연 성

ILO헌장에 따라 국제노동기준을 기초하는 과정에서 각국의 여건, 환경 및 관행에 있어서의 다양성을 고려하기 위한 유연성의 필요에 특별한 관심을 기울이고 있다. 외형적으로 유연성은 보편성과 대립되는 것처럼 보이지만, 실질적으로 이 유연성은 오히려 보편성을 강화시켜 준다. 즉 기준의 보편성을 담보하기 위한 기술적인 선택이 바로 유연성이라고 할 수 있다. 그러므로 기준의 초안이 작성될 경우에도 현실에 대한 고려로 인하여 유연성을 인정한다고 하더라도 그것은 유연성 그 자체가 목적이 아니며, 궁극적인 규범으로서의 효율성을 담보해야 한다.

결국 구체적인 기준이 이미 충분히 설정되어 있으나 동시에 그 효율성을 보장하기 위해서는 폭넓은 유연성이 인정되지 않을 수밖에 없는 경우에는 실질적으로 유연성의 인정이 보편성을 저해하게 된다. 이러한 경우에는 과도한 유연성을 전제로 함으로써 실질적으로 보편성이 훼손될 가능성도 있는데, 이 경우에는 협약과 같은 구속적인 기준이 아니라 권고의 형태를 채택하는 경우가 있다. 권고를 채택함으로써 장차 그 권고에 준하는 각국의 관행의 발전을 기대하고, 그것을 통해서 더 장기적으로는 구속력 있는 국제기준이 채택되리라는 전망을 전제로 하는 것이다.

유연성을 인정하는 조항의 예로는 다음과 같은 것이 있다.

1. 특정한 국가를 거론하여 수정된 기준을 기술하는 조항(최근 협약에는 사용되지 않음)
2. 이행의 기술적·실무적인 세부사항에 관한 지침을 동시에 또는 사후에 보충되는 권고와 함께 원칙을 기술하는 협약을 채택하는 방법
3. 광범위한 용어로 기준을 정의하는 방법—예를 들면 적용수단(법률·명령·단체협약 등)을 결정하는 것을 노사단체와의 협의를 거칠 것을 조건으로 각국의 여

건과 실무에 유보해 두면서 사회정책의 목표를 고정시키는 것

4. 협약을 조문 또는 절 단위로 구분하는 방법. 비준시기에 승인해야 할 필요가 있는 의무는 이들 중 일부이며, 그 뒤에 발전을 이행할 수 있는 사회적인 입법과 능력으로서 앞으로 의무를 축적하는 것을 허용하는 것

5. 협약을 절 단위로 선택할 수 있게 구분하는 방법(절에 따라 승인해야 하는 의무의 수준 및 정도에 차이가 있음)

6. 국가에 따라 낮은 수준으로 특화된 기준을 승인하는 것을 (경우에 따라서는 일시적으로) 허용하는 소항(이것이 허용되는 것은 예를 들면 비준하기 이전에 문제된 주제에 관련된 법률이 없거나 경제 또는 행정적 또는 의료설비가 충분히 발달하지 못한 경우를 말함)

7. 예를 들면 특정한 범주의 직업, 기업 또는 인구밀도가 낮거나 저발전상태인 지역에 대한 적용제외를 허용하는 조항

8. 특정한 경제분야에 고용되어 있는 사람에 대해서 의무의 분화된 수락을 허용하는 조항

9. 참고하는 작업의 '가장 최신버전'을 조회하도록 하거나, 현재의 지식수준에 따른 검토를 계속해서 받도록 유지하게 함으로써 의학의 진전상황에 뒤떨어지지 않도록 고안된 조항

10. 협약에 대한 선택의정서를 채택하는 방법. 그 자체에 유연성이 높게 설정되어 있는 협약의 비준을 가능하게 하거나 협약의 의무를 확대시키는 것을 내용으로 한다.

11. 종전의 협약을 부분적으로 개정하는 협약에 조항을 두는 방법. 개정되기 이전의 협약에 대해서도 비준을 가능하게 개방해 두면서 대안적이고 보다 새로운 의무를 신설하는 방법이다.

3. 실행가능성

총회가 채택하게 될 기준에 대한 제안은 통상적으로는 두 차례의 계속되는 회기 동안 검토된다. 이것을 이중토론(dual disscussion)이라고 한다. 주제는 이사회에서 완전한 3자구성적 협의를 거쳐 처음에는 총회의 의제로 상정된다.

총회회기에 문서가 노·사·정의 3자구성적 기술위원회에서 다수결로 작성되고, 궁극적으로는 총회에서 제안된 기준안을 최종적으로 채택하는 데에는 2/3의 다수결을 필요로 한다.

4. 융 통 성

1919년 이래 국제노동기준은 두 차례의 세계대전과 다른 분쟁에 의해서 상처가 깊고 경제적 위기와 급속한 문화적 변화에 직면한 급속하게 변화하는 세계에 대한 적응성을 가져야만 했다. 이 시기 동안 식민지시대는 종결되었다. 많은 신생 독립국들이 국제공동체에 참여하게 되었고, 자국의 발전을 다른 세계와의 협력에서 찾기로 결정하게 되었다.

이러한 환경에서 기준은 이들이 장래에 수정할 필요가 있을지도 모를 가능성을 목적으로 채택되었다. 이러한 체계의 특징은 이를 염두에 두고 발전했으며, 새로운 기준이 채택되고 오래된 기준은 업데이트할 필요가 있을 때마다 개정되었다.

최근에는 이사회는 각 기준의 실행가능성에 착안하여 개별적인 기준을 체계적으로 검토해 오고 있다. 그 목적은 전세계의 여건에 잘 적응하고 관련성을 가질 수 있는 기준이 될 수 있도록 기준의 체계가 갖는 명성을 유지하고자 하는 것이다.

Ⅲ. 국제노동기준의 설정절차

국제노동기준의 설정은 전세계의 노·사·정 대표가 참여하는 독특한 절차에 따르고 있다.

1. 국제노동기준설정 준비

노동기준의 신설 또는 개정 제안은 노동운동에서 제기되는 경우가 많다. 정부, 사용자, ILO사무국, ILO의 산업별 위원회와 다른 기관들도 —— 경우에 따라서는 UN도 —— 제안을 내기도 한다. 다음 세 가지는 구체적인 예이다.

노동기준의 신설 또는 개정 제안이 노동운동계로부터 제기되는 경우가 많은데, 구체적으로는 정부, 사용자, ILO사무국, ILO의 산업별 위원회 등 ILO의 다른 기관들도 —— 경우에 따라서는 UN도 —— 제안을 내기도 한다. 다음 세 가지 예는 새로운 기준설정의 필요성이 제기되는 다양한 경로를 알 수 있는 대표적인 사례이다.

첫째, ILO사무국 자체가 새로운 기준의 필요성을 지적하고, 그에 따른 제안의 검토를 통해 새로운 기준이 채택되는 경우가 있다.

1944년 필라델피아에서 ILO총회가 개최되었을 때, 필라델피아선언의 초안에 포함되어 있는 사무국이 준비한 보고서를 다루었다. 이 보고서에는 ILO가 앞으로 취해야 할 조치에 대한 권고도 포함되어 있었다. 그 중에서 보고서는 임금정책이 'ILO의 임무의 한 가운데'에 놓여져야 한다는 점을 지적하였다. 그렇지만 그 당시까지 임금정책과 관련된 협약은 3개뿐이었다. 보고서는 다음과 같이 지적하고 있다.

> "임금지급의 주기, 임금으로부터의 공제, 트럭시스템(사용자가 공급하는 재화로 임금을 지급하는 경우)의 금지, 현물보수의 적절성, 법적 절차에 있어서의 임금보호 및 기타 문제를 다루는 임금지급의 방법에 관한 협약과 권고는 전세계 어디에서나 아주 중요하다. 특히 비도시지역의 근로자들에게는 더 그렇다. 이것이 1949년 임금협약의 핵심적인 내용이다."

둘째, 구체적인 실무프로그램을 통하여 기준설정의 필요성이 제기되는 경우도 있다.

아동노동의 철폐는 ILO의 지속적인 주된 목적의 하나이다. 1919년에 ILO 제 1차 총회에서는 최저취업연령을 정하는 협약을 채택했다. 1973년에 ILO는 포괄적인 최저연령협약을 채택했는데, 여기에서는 모든 형태의 아동노동의 효과적인 철폐를 보장하고 취업최저연령을 설정하는 각국의 정책을 기획하고 적용할 것을 요청하였다. 하지만 이러한 기준설정은 그 이상에도 불구하고 현실적으로는 많은 반대에 직면하게 되는 실행가능성을 보장하기 힘든 기준이라는 것이 밝혀졌다. 특히 이기적인 탐욕, 도덕적 무관심이나 문화적 입장의 차이에서 비롯되는 것뿐만 아니라 시장압력 그 자체가 아동노동의 철폐에 대한 장애요인이라는 점이 밝혀지게 되었다.

1992년에 ILO는 현장에서 실천적 계획을 통해서 아동노동에 대한 투쟁을 계속하기 위한 아동노동의 철폐에 관한 국제프로그램을 시작하였다. 이 프로그램은 특정한 분야에서 아동노동을 단계적으로 폐지하고, 축구공 만들기 및 카펫짜기와 같은 많은 분야에서 아동교육에 대한 대안을 제시하며, 의류산업에서 열악한 근로조건을 없애며, 광산과 채석장에서 아동을 철수시키고, 여자 어린이들을 성착취로부터 구조하는 등 구체적인 실무상의 많은 성과를 거두었다. 이러한 경험을 통해서 ILO는 목표를 구체적으로 설정하고, 그에 입각한 구체적인 협력활동을 긴급히 조직하는 것이 문제의 심각성에 대한 인식의 공유를 확대시키는 데 아주 효과적일 수 있음을 인식하게 되었다. 뿐만 아니라 그러한 구체적인 프로그램을 진행하는 과정에서 실무상 예견하지 못했던 새로운 문제들도 도출되고, 대안이 새롭게 제시될 필요성이 있다는 점도 인식하게 되었다.

이것은 즉각적으로 모든 형태의 아동노동을 경감시키는 보다 큰 목적을 추구 하면서 발전상황이나 어떤 여건 하에서 도덕적으로 극악한 상황으로서의 최악의 형태의 아동노동에 즉각적으로 집중한다는 관념을 낳게 되었다. 이것은 1999년에 채택된 최악의 형태의 아동노동에 관한 협약의 목적이다. 그것은 정부, 근로자 및 사용자에 의해서 만장일치로 승인되었고, 현재의 기준에 관한 한 확고한 정치적 합 의를 반영하는 것이다.

셋째, ILO의 특별한 기구를 통해서 새로운 기준정립의 필요성이 제기되는 경 우도 있다. ILO에서 사안별로 중요한 문제를 심의하고, 이사회에 필요한 의견을 권고하는 전문가위원회는 특히 기준설정의 필요성을 구체화하는 역할을 수행한다.

석면 먼지에의 노출에서 생기는 유해한 영향(몇 가지 유형의 암 및 석면침착증의 발병원인)으로부터 건강을 보호하는 것은 제 2 차 세계대전 이후 노동계뿐만 아니라 경영계와 권한 있는 국가의 보건서비스 당국 및 일반대중에게도 큰 관심 있는 주 제였다. 석면의 세계적인 생산은 1974년의 500만 톤에서(1940년에는 675천 톤) 1980년에는 600만 톤 이상으로 증가했다. 그래서 석면에 노출된 근로자의 숫자는 상당히 증가했다. 나아가 석면과 관련된 질병의 위험은 직접 관련된 산업의 범위를 넘어서 확대되었다. 세계의 어떤 지역에서는 환경에 있어서 석면의 존재가 사람 일 반에 대해 건강상의 위험이 될 수도 있는 정도에 이르게 되었다.

1972년 11월에는 ILO이사회는 석면의 안전한 이용에 관한 전문가회의를 소집 하기로 결정하였다. 이사회의 근로자측 그룹은 이러한 회의를 강력하게 주장했다. 이 전문가회의는 1973년 12월에 개최되었다. 석면에 대한 노출이 갖는 병리학적인 효과를 명확히 하였고, 근로자의 보호를 개선하고 위험을 최소화시키기 위한 수많 은 조치가 제안되었다. 이러한 제안 중에는 석면문제에 관한 국제적인 기준의 채택 및 적절한 각국 및 국제적인 기관과 협의하여 석면의 안전한 이용에 관한 지침의 개발에 관한 제안도 있었다.

하지만 실제로 몇 년이 지나서야 그 결실이 나타나기 시작했다.

결국 1980년 6월에 ILO총회는 산업재해급여에 관한 협약에 직업병의 목록을 추가하였고, 최초의 목록에 이미 있었던 석면침착증 이외에 석면에 의한 폐암을 추 가하게 되었다. 1980년 11월에 이사회는 소집한 전문가위원회는 1981년 10월 개최 되어 석면에 관한 국제기준의 내용에 관한 권고를 하였고, 이사회에 대해서 기준을 채택하기에 앞서거나 병행해 나가게 될 실천지침제정에 노력을 기울여야 함을 지

적하였다. 1983년 10월의 석면사용에 관한 전문가위원회 제 3 차 회의는 석면의 사
용에 관한 안전에 관한 실천지침을 작성했다. 이사회는 1985년 석면사용시 안전의
문제를 의제로 채택하기에 이르렀고, 1985년과 1986년의 이중토론을 거쳐 1986년
ILO총회가 석면협약과 권고를 채택하게 되었다.

2. 기준의 입법화과정

국제노동기준은 ILO총회에서 채택된다. 이 과정에서 이중토론이 행해지는데,
이러한 토론절차는 국제노동기준이 널리 인식되고 정부, 사용자 및 근로자대표가
동의를 확보하도록 보장할 것을 의도하는 것이다. 즉 ILO회원국간, 노·사·정 그룹
간, 그리고 ILO사무국과 노·사·정 그룹간의 대화는 기준을 설정하는 각 단계마다
기본적이다.

이것은 기준의 채택이 관련성, 보편성, 이행가능성을 확보하기 위한 것이다.
이러한 방법을 통해야만 기준이 ILO가 성공적으로 그 목표와 목적을 달성하는 조
치의 수단으로 이용될 수 있다. 그리고 이것이 바로 ILO헌장에 이러한 협의가 규
정되어 있는 연유이다.

(1) 기초자료의 검토

무엇보다도 기준의 설정은 문제상황에 대한 인식에서 시작된다. 특정한 문제에
관한 국제적인 관심을 제고하는 절차가 필요하다. 문제에 대한 인식은 현실적인 차
원에서 발생한다. 예를 들면 산업재해에 의해 공동체가 황폐화되는 경우, 파산절차
에서 근로자의 지위가 낮기 때문에 광범위한 소득저하가 발생하게 되는 경우, 사용
자의 주도에 의한 고용종료의 가능성에서 생기는 고용되어 있는 모든 사람들이 불
안감을 느끼게 되는 경우 등이 그 예이다.

문제상황은 근로자의 보호 및 복지, 그리고 생활 및 근로여건의 개선 또는 안
정적인 노사관계의 발전과 관련되어 있는 상황이나 문제이다. 보호의 부적절한 절
차에서 생기지만 대응에 의해 피할 수 있는 위험, 다양한 직업병으로부터의 보호,
노동조합활동을 이유로 한 위협으로부터 근로자대표의 보호, 실업, 아동노동 등 모
든 노동문제가 해결을 필요로 하는 과제가 된다.

일단 문제상황이 밝혀지게 되면, 관심을 제고하기 위한 절차가 시작된다. 예를
들면 사무국에 제출되는 보고서, ILO총회에서의 연설을 통해서 또는 이사회에 있

는 노사그룹을 통해서 관심이 제기된다. 또한 ILO지역회의, 산업별 위원회의 회의, 노·사·정 기술회의, 전문가회의 또는 사무국이 수행하는 검토작업 등을 통해서도 문제가 제기될 수 있다. 이들 기관의 보고서는 나중에는 이사회에 그 문제에 관해서는 어떠한 조치를 취해야 하는가에 관해서 고려하고 결정하도록 이사회에 제출되는 결정, 권고 또는 결의의 형태를 취할 수도 있다. 이에 대응하여 ILO사무국은 새로운 제안을 제출하거나 현존하는 제안을 진전시키라는 내용을 연차요구의 형태로 이들 기관에 대해서 피드백의 형태로 기준설정의 제안을 요청하기도 한다. 매년 11월의 이사회는 총회의제로 채택될 수 있는 모든 의제에 대해서 검토하게 된다.

(2) 총회의제로의 상정

ILO헌장에 따르면 총회의 의제를 상정하는 것은 대개는 이사회이다. 매년 11월 이사회는 모든 의제를 검토하며, 그들 중에서 몇 개를 골라서 그 다음해 3월에 검토를 할 의제를 선택한다. 이 11월의 이사회는 2년 뒤에 열릴 총회의 의제를 결정하는 것이 보통이다. 한편 총회 자체가 헌장에 정한 바에 따라 출석한 대표의 2/3의 다수결로 차기총회의 의제에 어떤 주제를 포함시킬 것인가를 결정하기도 한다.

이처럼 의제의 채택을 결정하는 과정, 즉 ILO의 총회와 이사회에서 노·사·정 대표의 역할과 참여가 아주 중요하다. 궁극적으로는 협약이나 권고의 채택으로 이어지게 되는 총회의 의제를 설정하는 것은 노·사·정 그룹의 개입에 의해서이다. 기준설정의 문제는 이중토론절차를 거쳐 총회에 의해서 다루어지게 된다. 의제로의 채택 여부를 결정하기 위한 다양한 토론절차를 통해서 앞으로 국제노동기준으로 채택될 가능성이 있는 의제에 관해서는 이미 사전에 충분히 널리 알려지게 된다.

(3) 총회준비를 위한 보고서·답변서

총회에서 주제를 다루기 위한 첫번째의 준비단계로 사무국은 실제로 ILO회원국에서 존재하고 있는 그 문제와 관련된 법률과 관행을 비교법적으로 연구하게 된다. 사무국은 이 비교법적 검토를 통해 작성된 보고서를 각 회원국정부에게 보내고, 이와 동시에 그 주제에 관한 설문지도 함께 송부한다. 이 보고서의 송부는 그 의제가 다루어지게 될 총회회기 이전 18개월 이전에 각 회원국정부에게 도착되도록 되어 있다.

정부는 헌장의 규정에 따라 그 설문지에 응답해야 할 의무가 있고, 그 답변서는 가능한 한 빨리 사무국에 도착해야 하며, 각 총회회기가 시작되기 이전 11개월

이전에는 도착되어야 한다. 정부는 답변서를 마무리하기 이전에 가장 대표적인 노사단체와 협의하여야 하며, 그러한 답변에 이유를 제시해야 한다. 특히 1976년 제 144호(국제노동기준에 관한) 노·사·정 3자협의 협약을 비준한 국가로서는 노사단체와 협의하여야 할 법적인 의무가 있다.

(4) 사무국의 연구절차와 초안의 작성

각 회원국정부로부터 받은 답변서를 근거로 사무국은 새로운 보고서를 준비한다. 새로 작성되는 보고서는 해당되는 문제상황과 관련하여 검토를 요하는 가장 중요한 측면을 밝혀 낸다. 실제로 이 보고서는 이미 총회에서 논의될 국제노동기준의 초안을 담게 되고, 실제로 총회에서의 논의는 작성된 기준초안에 대해서 구체적으로 진행된다. 이 토론이 이중토론의 첫단계인 이른바 '제 1 차 토론'이 된다. 기준초안을 담고 있는 보고서는 각 회원국정부에게 최소한 총회회기가 시작되기 4개월 이전에 송부되어야 한다. 각 회원국정부는 이 단계에서 다시금 노사단체와 협의할 것이 기대된다.

(5) 총회토론

총회가 소집되면 총회는 제안을 검토하도록 노·사·정으로 구성된 3자위원회를 임명하는 것이 보통이다. 이 위원회에서 노·사·정의 각 그룹은 기준의 초안을 논의하기 위해서 각자 별도로 회의를 하며, 가능한 한 개별 대표들의 관점을 통일하고 위원회의 정식 본회의에서 검토할 적절한 수정안을 준비하게 된다. 각 그룹의 의장은 보통 자신이 속한 그룹의 입장을 설명하고, 토론과정 전체를 통해서 자신이 속한 그룹의 입장을 옹호한다. 정부그룹의 경우에는 이론이 있는 쟁점에 관한 입장을 같이 할 경우에는 입장을 통일시켜서 발언하기도 한다. 총회위원회에서의 투표는 3자그룹의 대표간 1 : 1 : 1의 동등한 의결권을 보장할 수 있도록 행해진다.

(6) 총회 및 기술위원회에 의한 보고서의 채택

주제의 모든 측면을 논의한 이후에 노·사·정 3자위원회는 그 보고서와 결정안을 채택한다. 이 때 제안된 문건은 그 뒤에 전체총회에 회부된다. 전형적인 경우라면 이 보고서에는 어떤 종류의 기준(협약, 권고 또는 둘 다)에 대한 채택 여부가 논의되어야 하는지에 관한 지침이 담겨 있다. 만일 총회가 위원회의 보고서와 결정을 채택한다면(출석대표에 의한 단순다수결로 의결), 총회결의에 의해서 그 문제를 '제

2차 토론'을 위해 차기총회의 의제로 그 문제를 상정할 것을 결정하기도 한다.

(7) 차기총회의 준비

총회에서의 제 1차 토론과 그 토론에 의해 채택된 결정을 근거로 사무국은 제 안된 협약 또는 권고에 관한 임시문건을 준비하고, 그것을 총회회기가 종료되기 2 개월 이전에 각 회원국정부에 도착하도록 송부한다. 각 회원국정부는 3개월의 여 유를 갖고, 그 수정안과 다른 제안을 제출할 수 있다. 또한 이 단계에서도 역시 노 사단체와 협의할 것이 기대된다.

그 다음 단계로 각 회원국정부가 다시 보낸 답변서를 근거로 사무국은 차기 총회에서의 논의를 위한 최종보고서를 준비하고, 그것을 차기총회가 개최되기 최소 한 3월 이전에 각 회원국정부에게 다시 송부한다.

(8) 총회논의와 제안문건의 채택

총회의 차기회기에 제안된 협약 또는 권고의 임시문건은 다시 노·사·정 3자구 성의 총회위원회에서 검토된다. 총회위원회에서 논의된 내용에 관하여 하의된 문건 은 전체총회의 승인을 위해 전체총회에 제출된다. 제안된 기준이 협약이건 권고이 건 불문하고, 각 개별 조항이나 문장 하나하나가 각각 승인의 대상으로 전체총회에 회부된다.

헌장에 따르면 협약안 또는 권고안의 최종문건이 채택되기 위해서는 출석대표 의 2/3의 다수의 찬성(기명투표)을 얻어야 한다. 만일 총회위원회의 보고서를 통해 서 제안된 협약안이 의결에 필요한 정족수를 얻지 못하면, 총회는 권고의 형태로 다시 초안을 잡도록 총회위원회에 재회부할 수도 있다.

(9) 단행토론

이사회는 어떤 주제에 대해서 1차례만 토론할 것을 결정할 수도 있는데, 이는 총회가 그 문제를 한 차례만 회기에서 다룬다는 것을 의미하므로 계속되는 두 차례 의 회기에서 토론이 행해지는 이중토론의 경우와 다르다. 이사회는 특별히 긴급한 경우이거나 다른 특별한 여건이 있는 경우에 만일 그러한 결정이 투표의 3/5의 다 수의 찬성을 얻을 것을 조건으로 단행토론절차를 따를 것을 결정할 수도 있다.

3. 설정절차에 있어서 노사단체의 참여

노동기준의 실행성과 신뢰성의 중요한 부분은 기준설정에 있어서 노사단체가 얼마나 긴밀하게 관계하느냐에 달려 있다. 노사대표는 처음부터 최종적으로 기순을 채택하는 전체의 과정에 있어서 관여하게 된다.

일단 ILO사무국이 법률과 관행에 관한 보고서를 회람하게 하면, 정부는 보고서에 첨부되어 있는 설문에 대한 답변을 최종적으로 작성하기에 앞서 가장 대표적인 노사단체와 협의할 필요가 있다. 노사단체는 모두 자유스럽게 사무국에 직접 자신의 논평과 입장을 전달할 수 있다.

기준채택절차의 체계적인 특징은 관련된 노사단체에 대해서 몇 달, 몇 년이 앞으로 걸릴 수도 있는 노동기준설정을 위해 설정되어 있는 주제를 알 수 있게 된다. 이것은 참여를 쉽게 한다. 노·사·정 3자협의 협약을 비준한 국가에게 정부는 법적으로 구속적인 협의할 의무가 있으며, 반대하는 당사자는 협약요건의 불일치를 주장하는 정규 및 특별의 이행절차를 이용할 수 있다.

총회에서의 의제에 관한 제 1 차 토론에서——제 2 차 토론에서도 마찬가지로—— 노사단체는 제안된 기준문안의 절차에 관여한다. 수정을 가하고 기준의 최종적인 형태를 고려한다. 이들은 위원회에서 정부와 똑같은 투표권을 갖는다. 그리고 이러한 절차와 참여를 통해서 실제로 국제노동기준의 최종적인 형태와 내용에 관해서 결정적인 영향을 갖고 있다.

제 1 차 토론 이후 사무국이 기초한 기준은 회원국의 토론에 회부된다. 이 단계에서도 다시 정부는 노사단체와 협의할 것이 기대되며, 자신들의 수정안이 반영되거나 초안에 대한 논평이 반영되기를 기대한다. 다시금 각국의 노사단체는 사무국에 수정안과 논평을 직접적으로 전달할 수 있다.

전체총회에서 노동기준을 최종적으로 채택함에 있어서 출석한 대표의 2/3의 다수의 찬성이 있어야 한다. 기준에 찬성하건 반대하건 노사단체의 대표자의 참가는 아주 중요하다. 이것은 관련된 기준의 채택과 타당성뿐만 아니라 채택된 모든 기준의 실행가능성을 위한 것이기도 하다. 노·사·정의 모든 집단의 현실적인 개입이 없이는 새로이 설정된 기준은 각국차원에서의 토론대상이 될 수도 있다.

4. 기준의 개정

국제노동기준은 일관성을 확보하고 시대적 변화를 반영하도록 개정될 수 있다. 특히 협약의 경우에는 비준가능성을 높일 것을 목적으로 개정되는 경우도 있다. 따라서 협약은 그 내용 중에서 개정의 가능성을 언급하는 조항을 두고 있는 경우가 많다.

ILO이사회는 국제노동 협약 및 권고를 개정하는 가능한 필요성을 사안별로 검토하는 임무를 부여받은 작업반을 설치 · 운용하고 있다. 이 작업반은 종래의 기준과 개정을 필요로 하는 새로운 상황에 대해서 지속적으로 검토하는 작업을 수행한다.

총회의 의사규칙은 협약개정에 필요한 특별한 절차를 규정하고 있다. 하지만 실제로는 협약개정의 절차보다도 새로운 기준을 채택하는 절차를 통하여 기존협약을 개정하는 방식이 더 널리 활용되고 있다.

Ⅳ. 국제노동기준의 효력

1. 국제노동기준의 활용

국제노동기준은 세계의 모든 사회적 및 경제적 제도에 대해 정부, 노사단체의 대표에 의한 민주적 원칙에 따라 합의된 것이다. 이 기준은 그 규율하는 내용인 권리와 의무의 체계에 관한 전세계적인 모델이다. 일단 채택된다면 국제노동기준은 이행 · 적용될 것을 의도한 것이다. 특히 협약은 비준을 의도한 것이다. 이 기준이 가능한 한 실현되도록 하는 것은 국가의 의무이며, 그 실현을 촉진하는 것은 ILO의 사명이다.

ILO협약을 각 회원국이 비준한다는 것은 근로자의 권리와 근로조건에 관한 국제적 협력이 적절하다는 데 동의함에 있어서 다른 회원국들과의 연대감의 표현이다. 이러한 맥락에서 협약을 비준한 이후 그것을 이행 · 준수하는 과정뿐만 아니라, 협약의 문언을 작성하고 조정하는 기간과 같이 비준하기 이전에 앞서 비준으로 인하여 야기되는 이행 · 준수를 염두에 두고 기존의 제도와 관행을 개선해 나가는 과정도 역시 중요하고 가치 있는 것으로 받아들여지고 있다. 협약의 비준 자체가 각 회원국의 권한임에도 불구하고 협약을 비준하지 않는 데 대한 이유제시 등 일정한 ILO회원국으로서의 의무가 요청되는 이유도 여기에 있다.

실제로 국제노동기준은 특히 인권의 보장영역에 관한 한 시금석으로 활용되며, 정부대표뿐만 아니라 NGO국제단체들도 그렇게 활용하고 있다. 국제노동기준은 노동정책과 사회정책을 조화롭게 할 것을 목적으로 하는 정책의 개발의 중요한 지침으로 활용되기도 한다.

2. 회원국의 의무

ILO회원국은 ILO협약을 비준함으로써 ILO협약에 법적으로 구속되는지 여부를 결정하는 것 자체는 자유이다. 그럼에도 불구하고 ILO총회에 의해서 채택된 국제노동기준을 촉진하는 ILO사명은 분명하며, ILO헌장도 이를 회원국의 의무로 명시하고 있다. 헌장상의 의무를 구체적으로 살펴보면 다음과 같다.

(1) 회부의무

모든 회원국은 새로운 기준이 채택되면 그것을 "입법 기타의 조치의 채택을 목적으로 그 문제를 다루는 권한 있는 당국에 제출"해야 한다. 협약이나 권고의 이행에는 통상적으로 입법조치를 필요로 하기 때문에 권한 있는 당국은 대부분의 경우에는 국회, 입법부 또는 의회이다. 이러한 요청이 있는 것은 새로운 노동기준에 대한 정보와 각국차원에서의 공개적인 논의가 행해지도록 하는 데 있다.

채택된 이후 12개월(예외적인 경우에는 18개월) 이내에 정부는 협약과 권고를 입법부와 같은 권한 있는 당국에 회부함에 있어서 정부는 ILO에게 그들이 협약과 권고가 다루고 있는 문제에 관해서 취한 조치와 권한 있는 기관에 의해서 취해진 조치에 관한 정보를 다시 ILO에 보내야 한다.

회원국정부가 협약이나 권고를 권한 있는 기관에 제출한 경우, 단순한 형식적인 절차의 준수가 아니라 자국의 상황에 가장 바람직한 것으로 고려하고 있는 조치가 무엇인지까지 제시하는 것이 바람직하다. 예상할 수 있는 유형은 (1) 그 기준이 완전히 국내 법률 및 관행으로 채택되어야 한다는 입장, (2) 그 기준의 비준이 필요하다고 권한 있는 당국에게 권고하는 입장, (3) 시간적 여유를 두고 비준의 문제에 관한 협의 내지는 연구·검토의 수행이 필요하다는 입장 등이 있다. 어떠한 경우이건 비준 여부 자체는 각 회원국의 고유권한에 속한다.

일단 회부절차가 완료되었을 경우, 그리고 취해진 조치가 ILO사무국에 통보하게 되면, 정부는 새로운 기준의 채택에 의해서 필요한 회원국으로서의 의무는 완수한 셈이 된다. ILO와 감독기관이 새로운 기준을 권한 있는 당국에게 제출할 의무가 존중되었는지 여부를 확인하는 근거는 바로 이 보고서를 기준으로 한다. 특히 이 보고서를 통해 정부가 노사단체에 대해서 협의를 거쳤는지 여부도 검토된다.

(2) 회부의무와 비준의무의 구분

권한 있는 당국에의 회부와 비준 사이에는 아주 분명한 구분이 있다.

회원국정부가 비준할 생각이 없는 기준을 권한 있는 기관에 회부하여야 할 의무가 있는 이유에 대해서 의문을 가질 수도 있으나, 회부의무란 비준을 반드시 전제로 한 것은 아니며 권고를 수용해야 할 의무가 있는 것도 아니다. 회원국정부는 이와 관련하여 그들이 원하는 어떠한 제안이건 자유롭게 할 수 있다. 그것이 회원국의 고유권한이라는 것이다.

다만, 이와 같이 회원국정부에 대해서 회부의무가 인정되는 이유는 ILO협약을 입법기관에 회부한 뒤에 비준하자는 제안이 뒤따라야 하는가 여부와는 무관하게 회부행위를 통해서 국제노동기준의 내용과 취지를 회원국의 대중에게 알리도록 하는 데 있다. 따라서 무엇보다도 중요한 노동문제 및 사회문제에 대해 노·사·정으로 구성된 세계의 의회라고도 할 수 있는 ILO총회의 입장과 그에 따라 제시된 기준이 어떠한 것인지를 알게 하도록 하는 것이다. 이러한 회부절차를 통해서 기준의 내용에 관한 대중의 논의를 촉발할 수도 있다. 그것은 각국차원에서 노사에게 협약의 비준과 권고의 승인에 영향을 줄 수도 있다. 비록 그것이 구체적인 입법적인 조치로 이어지지는 않더라도 그럼에도 불구하고 그것은 각국의 입장과 정책에 가시적인 성과를 낳을 수도 있기 때문이다.

(3) 미비준협약과 권고에 대한 보고의무

ILO총회에서 최초로 국제노동기준이 채택된 이후라고 하더라도 보고절차는 가능한 이행과 비준을 목적으로 개별적인 국제노동기준에 대한 각국의 논의를 각 회원국차원에서, 일정한 지역단위에서, 나아가서는 국제적인 차원에서 활성화하고 다시 역으로 그것이 각 회원국에서의 제도 및 관행의 개선에 실질적인 계기로 활용된다.

이 절차는 크게 활용 된 것은 아니다. 하지만 1998년 ILO선언이 동 선언에서 밝히고 있는 이른바 핵심협약을 비준하지 않은 국가에 대해서 보고서를 제출하도록 요구하고, 그 보고서에 근거하여 매년 일정한 주제에 관한 총괄보고서(Global

Report)를 작성하는 촉진활동을 동 선언의 중요한 후속절차의 하나로 채택하면서 그 활용가능성이 크게 주목을 받고 있다. 현재 사무총장은 매년 이 절차에 따른 총 괄보고서를 매년 정기회의가 개최되는 6월에 총회에 제출하고 있으며, 지금 현재 Your Voice at Work(2000), Stopping Forced Labour(2001), A Future Without Child Labour(2002), A Time for Equality at Work(2003)의 네 가지 총괄보고서가 제출된 바 있다.

(4) 결사의 자유에 관한 묵시적인 의무

근로자와 사용자의 노사단체의 결성은 ILO성립 및 존속의 기초일 뿐만 아니라, ILO는 이와 같은 노사단체에 의한 근로자와 사용자 등 각 사회관계당사자의 대표성과 각국정부의 대표성이라는 노·사·정의 3자구성의 원리에 입각하여 모든 활동과 운영을 조직하고 있다. 보다 근본적으로는 ILO가 목적으로 하는 노동기준을 통한 세계평화의 달성에 있어서 노사단체를 결성하고 자율적으로 운영할 수 있는 자유는 다른 모든 기본적 원칙과 권리에 앞서는 것으로 받아들여지고 있다. 이제까지 밝혀 왔듯이 협약과 권고로 대표되는 국제노동기준을 국내적인 제도와 관행으로 받아들이는지 여부는 기본적으로 회원국에 의한 비준이라는 규범으로서의 수용절차를 전제로 한다. 하지만 결사의 자유에 관한 한 ILO는 이를 달리 취급하고 있다.

결사의 자유는 ILO회원국이 되는 전제조건인 ILO헌장상의 의무의 수락에 포함되는 것으로 결사의 자유에 관한 국제노동기준에 관해서는 ILO의 회원국은 회원국이 되는 것 자체에 의해서 묵시적인 수락을 수반한다고 해석되고 있다.

3. 국제노동기준의 비준

(1) 원 칙

ILO헌장 제19조는 만일 회원국이 "그 문제를 다루는 권한 있는 당국의 동의를 얻는다면, 회원국은 사무총장에게 협약의 공식적인 비준을 통지하고 그러한 협약의 조항을 효력 있게 하는 조치"를 취하도록 규정하고 있다. 비준이 ILO에 통보되는 형식에 관해서는 별다른 특별한 요건은 ILO헌장에는 없다. 물론 비준을 통지하는 문서에는 분명히 회원국이 특정한 협약이나 협약들에 대해서 효력을 부여할 공식적인 효력을 부여하여야 하는 내용이 담겨져 있으며, 해당 국가를 대리하여 행

위하는 권한이 있는 기관(구체적인 행위자는 자연인)이 그 문서에 서명해야 한다는
점이 중요하다.

어떤 국가가 ILO협약을 비준한 경우, 그 비준은 두 가지 의미에서의 동의가
내포되어 있다. 첫째는 협약의 이행에 대한 동의이며, 둘째는 협약의 이행을 위해
취한 조치에 관한 ILO의 감독활동을 받는 데 대한 동의이다.

(2) 유보의 문제

비준에는 유보를 붙일 수 없다. 일반적인 다자조약의 경우에는 자국의 상황에
적합하지 않은 일부의 유보가 수반될 수도 있다. 하지만 ILO협약의 경우에는 회원
국정부가 재량에 따라 협약의 특정한 조항의 적용 여부를 선택하는 유보는 허용되
지 않는다.

반면 실제로 많은 협약들에는 일정한 조항의 유보와 거의 동일한 효과를 가질
수 있는 적용제외, 예외 또는 선택에 관한 규정(이른바 '허용조항')이 포함되어 있
다. 만일 비준하는 국가가 그러한 허용조항을 활용하고자 하는 경우 그에 관한 선
언까지 할 것인지 여부는 자유이지만, 허용조항을 활용할 경우에는 비준시 수반되
는 선언에서 또는 최소한 협약을 비준한 이후 최초의 보고에서는 그 활용을 밝혀
야 한다.

(3) 효력발생시기

ILO협약의 통상적인 실무에 따르면, 두 건의 비준등록(즉 2개 회원국의 비준등
록)이 있은 이후 12개월이 지나서 당해 협약은 효력이 발생한다. 나아가 비준한 각
국에 대해서도 각각의 비준등록 이후 12개월이 필요하다.

예를 들면 1976년 6월 21일 채택되었던 1976년 3자협의에 관한 제144호 협약
은 1977년 2월 15일 영국이 최초로 비준등록을 했고, 1977년 5월 16일 스웨덴이
두 번째로 비준등록을 했다. 따라서 이 협약의 공식적인 효력발생일은 스웨덴이 비
준등록을 한 1977년 5월 16일부터 12개월이 경과한 1978년 5월 16일이다. 따라서
영국이 비준등록을 한 1977년 2월 15일 이후 12개월이 경과한 1978년 2월 15일
이후라고 하더라도 스웨덴의 두 번째 비준등록이 효력을 발생하기 전인 1978년 5
월 16일 이전에는 영국에 대해서도 비준의 효력이 발생하는 것은 아니다. 하지만
노르웨이처럼 1977년 5월 16일 이후인 1977년 8월 9일 비준등록을 한 경우에는
그 뒤 12개월이 경과하면 효력을 발생하게 된다.

4. 국제노동기준의 실효성촉진활동─기술원조

ILO사무국의 국제노동기준에 대한 기술협력프로그램의 개발 및 그 실행은 설립 당시부터 ILO에게 맡겨진 사회정의의 목적을 달성하는 데 활용된 주된 수단이었다.

국제노동기준의 설정활동과 기술협력프로그램 활동은 상호 보완적 성격을 갖고 있다. 국제노동기준은 ILO의 기술협력 활동에 대해 지침을 제공하며, 기술협력 활동은 새로운 국제노동기준의 존재에 대한 요구에 새로운 활력과 근거를 제공한다. 따라서 두 가지 활동의 상호 보완성의 극대화는 우선적으로 기술협력프로그램의 효율적인 활용에서 시작된다. ILO본부의 사무국과 전세계에 퍼져 있는 교육자문팀은 국제노동기준과 관련된 기술협력을 제공한다.

현재 교육자문팀은 Abidjan, Addis Ababa, Cairo, Dakar, Harare, Yaounde, Lima, Port of Spain, San Jose, Santiago, Beirut, Bangkok, Manila, New Delhi, Budapest, Moscow 16개소에 있다.

- ILO의 전문가들은 노동통계, 노동행정 및 고용서비스의 배치, 연금제도, 실업급여 등 국제노동기준과 관련되어 있는 모든 것에 관한 제도의 개선에 관한 기술적인 조언을 제공한다.
- 각 회원국의 노동법의 기초자들(주로 입법부의 실무자들)은 국제노동기준을 업무에 참고한다.
- 예컨대 고용문제에 관심을 갖는 연구자들은 고용창출을 위한 전략을 고안하고 제안하는 데 있어서 ILO 제122호 협약이 사용한 "완전하고 생산적이며 자유롭게 선택된 고용"이라는 아이디어를 염두에 두고 작업을 수행하게 된다.
- 이러한 예는 산업재해를 예방하는 훈련, 직업상의 위험을 측정하는 장비, 근로자의 건강과 안전을 개선시키는 아이디어 등의 경우에도 마찬가지이다.

V. 국제노동기준의 감시절차

1. 통상적 감시절차

(1) 감시활동의 의의

국제노동기준의 국제적 감시를 위한 ILO의 메커니즘은 유효성과 효율성을 위한 역할모델로 잘 알려져 있는데, 해를 거듭하면서 그 성과는 기본적인 시민적 권리의 침해에서부터 일상적인 근로조건에 이르기까지의 문제를 포괄하는 상황의 개선에 관한 문서화된 수많은 사례로 나타나고 있다.

이 절차는 노동기준에 대한 비준과 기준의 규정에 효력을 부여하기 위해서 취해진 조치에 관한 정규적·주기적인 보고의무에 근거를 두고 있다. 앞서 살펴보았듯이 회원국이 협약을 비준한다는 것은 두 가지 의무를 부담한다는 것을 의미하는데, 협약에서 정한 기준을 자국 내의 제도 및 관행으로 받아들이는 것뿐만 아니라 협약의 비준 자체가 ILO의 감독활동의 수락을 의미하기 때문이다.

(2) 회원국정부의 보고

현재 통상적 감시의 중심을 이루는 것은 협약의 비준 여부는 물론이고, 비준한 협약과 관련하여 협약에서 정한 기준을 이행하기 위하여 취한 조치에 관한 회원국의 정기적·주기적인 보고절차이다.

2002년 2월 7일 효력발생한 제183호 모성보호협약의 경우, 최초(정규) 보고서는 비준한 이후 2년차에 최초보고서를 제출해야 한다. 따라서 2001년 이 협약을 비준한 불가리아·이탈리아·슬로바키아는 2003년에 최초보고서를 이미 제출했으며, 2002년 이 협약을 비준한 루마니아는 2004년에, 2003년 이 협약을 비준한 헝가리·리투아니아는 2005년에 각각 최초보고서를 제출해야 한다.[1] 또한 이들 국가는 모두 2008년에 모두 주기보고서를 제출해야 한다.

이들 보고서는 비준한 협약에 대해서 효력을 부여하기 위해서 각 회원국이 자발적으로 취한 개선조치의 상세한 내용을 담고 있는데, (1) 자국의 법률이 협약상의 기준을 반영하고 있는지 여부, (2) 기구의 설치를 요구하는 기준이라면 그에 합치하는 기구가 설치되었는지 여부 및 그 운영에 관한 세부사항, (3) 촉진적인 성격의 협약인 경우 협약상의 목표달성에 접근하기 위하여 취한 조치가 있는지 여부, (4) 협약상의 기준을 적용하는 과정에서 발생한 난점을 해결하기 위하여 조치가 필요한지 여부 및 그 구체적인 내용, (5) 협약적용과 관련하여 심판기관(주로 법원)이 취한 해석에 관한 일반적인 사항, (6) 위반건수에 관한 정보 등이 그 예이다. 물론

---

1) 이들 정규보고의 제출주기는 ILO초기에는 매년 필요한 것이었으나 보고서에 대한 심사의 부담 등을 고려하여 순차적으로 확대되었는데, 비준건수가 6,000건에 달하는 현재는 인권이 관련된 사항, 협약적용에서 발생하는 난점에 관한 사항, 협약과 관행의 모순되는 사항, 노사단체의 논평이 있는 사항 등 중요한 기준을 제외하고는 통상 5년의 간격을 두고 제출하도록 하고 있다.

이 보고서를 작성하는 과정에도 노사단체에 대해 사본을 송부하는 등 적절하게 의견을 제시할 수 있는 기회가 부여되어야 한다.

(3) 전문가위원회의 심리

제출된 보고서는 협약및권고에관한전문가위원회(CEACR)가 검토하는데, 동 위원회는 노·사·정의 어떠한 입장으로부터도 독립적인 20명의 전문가로 구성되어 있다. 이 위원회의 독립성 및 객관성에 대한 전세계적인 신뢰가 바로 ILO의 감독활동의 권위성에 대한 근거가 된다. 동 위원회는 노사단체의 의견까지 포괄하는 각 회원국정부의 보고서를 심리하며, 심리과정에서 노사단체의 의견 등을 요구하기도 한다. 동 위원회의 심리과정을 거쳐 작성된 검토의견(Observation)을 내는데, 이 검토의견은 회원국정부가 협약상의 기준을 충분히 준수하고 있는지 여부에 대한 결론 및 의무이행에 흠결이 있는 경우 권고사항, 제공된 정보가 불충분한 경우 그에 관한 직접적인 요청 등 다양한 내용을 담고 있으며, 그 법리의 누적은 협약의 구체적인 적용에 대한 ILO의 권위 있는 입장을 대변한다.[2]

(4) 총회위원회의 토론 및 보고

CEACR의 검토의견에 대해서 기준적용에 관한 노·사·정 3자구성위원회는 공개토론을 갖고 전체총회에 제출할 보고서를 제출한다.

총회위원회는 통상적으로는 노·사·정 대표 및 자문가에서 선출된 150명의 위원으로 구성된다. 총회위원회는 전통적으로 정부위원을 의장으로, 사용자위원과 근로자위원을 각각 부의장으로 선출한다.

매해 총회위원회는 일반토론으로 작업을 시작하는데, 일반토론과정에서는 ILO 기준의 적용과 비준 및 이들 기준에 관련된 헌장상의 의무를 회원국이 일반적으로 준수하는가 여부에 관련된 많은 폭넓은 쟁점을 검토한다. 총회위원회는 또한 헌장 제19조에 따른 보고서의 주제인 기준, 즉 미비준 협약 및 권고에 관하여 각국의 법률 및 관행에 관한 전문가위원회가 작성한 일반조사보고서(General Survey)에 대해서도 논의한다.

일반토론을 거친 뒤 총회위원회는 개별적인 사례를 검토한다. 전문가위원회의

---

2) OECD는 무역과 국제노동기준의 관계에 관하여 1996년, 2000년 두 차례 연구작업을 수행했던 바 있는데, 국제노동기준의 준수 여부에 관해서는 이상과 같은 CEACR의 Observation사례에 대한 검토가 주를 이루고 있다. OECD(2000), *International Trade and Core Labour Standards*, p. 85 이하 Annex 참조.

보고서에서 비준협약의 준수에 미흡함이 있다고 지적된 정부는 총회위원회에서 진술요청을 받기도 한다. 그렇게 해야 할 공식적인 의무가 있는 것은 아니지만, 실제로 해당 국가의 정부가 이를 거부하는 경우는 거의 없다. 총회위원회의 목적은 해당 국가를 외교적으로 비난하는 데 있는 것이 아니라, 해당 국가로부터 실질적인 자발적인 준수로 이어질 수 있는 유의미한 결과를 얻는 데 있다. 발언을 하는 정부 측 대변인은 특정한 기준을 적용하는 데 있어서의 난점을 솔직하게 설명하며, 그것을 극복하기 위해서 취하고자 하는 조치를 밝히는 것이 보통이다. 다른 나라의 노사단체의 대표자들이 국제노동기준을 적용하는 데 관하여 정중하게 질문을 하고, 그 과정에서 역시 정중하고 솔직하게 답변한다.

총회위원회는 그것을 제 1 차, 제 2 차 회의를 통해서 토론한다. 이 토론은 대표들에게 노·사·정 각각을 대표하는 대표들에게 총회위원회가 결론을 내리는 데 있어서 유의하여야 할 사항에 대하여 관심을 기울일 수 있도록 한다. 일단 총회에서 이를 채택하게 되면 총회위원회가 총회에 제출한 보고는 당해 회원국정부에게 송부되는데, ILO의 차기보고서를 준비함에 있어서 고려해야 할 사항에 대해서 특히 주의를 기울이도록 하고 있다.

2. 특별감시절차

이 절차는 회원국을 대상으로 제기된 특별한 제소사건을 포함하고 있다. ILO헌장 제24조 및 제26조상의 절차는 관련협약의 비준을 요건으로 하고 있다. 특히 ILO의 설립시의 원칙인 결사의 자유의 원칙에 대한 위반의 제소사건은 비록 관련 협약을 비준하지 않았다고 하더라도 가능하다는 특징이 있다.

여기에는 (1) ILO헌장 제24조에 따라 일정한 회원국이 ILO협약을 비준하고 있지 않은 상황에 대해서 노사단체가 제기하는 특별제소절차(Representation), (2) ILO헌장 제26조에 따라 일정한 회원국이 비준한 협약을 준수하고 있지 않다는 데 대한 고충제기절차(Complaint), (3) 결사의 자유의 원칙이 갖는 특징을 이유로 ILO회원국이라는 사실 자체에 근거하여 결사의 자유관련 협약의 비준유무를 불문하고 결사의 자유와 관련하여 제기하는 절차(CFA 및 FFAC 두 가지), (4) 특별한 감독절차가 특정한 상황에서 국제노동기준에 효력을 부여하는 데 관하여 활용되고 있는 임시절차(Ad hoc Procedure)가 있다.

(1) 특별제소절차

노사단체가 회원국정부가 특정한 협약을 비준하고 있지 않다는 특별제소를 제기하면, ILO사무국은 사건의 접수를 승인하고 해당 국가에게 이를 통보하며 이사회의 사무국에 사건을 송부한다.

이사회는 사건의 수리가능성에 대해서 심리결정한다. 그 결과 특별제소가 수리되는 경우 실체심리를 위해 3명의 위원으로 구성된 임시위원회를 구성하며, 사안이 결사의 자유보장과 관련된 사안이라면 이를 결사의자유위원회(CFA)에 회부한다.

임시위원회는 사안을 검토하는데, 그 과정에서 해당 정부에 대해서 자료를 요청하기도 하는 경우도 있다. 임시위원회는 사안을 심리하여 결론을 내리는데, 그 결론에 따라서 헌장 제26조상의 후술하는 절차에 따라 고충을 제기하도록 하기도 하며, 그 심리결과를 출간하기도 한다.

(2) 고충제기절차

ILO헌장 제26조는 ILO회원국이 비준협약의 효율적인 적용을 만족스럽게 보장하고 있지 않다는 주장을 고충으로 제기하는 절차를 규정하고 있다. 이는 동일한 협약을 비준한 ILO의 다른 회원국이나 ILO총회의 대표 또는 ILO이사회가 제기할 수 있다.

고충이 제기되면 ILO이사회는 사실조사위원회를 구성할 것인지 여부를 결정하는데, 그에 앞서 전술한 헌장 제24조의 절차와 유사한 방식으로 사건을 심리하도록 할 수도 있으며, 만일 고충의 실질적인 내용이 결사의 자유와 관련되어 있으면 결사의 자유위원회에 회부할 수도 있다.

이사회에 의해서 구성된 독립적인 지위에 있는 사실조사위원회는 철저하게 고충을 심리하는데, 해당 국가를 소환해서 조사할 수도 있다. 사실조사위원회는 확인한 바를 이사회에 보고하면서 권고사항과 권고사항의 이행에 필요한 시간스케쥴의 대강까지 제시한다. 이 사실조사위원회의 보고서는 해당 국가에게 송부되고 출판되며, 이사회에 제출된다. 협약 및 권고의 적용에 관한 전문가위원회(CEACR)는 이 사실조사위원회의 권고사항에 대해서 지속적인 검토를 수행한다.

해당국정부는 이 고충사건의 최종적인 심사를 위해 국제사법법원(ICJ)에 이 사건을 제소할 수도 있다.

(3) 결사의 자유 관련절차

ILO의 국제노동기준 중에서 결사의 자유라는 원칙이 갖는 중요성 때문에 ILO는 그 이행을 위한 특별한 기구를 정규감독절차와는 별도로 설치하였다.

결사의 자유와 관련된 이러한 특별구제절차는 ILO총회가 제87호 및 제98호 협약의 채택을 논의하는 시기에 개발되었다. 만일 결사의 자유와 같은 중요한 기준인 제87호 및 제98호 협약을 어떠한 회원국이 비준하지 않는 한 당해 국가에 대해서 결사의 자유원칙의 적용을 포기하는 것과 다를 바가 없다는 것이 그 이유였다. 특히 결사의 자유와 관련된 사안은 많은 경우에 노조지도자의 구속·수감 및 형집행을 비롯하여 결사의 와해 등 시급을 요하는 경우가 많기 때문에 그 당시까지 존속하고 있었던 기존의 정규적인 감시절차만으로는 충분하지 않다는 주장도 제기되었다. 여기에는 다음 감독기구에 의한 두 가지 감시절차가 있다.

1) 결사의자유위원회(CFA)

결사의자유위원회는 UN 경제사회이사회와 ILO이사회의 합의에 의해 1951년에 설립되었고, 이사회에 소속된 3자구성의 위원회이다. 그 주된 활동은 ILO회원국(결사의 자유 관련협약을 비준하지 않은 국가까지 포함)이 결사의 자유에 관한 원칙을 존중하지 않는다는 노사단체 또는 다른 정부의 고충에 대해서 심리하는 것이다. 1년에 3차례 회합하여 사건을 심리하는데, 설립 이래 수천건을 심리해 오고 있다. 후술하는 사실조사조정위원회에 비하여 결사의 자유위원회의 절차가 갖는 특징은 문제된 당사국정부의 동의 여부를 불문하고 절차가 진행된다는 점이다.

제기된 사건에 관련된 당사국이 결사의 자유와 관련된 협약을 비준하였고, 사건이 입법상의 문제와 관련되어 있는 경우 결사의 자유위원회는 협약및권고의적용에관한전문가위원회가 내린 후속조치를 그대로 인용하는 경우가 대부분이기는 하지만, 결사의 자유위원회가 수십 년에 걸쳐 내려 온 결정의 집합체는 결사의 자유에 관한 한 전세계에 걸쳐 가장 권위 있는 의견으로 받아들여지고 있다.

2) 사실조사조정위원회(FFCC)

사실조사조정위원회도 UN 경제사회이사회와 ILO이사회의 합의에 의해서 설립되었다. 비록 결사의 자유 관련협약을 비준하지 않은 국가에 대해서도 절차가 진행된다는 점에 있어서는 결사의 자유위원회의 절차와 동일하지만, 어디까지나 당사국이 절차의 진행에 동의한 경우에 한하여 절차가 진행된다는 점에서 결사의 자유위원회의 절차와 구분된다. 따라서 그 발동건수가 제한되어 있다. 하지만 일단 절차가 시작된 이후에는 관련된 국가에 대해서 철저하면서도 객관적인 조사 및 그에 근거한 결론을 내리기 때문에 사안의 해결에 있어서는 보다 근본적인 해결의 실마리를 찾게 되는 것이 보통이다.

사실조사조정위원회의 절차는 UN에 의해서 제기되기도 하는데, 이 경우 관련 국가가 ILO회원국이 아닌 경우까지도 결사의 자유와 관련된 사안을 심리할 수도 있다. 사실조사조정위원회는 노·사·정 각 대표로 활동하는 이사회에 의해서 임명된 독립적인 위원으로 구성된다.

(4) 임시절차

사안의 성격상 필요한 경우, ILO는 총회 또는 이사회의 결정 또는 양자 모두의 결정을 근거로 국제노동기준의 이행을 강행하기 위해서 사안별로 별도의 구체적인 절차를 채택하기도 한다. 여기에는 다음과 같은 예가 있다.

1) 특별한 선언과 관련된 절차

1977년 이사회가 채택한「다국적 기업과 그 사회정책에 관한 원칙의 노·사·정 선언」의 이행과 관련하여 ILO이사회는 1985년 이래 그 이행과 관련된 정보를 제출할 것을 요청해 왔다. 정부는 ILO이사회에 대해서 3년에 1회 이 선언에 합치하는 방향으로 효력을 부여하기 위하여 취한 조치에 관한 보고서를 제출하여야 한다. 이사회는 이 선언의 이행촉진을 위한 사무국의 활동에 대해서 지속적인 모니터링을 해 왔다. 나아가 정부 및 일정한 경우 노사단체까지도 ILO에 대해서 다국적기업선언의 적용과 관련된 해석상의 분쟁이 있는 경우, 그 해석을 요청할 수도 있다.

「인종차별철폐조치에 관한 선언에 부여한 효력에 관한 사무총장의 일련의 보고」(현재는 중단),「아랍점령지역에서의 근로자의 여건에 관한 보고」에서도 유사한 절차가 활용된 바 있다.

2) 직접접촉

어떤 회원국정부는 ILO감독기관이 제기한 문제를 논의하기 위해 직접접촉을 요청하는 경우도 있다. 이러한 절차는 1954년에 채택되었던 바 있는데, 각 사안별로 사무국의 직원이나 독립적인 인사를 대표자로 임명하여 절차에 임하게 한다. 이 대표자는 해당 국가의 노·사·정 3당사자들과 문제된 상황에 관하여 논의한다. 이러한 절차는 문제된 난점을 구체적으로 해결하기 위한 임시절차의 예에 속한다.

3) 차별에 관한 특별연구

1973년에 이사회는 차별에 관한 연구를 위한 특별절차를 채택하였다. 일정한 사안에 관한 특별연구의 요청을 회원국이 제출하거나 노사단체가 제출하는 경우도 있을 수 있다. 다만, 다른 경우에 비하여 그다지 성공적으로 활용되었다는 평가를 받고 있지는 못하다.

제4절   우리 나라에서의 국제노동기준

Ⅰ. 우리 나라의 ILO협약비준

이상 살펴보았듯이 ILO의 국제노동기준은 가장 대표적이고 권위 있는 국제노동기준이므로, 우리 나라의 ILO협약의 비준 및 그 준수의 정도는 우리 나라의 국제노동기준의 준수와 그 의미가 전적으로 합치한다. 따라서 ILO협약의 비준정도는 우리 나라의 제도 및 관행의 국제기준 합치성을 진단하는 가장 전형적인 지표라고 할 수 있다.

1. 비준현황

우리 나라는 2003년 12월 현재 모두 20개의 협약을 비준한 상태이다. 일자별 비준현황은 다음과 같다.

- · 1992. 9. 12
  - 1946년 제73호   선원의 건강검진에 관한 협약　　　　　　　일반비준대상
  - 1947년 제81호   근로감독에 관한 협약　　　　　　　　　　우선협약
  - 1964년 제122호   고용정책에 관한 협약　　　　　　　　　　우선협약
- · 1994. 1. 21
  - 1975년 제142호   인적 자원의 개발에 관한 협약　　　　　　비준장려대상
- · 1997. 12. 8
  - 1951년 제100호   균등보수에 관한 협약　　　　　　　　　　핵심협약
  - 1978년 제150호   노동행정에 관한 협약　　　　　　　　　　일반비준대상
  - 1985년 제160호   노동통계에 관한 협약　　　　　　　　　　일반비준대상
- · 1998. 12. 4

    1958년 제111호   고용 및 직업에서의 차별에 관한 협약　　　　핵심협약
· 1999. 1. 28
    1973년 제138호   최저취업연령에 관한 협약　　　　　　　　핵심협약
· 1999. 11. 15
    1976년 제144호   국제노동기준의 3자협의에 관한 협약　　　우선협약
    1983년 제159호   장애인의 직업재활 및 고용에 관한 협약　비준장려대상
· 2001. 3. 29
    1999년 제182호   최악형태의 아동노동에 관한 협약　　　　핵심협약
· 2001. 12. 27
    1928년 제 26 호   임금결정기구에 관한 협약　　　　　　　일반비준대상
    1970년 제131호   임금결정에 관한 협약　　　　　　　　　비준장려대상
    1971년 제135호   근로자대표에 관한 협약　　　　　　　　비준장려대상
    1948년 제 88 호   고용서비스에 관한 협약　　　　　　　일반비준대상
· 2001. 3. 29
    1925년 제 19 호   산재보상의 균등대우에 관한 협약　　　일반비준대상
    1981년 제156호   가족부양책임 있는 근로자에 관한 협약　비준장려대상
· 2003. 4. 11
    1936년 제 53 호   공무원의 자격증명에 관한 협약　　　　일반비준대상
    1990년 제170호   화학물질에 관한 협약　　　　　　　　일반비준대상

8개의 핵심협약 중에서 4개를 비준한 상태이며, 4개의 우선협약 중에서 3개를 비준한 상태이다. 일반협약에 대해서 ILO는 1994년 이래 '기준개정작업반'의 작업을 통해서 비준장려협약, 일반비준대상협약, 비준대상제외협약(미발효, 식민지 · 토착민 관련, 용어통일 관련, 통합검토대상 관련, 신협약채택에 따른 개정대상협약 등)으로 분류하고 있는데, 노동부는 이러한 기준개정작업반의 1999년 6월 작업결과를 기준으로 비준장려협약을 모두 25개, 일반비준대상협약을 61개로 분류하고 있는데, 전자 중에는 5개, 후자 중에는 8개를 비준한 상태이다.

2. 비준검토

우리 나라에서 ILO협약의 비준과 관련된 업무는 노동부의 국제협력관실에서 주관하고 있는데, 1991년부터 매년 2-3개의 협약을 대상으로 관계부처와의 협의 등을 통하여 비준해 오고 있는 상황이다.

몇 개 국가의 비준건수와 비교해 보면 미국이 14, 프랑스는 116, 독일은 77, 영국은 86, 일본은 46건이고, 아시아권 중 흔히 개발도상국으로 지칭되고 있는 나라 중에는 인도네시아 16, 태국 13 등 우리 나라보다도 비준건수가 낮은 나라도 있으나, 홍콩 41, 중국 23, 말레이지아 34, 필리핀 30, 싱가포르 23 등으로 모두 우리 나라보다도 높은 비준건수를 갖고 있다. 따라서 최소한 비준건수 자체만으로 볼 경우 우리 나라가 결코 국제노동기준의 준수·이행의 정도가 우리 나라의 발전 정도에 합치하는 수준이라고 평가하기는 곤란한 실정이다.

특히 기본협약 중에서 강제근로문제와 관련해서는 형법·병역법 등 관계법령의 개정문제가 연계되어 있고, 단결권문제와 관련해서는 공무원의 노동기본권 보장, 노조전임자의 급여지급의 금지 및 필수공익사업의 범위조정의 문제가 연계되어 있어 그 비준이 지연되고 있다.

Ⅱ. 국내노동법제에 대한 국제적 평가

1. ILO결사의자유위원회

결사의 자유위원회에는 모두 4건의 제소가 있었는데, (1) 1992년 3월 18일 제기되었던 제1629호 사건은 주로 전교조사건과 관련하여 다투어졌고, (2) 1994년 6일 27일 제기되었던 제1789호 사건은 국제노동단체가 제기한 것으로 현재 취하되었고, (3) 1995년 12월 14일 제기되었던 제1865호 사건은 현재 2003년의 잠정결론이 내려져 있는 상태이며, (4) 2000년 7월 17일 제기되었던 제2093호 사건은 특정한 사업장에서의 심각한 분규사태와 관련된 것으로 최종결론이 내려진 상태이다.

이 중 제1865호 사건은 노조간부의 구속수배 문제, 공무원의 단결권보장 문제, 노동관련법에 의한 단결권제한 문제 등 우리 나라의 노동법제의 상황이 그 사실적인 측면과 법률적인 측면이 포괄적으로 다투어진 사안인데, 현재까지도 진행되고 있으며, ILO결사의 자유위원회는 가장 최근의 2003년의 잠정결론에서도 비록 복수노조의 인정, 교원의 단결권인정 등의 개선이 있음에도 불구하고 아직도 중요한 개선요망사항이 남아 있다고 지적하고, 이를테면 법률적 측면에 대해서는 현행제도의 개선·폐지(amend, bring, repeal), 사실적 측면에 대해서는 단체행동을 이유로 해고된 공무원의 복직의 보장(ensure)을 강력한 어조로 요구하고 있는 상태이다.

2. OECD 고용사회위원회

우리 나라가 ILO · OECD에 가입하면서 세계화하고 있는 경제적 변화에 발맞추어 우리 나라의 대외경쟁력을 제고하고자 하는 국면에서 우리 나라 노동시장의 여건이 국제사회의 관심사가 되고 있다.

그 계기 중의 하나가 OECD가입 이후 우리 나라의 노동시장 및 사회안정망 정책에 대한 모니터링절차를 밟게 되면서부터인데, 최근 2002년 4월 제100차 OECD 고용노동사회위원회에서는 우리 나라의 노사관계법 제도의 개선상황이 문제된 바 있다. 이 과정에서 고용사회위원회는 그 동안 정부의 노사관계개선 노력에 대해 일정 긍정적 평가를 하기도 했으나 모니터링절차를 완전히 종결하지는 않았다.

3. UN 사회권위원회

우리 나라가 비준하여 현행헌법이 정하는 바에 따라 국내법률과 동일한 효력을 갖고 있는 국제규약과 관련하여 우리 나라에서의 이행상황에 대하여 UN의 인권위원회, 사회권위원회 등 감독기관이 여러 차례 의견을 표명한 바 있다. 이 중 가장 대표적인 것은 최근 우리 나라에서의 사회권적 기본권의 인권상황에 대한 포괄적인 의견을 표명한 것으로는 경제적 · 사회적 · 문화적 권리에 관한 인권규약이 정하는 절차에 따라 우리 나라 정부가 두 차례 제출한 보고서에 대해서 UN 사회권위원회가 전반적인 검토의견을 제시했던 것이 있다. 이를 통해서 UN 사회권위원회는 우리 나라 정부에 대해서 외국인근로자에 대한 균등처우, 강제근로, 결사의 자유보장과 관련된 ILO협약의 비준의도 여부에 대한 의도를 밝히도록 요구한 바 있다.[3]

특히 종전에 존재하고 있었던 제 3 자 개입금지위반을 이유로 한 형사처벌과 관련해서는 시민적 · 정치적 권리에 관한 인권규약 및 동 의정서에 정하는 바에 따른 제소절차가 진행되고 UN 인권위원회가 판결을 내렸던 바도 있다.[4]

---

3) Concluding observations of the Committee on Economic, Social and Cultural Rights: Republic of Korea. 07/06/95. E/C.12/1995/3(Concluding Observations/Comments) 및 Concluding Observations of the Committee on Economic, Soci.al and Cultural Rights : Republic of Korea. 21/05/2001. E/C.12/1/Add.59(Concluding Observations/Comments).

4) Communication No 518/1992 : Republic of Korea. 03/08/95. CCPR/C/54/D/518/1992(Jurisprudence). 그 전문은 본 보고서의 말미에 자료로 수록하였다.

Ⅲ. 국제노동기준과 입법

우리 나라의 경우 실제로 국제노동기준이 이행·준수되기 위해서는 두 가지 차원에서의 조치가 필요하다. 하나는 우리 나라에서 제도의 법적 근거를 이루는 법률의 제정·개정이며, 또 하나는 행정부 및 사법부가 법을 해석·집행함에 있어서 국제노동기준의 법리에 대한 존중이 필요하다.

여기에서는 그 중 우선 입법과정에서 국제노동기준이 미치는 영향을 두 가지 유형을 중심으로 살펴보고자 한다.

1. 협약의 비준과 법률의 제정·개정

우선 일정한 비준·동의절차를 거쳐 국내법과 동일한 효력을 갖게 된 국제기준의 내용에 합치하도록 국내관련법령이 개정되는 경우가 있다. 후술하게 될 사실상 고려되는 경우는 논의로 하더라도 국회에서의 입법과정에서 이미 비준한 협약기준의 이행이나 앞으로 비준을 전제로 한 국내법률의 정비에 있어서 국제기준에의 적합성이 적극적으로 고려된 사례로는 다음과 같은 예가 있다.

1997년 8월 22일 개정선원법은 (1) 근로시간 등의 적용대상의 확대, (2) 선원취업최저연령을 종전의 15세에서 16세로의 인상, (3) 선박소유자의 도산 등의 경우 선원의 귀국을 보장하기 위한 선원송환보험 또는 공제의 가입의무, (4) 항만국통제에 따른 외국선박의 감독강화 등의 내용으로 개정되었는데, 이 개정경과를 보면 1997년 7월 10일 국회 농림해양수산위원회에 제출된 정부발의의 개정법률안에 나타난 개정이유에 따르면 ILO의 관련협약기준의 준수, 항만국통제가 강화되는 데 따라 항만국통제에서 불이익을 받지 않도록 "선원의 근로기준이나 생활환경이 ILO기준에 적합하도록 노력"할 필요성을 들고 있다.[5]

한국해양수산연수원법은 해양수산분야종사자의 교육훈련 업무를 한국해양수산연구원이 수행하도록 하는 것을 목적으로 하는 법률로 1997년 8월 22일 종전의 한국 어업기술훈련소법의 명칭을 변경까지 포괄하는 전문개정이었다. 동법은 선원 등의 교육훈련에 관한 시설 및 인력을 효율적으로 활용하고 선원교육훈련의 내실화를 도모하려는 것인데, 1997년 6월 12일 국회 농림해양수산위원회에 상정된 정부발의 한국어업기술훈련소법의 개정법률안의 제안이유에 따르면, "대외적으로

---

5) 1997년 7월 10일 국회 농림해양수산위원회 회부 선원법 중 개정법률안 의안번호 150617.

는 국제해사기구(IMO)나 국제노동기구(ILO)에서 해상안전 및 해양환경보호를 위한 국제적인 선원자격기준과 선원근로환경기준이 개정되었고, 따라서 이의 이행을 위해 각국은 항만국통제(PSC) 등을 통해 국제기준의 이행 여부를 검사하고, 기준 미달시에는 입항금지나 선박의 억류조치를 하게 되며, 어선원에 대한 STCW협약도 머지 않아 이루어질 것으로 예상"하고 있는 사정을 들고 있다.[6]

ILO는 선원에 관해서는 다양한 선내설비, 신분증명, 건강진단, 근로계약, 업무상재해, 고용의 계속, 휴가, 복지, 사회보장, 송환, 근로·생활조건의 감독, 채용 및 배치, 근로시간 등 개별적인 사항에 대해서 많은 협약을 채택하고 있는데, 이들 중에서 우리 나라는 1992년 9월 12일에 1946년 ILO 제73호 선원의 건강검진에 관한 협약을 비준했던 바 있다. 하지만 위에서 살펴본 바와 같이 우리 나라에서 선원의 근로조건을 규율하는 일반법인 선원법과 선원의 교육훈련에 관련된 법률을 개정하기에 이른 것은 정부가 개정취지에서도 밝히고 있듯이 선원의 근로조건에 관한 국제기준의 준수가 정책적으로 불가피하며, 그 미이행은 대외적인 경쟁에 있어서 불이익으로 연결될 우려가 있으므로 국내법률의 개정이 불가피했던 사례에 해당한다.

최저임금법은 2000년 10월 23일로 개정되었는데, 그 내용은 최저임금제의 적용대상을 상시 5인 이상의 근로자를 사용하는 사업장에 국한하고 있었던 것을 모든 사업장으로 확대하는 것이었다. 이 개정법률안은 정부가 2000년 6월 23일 제안한 것인데, 그 제안이유에서는 법개정의 일반적인 취지와 함께 "ILO협약 제26호「최저임금결정제도의수립에관한협약」제 1 조에 따르면 저임금근로자를 보호하기 위하여 최저임금제를 실시하여야 하므로 사업체규모에 의한 일률적인 적용배제는 원칙적으로 금지하고 있으며, 동 협약에 대해 우리 나라와 경제수준이 비슷하거나 더 낮은 중국·이탈리아·멕시코·페루·아르헨티나·브라질 등 101개 국은 비준하였으나, 우리 나라는 아직 조건을 갖추지 못해 비준을 하지 못하고 있는 실정"을 최저임금법의 개정이 필요한 사정으로 들고 있다. 이 당시에는 아직 우리 나라는 ILO의 1928년 제26호 임금결정기구에관한협약을 비준하고 있지 않은 상태였으나, 이 개정을 배경으로 2001년 12월 27일에는 이 협약을 비준하기에까지 이르게 되었다.

---

6) 1997년 6월 12일 국회농림해양수산위원회 회부 한국어업기술훈련소법개정법률안 의안번호 150521.

2. 지침으로서의 국제기준과 법률의 제정 · 개정

이와는 달리 비준하지 않아서 국내법적인 효력이 없는 협약이고 단기적으로는 비준 그 자체는 적극적으로 고려하고 있는 협약이 아님에도 불구하고, 법률의 개정 과정에서 ILO기준의 내용이 고려되는 경우가 있다.

1998년 12월 31일 개정국민연금법의 개정내용 중에는 국민연금재정의 장기적인 건전성을 확보하기 위하여 국민연금의 급여수준을 현행의 가입자 평균소득월액의 70퍼센트에서 60퍼센트로 조정하고, 그 급여의 수급연령을 2013년부터 5년 단위로 1세씩 연장하여 2033년에는 노령연금의 수급연령이 65세가 되도록 한 것이 있다. 이 개정에 이르게 되기에 앞서 (1) 1998년 9월 26일로 국회보건복지위원회에 상정된 의원발의의 국민연금법개정안, (2) 1998년 5월 8일로 국회보건복지위원회에 상정된 정부발의의 국민연금법개정안, (3) 1998년 4월 10일로 국회보건복지위원회에 상정된 의원발의의 국민연금법개정안이 있었고, 세 개의 법률안이 보건복지위원회에서 논의되는 과정에서 하나의 법률개정안대안으로 합쳐지게 되었던 사정이 있었다.

이렇게 폐기된 세 개의 법률개정안 중에서 1998년 9월 26일로 국회보건복지위원회에 상정된 의원발의의 국민연금법개정안과 1998년 5월 8일로 국회보건복지위원회에 상정된 정부발의의 국민연금법개정안에서는 그 개정이유 중에서 "현행제도는 기본연금액이 40년 가입시 임금대체율이 70%로서 선진제국의 공적연금 급여수준(〈표-3〉 참조)에 상응하는 수준으로 보험료부담에 비하여 급여수준이 높다는 비판에 따라 ILO에서 권장하는 최저수준(40년 가입시 54%)보다 높은 수준으로 정하여 보험료인상보다는 급여수준을 하향조정한 것은 「저부담 · 고급여」의 모순을 없애기 위한 것으로 불가피하다고 판단"된다는 사정을 들고 있다.[7] 어쨌건 이 두 개의 법률개정안에 담겨 있던 급여수준의 하향조성 및 수급연령의 연장에 관한 개정내용은 최종개정법률안 대안에까지 포함되고 입법화에 이르게 되었다.

2000년 6월 29일 의원발의로 국회보건복지위원회에 회부되었던 국민건강보험법중개정법률안은 근로기준법상 근로여성에 대한 산전후휴가의 유급부여에 소요되는 비용을 사업주의 전액부담으로 하는 것의 문제점을 지적하면서 "출산휴가기간

---

7) 1998년 9월 26일 국회보건복지위원회 회부 국민연금법중개정법률안 의안번호 151194; 1998년 5월 8일로 국회보건복지위원회에 상정된 정부발의의 국민연금법개정안 의안번호 151070.

동안 여성과 신생아의 건강을 충분히 유지하기 위한 급여를 공공기금이나 보험제도의 방법에 의하도록 하는 ILO의 권고와 부합하지 않으며"라고 지적하고 있다.[8] 이는 아마도 2000년에 채택된 ILO 제183호 모성보호협약 제 6 조 제 8 항을 지칭하는 듯하나, 실제로 동협약에서는 기존의 법령에 의한 급여지급을 부정하는 것은 아님에도 불구하고 산전후휴가에 소요되는 급여의 부담을 전적으로 사용자에게 부담하도록 해서는 안 된다는 취지로 원용되고 있다. 어쨌건 이 법률개정안은 폐기되었고 입법화되지는 않았다.

2001년 8월 14일 근로기준법, 남녀고용평등법, 고용보험법이 일시에 개정된 바 있다. 이는 모성보호와 관련된 개정을 통하여 여성에게 노동시장에 대한 참여의 기회를 확대시킨다는 데 그 의의가 있었던 개정이었다. 그 입법과정에서 개정취지에 대해서 "우리 나라 여성의 경제활동 참가율을 선진국수준으로 향상"을 들고 있으며, 그 배경으로 "ILO 등 국제기준에 부응"을 들고 있다.[9] 특히 그 구체적인 내용에 있어서 아직 우리 나라가 비준하고 있지 않은 협약임에도 불구하고, 2000년 6월 15일 ILO총회가 제183호 모성보호협약으로 종전의 출산휴가를 확대하였다는 사정을 고려하면서 "산전후휴가기간은 모성보호차원에서 국제기준에서 정하는 최소한의 수준은 보호하는 것이 바람직"하다는 점을 고려하고 있다.

3. 국제기구감독절차에 의한 권고 등의 사실상 고려

1996년 12월 31일 산업안전보건법은 산업재해를 예방하고 쾌적한 작업환경을 조성하기 위하여 산업안전·보건에 관한 사업주의 의무를 강화하고 산업재해예방활동에 근로자 등의 참여를 활성화하도록 하는 등 현행제도의 운영상 나타난 일부 미비점을 개선·보완하는 내용으로 개정되었는데, 이 개정에 이르게 되기에 앞서 (1) 1996년 11월 29일로 국회환경노동위원회에 상정된 정부발의의 산업안전보건법개정안, (2) 1996년 12월 4일로 국회환경노동위원회에 상정된 의원발의의 산업안전보건법개정안이 있었고, 두 개의 법률안이 환경노동위원회에서 논의되는 과정에서 하나의 법률개정안 대안으로 합쳐지게 되었던 사정이 있었다. 이렇게 폐기된 두 개의 법률개정안 중에서 1996년 12월 4일로 국회환경노동위원회에 상정된 의원발의의 산업안전보건법개정안은 그 개정이유 중에서 "후진국수준의 산업재해는 ILO가

---

8) 2000년 6월 29일 국회보건복지위원회 회부 국민건강보험법중개정법률안 의안번호 160045.

9) 2001년 6월 26일 국회환경노동위원회 회부 근로기준법중개정법률안(대안) 의안번호 160880.

입 및 OECD가입추진 등의 외교적 성과와 세계무역순위 제11위라는 경제적 수준
에는 어울리지 아니하는 것으로 경제적 수준에 상응하는 국제적 위상제고를 위하
여 안전·보건기준을 국제적 수준으로 개선할 필요성이 대두되고 있음"이라고 지
적하고 있다.[10]

1998년 2월 24일 노동조합의 설립이 금지되는 공무원에 대하여 소속기관의
장과 근무환경개선·업무능률향상·고충처리 등을 협의할 수 있도록 하고, 그 성
실한 이행을 보장함으로써 공무원의 복무상 권익을 보호하고 국민에 대한 봉사자
로서의 자긍심을 고취시키기 위하여 직장협의회를 설립·운영할 수 있도록 하려는
공무원직장협의회의설립·운영에관한법률이 제정되었다. 그 제정을 위한 국회에서
의 논의과정에서 공무원에게 단결권을 허용하는 국제기준의 준수 여부가 논란이 되
었는데, 이에 대해서 정부는 "공무원노조의 즉각허용은 우리 현실상 어려운 점이
있음. 다만, 금번 노사정위원회의 권고에 따라 금번에 공무원노조의 전 단계라고 할
수 있는 공무원직장협의회설립에관한법안을 제출하게 된 것"이라고 밝히고 있다.[11]

2001년 3월 28일 개정 노동조합및노동관계조정법은 부칙 제6조의 개정을 통
해 전임자에 대한 급여지급을 전면금지하는 동 법률본문의 적용을 2001년까지 유
예했던 것을 다시 2006년 말까지 적용유예기간을 연장하였다.

이 개정에서 개정법률안의 제안이유 자체에서는 드러나고 있지 않으나,[12] 이
개정법률안에 대한 전문위원의 검토보고서에서는 "국제노동기구(ILO)에서는 노조
전임자의 임금지급관련 협약은 없으나 이를 법으로 금지·처벌하는 등 국가가 개
입하는 것은 노사자치에 위배된다는 입장을 보이고 있고, 우리 정부에 대하여 노조
전임자의 급여지원 문제는 입법적 관여대상이 아니므로 이를 금지하고 있는 노동
관계법관련조항을 철회할 것을 권고한 바 있습니다. 외국의 입법례, ILO의 권고
등을 고려할 때 노조전임자임금지급에 대한 문제는 협상을 통한 노사자율로 결정
하는 것이 바람직한 것으로 이를 금지·처벌하는 것을 법률로 규정하는 것은 지양
해야 될 것으로 생각됩니다"라고 지적하고 있다.

---

10) 1996년 12월 4일 국회환경노동위원회 상정 산업안전보건법중개정법률안 의안번호 150355.
11) 1998년 2월 13일 국회행정위원회 상정 공무원직장협의회의설립·운영에관한특별법제정법률안
    의안번호 150956 중 국회전문위원의 법안검토요지 중.
12) 2001년 2월 19일 국회환경노동위원회 회부 노동조합및노동관계조정법중개정법률안 의안번호
    160640.

Ⅳ. 국제노동기준과 판례

법원이 국제노동기준의 법규범성에 대해서 일반적으로 어떠한 입장을 가지고 있는지는 단정하기 어렵다. 다만, 전체적으로는 헌법 제 6 조 제 1 항이 선언한 "헌법에 의하여 체결·공포된 조약"과 "일반적으로 승인된 국제법규"에 대해서 국내법과 동일한 효력을 인정한다는 일반적인 법리에 충실하고 있다고 보여지나, 구체적인 사건에 있어서 반드시 일관된 입장이라고도 보기 어렵다.

몇 가지 사례를 통해서 법원의 입장을 유형화해 보면 다음과 같다.

1. 당사자가 해석지침으로 원용하는 경우

첫째, 법원이 스스로 판단하되 국제노동기준의 원용에 대해서는 본격적으로 판단하지 않는 유형이 있다.

선주와 선원의 근로계약에 대해서 행정관청의 공인절차가 어떠한 의미를 갖는지 다투어진 사례가 있다. 이에 대해서 상고이유에서는 공인절차는 당해 계약의 효력발생요건이라고 주장하면서 그 근거로 ILO의 선원의 근로계약에 관한 협약을 원용하였으나, 대법원은 국제기준으로서 ILO협약이 해석기준으로서 어떠한 지위를 갖는지 명백한 판단은 하지 않은 채로 공인받지 않은 각서에 대해서도 계약으로서의 효력을 인정한 바 있다.[13]

복수노조의 설립이 전면금지되어 있던 당시 연합단체의 노동조합설립 신고가 기존 연합단체와 조직대상을 같이 한다는 취지로 반려된 데 대해서, 원고가 "대한민국이 1990.6.13. 경제적, 사회적 및 문화적 권리에 관한 국제규약에, 1991.12.9. ILO에 각 가입함으로써 복수노조의 설립을 제한하고 있는 노동조합법 제 3 조 단서 제 5 호는 실효되었다고 할 것이므로 피고가 위 조항을 근거규정으로 하여 한 이 사건 처분은 무효의 처분"이라고 주장함으로써 ILO가입 자체에 의해서 결사의 자유에 관한 국제노동기준의 법규범성에 대한 판례법리가 새롭게 형성될 여지가 있었다. 하지만 법원은 조직대상을 달리하므로 원고의 청구를 인용한다는 입장에 서서 ILO가입 자체에 의한 결사의 자유에 관한 국제노동기준의 법규범성에 대해서는 본격적으로 판시하지 아니한 사례도 있다.[14]

---

13) 대법원 1971. 12. 28. 선고 71 다 2154 판결(상여금).
14) 대법원 1993. 5. 25. 선고 92 누 14007 판결(노동조합설립신고반려처분취소).

둘째, 헌법 제 6 조 제 1 항이 명시하고 있는바, '일반적으로 승인된 국제법규'에 해당하지 않는다는 판단을 명시하여 배척한 사례가 있다.

현행 교원노조법에 의하여 교원에게 제한적인 단결권·단체교섭권이 인정되기 이전에 교원의 단결활동을 이유로 한 대규모 해직사태가 있었고, 그 해직의 효력을 다투는 과정에서 공무원의 근로 3 권을 부정하는 국가공무원법을 준용하는 교육공무원법, 그 조항을 다시 준용하는 사립학교법이 사립학교교원의 근로 3 권을 침해하는 위헌성이 다투어진 사례가 있다. 이 사안에서 ILO의 단결권관련 협약 및 국제연합교육과학문화기구(UNESCO)와 국제노동기구가 1966년 10월 5일 공동으로 채택한 "교원의지위에관한권고"의 법규범성이 다투어졌다. 사건이 다투어지던 당시 우리 나라는 ILO의 회원국은 아니지만 ILO의 단결권관련 협약은 ILO의 다수의 회원국이 비준한 협약으로서 일반적으로 승인된 국제법규에 해당하며, UNESCO에는 가입하고 있는 상태였으므로 UNESCO와 ILO가 공동으로 채택한 권고에 구속을 받는다는 것이 위헌주장의 요지였다.

이에 대해서 헌법재판소의 다수의견은 "국회의 동의를 얻어 국제연합의 인권규약의 대부분을 수락한 체약국으로서 위 각 선언이나 조약 또는 권고에 나타나 있는 국제적 협력의 정신을 존중하여 되도록 그 취지를 살릴 수 있도록 노력하여야 함은 말할 나위도 없다"고 하면서도 "그의 현실적 적용과 관련한 우리 헌법의 해석과 운용에 있어서 우리 사회의 전통과 현실 및 국민의 법감정과 조화를 이루도록 노력을 기울여야 한다는 것 또한 당연한 요청이다"라는 입장을 취하였다. 구체적으로는 국제연합의 인권선언에 대해서는 '바로 보편적인 법적 구속력을 가지거나 국제법적 효력'을 갖는 것은 아니라고, 경제적·사회적·문화적 권리에 관한 인권규약 및 시민적·정치적 권리에 관한 인권규약에 대해서는 동 규약이 인권의 제한가능성을 상정하고 있으며, 교원지위법정주의에 의한 교원의 노동기본권의 제한이 그 범위에서 벗어나지 않는다고 하며, UNESCO·ILO의 교원지위에 관한 권고에 대해서는 그 권고 자체가 단계적인 조치를 전제로 하고 있으며, 직접적으로 국내법적인 효력을 갖는 것은 아니라고 하여 배척하였다.

반면 헌법재판소에서 반대의견 중에서는 국제기준의 법규범성 자체에 대해서 직접 언급하지는 않았지만 국제인권규약의 해석상 교원에게는 단결권이 인정되어야 한다는 취지(이시윤 재판관), 국제인권규약 가입국으로서의 나라의 면모에 훼손이 없어야 한다는 취지(변정수 재판관), ILO에 미가입상태라도 UNESCO에 가입한 회원국이며, 인권세계선언의 내용을 수용·준수할 의무가 있다는 취지(김양균 재판관)로 다수의견과 반대의 입장에 선 바 있다.

이 헌법재판소결정은[15] 국제노동기준에 대하여 본격적으로 법리적인 다툼이 있었던 최초의 사례라고 보아도 과언이 아니며, 그 후 판례법리에 결정적인 영향을 미친 것으로 판단된다.[16]

또한 해고에 관한 국제노동기준상 고용종료시 근로자에게 변호의 기회가 보장되어야 한다는 점을 근거로 직권면직의 경우도 단체협약상의 징계에 해당하고, 징계에 준하는 절차적인 변호의 기회가 보장되어야 한다는 입론에 서서 직권면직의 효력이 다투어졌던 사례가 있다. 이에 대해서 대법원은 그러한 국제노동기준을 이

15) 헌법재판소 1991. 7. 22. 선고 89헌가106 결정(사립학교법 제55조·제58조 제1항 제4호에 관한 위헌심판).

16) 이러한 헌재결정의 다수의견은 유사한 사실관계에서 공립학교교원에 대한 파면처분의 효력이 다투어진 사안에서 거의 그대로 인용되고 있다. 대표적인 사례로는 국제기준위반 여부에 대해서 "한편 우리 나라가 가입하지도 아니한 국제노동기구의 제87호 조약 및 제98호 조약이나 국제노동기구와 국제연합교육과학문화기구가 채택한 위 "교원의 지위에 관한 권고"는 권고적 효력밖에 없어 위 권고가 직접적으로 국내법적인 효력을 가진다고는 할 수 없으며, 국제연합의 "인권에 관한 세계선언"은 일반적으로 승인된 국제법규가 아니므로 국내에서의 특별입법이 없는 이상 이것 또한 권고적 효력밖에 없다 할 것인바, 국가공무원법이 공무원의 노동운동을 금지한다 하여 헌법 제6조 제1항에 나타나 있는 국제법존중의 정신에 어긋나는 것이라고도 할 수 없으므로"라고 판시한 서울고법 1992. 2. 14. 선고 89구16296 판결(파면 등 처분취소); 국가공무원에 대한 근로3권을 부정하는 국가공무원법규정의 위헌성이 다투어진 사안에서 "근로3권의 주체가 될 수 있는 공무원의 범위를 정함에 있어서는 근로3권을 보장하고 있는 헌법의 정신이 존중되어야 함은 물론 국제사회에 있어서의 노동관계법규 등도 고려되어야 한다"라고 하면서도 "입법자가 고려하여야 할 위와 같은 여러 가지 입법상의 참작사유 등에 미루어 위 법률조항을 살펴볼 때, 위 법률조항이 근로3권이 보장되는 공무원의 범위를 사실상의 노무에 종사하는 공무원에 한정하고 있는 것은 근로3권의 향유주체가 되는 공무원의 범위를 정함에 있어서 공무원이 일반적으로 담당하는 직무의 성질에 따른 공공성의 정도와 현실의 국가·사회적 사정 등을 아울러 고려하여 사실상의 노무에 종사하는 자와 그렇지 아니한 자를 기준으로 삼아 그 범위를 정한 것으로 보여진다. 이러한 입법내용은 앞서 본 바와 같이 헌법상 근로자에 대한 근로3권의 실질적 보장이 전제되고 있으면서도 헌법 제33조 제2항이 근로3권이 보장되는 공무원의 범위를 법률에 의하여 정하도록 유보함으로써 공무원의 국민 전체에 대한 봉사자로서의 지위 및 그 직무상의 공공성 등의 성질을 고려한 합리적인 공무원제도의 보장, 공무원제도와 관련한 주권자 등 이해관계인의 권익을 공공복리의 목적 아래 통합조정하려는 의도와 어긋나는 것이라고는 볼 수 없다"라고 한 헌법재판소 1992. 4. 28. 선고 90헌바27 등 결정(국가공무원법 제66조에 대한 헌법소원); 전교조탈퇴각서의 미제출을 이유로 한 면직처분이 양심의 자유를 보장한 국제인권규약에 반한다는 주장에 대해서 "전교조에 가입한 뒤 탈퇴하지 아니한 위법상태에 있는 것을 이 사건 법률조항의 면직사유에 해당된다고 보는 것이 헌법 제19조의 양심의 자유를 침해하는 것이라고 볼 수 없고"라고 하면서 "우리 재판소는 1991. 7. 22. 선고 89헌가106 결정 사건에서 사립학교법 제58조 제1항 제4호가 헌법에 위반되지 아니한다고 판시하였는바(판례집 3, 387), 이를 다시 달리 판단하여야 할 사정변경이 있다고 인정되지 아니하므로 그 결정을 그대로 유지하고 그 사건에서 판시한 이유를 이 사건에 그대로 인용하기로 한다"라고 한 헌법재판소 1999. 6. 24. 선고 97헌바61 결정(사립학교법 제58조 제1항 제4호 위헌소원) 참조.

유로 직권면직에 대해서 별도로 변호의 기회가 보장되어야 한다거나, 그것이 보장되지 않았다고 하여 직권면직의 효력이 부정되는 것은 아니라고 판시한 바 있다.[17]

직권중재에 관한 노동조합법규정은 해당 근로자의 단체행동권을 본질적으로 제약한다는 견지에서, 이러한 단체행동권의 본질적인 침해는 '파업참가를 이유로 한 제재로서의' 강제근로를 금지하는 ILO의 제105호 협약에 반한다는 점이 그 위헌주장의 근거의 하나로 제시되었던 사례가 있다. 이에 대해서 당해 사건의 수소법원이 직권중재시 쟁의행위의 금지위반을 처벌한다고 해서 ILO 제105호 협약에서 규정하는 강제근로에 해당하지 않는다는 다소 조심스러운 입장을 취한 데 대해서, 헌법재판소의 다수의견은 "국제노동기구 제105호의 침해 여부는 아직 비준조차 되지 않은 우리 나라의 경우 그 논의의 가치가 없는 것"이라는 단호한 논조로 배척했던 사례도 있다.[18]

정당성이 인정되지 않는 파업참가를 형법상의 업무방해죄로 처벌하는 것이 위헌이라는 주장에 대해서도 헌법재판소는 이와 유사하게 "강제노동의 폐지에 관한 국제노동기구(ILO)의 제105호 조약은 우리 나라가 비준한 바가 없고, 헌법 제 6 조 제 1 항에서 말하는 일반적으로 승인된 국제법규로서 헌법적 효력을 갖는 것이라고 볼 만한 근거도 없으므로, 이 사건 심판대상규정의 위헌성심사의 척도가 될 수 없다"고 반복하여 판시하고 있다.[19]

국제노동기준의 법규범성과 직접 관련된 것은 아니지만, 법원이 국제기준에 대해서 지극히 소극적·부정적인 입장을 갖고 있음을 보여 주는 특기할 만한 사례도 있다. 앞서 인용한 바 있듯이 UN인권위원회는 제 3 자 개입금지에 대한 형사처벌이 표현의 자유를 인정해야 한다는 시민적·정치적 권리에 관한 인권규약위반임을 인정하고, 우리 나라 정부에 대해서 당사자에게 그에 합당한 구제조치를 권고한 사례가 있었다.[20] 이 인권위원회의 결정을 근거로 당사자가 국가에 대한 손해배상을 청구한 데 대해서 법원은 "우리 나라가 가입한 '시민적및정치적권리에관한국제규약' 제 2 조 제 3 항은 위 국제규약에서 인정되는 권리 또는 자유를 침해당한 개인이 효과적인 구제조치를 받을 수 있는 법적 제도 등을 확보할 것을 당사국 상호간의

---

17) 대법원 1996. 11. 26. 선고 95 누 17571 판결(부당해고구제재심판정취소).

18) 헌법재판소 1996. 12. 26. 선고 90 헌바 19, 92 헌바 41, 94 헌바 49(병합) 결정(노동쟁의조정법 제 30조 제 3 호 등(위헌소원)).

19) 헌법재판소 1998. 7. 16. 선고 97 헌바 23 결정(구 형법 제314조 위헌소원).

20) Communication No. 518/1992 : Republic of Korea. 03/08/95. CCPR/C/54/D/518/1992(Jurisprudence).

국제법상 의무로 규정하고 있는 것이고, 국가를 상대로 한 손해배상 등 구제조치는 국가배상법 등 국내법에 근거하여 청구할 수 있는 것일 뿐, 위 규정에 의하여 별도로 개인이 위 국제규약의 당사국에 대하여 손해배상 등 구제조치를 청구할 수 있는 특별한 권리가 창설된 것은 아니라고 해석된다"고 판시한 바 있다.[21] 이는 "적절한 보상을 포함하는 효과적인 구제조치를 받을 권한이 있다"는 UN인권위원회의 결정에 정면으로 반하는 판단이라고 보지 않을 수 없다.

2. 판단에 있어서 비교법적 검토로 원용하는 경우

법원이 일정한 사안에 대해서 판단함에 있어서 제외국에서의 입법례에 대한 검토를 판단의 기초로 삼는 경우가 있는데, 이는 판결문 자체에서 명시적으로 확인할 수는 없으나 법원내부적으로 작성된 판례평석에서는 일부 확인할 수 있다.

공무원의 통근재해가 업무상 재해인지 여부가 다투어진 사례가 있다.[22]

이 사례에서 통근재해를 업무상 재해로 취급하는 것이 일반적인 입법의 경향인지 여부가 판단의 전제가 되어 있는 경우가 많은데, 이에 대한 법원내부의 평석 중에는 "입법론상으로는 일반근로자에 대하여도 통근재해에 관한 근거규정을 마련하여 공무원의 경우와 마찬가지로 보호하여 주는 것이 바람직하고 또한 재해보상제도에 관한 세계적인 발전추세"라고 하면서 ILO의 산업재해에 관한 협약이 산업재해의 정의에 통근재해를 포함시키고 있음을 원용한 것이 있다.[23] 따라서 통근재해를 업무상 재해의 범위에 포함시키는 것이 일반적인 경향이라는 것이 이 사안에서 공무원의 통근재해의 업무상을 판단하는 데 간접적인 영향을 주었을 것이라고 추단할 수 있다.

또한 사적인 수단에 의한 통근중의 재해가 업무상 재해인지 여부가 다투어진 사안에서도[24] 유사한 추론과정을 짐작할 수 있다.[25]

출입국관리법에 의한 외국인고용제한 규정에 위반하여 체결된 근로계약의 효력관계, 즉 불법취업외국인근로자를 근로기준법상의 근로자로 볼 수 있을 것인지

---

21) 대법원 1999. 3. 26. 선고 96다55877 판결(손해배상).
22) 대법원 1995. 4. 21. 선고 94누5519 판결(유족보상금지급청구부결처분취소).
23) 이성호, "공무원의 통근재해와 공무상 재해인정의 한계," 대법원판례해설 제23호, 398-399면.
24) 대법원 1993. 5. 11. 선고 92누16805 판결(유족보상금부지급처분취소).
25) 송흥섭, "사적인 교통수단에 의한 통근중 발생한 근로자재해의 업무상 재해 해당 여부," 대법원 판례해설 제19-2호, 56-57면.

여부가 다투어진 사안이 있다.[26] 이 사안에서 핵심적인 쟁점은 출입국관리법에 위반하여 근로계약을 체결한 자를 근로기준법상의 근로자로 인정할 것인지 여부이며, 관련된 국제노동기준이 직접 이 사안에 적용되어야 하는지 여부가 다투어진 것은 아니다. 하지만 이 사건에 대한 평석을 보면, 그러한 근로계약의 효력에 관한 입장을 (1) 효력규정설, (2) 단속규정설, (3) 수정된 단속규정설로 분류하면서 이 사건 대법원판결은 수정된 단속규정설에 입각한 것으로 타당하다고 지적하면서, 이러한 결론이 "외국인근로자에 대하여 비록 취업자격이 없는 경우라 하더라도 고용계약을 유효한 것으로 보아 이미 제공된 근로나 사실상 보유하고 있던 근로자로서의 신분에 따른 제반 노동관계법상의 법적 권리를 인정하는 것은 외국인근로자에 대하여 부당하게 내국인근로자와 차별대우를 한다는 국제외교적인 비난도 피할 수 있고, 위에서 본 ILO 제143호 제9조 제1호의 규정취지에도 부합하는 것이라 할 것"이라고 지적하고 있는 점에 비추어 역시 국제노동기준이 판단의 간접적인 근거로 작용하였다고 추론할 수 있다.[27]

한편 최근에는 판결문 자체에서도 이러한 비교법적인 검토의 일환으로서 국제노동기준에 대한 고려가 직접 언급되어 있는 사례가 있다. 이러한 사례에서는 앞에서 본 바와 같이 당사자가 주장의 근거로 국제노동기준을 원용하는 사례와는 달리 그 판단의 전제로서 비준 여부, 일반적으로 승인된 국제법규인지 여부에 대해서 면밀히 판단하지 않는 것이 특징적이다.

제대군인에 대한 지원이 정책적인 합리성을 결한다는 근거로 제대군인에 대한 지원으로서의 가산점제도는 아무런 재정적 뒷받침이 없이 제대군인을 지원하려고 한 나머지 결과적으로 장애인 등 이른바 사회적 약자들의 희생을 초래한다면서 "각종 국제협약, 실질적 평등 및 사회적 법치국가를 표방하고 있는 우리 헌법과 이를 구체화하고 있는 전체법체계 등에 비추어 우리 법체계 내에 확고히 정립된 기본질서라고 할 '장애인에 대한 차별금지와 보호'에도 저촉"된다는 점을 든 사례가 이에 해당한다.[28]

---

26) 대법원 1995. 9. 15, 선고 94 누 12067 판결(요양불승인처분취소).
27) 김형진, "출입국관리법상의 외국인고용제한규정을 위반하여 체결한 근로계약의 효력과 그에 따른 근로관계의 성질," 대법원판례해설 제24호.
28) 대법원 1997. 3. 27. 선고 95 누 7055 판결(지방공무원채용시험불합격처분취소).

3. 국제노동기준으로 고려한 입법형성의 재량

법원이 직접 비교법적인 고려를 하는 것은 아니지만, 입법에 있어서 구체적으로 제도를 설정하는 과정에서 국제노동기준을 고려하였다는 사정이 당해 입법재량의 정당성을 인정하는 근거로, 반대로 국제노동기준에 대한 고려가 없거나 그에 미달한다는 것이 정당성을 부정하는 근거로 인정되는 사례가 나타나고 있다. 특히 사회보장의 영역처럼 일정한 범위의 설정이 필요한 입법에서 이와 유사한 판단이 최근 자주 나타나고 있으며, 앞으로도 더욱 확대될 것으로 보인다.

우선 국제노동기준의 참고가 입법재량의 정당성을 인정하는 근거가 된 사례로는 국민연금의 가입대상을 60세 미만인 국민으로 제한하는 것이 60세 이상인 자에 대한 차별로서 위헌이라는 주장에 대해서 정부가 "국민연금의 가입대상연령을 18세 이상 60세 미만으로 정한 것은 우리의 경제적·사회적·문화적인 제반 여건과 평균수명, 정년퇴직연령, 국제노동기구협약(ILO) 및 외국의 입법례 등을 종합적으로 고려하여 내린 정책적 결단"이라고 답변한 바 있고, 이에 대해서 헌법재판소는 "헌법상 용인될 수 있는 재량의 범위를 명백히 일탈하였다고는 보기 어렵다"고 판시한 사례가 있다.[29] 이 판단은 헌법재판소가 직접 비교법적인 검토를 명문화한 것은 아니지만, 그러한 비교법적인 검토를 거친 입법재량을 인정함으로써 간접적으로 국제노동기준을 고려한 정책에 정당성을 부여하고 있다.

또 필수공익사업의 직권중재를 규정한 노동조합법이 근로자의 단체행동권에 대한 본질적인 침해라는 위헌주장에 대해서 헌법재판소에서 합헌의견은 "외국의 사례나 국제노동기구(ILO)의 입장을 보더라도 대부분의 나라는 국민에 대한 최소한의 필수서비스의 제공은 어떠한 경우에도 중단될 수 없도록 하고 있으며, 이러한 필수서비스를 중단하는 내용의 파업을 원천적으로 불허할 뿐만 아니라 대체인력의 투입 등으로 단호히 대처할 수 있게 하고 있는바, 파업 등 단체행동권의 사전제한의 필요성은 이와 같이 국내외적으로 이미 용인되어 있는 것이라고 할 수 있다"라는 점을 근거로 제시하고 있다.[30]

이러한 최근의 판시경향을 전형적으로 보여 준 것으로는 장애인의무고용제의

---

29) 헌법재판소 2001. 4. 26. 선고 2000 헌마 390 결정(국민연금법 제 6 조 등 위헌확인).
30) 헌법재판소 2003. 5. 15. 선고 2001 헌가 31 결정(노동조합및노동관계조정법 제62조 제 3 호 등 위헌제청).

위헌주장에 대한 헌법재판소의 합헌결정이다.[31] 헌법재판소는 장애인고용제도에 관한 국제적인 경향을 일반론으로 설시하면서 "장애인에 대한 고용보장의 국제적인 발전과정을 살펴보면 그 첫단계는 상이군인에 대한 강제고용, 둘째 단계는 일반 장애인에 대한 고용의 확보, 마지막 단계로서 보호고용제 즉 중증장애인을 보호공장 등에 고용시켜 나가는 노동정책으로 진전되어 가고 있다"고 하면서 ILO의 장애인고용과 관련된 제반 시책권고 및 정책, 프로그램, 협약 및 권고를 다양하게 원용할 뿐만 아니라 UN의 장애인권리선언 및 관련된 결의까지 길게 인용하고 있다.

반대로 국제노동기준의 참고가 입법재량의 정당성을 부정하는 근거가 된 사례로는 6월 미만의 월급근로자를 해고예고의 예외로 규정하는 것은 평등권에 반하는 위헌이라는 주장에 대해서, 비록 다수의견이 합헌이라고 판시하기는 하였으나[32] 반대의견에서는 "국제노동기구(ILO)도 1963년의 '사용자의 발의에 의한 고용의 종료에 관한 권고'($\frac{권고}{제119호}$) 제7조에서 "고용이 종료되는 근로자는 합리적인 예고기간과 이에 갈음하는 보상금을 받을 권리가 있다"고 하고 있을 뿐만 아니라($\frac{제}{항}1$), 이 경우에 "실행이 가능한 한 근로자는 예고기간중 다른 직장을 얻기 위하여 임금을 상실하지 않고 근무를 하지 않는 합리적인 시간을 부여받을 권리를 가진다"고 규정하고 있으며($\frac{제}{항}2$), 이 권고는 1982년에 제158호 조약으로 채택되어 동 조약 제11조에서 '고용이 종료되는 근로자는 중대한 잘못을 저지르지 아니하는한, 즉 사용자가 고용기간중에도 그 노동자를 고용하는 것이 타당하지 않을 정도의 잘못을 저지르지 아니하는 한은 합리적인 예고기간을 가질 권리를 가진다'고 규정하여 근로자들이 해고로 인한 근로관계종료의 경우에 해고예고기간 내지 예고수당을 통한 법적 보호를 받을 권리가 있음을 명확히 하고 있다"고 하면서 "합리적 이유 없이 기간의 정함이 없는 월급근로자로서 6월이 되지 못한 자를 해고예고제도의 적용에서 배제시키는 이 사건 법률조항은 위헌적 규정이라고 할 것"이라고 판시하고 있다.[33] 이러한 반대의견은 국제노동기준에 미달하는 경우 입법재량이 부정하는 판단방법을 시사하고 있다.

---

31) 헌법재판소 2003.7.24. 선고 2001 헌바96 결정(구 장애인고촉법 제35조 제1항 본문 등 위헌소원); 헌법재판소 2003.7.24. 선고 2002 헌바82 결정(장애인고용촉진및직업재활법 제24조 제1항 단서 위헌소원).

32) 헌법재판소 2001.7.19. 선고 99 헌마663 결정(근로기준법 제35조 제3호 위헌확인).

33) 헌법재판소 2001.7.19. 선고 99 헌마663 결정(근로기준법 제35조 제3호 위헌확인 사건에서의 권성·김효종 재판관의 반대의견) 참조.

제 5 절   요약 및 결론

이상 아주 일반적인 차원에서 국제노동기준의 설정 및 감시·감독절차에 있어서 ILO의 위상을 살펴보고, 이를 근거로 국제노동기준의 의의와 최근 새롭게 재조명되기에 이른 배경을 간략히 설명해 보았다. 국제노동기준은 도덕적 권위에 못지않게 세계경제에 일원으로 참가하기 위한 최소한도의 요건으로서 받아들여지고 있는 것이 현실이다. 이는 국제노동기준의 필요성에 대한 다음과 같은 일반적인 수준의 합의를 전제로 한다.

첫째, 국제노동기준은 항구적인 평화에 공헌한다.

ILO헌장의 서문은 "보편적이고 영속적인 평화는 그것이 사회정의에 기초를 둔 경우에만 확립될 수 있다"라는 말로 시작한다. 이것은 사회정의를 확립하고 영구적인 평화의 기회를 개선한다는 ILO의 설립자들의 의도를 보여 준다. 국제노동기준은 헌장의 기초자들의 생각으로는 사회정의를 확립하는 데 도움이 되는 수단이라는 것이다.

이러한 ILO의 입장에 대해 회의적인 입장도 있다. 즉 "국제법의 체계가 어떻게 실질적으로 항구적인 평화에 도움이 될 수 있는가?"라는 의문이 그것이다. 실제로 그 답변은 애매할 수 있다. 하지만 반대로 이 질문을 뒤집어 보면 결론은 자명해진다. "사회정의를 보장할 것을 목표로 하는 국제법체계가 없이 평화가 영구적으로 계속되기를 기대할 수 있는가?" 그 답은 당연히 '불가'이다.

결사에 의해 자신의 의사를 발언할 수 있는 권리의 박탈, 빈곤, 인종적·정치적 차별, 실업, 경제적 불안정, 부의 불균형적 분배 —— 즉 국제노동기준시스템이 제거하고 감소시키고자 하는 몇 가지 사회부정의의 유형에 근거한 시스템에서는 이런저런 분쟁이 발생하게 된다. 이러한 사회부정의의 유형의 존속을 허용하는 한 영구적인 평화의 확보는 불가능하다.

이것이 바로 국제노동기준시스템을 갖고 발전시켜야 하는 가장 고결한 이유의 하나이다. 1944년에 필라델피아선언의 기초자들은 "헌장에서 선언한 바의 진실성은 경험을 보더라도 충분히 증명된다"고 단언했다. 국제노동기준의 기초는 사회부정의를 없애려는 희망, 국제노동기준을 인류의 경험의 불가피한 한 부분으로 받아들이는 현실에 근거한 비판, 나아가서는 영구적인 평화는 모든 사회부정의의 영역을 개별·전체적으로 철폐하는 경우에 얻어질 수 있다는 가능성에 대한 믿음에 있다.

둘째, 근로조건은 인간다운 생활을 담보하는 것이어야 한다.

ILO헌장이 기초된 1919년 시점에 이미 "어떤 국가가 인간적인 근로조건을 채택하지 않는 것은 그들 나라에서 근로조건을 개선하려는 의욕을 갖고 있는 다른 나라의 입장에서는 장애물이다"라는 점이 선언되었다. 이는 전술한 바와 같이 1990년대 이후 본격화되기 시작한 국제노동기준에 대한 새로운 관심을 미리 예견한 것이다.

1990년대부터 시작되어 지금 현재까지도 분명한 추세로 계속 강화되고 있는 일련의 추세, 즉 상품 및 서비스 유통과 자본의 흐름의 전세계적인 단위로 확산되어 가는 이른바 세계화는 상품과 자본의 자유로운 유통을 보장할 수 있는 시장여건과 노동요소에 대한 보수의 수준의 하향화를 초래하고 있다. 이 경우 세계화의 흐름의 일환으로 진행되고 있는 무역자유화는 어떤 회원국의 근로조건에 대한 진보개선의 욕구를 금지하는 것이 반대로 근로조건에 대한 진보개선의 욕구를 제도화하고, 이를 확대하려고 하는 회원국에게는 장애요인이 될 수 있는 상황을 만들고 있다.

따라서 개선된 근로조건이 무역에 대한 장애물로 받아들여 왔던 이른바 비교우위에 입각한 무역이론은 심각하게 재검토되어야 한다. 국제경쟁이 바로 개선된 근로조건의 필요성을 낳고 있다는 견지에서 적극적으로 검토되어야 할 것이다. 따라서 ILO의 국제노동기준 설정은 사회정의의 가치를 재확인함으로써 활력 있고 지속가능한 경제발전을 달성하는 데 도움이 될 것이다.

셋째, 국제노동기준은 발전에 기여한다.

자본흐름의 세계화라는 현실의 최전방에 있는 세계은행은 1995년 자체보고를 통해서 국제노동기준이 적절하게 고안된 경우, 그 유용성을 인정하면서 다음과 같이 노동조합의 역할을 강조하고 있다.

　　"노동조합활동은 효율성과 생산성을 높이는 데 도움이 될 수도 있다. 노동조합은 조합원들에게 중요한 서비스를 제공한다. 기업차원에서 노동조합은 근로자에게 집단적인 목소리를 제공한다. 노사간의 권력관계에 균형을 가져다 줌으로써 노동조합은 자의적·착취적 또는 보복적인 사용자의 행동을 제한한다. 고충 및 중재절차를 창출함으로써 노동조합은 이직을 감소시켜 노동력에 있어서의 안정성을 촉진한다. 이것은 노사관계의 전반적인 개선과 결합될 경우에는 근로자의 생산성을 향상시킨다."

개선된 근로조건은 직접적으로는 비용상승으로 받아들여지는 것이 보통이다. 그리고 이것은 근로조건개선에 직접적인 저항요인이 되기도 한다. 하지만 인적 자원을 고갈시키는 생산방식을 유지할 것인지, 아니면 인적 자원의 적절한 개발과 활용을 전제로 지속가능한 성장을 지향할 것인지의 문제에 이르면 개선된 근로조건이 반드시 직접적인 비용상승으로만 간주되는 것은 경계하여야 한다.

즉 기업의 입장에서는 노동비용의 상승을 억제하는 환경인 경우에는 저비용의 노동력활용만으로도 이윤을 유지할 수 있으므로 고비용의 노동력활용에 대하여 적대적인 입지를 갖게 된다. 하지만 기업은 인적 자원을 '더 제대로' 활용하지 않을 수 없게 되는데, 그것은 노동비용의 상승을 억제하는 환경을 그대로 유지한다는 정책은 궁극적으로는 인적 자원의 개발에 대한 투자를 줄이며, 외국의 직접투자의 유치에 부정적인 요소로 작용하기 때문이다. 저비용의 노동력을 활용하는 정책을 유지하는 것은 저비용-저생산성-저소득-저성장의 악순환의 고리를 벗어날 수 없게 만든다. 요컨대 발전을 위해서도 근로조건의 개선은 필수적이다.

그럼에도 불구하고 국제노동기준에 대한 우리 나라의 입법 및 판례를 통해서 살펴본 바와 같이 아직 우리 나라에서는 국제노동기준의 법규범성에 대한 이해가 충분하지 않은 것이 현실일 뿐만 아니라, 국제기구도 우리 나라의 국제노동기준의 준수 여부에 대해서는 부정적인 입장이 일반적이다. 그럼에도 불구하고 국제노동기준은 현실적 구속성 못지 않게 촉진적인 성격이 중요하다. 특히 최근 2004년에는 우리 나라와 ILO 사이에서 협력사업에 관한 합의가 성립되어 우리 나라에서의 제도 및 관행의 개선에 있어서 국제노동기준의 중요성이 크게 부각되어 가고 있는 것도 부정할 수 없다. 따라서 오히려 이제까지의 경험에 대한 비판 및 반성을 통하여 국제노동기준의 법규범성을 확인해 나가는 것이 시급한 과제라고 할 것이다.

UN 인권위원회의 결정례

사건번호	No. 518/1992
당 사 국	Republic of Korea
결정일자	1995. 8. 3
문서번호	CCPR/C/54/D/518/1992(Jurisprudence)
관련협약	CCPR(시민적 · 정치적 권리에 관한 인권규약)
관련회의	UN 인권위원회 제54차 회기
제 소 인	손종규
피 해 자	제소인
국 가 측	대한민국
제소일자	1992. 7. 7
수리일자	1994. 3 18

UN 인권위원회는 시민적 · 정치적 권리에 관한 인권규약 제28조에 따라 설립되었는데, 1995년 7월 19일 회의에서 시민적 · 정치적 권리에 관한 국제인권규약의 선택의정서에 따라 손종규가 인권위원회에 제출한 518/1992번 사건을 심리결정하여 제소인, 그 변호인 및 국가당사자가 제출한 모든 서면에 의한 정보를 검토하여 선택의정서 제 5 조 제 4 항에 따라 다음의 의견을 채택한다.

· 당사자에 관한 사항
 1. 제소인 손종규는 대한민국의 국민으로 대한민국 광주에 거주하고 있는 자이다. 그는 대한민국정부의 시민적 · 정치적 권리에 관한 국제인권규약 제19조 제 2 항 위반에 의한 피해자라고 주장하였다. 그는 변호인이 대리하고 있다.

· 제소인이 주장하는 사실관계
 2.1 제소인은 1990. 9. 27. 이래 금호기업노동조합의 의장이었고, 대기업연대회의의 설립위원이다. 1991. 2. 8. 경상남도 거제도에 있는 대우조선기업에서 파업이 결정되었다. 정부는 파업을 분쇄하기 위해서 경찰병력을 발동하겠다고 하였다. 그 선언이 있은 후에 제소인은 다른 연대회의 구성원들과 함께 서울에서 1991. 2. 9. 회의를 가졌

다. 서울은 파업이 일어난 장소에서 400km 떨어진 곳이다. 회의를 마친 뒤 이들은 파업을 지지하는 성명서를 발표했고, 정부의 경찰병력투입 위협을 비난했다. 이 선 언문은 팩스로 대우조선근로자들에게 전달되었다. 대우조선의 파업은 1991. 2. 13. 종결되었다.

2.2 1991. 2. 10.에 제소인은 연대회의의 다른 60명의 위원들과 함께 회의가 열린 장소를 떠날 때 경찰에 의해서 체포되었다. 1991. 2. 12. 제소인과 다른 6명은 노동쟁의조정 법($^{1963.\,4.\,13.\,\text{제}1327호\,\text{법률},\,1987.\,11.}_{28.\,\text{제}3967호\,\text{법률에}\,\text{의해}\,\text{개정됨}}$) 제13조 제 2 항의 제 3 자 개입금지위반 혐의로 기소 되었다. 이 조항은 당해 사용자, 근로자 또는 노동조합 또는 법령에 의하여 정당한 권한을 갖는 사람이 아닌 사람에게 관계당사자에게 영향을 미치거나 조정할 목적으 로 당해 노동쟁의에 개입하는 것을 금지하고 있다. 제소인은 집시법($^{1989.\,3.\,27.}_{\text{제}4095호}$) 위반 의 혐의도 받고 있었다. 하지만 그의 제소신청은 노동쟁의조정법위반의 점에만 국 한되어 있다. 제소인의 주장에 따르면, 제소인과 함께 기소된 사람 중에서 나중에 구금중에 사망한 사람도 있다고 한다.

2.3 1991. 8. 9. 서울지방법원 단독판사는 제소인이 유죄라고 판시하고, 그에게 1년 6월 의 징역과 3년의 집행유예를 선고하였다. 제소인은 이 판결에 항소하였으나 1991. 12. 20. 항소는 기각되었다. 대법원도 1992. 4. 14. 그의 상고를 기각하였다. 제소인은 헌법재판소가 1990. 1. 15. 노동쟁의조정법 제13조 제 2 항은 헌법합치라고 선고하였 기 때문에 그는 국내에서는 더 이상의 구제절차를 밟을 수 없게 되었다고 주장한다.

2.4 제소인은 국제조사 또는 분쟁해결절차에 따른 심리를 신청하지 않았다고 한다.

• 청구원인

3.1 제소인은 노동쟁의조정법 제13조 제 2 항은 노동운동에 대한 지원을 처벌하고 노동 자를 고립시키는 데 이용되고 있다고 주장한다. 이 규정은 노동쟁의에서 사용자측 을 지원하는 사람에게는 한번도 적용된 일이 없다는 것이다. 당사자에게 영향을 미 치는 행위를 금지하고 있는 이 조항은 또한 애매하기 때문에 합법성(죄형법정주의) 에도 반한다는 것이다.

3.2 제소인은 나아가 이 규정은 노동자 또는 노동조합을 지원하는 사람에게 표현의 자 유를 부정하기 위해서 법률에 편입된 조항이라고 주장한다. 이와 관련하여 노동조 합법에 대해서도 언급했는데, 노동조합법조항은 제 3 자가 노동조합의 조직에 지원 하는 것을 금지하고 있다고 한다. 그의 결론은 노동자 또는 노동조합에 대한 어떠 한 지원행위도 따라서 처벌될 수밖에 없고, 파업시에는 노동쟁의조정법에 의해서, 다른 경우에는 노동조합법에 의해서 처벌된다는 것이다.

3.3 제소인은 자신에 대한 유죄판결은 국제인권규약 제19조 제 2 항 위반이라고 한다. 자 신의 표현의 자유를 행사하는 방법은 타인의 권리 또는 명예를 침해하지 않았으며,

국가안전이나 공공질서 또는 공중의 건강 또는 도덕을 해한 것도 아니라고 한다.

• 사건의 심리요건과 제소인의 주장에 대한 국가측 당사자의 의견
  4.1 1993. 6. 9.자 서면에 의해서 국가측 당사자는 본건 제소는 국내구제절차를 다하지
      않았기 때문에 수리되어서는 안 된다고 주장한다. 국가측 당사자는 형사사건에서
      이용할 수 있는 국내구제절차는 대법원이 항소심판결에 대해서 판결을 내리고, 헌
      법재판소가 그 판결이 근거로 삼은 법률의 합헌성에 대한 결정을 내린 뒤에만 다
      밟은 것이라고 한다.
  4.2 헌법재판소가 제소인의 유죄판결의 근거가 된 노동쟁의조정법 제13조 제 2 항이 헌
      법합치라고 결정을 내렸기 때문에 이미 노동쟁의조정법 국내구제절차를 다하였다는
      제소인의 주장과 관련하여 국가측 당사자는 헌법재판소의 선례가 단지 헌법에 의해
      서 보호되는 근로권, 평등의 원칙 및 죄형법정주의 규정과의 합치성만을 심리하였
      을 뿐이라고 주장한다. 헌법재판소가 동 조항이 표현의 자유와 합치하는지 여부는
      심리하지 않았다는 것이다.
  4.3 따라서 국가측 당사자는 제소인은 헌법이 보장하고 있는바, 표현의 자유라는 관점
      에서 법률의 검토를 요청했어야 한다고 주장한다. 이렇게 하지 않았기 때문에 국가
      측 당사자는 국내구제절차를 다하지 않았다는 것이다.
  4.4 나아가 국가측 당사자는 제소인의 유죄선고는 대한민국 대통령의 일반사면에 의해
      서 1993. 3. 6.에 폐지되었다는 점까지 추가하였다.

• 제소인의 답변
  5.1 국가측 당사자의 주장에 대한 제소인의 반대서면에서 제소인은 그는 모든 국내구제
      절차를 다 밟았고, 얼마 전에 노동쟁의조정법에 대한 결정을 내릴 때 노동쟁의조정
      법의 합헌성을 스스로 선언한 바 있는 헌법재판소에 대해서 헌법소원을 다시 제기
      하는 것은 무의미하다고 주장한다.
  5.2 제소인은 법률규정의 합헌성문제가 헌법재판소에서 다루어진다면, 헌법재판소는 법
      적으로 당해 법률을 무효화할 수도 있는 모든 가능한 근거에 대해서 고려해야 한다
      고 주장한다. 결과적으로 제소인은 동일한 문제를 헌법재판소에 다시 가져가는 것
      은 무의미하다고 주장한다.
  5.3 이러한 맥락에서 제소인은 비록 1990. 1. 15. 헌법재판소결정의 다수의견은 표현의
      자유에 대해서 언급하지는 않았으나, 두 명의 별개의견 및 한 명의 반대의견이 그
      부분을 언급하였다고 한다. 따라서 헌법재판소가 노동쟁의조정법위헌의 모든 가능
      한 근거에 대해서 고려한 것이며, 거기에는 표현의 자유에 대한 헌법상의 권리에
      대한 침해가능성 여부에 대한 심사도 포함된 것이라고 주장한다.

• 위원회의 결론

6.1 50차 회기에서 당위원회는 사건의 수리가능성에 대해서 심리하였다. 헌법상의 구제
절차에 관한 국가측 당사자와 제소인의 주장을 모두 검토한 뒤에 위원회는 노동쟁
의조정법 제13조 제2항의 합헌성은 표현의 자유와 관련된 헌법상의 권리에 대한
부분까지 포함하여 비록 동 결정의 다수의견은 표현의 자유에 대해서 명시적으로
언급하지는 않았더라도 1990. 1.에 헌법재판소에서 다투어진 바 있다는 결론을 내렸
다. 이러한 상황에서 당위원회는 표현의 자유와 관련하여 노동쟁의조정법 제13조
제2항에 대한 헌법재판소에의 추가적인 헌법소원은 제소인이 선택의정서 제5조 제
2항에 따라 여전히 밟을 필요가 있는 구제절차라고 볼 수 없다는 결론을 내린다.

6.2 당위원회는 제소인이 파업에 대한 어떠한 물리적인 지원을 하지 않았는 데도 지원
한다는 구두에 의한 지원의사만을 밝힌 회의에 참석하였다는 사실만으로 구속, 기
소 그리고 유죄선고되었다는 점에 주목하며, 제소인이 제출한 사실관계는 실체심리
를 받아야 하는 국제인권규약 제19조상의 문제를 야기할 수 있다고 본다. 결과적으
로 당위원회는 본 사건은 실체심리의 요건을 구비하였다고 본다.

• 사건의 실체 및 제소인의 주장에 대한 국가측 당사자의 의견

7.1 1994. 11. 25.자 서면을 통해서 국가측 당사자는 "제소인이 파업에 대한 어떠한 물리
적인 지원을 하지 않았는 데도 지원한다는 구두에 의한 지원의사만을 밝힌 회의에
참석하였다는 사실만으로 구속, 기소 그리고 유죄선고되었다는 점에 주목"한다는
당위원회의 입장에 대한 주장을 제출하였다. 국가측 당사자는 제소인은 1991. 2. 9.
자 연대회의에 참석한 것뿐만 아니라 1991. 2. 10.자 및 2. 11.자 유인물의 배포에도
실제로 참가했다는 점을 강조하고 있다. 이는 시위과정에서 화염병투척행위까지 있
었던 폭력시위라는 것이다.

7.2 국가측 당사자는 이러한 위반사실 때문에 제소인은 노동쟁의조정법 제13조 제2항
및 집시법 제45조 제2항 위반으로 기소되고 유죄판결을 받았다고 주장한다.

7.3 국가측 당사자는 노동쟁의조정법의 규정은 노동쟁의에 대한 제3자의 개입을 금지
하고 있는데, 이는 노사간의 노동쟁의의 독립적 성질을 유지하고자 하는 데 그 입
법취지가 있다고 설명한다. 이 규정은 관련당사자에 대한 상담 또는 조언을 금지하
는 것은 아니라는 점을 지적하고 있다.

7.4 국가측 당사자는 국제인권규약 제19조 제3항을 원용하고 있는데, 이 조항은 표현
의 자유는 일정한 제한, 특히 국가안전과 공공질서의 보호라는 이유에서 제한될 수
도 있다고 규정하고 있다.

7.5 국가측 당사자는 제소인의 유죄선고가 1993. 3. 6. 일반사면에 의해 실효되었다는 점
을 반복하고 있다.

• 제소인의 답변

8.1 제소인은 비록 자신이 1990. 11.의 시위에 참가한 것에 대해서 집회및시위에관한법
률위반으로 유죄선고되었다는 것이 사실이라고 하더라도 그것은 자신의 제소사실에
포함되지 않는다고 한다. 제소인은 1991. 8. 9.자 서울지방법원의 판결을 인용하고
있는데, 이 판결을 보면 제소인이 11월의 시위에 참가한 것은 집시법위반으로 별도
로 처벌받았다는 것을 알 수 있다고 한다. 이 처벌은 연대회의의 활동에 참가하고
대우조선의 1991. 2.의 파업에 대한 지원행위와는 구별되며, 이 행위는 노동쟁의조
정법위반으로 처벌되었다고 한다. 제소인은 두 사건은 서로 무관하다고 한다. 제소
인은 자신의 제소가 오직 "제 3 자 개입금지"에만 국한되어 있고, 그 부분이 국제인
권규약위반이라는 점을 반복하고 있다.

8.2 제소인은 국가측 당사자가 표현의 자유에 대한 해석은 국제인권규약이 보장하고 있
는 것에 비하여 협소하다고 주장한다. 제소인은 국제인권규약 제19조 제 2 항을 원
용하는데, 동 조항은 분야를 불문하고 구두·서면·유인물 여부를 불문하고 모든
종류의 정보와 사상을 배포할 자유를 포함하고 있다. 따라서 대우조선에서의 파업
을 지지하는 연대회의의 선언의 내용을 담고 있는 유인물을 배포한 것은 정확하게
표현의 자유에 속한다고 주장한다. 자신은 선언문을 직접 배포한 것도 아니며, 그것
을 대우조선에서 파업하고 있는 근로자들에게 팩스로 보낸 것뿐이라고 한다.

8.3 그의 행동이 국가안전과 공공질서를 위협하였다는 국가측 당사자의 주장에 관하여
제소인은 국가측 당사자는 연대회의의 선언문의 어떤 부분이 공공의 안녕과 질서를
위협하였는지, 그리고 그 이유도 특정하지 않았다고 지적한다. 공공의 안녕 및 질서
라는 일반적인 언급은 표현의 자유에 대한 제한의 근거가 될 수 없다고 주장한다.
이와 관련하여 제소인은 연대회의의 선언문은 관련된 파업의 정당성, 파업에 대한
강한 지지 그리고 파업파괴를 폭력으로 위협하는 사용자와 정부에 대한 비판을 그
내용으로 담고 있다고 한다.

8.4 제소인은 연대회의의 선언문이 남한의 공공안녕과 질서를 위협하였다는 것을 부정
한다. 저자와 연대회의의 다른 구성원들은 북한과 대치하고 있는 남한의 민감한 상
황을 잘 알고 있다고 한다. 제소인은 파업에 대한 지원과 그 문제를 다루는 사용자
와 정부의 입장에 대한 비판의 표현이 국가안전을 위협할 수 있는 방법을 알지 못
한다고 한다. 이와 관련하여 제소인은 파업참가자 누구도 국가보안법위반으로 기소
된 일이 없다는 점을 주장한다. 제소인은 파업권의 헌법적 보장이라는 관점에서 경
찰의 폭력적 개입에 대해서는 비판할 수 있고, 이는 합법적이라고 한다. 나아가 공
공질서는 연대회의가 낸 선언문에 의해서 위협받는 것이 아니며, 오히려 반대로 어
떤 사람이 자유롭고 평화적으로 표현할 수 있는 자유는 민주사회에서 공공질서를
제고한다고 주장한다.

8.5 제소인은 대한민국에서는 다른 근로자와의 연대는 금지되고 있으며 처벌받는다는 점을 지적하고 있다. 이는 "노동쟁의의 독립성을 유지"하기 위해서라고 알려져 있다는 것이다. 하지만 근로자의 권리를 억압하기 위한 사용자의 지원을 위한 개입은 장려되고 보호받고 있다고 한다. 노동쟁의조정법은 국가보위입법회의에서 입법된 것인데, 이는 1980년 국회를 대체한 군사정부에 의해서 설립된 것이라고 한다. 이와 같은 비민주적인 기관에 의해서 입법화되고 공포된 이 법률은 민주사회에서 입법화되어야 한다는 국제인권규약이 의미하는 범위에 속하는 법률이라고 볼 수 없다고 주장한다.

8.6 제소인은 ILO의 결사의 자유위원회가 노동쟁의에 대한 제3자의 개입을 금지하는 조항은 결사의 자유의 필수적인 구성부분에 해당하는 근로자의 표현의 자유를 보장하는 ILO헌장에 합치하지 않기 때문에 폐지하라고 정부에게 권고한 바 있다는 사실을 지적하고 있다. 1994. 6. 결사의 자유위원회의 제294차 보고서 제218-274문 및 1995. 3-4.의 제297차 보고서 제23문 참조.

8.7 마지막으로 제소인은 사면이 제소인에 대해서 내려진 유죄판결을 번복하는 것은 아니며, 제소인에게 국제인권규약이 보장하는 권리에 대한 보상을 한 것도 아니라는 점을 지적하고 있다. 단지 자신에 대한 유죄선고의 결과로 그에게 부과된 나머지의 제한을 —— 공직선거에 출마할 권리에 대한 제한 —— 면제시켰을 뿐이라는 것이다.

• 정부측 당사자의 추가주장

9.1 1995. 6. 20.자 추가서면에 의해서 국가측 당사자는 대한민국에서의 노동운동은 일반적으로 정치적 성향을 갖고 있으며, 이념적으로 영향을 받고 있다고 설명한다. 이와 관련하여 대한민국의 노동운동가들은 폭력이나 파괴를 사용하여 근로자가 극단적인 행동을 하도록 하는 데 주저함이 없고, 자신의 정치적 목적을 달성하거나 이념적 원칙을 수행하기 위해서 불법적인 파업에 참가한다고 한다. 나아가 국가측 당사자는 프롤레타리아혁명의 관념이 근로자들의 생각 속에 주입되고 있는 경우가 많이 있다고 주장한다.

9.2 만일 노동쟁의에 대해서 제3자가 현실적으로 근로자의 의사결정을 조작하고 선동하고 방해하는 정도로 개입하게 된다면, 그러한 노동쟁의는 다른 목적이나 목표를 위한 것으로 왜곡되고 있는 것이라고 한다. 따라서 국가측 당사자는 노동운동의 일반적 성격에 비추어 제3자 개입금지에 관한 법률을 유지하지 않을 수 없다고 본다고 한다.

9.3 나아가 국가측 당사자는 대우조선노동조합을 지지하는 1991. 2.에 배포된 서면성명서가 모든 근로자의 총파업을 선동하기 위한 위장으로 이용되고 있다는 주장을 즉시 제출하였다. 국가측 당사자는 "총파업이 일어나려고 하는 경우, 어떤 나라에서건

안전의 상황과는 무관하게 국가의 안전과 질서가 위협받을 수 있다고 판단하는 데
상당한 이유가 있다"고 주장한다.

9.4 국가보위입법회의에 의한 노동쟁의조정법의 입법에 관하여, 국가측 당사자는 헌법
개정을 통하여 국가보위입법회의에 의한 입법의 유효성은 국민의 동의로 승인된
것이라고 주장한다. 나아가 국가측 당사자는 제 3 자 개입금지에 관한 조항은 노동
쟁의시 노사양측에게 공정하게 적용된다고 주장한다. 이와 관련하여 국가측 당사
자는 사용자측에서 노동쟁의에 개입한 사람에 대해서 법원에 현재 제소되어 있는
사건을 원용하고 있다.

• 당위원회에 제출된 쟁점 및 절차

10.1 인권위원회는 선택의정서 제 5 조 제 1 항에 규정되어 있는 바대로 당사자에 의해서
제출된 모든 정보의 관점에서 당 사건을 심리해 왔다.

10.2 당위원회는 제소인이 1990. 11. 폭력시위에 참가하였고, 그것을 이유로 집시법위반
으로 유죄선고되었다는 국가측 당사자의 주장에 주목한다. 당위원회는 또한 이 특
정한 유죄판결은 제소와 무관하며, 자신의 제소는 1991. 2.의 연대회의에서의 성명
서에 대해서 내려진 유죄판결에 대한 것이라는 제소인의 주장에 대해서도 주목한
다. 당위원회는 두 가지 사건이 별개의 사건이며, 서로 관계 없다고 본다. 따라서
당위원회가 다룰 사안은 오직 제소인이 대우조선에서의 파업을 지지하고, 파업을
파괴하기 위해서 병력을 투입한 정부를 비난하였음을 이유로 노동쟁의조정법 제13
조 제 2 항에 따른 유죄판결을 받은 것이 국제인권규약 제13조 제 2 항 위반인지 여
부에 대한 것이다.

10.3 국제인권규약 제19조 제 2 항은 표현의 자유를 보장하고 있으며, 여기에는 "구두 ·
서면 · 유인물의 어떠한 것이건 예술의 형태이건 또는 어떤 다른 매체를 통하건 입
장을 불문하고 모든 종류의 정보와 사상을 추구하고 받아들이며 배포할 수 있는
자유"가 포함되어 있다. 당위원회는 파업을 지지하고 정부를 비판하는 성명서를
내는 방식으로 다른 사람들과 함께 함으로써 제소인은 국제인권규약 제19조 제 2
항의 의미 내에서 정보와 사상을 배포할 권리를 행사한 것으로 인정한다.

10.4 당위원회는 국제인권규약 제19조 제 3 항에 따른 제한은 다음과 같은 조건을 모두
구비하여야 한다는 입장이다. 그것은 법률로 규정되어야 한다. 그것은 국제인권규
약 제19조 제 3 항 (a) 또는 (b)호에 선언된 목적의 어느 하나를 위한 것이어야 한
다. 그리고 정당한 목적을 달성하는 데 필요한 것이어야 한다. 국가측 당사자는 이
제한이 국가안전과 공공질서를 보호하기 위해서 정당화된다고 주장하지만, 당위원
회는 여전히 제소인에 대해서 취해진 조치가 그 목적을 위해서 필요한 것이었는지
여부를 결정하지 않을 수 없다. 당위원회는 국가측 당사자가 노동운동의 일반적

성격을 언급하고, 다른 사람과 협력하여 제소인이 발표한 성명서가 총파업을 선동하기 위한 위장이었다고 주장함으로써 국가안전과 공공질서에 호소한 것이라고 한 점에 주목한다. 국가측 당사자는 제소인의 표현의 자유의 행사가 제기하였다고 주장하는 위협의 정확한 성격을 특정하지 못하였으며, 국가측 당사자가 제출한 어떠한 주장도 제소인의 표현의 자유를 국제인권규약 제13조 제 3 항이 정하는 바에 따라 제한하기에 충분한 아무런 주장도 발견하지 못했다는 것이 당위원회의 입장이다.

• 당위원회의 결론

11. 시민석·정치적 권리에 관한 국제인권규약의 선택의정서 제 5 조 제 4 항에 따라 행동하는 본 인권위원회는 제소된 사안이 국제인권규약 제19조 제 2 항 위반임을 보여준다고 결정한다.

12. 당위원회는 손종규 씨는 국제인권규약 제 2 조 제 3(a) 항이 정하는 바에 따라 자신의 표현의 자유를 행사하였음을 이유로 유죄선고를 받았음을 이유로 적절한 보상을 포함하는 효과적인 구제조치를 받을 권한이 있다는 입장이다. 나아가 당위원회는 국가측 당사자에게 노동쟁의조정법 제13조 제 2 항을 재검토하도록 요청하는 바이다. 국가측 당사자는 앞으로 유사한 침해행위가 발생하지 않도록 보장해야 할 의무가 있다.

13. 선택의정서의 당사국이 됨으로써 국가측 당사자는 국제인권규약의 위반이 있었는지 여부에 관한 당위원회의 결정을 승인한 것이며, 국제인권규약 제 2 조에 따라 국가측 당사자는 자국의 영토 내에 있고 자국의 관할권에 속하는 모든 사람에게 국제인권규약이 인정하는 권리를 보장해야 하며, 그리고 국제인권규약의 침해가 있는 경우에 효과적이고 집행가능성이 있는 구제조치를 제공하여야 할 의무를 부담한다는 점을 상기시키면서, 당위원회는 국가측 당사자로부터 90일 이내에 당위원회의 입장에 대해서 효력을 부여하기 위해서 취한 조치에 관한 정보를 받을 수 있기를 희망한다.

International Labour Standards and
Rule of Law in Korea

In Seop, Jung*

During the present decade, noteworthy achievements have been made in the ambit of the international labour standards and its process is still going on now. In 1994, in the report of the Director General at the International Labour Conference, it is suggested firstly that the fundamental principles and rights at work should be applicable regardless of the member-State's ratification of the concerning instruments(ILO Conventions). In 1995, the World Summit for Social Development at Copenhagen adopted a Programme of Action that referred to as "basic rights of workers." In 1996, the Conference of Ministers organized by WTO at Singapore renewed the commitment to respect recognized fundamental labour standards, agreeing that the ILO is the competent body to set and deal with these standards and affirmed the support for its work in promoting them. And OECD's study on trade and international labour standards also basically lead to the conclusion that there is no commercial advantage in not respecting freedom of association and in this way took up, from an economic point of view, the same position that the ILO has been defending for a long time as regards

* College of Law, Soong Sil University.

respecting fundamental human rights. Followingly, in 1998 ILO Conference adopted "The Declaration of fundamental principles and Rights at Work and its Follow-up."

Although the Declaration reaffirms the obligations of Member States to respect, promote, and implement in good faith four categories[1] of existing Conventions, it provokes the debates on the status and function of the international labour standards, especially in the epoch of globalization, which casts a serious questions about the relations between labour regulations and liberalization of trade.

There has been many divergent positions on this issues, and most influential answer to this question is not yet found. However, the option to the questions regarding the respect for fundamental rights at work is becoming the urgent and unavoidable challenge that cannot be postponed in all regions of the world.

Among them, the case of Korea is in the midst of the argument. Korea has undergone the financial crisis of 1997 and is now facing the challenge of assuring the harmonious balance of the economic and social development. In that process, social parters are demanding their so-called "due" share of economic growth resorting to the collective actions. But their counter partners are blaming that those demands are "undue." Futhermore, the government does not yet suggest the fair and relevant vision to solve and orient these conflicts.

Therefore, some argue that the present situation causes the discouraging effect on the foreign investment and if so, it is certain that the financial crisis of 1997 will reappear, while others consider this trend inevitable in the course of the harmonization of economic and social development. Let aside the economic effect of the present situation, it affects the consciousness of the whole society on law negatively in a disastrous manner. Many people consider the problem-solving process in the recent several cases to be controlled by the logics of power-game rather than rule of law. Of course the relevance of this view is not proved. But it prevails. So social consensus of the meaning of "rule of law and principle" is

---

1) (1) freedom of association, the right to organize and effective recognition of the right to bargain collectively, (2) the eradication of all forms of forced labour, (3) the effective abolition of child labour, (4) the elimination of discrimination as regards employment or occupation.

missing. Furthermore, as a external factor ILO's supervisory body has recommended to the government the legislations and practices which it considers to be inconsistent to the international labour standards and OECD's monitoring of industrial relations and labour law reform in Korea has a reserving attitude to the government's follow-up measures on the labour markets and social-safety net policies.

Therefore jurisprudence and conciousness on "rule of law and principle" in industrial relations in recent Korea presents the most outstanding traits of the challenge of the proper setup of the relations between international standards and rule of law.

In this research, I have the design to introduce the system of normative effect of international labour standards as a whole and rearrange the general debates on the status, effect and function of the international labour standards, especially those regarding the core principles and rights. Based on this introduction and rearrangement, the review of the current situation on the policy and the theory of the jurisprudence relating the international labour standards irrespective of the ratifications. Because, as is shown in the above-mentioned Declaration, clearly stating that Member States "even if they have not ratified the Conventions in question, have an obligation arising from the very fact of membership in the Organization," in the ambit of labour law, many principles are directly concerned with the fundamental human rights and then major disputable point lies in the system of enforcing the normative effects that must be respected. Especially I am on the opinion that the promotion of international labor standards in the jurisprudence of labor law is the most urgent challenge to make the principle of 'rule of law' effective.

제 2 장

우리 나라 금융규제의 국제화에 관한 소고

우리 나라 금융규제의 국제화에 관한 소고

송 옥 렬*

제1절 머리말

Ⅰ. 우리 나라 금융규제의 틀

일반적인 거시경제이론에서 금융기관은 적자지출단위의 자금수요와 흑자지출단위의 자금공급을 중개하는 중개기관(intermediaries)으로 정의된다.[1] 그러나 현대의 금융기관은 단순히 자금흐름의 중개를 담당하는 것에 그치는 것이 아니라, 실물경제의 발전에 매우 중요한 역할을 한다. 금융부문의 발전이 실물부문 성장과 밀접하게 관련되어 있다는 점은 이미 한 세기 전부터 널리 알려진 사실이다. 1911년 슘페터는 그의 「경제발전론」(Theorie der Wirtschaftlichen Entwicklung)에서 금융부문은 사회의 저축을 누가 사용할 것인지를 결정함으로써 경제발전에 중요한 변수가 될 수 있다고 주장하고 있다. 다시 말해서 자본시장은 사회적으로 희소한 자원인 '자본'을 사회적으로 가장 효율적인 곳에 가장 적은 거래비용을 들여 배분하는 역할을 한다는 것이다. 이렇게 금융산업이 자본주의의 발전에 필수불가결하다는 주장은 최근 연구에서도 다양한 관점에서 강조되고 있으며,[2] 우리 나라 역시 이러한

---

* 서울대학교 법과대학 조교수(osong@snu.ac.kr; jus.snu.ac.kr/~osong). 이 글의 작성에 많은 조언을 아끼지 않으신 홍익대 경제학과 전성인 교수님께 감사의 말씀을 전한다.

1) 강병호, 금융기관론(제9개정판, 2003), 3면; 정찬형·도제문, 은행법(2003), 5면.
2) R. Glenn Hubbard, *Money, the Financial System, and the Economy*(4th, 2002), pp. 38-41에서는 금융시스템이 수행하는 중요한 역할을 위험의 이전, 유동성의 공급, 정보의 수집과 전파의 세

인식 하에 금융산업의 발전을 위해 많은 노력을 기울여 왔다.

그러나 주지하는 바와 같이 1990년대 이전 우리 나라의 금융산업은 경제논리에 의하여 발전해 오지 못하고, 전근대적인 관치금융의 틀을 벗지 못하고 있었다. 그러다가 1991년 8월 금리자유화 4단계 추진계획을 발표·추진하게 된 것이 아마도 본격적으로 선진금융으로의 변모를 시도한 시초가 아닐까 한다.[3] 이후 정부는 1996년 10월 OECD가입과 함께 1997년 "금융개혁위원회"를 설치, 이른바 빅뱅식 금융개혁을 준비하고 있었으나, 이러한 자발적인 금융개혁은 1997년 하반기에 발생한 외환위기로 인하여 완전히 중단되었다. 그리고 그 이후 금융산업의 발전은 우리 나라의 주체적인 변화노력이나 프로그램에 의한 것이라기보다는 IMF의 지원에 부수된 여러 요구조건을 이행하는 형식의 외부로부터의 강요된 개혁, 강요된 국제화라고 할 수 있었다.[4] 특히 1997년 말 IMF 합의사항 이행의 일환으로 13개 금융개혁관련 법률이 무더기로 국회를 통과하는 대대적인 개혁이 이루어졌으며, 이에 따라 금융감독원 및 금융감독위원회 설립, 예금보험기구 통합 등의 제도적 개편이 이루어졌고, 부실채권정리, 금융산업의 구조조정, 금융시장의 완전개방이 본격적으로 진행되기에 이르렀다.[5] 그리고 이렇게 이루어진 제도적 개혁은 현재 우리 나라의 금융산업규제의 근간으로 자리매김하고 있다.

이러한 빅뱅식의 변화는 사실상 금융위기의 혼란 속에서 IMF를 비롯한 외부로부터 강요되었던 바이기는 하지만, 부정적 평가만 내릴 수 없는 여러 가지 이유를 생각해 볼 수 있다. 우선 우리 나라가 현재 가지고 있는 은행·증권·보험 등

가지로 나누어 살펴보고 있다. 자본시장의 발전과 실물경제의 성장 사이의 실증연구도 많은데, Ro-bert G. King & Ross Levine(1993), "Finance and Growth : Schumpeter Might be Right," 108 *Qualterly Journal of Economics* 717; Raghuram G. Rajan & Luigi Zingales(1998), "Financial Dependence and Growth, 88 *American Economic Review* 559; Ross Levine & Sara Zevros (1998), "Stock Market, Banks, and Economic Growth," 88 *American Economic Review* 537 참조. 이들 논문에서는 국가수준에서의 경제성장과 자본시장의 발전 사이에는 양의 상관관계가 있다는 점을 보이고 있다.

3) 금리자유화추진계획의 구체적인 사항은 김종선·김종오, 금융제도론(2001), 56-65면; 강병호, 전게서 각주 1), 181-182면; 정찬형·도제문, 전게서 각주 1), 13면.

4) 김종선·김종오, 전게서 각주 3), 75-77면에서는 1997년 10월 이후 금융시장의 안정화를 위하여 추진된 대책을 (1) 외국인 주식투자한도의 확대, (2) 자유변동환율제도로의 이행, (3) 금융산업의 구조조정을 위한 금융개혁법안의 통과 등 세 가지로 정리하고 있다. 정찬형·도제문, 전게서 각주 1), 18-21면은 (1) 부실금융기관의 정리, (2) 금융기관 건전성감독 강화, (3) 시장규율강화, (4) 금융겸업화확대, (5) 외국인투자규제의 대폭완화 등으로 정리하고 있다. 요약해 보면 결국 금융기관의 자유는 확대하되 감독은 강화하는 선진금융시스템으로의 이행을 강요당했다고 볼 수 있다.

5) 김종선·김종오, 전게서 각주 3), 224면.

의 금융산업이란 것이 원래 우리 나라의 제도를 자생적으로 발전시켜 온 것이 아니라 외국에서 이루어지고 있는 제도를 수입해 온 것이라는 점이다. 그 과정에서 자연히 외국제도의 도입이 지속적으로 이루어져 왔기 때문에 단순히 외국의 규제체계라는 점만 가지고는 쉽게 배척할 수 없다. 둘째, 위기상황에서 외부로부터 압력이 존재하였다는 사실은 다른 관점에서 보면 과거 관치금융의 관행을 제거함에 있어서는 오히려 좋은 환경이었을 수 있다는 점이다. 우리 안에서의 자생적인 개혁노력에도 불구하고 실제로는 각 경제주체의 지대추구(rent-seeking)로 인하여 그 노력이 물거품으로 돌아가는 경우가 많다. 위기상황과 그에 따른 외부압력의 존재는 각 경제주체의 지대추구를 최소한 외면적으로는 드러나지 않도록 압박함으로써 형식적으로나마 쉽게 개혁이 이루어질 수 있었다. 마지막으로 최근 자본시장의 국제화는 피할 수 없는 대세라는 점이다.[6] 만일 자본의 원활한 국제적 이동이 불가피하다거나 또는 바람직한 전제에 선다면, 국제적 규범에 상치되는 제도나 관행들은 오히려 우리 금융산업의 경쟁력강화라는 측면에서는 바람직하지 않을 수도 있다. IMF 등의 압력이 우리 나라의 금융산업을 국제수준에 적합한 시스템으로 변모시키는 것이 목적이었다고 한다면, 그 기회를 이용하여 적극적인 변화를 시도하는 것이 바람직할 수 있다.

Ⅱ. 연구의 목적과 범위

이처럼 우리 나라의 금융규제의 틀은 물론 우리 나라의 주체적인 도입노력이 일정 부분 수반되기도 했지만, 상당 부분은 근본적으로 외환위기과정에서 외부로부터 강요된 개혁이다. 그러나 이 글은 이러한 현상을 부정적으로 평가하지 않고, 오히려 우리 나라가 자발적으로 계속 추진해야 하는 방향이라는 입장에 서 있다.[7] 따라서 이 글은 개별국가의 금융시스템이 국제적 기준(global standard)을 얼마나

---

6) 강병호, 전게서 각주 1), 31-34면.
7) 금융제도의 국제화논의는 자본의 국제적 이동을 어떻게 인식할 것인가에 대한 논의와 깊이 관련되어 있다. 그러나 연구의 성격과 범위를 고려하여 근본적인 경제학적 논의는 이 글에서 다루지 않는다. 따라서 이 글은 "자본의 국제적 이동이 바람직할 수 있으며," 따라서 금융제도의 국제화를 통하여 이러한 흐름에 동참하여야 한다는 것을 전제로 한다. 물론 이 전제는 아직 확실하게 합의된 것은 아니다. 자본의 국제적 이동이 야기하는 여러 문제에 관하여는 John Eatwell & Mance Taylor(2000), *Global Finance at Risk*; Joseph E. Stiglitz(2002), *Globalization and Its Discontents* 참조.

충족시키고 있는지 여부는 그 국가의 금융제도 및 금융감독의 효율성을 평가하는
한 가지 중요한 척도가 될 수 있다는 전제에서 논의를 전개한다. 구체적으로 이 글
은 이러한 관점에서 우리 나라 금융규제시스템이 얼마나 국제적 기준에 부합하고
있는지를 살펴보고, 아직 미비된 사항들은 어떠한 것들이 있는지 확인하는 작업을
수행하는 것을 목적으로 한다. 그리고 이렇게 아직 부족한 점이 발견되는 경우에는
그에 대한 대안 또는 제도적 개선방안을 제시하게 될 것이다.

　　이러한 작업을 위해서 우선적으로 해결해야 할 문제는 연구의 범위를 한정하
는 일이다. 다시 말해서 어떠한 금융기관에 대하여 어떠한 규제를 살펴볼 것인가를
정하는 문제이다. 우선 금융기관의 형태가 매우 다양하기 때문에[8] 금융기관의 범
위를 제한하지 않고서는 결국 무의미한 규제의 나열에 그칠 수밖에 없다. 일반적으
로 미국의 금융기관규제론에서는 은행업(depository institutions) · 보험업(insurance
industry) · 증권업(securities industry) · 투자업(investment company industry) 등의 네
가지 금융산업을 가장 전형적인 것으로 다루는 경우가 많은데,[9] 연구의 성격상 이
글에서도 이러한 전통적인 입장을 수용하기로 한다. 이 중에서 역시 전통적으로 금
융기관규제론의 핵심으로 다루어져 온 것은 은행규제이므로[10] 각 규제시스템을 살
펴봄에 있어 우선 은행규제의 내용을 파악하고, 다른 금융기관의 규제는 은행규제
와 어떻게 다른지를 본다. 이렇게 하면 금융기관의 규제를 보다 입체적으로 이해할
수 있다는 장점이 있다.

　　다음으로 어떠한 규제를 어떻게 다룰 것인가의 문제가 있다. 일반적으로 금융
규제의 논리는 (1) 금융산업의 외부성(externality), (2) 특히 은행파산의 경우 시스
템적 위험의 존재(bank run), (3) 독점금지법적인 고려, (4) 지배주주의 이익추구
(turnelling) 등을 들 수 있으나, 전통적으로 금융규제는 결국 '금융시스템의 안정

---

[8] 우리 나라에서 제도상 금융기관으로 분류되는 기관의 종류는 매우 다양하다. 금융기관의 대표적
　　인 것으로 물론 은행을 들 수 있겠으나(은행은 다시 일반은행과 특수은행으로 나뉘고, 일반은행은
　　다시 시중은행, 지방은행, 외국은행의 국내지점으로 나뉜다), 그 밖에 주요한 금융기관으로 (1) 상
　　호저축은행, 신용협동조합, 새마을금고, 투자신탁운용회사, 우체국예금 등과 같은 비은행예금취급
　　기관, (2) 생명보험회사와 손해보험회사, 우체국보험 등의 보험회사, (3) 증권회사, (4) 리스, 신용카
　　드, 할부금융 등의 여신전문금융회사, (5) 증권투자회사, 투자자문회사 등의 투자회사 등을 들 수
　　있다. 구체적인 통계는 강병호, 전게서 각주 1), 197면; 정찬형 · 도제문, 전게서 각주 1), 9면.
[9] Howell E. Jackson & Edward L. Symons, Jr.(1999), *Regulation of Financial Institutions*;
　　William A. Lovett, *Banking and Financial Institutions Law in a Nutshell*(4th, 1997).
[10] 은행규제만을 다룬 교과서로는 Michael P. Malloy(1999), *Bank Regulation*; Jonathan R.
　　Macey, Geoffrey P. Miller & Richard S. Carnell, *Banking Law and Regulation*(3rd, 2001).

성'을 유지하기 위한 것으로 이해되어 왔다. '시스템적 위험'이라는 요소를 제외하
면 다른 산업과 특별히 구별되는 차이가 없기 때문이다. 이러한 시스템의 안정성을
추구하는 일반적인 규제체계는 흔히 진입규제·건전성규제·영업규제·퇴출규제
등 네 가지 부문으로 나뉘지만, 각각의 구체적 내용은 금융산업별로 다르기 때문에
일반적으로 각 산업별로 규제내용을 살펴보는 것이 보통이다. 예를 들어 은행업에
서의 진입규제·건전성규제·영업규제·퇴출규제를 살펴본 후 항목을 보험업으로
바꾸어 다시 각각의 규제를 살펴보는 것이다. 그러나 이러한 방식은 각 규제방식에
내재하고 있는 논리를 일관되게 생각할 수 없게 만들 뿐만 아니라, 이러한 규제가
마치 각 개별 산업에 내재하는 논리에 근거하여 만들어졌다는 생각을 심어 줄 우
려가 있다. 각 금융산업에 존재하는 규제는 모두 "어떻게 하면 시스템을 안정화시
킬 수 있는가"의 관점에서 이해하여야 하고, 따라서 근본적인 원칙에 있어서는 금
융산업별로 달라야 할 이유가 없다. 따라서 이 글에서는 금융산업에 대한 규제를
진입규제·건전성규제·영업규제·퇴출규제로 나누어 한꺼번에 살펴보면서 그 공
통된 논리나 접근방법을 이해하는 방식을 취한다. 나아가 이러한 서술방식은 최근
논의되고 있는 금융통합법의 제정이라는 관점에서도 바람직한 것으로 볼 수 있다.[11]

    이렇게 연구범위를 한정하고 나서 다음으로 해결해야 할 문제는 과연 금융규
제의 '국제기준'이란 무엇을 이야기하는 것이고, 만일 있다면 어디서 찾을 수 있는
가 하는 점이다. 왜냐하면 우리가 염두에 두고 있는 것은 '국내정부'에 의한 '국내
금융기관'에 대한 규제이므로 법적 강제력을 지닌 '국제규범'이란 처음부터 생각하
기 어렵기 때문이다. 국제적인 입법기관이나 조약이 있는 것도 아니며, 실제로 각
국의 제도 역시 구체적인 면에 있어서는 천차만별이어서 특별히 "이것이 국제기준
이다"라고 인정할 만한 체계를 찾기 힘든 것이 사실이다. 특히 실질적인 문제로서
국제금융거래의 중심이라고 하는 뉴욕·런던·동경에서 적용되는 법제도를 하나의
기준으로 포섭하기가 매우 어렵다는 문제도 있다. 또한 다른 분야와 달리 단순히
미국의 제도를 국제기준이라고 단정할 수 없다는 것도 어려움을 가중시킨다. 금융
분야에 있어서는 미국 역시 아주 독특한 조건에서 그 조건에 가장 적합한 제도를
발전시켜 왔기 때문에 바로 미국의 규제가 보편성을 가진다고 말하기 어렵다는 것

---

11) 영국이 2000년 세계 최초로 금융통합법체제로 전환하면서(Financial Services and Market Act
   of 2000; 이하 "FSMA"), 금융법통합에 관한 논의가 활발해지고 있다. 우리 나라에서도 현재 개
   별 금융업법을 통합하고자 하는 논의가 진행중이다. 서울대학교 금융법센터, "기능별 분류방식에
   따른 현행금융법률의 재구성방안 연구"(2003).

이다. 이처럼 구체적으로 국제기준을 추출해 내는 것은 사실상 거의 불가능한 작업이지만, 다행히도 '추상적인 차원에서' 금융규제의 지향점을 논하는 수준에서의 국제기준은 어렵지 않게 찾을 수 있다. 특히 최근 여러 국제기구에서 발간한 지침은 매우 유용한 자료가 된다.

현재 많은 국제기구들은 여러 금융분야에 걸쳐 일응의 기준을 마련하여 회원국에서 시행하도록 권고하고 있는데, 특히 다음과 같은 것들이 널리 알려져 있다. 우선 가장 유명한 것으로는 국제결제은행(Bank for International Settlement; 이하 "BIS") 산하 위원회인 바젤위원회(Basel Committee on Banking Supervision)가 제안한 "자기자본규제에 관한 BIS기준"(Basel Capital Accord)일 것이다.[12] 1988년 제안된 이 기준은 1997년 이른바 "Basel Ⅱ"로 발전되었고, 현재 2006년 말 "Basel Ⅲ"로의 또 한번의 도약을 목표로 계속 연구중에 있다.[13] 바젤위원회는 그 밖에도 은행규제 전반에 관한 보고서인 "은행감독에 관한 핵심원칙"(Core Principles for Effective Banking Supervision; 이하 "Core Principles")을 1997년 제출하였다.[14] 은행업 이외의 영역에서도 국제적인 기준을 제시하려는 노력이 계속되고 있다. 예를 들어 보험업의 영역에서는 국제보험감독협의회(International Association of Insurance Supervisors; 이하 "IAIS")가 계속적으로 "Insurance Core Principles & Methodology"를 제안, 2003년 10월 최종개정에 이르렀으며,[15] 증권업에서는 국제증권위원회협회(International Organization of Securities Commissions; 이하 "IOSCO")가 2002년 2월 "Objectives and Principles of Securities Regulation"(이하 "Objectives and Principles")을 제안한 바 있다.[16] 이러한 국제적인 노력을 통하여 비록 추상적인 수준에서나마 국제기준이라는 것이 가시화되고 있으므로, 이 글에서는 이렇게 공식화된 문서를 일응의 '국제기준'으로 생각하기로 한다. 다만, 이 추상적인 국제기준이 어

---

12) Basel Committee on Banking Supervision(1988), *International Convergence of Capital Measurement and Capital Standard.*

13) 2003년 4월 바젤위원회는 개정안을 제시한 바 있다. Basel Committee on Banking Supervision, Consultative Document : Overview of the New Basel Capital Accord(April, 2003), *available at* http://www.bis.org/bcbs/cp3ov.pdf(2003. 10. 8. 마지막 방문). 이에 관해서 같은 해 7월 말까지 각계의 의견을 제출받았는데, 그 의견은 http://www.bis.org/bcbs/cp3comments.htm(2003. 10. 8. 마지막 방문) 참조.

14) http://www.bis.org/publ/bcbs30a.pdf(2003. 10. 8. 마지막 방문).

15) IAIS의 보험감독원칙은 1997년 9월 처음 제정되었으며, 이후 2000년 10월, 2003년 10월에 개정되어 현재에 이르고 있다. http://www.iaisweb.org/framesets/pas.html(2003. 10. 8. 마지막 방문).

16) http://www.iosco.org/pubdocs/pdf/IOSCOPD125.pdf(2003. 10. 8. 마지막 방문).

떻게 구체화될 수 있는지를 살펴기 위해서 미국과 영국 등의 선진국의 제도 및 관행을 필요한 범위에서 고찰하기로 한다.

제 2 절 진입규제

일반적으로 금융산업에 대한 진입규제(entry regulation)라 함은 금융업의 설립, 전환, 합병, 영업양도, 지점의 설립 및 폐쇄 등의 경우에 감독당국의 인허가를 받도록 규정함으로써 금융기관의 수 및 그 규모를 제한하는 것을 말한다.[17] 현재 각국의 금융당국은 이러한 진입규제를 통하여 일정한 수준의 건전성을 검증함으로써 금융시스템의 안정성을 위한 사전적 보호장치를 제공하고 있다.[18]

그러나 이러한 사전검증장치가 인위적인 진입장벽을 만들고 있는 것은 아닌가? 미시경제이론에 따르면, 진입 또는 퇴출장벽이 없는 유효경쟁시장(contestable market)에서는 설사 현실적으로 완전경쟁이 이루어지지 않더라도 잠재적 경쟁을 통하여 완전경쟁균형과 비슷한 결과를 가져올 수 있다고 한다. 다시 말해서 일반경쟁균형, 즉 사회적 효율을 달성하기 위해서는 진입 또는 퇴출장벽을 제거하는 것이 다른 어떤 조건보다도 필수적이라는 것이다. 물론 이러한 논리는 근본적으로 금융산업에도 타당하다. 그러나 다른 한편으로 다음 절에서 살펴보는 바와 같이 금융산업에서는 금융시스템의 붕괴를 막기 위하여 금융기관이 과도한 위험을 인수하는 것을 규제하고 있는데, 지나친 진입경쟁이 존재하게 되면 이러한 규제의 강제가 실효성이 없어질 수 있다. 즉 지나친 경쟁상황에서는 금융기관이 건전성을 유지하는 것이 이윤추구에 바람직하지 않게 되어 과도한 위험을 추구할 유인이 커질 우려가 있는 것이다.[19] 따라서 금융산업에 있어서는 일정 수준의 진입규제가 필요하게 된다.[20] 결론적으로 금융산업에 대한 진입규제는 금융기관에 대하여 적정수준의 건

---

17) 김종선·김종오, 전게서 각주 3), 259면.

18) 실제로 금융산업에 대한 진입규제와 관련하여 우리 나라에서 가장 문제되고 있는 부분은 금융기관, 특히 은행과 관련된 소유상한의 문제이다. 그러나 이 부분은 바람직한 금융기관의 소유구조가 무엇인지에 대한 국제기준이 제시된 바도 없을 뿐만 아니라, 국제적 기준을 찾기 위한 시도가 과연 바람직한지조차 의심되기도 한다. 따라서 "우리 나라의 금융규제가 국제수준에 얼마나 부합하고 있는가"라는 근본적인 물음과 상관없는 이 주제는 다음 기회에 다루기로 하고, 이 글에서는 논문의 완결성을 위하여 다루지 않기로 한다.

19) 강병호, 전게서 각주 1), 81면.

20) 이러한 일반적인 설명과 달리 시스템의 안정성을 고려하지 않는 모델에서도 자유경쟁을 허용하

전성을 유지할 수 있도록 인센티브를 제공하면서도 그것이 경쟁을 과도하게 제한하지 않는 수준에서 이루어져야 하는 것이다.

I. 국제기준

1. 국제기관의 권고사항

앞서 살펴본 바와 같이 여러 국제기구에서는 다양한 금융분야에 걸쳐 전반적인 권고사항을 제시하고 있다. 이러한 권고사항에서 발견되는 진입규제의 핵심은 (1) 금융기관은 일정한 감독당국의 인가(license)에 의해서만 시장에 진입할 수 있도록 하여야 하며,[21] (2) 감독당국은 금융기관의 소유구조, 경영진의 적격성, 내부통제구조, 자본금수준을 비롯한 재무건전성, 사업계획의 타당성 등에 관한 인가기준을 제시하여야 한다는 것으로 요약할 수 있다.[22] 금융산업별로 구체적인 표현은 조금씩 다르지만, 기본적인 내용은 대동소이하다. 소유구조의 문제를 별론으로 하고 살펴본다면, 결국 진입규제의 핵심은 경영진의 적격성, 사업계획의 타당성, 내부통제구조의 효율성, 최저자본금을 비롯한 재무상태의 건전성 등이 확보되었는지에 관한 기준을 어떻게 설정하고 감독할 것인가의 문제로 귀착된다.

각각의 요소를 구체적으로 살펴보자. 경영진의 적격성은 금융기관의 이사와 임원의 능력과 경험, 정직성 등을 평가하는 것을 말한다. 흔히 "fit and proper test"라고 하는데, 금융기관인가의 핵심이라고 해도 과언이 아니다. 왜냐하면 결국 금융기관의 의사결정은 그 이사와 임원들에 의하여 이루어지기 때문이다. 의사결정자들이 무능하거나 부정직하다면 아무리 재무적으로 건전하고 사업계획이 훌륭한 금융기관이라 하더라도 파산을 면하지 못할 것이다. 따라서 규제당국은 공식 또는 비공

게 되면, 사회적으로 최적인 은행 수보다 너무 많은 수의 은행이 설립된다는 것을 보일 수 있다. 다만, 이 모델은 시스템의 안전성 또는 건전성을 고려하지 않기 때문에 최저자본금이 얼마인지는 균형점에서의 은행 수에 아무런 영향이 없다는 점이 특징이다. Xavier Freixas & Jean-Charles Rochet(1997), *Microeconomics of Banking*, pp. 68-70.

21) Basel Committee, Core Principle §2; IOSCO, Objectives and Principles §21; IAIS, Insurance Core Principles & Methodology §6.

22) Basel Committee, Core Principles, §3(ownership structure, directors and senior management, operating plan and internal control, and financial projections including the capital base). 그 밖에 IOSCO, Objectives and Principles 및 IAIS, Insurance Core Principles & Methodology 규정에서는 각각 위 인가규정에 대한 코멘트에서 인가요건으로서 구체적으로 고려하여야 할 사항들에 대하여 언급하고 있는 정도이다.

식 자료를 수집하여 제안된 경영진을 평가하여야 한다. 이와 함께 내부통제구조가 적절하게 채택되어 있는지도 중요한 요소가 된다. 예를 들어 이사회 및 감사기능의 독립성이 보장되어야 한다거나, 업무분장 및 상호견제·감시기능이 정비되어 있는지 등을 살펴보아야 한다. 이와 함께 재무적인 영역도 설립 당시에는 특히 주의깊게 살펴보아야 하는데, 금융기관의 영업 초기에는 별다른 수익이 없이 기반시설을 위한 비용만 엄청나게 들어가는 경향이 있기 때문이다. 따라서 향후 영업전망에 대한 예측이 합리적인지 여부를 심사하여야 하고, 최저자본금요긴도 재무건전성과 실제로 연관될 수 있도록 기준을 적절히 설정하여야 한다. 이처럼 결국 금융기관을 사전에 평가하여 일정기준을 충족하는 금융기관만 설립을 허용하는 것은 금융기관의 파산위험을 사전적으로 줄이기 위한 수단이라고 평가할 수 있다.

2. 미국에 있어서 금융산업의 진입규제

위와 같은 추상적인 기준이 구체적으로 어떻게 구현되고 있는지 살펴보기 위하여 미국과 영국의 예를 보도록 하자. 먼저 미국을 보면, 주지하는 바와 같이 미국의 은행규제는 연방제라는 구조적인 이유로 인하여 규제의 중복성 또는 규제당국의 다양성에 그 특징이 있다.[23] 따라서 개별법률에서 모두 진입규제에 관한 규정을 마련하고 있는바, 여기에서는 편의상 미국의 연방은행(national bank)의 진입규제를 살펴보자. 연방은행의 진입규제에 관한 원칙적인 규제당국은 재무성소속의 "OCC"이다.[24] OCC는 은행설립을 위한 신청이 소정의 요건을 갖추었는지 심사하

---

[23] 이하 논의의 편의를 위하여 미국의 중첩적인 은행규제당국을 일별해 본다. (1) Office of the Comptroller of the Currency(이하 "OCC"): 이는 National Bank Act에 의하여 설립된 연방은행에 대한 원칙적인 규제당국으로서 재무성에 소속되어 있다. (2) Board of Governors of the Federal Reserve System: 미국의 연방준비제도는 의사결정기관인 Fed, 12개의 연방준비은행, FOMC 등의 상설위원회 등으로 구성되어 있는데, 이 시스템에 가입되어 있는 은행들을 "member bank"라고 한다. Fed는 각 주의 은행법에 의하여 설립되고, 이 시스템에 가입된 "member bank"에 대한 원칙적인 규제당국이다. (3) Federal Deposit Insurance Corporation(이하 "FDIC"): 미국의 연방예금보험공사이다. 현재 연방은행과 각 주법에 의하여 설립되고 연방준비제도에 가입되어 있는 "member bank"는 가입이 의무화되어 있으며, 각 주법에 의하여 설립된 "nonmember bank" 역시 가입이 법률상 의무화되어 있지는 않으나 실제로는 대부분 가입되어 있다. 따라서 FDIC는 위 OCC와 Fed와 함께 중첩적으로 은행에 대한 감독기능을 수행한다. (4) State Regulators: 각 주는 각 금융관련법률에 의하여 규제당국을 설치하고 있으며, 이 법에 의하여 설립되는 은행에 대하여 원칙적인 규제당국의 역할을 한다. Malloy, *op. cit.*, footnote 10), pp. 23-33.

[24] 12 U.S.C.A. §§21·22·26·27. 이처럼 OCC가 연방은행의 진입과 관련하여 일차적인 규제권한을 가지고 있기는 하나, FDIC와 Fed 역시 중첩적인 규제권한을 가지고 있다. (1) 1991년 이전에는 설사 FDIC에의 가입이 의무화되어 있는 연방은행과 각 주의 member bank의 경우에도 FDIC에 의한 심사절차는 존재하지 않았다. 그러나 Federal Deposit Insurance Corporation Improve

여야 하는데,[25] OCC규칙에서는 그 중요한 고려사항으로는 (1) 설립자들이 연방의 은행법규를 주지하고 있는지, (2) 이사를 포함한 경영진이 소정의 임무에 적합한 능력과 경험을 가지고 있는지, (3) 자본금이 충분한지,[26] (4) 신청서에서 예측한 사업의 수익성이 달성될 수 있는지, (5) 은행이 안전하고 건전하게 운영될 수 있는지 등을 들고 있다.[27] 요건을 갖추었는지 여부를 판단함에 있어서는 원칙적으로 OCC의 광범위한 재량이 인정되고 있다.[28]

　　미국에서 연방수준에서 규제가 이루어지고 있는 또 다른 금융산업부문으로는 증권업을 들 수 있다.[29] 증권업규제는 Securities Exchanges Commission(이하 "SEC") 담당인데, 증권회사가 브로커-딜러로 활동하기 위하여는 우선 SEC에 등록하여야 한다.[30] 이를 통하여 SEC는 브로커-딜러가 일정한 수준을 유지할 수 있도록 규제하고 있다고 볼 수 있다. 이와 별도로 장외시장에서 거래하고자 하는 브로커-딜러는 NASD에 등록하여야 한다.[31] 따라서 거래소시장만을 이용하겠다고 하면 NASD에 등록할 필요는 없으나, 대부분의 브로커-딜러는 장외시장에서도 거래하고 있으므로 실제로 NASD에는 거의 모든 브로커-딜러가 등록되어 있다.[32]

---

　　ment Act of 1991(이하 "FDICIA") 제정으로 FDIC에 가입시 OCC의 심사와는 독립적으로 FDIC에 승인을 신청하도록 되었다. 12 U.S.C.A. §1815(a). (2) 연방은행의 경우 연방준비제도에의 가입이 의무화되어 있는데(12 U.S.C.A. §282), 이 과정에서 Fed 역시 연방은행의 진입적격성에 관하여 심사하게 된다. 12 U.S.C.A. §321. 자세한 것은 Malloy, *op. cit.,* footnote 10), p. 36 참조.

25) 12 U.S.C.A. §26.

26) National Bank Act의 최저자본금 요건은 1933년에 만들어진 것이기 때문에 전혀 현재의 경제상황과는 어울리지 않는다. 따라서 실제로 OCC는 최저자본금의 액수가 증액시키는 규칙을 제정하여 일응의 기준으로 사용하고 있다. 12 C.F.R §5.20(f)(2)(i)(C)·(h)(4) 참조.

27) 12 C.F.R. §5.20(f). Macey, Miller & Carnell, *op. cit.,* footnote 10), pp. 98-99.

28) Camp v. Pitts, 411 U.S. 138, 142(1973)("The appropriate standard for review was… whether the Comptroller's adjudication was 'arbitrary, capricious, an abuse of discretion, or otherwise not accordance with law', as specified in 5 U.S.C. §706(2)(A)").

29) 보험업은 1945년 제정된 McCarran-Ferguson Act §2(a) 규정에 의하여 주법의 영역으로 확정되었으므로 연방수준에서의 규제체계는 존재하지 않는다. Jackson & Symons, *op. cit.,* footnote 9), pp. 441-442.

30) 증권회사에 대한 규제는 Securities Exchange Act of 1934(이하 "34년법") 규정에 의하여 이루어진다. 예를 들어 증권회사의 브로커-딜러 업무는 SEC에 등록하지 않고서는 행할 수 없으며(34년법 §15(a)), SEC는 브로커-딜러가 증권법을 위반하는 등의 경우 위 등록의 취소, 정지 또는 기타 징계처분을 내릴 수 있다(34년법 §15(b)). 자세한 것은 김건식·송옥렬, 미국의 증권규제(2001), 433-434면 참조.

31) 34년법 §15(b)(8).

32) SEC와 NASD에 제출되는 정보는 거의 동일하다. 따라서 이러한 이중의 등록절차를 간소화하기 위해서 1992년 SEC는 새로운 시스템을 채택하였다. 이에 따르면 우선 브로커-딜러는 Form BD를 NASD에 제출하고, NASD는 이 정보를 SEC에 전송하게 된다. 김건식·송옥렬, 전게서 각주 30), 434면.

NASD의 등록에서 특이한 점은 증권회사의 중요한 관계자들(key persons)이 소정의 요건을 충족시키는지 NASD가 심사한다는 점이다.[33] 증권회사는 브로커-딜러의 영업을 수행하는 데 불과하므로 NASD가입비를 제외하면 특별히 최저자본금을 요구하고 있지는 않다.

3. 영국 FSMA에 있어서 금융산업에 대한 진입규제

영국의 금융통합법(Financial Services and Market Act of 2000; 이하 "FSMA")에서도 마찬가지로 금융산업에 진입하는 단계에서 감독기관인 Financial Services Authority(이하 "FSA")가 일정한 요건을 심사하는 규정을 두고 있다. 원칙적으로 FSA로부터의 인가를 받은 경우(authoried person) 또는 인가가 면제된 경우(exempt person)가 아니면 일정한 규제대상행위(regulated activity)[34]를 영국 내에서 수행할 수 없다.[35] 인가된 자가 되기 위한 한 가지 방법은 FSA로부터 허가(permission)를 획득하는 것인데,[36] 허가를 원하는 자는 일정한 최소요건(threshold conditions)을 충족시켜야 한다.[37] 법적 형식을 갖추어야 하는 등 형식적인 요건을 제외하면, 최저자본을 비롯하여 영업에 필요한 자원을 보유하고 있어야 한다(adequate resource)는 것과 경영진이 영업을 수행하기에 적합하여야 한다(suitability)는 요건이 주목할 만하다.[38]

---

33) 심사의 대상이 되는 자는 "principal"과 "representative"이다. 여기서 "principal"이란 증권회사의 영업을 경영하거나 감독하는 자를 말하고, "representative"란 "principal"을 제외하고 회사의 투자나 증권업무에 종사하는 자를 말한다. Jackson & Symons, *op. cit.*, footnote 9), p. 671.

34) FSMA §19(1).

35) FSMA §22(1)("activity of a specified kind which… (a) relates to an investment of a specified kind, or (b)… is carried on in relation to property of any kind"). 그러나 구체적으로 그 내용은 재무성의 규칙에 위임되어 있다. FSMA §22(5). 재무성은 이 위임에 의하여 시행규칙(Regulated Activities Order 2001; "RAO")을 제정하여 구체적으로 15개 특정행위(specified activities)와 16개 특정투자(specified investments)를 규정하고 있다.

36) FSMA §31(1)(a). FSMA상 인가(authorization)와 허가(permission)의 차이에 대해서는 Michael Blair, Loretta Minghella, Michael Taylor, Mark Threpland & George Walker(2001), *Blackstone's Guide to the Financial Services & Markets Act* 2000, pp. 83-85 참조.

37) FSMA §41.

38) FSMA Schedule 6. 자세한 것은 Blair, Minghella, Taylor, Threpland & Walker, *op. cit.*, footnote, pp. 86-88.

Ⅱ. 우리 나라 제도에 대한 평가

이상에서 살펴본 바와 같이 진입규제와 관련하여 국제기준 및 금융선진국의 태도는 금융업을 영위하려는 자에 대하여 일정한 요건, 특히 사업수행에 필요한 자본과 자질이 검증된 경영자를 확보하고 있는지를 엄격하게 심사하고 있는 것으로 요약할 수 있다. 이러한 진입규제는 물론 비슷한 방식으로 우리 나라에도 존재하고 있었으며, 1999년부터는 은행을 비롯한 모든 금융기관의 진입에 관한 인허가권이 종래 재정경제부장관으로부터 금융감독위원회로 이관됨에 따라 금융감독위원회중심의 진입규제가 이루어지고 있다(은행법 제8조, 증권거래법 제28조, 보험업법 제5조, 증권투자신탁업법 제9조).[39] 인허가심사기준은 모든 업종에 공통되는 사항과 각 업종에 특수한 사항으로 나눌 수 있는데, 소유구조를 제외한 공통심사사항으로는 사업계획의 타당성, 자본금의 적정성, 경영진의 경영능력과 성실성 등을 들 수 있다(은행법 제8조 제2항, 증권거래법 제32조 제1항, 보험업법 제5조의3 제1항, 증권투자신탁업법 제11조 제1항). 이하에서는 최저자본금문제와 경영진의 적격성문제를 살펴본다.

1. 최저자본금제도

진입시의 최저자본금기준과 관련하여 두 가지 점을 검토할 필요가 있다. 우선 절대적인 수준의 문제이다. 우리 나라의 현재 금융기관설립시 요구되는 최저자본금은 시중은행은 1,000억 원, 지방은행은 250억 원(은행법 제9조), 보험회사는 300억 원(보험업법 제6조),[40] 증권회사는 10억 원 이상으로서 영위하는 업무에 따라 20억 원-500억 원(증권거래법 제28조 제3항, 시행령 제14조), 투자위탁회사는 100억 원(증권투자신탁업법 제11조 제1항 1호), 증권투자회사 1억 원(증권투자회사법 제13조 제1항 2호, 시행령 제6조) 등으로 증권투자회사를 제외하고는 명목상으로 볼 때는 매우 높은 수준이다. 따라서 현재 최저자본금제도는 금융기관의 진입을 제한하기 위한 가장 강력한 규제로 이해되고 있다.[41] 이 최저자본금수준이 우리 나라의 경제상황을 고려할 때 적절한지, 불필요한 진입장벽으로 남아 있는 것은 아닌지 여부를 재검토할 필요가

---

39) 다만, 증권투자회사법 제12조는 증권투자회사는 일정한 사항을 증권감독위원회에 "등록"하도록 규정하고 있다. 그러나 증권감독위원회는 등록신청인이 등록요건을 갖추고 있는지 심사하여 등록을 거부할 수 있고(증권투자회사법 제13조 제3항), 그렇게 되면 증권투자회사는 주식의 모집 또는 매출을 할 수 없게 되므로(증권투자회사법 제12조 제3항) 결국 인가권과 실질에 있어서는 차이가 없다고 볼 것이다.

40) 보험업법 제6조 단서규정에 의하여 보험업자가 단일보험사업만을 영위한다면 최저자본금수준을 낮출 수 있다. 구체적으로 화재보험 100억 원, 해산보험 150억 원, 자동차보험 200억 원, 특종보험 100억 원이다(보험업법 시행령 제11조의4 제1항).

41) 정찬형·도제문, 전게서 각주 1), 84면.

있다. 특히 수신업무를 수행하지 않아 '시스템의 안정'이 덜 중요한 것으로 평가되는 증권관련금융업의 경우에는 상대적으로 진입 당시의 건전성규제의 필요가 적다고 볼 수 있는데, 이 경우에도 상당한 액수의 최저자본금을 요하는 것이 바람직한지에 대하여는 보다 깊은 연구가 필요할 것으로 생각한다.

다른 한 가지 문제는 최저자본금수준을 업무별로 차별화하는 것이다. 현재 우리 나라의 규제는 업종별로 동일한 진입규제를 부과하고 있으나, 업무의 성격이나 수반되는 위험수준 등을 고려하여 동일한 업종 내에서도 최저자본금을 차별화할 필요가 있다. 현재 보험업과 증권업에서는 이러한 방식이 점차 도입되고 있으나,[42] 아직 은행이나 투자업에서는 종전의 일률적 방식에 의하여 진입규제가 이루어지고 있다. 보다 합리적으로 차별화시킬 필요가 있다.

2. 경영진의 적격성문제

금융업이 가지는 사회적 중요성과 요구되는 고도의 전문성을 고려하면, 일정수준 이상의 정직성 및 전문성을 갖춘 경영진이 필요한 것은 두말 할 나위가 없다. 이러한 이유로 법률에서는 진입 당시에 금융감독위원회가 경영진의 성실성 및 전문성 등을 점검하도록 규정하고 있음을 앞서 언급하였다. 그러나 문제는 임원·직원의 자격에 대하여 소극적인 결격사유만을 두고 있을 뿐(은행법 제18조 제 1 항, 보험업법 제12조 제 2 항, 증권거래법 제33조 제 2 항, 증권투자신탁업법 제12조 제 2 항, 증권투자회사법 제19조 제 2 항·제26조 제 2 항), 금융기관경영자가 갖추어야 할 적극적인 능력이나 자질에 대한 규정이 법제화되어 있지 않다는 점이다. 앞서 언급한 바와 같이 경영진에 대한 심사가 금융산업인가의 핵심임을 고려하면, 현재와 같은 소극적인 결격사유점검으로부터 적극적으로 자질 및 품성에 대한 검증이 필요하다고 생각된다. 따라서 국제기준에서 흔히 언급하는 "fit and proper test"를 원칙적으로 법률에서 선언하고, 구체적인 기준을 시행령이나 시행규칙수준에서 언급하는 정도의 개정이 필요하다고 본다.

---

42) 보험업의 경우 4 가지 보험을 전업으로 경영하는 경우 100억-200억 정도의 수준에서(보험업법 제 6 조 단서, 시행령 제11조의4 제 1 항), 증권업의 경우 취급하는 업무의 범위에 따라 4단계로 나누어 최소자본금을 정하고 있다(증권거래법 제28조 제 3 항, 시행령 제14조).

제 3 절 건전성규제

통상 금융규제라고 하면 건전성규제를 가장 먼저 떠올릴 정도로 금융기관의 건전성규제(prudential regulation)는 금융규제의 가장 특징적이면서도 핵심적인 영역이라 할 수 있다. 일반적으로 건전성규제란 금융기관 자기자본을 일정수준 이상으로 유지하도록 하는 자본적정성에 관한 통제와 금융기관이 보유하는 자산의 위험을 일정수준 이하로 유지시키는 자산건전성에 관한 통제를 포함하나, 결국 이하에서 살펴보는 바와 같이 이 두 가지는 서로 관련되어 있기 때문에 굳이 분리해서 생각할 필요는 없다. 실제로 건전성규제는 금융기관이 보유하는 자산의 위험을 고려하여 금융기관에 대하여 일정한 자기자본을 쌓아둘 것을 요구하는 방식으로 이루어진다. 이를 통하여 금융기관의 파산위험을 줄일 뿐만 아니라 금융기관이 과도한 위험을 인수할 인센티브를 줄임으로써[43] 궁극적으로 금융시스템의 안정성을 제고시킬 수 있게 되는 것이다.

이 글에서는 건전성규제의 구체적 수단으로 자기자본비율규제(regulatory capital requirements)와 그 강제수단으로서의 적기시정조치(prompt corrective action)를 살펴보기로 한다.

Ⅰ. 국제기준

1. 자기자본비율규제

앞서 살펴본 국제기구의 권고에서는 감독당국이 일정한 자기자본에 대한 기준을 마련해야 한다는 선언적 규정이 발견될 따름이다.[44] 이는 부분적으로는 최소한 자기자본문제에 관해서는 그 동안 확립된 국제적 합의 또는 관행이 있기 때문으로 생각된다. 특히 은행규제부문의 경우 현재 국제적으로 가장 권위를 인정받고 있는

---

43) Macey, Miller & Carnell, *op. cit.*, footnote 10), p. 278.

44) Basel Committee, Core Principle §6 ("은행감독청은 모든 은행에 대하여 적절한 최소자기자본의 기준을 마련하여야 한다. 요구되는 자기자본은 은행이 부담하는 위험을 반영하여야 하고, 자기자본의 구성요소를 명확히 정의하여야 한다. 적어도 국제적인 영업을 하는 은행의 경우, 이 기준은 바젤위원회가 제정한 국제기준보다 낮아서는 안 된다"). 다른 권고안도 마찬가지이지만, 더 추상적이다. IAIS, Insurance Core Principles & Methodology §23; IOSCO, Objectives and Principles §22.

기준은 흔히 "BIS기준"이라고 하는 바젤위원회의 "Basel Capital Accord"를 들 수 있다. 바젤위원회는 BIS산하의 은행감독위원회로서 1988년 7월 위 통일기준을 마련하였는데,[45] 그 기본골격을 설명하면 다음과 같다.

바젤위원회가 1988년 제시한 BIS기준은 요약하자면, 위험가중자산총액에 대하여 자기자본의 비율을 8% 이상(이 가운데 4% 이상은 기본자본으로 충당) 유지하도록 하는 것이다. 위험가중자산은 은행의 자산을 거래상대방의 신용도, 채권의 만기, 담보 및 보증의 유무 등을 기준으로 하여 분류한 후 위험이 높을수록 높은 가중치를 적용하기 때문에 결국 은행으로서는 위험자산을 가지기 위해서는 그만큼 자기자본을 쌓아야 되므로, 자기자본을 덜 쌓아도 되는 우량자산을 보유해야 할 유인을 높여 자산의 건전성을 제고하게 되는 것이다.[46] 자기자본은 자본금·자본준비금·이익잉여금 등을 의미하는 기본자본(tier 1; core capital)과 재평가적립금, 일반대손충당금, 혼합증권에 의한 부채성자본 등을 의미하는 보완자본(tier 2; supplementary capital)으로 나누어져 있으며, 보완자본의 경우에는 각국의 감독당국의 재량권이 다소 인정되고 있다. 이를 산식으로 요약하면 다음과 같다.[47]

자기자본비율＝(기본자본＋보완자본－공제항목)/(대차대조표상의 위험가중자산총액＋신용환산율을 적용한 부외자산의 위험가중자산총액)

이렇게 1988년 제안된 BIS기준은 은행이 보유한 자산의 신용위험(credit risk)만을 고려하고 있다는 한계가 있었으며, 이렇게 되면 금융상품의 가격변동과 파생상품거래에 따른 위험을 적절하게 평가할 수 없다는 지적이 있어 일정한 시장위험(market risk)에 대해서도 일정한 자기자본을 쌓도록 하는 새로운 BIS기준을 제시하게 된다. 1997년 12월부터 적용되기 시작한 이 새로운 기준을 흔히 "Basel Ⅱ"라고 부른다. 여기서 시장위험은 일반시장위험(general market risk)과 특정위험(specific risk)으로 나누는데, 일반시장위험이란 금리·환율·주가 등 시장가격이 변동함에 따라 은행이 보유하고 있는 자산·부채의 가치가 변동하는 것을 의미하고, 특정위험이란 보유하고 있는 채권 및 주식의 발행회사의 신용도에 변화가 생김에 따라 그 채권 및 주식의 시장가격이 변동하는 것을 의미한다. 재무이론에서 위

---

45) Basel Committee on Banking Supervision(1988), *International Convergence of Capital Measurement and Capital Standard.*

46) 한국은행, 우리 나라의 금융제도(1999), 314면.

47) 자세한 것은 강병호, 전게서 각주 1), 242-247면 참조.

험을 나누는 방법을 차용한 것이다. 이렇게 은행이 보유하고 있는 자산의 시장위험을 구하여 이에 대하여도 8 % 이상의 자기자본을 쌓도록 요구함과 동시에, 시장위험에만 충당할 수 있는 새로운 자기자본으로 단기후순위채무를 "tier 3"으로 자기자본에 포함시켰다. 이를 간단히 산식으로 요약하면 다음과 같다.[48]

자기자본비율＝(기본자본＋보완자본－공제항목＋단기후순위채무)/(대차대조표상의 위험가중자산총액＋신용환산율을 적용한 부외자산의 위험가중자산총액－단기매매목적으로 보유하는 채권 및 주식에 대한 위험가중자산＋시장위험×12.5)

바젤위원회는 계속 위 BIS기준을 발전시키기 위해 연구중인데, 2006년 "Basel Ⅲ"를 제시할 예정이다. 현재 논의되고 있는 개혁내용으로는 (1) 자기자본비율규제의 개선, (2) 감독기능의 강화, (3) 공시규제의 강화 등을 들고 있다.[49] 각각 구체적으로 살펴본다. (1) 자기자본비율규제와 관련하여 중요한 두 가지 개선은 내부신용평가(internal rating-based approach; "IRB" approach)의 허용과 운영위험(operational risk)의 도입이다. 종래 신용위험을 산정함에 있어서는 외부평가기관이 제시하는 신용등급이 기준이 되었으나, 개혁안에서는 신용평가능력을 갖춘 은행의 경우에는 내부적으로 평가한 신용등급에 의하여 신용위험을 산정할 수 있도록 하고 있다. 신용위험에 포함되는 사항 중에서 어느 수준까지 자체 평가가 가능한가에 따라 "Foundation IRB Approach"와 "Advanced IRB Approach"로 나뉜다. 운영위험이란 부적절한 내부통제, 임직원의 실수, 시스템오류, 기타 대외적인 사건으로 은행에 손실이 생기는 경우를 말하는데, 이러한 위험에 대해서도 일정한 자기자본을 쌓도록 요구하는 것이다. (2) 은행감독기능의 강화에 대한 연구는 현재 진행중이지만, 중요한 것은 자본적정성이라는 것은 은행이 자기자본비율을 형식적으로 충족하였는지 여부만 가지고 판단해서는 안 된다는 것이다.[50] 특히 IRB접근법을 사용하는 은행의 경우에는 최악의 사정은 가정한 시나리오에 기초하여 은행 스스로 모델링

---

48) 자세한 것은 강병호, 전게서 각주 1), 248-252면 참조. 시장위험에 12.5를 곱하는 것은 시장위험에 대한 자기자본보유 의무비율(8%)을 위험가중자산으로 환산하기 위한 것으로서 12.5는 8%의 역수이다.

49) Basel Committee on Banking Supervision, Consultative Document: Overview of the New Basel Capital Accord(April, 2003), *available* at http://www.bis.org/bcbs/cp3ov.pdf(2003. 10. 8. 마지막 방문). 이하 설명하는 구체적인 내용은 이 자료의 내용을 요약한 것이다.

50) "Judgements of risk and capital adequacy must be based on more than an assessment of whether a bank complies with minimum capital requirements." *Basel Committee on Banking Supervision*, p. 49.

한 "stress test"에 의하여 자본적정성을 검증받을 필요가 있다는 점을 강조하고 있다. (3) IRB접근법이 허용되었기 때문에 은행은 필요한 자기자본이 얼마인지를 결정하는 데 종전보다 많은 재량권을 가지게 되었다. 따라서 IRB접근법을 사용하는 은행이 규제를 회피하는 것을 막기 위해서는 정보의 공시를 강화하여 시장에 의한 감독이 부가되도록 하지 않으면 안 된다. 따라서 "Basel III"에서는 은행의 공시에 대하여 자세한 규정을 두게 될 예정이다.

BIS기준은 계속 발전되고 있으나, 은행업에만 적용된다는 한계가 있다. 증권업의 경우 IOSCO가 1989년 증권회사의 적정자기자본 수준을 전세계적으로 통일할 것으로 제안하는 보고서를 제출한 바 있으나,[51] 아직 BIS기준과 같은 수준의 규범력을 얻는 것으로 보이지는 않는다. 다만, 그 기본틀을 참조하여 각국의 특성에 맞게 자기자본규제를 시행하고 있다. 또한 보험업영역에서도 어느 정도의 자기자본을 요구할 것인지는 각국의 개별입법에 의존할 수밖에 없다.

2. 적기시정조치

적기시정조치란 금융기관의 건전성이 일정수준 이하로 떨어지게 되면, 자동적으로 감독당국의 시정조치가 내려지는 것을 말한다. 다시 말해서 부실가능성이 있는 금융기관에 대해서 적절한 경영개선조치를 취함으로써 조기에 금융기관의 경영을 정상화하거나, 아니면 정상화가능성이 없는 금융기관을 퇴출시킴으로써 금융시스템의 안정을 가져오려는 것이다.[52] 적기시정조치는 일정한 국제기구에 의하여 권고된 것도 아니지만, 1974년 덴마크가 처음 도입한 이래 점차 퍼져나가다가 미국이 1992년 "연방예금보험법"(Federal Deposit Insurance Act; 이하 "FDIA")에 이 제도를 도입함으로써[53] 국제적 기준으로 자리매김하고 있다.

3. 미국에서의 자기자본비율규제와 적기시정조치

건전성규제, 특히 은행에 대한 건전성규제는 대부분의 국가에서 BIS기준을 채용하고 있기 때문에 여러 국가의 예를 살펴볼 실익이 크지 않다. 이 글에서는 미국에서의 은행업에 대한 건전성규제를 간단히 살펴보고, 보험업과 증권업에서 발견되

---

51) IOSCO Resolution No. 18: Resolution on Capital Adequacy Standards(September, 1989).

52) 한국은행, 전게서 각주 46), 331면.

53) 12 U.S.C.A. §1831o.

는 유사한 규제를 비교해 보도록 한다.

미국에서도 연방규제당국이 은행의 자본적정성에 대하여 양적 기준을 제시하기 시작한 것은 1980년대에 와서야 이루어진 일이다.[54] 현재 미국의 은행 및 은행지주회사는 두 가지 기준, 즉 단순한 대차대조표상의 자산을 기준으로 하는 경우(leverage basis)와 신용위험을 고려한 자산을 기준으로 하는 경우(risk-adjust basis)의 최소자기자본 비율을 모두 충족하여야 한다.[55] 후자는 BIS기준의 관점을 받아들인 것으로서 실제 기준도 BIS기준과 거의 일치하고 있다. 전자는 BIS기준과 다른 몇 가지 특징이 있는데, 은행의 전반적 위험, 즉 경영상태를 평가하여[56] 서로 다른 기준을 요구한다는 점과 (경영상태가 나쁠수록 높은 자기자본비율을 요구) 자기자본으로 보는 것은 "tier 1"만이라는 점 등이다. 따라서 통상 3-5%의 자기자본비율을 요구하고 있다. 이러한 자본적정성에 관한 두 가지 기준은 적기시정조치와 바로 연결되어 있는데, 은행의 경우 적기시정조치의 기준은 다음과 같다.[57]

⟨표 2-1⟩

Capital Measure	Leverage Ratio	Total RBCR	Tier 1 RBCR
Well Capitalized	≥5%	≥10%	≥6%
Adequately Capitalized	≥4%	≥ 8%	≥4%
Undercapitalized	<4%	< 8%	<4%
Significantly Undercapitalized	<3%	< 6%	<3%
Critially Undercapitalized	<2%	−	−

* RBCR=Risk-Based Capital Ratio.

---

54) First National Bank of Bellaire v. Comptroller of the Currency, 697 F.2d 674(5th Cir. 1983) 사건에서 OCC는 자기자본금액이 일정한 가이드라인에 못미치는 은행에 대하여 시정명령을 내렸으나, 법원은 일정한 자기자본비율이 은행의 불건전성(unsafe and unsound)을 의미한다는 OCC의 논리는 아무런 근거가 없으며, 따라서 이러한 시정명령은 허용될 수 없다는 입장을 취하고 있다.

55) 12 U.S.C.A. §1831o(c)(1)(A); Jackson & Symons, *op. cit.,* footnote 9), p. 185.

56) 자본적정성(capital adequacy)·자산건전성(asset quality)·경영관리능력(management)·수익성(earnings)·유동성(liquidity) 등의 부문을 평가하는 CAMEL방식에 의한다.

57) Jackson & Symons, *op. cit.,* footnote 9), p. 187; Macey, Miller & Carnell, *op. cit.,* footnote 10), p. 308. 표에서 "Adequately Capitalized"가 최소한의 자본적정성기준이므로 Undercapitalized 이하는 모두 적기시정조치의 대상이 된다. 구체적인 적기시정조치의 내용은 12 U.S.C.A. §1831o (e)·(f)·(h) 참조.

미국의 적기시정조치의 특징을 간단히 살펴보면 다음과 같다. (1) 가장 중요한 것은 적기시정조치는 감독당국의 재량에 의하지 않고 자동적으로 발동된다는 점이다.[58] 실제로 금융당국은 적기시정조치에 의하지 않더라도 은행의 자산구성이나 자본적정성에 대하여 적절한 감독과 지도를 할 수 있으므로 사실상 권한이 중복된다고도 볼 수 있으나, 그럼에도 불구하고 따로 적기시정조치를 둔 이유는 그것을 '자동적'으로 발동시키기 위한 것으로 이해되고 있다. (2) 일반적으로 적기시정조치를 발동할 수 있는 기관은 연방은행감독기관 및 FDIC로 중복되고 있다.[59] 그러나 한계상황, 즉 자본적정성이 가장 떨어지는 "Critically Undercapitalized" 단계에서는 오직 FDIC만이 그 권한을 가지고 있다.[60] 그 결과 미국의 적기시정조치의 핵심시관은 FDIC라고 이해되고 있다. (3) 이러한 FDIC의 위상과 관련하여 적기시정조치를 둔 이유도 은행시스템의 안정 또는 다른 사회적 영향 때문이 아니라 FDIC의 보험금지급을 최소한으로 줄이기 위한 것이라고 법에서 명문으로 선언하고 있다.[61] 이러한 목적 때문에 적기시정조치가 은행법이 아닌 "Federal Deposit Insurance Act(FDIA)"에 들어와 있고, 또 FDIC에 사실상 더 큰 권한을 주고 있는 것이다.

앞서 언급한 바와 같이 미국의 보험업은 연방법이 아닌 주법에 의하여 규율되고 있으므로 일률적인 기준을 찾을 수는 없다.[62] 그러나 영업의 규모가 증가함에 따라 보험금지급을 충당하기 위해서는 더 많은 유보금이 필요하고, 따라서 각 주에서는 일정한 최소유보금비율(reserve requirements)을 설정하고 있다. 예를 들어 손해보험이나 책임보험의 경우 손실유보금(loss reserves) 및 미수취보험료 유보금(unearned premium reserves) 등을 의무적으로 적립하여야 한다.[63] 나아가 수취하는 보험료총액이 회사의 자기자본의 일정배수, 예를 들면 2배 또는 3배를 넘지 못하도록 규제하는 경우도 많은데, 이를 통하여 예측하지 못한 사고의 경우에도 보험금을 지급할 수 있게 된다. 이러한 규제는 특히 사고의 예측이 곤란한 손해보험에서 자

---

58) 12 U.S.C.A. §1831o(a)(2).

59) 12 U.S.C.A. §1831o(a)(2)("Federal banking agency and the[FDIC]").

60) 12 U.S.C.A. §1831o(h).

61) 12 U.S.C.A. §1831o(a)(1)("to resolve the problems… at the least possible long-term loss to the deposit insurance fund").

62) 그러나 실제로 보험업규제는 주법 사이에 상당한 정도의 통일이 이루어져 있는데, 그것은 몇몇 핵심적인 주법의 선도와 National Association of Insurance Commissioners(이하 "NAIC") 등의 노력 때문이다. Lovett, *op. cit.*, footnote 9), p. 358.

63) Lovett, *op. cit.*, footnote 9), p. 360.

주 이용되는데, 생명보험에서는 보험사고가 거의 예측을 벗어나지 않기 때문에 이러한 규제는 완화되어 적용되는 경우가 많다.[64]

증권회사의 경우 앞서 언급한 바와 같이 설립 당시 요구되는 최초자본금은 규제하지 않는다. 그러나 브로커-딜러는 업무상 고객의 금전이나 증권을 보관하는 경우가 많기 때문에 이러한 증권회사가 파산하는 경우 고객이 많은 피해를 보게 된다. 따라서 연방증권법은 고객의 보호를 위하여 브로커-딜러에 대하여 BIS기준은 아니지만, 일정한 재무기준을 만족할 것을 요구하고 있다. 34년법 Rule 15c3-1에서는 브로커-딜러가 어떠한 행위를 하는가에 따라 최소한으로 유지하여야 하는 자본과 부채의 수준을 자세하게 규제하고 있는데(net capital rule),[65] 일반적인 브로커-딜러의 경우 다음 두 가지 방법 중에서 한 가지 방법을 따르면 된다. 즉 총 부채(aggregate indebtedness)를 기준으로, 총 부채가 순자산의 15배(영업을 시작한 처음 1년 동안은 8배)를 넘지 못하거나($\frac{\text{Rule 15c3-}}{1(a)(1)(i)}$), 순자산을 기준으로 순자산이 25만 달러 또는 규칙에 따라 계산한 자산항목의 2% 중에서 큰 금액보다 크면 되는 것이다($\frac{\text{Rule 15c3-}}{1(a)(1)(ii)}$). 증권업은 SEC가 따로 규제하고 있기 때문에 여기에는 적기시정조치와 같은 자동규제장치는 존재하지 않는다. 이는 규제당국이 서로 분리되어 있는 미국의 특성에 기인하는 것이며, 반드시 증권회사에 대하여 적기시정조치가 적용되지 못할 이론적 근거가 있는 것은 아니다. 위 기준을 준수하지 못하는 경우, SEC의 감독권한에 의하여 시정명령을 내리게 된다.

Ⅱ. 우리 나라 제도에 대한 평가

1. 자기자본비율규제

먼저 은행부문을 보면 우리 나라도 1992년 7월부터 자기자본비율 규제를 도입하였으며, 현재까지의 기본모델은 1987년 제안된 BIS기준, 즉 "Basel Ⅰ"이며, 2002년부터는 거래목적의 자산, 부채의 규모가 일일기준으로 1조 원 이상이거나 연결재무제표상 총 자산의 10% 이상인 은행에 대해서 "Basel Ⅱ"를 도입하여 시행하고 있다. 즉 은행법상 자기자본은 "국제결제은행의 기준에 따른 기본자본과 보완자본의 합계액"이라고 선언함으로써($\frac{\text{은행법 제 2 조}}{\text{제 1 항 5 호}}$) BIS기준을 따르고 있음을 명확

---

64) Lovett, *op. cit.*, footnote 9), p. 361.
65) Jackson & Symons, *op. cit.*, footnote 9), p. 673.

히 하고 있다고 볼 수 있다. 구체적인 항목은 시행령에 위임하고 있는바, 시행령에서는 (1) 기본자본: 자본금·내부유보금 등 은행의 실질순자산으로서 영구적 성격을 지닐 것, (2) 보완자본: 후순위채권 등 기본자본에 준하는 성격의 자본으로서 은행의 영업활동에서 발생하는 손실을 보전할 수 있을 것, (3) 공제항목: 당해 은행이 보유하고 있는 자기주식 등 실질적으로 자본충실에 기여하지 아니하는 것으로서 기본자본 및 보완자본에 포함시키지 말 것 등으로 기준을 정하여 금융감독위원회에 세부사항을 위임하고 있다($\substack{은행법 시행령 \\ 제1조의2}$). 이에 따라 금융감독위원회가 정하는 기본자본·보완자본·공제항목은 다음과 같으며($\substack{은행업감독규 \\ 정 제2조}$), 이는 사실상 BIS기준과 다르지 않다.

〈표 2-2〉

구 분	범 위
기본자본	─자본금(누적적 우선주 제외) 또는 외국은행 국내지점의 갑기금 ─자본잉여금(재평가적립금 제외) ─이익잉여금 ─자본조정 중 미교부주식배당금
보완자본	─재평가적립금 ─자본조정 중 투자유가증권 평가이익(시장성 있는 유가증권관련 분에 한함)의 45% 상당액 ─자산건전성 분류결과 '정상' 및 '요주의'로 분류된 자산에 대한 대손충당금 ─영구후순위채권·누적적 우선주 등 부채성자본조달 수단에 의하여 조달한 자금 ─만기 5년 이상의 기한부후순위채권 발행자금 및 차입기간 5년 이상의 기한부후순위차입 자금 ─외국은행 국내지점의 을기금
공제항목	─영업권상당액·이연법인세차·주식할인발행차금·자본조정 중 투자유가증권평가손실·자기주식(기본자본에서 공제) ─자기자본비율 제고목적으로 타은행과 상호 보유한 주식, 부채성 자본조달 수단, 만기 5년 이상의 기한부후순위채권 등에 의하여 조달한 자금(자기자본에서 공제) ─금융감독원장이 정하는 부실금융기관에 대한 후순위채권(자기자본에서 공제)

보험회사에 대해서도 이와 비슷하게 책임준비금과 비상위험준비금을 적립하도록 강제하고 있으며(보험업법 제98조 제1항), 시행령에서도 "지급여력비율 100% 이상"을 유지할 것을 규정하고 있다(보험업법 시행령 제12조의3 제2항). 우리 나라는 특이하게 증권회사에 대해서도 BIS기준 비슷한 규정을 두고 있다. 즉 증권회사는 "대차대조표상 순자산＋대손충당금, 후순위차입금 등－고정자산평가액, 선급금 등" 금액이 총 위험액(당해 증권회사의 자산 및 부채에 내재하거나 업무에 수반되는 위험을 금액을 환산한 것)의 100% 이상으로서 금융감독위원회가 정하는 비율(현재는 150%) 이상이 되도록 유지하여야 한다는 것이다(증권거래법 제54조의2 제1항, 시행령 제37조의2 제1항,). 이러한 구조를 자세히 살펴보면 BIS기준에서 신용위험과 영업위험을 고려하여 자기자본비율을 정하는 것과 유사한 논리임을 알 수 있다.[66]

따라서 현행 자기자본비율 규제 자체는 국제기준과 매우 접근해 있다고 볼 수 있다. 혹자는 산업별로 서로 상이한 기준이 적용되고 있다는 점을 문제로 지적하기도 하나, 이는 사실 우리 나라만의 문제는 아니며 세계적으로 공통되게 나타나는 현상이라고 할 수 있다. 이는 금융규제가 각각의 산업분야별 특수성을 감안하여 이루어지고 있으며, 감독기관 역시 통합되지 않는 경우도 많기 때문이다. 물론 금융규제의 통합, 금융업의 겸업화 등 향후 추진방향을 고려한다면, 이렇게 업종별로 다른 기준을 사용하는 것은 문제가 될 수 있다. 현재 건전성규제에 있어서 은행업은 자기자본, 증권업은 영업용 순자본, 보험업은 지급여력이라는 지표를 사용하고 있으며, 이러한 차이는 단순히 명칭의 차이에 그치지 않고 실질적으로 위험의 산정 및 요구되는 자기자본의 액수에도 많은 차이를 가져온다. 따라서 겸업화를 전제하는 경우, 이러한 기준을 어떻게 적용할 것인가의 실제적인 문제가 있다. 이러한 업종별 최소한의 기준은 점차로 통일시켜 나가되 우리 나라의 금융산업이 발전함에 따라 "Basel Ⅲ"에서 고려하고 있듯이 위험에 따른 자기자본의 필요액을 개별 금융기관이 산정할 수 있도록 하고, 대신 감독기관의 감독강화와 시장감시의 효율성 증대라는 방식으로 자기자본규제의 틀을 선회할 필요가 있다고 본다. 그러나 다시 한번 강조하듯이 이러한 문제가 그렇게 중요한 것은 아니며, 따라서 제도개선의 우선순위 관점에서 이 문제는 천천히 개선되어도 무방할 것이다.

---

66) 증권회사의 자기자본 규제에 대하여 자세한 것은 강병호, 전게서 각주 1), 314-333면.

2. 경영실태평가

우리 나라는 단순히 자기자본만을 가지고 건전성을 평가하지 않고 다양한 지표를 활용하여 금융기관을 평가하고 있으며, 이를 적기시정조치의 판단기준에 포함시키고 있다. 경영실태평가(management status evaluation)란 금융기관의 경영실태를 보다 합리적이고 객관적으로 파악하기 위해서 금융기관의 자본적정성(capital adequacy)·자산건전성(asset quality)·경영관리능력(management)·수익성(earnings)·유동성(liquidity) 등 다양한 부문을 종합적이고 통일적인 방법으로 평가하는 것을 말한다.[67]

2003년 현재 은행업은 이상 다섯 가지 요소와 시장위험에 대한 민감도(sensitivity to market risk)를 합하여 CAMELS방식에 의하여 평가하고,[68] 보험은 CAMEL,[69] 증권은 CaFRI[70]를 지표로 이용하여 부문별 평가등급 및 종합평가등급을 구하고 있다. 평가결과는 1등급 우수, 2등급 양호, 3등급 보통, 4등급 취약, 5등급 위험 등으로 구분하며, 종합평가등급 3등급 이상이지만 자산건전성 또는 자본적정성 부문이 4등급 이하로 판정된 금융기관은 경영개선권고를, 종합평가등급이 4등급 이하인 금융기관은 경영개선요구를, 자산건전성 또는 자본적정성 부문이 5등급으로 판정된 금융기관은 부실금융기관으로 지정될 것인지 여부를 판정하기 위한 자산 및 부채의 평가를 실시하게 된다.

3. 적기시정조치

적기시정조치는 건전성규제의 핵심이며, 사실상 전체금융규제의 핵심이라고 할 수 있다. 그러나 우리 나라 금융시스템 전체에서 가장 국제기준과 동떨어진 것도 바로 적기시정조치라고 할 수 있다. 그 결과 다른 제도들이 국제기준과 유사한 정도로 잘 갖추어져 있는 것처럼 보임에도 불구하고 실제로는 그 역할을 제대로

---

67) 한국은행, 전게서 각주 46), 329면.

68) 자본적정성, 자산건전성, 경영관리능력, 수익성, 유동성, 시장위험에 대한 민감도 등 영어단어의 앞글자만 따면 CAMELS가 된다. 외국은행의 지점과 국내은행의 국외지점에 대하여는 리스크관리(risk management)·경영관리 및 내부통제(operational controls)·법규준수(compliance)·자산건전성(asset quality) 등 네 부문을 평가하는 ROCA방식이 사용된다. 한국은행, 전게서 각주 46), 329면.

69) Capital adequacy, Asset quality, Management, Earnings, Liquidity.

70) Capital adequacy, Financial quality, Risk management, Internal control and compliance. 그러나 투자신탁회사는 보험업에서와 같은 CAMEL방식에 의하여 평가하고 있다.

하지 못하고 있고, 경제주체들에게도 그 기준을 굳이 준수할 인센티브를 제공하지 못하게 되는 것이다. 다시 말해서 우리 나라 금융의 후진성의 근본원인이 되고 있는 것이다.

구체적으로 우리 나라의 적기시정 조치가 어떻게 규정되어 있는지부터 살펴보기로 하자. 우리 나라는 1997년 금융산업의구조개선에관한법률(이하 "금산법")이 제정되면서 본격적으로 적기시정조치가 도입되어$\left(\begin{smallmatrix}금산법\\제10조\end{smallmatrix}\right)$ 현재 은행·증권·보험 등 거의 모든 금융기관에 적용되고 있다$\left(\begin{smallmatrix}금산법 제 2 조.\\1호 참조\end{smallmatrix}\right)$. 적기시정조치의 종류는 금융감독위원회가 정하도록 위임되어 있는데, 금융감독위원회는 금융기관별 기준에 의하여 경영개선권고·경영개선요구·경영개선명령의 3단계 적기시정조치를 도입하고 있다. 금산법 제10조에서 적기시정조치를 발할 수 있는 권한을 정하고는 있지만, 현재 금융기관에 대한 '경영개선권고'는 금융감독원장이, '경영개선요구'는 금융감독위원회의 의결을 거쳐 금융감독원장이, '경영개선명령'은 금융감독위원회가 직접 발하도록 되어 있다$\left(\begin{smallmatrix}은행업감독규정 제\\34조 내지 제36조\end{smallmatrix}\right)$. 금융기관에 대한 적기시정조치 발동의 주요 근거로는 BIS비율 등의 자기자본 비율과 경영실태평가의 결과가 사용되고 있다. 요컨대 위 자기자본비율규제와 경영실태평가가 금융기관건전성의 기준이 되고, 이 기준을 미달한 경우에는 적기시정조치라는 강제방식에 의하여 기준의 준수를 강제하고 있는 것이다. 금융기관별로 적기시정조치의 기준을 분류해 보면 다음과 같다.[71]

이처럼 적기시정조치가 표면적으로는 잘 정비되어 있는 것처럼 보이나, 실제로 적기시정조치가 도입된 이후 이 조치가 발동된 경우는 거의 찾아볼 수 없다. 그것은 우리 나라 금융시스템이 건전하다는 것을 의미하는 것이 아니라, 적기시정조치의 실효성이 없다는 것을 말해 준다고 보아야 한다. 실제로 적기시정조치가 제도의 취지를 구현하지 못하는 이유는 다음과 같이 요약할 수 있다.[72] (1) 가장 중요한 문제는 적기시정조치가 '자동적'으로 발동되는 것이 아니라, 금융감독위원회가 그 발동 여부를 결정할 수 있는 재량을 가지고 있다는 점이다$\left(\begin{smallmatrix}금산법 제10조 제 3 항;\\적기시정조치의 유예\end{smallmatrix}\right)$. 2003년 4월 신용카드사에 대한 조치에서 보는 바와 같이 실제로 금융감독위원회는 적기시정조치의 요건에 해당하는 경우라 하더라도 대부분 그 발동을 유예하고 있다. 그 결과 IMF금융위기를 극복한 이후 실제로 적기시정조치에 의하여 금융기관이 퇴출

---

71) 강병호, 전게서 각주 1), 84면.

72) 우리 나라 적기시정조치의 현실적 문제점에 대해서는 홍익대 경제학과 전성인 교수의 인터뷰에 크게 의존하였음을 밝혀 둔다.

〈표 2-3〉

금융업종	기준지표	최소요건	제 1 단계 (경영개선권고)	제 2 단계 (경영개선요구)	제 3 단계 (경영개선명령)
은행	BIS자기 자본비율	8%	8%-6%	6%-2%	2% 미만 또는 부실금융기관
	경영실태 평가등급	-	종평 3등급 이상 & 자본적정성/자산건 전성 4등급 이하	종평 4등급 이하	-
보험	지급여력 기준비율	100%	100%-50%	50%-0%	0% 미만 또는 부실금융기관
	경영실태 평가등급	-	종평 3등급 이상 & 지급여력/자산건전 성 4등급 이하	종평 4등급 이하	-
증권	영업용 순자본비율	150%	150%-120%	120%-100%	100% 미만 또는 부실금융기관
	경영실태 평가등급	-	종평 3등급 이상 & 자본적정성 4등급 이하	종평 4등급 이하	자산부채비율 100% 미만

된 경우를 거의 찾아볼 수 없다. 이러한 감독기관의 재량권은 적기시정조치를 둔 취지에 정면으로 반한다. 적기시정조치는 금융규제담당자의 자의성(regulatory forbearance)을 막아 최소한의 건전성을 확보하자는 것이므로 일정한 요건을 충족하면 '자동적'으로 적용되도록 하는 것이 옳다.[73] 예를 들어 최근 카드사의 금융위기도 이러한 적기시정조치를 미루다가 결국 타이밍을 놓치고 말았다고 볼 수 있다. (2) 적기시정조치를 발할 수 있는 권한을 예금보험공사에게까지 확대할 것인가의 문제가 해결되어야 한다. 이 문제는 감독당국의 인센티브와 밀접하게 관련되어 있는데, 미국에서 FDIC가 연방금융감독당국(은행의 경우 OCC 또는 Fed)과 함께 적기시정

---

73) Eva H.G. Hupkes(2000), *The Legal Aspects of Bank Insolvency: A Comparative Analysis of Western Europe, the United State and Canada*, p. 14에서는 "an early intervention and a strict exit policy"가 매우 중요한데, 이는 (1) 건전성규제를 실효화하고, (2) 은행부문의 경쟁을 공정하게 만들고, (3) 추가적인 손실과 다른 은행의 부실화(소위 "contagion")를 막을 수 있기 때문이라고 한다.

조치를 취할 수 있는 권한을 가지고, 특히 건전성이 극도로 악화된 경우에는 FDIC 만이 권한을 행사할 수 있게끔 한 것은 모두 FDIC의 인센티브를 고려한 결과라고 할 수 있다. 금융감독위원회가 부실금융기관에 대하여 적기시정조치를 발동하는 것이 스스로의 잘못을 자인하는 결과밖에는 아무런 의미가 없다면, 금융감독위원회가 적절한 판단을 할 것으로 기대할 수는 없다. 따라서 이 권한을 예금보험공사에 이전시키는 것을 적극적으로 검토할 필요가 있다. 다만, 이렇게 권한이 이전되더라도 금융감독위원회의 평시감독권한은 확보될 필요가 있다. 현재 시스템의 궁극적인 문제는 적기시정조치가 마치 금융감독위원회의 평시감독권한처럼 운용되고 있는 데 있음을 유의하여야 한다. (3) 이와 관련하여 적기시정조치의 목적을 분명히 할 필요가 있다. 특히 미국과 같이 사회적 최소비용의 원칙이 채택될 필요가 있고, 그럼으로써 조기에 감독당국의 개입이 정당화될 수 있어야 한다. 사회적 최소비용의 원칙은 공적자금의 투입과 관리와 관련하여 이미 우리 나라에도 도입되어 있는 원칙이다(공적자금관리특별법 제1조·제13조). 금융기관의 부실이 생겨 사회적 자원이 투입되어야 하는 경우 최소비용의 원칙은 가장 기본적으로 요구되는 것이고, 이는 공적자금의 투입시뿐만 아니라 예금보험공사가 보험금을 지출해야 하는 경우에도 마찬가지이다. 따라서 궁극적으로 예금보험공사에 최소비용의무를 부과하고, 그 수행을 위하여 예금보험공사가 스스로의 판단으로 직접 적기시정조치를 취할 근거를 마련해야 하는 것이다. 이는 결국 앞서 언급한 적기시정조치의 '자동발동'과 밀접한 관련이 있다. 최근 카드사부실과 관련된 문제를 보면, 적기시정조치를 취할 타이밍을 놓치게 되면 카드사파산시의 경제적 파장 때문에 결국 아무 정책도 취하지 못하고 끌려들어가는 수밖에 없게 된다. 이것은 사람들에게 다시 "too big to fail"의 신화가 옳다는 것을 확인해 주는 역할을 하게 되고, 사전적으로 경제주체들에게 수익성이나 건전성과 상관없이 규모를 추구하게끔 하는 자연스러운 악순환을 가져온다. 이를 방지하기 위해서 초기에 개입하는 것이 필요하고, 이는 권한의 발동권자에게 최소비용의무를 부과함으로써 가능할 수 있다.

이처럼 우리 나라의 적기시정조치는 즉시 수술이 필요함에도 불구하고 전혀 아무런 변화의 조짐이 보이지 않는다. 그러나 실효적 강제의 문제를 배제하고 국제기준에의 정합성을 논하는 것은 무의미하다. 아무리 국제기준에 맞추어 제도와 기준을 설정하였다고 하더라도 경제주체에게 유효하게 강제될 수 없다면, 국제기준을 따르는 것이라 말할 수 없다. 따라서 적기시정조치의 조속한 개선은 우리 나라 금융의 국제화와 관련하여 가장 중요한 이슈가 된다.

제 4 절 영업규제

일반적으로 금융기관의 영업규제는 다른 산업의 경우와 그 목적이 다르다고 볼 수 있다. 다른 산업에서의 영업규제는 소비자보호나 경쟁정책의 차원에서 이루어지는 경우가 많으나, 금융기관에 대한 영업규제는 '시스템의 안정성'이라는 맥락에서 이해하여야 한다. 특히 수신업무를 수행하는 금융기관(depositiry institutions), 예를 들어 은행이나 보험에 대한 규제가 전형적이다.[74] 이에 반하여 증권회사는 수신업무를 수행하고 있지 않기 때문에 일반적으로 은행이나 보험업에서 발견되는 규제가 존재하지 않는다. 대신 증권회사나 투자회사의 경우에는 시장에서의 불공정행위를 막기 위한 시장규제가 중요하게 등장한다. 따라서 증권회사의 불공정거래의 금지와 금융규제는 조금 다른 시각에서 볼 필요가 있다. 이 글에서는 수신업무를 수행하는 금융기관에 대한 규제를 중심으로 살펴보기로 한다.[75]

I. 국제기준

1. 국제기관의 권고사항

앞서 살펴본 여러 국제기관의 선언문에서도 영업규제의 필요성은 추상적으로나마 언급되어 있다. 예를 들어 바젤위원회의 Core Principles 제 7 조에서는 "여신과 투자활동"이 영업규제의 핵심이라는 점을 선언하고 있으며,[76] 관계회사에 대한 여신규제[77]뿐만 아니라 고객과의 관계에서의 적합성원칙(know-your-customer rule)

---

74) 대차대조표의 자산과 부채에 나타나는 각 항목에 대한 규제, 즉 "portfolio-shaping rule"은 특히 은행업에 있어서 핵심적인 규제로 등장한다. 보험업에서는 보험료의 결정을 통한 가격규제, 증권업에서는 브로커-딜러의 공시규제, 투자업에 있어서는 위탁자에 대한 수탁자의 충실의무가 중요한 규제방식인데, 이러한 규제는 은행업에 있어서는 그다지 중요하지 않다. Jackson & Symons, *op. cit.*, footnote 9), p. 117.

75) 증권회사와 투자회사에 대한 규제는 김건식·송옥렬, 전게서 각주 30), 434-444면, 462-467면 참조.

76) "An essential part of any supervisory system is the evaluation of a bank's policies… related to the granting of loans and making of investments…."

77) Basel Committee, Core Principles §10.

등과 같은 시장규제[78] 등에 대해서도 언급하고 있다. 보험업의 경우 "Insurance Core Principles & Methodology"에서도 비슷한 규정을 두고 있으나,[79] 증권업의 경우에는 특별히 비슷한 규정을 찾기 어렵다.[80] 이는 앞서 언급한 바와 같이 증권업의 경우에는 자산의 건전성의 유지를 통한 시스템의 안정성보다는 불공정영업행위에 대한 규제가 더 중요하기 때문이다. 은행업이나 보험업에서의 영업규제에 관한 위 항목들이 모두 '건전성규제'라는 표제에 포함되어 있는 것도 동일한 맥락이다.

2. 미 국

이하에서는 구체적인 국제기준에 대한 모색의 일환으로 미국의 금융산업에 대한 영업규제를 겸업주의에 대한 규제, 여신업무에 대한 규제, 자산운용 및 투자에 대한 규제로 나누어 살펴보기로 한다.

먼저 미국은 전통적으로 금융기관이 소수의 특정한 업무에만 전업하도록 하는 법체제를 가지고 있었다.[81] 그러다가 1999년 "Financial Service Modernization Act"가 제정되어 겸업을 허용하는 것으로 전환되었다. 그러나 하나의 금융기관이 여러 업무를 수행할 수 있는 것은 아니고, 이른바 금융지주회사(financial holding company)가 여러 업무를 수행하는 자회사들을 둠으로써 겸업을 할 수 있다는 것이다.[82] 물론 겸업주의와 분업주의 사이에 일정한 우열이 존재하는 것은 아니다. 이론적으로 보더라도 겸업주의는 효율성의 증대가 금융기관의 위험감소, 고객에 대한 서비스의 확대측면에서는 우수하다고 볼 수 있으나, 고객간 이익상충의 문제나 개인정보의 유용 등과 같은 남용의 문제가 남는다. 최근 추세는 금융자유화와 금융기술의 발전으로 겸업주의로 나아가고 있기는 하지만, 이러한 이익상충 등의 문제를 어떻게 규제하느냐 하는 것이 문제이다. 미국에서 지주회사방식으로만 겸업을 허용한 것도 이러한 고려에서라고 볼 수 있다.[83]

---

78) Basel Committee, Core Principles §15.

79) IAIS, Insurance Core Principles & Methodology §§20(liabilities), 21(investments).

80) IOSCO, Objectives and Principles §23 정도가 그나마 유사한 규정이라고 볼 수 있다.

81) 이것이 유명한 "Glass-Steagall Act"이다. 전통적으로 독일, 이탈리아, 프랑스 등 유럽국가들은 겸업을, 미국, 영국 등 보통법국가들은 전업을 채택하여 왔다. 과거 일본과 우리 나라는 미국의 영향을 받아 전업을 채택하였다. 강병호, 전게서 각주 1), 41면.

82) 12 U.S.C.A. §§1843(1)(1)-(2)·2903(c)(1). 자세한 것은 Macey, Miller & Carnell, *op. cit.*, footnote 10), pp. 443-449.

83) 물론 지주회사방식이 반드시 국제기준인지는 쉽게 단정지을 수 없다. 겸업주의의 대표적인 독일 은행들은 증권과 보험업무를 한 회사가 직접 취급하는 경우가 많으며, 다른 유럽국가에서도 마찬

다음으로 여신업무에 대한 규제로는 (1) 우선 동일인대출한도를 들 수 있다.
예외가 있기는 하지만 원칙적으로 미국의 연방은행은 자기자본의 15% 이상을 동
일인에게 대출할 수 없다.[84] 이러한 규제의 목적은 일반적으로 은행의 위험을 줄
이는 측면과 은행자산으로 인하여 발생하는 사회적 편익을 공유한다는 측면의 두
가지로 설명되고 있다.[85] 명목상으로 분리된 대출이 동일인에게 대출된 것인지 여
부를 판단하는 권한은 OCC에게 부여되어 있다.[86] 구체적으로 OCC는 갑과 을에
대한 대출이 동일인에 대한 것인가를 판단함에 있어 "갑 또는 을에 대한 대출이
다른 상대방에게 직접적인 이익을 가지고 왔는지"(direct benefit test) 또는 "갑과
을이 공통사업을 영위하고 있는지"(common enterprise test)를 주요 판단기준으로
삼고 있다.[87] (2) 내부자, 즉 이사, 임원, 10% 이상 주주에 대한 대출도 엄격하게
규제되고 있다. 내부자에 대한 대출의 규제는 동일인대출한도보다도 중요하다고 볼
수 있는데, 그 조건이 불공정하여 은행의 건전성을 심각하게 훼손할 가능성이 높기
때문이다.[88] 먼저 어떤 내부자에게 대한 대출이든 25,000달러나 자기자본의 5%[89]
중에서 큰 금액 이상의 금액을 대출하는 경우에는 이사회의 사전승인을 얻어야 한
다.[90] 내부자 중에서도 임원에 대한 대출은 임원이 국채나 은행계좌로 담보를 제
공하는 경우를 제외하고는 25,000달러나 자기자본의 2.5%[91] 중에서 큰 금액 이상
으로 제한된다.[92]

마지막으로 자산운용 및 투자에 대한 규제로 중요한 것은 유가증권, 즉 사채나

가지이다. 최근 유행하고 있는 방카슈랑스가 좋은 예이다. 그러나 이렇게 한 회사에서 겸업을 하
는 경우에도 방화벽(fire wall)을 설치하는 등 개인정보의 유용이나 부문간 이익상충의 문제를 해
결하는 방법을 강구하여야 한다.

84) 12 U.S.C.A. §84(a)(1)("…shall not exceed 15[%] of the unimpaired capital and unimpaired
surplus of the association"). 15%를 초과하여 추가적으로 10%, 즉 총액기준으로 25%까지 동일
인에게 대출이 되기 위해서는 그 추가적인 10%에 대하여 즉시 환가가능한 담보물권으로 담보가
설정되어야 한다. 담보물권의 담보액은 15%를 초과하여 대출된 금액의 100% 이상이어야 한다.
12 U.S.C.A. §84(a)(2); 12 C.F.R. §32.2(m).

85) Jackson & Symons, *op. cit.*, footnote 9), p. 142.

86) 12 U.S.C.A. §84(d)(2).

87) 12 C.F.R. §32.5(a).

88) 실제로 General Accounting Office가 1990년과 1991년에 행한 연구에 의하면, 동 기간 동안에
파산한 286개의 은행 중 175개의 은행에서 내부자에 대한 대출이 중요한 파산요인으로 파악되었
다고 한다. Jackson & Symons, *op. cit.*, footnote 9), p. 152.

89) 50만 달러를 한도로 한다.

90) 12 U.S.C.A. §375b; 12 C.F.R. §215.4.

91) 이번에는 10만 달러를 한도로 한다.

92) 12 U.S.C.A. §375a; 12 C.F.R. §215.5.

주식에 대한 투자이다. 이는 National Bank Act §24(7)에 의하여 매우 엄격하게 제한되고 있는 부분이다. 먼저 채권의 경우 발행인이 누구인가와 상관없이 은행이 보유하고 있는 채권의 총액은 자기자본의 10%를 초과하지 못한다. 그렇다면 이러한 제한 하에서는 어떠한 채권도 취득할 수 있는가? 예를 들어 소위 "junk bond"라고 하는 고위험고수익 채권을 보유하는 것은 허용되는가? 1980년대 신용위기 이후 행정규칙을 개정하여 은행이 보유하는 채권은 첫째 시장성이 있어야 하고(marketable), 둘째 투기적이어서는 안 된다(not speculative)는 규정을 추가하였다.93) 따라서 은행은 고위험고수익 채권을 보유할 수 없다. 다음으로 은행은 주식투자를 할 수 있는가? 은행은 지주회사로서 자회사를 거느리거나, 은행관련서비스를 제공하는 회사의 주식을 자기자본의 10% 이내에서 취득하는 경우 등 몇 가지 예외를 제외하면, 원칙적으로 다른 회사의 주식을 취득할 수 없도록 되어 있다.94)

Ⅱ. 우리 나라 제도에 대한 평가

1. 겸업주의

우리 나라는 금융지주회사제도가 도입되어 있으므로 미국식의 금융지주 회사에 의한 겸업은 이미 시행중이다. 그럼 하나의 금융기관에서 여러 금융업무를 담당하는 것은 가능한가? 은행의 경우를 예로 들어 보자. 은행이 은행업 아닌 업무를 직접 영위하고자 하는 경우에는 금융감독위원회의 인가를 받아야 하는데(은행업법 제28조 제1항 1문), 이 경우 은행이 겸영할 수 있는 업무는 신탁업법에 의한 신탁업무, 여신전문금융법에 의한 신용카드업무, 기타 은행업무와 관련이 있는 업무로서 재정경제부령이 정하는 업무에 한한다(동법 시행령 제18조의3). 현재 방카슈랑스를 도입하겠다고 하는 등 점차 겸업주의로 나아가고 있으며, 이는 세계적인 추세에 부합한다고 보겠다. 다만, 앞서 살펴본 바와 같이 이익상충의 문제나 개인정보의 유용문제 등을 효과적으로 해결하면서 추진해야 할 문제이다.

---

93) 12 C.F.R. §1.2(d)~(8). 여기서 "marketable"이라는 것은 합리적인 기간 내에 매각이 가능하여야 한다는 의미이고, "not speculative"라는 의미는 공신력 있는 평가기관에서 투자적격등급으로 판단한 경우를 말한다.

94) 12 U.S.C.A. §24(7).

2. 여신업무에 대한 규제

우리 나라의 여신업무에 대한 규제도 국제기준과 거의 유사하다. 먼저 편중여신에 대한 규제가 있다. 금융기관의 여신이 특정인에게 편중될 경우, 그 부실화가 거액화될 수 있어 금융기관의 건전성을 해치게 된다. 다른 측면에서 보면 소수에 대한 자금공급의 편중은 자금의 효율적 배분을 저해할 수 있다.[95] 따라서 편중여신의 규제취지는 편중여신에 따른 위험을 예방하여 금융기관의 건전성을 확보하고, 금융자금의 효율적 배분을 도모하는 데 있다. 금융기관의 건전성은행은 동일인에 대해서 당해 은행의 자기자본의 20%를 초과하는 신용공여를 할 수 없으며(은행법 제35조 제3항), 나아가 동일한 개인 또는 법인 및 그와 신용위험을 공유하는 자 —— 공정거래법상의 기업집단을 말한다 —— 에게는 자기자본의 25%를 초과하는 신용공여를 할 수 없다(은행법 제35조 제1항, 동 시행령 제20조의2). 또한 거액신용공여[96]의 총 합계액은 은행 자기자본의 5배를 초과할 수 없다(은행법 제35조 제4항). 은행이 추가로 신용공여를 하지 않았음에도 불구하고 자기자본의 변동, 동일차주구성의 변동 등으로 인하여 위 한도를 초과하는 경우에는 원칙적으로 그 한도초과일로부터 1년[97] 이내에 한도에 적합하도록 하여야 한다.

특수관계인을 포함한 대주주에 대한 신용공여의 규제도 존재한다. 은행이 대주주에게 신용공여할 수 있는 금액은 자기자본의 25%에 해당하는 금액과 당해 대주주의 출자비율에 해당하는 자기자본금액 중에서 적은 금액을 한도로 한다(은행법 제35조의2 제1항, 동 시행령 제20조의5). 은행에 대해서는 동일인소유한도가 존재하므로 통상 은행의 대출한도는 당해 대주주의 출자비율에 해당하는 자기자본금액이 된다. 이는 동일대주주에 대한 한도이고 총액규제도 존재한다. 총액규제의 한도는 은행 자기자본의 25%이다(은행법 제35조의2 제2항, 동 시행령 제20조의5 제3항). 거액의 신용공여[98]에 대해서는 이사회재적이사 전원의 찬성이 필요하다는 제한도 있다(은행법 제35조의2 제4항, 동 시행령 제20조의5 제5항).

그 밖에 은행은 (1) 상품 또는 유가증권에 대한 투기를 목적으로 하는 자금의

---

95) 강병호, 전게서 각주 1), 233면.
96) 동일한 개인이나 법인 또는 그와 신용위험을 공유하는 자에 대한 은행의 신용공여가 은행의 자기자본의 10%를 초과하는 신용공여를 말한다.
97) 은행법 시행령 제20조의4에서 정하는 부득이한 사정, 예를 들어 대출을 회수할 경우 회사의 경영에 큰 타격을 받는다거나 한도초과에도 불구하고 자산건전성을 해치지 않는다고 금융감독위원회가 인정하는 경우 등에는 금융감독위원회가 그 기간을 연장할 수 있다.
98) 단일거래금액이 은행의 자기자본의 1만 분의 10에 해당하는 금액 또는 50억 원 중 적은 금액 이상인 경우를 말한다.

대출($\substack{\text{은행법 제} \\ \text{38조 4호}}$), (2) 당해 은행의 주식을 담보로 하는 대출 또는 다른 주식회사발행주식의 20%를 초과하는 주식을 담보하는 대출($\substack{\text{동조} \\ \text{5호}}$), (3) 당해 은행의 주식을 매입시키기 위한 대출($\substack{\text{동조} \\ \text{6호}}$), (4) 정치가 등의 대출($\substack{\text{동조} \\ \text{7호}}$), (5) 당해 은행의 임원 또는 직원에 대한 대출 ($\substack{\text{동조} \\ \text{8호}}$) 등의 여신업무를 할 수 없도록 제한된다.

3. 자산운용 및 투자에 대한 규제

우리 나라에서도 금융기관의 건전성확보를 위하여 유가증권투자에 대한 규제를 시행하고 있다. 그러나 자산운용 및 투자에 대한 규제는 미국의 경우보다 다소 완화되어 있다. 이는 자산건전성의 측면보다는 금융기관의 수익성을 더욱 고려한 때문이다. 은행의 경우 원칙적으로 주식 또는 상환기간 3년을 초과하는 유가증권에 대한 투자는 자기자본의 60% 이내로 제한되는데($\substack{\text{은행법 제38조 1호 1문, 동} \\ \text{시행령 제21조의2 제1항}}$), 이는 미국에서의 자기자본 10% 이내보다 매우 완화된 한계설정이다. 설사 이러한 보유한도 이내이더라도 은행이 다른 회사를 지배하는 것을 막기 위하여 은행이 다른 회사의 의결권 있는 발행주식의 15%를 초과하여 소유하는 것은 원칙적으로 금지된다($\substack{\text{제37조} \\ \text{제1항}}$).99) 이러한 규제는 은행의 자산건전성을 유지함과 동시에 금융자본의 산업지배를 억제하는 목적도 가진다.100) 미국에서는 은행지주회사가 되는 경우를 제외하면 주식투자가 원천적으로 금지되는 것에 비하여 역시 상당히 완화된 규정이라 할 수 있다.

제 5 절 금융기관도산의 처리

Ⅰ. 예금보험제도

1. 의 의

개별은행의 도산이 금융시스템의 붕괴로 이어지는 것을 막는 안전장치가 바로 예금보험제도이다. 예금보험제도란 금융기관이 부실화되어 예금자의 예금인출에

---

99) 종래는 10%였으나, 1997년 2월부터 15%로 확대되었다. 이는 은행이 부실기업에 대한 대출을 출자로 전환하는 것을 용이하게끔 하기 위해서이다. 강병호, 전게서 각주 1), 236면.
100) 강병호, 전게서 각주 1), 118면.

응할 수 없을 경우에 제 3 자인 예금보험기관이 예금액의 전부 또는 일부를 대신 지급해 주는 안전장치(safety net)를 말한다. 이 제도는 사후적인 예금의 지급을 보장함으로써 사전적으로 금융제도의 안정성을 도모하기 위한 제도이다.[101]

예금보험제도의 필요성은 일반적으로 "run"으로 인한 시스템의 붕괴를 막기 위한 것으로 설명되고 있다.[102] 즉 은행은 본질적으로 선착순지급을 원칙으로 하기 때문에 은행이 지급부족사태에 처할 경우, 모든 예금자들이 서로 먼저 예금을 인출하려는 현상이 벌어진다. 이러한 현상이 덩해 은행에 국한된다면 하나의 은행만 도산하는 것으로 문제가 해결되겠지만, 그것이 은행제도에 대한 불안감 내지 불신으로 이어진다면 건전한 은행에까지 예금인출사태가 파급된다. 은행의 지급준비 자산은 전체예금에 비하면 매우 작기 때문에 아무리 건전한 은행이라도 모든 예금자가 "run"을 시작하면 지급불능이 되지 않을 수 없다. 결국 지급불능사태가 두 번째, 세 번째 은행까지 도산하면서 그 파급속도는 급속히 증가하게 되어 시스템이 붕괴된다는 것이다. 이러한 붕괴는 사전적인 건전성규제만으로는 막을 수 없다. 아무리 건정한 시스템이라고 하더라도 어떠한 이유에서든 예금자들이 "run"이 시작되면 시스템의 붕괴를 막을 수 없다. 유일한 방법은 모든 예금자들의 청구를 임시적으로 만족시켜 그 파급되는 고리를 차단하는 것뿐이다. 이렇게 초기에 예금자들의 청구를 임시로 만족시켜 시스템의 파국을 막는 역할을 담당하는 것이 예금보험이다.

2. 국제기준

현재 대부분의 나라에서 예금보험제도가 시행중인데, 그 특징을 몇 가지로 살펴볼 수 있다. (1) 먼저 예금보험이 보호하는 대상은 일정기준 이하의 소액예금자에 한하고, 다액예금자나 또는 기관채권자——예를 들어 다른 은행이나 보험회사——등에 대해서는 예금보험의 혜택을 베풀지 않는다. 이는 도덕적 해이를 줄이고, 은행의 건전한 운영에 시장압력을 가하기 위해서라고 이해된다.[103] (2) 은행이 파산에 가까워지면 예금보험은 그 정의상 당연히 잔여지분청구권자(residual claimant)의 성격을 가진다. 이러한 이유로 대부분의 법제에서는 예금보험에게 은행이 파산하지

---

101) 김종선·김종오, 전게서 각주 3), 328면.
102) Douglas W. Diamond & Philip Divig(1983), "Bank Runs, Deposit Insurance and Liquidity," *Journal of Political Economy* 91, pp. 401-419.
103) Hupkes, *op. cit.,* footnote 73), p. 27.

않도록 은행의 운영을 감시할 수 있는 권리를 부여하거나,[104] 은행이 파산상황에 이르렀더라도 파산절차에 들어가는 것을 막기 위해서 일정한 신용을 제공할 수 있는 권한을 부여하고 있다.[105] (3) 예금보험이 단순히 보험의 운영만 관련된 것이 아니라, 파산금융기관의 관리인 또는 파산관재인으로서의 직위까지 맡는 경우가 있다. 이는 금융기관에 대해서 일반 도산절차의 적용을 배제하는 미국의 FDIC의 경우에 특징적으로 발견된다.

3. 미국의 예금보험제도

미국의 예금보험제도는 대공황으로 인한 연쇄적인 은행도산으로 금융시스템이 붕괴되자 소액예금의 보호와 신용질서의 회복을 위하여 1933년 FDIC가 설립되면서 시작되었다. 원래는 연방저축대부보험(Federal Saving & Loans Insurance Corporation; FSLIC) 역시 1934년 설립되었으나 1980년대 말 S&L 위기를 통해 효과적인 기능이 어렵다는 것으로 판단되어 저축기관보험기금(Savings Association Insurance Fund; SAIF)으로 발전적으로 해제되었다. 그 결과 현재 FDIC는 전통적인 예금보험인 은행보험기금(Bank Insurance Fund; BIF)과 저축대부조합을 대상으로 하는 SAIF를 모두 포괄하고 있다.[106]

미국의 FDIC는 단순한 예금보험기관이 아니라 매우 중요한 감독기관이다. 평시에는 다른 주요 감독기관과 중복적으로 감독권을 가지지만, 특히 금융기관이 도산단계에 접어들면 다음에서 보는 바와 같이 FDIC가 거의 모든 권한을 가지고, 파산관재인 또는 관리인의 지위에서 도산절차를 진행한다는 특징이 있다. 따라서 FDIC는 도산은행의 운영에 관한 전적인 권한을 가지며, 이하에서 설명하는 여러 가지 부실금융기관 처리방법 중에서 적절한 것을 선택할 수 있다. 파산관재인 또는 관리인의 지위에서 절차를 진행할 때, FDIC는 연방이나 주의 다른 기관의 어떤 구속도 받지 않는다.[107]

---

104) 예를 들어 은행에 대해서 감사권을 가진다거나 은행의 건전성에 관하여 관련정보나 서류를 조회할 수 있는 권한을 가진다. Hupkes, *op. cit.*, footnote 73), p. 27.

105) 유럽의 경우 EU Directive형식으로 명시적으로 예금보험은 "the right of the gurantee scheme to take any measures necessary for the rescue of a credit institution that finds itself in difficulties"를 가진다고 규정하고 있다. 독일·노르웨이·캐나다 등도 비슷한 규정을 가지고 있다. 자세한 것은 Hupkes, *op. cit.*, footnote 73), pp. 27-28.

106) 김종선·김종오, 전게서 각주 3), 330-331면.

107) 12 U.S.C.A. §1821(c)(2)(C); Malloy, *op. cit.*, footnote 73), p. 250.

4. 우리 나라의 예금보험제도에 대한 평가

우리 나라는 종래 상호신용금고·종금사·단자사 등을 대상으로 하는 신용관리기금이 1983년에, 신용협동조합중앙회 안정기금이 1984년에, 보험보증기금이 1989년에 출범한 바 있으나, 은행권은 도산의 위험이 거의 없다는 인식에서 1996년에야 예금보험공사가 설치되어 현재 운영되고 있다.[108] 설립 당시에는 은행만을 대상으로 하는 기관이었으나, 1997년 12월 예금자보호법의 개정으로 금융산업별로 분산되어 있던 위 관련기금이 모두 통합되었다.[109] 이에 따라 예금보험적용대상 부보금융기관은 은행을 비롯하여 증권회사·보험회사·종합금융회사·상호저축은행 등($\substack{예금자보호법 \\ 제2조 1호}$) 수신업무를 수행하는 모든 금융기관이 포함되어 있다.

예금보험공사는 금융감독위원회와 함께 일정한 감독권한을 가진다. 예를 들어 보험료결정과 관련된 업무수행에 필요한 범위에서 자료의 제출을 요구하거나 조사를 할 수 있다($\substack{예금자보호법 제21조 \\ 제1항·제2항}$). 또한 예금자보호와 금융제도의 안정성유지를 위해 필요한 경우 금융감독원장에 대하여 구체적으로 범위를 정하여 부보금융기관에 대한 검사를 실시하고, 그 결과를 송부해 줄 것을 요청할 수 있다. 이 경우 요청받은 금융감독원장은 반드시 이에 응하여야 한다($\substack{예금자보호법 \\ 제21조 제3항}$).

이러한 예금보험공사의 위상은 미국의 FDIC와 비교하면 아직 낮은 지위에 머물러 있다고 볼 수 있다. 특히 부실금융기관의 처리에 있어 FDIC는 거의 전적인 권한을 가짐에 비하여, 우리 나라의 예금보험공사는 재정경제부의 통제와 금융감독위원회의 절대적인 주도권 하에서 아무런 실질적인 권한을 갖지 못하고, 다만 부실금융기관처리에 필요한 자금조달원으로서만 기능할 따름이다. 이렇게 평시 감독기관인 금융감독위원회가 도산단계에 있어서도 예금보험공사를 제어할 수 있다는 것은 몇 가지 문제가 있다. 우선 평시감독기관은 부실금융기관이 발생한 경우, 조기대응 또는 적기대응을 주저하는 경향이 있다. 왜냐하면 이러한 대응을 인정한다는 것, 즉 그 금융기관이 부실화되었다는 것을 인정하는 것은 금융감독위원회의 평시감독이 별다른 효과가 없다는 것을 말해 주기 때문이다. 정치권의 영향이나 피감금융기관의 로비 또한 무시할 수 없다. 이에 반하여 예금보험공사는 은행의 부실로 인한 손실을 부담하여야 하기 때문에 부실이 작을 때 조기에 신속하게 대응할 수

---

108) 김종선·김종오, 전게서 각주 3), 335면.
109) 정찬형·도제문, 전게서 각주 1), 244-245면.

있는 인센티브를 가지고 있다.[110] 따라서 금융감독위원회가 금융기관의 인가부터 부실금융기관처리에 이르기까지 방대한 권한을 가지고 있는 것보다는 적극적으로 예금보험공사에 권한을 이양하여 최소한 위기시의 주된 감독기관은 FDIC가 되도록 하는 것이 바람직하다.

Ⅱ. 부실금융기관의 정리

1. 국제기준

부실금융기관의 처리와 관련된 법제도는 크게 일반적인 파산법과 금융기관에 특별한 파산관련법제로 나누어 볼 수 있다.[111] 먼저 특별한 입법이 없는 경우 금융기관도 당연히 일반회사의 도산을 다루는 법제의 적용을 받는다. 대부분의 유럽국가에서 채택하고 있는 방식이기도 하다. 특히 최근 금융개혁법을 단행한 영국도 명문으로 금융기관파산은 일반도산법에 의하여 처리하도록 정하고 있다. 그러나 이러한 국가에서도 금융기관에 대한 특칙을 조금씩 두고 있는 경우가 대부분이다. 예를 들어 오스트리아와 포르투갈에서는 정식도산절차에 앞서 은행의 경우 사전도산절차를 거치도록 하고 있고, 스위스의 경우에는 채권자집회를 면제시키고 있다. 오스트리아·독일·룩셈부르크에서는 은행의 파산신청은 채권자인 일반예금주들이 할 수 있는 것이 아니라 감독당국이 파산신청을 할 수 있도록 하고 있고, 벨기에는 특별한 부인권을 인정하고 있다. 앞서 살펴본 국제기구의 선언들에서는 구체적인 언급이 별로 없다. 그러나 미국의 경우에는 예외적으로 은행은 일반도산법의 적용을 받지 않으며, FDIA에서 정하는 특별한 절차에 의하여 도산절차가 진행되도록 하고 있다.

2. 미국에서의 금융기관도산의 처리

일반도산절차에 의하지 않는 미국식 모델에서 부실금융기관[112]의 처리방법을 간단히 보면 다음과 같다. 먼저 누가 부실금융처리를 주도할 것인가, 다시 말해서 파산절차를 신청할 것인지를 누가 결정하는가의 문제가 있다. 물론 이것은 각각의

---

110) 예를 들어 최소비용원칙(예금자보호법 제38조의4) 참조.
111) 이하 이 단락의 내용은 Hupkes, *op. cit.*, pp. 17-22의 내용을 간단히 요약한 것이다.
112) 미국에서의 부실금융기관, 다시 말해서 금융기관에 대해서 폐쇄명령이 내려지는 경우는 모두 12가지가 있다. 12 U.S.C.A. §1821(c)(5).

감독관청의 권한이다. 미국의 경우 감독당국이 다양하기 때문에 구체적인 경우 누가 감독당국에 해당하는가의 문제가 있으나, 각각의 감독당국이 피감독기관에 대한 폐쇄명령을 내릴 수 있는 권한을 가지는 것은 동일하다. 1991년 이전에는 FDIC에는 그러한 권한이 주어지지 않았으나, 1991년 FDICIA에 의하여 예금보험에 가입된 주은행에 대한 폐쇄명령을 내릴 수 있고,[113] 예금보험의 손실을 피하거나 완화하기 위해 즉시 파산절차가 필요한 경우에는 '모든' 보험가입은행에 대하여 폐쇄명령을 내릴 수 있다.[114] 이렇게 도산절차가 시작되면, 파산법에 있어서의 파산관재인이나 회사정리절차에서의 관리인에 해당하는 자를 누구로 선출한 것인가의 문제가 생긴다. 미국에서는 거의 예외 없이 FDIC가 관리인으로 선임된다.[115]

이렇게 FDIC가 관리인으로 선임된 후 FDIC가 선택할 수 있는 방법은 기본적으로 네 가지이다.[116]

(1) 자금지원(open bank assistance)

이것은 미국에서는 현재 별로 이용되지 않는 방법으로서, 부실금융기관에 대해서 금융기관을 폐쇄하지 않은 상태에서 FDIC가 자금을 지원하여 정상화시키는 방법이다.[117] 이것은 "too big to fail"의 결과만 가져올 뿐 공공자금으로 은행의 주주의 부를 증대시키는 결과가 되므로 많은 비판이 있고, 따라서 사실상 거의 이용되지 않는다.

(2) 청 산(liquidation)

청산은 일반회사의 경우와 마찬가지 의미로서, 금융기관을 폐쇄시키고 예금보험이 일정금액을 예금자들에게 지급하는 것을 말한다. 가장 단순한 방법이고 사실 과거에는 자주 이용되었던 방법이기도 하지만, 최근에는 자주 이용되지 않는다. 그 이유는 우선 금융기관의 계속기업가치가 상실될 뿐만 아니라, 일부 금융기관에 대한 현금청산은 다른 금융기관에 대한 신뢰까지 하락하여 불안감이 증폭된 결과 "bank run"이 발생할 수 있기 때문이다.[118]

---

113) 12 U.S.C.A. §1821(c)(9).

114) 12 U.S.C.A. §1821(d)(10).

115) Macey, Miller & Carnell, *op. cit.*, footnote 10), p. 736; Malloy, *op. cit.*, footnote 10), p. 250.

116) 네 가지에 관한 설명은 Macey, Miller & Carnell, *op. cit.*, footnote 10), pp. 738-747을 요약한 것이다.

117) 12 U.S.C.A. §1823(c)(8)·(4).

118) 실제로 FDIC는 1980년대 초 오클라호마주에 있는 중간규모의 은행은 이런 식으로 청산했다가

(3) 자산부채이전 또는 계약이전(purchase and assumption transactions)

현재 미국에서 FDIC가 가장 선호하고 법원도 가장 호의적인 방법은 흔히 P&A라고 자산부채이전방식이다. 이것은 부실금융기관의 자산 및 부채를 제 3 자에게 이전하는 것을 말한다. 따라서 금융기관의 계속기업가치가 보전된다. 부실금융자산의 모든 자산과 부채가 이전되는 포괄적 이전방식(whole-bank transaction)과 부실자산과 부채는 FDIC가 인수하고 건전한 자산과 부채만 제 3 자에게 이전하는 선별적 이전방식(clean-bank transaction)으로 나눌 수 있다.[119]

(4) 가교은행(bridge bank and new bank)

은행파산의 경우 FDIC는 파산은행의 영업을 인수할 새로운 은행을 신설하여 스스로 운영할 수 있다.[120] 그 후 경영이 정상화되면 새로운 인수자에게 신주를 발행하는 식으로 출자를 유도하여 이전시키는 것이다. 가교은행이란 FDIC가 부실은행의 처리방법을 찾을 동안 임시적으로 파산은행의 영업을 인수하는 은행을 말하는데, 역시 FDIC가 설립하여 운용함에는 차이가 없다. 이는 금융기관의 부실규모가 방대할 경우 쉽게 P&A가 이루어지지 않기 때문에 일정기간 동안 계속기업가치를 보전하기 위해서 이용되는 방법이라고 할 수 있다.

3. 우리 나라의 부실금융기관정리에 대한 평가

현재 우리 나라의 부실금융기관의 정리의 기본법은 IMF위기 당시에 한꺼번에 통과된 금융관련법 중의 하나인 "금융산업의구조개선에관한법률"(이하 "금산법")이라고 할 수 있다.[121] 금산법상 부실금융기관이라 함은 부채가 자산을 초과하거나(balance sheet test), 채권의 지급이나 차입금의 상환이 곤란한 경우(insolvency test)로 정의된다(금산법 제 2 조 3 호, 예금 / 자보호법 제 2 조 5 호). 금산법은 금융기관의 부실판단, 부실금융기관으로의 지정, 부실금융기관의 정리방식 등을 가장 포괄적으로 다루고 있으며, 현행법상 부

결국 Continental Illinois National Bank에까지 대규모의 예금인출 사태가 벌어진 경험을 가지고 있다. Macey, Miller & Carnell, *op. cit.*, footnote 10), p. 740.

119) 12 U.S.C.A. §§1843(c)(2)(A)ㆍ1823(d).

120) 12 U.S.C.A. §1821(m).

121) 원래 금산법은 "금융기관의합병및전환에관한법률"을 개정하면서 이름을 바꾼 것이다. 특히 IMF금융위기를 맞이하여 금융감독위원회에 절대적인 권한을 부여하는 것을 특징으로 한다. 금융감독위원회가 가지고 있는 권한으로는 적기시정조치권, 계약이전명령, 합병명령, 제 3 자 인수명령ㆍ영업양도명령ㆍ영업인허가의 취소ㆍ영업정지명령 등의 권한을 들 수 있다(금산법 제10조ㆍ제11조ㆍ제14조 참조).

실금융기관의 정리에 이용할 수 있는 제도를 미국의 경우와 비교해 보면 다음과
같다. (1) 우리 나라는 비폐쇄형 자금지원방식을 매우 폭넓게 인정하고 있다. 금산
법 제12조는 부실금융기관에 대한 정부 또는 예금보험공사의 출자 등을 규정하고
있으며, 예금자보호법 제38조는 그 범위를 더욱 확대하고 있다. (2) 청산에 대해서
는 금산법 제15조 내지 제23조에서 특칙을 정하고 있다. (3) 계약이전에 대해서도
금산법 제14조의2에서 자세하게 그 효과를 규정하고 있다. (4) 가교은행은 예금자
보호법 제36조의3에 "정리금융기관"이라는 이름으로 도입되어 있다. 따라서 우리
나라는 부실금융기관의 정리와 관련된 중요한 제도들은 비록 상당히 혼재되어 있
기는 하지만, 일단 모두 도입되어 있는 것으로 보인다. 이것은 물론 IMF금융위기
의 결과라고 볼 수 있고, 실제로도 그 과정에서 급속도로 정비, 발전되었으나, 아
직 상당히 개선되어야 할 부분이 많다.

우선 금산법 제10조 제1항에서 적기시정조치로 열거된 항목은 두 가지 성격
의 것들이 혼재되어 있다. 우선 앞서 살펴본 건전성감독의 방법으로서의 적기시정
조치이다. 이는 금융감독위원회는 금융기관의 경영실태를 평가한 후 부실징후가 있
다고 판단되는 경우 취하는 것으로서, 금융기관이 경영개선계획을 제출하였으나 승
인받지 못하거나 승인되더라도 사후적으로 이행되지 못할 경우 부실금융기관으로
퇴출절차를 밟게 된다. 그런데 금산법 제10조 제1항에는 이러한 맥락에서의 적기
시정조치 이외에 부실금융기관의 처리방법인 합병, 제3자에 의한 인수·영업양도·
계약이전($\frac{동항\ 7호·}{8호}$) 등까지도 '적기시정조치'라고 부르면서 함께 규정하고 있다. 이리
한 법률용어상의 혼란은 빠른 시간내에 조정될 필요가 있다.

또한 부실금융기관이 결국 도산하게 되는 경우, 그 처리방법에 대하여 우리 나
라는 아직 확고한 입장을 정리하지 못하고 있다. 다시 말해서 미국의 파산법에서
정하고 있는 바와 같이 금융기관의 도산을 파산법의 예외로 보고 FDIC가 파산관
재인으로서 개입하는 방식으로 해결할 것인가,[122] 아니면 유럽각국이나 영국의
FSMA에서 정하고 있는 바와 같이 금융기관의 도산도 파산법의 틀 안에서 이해할
것인가[123] 하는 근본적인 문제가 있는 것이다. 부실금융기관의 정리를 파산이나 회
사정리절차의 틀 안으로 가져오게 되면, 이해관계자들의 보호가 법원에 의하여 이
루어지므로 일응 투명하고 합리적으로 이루어질 수 있다고 볼 수 있다. 그러나 이

---

[122] Bankruptcy Act §109(b)(2).
[123] FSMA §355-379.

에 대하여는 반대하는 견해가 더욱 타당한 것으로 보인다.[124] 그 이유는 궁극적으로 금융기관은 일반회사와 다르기 때문이다. 금융기관의 도산처리에 있어서 가장 중요시할 것은 시스템의 안정성을 유지하는 문제이기 때문에 다른 도산절차에 비하여 신속성이 더욱 요청된다. 그러나 법원이 이렇게 신속한 도산처리를 할 수 있는지는 의문이다. 게다가 은행의 경우에는 수많은 예금주들이 법적으로 모두 정리채권자이므로 정리채권자가 너무 많아지는 것에서 오는 문제도 생각할 수 있다. 또한 금융기관파산의 경우 그 자금원조를 담당하는 예금보험공사가 자금원조에 상응하는 권한을 가질 필요가 있다. 결국 금융기관의 파산의 기본틀을 무엇으로 할 것인가의 문제는 궁극적으로 금융기관의 도산처리 과정에서 금융감독위원회 또는 예금보험공사가 법원과 함께 어떠한 역할을 해야 하는가의 문제로 나타난다.

마지막으로 미국의 FDIA에서 규정하는 부실금융기관처리의 기본원칙인 '최소비용의 원칙'이 명문화될 필요가 있다. 현재 우리 나라에서는 최소비용의 원칙이 예금보험공사의 기본법인 예금자보호법 제38조의4에서 보험금지급 또는 자금지원의 원칙으로 규정되어 있고, 공적자금관리특별법 제13조에서 공적자금투입과 관련하여 지켜야 할 원칙으로 선언되어 있다. 모두 정부 또는 예금보험의 자금지원과 관련되어서 지켜야 할 원칙일 뿐이고, 정작 부실금융기관의 처리에 관한 기본법인 금산법에는 이러한 규정이 없다. 이는 근본적으로 우리 나라에서 부실금융기관의 처리를 담당하는 기관이 금융감독위원회라는 점과 밀접하게 연결되어 있는 문제이다. 금융감독위원회는 기본적으로 최소화해야 할 비용을 투입하지 않기 때문이다. 예금보험공사의 권한이 더 커지게 되면 금산법에서 바로 최소비용의 원칙을 규정하더라도 무리가 없을 것이다. 결국 국제기준과 관련하여 금융감독위원회와 예금보험공사의 위상을 어떻게 정립하는가 하는 문제가 가장 먼저 선결되어야 할 과제라고 할 수 있다.

제 6 절   결   론

이상에서 살펴본 바와 같이 많은 국제기준들이 금융기관의 건전성·투명성을

---

124) 서경환, "금융기관의 파산과 관련한 실무상 문제점," 재판자료 제83집, 파산법의 제문제(하) (1999), 38면.

강조하고 있으며, 우리 나라 역시 IMF금융위기 이후 엄청난 제도들이 도입되면서 적어도 형식적으로는 국제기준에서 중요하게 생각하는 규제들은 거의 빠짐 없이 들어와 있다고 결론내릴 수 있다. 그 내용도 거의 유사하다. 그러나 보다 중요한 것은 그럼에도 불구하고 우리 금융규제의 질은 크게 개선되지 않았다는 것이다. 이는 많은 규제들이 도입되었으나, 그 규제들이 실제로는 금융기관을 구속하지 않는다(not binding)는 것에 기인한다. 아직도 많은 금융기관들은 "too big to fail"의 신화를 여전히 신봉하면서 건전성을 확보하기보다는 몸집을 키우는 경쟁을 하고 있으며, 규모만 커지면 설사 부실화되더라도 감독기관이 실제로 규제할 수 있으리라고는 생각하지 않는다. 감독기관들도 금융산업의 건전성보다는 칼을 휘둘렀을 때 국민경제에 파급될 영향만을 생각하고 있다. 그 결과 이상에서 살펴본 많은 규제들은 영원히 칼집에 들어 있는 칼이 될 가능성이 높다. 그럼 어떻게 해야 위 규제들이 살아있는 규제로서 금융기관의 건전성을 증대시킬 수 있을까? 실제로 규제가 실효성이 있기 위해서는 두 가지 문제를 깊이 생각해 보아야 한다. 첫째는 현재처럼 금융감독위원회에 모든 권한이 집중되어 있는 것이 바람직한가의 문제이고, 둘째는 그 권한의 행사가 재량에 의하는 것이 바람직한가의 문제이다. 본 장에서 국제기준과의 비교는 이 두 가지 모두 그렇지 않을 수 있다는 결론을 지지하고 있다. 공공선택이론이 항상 내리는 결론처럼 결국 규제도 사람이 하는 것이고, 그 사람이라는 존재는 상당히 많은 경우 그렇게 신뢰할 수 없는 존재가 아닐까?

Core Principles for Effective Banking Supervision(Basel Committee, 1997)

Preconditions for Effective Banking Supervision

1. An effective system of banking supervision will have clear responsibilities and objectives for each agency involved in the supervision of banking organisations. Each such agency should possess operational independence and adequate resources. A suitable legal framework for banking supervision is also necessary, including provisions relating to authorisation of banking organisations and their ongoing supervision; powers to address compliance with laws as well as safety and soundness concerns; and legal protection for supervisors. Arrangements for sharing information between supervisors and protecting the confidentiality of such information should be in place.

Licensing and Structure

2. The permissible activities of institutions that are licensed and subject to supervision as banks must be clearly defined, and the use of the word "bank" in names should be controlled as far as possible.

3. The licensing authority must have the right to set criteria and reject applications for establishments that do not meet the standards set. The licensing process, at a minimum, should consist of an assessment of the banking organisation's ownership structure, directors and senior management, its operating plan and internal controls, and its projected financial condition, including its capital base; where the proposed owner or parent organisation is a foreign bank, the prior consent of its home country supervisor should be obtained.

4. Banking supervisors must have the authority to review and reject any proposals to transfer significant ownership or controlling interests in existing banks to other parties.

5. Banking supervisors must have the authority to establish criteria for reviewing major acquisitions or investments by a bank and ensuring that corporate affiliations or structures do not expose the bank to undue risks or hinder effective supervision.

Prudential Regulations and Requirements

6. Banking supervisors must set prudent and appropriate minimum capital adequacy requirements for all banks. Such requirements should reflect the risks that the banks undertake, and must define the components of capital, bearing in mind their ability to absorb losses. At least for internationally active banks, these requirements must not be less than those established in the Basle Capital Accord and its amendments.

7. An essential part of any supervisory system is the evaluation of a bank's policies, practices and procedures related to the granting of loans and making of investments and the ongoing management of the loan and investment portfolios.

8. Banking supervisors must be satisfied that banks establish and adhere to adequate policies, practices and procedures for evaluating the quality of assets and the adequacy of loan loss provisions and loan loss reserves.

9. Banking supervisors must be satisfied that banks have management information systems that enable management to identify concentrations within the portfolio and supervisors must set prudential limits to restrict bank exposures to single borrowers or groups of related borrowers.

10. In order to prevent abuses arising from connected lending, banking supervisors must have in place requirements that banks lend to related companies and individuals on an arm's-length basis, that such extensions of credit are effectively monitored, and that other appropriate steps are taken to control or mitigate the risks.

11. Banking supervisors must be satisfied that banks have adequate policies and procedures for identifying, monitoring and controlling country risk and transfer risk in their international lending and investment activities, and for main-

taining appropriate reserves against such risks.

12. Banking supervisors must be satisfied that banks have in place systems that accurately measure, monitor and adequately control market risks; supervisors should have powers to impose specific limits and/or a specific capital charge on market risk exposures, if warranted.

13. Banking supervisors must be satisfied that banks have in place a comprehensive risk management process(including appropriate board and senior management oversight) to identify, measure, monitor and control all other material risks and, where appropriate, to hold capital against these risks.

14. Banking supervisors must determine that banks have in place internal controls that are adequate for the nature and scale of their business. These should include clear arrangements for delegating authority and responsibility; separation of the functions that involve committing the bank, paying away its funds, and accounting for its assets and liabilities; reconciliation of these processes; safeguarding its assets; and appropriate independent internal or external audit and compliance functions to test adherence to these controls as well as applicable laws and regulations.

15. Banking supervisors must determine that banks have adequate policies, practices and procedures in place, including strict "know-your-customer" rules, that promote high ethical and professional standards in the financial sector and prevent the bank being used, intentionally or unintentionally, by criminal elements.

Methods of Ongoing Banking Supervision

16. An effective banking supervisory system should consist of some form of both on-site and off-site supervision.

17. Banking supervisors must have regular contact with bank management and thorough understanding of the institution's operations.

18. Banking supervisors must have a means of collecting, reviewing and analysing prudential reports and statistical returns from banks on a solo and consolidated basis.

19. Banking supervisors must have a means of independent validation of supervisory information either through on-site examinations or use of external auditors.

20. An essential element of banking supervision is the ability of the supervisors to supervise the banking group on a consolidated basis.

Information Requirements

21. Banking supervisors must be satisfied that each bank maintains adequate records drawn up in accordance with consistent accounting policies and practices that enable the supervisor to obtain a true and fair view of the financial condition of the bank and the profitability of its business, and that the bank publishes on a regular basis financial statements that fairly reflect its condition.

Formal Powers of Supervisors

22. Banking supervisors must have at their disposal adequate supervisory measures to bring about timely corrective action when banks fail to meet prudential requirements(such as minimum capital adequacy ratios), when there are regulatory violations, or where depositors are threatened in any other way. In extreme circumstances, this should include the ability to revoke the banking licence or recommend its revocation.

Cross-border Banking

23. Banking supervisors must practise global consolidated supervision over their internationally-active banking organisations, adequately monitoring and applying appropriate prudential norms to all aspects of the business conducted by these banking organisations worldwide, primarily at their foreign branches, joint ventures and subsidiaries.

24. A key component of consolidated supervision is establishing contact and information exchange with the various other supervisors involved, primarily host country supervisory authorities.

25. Banking supervisors must require the local operations of foreign banks to be conducted to the same high standards as are required of domestic institutions and must have powers to share information needed by the home country supervisors of those banks for the purpose of carrying out consolidated supervision.

Insurance Core Principles and Methodology(IAIS, 2003)

1. Conditions for effective insurance supervision

Insurance supervision relies upon
－a policy, institutional and legal framework for financial sector supervision
－a well developed and effective financial market infrastructure
－efficient financial markets.

2. Supervisory objectives

The principal objectives of insurance supervision are clearly defined.

3. Supervisory authority

The supervisory authority:
－has adequate powers, legal protection and financial resources to exercise its functions and powers
－is operationally independent and accountable in the exercise of its functions and powers
－hires, trains and maintains sufficient staff with high professional standards
－treats confidential information appropriately.

4. Supervisory process

The supervisory authority conducts its functions in a transparent and accountable manner.

5. Supervisory cooperation and information sharing

The supervisory authority cooperates and shares information with other relevant supervisors subject to confidentiality requirements.

6. Licensing

An insurer must be licensed before it can operate within a jurisdiction. The requirements for licensing are clear, objective and public.

7. Suitability of persons

The significant owners, board members, senior management, auditors and actuaries of an insurer are fit and proper to fulfil their roles. This requires that they possess the appropriate integrity, competency, experience and qualifications.

8. Changes in control and portfolio transfers

The supervisory authority approves or rejects proposals to acquire significant ownership or any other interest in an insurer that results in that person, directly or indirectly, alone or with an associate, exercising control over the insurer. The supervisory authority approves the portfolio transfer or merger of insurance business.

9. Corporate governance

The corporate governance framework recognises and protects rights of all interested parties. The supervisory authority requires compliance with all applicable corporate governance standards.

10. Internal control

The supervisory authority requires insurers to have in place internal controls that are adequate for the nature and scale of the business. The oversight and reporting systems allow the board and management to monitor and control the operations.

11. Market analysis

Making use of all available sources, the supervisory authority monitors and analyses all factors that may have an impact on insurers and insurance markets. It draws conclusions and takes action as appropriate.

12. Reporting to supervisors and off-site monitoring

The supervisory authority receives necessary information to conduct effective off-site monitoring and to evaluate the condition of each insurer as well as the insurance market.

13. On-site inspection

The supervisory authority carries out on-site inspections to examine the business of an insurer and its compliance with legislation and supervisory requirements.

14. Preventive and corrective measures

The supervisory authority takes preventive and corrective measures that are timely, suitable and necessary to achieve the objectives of insurance supervision.

15. Enforcement or sanctions

The supervisory authority enforces corrective action and, where needed, imposes sanctions based on clear and objective criteria that are publicly disclosed.

16. Winding-up and exit from the market

The legal and regulatory framework defines a range of options for the orderly exit of insurers from the marketplace. It defines insolvency and establishes the criteria and procedure for dealing with insolvency. In the event of winding-up proceedings, the legal framework gives priority to the protection of policyholders.

17. Group-wide supervision

The supervisory authority supervises its insurers on a solo and a group-wide basis.

18. Risk assessment and management

The supervisory authority requires insurers to recognise the range of risks that they face and to assess and manage them effectively.

19. Insurance activity

Since insurance is a risk taking activity, the supervisory authority requires insurers to evaluate and manage the risks that they underwrite, in particular through reinsurance, and to have the tools to establish an adequate level of premiums.

20. Liabilities

The supervisory authority requires insurers to comply with standards for establishing adequate technical provisions and other liabilities, and making allowance for reinsurance recoverables. The supervisory authority has both the authority and the ability to assess the adequacy of the technical provisions and to require that these provisions be increased, if necessary.

21. Investments

The supervisory authority requires insurers to comply with standards on investment activities. These standards include requirements on investment policy, asset mix, valuation, diversification, asset-liability matching, and risk management.

22. Derivatives and similar commitments

The supervisory authority requires insurers to comply with standards on the use of derivatives and similar commitments. These standards address restrictions in their use and disclosure requirements, as well as internal controls and monitoring of the related positions.

23. Capital adequacy and solvency

The supervisory authority requires insurers to comply with the prescribed solvency regime. This regime includes capital adequacy requirements and requires suitable forms of capital that enable the insurer to absorb significant unforeseen losses.

24. Intermediaries

The supervisory authority sets requirements, directly or through the supervision of

25. Consumer protection

The supervisory authority sets minimum requirements for insurers and intermediaries in dealing with consumers in its jurisdiction, including foreign insurers selling products on a cross-border basis. The requirements include provision of timely, complete and relevant information to consumers both before a contract is entered into through to the point at which all obligations under a contract have been satisfied.

26. Information, disclosure & transparency towards the market

The supervisory authority requires insurers to disclose relevant information on a timely basis in order to give stakeholders a clear view of their business activities and financial position and to facilitate the understanding of the risks to which they are exposed.

27. Fraud

The supervisory authority requires that insurers and intermediaries take the necessary measures to prevent, detect and remedy insurance fraud.

28. Anti-money laundering, combating the financing of terrorism(AML/ CFT)

The supervisory authority requires insurers and intermediaries, at a minimum those insurers and intermediaries offering life insurance products or other investment related insurance, to take effective measures to deter, detect and report money laundering and the financing of terrorism consistent with the Recommendations of the Financial Action Task Force on Money Laundering(FATF).

Objectives and Principles of Securities Regulation(IOSCO, 2002)

A. *Principles Relating to the Regulator*

1. The responsibilities of the regulator should be clear and objectively stated.
2. The regulator should be operationally independent and accountable in the exercise of its functions and powers.
3. The regulator should have adequate powers, proper resources and the capacity to perform its functions and exercise its powers.
4. The regulator should adopt clear and consistent regulatory processes.
5. The staff of the regulator should observe the highest professional standards including appropriate standards of confidentiality.

B. *Principles for Self-Regulation*

6. The regulatory regime should make appropriate use of Self-Regulatory Organizations(SROs) that exercise some direct oversight responsibility for their respective areas of competence, to the extent appropriate to the size and complexity of the markets.
7. SROs should be subject to the oversight of the regulator and should observe standards of fairness and confidentiality when exercising powers and delegated responsibilities.

C. *Principles for the Enforcement of Securities Regulation*

8. The regulator should have comprehensive inspection, investigation and surveillance powers.
9. The regulator should have comprehensive enforcement powers.
10. The regulatory system should ensure an effective and credible use of inspection, investigation, surveillance and enforcement powers and implementation

of an effective compliance program.

D. Principles for Cooperation in Regulation

11. The regulator should have authority to share both public and non-public information with domestic and foreign counterparts.
12. Regulators should establish information sharing mechanisms that set out when and how they will share both public and non-public information with their domestic and foreign counterparts.
13. The regulatory system should allow for assistance to be provided to foreign regulators who need to make inquiries in the discharge of their functions and exercise of their powers.

E. Principles for Issuers

14. There should be full, timely and accurate disclosure of financial results and other information that is material to investors' decisions.
15. Holders of securities in a company should be treated in a fair and equitable manner.
16. Accounting and auditing standards should be of a high and internationally acceptable quality.

F. Principles for Collective Investment Schemes

17. The regulatory system should set standards for the eligibility and the regulation of those who wish to market or operate a collective investment scheme.
18. The regulatory system should provide for rules governing the legal form and structure of collective investment schemes and the segregation and protection of client assets.
19. Regulation should require disclosure, as set forth under the principles for issuers, which is necessary to evaluate the suitability of a collective investment scheme for a particular investor and the value of the investor's interest in the scheme.
20. Regulation should ensure that there is a proper and disclosed basis for asset valuation and the pricing and the redemption of units in a collective invest-

ment scheme.

G. *Principles for Market Intermediaries*

21. Regulation should provide for minimum entry standards for market intermediaries.

22. There should be initial and ongoing capital and other prudential requirements for market intermediaries that reflect the risks that the intermediaries undertake.

23. Market intermediaries should be required to comply with standards for internal organization and operational conduct that aim to protect the interests of clients, ensure proper management of risk, and under which management of the intermediary accepts primary responsibility for these matters.

24. There should be procedures for dealing with the failure of a market intermediary in order to minimize damage and loss to investors and to contain systemic risk.

H. *Principles for the Secondary Market*

25. The establishment of trading systems including securities exchanges should be subject to regulatory authorization and oversight.

26. There should be ongoing regulatory supervision of exchanges and trading systems which should aim to ensure that the integrity of trading is maintained through fair and equitable rules that strike an appropriate balance between the demands of different market participants.

27. Regulation should promote transparency of trading.

28. Regulation should be designed to detect and deter manipulation and other unfair trading practices.

29. Regulation should aim to ensure the proper management of large exposures, default risk and market disruption.

30. Systems for clearing and settlement of securities transactions should be subject to regulatory oversight, and designed to ensure that they are fair, effective and efficient and that they reduce systemic risk.

[영문초록]

Globalization of Korean Financial Regulation in Post-IMF Era

Ok-Rial Song*

Background

As widely noted, Korean financial industry has undergone rapid trans-formation in various areas since the financial crisis of 1997. Although restructuring financial industry and reforming the regulatory scheme had been under way since early-1990s, the financial crisis in 1997 in fact forced Korean government to accept a Big Bang-like change in governmen-tal supervision over the financial industry.

To be sure, such a dramatic regime-change is not endogenous; it was recommended by international financial institutions, and IMF in particular. Being exogenous, however, was not a big issue, since the overall financial system of Korea in fact has been transplanted over and over from other developed countries. Moreover, if we take the rapid globalization in finan-cial industry into account, leaving a regulatory system or financial practice inconsistent with the global standards would make the Korean financial in-

* College of Law, Seoul National University.

stitutions less competitive in global financial market. From such perspectives, therefore, how a national financial system incorporates such global standards may be a good and important parameter to evaluate the overall efficiency of the national system.

Against this backdrop, this paper will examine the efficiency and effectiveness of specific changes —— incorporation of global standards —— in Korean financial regulation made in the post-IMF era.

Issues & Methodology

Since the financial crisis of late-1990s, a lot of global standards have been incorporated in the governmental supervision on financial industry. To name a few, several changes have been made on depository institutions in post-IMF era as follows:

(1) **Entry regulation:** Chartering process was substantially altered in 1999, and thereafter, the discretion that the government officials enjoy to review charter applications has been diminished. As of now, the major requirements for entry are the magnitude of capital, the fitness of management, and feasibility of business plan.

(2) **Soundness safeguards**(prudential regulation): Most widely used are the capital adequacy requirement (such as BIS standard) and prompt corrective action. Such tools have been more and more strict since the financial crisis.

(3) **Financial holding companies and other limitations on bank ownership:** Immediately after the financial crisis, the Korean government opened the bank ownership to foreign investors (up to 10%). In the same context, strict regulation on the bank ownership by domestic investors was relaxed in April 2002. Still, however, it is strictly regulated for Chaebol firms to control the depository institutions.

(4) **Regulation on bank business:** Most notably, the deposit interest rate controls were repealed in 1997. Moreover, the regulation on investment activities of depository institutions were substantially changed in post-

IMF era.

The regulation on other major financial sectors, such as securities firms, insurance companies, and investment companies has been tremendously changed. This paper categorizes the regulatory scheme into (1) entry regulation, (2) soundness safeguards, (3) regulation on bank business, (4) ownership structure, and (5) financial failure. This paper is organized as follows. In the following Chapter II, the global standards will be identified in each regulatory area, with some theoretical investigation if necessary. Next, the Chapter III will examine the inconsistency of Korean regulatory regime with the global standards identified above and offer several plausible explanations for such gaps. The Chapter IV will suggest policy arguments to enhance the globalization of Korean banking regulation. The Chapter V will be concluding remarks.

제 **3** 장

국제기준도입과 법의 지배에 따른 기업지배구조의 변화

국제기준도입과 법의 지배에 따른 기업지배구조의 변화

김 준 기*

제1절 소 개[1]

한국은 지난 40년간 세계적으로 유례가 없는 괄목할 만한 경제성장을 이루었다. 전후 아시아의 최빈국에 불과했던 한국은 현재 경제규모 세계 11위의 대국이며, OECD회원국이 된 지도 수 년, 이제는 어엿한 선진국대열에 진입하였다. 이러한 한국의 신화 같은 경제성장을 두고 소위 '한강의 기적'의 원인을 분석하려는 연구들이 수도 없이 진행되었다.[2] 박정희대통령 시절부터 단행된 이 시대의 강력한 국가중심적 권위주의체제는 후대인 제5공화국으로 이어졌다. 1988년 이후 한국이 점차적으로 시장경제로 전환하는 상황에서 법치주의가 점차 정착되면서 국가의 역할도 다소 축소되었으나, 미숙한 체제변환은 결국 1997년 금융위기의 파고를 초래하여 국가부도의 사태까지 이르게 되었다.

본 장은 한국이 그 동안 경제발전을 이룩하는 과정에서 기업의 지배구조가 법치주의에 입각하여 선진화되어 가고 있는지, 즉 국제기준에 근접해 오고 있는지를

* 연세대학교 국제학대학원 교수.
1) 본 연구에 많은 도움을 준 KDI 국제정책대학원 김우찬 교수께 감사드립니다.
2) 차동세 · 김광석, 한국경제반세기: 역사적 평가와 21세기 비전(한국개발연구원, 1995); 김정렴, 한국경제정책 30년사(중앙일보사, 1990); Leroy P. Jones, Sakong Il(1980), *Government, Business, and Entrepreneurship in Economic Development: The Korean Case*(Cambridge, MA: Harvard University Press); Cho Soon(1994), *The Dynamics of Korean Economic Development* (Washington: Institute for International Economics).

시대별로 점검하고자 한다. 법치주의의 개막과 시장경제의 도입은 한국기업지배구
조에 어떠한 영향을 미쳤으며, 미래 한국기업들의 지배구조에는 어떤 영향을 미칠
것인지도 검토하고자 한다. 먼저 본 장은 국제그룹, 현대그룹 그리고 한보그룹에 관
한 사례연구를 통해서 한국이 '법의 지배'(rule of law)를 수립하면서 기업지배구조
상의 국제기준에 접근하고 있는 단계적 과정을 설명하고자 한다. 이러한 과정에서
기업지배구조 국제기준의 수립과 법의 지배와의 역학관계에 대하여 논할 것이다.
여기에서 논의되는 법치주의의 평가는 제 5 공화국부터 경제발전단계를 거치는 과
정에서 수립된 법제도 중에서 기업의 지배구조와 밀접한 관계가 있는 내용들을 주
요 대상으로 한다.

　　본 장에서 표본으로 삼을 기업지배구조 국제기준은 'OECD기업지배구조원칙'
(OECD Principles of Corporate Governance), 더 구체적으로는 '아시아의 기업지배구
조에 관한 OECD백서'(OECD White Paper on Corporate Governance in Asia)에서 명
시하고 있는 내용들이다.[3] 이 OECD원칙과 OECD백서는 기업지배구조에 있어서의
주요 이슈들, 특히 아시아지역국가들의 관점에서 관련된 이슈들을 일목요연하게 정
리하고 있어 기업지배구조의 국제기준으로서 비교적 객관적인 표준 내지는 목표역
할을 하고 있다.

　　본 장은 한국이 기업지배구조 국제기준으로 접근하는 과정에서 제도구축면에서
많은 발전을 이루었으나, 국제경쟁력을 갖추는 동시에 한국에 대한 불신을 극복하
기 위해서는 아직 가야 할 길이 멀다는 것을 주장하고자 한다. 즉 한국은 시장경제
로의 진입과정에서 법제도상의 발전을 이룬 것은 사실이나 아직도 과거 공권력에
의한 지배를 법의 지배에 입각한 시장중심의 견제와 균형으로 확고하게 대체하지
는 못하고 있는 실정이다. 권위주의통치 후에 나타난 이러한 규율부재현상은 결국
1997년 외환위기를 자초하게 되었다. 결론적으로 제 2 의 위기재발을 방지하기 위
해서 한국은 법치주의에 의한 국제적 기준의 기업지배구조 체제를 도입하여 시장
원리에 충실한 효율적 경제환경을 조성해야 한다.

---

3) OECD Principles of Corporate Governance(1999), *OECD White Paper on Corporate Gover-
nance in Asia*(2003)("OECD 백서").

제 2 절   기업지배구조의 국제기준화

각국마다 서로 다른 기업지배구조 체제를 가지고 있는 상황에서 기업지배구조
의 국제기준을 이야기한다는 것은 논란의 여지가 있다고 볼 수 있다. 국가들은 사
회적 배경 및 법적 전통과 역사에서도 확연히 다를 뿐만 아니라, 사회규제체제 및
경제발전면에서도 각각 다른 양상을 띠기 때문이다. 그러나 본 장(章)에서는 기업
지배구조 체제의 공통점으로 인정되고 있는 부분을 중심으로 어느 정도 형성되고
있는 국제기준에 대해서 설명하고자 한다.

아시아지역국가에 있는 기업들의 경우, 이들이 가지고 있는 가장 큰 공통점은
기업들이 모회사와 자회사 및 계열사의 관계를 통하여 광범위한 네트워크 하에 존
재한다는 것이다. 이러한 관계회사들은 네트워크상의 관계사들이 서로 일정지분을
소유하고 있기도 하고, 상장사의 경우에는 발행주식이 증권시장에서 활발하게 거래
되고 있기도 하다.4)

Ⅰ. 기업지배구조의 수렴 여부를 둘러싼 논쟁

기업지배구조의 국제기준을 논의함에 있어 우선 주목해야 할 것은 전세계적으
로 기업지배구조의 수렴현상이 나타나고 있다는 주장이다. 이러한 주장을 제기하
는 가장 대표적인 학자인 한스만과 크랙만은 기업지배구조가 전세계적으로 단일한
체제로 수렴되고 있으며, 나아가 민주주의 및 시장경제와 관련하여 프란시스 후쿠
야마가 주장한 바와 같은 맥락에서 기업법상의 역사의 종말에 도달했다고 한다.5)
이와 유사한 주장으로 존 커피는 기업지배구조 수렴현상이 특정부분에서만 국한된
것이 아니라 여러 부문에 걸쳐 나타나고 있음을 제시하였다. 커피는 기업들의 해외
증시 동시상장, 증권시장간의 통합현상, 연금·기금 및 기타 기관투자자들의 점진
적인 득세, 회계기준의 단일통합, 국제적으로 국경을 초월한 합병 등을 지적하면서
적어도 기능적인 측면에서는 기업지배구조가 수렴하고 있다고 주장하였다.6) 반면

---

4) OECD백서, 11면.
5) Henry Hansmann and Reinier Kraakman(1999), "End of History in Corporate Law," *George-town Law Journal* 89, p. 439.
6) John C. Coffee(1999), "The Future as History: The Prospects for Global Convergence in

에 이러한 법제도 및 현실적인 면에서의 수렴현상에 반기를 드는 학자들도 있다. 이들은 상이한 기업지배구조는 각각 상이한 발전양상을 띈다고 본다.[7] 이들 주장에 따르면, 국가 및 사회마다 저변에 뿌리깊게 자리잡고 있는 사회·경제적 역사가 각기 다르기 때문에 기업지배구조 체제의 단일화는 불가능하다는 것이다. 그러나 수렴론을 펴는 학자들의 주장은 여전히 신선한 충격을 주고 있으며, 기업지배구조의 국제기준화와 법치주의정착에 대한 고민의 여지를 반영하고 있음이 분명하다.

세간의 주목을 끌고 있는 비교연구결과을 보면 기업지배구조 부문에서 몇 가지 흥미로운 특징들이 존재함을 알 수 있다. 라포르따 로페즈-드-살리나스, 쉴레이퍼, 비슈니 등 세계적인 경제학자들은 기업지배구조 체제를 크게 소유구조가 집중된 지배구조와 소유구조가 분산된 지배구조로 나눌 수 있다고 주장하였다.[8] 나아가 이 같은 소유구조 및 지배구조의 양분화현상은 해당 사회의 법제도의 차이에 의한 것이라고 주장하고 있다. 이들의 입장에 따르면 보통법을 채택하고 있는 국가의 경우는 소액투자자를 우선적으로 보호하기 때문에 소유가 분산된 지배구조를 가지며 자본시장이 매우 발달하는 반면, 시민법 하에서는 대개 대형 채권자인 은행이 주를 이루는 대주주중심의 소유집중지배 구조가 나타난다.[9]

따라서 기업지배구조의 국제기준에 대한 논의는 이러한 독창적인 연구에 상당히 많은 영향을 받고 있다. 물론 수렴론을 주장하는 전문가들 사이에서도 구체적인 세부사항에 대해서는 서로 다른 점을 강조할 수도 있으나, 국가와 지역 간에는 공통적인 현상들이 나타나고 있는 것이 사실이다. 특히 아시아지역 기업들의 경우에는 기업지배구조와 관련된 일련의 문제들이 더욱 유사한 성격을 지니고 있다.

Ⅱ. OECD 기업지배구조원칙과 아시아의 기업지배구조에 관한 OECD백서

이와 같은 수렴논의가 진행되고 있는 상황에서 OECD는 1999년에 'OECD기업지배구조원칙'을 제정하였고, 2003년에는 '아시아의 기업지배구조에 관한 OECD백

Corporate Governance and Its Implications," *Northwestern University Law Review* 93, p. 641.

[7] Lucian Arye Bebchuk and Mark J. Roe(1999), "A Theory of Path Dependence in Corporate Ownership and Governance," *Stanford Law Review* 52, p. 127.

[8] Rafael La Porta, *et al.*(1999), "Corporate Ownership Around the World," *Journal of Finance* 54, p. 471.

[9] *Ibid.*

서'를 공동으로 발간하였다. 기업지배구조의 국제기준에 관한 한 바로 이 OECD원
칙이 일반적인 목표와 특징들을 가장 잘 정리하고 있다.[10] OECD원칙은 정책입안
자, 규제기관, 업계대표 및 국제적 전문가들에 의해서 공동제작된 것으로 선진국에
서 나타나는 기업지배구조 이슈를 정확하게 짚어 내고 있다. 한편 OECD백서에는
각국이 처한 상황이 다름에도 불구하고 공통되는 정책을 수립하고자 하는 노력이
엿보인다.

　본 장에서 지칭하는 기업지배구조의 국제기준은 바로 이 OECD원칙을 바탕으
로 하고 있으며, OECD백서의 주요내용과도 일맥상통한다. OECD원칙을 먼저 살
펴보면 주주의 권한, 주주의 동등한 대우, 기업지배구조에서 이해관계자의 역할,
공시와 투명성의 중요성, 이사회의 책임보장 등 크게 5가지 부문이 강조되고 있다.

1. 주주의 권한[11]

　OECD원칙이 가장 우선적으로 강조하는 점은 기업지배구조가 주주의 권리를
보호해야 한다는 것이다. 주주의 기본권리로는 소유권의 등기방법의 확보, 주식의
위탁 또는 양도권, 기업정보의 적시 및 정기적인 제공, 이사의 선임권, 이익배분의
참여권 등이 있다. 또한 주주는 정관변경 및 사업양도 등과 같이 기업의 중대한 사
항을 결정할 때 충분한 정보를 제공받고 참여할 수 있는 권리가 있다고 명시하고
있다. 정기주주총회 때도 주주는 효과적으로 참여하고 표결할 수 있는 기회를 가져
야 하며, 표결절차 등 총회운영규칙에 관한 정보를 제공받아야 한다. 또한 OECD
원칙은 특정주주가 소유지분보다 과다한 비율로 지배권을 허용하는 자본소유구조
및 관계는 공개되어야 한다고 강조한다. 끝으로 기업인수시장은 효율적이고 투명하
게 기능할 수 있어야 하며, 기관투자자를 포함한 모든 주주들이 의결권을 행사함에
있어서 발생하는 비용과 이익 또한 고려되어야 한다고 설명하고 있다.

2. 주주의 동등한 대우[12]

　OECD원칙이 두 번째로 강조하는 점은 기업지배구조는 소액주주·외국인주주
등 모든 주주가 동등하게 대우받을 수 있도록 보장하여야 한다는 것이다. 따라서

10) OECD백서에 따르면 OECD원칙은 "기업지배구조와 관련된 전체적인 틀을 대상으로 수립되었
　　으며, 유일하게 국제적으로 인정되는 지배구조원칙"이다. OECD백서, 9면.
11) OECD원칙 제 I 장 The Rights of Shareholders.
12) OECD원칙 제 II 장 The Equitable Treatment of Shareholders.

모든 주주들에게는 그들의 권리가 침해되었을 경우 효율적으로 구제받을 수 있는 기회가 주어져야 한다. 동일한 종류의 주식을 가진 주주는 동등하게 대우받아야 한다. 내부자거래 및 자기거래의 남용은 금지되어야 하며, 이사나 경영진은 회사에 영향을 미치는 거래나 이해관계가 결부된 사안이 있을 경우, 이러한 내용을 사전에 공개하여야 한다.

3. 기업지배구조에서 이해관계자의 역할[13]

OECD원칙은 주주와 더불어 이해관계자의 법적 권리도 인정하여야 한다고 명시하고 있는데, 부(富)의 창출, 고용창출 및 건전한 재무상태의 유지를 위해 기업과 이해관계자의 적극적인 협력을 권장하고 있다. 좀더 자세히 살펴보면 기업의 지배구조는 이해관계자들에게 법적으로 보호된 권리들을 존중하도록 하며, 특히 이해관계자의 권리가 침해되었을 때 이를 효율적으로 구제받을 수 있는 기회를 제공하여야 한다. 또한 기업은 이해관계자의 참여를 위한 '성과향상제도'(performance-enhancing mechanism)를 도입하여야 하며, 이해관계자가 기업의 지배구조 과정에 참여하는 경우 관련정보를 확보할 수 있도록 권고하고 있다.

4. 공시와 투명성[14]

기업은 재무상태·사업성과·소유구조·지배구조 등 기업의 중요한 사안을 적시에 정확히 공시하여야 한다. 주요 공시사항으로는 재무 및 영업결과, 회사의 목적, 주요주주의 소유지분 및 의결권, 이사와 주요임원명단 및 보수, 예측가능한 주요위험요소, 피고용인 및 기타 이해관계자에 관한 중요 사항, 지배구조 및 정책 등을 들 수 있다. 또한 기업정보는 높은 수준의 회계, 재무 및 비재무정보의 공개 및 감사에 따라 내용이 작성되고 공시되어야 한다. 재무제표의 작성과 제출시에는 외부적으로나 객관적으로 신뢰를 얻을 수 있도록 독립적인 감사를 정기적으로 거쳐야 한다. 정보공시방법은 이용자가 관련정보를 공정하고 적시에 그리고 경제적으로 접근할 수 있도록 해야 한다.

---

13) OECD원칙 제 Ⅲ 장 The Role of Stakeholders in Corporate Governance.
14) OECD원칙 제 Ⅳ 장 Disclosure and Transparency.

5. 이사회의 책임[15]

마지막으로 OECD원칙은 이사회의 책임도 강조하고 있다. OECD원칙에 따르면 기업의 전략적 방향, 이사회에 의한 효과적인 경영진감독 그리고 기업과 주주에 대한 이사회의 책임이 보장되어야 한다. 이사는 충분한 정보를 바탕으로 선의를 가지고 성실하게 주의의무를 다하면서 기업과 주주의 최선의 이익을 위해 애써야 한다고 강조하고 있다. 이사회의 결의가 주식의 종류에 따라 주주들에게 각기 다른 영향을 미치는 경우에는 모든 주주를 공정하게 대우하여야 한다. 이사회는 관련법률을 준수하면서 이해관계자의 이익을 고려해야 하며, 기업전략, 위험관리, 회계, 예산 및 사업계획의 점검, 주요 임원의 선임 및 교체, 보수지급, 투명한 이사추천절차 확보, 경영진, 이사 및 주주 간의 잠재적 이해상충감독 등의 주요한 업무들을 포괄적으로 수행해야 한다. 특히 이사회는 기업의 사안들에 대하여 경영진과 독립적으로 객관적인 판단을 내릴 수 있어야 한다. 이사는 이러한 책임수행을 위해 적시에 적절하고 정확한 정보를 확보할 수 있어야 한다.

한편 위의 OECD원칙을 근간으로 OECD백서가 4년 후에 작성되었다. OECD백서는 구체적으로 아시아국가들의 실정을 감안하여 보다 구체적으로 작성되었고, 특히 7가지 주요 핵심문제들을 제시하고 있다. OECD백서에서 강조하고 있는 7가지 내용을 요약하면 다음과 같다.

(1) 기업지배구조의 중요성에 대한 인식의 확산[16]

전반적으로 아시아에서는 1997년 외환위기발생 전까지 공공부문·민간부문을 불문하고, 기업지배구조의 중요성을 제대로 인식하는 곳은 어디에도 없었다. 공공부문, 민간부문의 기관들은 모두 기업의 지배구조가 가지는 본질적인 가치를 인정해야 한다. 좋은 기업지배구조는 경쟁력제고, 금융안전, 경제성장, 자본확충, 부의 증대 그리고 기업실적의 향상 등의 밑거름이 된다. 규제기관, 입법기관, 사법기관, 전문직종사자, 언론, 투자자 그리고 기업들은 반드시 이러한 사실을 깨달아야 한다.

(2) 효과적 이행 및 법의 집행[17]

기업지배구조와 관련하여 오늘날 대부분의 아시아국가들은 법과 제도의 도입

---

15) OECD원칙 제 V 장 The Responsibilities of the Board.
16) OECD백서 Priority 1.
17) OECD백서 Priority 2.

면에서 상당한 발전을 이루었다. 따라서 지금부터 중요한 것은 규제당국, 주식시장 및 자율규제기관이 이러한 법규와 규정들을 제대로 정착시키고 집행하는 것이라 볼 수 있다. 즉 사법기관, 검찰 그리고 정책입안자들의 투명한 의사결정은 물론이고, 공명정대한 활동이 무엇보다 절실하다. 이들의 투명하고 공명정대한 행동이 전제되어야만 법의 지배를 확립코자 하려는 국가의 정책이행 의지가 국민적 신뢰를 얻을 수 있다.

(3) 회계·감사 및 비금융분야에서의 국제적 표준으로의 수렴[18]

OECD백서에 따르면 기업들은 국제회계기준과 같이 전세계에서 통용되고 있는 기준을 따라야 한다. OECD백서는 국가가 처한 상황에 따라 차이가 있다는 것을 인식하여 회계기준이 국제기준과 상이한 경우가 발생할 경우, 이러한 차이들을 공시할 것을 권고하고 있다. 이러한 방식으로 수렴이 이루어지면 국가간의 비교가 가능해질 것이며, 투명성도 제고될 수 있을 것이라고 설명하고 있다.

(4) 지배주주 및 기타 내부자에 대한 이사회의 적극적이고 독립적인 참여 및 감시[19]

이사의 독립성제고 및 경영참여도 향상이 필요하다. OECD백서에 따르면 이사는 기업 및 주주에 대한 충실의무를 강화해야 한다. 이사가 기업에 대한 충실의무 및 경영감독의 의무를 위반했을 경우에 부과되는 처벌 역시 더욱 강화되어야 한다. 또한 정책입안자는 주주의 권리가 침해되었을 경우, 이에 대한 구제를 받을 수 있도록 주주의 권한이 보완된 법규 및 규정을 제정하여야 한다. 같은 맥락에서 이사의 책임소재를 제고하고 명확히 하기 위해서는 불특정다수의 분산된 투자자들 사이에서 나타나는 집단행동의 문제점(collective action problem)을 해결하는 것이 무엇보다도 중요하다. 주주대표소송, 집단소송제 및 주주의 이사후보 추천권의 도입 등이 이러한 문제의 해결책이 될 수 있다.

(5) 비지배주주의 권리침해(expropriation) 방지[20]

(4)의 내용과 같은 맥락에서 공시제도를 보강하고, 감독기관의 규제역량을 보완하고 처벌을 강화하며, 이사의 충실의무를 보다 더 효과적으로 보강하여 기업내

---

18) OECD백서 Priority 3. IAS는 International Financial Reporting Standards(IFRS)를 포함한다.
19) OECD백서 Priority 4.
20) OECD백서 Priority 5.

부자나 지배주주에 포함되지 않는 불특정다수의 비지배주주들이 보호되도록 하여야 한다. OECD백서는 이들 비지배주주의 보호를 "가장 우선적으로 해결되어야 할 문제"로 보고 있다. 내부자거래 및 관계사간의 거래가 주요 규제대상이며, 피해받은 주주를 위해서 효과적인 구제절차도 반드시 포함되어야 한다고 강조하고 있다.

(6) 은행에 대한 규제 및 지배구조개선[21]

OECD백서는 은행과 같은 금융기관이 바람직한 지배구조를 수립하는 것을 매우 중요하게 여기고 있으며, 이는 특히 금융기관이 경제전반에 미치는 영향력을 감안한 것이다. 부실대출 및 부실보증 행태가 나타났던 근본적인 이유가 바로 은행의 취약한 지배구조 때문이다. 은행의 이러한 부실업무는 해당 은행에 타격을 주었을 뿐 아니라 피대출기업 및 금융체제 전반에 영향을 끼쳤다.

Ⅲ. 기업지배구조의 수렴 및 국제기준의 형성

기업지배구조는 국경을 초월한 공통의 이슈들을 드러내면서 수렴현상을 보이고 있다. 또한 OECD원칙과 OECD백서에서 볼 수 있는 바와 같이 이러한 현상에 발맞춰 광의의 지배구조 국제기준까지 형성되고 있다. 실제 기업지배구조와 관련된 상당부분의 과제는 전세계 모든 주식회사 및 주식회사를 둔 모든 국가에 필연적으로 발생하게 되는 문제라고 볼 수 있다. 기업지배구조의 문제는 특정지역, 역사, 사회, 법전통 및 문화에 국한되는 것이 아니며, 모든 주식회사에서 공통적으로 발생하는 문제이다. 다만, 국가마다 우선적으로 다루어져야 한다고 인식되는 문제점의 순위나 이를 해결하는 방법 혹은 진행과정이 다르게 나타날 뿐이다.

제 3 절 국가중심적인 기업지배구조와 법치주의형성

제 5 공화국이 출범할 당시 한국기업들의 지배구조는 국가권력이 지배하는 국가중심적 기업지배구조("state-oriented corporate governance")였다고 해도 과언이 아니다.[22] 이 시기에는 OECD원칙에서 권고하는 주주의 권리, 주주의 동등한 대우,

---

21) OECD백서 Priority 6.
22) Hansmann and Kraakman, p. 439.

이해관계자의 역할, 공시와 투명성의 중요성, 이사회의 책임보장 등은 모두 국가의 산업정책에 가려져 제대로 보호받지 못하는 실정이었다. 근대경제성장의 시작은 논란많은 박정희대통령 집권시기로 거슬러 올라간다. 박대통령은 1961년부터 1979년에 이르기까지 절대적 공권력을 행사하여 국가의 경제기반을 조성하는 데 혼신을 기울였으나 집권시기 동안 철권통치로 국가정책을 장악했다. 1979년 박정희대통령 암살사건 이후 나타난 권력공백의 위기상황에서 당시 집권을 하게 된 전두환도 재임기간 동안 강력한 철권통치를 통한 경제 성장 및 번영을 국정의 초점으로 두었다. 이는 선임정권이었던 박정희대통령 시절과 매우 유사한 국가중심적인 접근방식으로 경제정책을 실행한 것이었다.[23] 제 5 공화국은 1988년 헌정사상 근 20년 만에 처음으로 부정이나 강압으로 얼룩지지 않은 민주적인 선거를 통한 정권교체를 이루면서 막을 내렸다. 일부 식자에 따르면 한국경제는 이 때의 거시경제정책이 대체적으로 잘 이루어진 것이 원인이 되어 지속적인 경제성장을 달성할 수 있었던 것이라고 평가하고 있다.[24] 개발경제시대의 산업정책은 전두환대통령 집권시기에도 지속되었다. 한국경제가 박대통령시해사건 이후의 혼란을 극복하고, 제 5 공화국이 끝나는 1987년 10월까지 매해 8.8%의 괄목할 만한 경제성장을 이룩한 것은 부인할 수 없는 사실이다. 그러나 이 과정에서 기업지배구조나 그에 따른 법의 지배 등은 계속 사문화되어 작동되지 않았고, 이에 대한 제대로 된 인식조차 찾아볼 수 없었다.

　　이 시기 기업과 관련한 정책들을 살펴보면, 독점규제및공정거래법이 1980년에 도입되었고, 공정거래위원회가 설립된 것을 주목할 수 있다. 공정거래촉진이라는 목표 이외에 공정위의 주요목표 중의 하나는 한국경제를 장악하고 있던 대기업체의 과도한 사업다각화를 통제하는 것이었다. 특히 1986년을 기점으로 하여 공정위는 경제력집중문제에 전력을 기울이기 시작했다. 그러나 당시의 거창한 목표에도 불구하고 공정위의 업적은 전반적으로 미진하였다고 해도 과언이 아니다. 공정위가 업무를 효과적으로 수행하지 못한 이유 중의 하나는 공정위가 당시 막강한 권력집단이었던 경제기획원산하에 있었기 때문이다. 이러한 구조적인 위치로 인해 경쟁촉진정책은 산업정책 및 무역정책의 뒷전으로 물러날 수밖에 없었던 것이다.[25]

---

23) 대법원 1997. 4. 17. 선고 96 도 3376, 96 도 3377, 96 도 3378 판결.

24) Edward M. Graham(2003), *Reforming Korea's Industrial Conglomerates*(Washington, D.C.: Institute for International Economics), p. 74.

25) 시장경제창달의 발자취: 공정거래 20년사(공정거래위원회, 2001); 공정거래 10년(공정거래위원

이러한 경제환경 하에서 제 5 공화국시기에 발생했던 가장 주목할 만한 기업관
련사건은 바로 국제그룹의 해산이다. 이 사건은 당시의 기업지배 구조의 현황을 여
실히 보여 주는 대표적인 사례로서, 당시 한국의 기업지배 구조가 전반적으로 국제
기준에 비해 얼마나 미진하였는지를 확인할 수 있게 한다. 따라서 국제그룹의 몰락
과 뒤이은 법적 쟁송은 여러 가지 맥락에서 매우 중요한 사건이라 볼 수 있다. 국
제그룹사건은 기업지배구조의 측면에서 한국이 얼마나 국제표준과 괴리가 있었는
지를 보여 준다. 또한 압축성장 및 사회안정유지라는 미명 하에 행사된 국가의 권
위주의적 공권력이 얼마나 막강했는지를 보여 주는 사례이기도 하다. 이 사건에서
한국정부는 특정기업에 전면적으로 개입하여 당시 한국최대의 재벌그룹 중 하나였
던 국제그룹을 한 순간에 와해시키는데, 이 때 은행권 및 금융권의 철저한 통제 아
래 국가가 이용할 수 있는 모든 수단들을 동원하였다. 둘째, 이 사건은 당시 한국
의 법제도의 집행과 법의 지배가 지니는 한계를 극명하게 보여 준다. 실제 사건발
생 몇 년 후에 헌법재판소가 내린 판결문에서 당시의 정치상황에서는 공정한 사법
집행을 기대하기 어려워 피해자들을 위한 적절한 구제절차나 상환청구권이 실질적
으로 제공되지 못하였음을 시인하고 있다. 셋째, 헌법재판소는 이 사건에서 정부가
헌법에 위배하여 경제관계법령에 의해 주어진 권한을 넘어서는 행위를 하였다고
판시한 획기적인 판결이다. 헌법재판소는 이 판결은 적법한 절차 및 법의 지배의
중요성을 강조하고, 그 원칙을 충실하게 적용한 결과였다고 명시하고 있다.

Ⅰ. 국가중심적인 기업지배구조

1949년 양정모에 의해 설립된 국제그룹은 한때 한국 7대 재벌로 여겨질 만큼
규모가 있었던 대기업이었다. 국제그룹은 한창 때 22개의 계열회사와 38,800명의
직원을 거느리고 있었고, 1984년 매출액 1조9천7백억 원, 수출액 9억3천4백만 달
러를 기록하였다. 그러나 국제그룹의 비극적 결말은 1980년대 한국대기업들의 기
업지배 구조가 얼마나 취약하였는가를 여실히 보여 준다. 한편 정부가 기업의 지배
구조 및 사활에 미치는 영향과 기업의 경영에 개입하고자 할 경우 행사할 수 있는
공권력이 얼마나 광범위했었는지를 보여 주기도 한다. 1985년 2월 21일 국제그룹
이 파산을 선언했을 때, 일부 언론은 국제그룹이 단순히 부실하게 경영을 하여 파

───────────────

회, 한국개발연구원, 1991). 공정위는 1994년이 되어야 국무총리산하의 독립된 행정기관이 되었다.

산된 기업이 아니었다고 추측보도를 하였다.[26] 이 중에는 정부의 기대에 순응하지 않은 그룹들이 어떠한 결과를 보게 되는지를 보여 주기 위해 이용된 정치적 희생양이라고 보는 시각도 있었다.[27]

그 후 전두환정권이 막을 내리고 탈권위주의시대인 제 6 공화국이 출범하자, 국제그룹의 창립자였던 양정모는 1989년 2월 27일 헌법재판소에 위헌소송을 제기하였다. 비록 몇 년이 소요되기는 했으나 1993년 7월 29일 헌법재판소는 이 사건에 대하여 국제그룹의 파산이 위헌이라는 결론에 도달했다.[28] 이 획기적인 판결을 통해서 최소한 법적 측면에서 양정모는 명예를 회복받았으나, 당시 국제그룹소속 계열기업들은 이미 모두 제 3 자에게 소유권이 이전되어버린 후였다. 이 때문에 국제그룹산하에 있었던 수많은 기업의 경영권을 되찾으려는 끈질긴 노력은 결국 뚜렷한 결실을 맺지 못하고 말았다.

파산 즈음에 국제그룹은 뚜렷한 대책 없이 단기자금에 과도하게 의존하여 1984년 말 경부터 더 이상 지탱하기 어려운 재정적 상황에 처해졌다. 납득하기 어려운 규모의 은행대출로 인해 1조6천8백억 원이라는 과다한 채무를 부담하고 만 것이다. 1984년 겨울 재무부는 국제그룹이 크게 의존하고 있었던 완매채의 공급원을 차단하기로 결정하였다. 5천5백억 원에 이르는 단기부채의 만기일이 도래하자 국제그룹은 이 부채를 상환하기 위해 불철주야 주요 은행으로부터 자금을 대출받았다. 제일은행장의 발표에 따르면 파산시점의 국제그룹의 자본대비 부채규모는 이미 800%대였다는 것이다.[29]

설상가상으로 주요 업종이었던 신발제조업시장의 과다경쟁, 해외건설수주의 축소, 본점신축으로 인한 자금압박으로 인해 국제그룹은 총체적인 위기를 겪게 되었다. 기업지배구조 측면에서 볼 때 당시 주요 경영진은 능력이 검증되지 않은 가족구성원들이 핵심요직을 장악하고 있어서 기업의 위기상황 탈출은 커녕 기업의 위기극복에 제대로 기여하지 못하였다. 이러한 상황에서 불어 닥친 경제불황이 결정

---

26) 신상민, "국제그룹 대폭정리," 동아일보, 1985년 2월 21일, 1면; 김희중, "국제그룹 주력기업처분," 경향신문, 1985년 2월 21일, 1면.

27) 양정모에 따르면 자기 눈 밖에 벗어나기 시작한 것은 새마을운동과 일해재단에 기부를 충분히 안 하고, 폭설로 인해 청와대만찬에 늦게 도착한 일화 및 1984년 2월 12일 부산지역 총선에서의 여당의 부진선거결과에 대하여 부산지역 상공회의소장으로서의 책임 등으로 지적하고 있다. 조선일보, 1993년 7월 30일, 11면; 한유림, 국제그룹 양정모와 제 5 공화국(서울: 유정출판, 1993).

28) 헌법재판소 1993. 7. 29. 선고 89 헌마 31 판결.

29) 조선일보, 1993년 7월 30일, 11면.

타가 되어 국제그룹은 파산을 직면하고 만 것이다. 그룹의 영업실적 차원에서는 1983년 30억 원의 흑자를 기록하였으나, 1984년에 와서는 307억 원의 적자를 보고야 말았다.

이 때 전두환대통령이 1985년 2월 7일자로 인가한 계획에 따라 재무부는 국제그룹의 주채권은행인 제일은행과의 사전협의도 없이 국제그룹의 파산을 처리하였다. 국제그룹 파산집행계획에 따르면 신발사업은 한일합섬에 매각되고, 건설사업은 극동건설, 철강사업은 연합철강 및 동국철강에 팔리기로 되어 있었다. 당시 재무부장관은 이 3개 기업의 대표와 직접 계약을 체결하여 이들이 각 사업을 양수하겠다는 약속을 얻어 냈다. 제일은행은 이러한 국제그룹파산집행의 초기계획을 사전에 알지도 못하고 있다가 1985년 2월 13일 재무부의 지시 하에 국제그룹재정에 대한 은행관리를 시작하였다. 이 과정에 제일은행은 국제그룹의 모든 자산과 부동산을 자신들이 신탁관리하도록 하고 신속하게 구조조정계획을 이행할 경우, 재정지원을 받도록 주선해 주겠다고 국제그룹관계자들을 설득하고 있었다.

1985년 2월 21일 제일은행임원들은 제일은행에게 찾아올지도 모를 피해를 모면하기 위한 것을 국제그룹이 파산되었다고 재무부가 기사화한 언론보도를 통해 알게 되었다.[30] 결국 국제그룹 파산집행계획은 전말이 모두 비밀에 부쳐진 채 이루어졌으며, 전두환대통령의 인가가 떨어진 이후 2주일 만에 성사된 것이었다. 제일은행과 국제그룹이 초기에 합의했던 국제그룹의 6개 핵심기업으로의 축소안은 모두 수포로 돌아갔다. 기본적으로 국제그룹의 파산 및 타그룹으로의 매각처리는 일반적인 시장원칙을 준수하지 않은 것임은 의심의 여지가 없으며, 기업파산, 구조조정 혹은 경매 등과 같은 일반적인 법적 절차 또한 따르지 않았다. 오히려 국제그룹의 파산은 베일에 싸인 채 재무부가 미리 짜놓은 계획에 따라 이루어졌다. 더군다나 국제그룹의 수많은 자회사를 인수한 기업들의 경우에는 정부로부터 엄청난 혜택을 받았다. 예를 들어 한일그룹은 1,000억 원의 부채탕감이라는 혜택을 받았고, 1,500억 원의 대출건에 대해서는 지불기한이 연장되었을 뿐 아니라, 15년에 걸쳐 분할상환되는 조건으로 변경되었다고 한다.

---

30) 이 발표는 1984년 2월 12일 총선 이후에 이루어졌다.

II. 기업지배구조상의 법치주의확립시도

1993년 헌법재판소는 7 대 1의 다수표결로 국제그룹의 해산을 목적으로 한 재무부의 행동은 위헌이라는 획기적인 판결을 내렸다.[31] 헌법재판소는 당시 재무부가 취한 공무상의 조치들은 헌법이 보장하는 기본적인 자유와 권리를 침해하는 행위라고 하였다. 우선 헌법 제119조에 의거하여 헌법재판소는 한국의 경제질서는 개인과 기업의 경제상의 자유 및 창의를 존중함을 기본으로 한다고 규정하고, 기본적 자유와 권리의 침해는 불가피한 상황에서만 인정되는 것임을 강조하였다.[32] 이에 더하여 헌법 제126조는 국방상 혹은 국민경제상 긴절(緊切)한 경우를 제외하고는 민간기업의 경영을 통제 또는 관리할 수 없다고 명시하고 있다.[33] 이에 따라 헌법재판소는 정부가 부실기업의 경영에 개입하기 위해서는 우선 경영개입을 정당화할 수 있는 법적 근거가 있어야 하며, 금융적·경제적으로 정상참작가능한 국가 사태가 발생한 경우에도 비상법령에 따라야 한다고 역설하였다.

더군다나 헌법재판소의 판결은 은행이 정부의 개입으로부터 독립적인 경영을 하는 것이 얼마나 중요한지에 대해 놀라운 통찰력을 보여 주었다. 1997년 아시아 전체를 소용돌이로 몰고 간 금융환란에 한국이 무기력하게 무릎을 꿇고 말았을 때, 한보그룹과 기아그룹에 대해 치명적인 부실대출을 해준 제일은행이 그 혼란의 중심에 있었다는 것은 위 사실을 극명하게 보여 준다. 헌법재판소는 국제그룹에 대해 취했던 재무부의 조치는 일반적인 "행적적 지도"와는 근본적으로 다른 차원이라고 보았다. 재무부의 일련의 조치들이 정부의 일상적인 행정지도수준의 조언 혹은 제안에 가까웠더라면 합헌여지가 있었을 것이라는 게 헌법재판소의 입장이었다. 그러나 재무부는 법적으로 주어진 실제권한을 넘어서는 행동을 함으로써 민간기업이 독단적, 차별적인 취급으로부터 보호받을 헌법상의 권리를 박탈한 것이었다고 판시했다. 민간기업의 주요 주주 및 경영진을 법적 근거도 없이 퇴진시키는 데 권한을 행사하는 것은 시장경제 및 법의 지배에 의한 질서를 무너뜨리는 처사라고 설명하

31) 허영, "공권력에 의한 국제그룹해체의 위헌성," 판례월보 제280권(1994), 16면; 허영·전광석, 판례헌법(2002); Yoon Dae Gyu(1995), "New Developments In Korean Constitutionalism: Changes and Prospects," *Pacific Rim Law and Policy Journal* 4, pp. 413-414.
32) "대한민국의 경제질서는 개인과 기업의 경제상의 자유와 창의를 존중함을 기본으로 한다"(대한민국헌법 제119조 제1항).
33) "국방상 또는 국민경제상 긴절한 필요로 인하여 법률이 정하는 경우를 제외하고는 사영기업을 국유 또는 공유로 이전하거나 그 경영을 통제 또는 관리할 수 없다"(대한민국헌법 제126조).

였다. 재판소는 "민주주의는 수단 내지는 절차의 존중이지 목적만을 제일의(第一義)로 하는 것이 아니다. 적법절차가 무시되는 조치라면 추구하는 목적과 관계 없이 공권력의 남용이요 자의밖에 될 수 없으며, 합헌화될 수 없다"고 강조하였다.[34]

헌법재판소는 채무자가 채무불이행상태에 있을 때 채권은행이 취할 수 있는 일반적인 조치들에 대해서도 언급하였다. 판결문에 따르면 채권은행은 임의관리, 직원상주, 파견관리와 화의법, 회사정리법, 도산방지법 혹은 부도처리 후 담보된 주식 등을 대상으로 일반경매 등을 열 수 있었다. 다시 말하면 채권은행은 여타 은행관련규제를 충분히 준수하면서 다른 방안을 모색할 수 있었고, 제3자의 회사 매입 또는 합병까지도 추진할 수 있었다는 것이다. 국제그룹소유주에게 개인자산을 처리하라고 요구하는 것도 하나의 대안이 될 수 있었다. 결국 어떤 방법을 취하건 채권은행인 제일은행은 제3자의 개입 없이 독립적으로 결정을 내려야 했었다고 강조하였다.

또한 헌법재판소는 특정기업의 부실채무가 국가적, 사회적인 손실을 야기하는 상황이라고 하더라도 모든 해결책들은 "법이 허용하는 범위"내에서 이루어져야 한다는 것을 역설하였다.[35] 재판소는 재무부장관의 행동이 법이 정하는 권한을 벗어난 행동이었으며, 법의 지배를 받는 국가에서 보장하는 기본적인 절차를 위반하는 행동이었다고 결론지었다. 즉 기업활동에 있어서의 자유권 및 평등권이 침해된 사건이라는 것이다. 재판소는 판결문을 통해 금융 및 경제부문에서의 헌법적 가치와 질서는 정부의 독단적 개입정책이 아니라 법의 지배에 의해 지켜져야 한다는 점을 알리고자 한다고 밝혔다. 이렇듯 헌법재판소는 판결문을 통해 그간 정부에 의해서 묵살되어 온 시장경제원칙에 입각한 법치주의 및 기업지배구조의 가장 기본적인 원칙을 확인해 주었다.[36] 따라서 기업이나 은행의 이사회의 자율성과 독립성을 무시하고, 주주의 이익을 경시하는 정세에 대하여 경종을 울리는 판결문이었다.

Ⅲ. 낙후된 기업지배구조와 미약한 법치주의

OECD원칙에서 역설하고 있는 주주의 권리보호, 주주의 동등한 대우, 기업지

---

34) 헌법재판소 1993. 7. 29. 선고 89 헌마 31 판결.
35) 상게서.
36) Yoon, p. 414.

배구조에서 이해관계자의 역할, 공시와 투명성, 이사회의 책임보장 등 5가지 부문을 국제그룹의 파산과정에 적용하면 제5공화국 당시 낙후된 법치주의와 기업지배구조의 현실을 통감할 수 있다. 먼저 정부는 당시 대표적인 재벌그룹에 대해 법으로 보장된 기업지배구조의 자율성과 독립성을 조직적으로 침해하였다. 법제도를 기반으로 지배구조가 확립되었기보다는 절대권력이 기업의 향방을 좌지우지하는 국가중심적인 기업지배구조가 상존하던 시대였다. 국제그룹의 갑작스러운 파산과정은 권위주의가 팽배했던 경제현실에서 국가권력이 얼마나 막강하였는지를 잘 보여 준다. 정부는 다양한 정책수단을 통하여 은행과 금융계에 대한 포괄적인 감독권까지 발동하여 한국최대대기업에 속하던 한 대기업의 종말을 고할 수 있었던 때였다.

물론 정부가 이러한 파산집행을 결정하게 된 가장 큰 이유 중의 하나는 재벌그룹도 경영을 잘못하면 파산할 수 있다는 위기의식을 심어 주기 위한 것이었음이 헌법재판소의 판결문에 기록되어 있다. 이전까지는 대기업에 대해서는 대마불사 혹은 영원불멸하다는 도덕적 해이(moral hazard)가 팽배했던 점도 사실이다. 이 같은 그릇된 인식을 불식시키려고 한 정부노력은 기업지배구조 차원에서 긍정적으로 평가된다.

그러나 국제그룹계열사의 주주나 이해관계자들은 불법적인 정부의 개입으로 인해 막대한 피해를 감수할 수밖에 없었다. 기업은 효과적인 이사회를 갖추어 주주의 권익보호와 이익증대를 위하여 일하기보다는 정치권과의 유착관계가 모든 의사결정의 역점이 되었다고 평가할 수도 있다. 이 사건은 당시 한국의 법체제, 적법절차 및 법의 지배가 가진 한계를 극명히 보여 주었다. 실제 국제그룹의 파산 이후 내려졌던 많은 판결들은 제5공화국시절 한국의 사법체제가 억울하게 당했던 피해자들이 제대로 보상을 받을 수 있는 제도를 마련해 주지 못하였음을 인정하였다.[37]

또한 이 사건을 통하여 대기업과 금융권의 낙후된 기업지배구조의 현주소를 볼 수 있다. 대기업총수중심적인 선단식 경영은 무분별한 사업확장과 부실한 재정상태를 야기시켰는데, 이는 지배주주이자 총수인 양정모에 대한 과잉충성의 산물인 것으로 보이며, 주주의 권리보호나 이사회의 책임경영을 뒷전으로 한 여파가 있었던 것으로 보여진다. 당시 한국의 여타 대기업에서와 같이 지배권이 총수 일인에게

---

37) 서울지방법원 1996. 6. 26. 선고 91가합63533 판결 ; 대법원 1991. 9. 10. 선고 91다18989 판결.

집중되어 있는 상황에서, 이사회는 총수의 야심찬 계획에 대하여 아무런 견제기능
도 수행하지 못했다. 금융기관의 기업지배구조 자체도 일반기업 못지 않게 후진적
이었던 점이 드러났다. 당시 은행권에서의 의사결정은 모두 정부의 산업정책에 따
라 결정되었다. 제일은행의 경우에서처럼 거의 모든 금융기관이 재무부의 일거수일
투족을 무조건적으로 따라야 했다. 한편 국제그룹의 몰락으로 인하여 반사이익을
본 기업들은 이러한 특혜가 부정한 방법으로 얻어진 것이라는 의혹을 샀다. 이러한
포괄적인 문제에도 불구하고 헌법재판소의 획기적인 판결은 결국 국제그룹해체과
정의 부당성을 인정하였고, 기업의 지배구조에 있어서 법의 지배가 정착되는 계기
를 마련하였다.

제 4 절 법치주의의 정착에 따른 기업지배구조의 변화

I. 법치주의의 정착과정

1987년은 한국현대사에서 법의 지배가 정착되는 과정에서 매우 중요한 시점이
라 할 수 있다. 헌법개정으로 인한 제 6 공화국수립과 17년 만의 평화적 정권교체
는 역사적인 사건이었다. 당시 거행된 많은 개혁은 한국의 OECD가입 및 자본이동
의 세계화를 추진하기 위해 마련된 규약인 "경상무역외거래자유화규약"과 "자본이
동자유화규약" 체결이 전초가 되었다.[38] 1987년부터 이행된 제 6 단계 경제개발 5
개년계획에는 은행 및 금융산업 개혁, 재벌그룹, 노동법, 산업정책 및 언론의 자유
보장을 위한 많은 노력들이 포함되었다. 결국 이 시기 한국에서는 국가중심적인 통
치체계에서 벗어나 법의 지배로의 점진적 출발이 다각도에서 이루어졌다. 그러나
이 시점에서 확고한 법치주의를 정착시키지 못함으로써 결국 외환위기라는 비극적
인 결과를 초래하고야 만다. 국가의 역할은 점점 축소되었지만, 이에 상응하는 시장
규율, 특히 시장에 의한 견제와 균형은 국가권력의 공백을 채우지 못하였던 것이다.

오랜 억압에서 풀려난 한국사회는 사법제도를 통한 피해자들의 구제절차 사용
이 범람하였다. 사법적 응징, 명예회복 및 권리회복을 위한 피해당사자들의 움직임

---

38) OECD Code of Liberalization of Current Invisible Operation and OECD Code of Liberali-
zation on Capital Movement.

이 특히 활발해졌다.[39] 노태우대통령 이후로 한국의 경제정책은 혹자의 평을 빌리자면, "민중의 요구 및 감시"하에 놓이게 되었다.[40] 전두환대통령과 친인척 및 제 5공화국 고위관료들에 의한 권력남용의 실상이 1988년 국회청문회 때 샅샅이 드러나게 된 점도 이의 일환으로 볼 수 있다.[41] 한국역사상 최초였던 이 국회청문회는 국제그룹과 같은 기업의 파산에 있어서 정부의 부당개입여부를 규명하는 것이 주요 과제였으며, 계획적으로 파산정리된 57개 기업들에 대한 조사가 이루어졌다.[42] 조사결과에 따르면 정리된 부실기업을 인수한 기업들은 그 과정에서 정부로부터 엄청난 특혜를 받은 것으로 밝혀졌다. 뒤이은 검찰의 비리여부조사를 통해 정부고위관료 및 청와대인사도 많은 사건에 깊숙이 연루되었다는 증거가 포착되었다. 이 전까지는 피해기업들이 자신들의 입장을 법적으로 호소할 수 없는 상황이었는데, 이는 단순한 사법당국의 한계를 떠나 회사들이 문제를 제기할 수 있는 근거로 삼을 증빙자료 자체가 없었기 때문이다.[43] 이와 같은 피해자의 구제절차 사용은 법의 지배가 점진적으로 정착하고 있는 현실을 반증하였다.

그러나 금융 및 은행 부문은 여전히 정부의 강력한 영향에서 벗어나지 못하는 지배구조를 유지하고 있었다. 국가권력이 전반적으로 약화되고 분산되고 있었던 것은 사실이었으나, 다른 한편으로는 정부의 강력한 관치금융이 잔존하는 상황이었다. 이 같은 지배구조는 권력형 부패를 또다시 조장하고 경제활동의 인센티브를 왜곡시켰다. 기업들은 자신들의 실적이나 자산에 기반하여 자금을 확보하기보다는 고위관료, 정치인의 친인척 그리고 금융권간부를 매수하였고, 탐관오리로부터 뇌물을 강요당하기도 하였다. 기업과 은행 임원은 부정한 방법으로 영업을 함으로써 주주의 이익에 반하는 경영을 하였다.

은행의 독립성을 제고한다는 취지에서 1990년대 중반 은행민영화가 시도되었다. 나아가 1988년을 기점으로 이자율규제가 상당부분 자율화되었고, 1995년에 와서 정책금융은 은행신용의 18%로 감소하였다. 그러나 이러한 일련의 노력에도 불

---

39) 노동자들의 기본권획득을 위한 노력이었다. 1987년 6월 29일 개헌 및 민주적 정권이양선언 직후인 7월과 8월 동안에만 이전 25년 동안 발생했던 노동쟁의보다 더 많은 쟁의가 발생하였다. 1986년 276건에 불과했던 노사분규는 1987년 자그마치 3,749건으로 증가하였으며, 1988년에도 1,616건에 달했다가 1990년에 다시 몇 백 건 단위로 감소하였다.

40) Marcus Noland(2000), *Avoiding the Apocalypse: The Future of the Two Koreas*(Washington, D.C.: Institute for International Economics), p. 25.

41) 국회법 제65조.

42) 부실기업의 구조조정백서(1988. 7. 21).

43) "국회청문회: 5공비리를 파헤친 국회청문회의 생생한 기록"(첨탑편집부, 1988).

구하고 금융기관은 "대개 정부의 실질적 통제 하에 머물러 있었다."[44] 이후 한국의 시중은행들의 급격한 몰락은 낙후된 기업지배구조의 현황을 여실히 보여 주었다. 다시 말하면 이사회의 독립적 의사결정 없이 부실채권을 남발함으로써 한국의 은행들은 병들어 갔다. 기업들은 지속적으로 부정한 방법을 이용하여 은행의 경영진을 매수하여 자금을 확보함으로써 약화일로에 서게 되었는데, 이를 예방할 수 있는 지배구조상의 견제와 균형은 전혀 제 역할을 못하고 있었다. 이는 효과적인 지배구조가 얼마나 중요한 것인지를 반증하는 것이다.

투신권도 마찬가지로 많은 문제가 있었는데, 1989년 투신권의 자율적인 지배구조를 무시한 채 정부가 문제의 관치금융을 통해 시장개입에 나서는 사건이 발생하였다. 정부가 주식시장을 인위적으로 활성화시키고자 투자신탁회사들로 하여금 자금을 대출하여 상장주식을 매입하도록 강요한 것이다. 이후 1992년 8월 주식투자가 결과적으로 실패하자 투자신탁회사들을 보상하기 위해 2조9천억 이상의 한국은행특별융자가 투입되어야만 했다.[45] 주식투자손실로 인한 이자비용지불이 투자신탁회사에게는 큰 부담이었다. 이와 같이 투신사주주나 신탁권자의 이해에 부합한 것이 아닌 정부개입에 의한 투자결정은 이후 1997년 금융위기시 금융회사에게 매우 치명적으로 작용했음이 증명되었는데, 대우채가 그 대표적인 예라 볼 수 있다.

이 시기 정부는 기업지배구조가 취약한 대기업을 상대로 다양한 개혁정책을 단행하였다. 당시는 기업지배구조에 대한 이해가 전반적으로 부족하던 때였는데, 대기업소속회사는 주주의 이익증대보다는 그룹 전체의 이익을 우선시하는 것을 당연시하였다. 다시 말해서 많은 재벌들은 계속하여 무분별한 사업확장과 다각화를 시도하였고, 이에 따라 그룹의 우수한 기업들은 같은 그룹 내의 부실한 기업이나 신생기업을 부당하게 지원하기 마련이었다. 30대 재벌의 자회사의 수만 보아도 1991년 557개사에서 1997년에는 819개사로 증가하였다.

정부는 대기업집단의 소유구조 문제에 따른 부당내부거래를 통제하기 위하여 1986년 상호출자 및 상호주식소유에 대한 규제를 제정하게 되었으나 그 효과는 미미했다. 30대 재벌그룹에게는 타기업에 대한 투자액 및 관계사에 대한 상호지급보증 상한선을 두도록 하였다. 1990년 8월 1일 주요 상장회사에서 영향력을 행사하

---

44) Graham, p. 59.
45) 한국은행법 제69조 제 3 항.

고 있던 주주들의 소유지분 매도를 원활히 하기 위한 방법으로 개인투자자들의 투자상한선을 없앴다. 그 결과 개인투자자들은 투자대상기업이 상장 당시 영향력을 행사하던 주주가 소유하고 있었던 지분만큼의 주식을 획득할 수 있었다. 또한 1990년 5월 8일 정부는 재벌들이 좋은 조건으로 대출받은 자금을 이용하여 대거 구입한 비업무용 부동산을 모두 매각하게 하고, 이들이 추가부지매입을 금지하도록 하는 정책을 실행하였다.[46] 아울러 정부는 재벌들을 압박하여 부동산에 투자된 자금을 애초에 이 자금의 대출목적이었던 사업목적으로 전환하도록 강제하고, 이후 다시 투기 혹은 부동산 시장에 진출하지 못하도록 하였다.

  그러나 낙후된 지배구조를 보완이라도 하여 내실화와 전문화를 유도하려 했던 노력은 별다른 효력을 거두지 못하였다. 대기업들의 외형규모는 1990년대 급팽창하여 1990년 96조7천억 원이었던 재벌그룹의 총 자산은 1992년 156조7천억으로 급격히 상승하고, 1994년에는 199조5천억, 그리고 1997년에는 348조4천억에 이르게 되었다. 한편 동 기간 이들 재벌들의 자본대비 부채비율은 자그마치 400% 수준이었다. 이와 더불어 독점 및 과점 등의 시장지배 문제도 여전히 기승을 부렸다. 1990년 135개의 시장에서 독과점적 시장지배특성이 보였고, 이들 중 80퍼센트는 재벌과 관계된 것이었다.

  전반적인 개혁노력에도 불구하고 해결되지 않은 문제들이 산재해 있었다. 재벌의 경우 은행 대신 비은행금융기관을 자금통로로 이용하는 데 박차를 가하고 있었는데, 생명보험회사·손해보험회사·투자신탁회사 및 종금사가 재벌들의 주요 자금원이 되었다. 대부분의 재벌들은 감독이나 규제의 사각지대가 되어버린 제2금융권에 대한 의존을 늘려 갔다. 제2금융권 기관들의 기업지배 구조는 여타 금융기관보다 더 부실한 상태였다. 1991년에 와서 이러한 비은행금융기관의 대출액은 30대 재벌 전체대출의 45퍼센트를 차지하였다.[47] 제2금융권에 대한 재벌들의 과다한 자금의존도는 추후 외환위기를 초래한 치명적인 원인 중의 하나로 작용하였다.[48]

---

46) 김광현, 재벌비호 불식투기봉쇄 "강권처방"/「5·8 특별대책」의 배경, 조선일보, 1990년 5월 9일, 3면.

47) Sakong Il, *Korea in the World Economy*(Washington: Institute for International Economics, 1993).

48) Hahm Joon-Ho, and Frederic S. Mishkin(2000), "The Korean Financial Crisis: An Asymmetrical Information Perspective?," *Emerging Markets Review* 1, p. 3.

II. 정주영의 대선출마 및 현대그룹의 기업지배구조

법의 지배시대가 과연 개막되었는지를 검토할 수 있는 대표적인 예로 1992년 대통령선거에 정주영 현대그룹회장이 출마한 것을 들 수 있다. 선거결과만을 놓고 볼 때 정회장은 전체투표권자의 16%의 표를 얻었으며, 2위와 격차가 있기는 했으나 총 3위를 차지하는 놀라운 성과를 얻었다. 여기서 가장 주목해야 할 점은 일개 재벌그룹의 회장이 자신이 대통령으로 출마해도 무방할 것이라고 판단한 사실 내지는 한국사회에 대하여 가진 자신감이었다. 일각에서는 대우그룹의 김우중회장도 당시 대선출마를 고려했었다는 후문이 있다고 보도되었다. 이러한 현상에 대하여 혹자는 1992년 정주영의 대선출마는 한국사회에서 민간부문이 공공부문에 비해 그만큼 강력해졌다는 것을 입증하는 예라고 평하였다.[49] 정회장은 대선에 실패하더라도 정치보복을 감당할 수 있으리라 장담하며 스스로를 과신했으리라 여겨진다. 한편 기업지배구조 차원에서 이 사건은 대주주인 정회장이 자신의 사익(私益)을 위하여 전체현대그룹의 모든 자원을 최대한으로 동원했을 것으로 추정되는 사례로 꼽힌다. 반면에 여당은 정권유지를 위해 명목적으로는 이러한 부당지원행위를 차단하기 위한 모든 합법적인 수단을 동원했다. 법의 지배를 통한 기업지배구조의 실현을 시도한 의미 있는 사례이다.

대선과정에서 정부 및 여당은 이들이 이용할 수 있는 모든 방법을 총동원하여 정주영회장이 현대그룹의 자금 및 자원을 그의 선거운동에 이용하지 못하도록 하였다. 뒤집어 볼 때 이 사건은 재벌그룹의 총수가 그룹의 상장사를 동원하여 비지배주주들에게 손해를 초래하면서까지 자신의 야망을 충족시킬 수 있었다는 것을 보여 준다. 현대그룹의 계열사들은 순순히 정주영지배주주의 부당내부 거래에 순응했으며, 아무도 이를 견제하거나 예방할 수 없었다.

정회장의 서울시장출마설 등 정계진출설이 회자되기 시작한 이후인 1991년 11월 국세청은 당시의 현대그룹조세감사 자료를 바탕으로 현대계열사에 대한 특별세무조사를 실시하였다. 이 조사결과 변칙적인 주식이동으로 1,361억 원의 벌금을 부과하였다고 발표하였다.[50] 이 사건은 현대그룹과 정회장일가가 이후 겪게 될 엄청

---

49) Yoon Dae Gyu, p. 415.
50) "현대추징세금 1,361억/정회장 96억, 2남 4백7억," 동아일보, 1991년 11월 1일, 1면. 1992년 1월 16일 발표에 따르면 현대그룹이 추가로 지급해야 하는 세금이 52억 원 감소되었다.

난 시련과 견제의 시작일 뿐이었다. 국세청의 결정에 따라 개인적으로 정회장이 96억 원, 차남 정몽구회장이 4백7억의 벌금 등을 부과받았다.

1992년 2월 10일 정주영회장은 통일국민당이라는 당을 세우고 대통령선거운동을 시작하였다. 이 후 3월 12일 이용만 재무부장관이 현대그룹의 정세영회장과 가진 면담에서 "현대그룹과 금융기관 사이에 정상적인 금융거래가 이루어지려면 현대그룹은 정주영씨 일가에 빌려 준 가지급금 2천4백83억 원도 조속히 회수해야 할 것"이라고 주의를 주었다고 보도되었다.[51] 이는 정부의 공개적인 경고였고, 단호한 의지를 반영하는 언급이었다. 그 이후 마치 각본처럼 현대그룹과 금융기관 사이의 정상적인 금융거래는 상당한 차질을 빚게 되었다.

현대일가에 대한 본격적인 조사는 4월부터 시작되었다. 1992년 한 해 동안 현대그룹계열사들의 주요 경영진들은 탈세를 목적으로 정주영의 주식을 비밀리에 소유하고 있었던 것에 대하여 조사를 받았다. 정주영일가는 부정한 방법으로 주식거래를 한 것에 대하여 주식거래위반으로 벌금을 부과받았다. 이 때 현대상선 및 정주영의 1대 후계자로 지목받았던 정몽헌 현대상선회장의 탈세 및 회계장부조작에 대한 국세청조사가 개시되었다. 뒤이어 정몽헌회장과 주요 임직원이 구속까지 되었으며, 6월에는 현대상선이 회사차원에서 포탈세추징금 284억 원을 자진납부하였고, 외환차입금 2천만 달러도 자진변제하였다.[52] 결국 1992년 8월 15일 정몽헌은 특정범죄가증처벌법상의 조세포탈 등의 위반으로 실형 3년에 집행유예 5년, 120억 원의 벌금 및 134억 원의 추징금을 선고받았고, 그 외에 임직원 7명이 유죄선고 받았다. 현대상선 자체도 100억 원의 벌금을 선고받았다.

현대그룹의 수난은 여기서 그치지 않았다. 위와 같은 어려운 상황에 처해 있는 상태에서 현대그룹의 계열사들은 직·간접 금융 및 자본공급원도 잃게 되었다. 한 예로 한국상장회사협의회의 유상증자조정위원회는 1991년 8월과 9월부터 현대정공과 현대종합목재가 각각 신청한 489억 원 및 198억 원의 유상증자 신청을 대량주식매각 및 증권관계법규위반 등의 사유로 장기간 받아들이지 않았다. 그 이후 대한알루미늄 등 타 현대계열사들의 유상증자도 공시위반 등으로 인하여 장기간 불

---

51) "현대그룹 정경분리/기업활동전념 촉구/이용만 재무, 정세영회장 면담," 조선일보, 1992년 3월 13일, 2면.

52) 박원재, "기업관행 '비자금' 불법선언/현대상선탈세 1심 판결의미," 동아일보, 1992년 8월 15일, 22면. 정몽헌회장은 이 수사를 문제 없이 넘겼으나 2003년 8월에 현대상선과 현대아산을 통하여 대북송금관련된 수사과정으로 인하여 결국 비극적인 종말을 맞는다.

허되었다. 결국 1991년 9월부터 1992년 12월 대한알루미늄의 유상증자가 허용될 때까지 현대계열사는 15개월 동안 유상증자가 불허되었다.[53] 비근한 예로 현대자동차의 1억5천만 불의 해외예탁증서 발행계획도 지속적인 요구에도 불구하고 10월이 되어서야 허용되었다.[54] 현대중공업 등 5개 계열사의 기업공개 신청도 장기간 거부되었다.[55]

채권은행도 압력을 받기는 마찬가지였다. 하나은행의 몇몇 주요 경영진은 1992년 2월에 현대석유화학에 300억 원 대출을 결정해 준 것에 대해서 추궁을 당했다. 같은 시기 재무부를 통해서 현대그룹의 주거래은행이었던 외환은행은 여신관리규정위반으로 금융제재를 가하여 현대에 부채 2,400억 원을 선지급토록 지시하였다. 현대그룹이 이런 요구사항을 제때에 지키지 못하게 되자, 외환은행은 이 선급금의 지불이 완료된 1992년 8월까지 추가대출을 동결하였다. 또한 현대그룹계열사들은 산업은행과 외환은행으로부터 비슷한 기간 동안 설비자금대출을 전혀 받지 못했다.

현대그룹의 인력을 대선운동에 동원한 것 역시 조사대상이 되었다. 노동부는 통일국민당에서 활동했던 구 현대자동차 및 현대중공업 직원들을 대거 조사하여 이들이 대선선거운동 전에 사표를 제출하고 퇴직금을 지급받았는지, 아니면 이들이 회사에서 단순휴가처리를 한 후 통일국민당에서 활동함으로써 선거법을 위반하였는지의 여부를 캐내었다. 현대그룹임원들도 역시 비슷한 선거법위반 여부로 조사를 당하였다.

대통령선거 이후 정주영회장과 현대그룹은 최종적으로 법적 심판이라는 마지막 고초를 감내해야 했다. 결국 정주영회장과 현대임직원 중 핵심간부는 공개적인 모욕과 법적 처벌을 감수해야만 했다. 검찰은 대통령선거법과 특별경제범죄가중처벌법을 위반한 혐의로 정주영회장과 현대그룹지원세력을 기소하게 되었다.[56] 이 사건을 담당했던 서울지방법원은 이들에게 유죄판결을 내리고, 정주영에게 현대중

---

53) "현대 유상증자 허용/대한알루미늄 62억… 15개월만에," 대한매일, 1992년 10월 1일, 7면. 그러나 기채조정협의회의 경우에는 1992년 3월 3일에 현대건설·고려산업개발·현대정공·현대전자·현대목재 5개사 모두 450억 원의 회사채발행을 승인하기도 했다. "현대 회사채발행 허용/4백50억/「정공」·「목재」유상증자도," 한국일보, 1992년 3월 4일, 8면.

54) "현대, 청와대소송 돌연 취하/공사비 체불관련," 경향신문, 1992년 10월 28일, 23면.

55) 김정훈, "정치보복으로 안 비춰지게 실형 피한 듯/정주영씨 집유선고 의미," 동아일보, 1994년 7월 12일, 29면.

56) 서울지방법원, 1993. 11. 11. 선고; 서울고등법원 1994. 7. 11. 선고; 대법원 1994. 8. 9. 선고 94 도 2326 판결(항소기각).

공업의 기업자금 433억 원을 선거운동으로 유용한 점 등 여러 가지 죄목을 들어 3년 실형을 선고하였다. 선거법위반이 대개 집행유예로 마무리되던 당시의 상황을 감안할 때, 이러한 실형선고는 법원의 이례적인 결정이었다. 그러나 정주영의 나이가 78세의 고령이었던 점을 감안하여 서울지방법원은 항소재판기간 동안 그를 불구속처리하였다. 항소심에서도 서울고등법원은 정주영에게 1심 때와 같은 3년형을 선고하였으나, 그의 나이와 '국가경제발전에의 기여도'를 감안하여 4년의 집행유예를 선고하였다. 이러한 사법심판과 공개적인 모욕을 겪고 난 후 1994년 8월 11일 김영삼대통령은 정주영회장 등을 사면하였다.

위와 같은 일련의 사건들은 정주영회장과 현대그룹 및 정치권에 도전하겠다는 다른 재벌그룹에게도 상당한 경종을 울리는 계기가 되었다. 정주영회장에 대한 기소부터가 그의 정치적 도전에 대한 직접적인 보복이 시작된 것이라고 해석할 수도 있으며, 선거 이후에 취해진 사법적 견제는 정치참여를 억제하는 수단으로 보는 시각도 있다. 또한 사회 전반에 넓게 나타났던 반응으로 재벌그룹의 총수가 정치적 권력까지 획득코자 하는 것은 지나친 오만으로 도저히 용납할 수 없다는 여론의 심판도 상당부분 작용했던 것으로 여겨진다.

Ⅲ. 기업지배구조와 법치주의의 변화

정주영회장의 대선출마를 둘러싼 일련의 과정은 기업지배구조상 국제기준과의 관계를 비교할 수 있는 대표적인 사례이다. OECD원칙에서 강조하는 주주의 권리보호, 주주의 동등한 대우, 기업지배구조에서 이해관계자의 역할, 공시와 투명성의 중요성, 이사회의 책임보장 등 크게 5가지 부문을 정주영의 대선출마와 현대그룹의 상황에 적용하면 법치주의의 정착에 따른 기업지배구조의 변화를 간파하는 데도움이 된다. 대선출마를 둘러싸고 세간에서 모든 감시에도 불구하고 당시 현대가 정회장을 지원하기 위하여 지배주주가 동원할 수 있는 모든 방법들을 주도면밀하고 조직적으로 활용하였다.

첫째, 원칙적으로 창업주인 정주영회장은 지배주주의 지위를 이용하여 인적·물적으로 현대그룹의 자원을 광범위하게 유용하여 자신의 사익추구를 위해 다른 주주의 권리를 침해하였다. 정부의 집요한 조사와 감시에도 불구하고 정주영회장의 대선출마가 가능했다는 사실은 당시 현대그룹의 기업지배 구조가 얼마나 낙후되었는지를 가늠하게 한다. 다른 대기업도 크게 다를 바 없었고, 아직도 용인되던 때라고 평가될 수 있다. 따라서 현대그룹주식을 소유한 일반주주는 권리도 보호받지 못하고 주주로서 차별을 받았다. 지배주주의 기업자금 유용으로 가장 큰 손해를 입은 비지배주주들은 정작 현대그룹계열사나 정주영회장을 상대로 아무런 법적 행동도 취하지 못하였다는 사실도 주목할 필요가 있다. 형사사건 이후에 대표소송제도 등을 통하여 민사상으로 손해배상을 청구한 주주도 없었다.

현대계열사의 이사들은 기업의 돈이 그룹총수의 개인사용을 위하여 부당하게 지원되는 것을 지켜 보고 있었을 뿐이었다. 즉 현대계열사이사들은 주주의 이익을 위해 일을 해야 한다는 이사의 충실의무를 태만한 것이다. 이사회의 견제와 균형기능이 작동하지 못하고, 여타 대기업같이 모든 의사결정이 총수의 선단식 의사결정 경영체제에 따라 이루어진 셈이다. 일부 개별이사들을 제외하면 기업이사는 회계부정과 기업자산 및 자원의 남용에도 불구하고 대부분 책임을 추궁당하지 않았으며, 특히나 주주는 기업이사를 대상으로 아무런 조치도 취하지 못했다.

지배주주의 권력남용을 억제하기 위한 정부의 다양한 법적 조치는 이례적으로 완강했다. 근본적으로 정부의 대응조치는 정치계에 도전하는 일개 그룹총수에 대한 정치적 보복으로 얼룩진 면도 있다고 인식되고 있다. 현대를 표적 삼아 편파적으로 법을 집행한 점에 대해서 정부는 분명히 비판의 대상이 될 수 있다. 그러나 법을 명백하게 위반한 현대그룹임직원과 정회장일가는 당연한 처벌대상임이 분명하다. 특히 기업지배구조와 관련되어 보장된 주주의 이익을 침해한 것과 관련해서는 두말할 나위가 없다. 또한 국제그룹사건과는 달리 법을 집행함에 있어 그 자체의 남용이나 월권은 없었던 것으로 보여진다. 그러나 정부의 철저한 감독에도 불구하고 지배주주가 분산된 비지배주주들의 이익을 침해하고 계열사들을 개인적 목적으로 이용하는 것을 방지하지 못하지는 않았다.

금융권에 대한 정부의 지나친 영향력은 여전히 해결되지 않은 과제였다. 산업은행부터 현대그룹관련 채권은행까지 모두 정부의 입김에 따라 움직였다. 이상만 재무부장관이 총선 이후 3월에 "현대그룹과 금융기관 사이에 정상적인 금융거래"가 이루어지려면 취해야 하는 조건을 운운하면서 한 발언은 당시 관치금융에 장악된 금융권의 취약한 지배구조실태를 확연히 보여 준다. 결국 금융권의 은행이나 금융회사의 이사회는 주주의 이익증대보다는 여전히 정부의 정치적 판단에 따라 의사결정을 하여야 했다.

또한 이 사건은 합법적으로 법의 지배에 따라 지배주주를 위한 계열사의 종속화를 견제하고, 무분별한 사업확장을 통제하며, 집중된 권력구조를 분산시키는 효과도 있었다고 평가된다. 반면에 주주에 의한 감독이나 감시와 더불어 기타 이해관계자의 감독이 여전히 부재한 점도 지적될 수 있다. 지배주주일가가 너무나 자연스럽게 휘둘러 왔던 경영권과 실제 소유지분 간의 차이는 대기업의 공통된 문제였다. 결과적으로 이 사건은 개인적 욕심을 성취하기 위해 관계사의 자원을 부당하게 지원받는 여타 재벌그룹총수들에게 정부가 취할 수 있는 모든 조치들을 보여 주었다. 요약컨대 정주영대선출마과정은 한국의 기업지배 구조가 이렇게 국제기준에 비추어 어느 정도인지를 측정할 수 있다는 면에서 의미가 있다.

제 5 절   국제기준과 법치주의 도입실패와 금융위기[57]

Ⅰ. 기업의 실패차원에서 본 금융위기

1997년 1월 한보그룹이 부도처리되면서 1985년 국제그룹의 파산 이후로 12년만에 한국의 대표적인 재벌그룹이 파산을 기록하였다.[58] 국제그룹 때와 달리 한보의 부도처리 과정에서 정부의 보조는 제한적이었으며, 정치권에 연계된 기업체에게 특혜를 주면서 계열사들이 매각처분되는 혐의도 찾기 힘들었다. 다시 말해서 한보그룹의 위기는 "전형적인 한국방식으로 해결되지 않았다"는 면이 돋보인다.[59] 그러나 한보사태 이후 기업들의 연쇄도산이 잇따라 야기되었고, 한보사태는 아시아전역에 불어 닥친 환란이 한국으로 전염(contagion)되는 데 도화선역할을 하게 되었다고 해도 과언이 아니다. 1997년 3월 삼미그룹, 4월 진로그룹, 10월 기아그룹 및 쌍방울그룹 그리고 11월 뉴코아그룹이 사슬처럼 줄줄이 파산하였다. 이런 식으로 한국 30대 재벌그룹의 절반이 갑작스러운 외환위기에 몰락하였다. 은행권에서는 제일은행, 조흥은행, 한일은행, 상업은행 그리고 서울은행 등이 이 과정에서 공적자금투입으로 국영화되었다. 그 동안 한국이 압축성장을 통해 이룩한 경제기적의

---

57) Kim Joongi(2003), "Legal Change in Post-Authoritarian South Korea," *The Review of Korean Studies* 6, p. 67 참조.

58) 이 밖에 대표적인 예로는 1992년 범양상선이 부도처리되기도 했다.

59) Graham, p. 102.

기반이 사실상 얼마나 허약했는지가 입증되었다.

기업 및 은행 부문의 이러한 붕괴현상은 당시의 이 회사들의 기업지배 구조가 얼마나 낙후되었는지를 보여 주었다. 그간 여러 차례의 위험신호가 있었음에도 불구하고 기업 및 은행의 의사결정이나 투명성을 확보하기 위한 효과적인 감독과 감시가 부족하였다. 또한 이를 담보할 적절한 견제와 균형 장치가 마련되지 않았던 것이다. 이사회·내부감사·회계감사 등이 제 기능을 못하고 대주주의 전횡 및 독주는 지속되었다. 정부의 지도와 안내에 따라 산업정책을 펼친 당시 한국대기업과 금융권의 복잡한 기업지배구조는 결국 내부적인 한계를 드러내고야 말았고, 외환위기라는 외부충격을 이겨 내지 못하고 붕괴한 것이다.

외환위기가 아시아를 강타하면서 단기자금과 간접금융에 의존하던 한국기업은 사활이 자금경색의 타개 여부에 달렸다. 기업어음의 회전율이 사실상 정지상태에 가까워져 단기자금의 경우 1997년 10월부터 12월 단 두 달 사이에 80%에서 30%로 급락하고 말았다.[60] 외채의 경우에는 1997년 3분기 동안 1,000억 달러에 이르렀던 외국은행들의 순민간대출금액은 같은 해 4분기에 마이너스 20%를 기록하고야 말았는데, 당시 총 1,090억 달러의 외채 중에서 3분의 2가 단기부채였다.[61] 끝으로 총 기업부채의 50%, 그리고 총 외채의 70%가 한국의 5대 재벌그룹에 집중된 것으로 집계되었다. 이러한 상황에서 한국통화에 대한 외환시장에서의 투기는 그칠 줄을 모르고, 한국은행의 방어노력은 전혀 효과를 거두지 못하였으며, 한국의 외환보유고는 바닥나고 말았다. 결국 1997년 12월 한때 개발경제학자들의 아낌없는 찬사를 받았던 한국은 국제통화기금, 세계은행 및 아시아개발은행 등이 제공한 583.5억 달러의 구제금융에 손을 벌리는 수치를 겪고야 말았다.[62]

외환위기의 실질적 시발점이 되었던 것으로 평가되는 한보그룹은 한때 재계서열 14대 재벌의 위치를 차지하기도 하였다. 당진시에 대규모의 철강공장을 신규설

---

60) Jwa Sung-hee and Huh Chan-guk, "Risk and Returns of Financial-Industrial Interactions: The Korean Experience. *KERI Working Paper* 9801(Seoul: Korea Economic Research Institute, 1998).

61) Irma Adelman and Song Byung-rak(1999), "The Korean Financial Crisis of 1997-1998," *CUDARE Working Paper,* Series No. 874(University of California at Berkeley, Department of Agricultural and Resource Economics and Policy); Noland, pp. 196-197.

62) 대통령경제수석인 김인호와 재경부장관 강경식은 금융위기에 대한 책임 여부 때문에 직무유기로 기소되어 재판을 받았으나, 서울지방법원과 서울고등법원에서 모두 무죄선고를 받는다. 강의 경우에는 진도그룹을 돕기 위해 채권은행들에게 압력을 행사한 것이 직권남용으로 인정되었다. 서울지방법원 1999. 8. 20. 선고 98 고합 504 판결 ; 서울고등법원 2002. 10. 17. 선고 99 노 2359 판결.

립코자 했던 한보 정태수회장의 야심찬 시도는 결국 한보의 패망을 부르는 치명적인 실책으로 작용하게 되었다. 한보그룹은 부도를 막기 위해 1996년 9월부터 1997년 2월 사이에만 국내 4개의 주요 상업은행으로부터 5,000억 원 이상의 금액을 지원받아야 했는데, 이미 1993년부터 1996년 기간 동안 한보그룹의 주채권은행인 제일은행은 1조8천억 원 이상을 한보철강에 대출한 위험한 상태였다. 따라서 1996년 6월에 한보그룹의 총 부채는 4조3천억 원에 이르렀으며, 그룹의 자본대비 부채비율은 자그마치 1,900퍼센트에 이르렀다.

1997년 2월 한보그룹의 파산으로 몇몇 국회의원, 제일은행 은행장 및 임직원, 정태수회장 및 친인척 등이 다같이 기소되었다. 집권중이었던 김영삼대통령의 아들 역시 정태수회장으로부터 뇌물을 수수한 죄로 처벌을 받았다. 정태수회장은 바로 1997년 12월 온 나라가 환란에 휩싸여 있을 때 대법원으로부터 횡령, 특별경제범죄가중처벌법 및 사기죄위반으로 15년 실형을 선고받았다.[63] 기소내용을 보면 정태수회장은 정치계와 은행계에 두루 뇌물을 제공하면서 이를 바탕으로 한보에 지속적으로 자금을 공급할 수 있었다. 정태수는 선고받은 실형 15년 중에서 5년 5개월을 장기복역하고, 2002년 6월에 형집행정지로 풀려 나와 2002년 12월에 사면·복권되었다.

한보로 제공된 1조 원 이상의 부실대출로 인해 제일은행 자체도 결국 공적자금투입으로 국영화되었고, 이후 구조조정과정에서 한국역사상 처음으로 외국인에게 넘어간 시중은행으로 기록되었다. 제일은행은행장을 포함한 이사 4명은 뇌물수수와 한보에 대한 부실대출제공으로 한국최초의 주주대표소송 대상이 되어 400억 원을 배상하라는 1심 선고를 받았다.[64] 한보그룹과 제일은행의 충격적인 부실로 인해 한국기업의 투명성이나 책임경영에 대한 신뢰는 붕괴되고, 기업지배구조측면에서 법의 지배의 중요성이 다시 한번 부각되었다. 앞서 언급된 국제그룹과 현대그룹의 경우처럼 한보그룹과 제일은행의 이사들 역시 회사를 점점 병들게 했던 무분별한 사업확장, 대책 없는 부채의존일변도 그리고 회계부정에 대한 감독역할을 제

---

63) 대법원 1997. 12. 26. 선고 97도2609 판결. 1998년 4월에 18개월의 형이 추가되었다. 서울지방법원 1998. 4. 20 판결. 1990년에는 수서지구 택지특혜분양사건으로 징역 3년, 집행유예 5년을 선고받은 정회장은 국가경제에 이바지한 공로를 인정받아 그 후 형집행정지를 선고받고, 1995년 노태우대통령 비자금사건 때 다시 구속되었다. "장병조 정태수 씨/상고포기 형확정/「수서비리」사건," 조선일보, 1991년 12월 15일, 18면.

64) 이강운·이호갑·부형권, "부실경영 책임 물었다/서울지법 판결," 동아일보, 1998년 7월 25일, 1면; 대법원 2002. 3. 12. 선고 2001도2064 판결.

대로 수행하지 않았다. 특히 제일은행의 경우는 무차별적인 부실대출관행을 방지하기 위하여 금융기관에 대한 엄격한 감독규제가 절실히 필요하다는 사실을 반증했다. 또한 한보사태가 국제그룹이나 정주영회장의 대선출마 때와는 구별되는 것은 한보사태는 금융권과 정치계로 이어지는 대형부조리이며, 이는 한국사회 전반에 막대한 영향을 미쳤다는 것이다.

Ⅱ. 한보사태를 통해서 본 기업지배구조와 국제기준과의 괴리

OECD원칙에서 강조하는 5가지 부문을 한보사태에 적용하면 한국 기업지배구조의 실상이 법의 지배에 따라 제대로 작동하지 못한 것과 국제기준에 여전히 접근하지 못한 현실을 발견할 수 있다. 낙후한 기업지배구조가 초래한 외환위기의 고통을 겪고 난 후 얻게 된 교훈들 중의 하나는 광범위한 법제도의 보완 및 개혁 수행의 절박성이다. 정부는 전반적으로 경제에 대한 통제력을 상실했을 뿐만 아니라 이 공백을 대체할 수 있는 바람직한 기업지배구조체제, 즉 시장규율에 따른 지배구조를 조성하지 못한 상황이었다. 재벌그룹 및 은행은 지배주주나 최고경영자의 과도한 행보에 의존한 나머지 환란일격에 붕괴되고 마는 허약한 기반을 가진 것이었다.

한보그룹과 제일은행 사건은 한국의 재벌그룹 및 금융기관의 지배구조가 매우 취약하고 제 기능을 못하고 있음을 다시 한번 보여 주었다. 한보그룹의 몰락을 보면 결과적으로 주주 및 기타 이해당사자의 권리를 제대로 보호하지 못하고, 기업경영과 이사회가 본연의 기능을 못한 점이 반복되었다. 다시 말하자면 이사회는 고유한 역할인 경영진감시 및 비지배주주의 보호의무를 다하지 못했다. 과거 국제그룹 및 현대그룹의 경우처럼 한보그룹과 제일은행의 이사회는 주주에 대한 충실의무수행면에서 완전실패한 경우라 할 수 있고, 여전히 충실의무에 대한 올바른 인식이 거의 부재했다. 제도집행 역시 매우 미미한 상태에 머물러 있었으며, 회계·감사·공시제도 등은 명맥만 유지하고 실효를 거두지 못하고 있었고, 한보그룹이 자행한 엄청난 규모의 분식회계를 예방하지 못하였다.

기업실패가 금융위기로 연결되자 더 이상 방치할 수 없다는 여론이 형성되면서 한국은 포괄적인 제도개혁을 통해 한국경제 전반을 대폭수술하였다. 은행, 금융 및 기업부문은 수술의 핵심대상이었고, 특히 지배구조에 초점이 공통적으로 맞춰졌다. 외환위기로 큰 고통을 겪으면서 한국국민들은 효과적인 기업지배구조가 얼마나 중요한지를 절실하게 통감하게 되었다. 기업파산·실업폭증·경제둔화·신뢰감상실·신용평가등급의 추락 등을 통해 무절제한 지배주주와 경영진의 불법행위에 따른 폐해를 직접 경험하였다. 한국 기업지배구조의 후진성이 외환위기의 원인을 제공한 주요 대상으로 지적되면서 국제기준의 필요성에 대한 이해가 증폭되었다. 그동안 국가권력에 대한 지나친 의존, 국제그룹의 파산 및 정주영대선출마의 과정을 통해 경험하였음에도 불구하고 미래의 위기에 대처하지 못하였다. 내부적인 기업지배구조와 외부적인 기업지배구조 등과 같은 광범위한 기업지배구조 체제를 수립하지 못하였고, 이로 인한 대가를 톡톡히 치렀다.

한국은 이후 탄탄한 기업지배구조를 위하여 필요한 강력한 이사회, 소수주주권확보, 회계의 투명성, 공정하고 시의적절한 공시 및 은행감독강화에 주력했다. 처음으로 대대적인 시장중심개혁이 이루어졌는데, 투자자권리의 강화, 감사위원회의 수립, 사외이사선임제도입, 경영권시장의 개방, 외국인의 소유규제 철폐, 회계기준의 보강, 공시의무의 강화, 그리고 효과적인 파산절차제정 등이 이에 포함된다. 회계제도개혁의 경우 대기업집단은 연결재무제표와 더불어 결합재무제표를 작성·제출토록 하여 재벌그룹들이 부실채무 및 우발채무를 은닉하지 못하도록 했다. 이러한 개혁은 OECD원칙과 일맥상통한다고 해도 과언이 아닌데, 은행, 금융 및 기업부문의 지배구조를 우선적으로 개선 및 강화하기 위한 시도들이었다.

이 중에서 가장 주목할 제도개혁 중의 하나는 이사 및 경영진의 주주에 대한 책임의식을 강화하기 위하여 소액주주권리행사시 요구되는 최소 주식보유지분을 현저하게 낮춘 점이다. 이의 일환으로 한국은 최초로 주주대표소송제가 활성화되었다. 주주에 의한 대표소송이 제기된 이후에야 비로소 위에 반복적으로 언급되었던 이사의 주주에 대한 충실의무에 실질적인 의미가 부여되었다. 다시 말하면 이사회는 견제 및 균형 기능을 할 수 있는 원동력이 생기게 되는 것이다. 적어도 명목적으로는 임원의 책임경영, 투명성 및 주주가치 극대화가 이사들의 인식범위 내에 자리잡기 시작하였고, 한국기업계에서 중요한 목표로 자리잡았다.

그러나 이 같은 개선노력에도 불구하고, 무분별한 기업지배구조가 불필요한 사업다각화를 초래했다는 주장에 따라 정부가 산업의 특화 및 집중을 촉진하기 위해 취했던 '빅딜'(big-deal) 정책은 납득하기 어려운 면모가 있다. 이 정책은 재벌그룹들로 하여금 각기 다른 산업분야에 있는 경쟁사를 서로 교환하게 하는 것이었다.

예를 들어 LG그룹은 그룹의 반도체사업을 현대그룹에 넘겼고, 삼성은 자동차사업을 대우에 넘기고 그 대신 대우의 전자사업을 받고자 하였다. 1998년 여름까지 빅딜협상이 특별한 성과를 보이지 않자, 정부는 빅딜협상추진을 가속시키기 위하여 압력을 행사하였다.[65) 결과적으로 빅딜정책은 개별기업이사들의 독립적인 의사결정에 대한 고려가 전혀 포함되지 않은 정책이었고, 기업지배구조의 핵심인 책임경영과 독립된 의사결정과 정면으로 상반되는 실책으로 보여진다.

제 6 절 결 론: 법의 지배와 기업지배구조 국제기준의 미래

비지배주주의 이익을 효과적으로 보호하지 못하는 무능한 이사회는 세계 어느 나라에서나 존재하기 마련이다. 이러한 문제는 사회·문화·법적 전통·경제수준을 막론하고 주식회사에 태생적으로 존재하는 문제이다. 본 장은 한국이 법치주의 정착과정에서 기업지배의 국제기준에 접근하여 왔는지를 단계적으로 점검하여 보았다. 대표적인 3개 대기업집단에 대한 사례분석을 통하여 본 장은 한국에서 점진적으로 법의 지배가 수립되어 왔으며, 기업지배구조면에서 국제기준에 근접하게 된 과정을 분석하여 보았다. 특히 OECD원칙에서 강조하는 주주의 권리보호, 주주의 동등한 대우, 이해관계자의 역할, 공시와 투명성, 이사회의 책임보장 등 크게 5가지 부문 등을 검토한 결과 한국은 이제 표면적으로나마 기업지배구조상의 국제기준에 상당히 접근했다고 보여진다. 이 법치주의정착과정에서 기업지배구조가 어떻게 형성되고 발전되었는지를 살펴보았다. 기업의 지배구조 차원에서 볼 때, 법치주의의 미비한 정착은 초기 경제성장과정에서 발생할 수 있는 자연스러운 결과로 간주될 수 있다.

기업지배구조상의 국제기준 이행에 있어서 한국이 상당한 진전을 보인 것은 두 말할 나위가 없다. 특히 제도적인 인프라의 구축이라는 면에서는 더욱 그러하다. 그러나 한국은 아직 가야 할 길이 멀다. 법적 개혁 및 시장경제의 정착면에서 볼 때 한국은 많은 발전을 이루었으나, 아직 국가권력의 자리를 시장규율 및 효율적인 견제와 균형으로 대체하지 못하고 있다. 미약한 법집행과 자생적 개혁을 달성

---

65) "정관재계 이렇게 본다/빅딜 좌담회," 동아일보, 1998년 6월 26일, 18면; 이규억, "재벌개혁과 빅딜정책의 평가와 과제," 한국국제경제학회 하계정책세미나(1999. 6. 18).

하지 못함으로써 외환위기와 같은 외부충격에 쉽게 붕괴되는 비극이 재발하지 않을까 우려된다. 미국과 유럽 같은 선진국에서 발생한 일련의 기업스캔들이 예시하는 바와 같이 투명성확보 및 투자자보호를 위한 제도개혁의 노력은 부단히 계속되어야 하며, 게을리하는 경우의 위험부담은 감당할 수 있는 수준을 넘는다. 한국의 기업지배 구조는 아직도 본연의 기능을 못하며 불투명하다는 인식으로 인해 한국의 증권시장은 대략 20% 이상 저평가되고 있다고 분석되고 있다.[66]

법치주의는 투명하고 공정한 절차와 법제도집행에서 시작된다. 이는 이제 국제기준임에 틀림없으며, 이 같은 법의 규율이 제대로 정착된 시장경제를 정착시키는 것이 무엇보다도 중요하다. 법치주의의 실현과 기업지배구조의 국제화를 통해서만 한국의 기업은 앞으로 닥치기 마련인 외부충격을 극복할 수 있는 경쟁력을 갖출 수 있다. 따라서 국제기준에 상응하는 기업지배구조의 실질적 구축이 한국기업들의 선진화를 위하여 절실히 요구된다.

참고문헌

〈한   글〉

곽영길, "한보 정태수, 그 야망의 세월," 월간조선 132(1991. 3), 168-185면.

권태균, "OECD 기업지배구조원칙 개정작업 현황과 전망," *OECD Focus*(KIEP, 2003년 9월호).

김석환, "국제그룹, 타살인가 자멸인가," 월간중앙 148(1988. 5), 280-291면.

김정렴, 한국경제정책 30년사(중앙일보사, 1990).

김진수, "권두칼럼: 한보그룹의 부도와 재벌의 자기혁신"(한국조세연구원, 1997. 5).

남상균, "「국제그룹」 해체 의 내막," 주간조선 61(1985. 4), 498-509면.

백운봉, "국제그룹, 왜 도산했나," 재경춘추 8(1985. 4), 14-22면.

신상민, "국제상사그룹의 붕괴," 신동아 307(1985. 4), 510-523면.

왕윤종·이성봉, "기업지배구조에 관한 OECD논의와 우리 경제에의 시사점," *Working Papers* 97-3(KIEP, 1997년 12월호).

유승민, "우리 나라 기업집단의 소유·경영구조와 정책대응," 한국개발연구 제14권 제 1 호(한국개발연구원, 1992).

---

66) Global Investor Opinion Survey: Key Findings, McKinsey & Company(July 2002).

윤영호, "한보그룹 정태수의 '도박'; 5조 원대 제철사업 성공할 것인가," 신동아 443 (1996.8), 412-421면.

이규억, "재벌개혁과 빅딜정책의 평가와 과제"(한국국제경제학회 하계정책세미나, 1999.6.18).

이동한 외, "정주영과 비자금수사," 월간조선 154(1993.1), 290-314면.

이성봉 · 이형근, "OECD 기업지배구조원칙의 제정과 한국경제에 대한 시사점"(KIEP, 1999.7).

이원식, "기업지배구조에 관한 OECD 논의동향과 향후과제," *OECD Focus*(KIEP, 2002년 11월호).

이재웅, "한보사태의 교훈," 세계경제지평 97-3(세계경제연구원, 1997).

이형근, "OECD의 아시아 기업지배구조백서의 주요 내용과 시사점," 월간 KIEP 세계경제(KIEP, 2003년 7월호).

조유식, "한보사태와 민주계의 비극," 월간말지 통권 제129호(1997).

지 청, "기업성장의 허실: 한보사태에서 얻는 교훈," 세계경제지평 97-5(세계경제연구원, 1997).

차동세 · 김광석, 한국경제반세기: 역사적 평가와 21세기 비전(한국개발연구원, 1995).

최영훈 · 이세정, "국제그룹의 생과 사," 신동아 408(1993.9), 496-509면.

최윤경, "공직부패의 네트워크적 분석: 한보사례를 중심으로," 학위논문(석사): 행정학(서울: 서울대학교 행정대학원, 2001.2).

최장원, "사법처리의 정치학개혁의 제물—정주영; 현대 비자금수사의 역사적 의미," 월간조선 155(1993.2), 176-187면.

한유림, 국제그룹 양정모와 제5공화국(서울: 유정출판, 1993).

허 영, "공권력에 의한 국제그룹해체의 위법성," 판례월보 280, 16(1994).

허 영 · 전광석, 판례헌법, 신조사(2002).

"시장경제창달의 발자취: 공정거래 20년사," 공정거래위원회(2001).

"특집/대한민국인가 한보공화국인가 1: 추적/한보사태의 전말—정태수와 그의 친구들의 나라," 최용범, 사회평론 길(1997.3).

"특집/대한민국인가 한보공화국인가 2: 의혹의 인물/대통령의 아들 김현철—난 무관하다로 끝날 수 없는 이유," 홍승기, 사회평론 길(1997.3).

"특집/대한민국인가 한보공화국인가 3: 르포/다큐멘터리 연출자가 본 태백—한보유탄에 쓰러지다," 지원준, 사회평론 길(1997.3).

"특집/대한민국인가 한보공화국인가 5: 최악의 시나리오를 막아라," 홍승기, 사회평론 길(1997.3).

〈영 문〉

Adelman, Irma and Song Byung-rak, ed.(1999), *Visible and Invisible Hand: The Economic Development of Korea.*

Amsden, Alice(1989), *Asia's Next Giant: South Korea and Late Industrialization* (New York: Oxford University Press).

Arye Bebchuk, Lucian and Roe, Mark J.(1999), "A Theory of Path Dependence in Corporate Ownership and Governance," *Stanford Law Review* 52, p. 127.

Balino, Tomas J. T., & Ubide, Angel(1999), "The Korean Financial Crisis of 1997- A Strategy of Financial Sector Reform," *International Monetary Fund Working Paper,* No. WP/99/28.

Black, Bernard, *et al.*(2001), "Corporate Governance in Korea at the Millennium," *Journal of Corporation Law* 26, p. 537.

Coffee, John C.(1999), "The Future as History: The Prospects for Global Convergence in Corporate Governance and Its Implications," *Northwestern University Law Review* 93, p. 641.

Coffee, John C.(2001), "The Rise of Dispersed Ownership: The Roles of Law and The State in the Separation of Ownership and Control," *Yale Law Journal* 111, p. 1.

Dae Gyu, Yoon(1995), "New Developments in Korean Constitutionalism: Changes and Prospects," *Pacific Rim Law and Policy Journal* 4, p. 413.

Graham, Edward M.(2003), *Reforming Korea's Industrial Conglomerates*(Washington, D. C.: Institute for International Economics).

Hansmann, Henry and Kraakman, Reinier(2001), "The End of History of Corporate Law," *Georgetown Law Journal* 89, p. 439.

Hasung, Jang(2000), "An Analysis of the Effects of Corporate Restructuring after the Economic Crisis," Korea University, mimeo.

Il, Sakong(1993), *Korea in the World Economy*(Washington: Institute for International Economics).

Joon-Ho, Hahm, and Mishkin, Frederic S.(2000), "The Korean Financial Crisis: An Asymmetrical Information Perspective?," *Emerging Markets Review* 1, p. 3.

Jones, Leroy P., and Sakong Il(1980), *Government, Business, and Entrepreneurship in Economic Development: The Korean Case*(Cambridge, MA: Harvard University Press).

Joongi, Kim(2003), "Legal Change in Post-Authoritarian South Korea," *The Review of Korean Studies* 6, p. 67.

Joongi, Kim(2000), "Recent Amendments to Korea's Commercial Code and Its Effect on International Competition," *University of Pennsylvania International Economic Law Journal* 21, p. 273.

Kon Sik, Kim & Kim Joongi(2003), "Revamping Fiduciary Duties in Korea: Promise and Pitfalls," Milhaupt, Curtis(ed.), *Global Markets, Domestic Institutions: Corporate Law and Governance in New Era of Cross-Border Deals*(Columbia University Press).

La Porta, Rafael, *et al.*(1999), "Corporate Ownership Around the World," *Journal of Finance* 54, p. 471.

La Porta, Rafael, *et al.*(1998), "Law and Finance," *Journal of Political Economy* 106, p. 113.

Milhaupt, Curtis J.(1998), "Property Rights in Firms," *Virginia Law Review* 84, p. 1145.

Noland, Marcus(2000), *Avoiding the Apocalypse: The Future of the Two Koreas* (Washington, D.C.: Institute for International Economics).

Randall, Thomas(1996), "Improving Shareholder Monitoring of Corporate Management by Expanding Statutory Access to Information," *Arizona Law Review* 38, p. 394.

Soon, Cho(1994), *The Dynamics of Korean Economic Development*(Washington: Institute for International Economics).

Sung-hee, Jwa, and Huh Chan-guk(1998), "Risk and Returns of Financial-Industrial Interactions: The Korean Experience," *KERI Working Paper* 9801(Seoul: Korea Economic Research Institute).

Schopf, James(2001), "An Explanation for the End of Political Bank Robbery in the Republic of Korea," *Asian Survey* 41, p. 5.

Stone, Andrew, *et al.*(1998), *The Business Environment and Corporate Governance: Strengthening Incentives for Private Sector Performance*, World Bank.

[영문초록]

Global Standards of Corporate Governance and Their Influence on the Rule of Law in Korea

Joongi Kim*

This study will seek to research the potential emergence of global standards in terms of corporate governance. It will review whether such global standards are in fact developing in the corporate sector and, if so, what type of standards can be anticipated in the future. Thereafter it will discuss how corporate governance in Korea has been influenced in terms of these potentially converging international standards. It will review the various regulatory developments in terms of hard law and soft law and ultimately the market practices that have taken place in the post financial crisis period. Various case studies will be developed in depth to put this analysis into perspective. In the end, this study will seek to determine what type of rule of law system has emerged in terms of corporate governance in Korea.

* Professor of Law, Yonsei University, Graduate School of International Studies.

제 **4** 장

국제기준에 비추어 본 한국의 영장제도

국제기준에 비추어 본 한국의 영장제도

신　동　운*

제1절　서　론

　　한국의 형사절차에서 문제되는 것이 적지 않지만, 그 중에서도 특히 시급을 요하는 것이 영장주의의 확립이다. 영장주의라 함은 체포·구속·압수·수색 등의 강제수사를 함에 있어서 법관이 발부한 영장을 상대방에게 제시하여야 한다는 원칙이다(헌법 제12조 제3항).[1] 뒤집어서 말한다면 법관이 발부한 영장을 제시하지 않는 한 누구든지 체포·구속·압수·수색을 당하지 않는다는 법적 보장책이 영장주의이다. 이를 위해서는 직무활동과 신분이 헌법에 의하여 보장되고 있는 법관(헌법 제103조·제106조)의 영장판단이 필수적이고 핵심적이다.

　　우리 헌법은 영장주의를 국민의 기본권으로 규정하면서 단순히 형식적으로 법관의 영장을 요한다는 차원을 넘어서서 영장주의의 실질적 지도원리를 적법절차에서 구해 오도록 규정하고 있다(헌법 제12조 제3항). 우리 헌법은 한 걸음 더 나아가 영장주의의 실질적 담보를 위하여 단순히 사법권의 독립이 보장된 법관에 의한 영장발부를 규정할 뿐만 아니라 수사절차에 있어서 절차의 주재자인 검사로 하여금 영장을 청구하도록 요구하고 있다(헌법 제12조 제3항).[2] 이것은 준사법기관인 검사를 영장발부절차에 관

＊ 서울대학교 법과대학 교수.
1) 자세한 내용은 신동운, 형사소송법 Ⅰ(제2판, 1997), 120면 이하 참조.
2) 제3공화국헌법에 의하여 1962년도에 검사의 영장청구권이 헌법에 규정되었다. 이 개정은 사경의 법관에 대한 체포영장청구의 가능성을 헌법적으로 봉쇄한다는 의미도 갖는다. 이에 관하여는

여시킴으로써 이중의 인권보호 장치를 강구하고자 하는 취지에서 비롯된 것이라고 생각된다.

　　그런데 2002년 10월 26일 서울지검에서 수사를 받던 피의자가 고문에 의하여 사망하는 사건이 발생하였다.[3] 지금까지 대부분의 강압수사가 경찰단계에서 빚어졌던 것에 대하여, 이번의 고문치사 사건은 검찰단계, 그것도 검찰의 심장부라고 할 수 있는 서울지검에서 일어났다는 점에서 실로 충격적이었다. 이와 관련하여 한국의 형사절차에서 고문이 근절되지 않는 이유가 무엇인가를 둘러싸고 여러 가지 논의가 전개되었고, 급기야 법무부는 형사소송법개정안을 내어 놓기에 이르렀다. 그러나 그 개정안의 내용은 변호인에게 검사의 피의자신문에 참여하는 권리를 인정하는 것 이외에는 오히려 검찰측에 유리한 사항들로 채워져 있다. 즉 법무부개정안은 지금까지 검찰측에서 숙원사항으로 여기고 있던 참고인구인제도나 허위진술죄의 도입을 골자로 하는 것이어서 기성 법조계와 학계 및 시민사회 등 각계의 강력한 반발에 직면하고 있다.[4]

　　저자는 2002년 말의 서울지검고문치사사건을 바라보면서 이 불행한 사건의 발생요인 가운데 주요한 것의 하나로 영장제도의 불비를 꼽고자 한다. 이 사건의 경위를 보면 별건으로 피의자를 긴급체포하여 본건에 관하여 수사하던 중에 피의자에 대한 고문과 그로 인한 사망이 일어났기 때문이다.[5]

　　현재 긴급체포는 법관의 사후영장도 없는 상황에서 사실상 수사기관의 재량판단에 의하여 행해지고 있다. 형사소송법 제200조의3은 긴급체포의 요건으로 (1) 피의자가 사형·무기 또는 장기 3년 이상의 징역이나 금고에 해당하는 죄를 범하였다고 의심할 만한 상당한 이유가 있고, (2) 도주 또는 증거인멸의 우려가 있으며(구속사유), (3) 피의자를 우연히 발견한 경우 등과 같이 체포영장을 발부받을 시간적 여유가 없다(긴급체포의 필요성)는 세 가지 요건을 규정하고 있다. 그러나 대부분의

　　신동운, "영장실질심사제도의 실시와 영장주의의 새로운 전개," 새로운 인신구속제도 연구(법원행정처, 1996), 42면 이하 참조.

　3) 사건의 자세한 경과에 대해서는 2003. 2. 24. 02직인2, 02진인1882, 1889, 1891, 국가인권위원회공보 제 2 호(2003. 4. 15), 101면 이하 참조.

　4) 예컨대 국가인권위원회의 의견에 관해서는 국가인권위원회, 국가인권위원회공보 제 2 호(2003. 4. 15), 14면 이하 참조.

　5) 국가인권위원회는 이 사건에 대하여 불법체포·감금죄(형법 제124조) 및 직권남용죄(형법 제123조)로 관련자들을 검찰총장에게 고소하였다. 그러나 검찰측은 이 고발사건에 대하여 불기소처분을 내렸으며, 이에 국가인권위원회는 검찰항고를 제기하였으나, 이 역시도 기각되어 2003년 10월 말 현재 검찰재항고가 제기된 상태이다.

주요 형사사건의 법정형이 장기 3년 이상의 징역이나 금고로 규정되어 있어서 첫
번째 요건은 형사실무상 별다른 규제의 실효성이 없다. 구속사유와 긴급체포의 필
요성은 의문의 여지 없이 법적 판단의 영역에 속한다. 그렇지만 현행 형사소송법의
규율체계 하에서는 긴급체포된 피의자에 대하여 구속영장이 청구될 때 비로소 법
관의 심사가 행해진다(형사소송법 제201조 이하). 이에 반하여 긴급체포된 피의자를 석방하는 경우
에는 법관의 통제가 전무하다. 시민들의 눈에는 현행 실무가 수사기관이 재량판단
으로 피의자를 긴급체포한 다음, 범죄혐의가 중대하여 '긴급하게' 체포하였음에도
불구하고 크게 은전을 베풀어 자신의 권한으로 석방하는 것처럼 비춰진다.

긴급체포제도는 1995년 말 형사소송법이 개정되면서 종전의 긴급구속제도에
갈음하여 도입된 것이다. 그러나 엄밀히 말하자면 긴급체포는 긴급구속의 대체물이
아니다. 1995년 말 형사소송법의 개정시에 우리 입법자는 헌법 제12조 제 3 항이
'체포'를 구속·압수·수색과 함께 영장주의의 규율대상으로 규정하고 있음에 착안
하여 체포영장제도를 도입하였다. 이 제도는 종래 수사기관이 사실상 반강제적인
동의에 기초하여 임의동행이라는 명목 하에 피의자의 신병을 수사관서에 인치하던
편법을 배제하면서 초동수사단계에서의 효율적 수사를 위하여 법률의 테두리 내에
서 체포의 권한을 수사기관에 부여하고자 한 것이었다.[6] 그러나 이제 체포영장제
도는 사실상 그 기능을 거의 상실하였다. 실무의 통계에 비추어 보면 체포영장에
의한 체포의 수치는 긴급체포의 그것에 비하여 볼 때 10분의 1도 채 되지 않는다.[7]
체포영장은 실무상 기소중지자에 대한 지명수배장 정도의 기능밖에 하지 못한다.
모처럼 입법자가 도입한 체포영장제도는 실무편의에 집착하는 수사기관의 타성 때
문에 그 기능을 상실해 가고 있다. 법의 테두리 내에서 제도를 운영하기 위해서는
제도의 일탈 여부를 감시하는 제 3 의 기관이 확립되지 않으면 안 된다. 현재는 이
와 같은 견제장치의 불비 때문에 수사기관의 편의적인 긴급체포가 남용되고 있다.

우리 나라는 1990년 4월 10일 「시민적 및 정치적 권리에 관한 국제규약」(소위
국제인권규약 B규약)에 가입하였고, 이 규약은 같은 해 7월 10일 국내법적으로 효
력이 발생하였다.[8] 우리 나라가 국제사회에 준수를 약속한 이 국제인권규약 B규약

---

6) 법제사법위원회, 형사소송법중개정법률안 심사보고서(1995. 12), (유인물), 2 및 9면 참조.
7) 예컨대 2000년도 서울지검에서의 피의자체포 현황을 보면, 체포영장에 의한 체포가 1,086건이었
음에 대하여 긴급체포는 20,829건이었다. 자세한 수치는 전게 국가인권위원회공보 제 2 호, 116면
참조.
8) 황정근, "임의적 영장실질심사제의 국제법적 조명," 인신구속과 인권(1999), 54면 이하 참조.
국제인권규약 B규약의 조문에 대해서는 정인섭, 국제인권조약집(2000), 41면 이하; 국가인권위원

제 9 조 제 3 항은 영장주의와 관련하여 "형사상의 죄의 혐의로 체포되거나 또는 억류된 사람은 법관 또는 법률에 의하여 사법권을 행사할 권한을 부여받은 기타 관헌에게 신속히 회부되어야 [한다]"는 조항을 두고 있다. 이 조문은 인권침해가 일어나기 쉬운 초동수사단계에서 인신구속에 대한 법관의 사법심사를 가능하게 하기 위하여 마련된 것이다. 그런데 국제인권규약의 이 조문은 한국의 형사사법 절차에 아직 적용되지 않는다.

　　서울지검 고문치사사건에서 만일 피의자가 국제인권규약 B규약 제 9 조 제 3 항에 따라서 긴급체포된 후 신속히 법관의 면전에 인치되었더라면 그렇게 수치스럽고도 불행한 일은 일어나지 않았을 것이다. 법관에의 인치를 염두에 둔 수사관이 그토록 비인도적인 고문을 자행할 리 없었을 것이기 때문이다. 서울지검 고문치사사건을 바라보면서 확인할 수 있는 것은 입법자가 아무리 좋은 제도를 도입하거나 그 준수를 국제사회에 약속하였다고 하더라도 실무측에서는 제도를 최대한 자신들의 편의에 맞도록 운용하고자 한다는 사실이다. 조그마한 틈이라도 엿보이면, 그 틈새는 어느 사이에 원칙으로 변질해 버리는 것이 실무의 특성이라고 할 수 있다. 이러한 실무적 특성을 솔직하게 인정하면서 우리는 인신구속과 관련하여 한국의 영장제도가 안고 있는 여러 가지 문제점들을 점검하고, 그에 대한 대비책을 정밀하게 수립해야 할 필요성을 느끼게 되는 것이다.

제 2 절　영장주의의 연혁소묘

I. 일제와 영장주의의 배제

　　우리는 일제시대에 들어와서 본격적으로 근대적 형사재판제도를 경험하였다. 그러나 불행하게도 일제의 형사사법제도는 서구의 자유민주주의적 형사절차가 아니라 식민지의 절대적 통제를 위한 식민지형 절차이었다. 국권을 상실한 상황에서 절대적 지배를 추구하는 식민지형 형사재판제도를 강요받음으로써 우리는 근대 형사재판제도의 첫걸음 단계에서부터 형사재판의 심각한 왜곡을 경험하지 않으면 안되었다. 그리고 식민지형 형사사법의 뿌리깊은 폐해는 오늘날에까지도 어두운 그림

회, 국제인권조약 국내이행자료집 제 2 권(2002), 1면 이하 각 참조.

자를 짙게 드리우고 있다. 시민의 자유와 권리를 최대한 보장하는 새로운 형사절차
의 수립은 바로 일제식민지형 형사사법의 폐해를 확인하고 이를 극복하는 작업에
서 시작하지 않으면 안 된다.9)

일제는 1910년 한일합방 이후 약간의 준비기를 거쳐 1912년에 본격적인 식민
지형 형사사법조직을 구축하였다. 일제의 형사사법은 세 가지 법령을 근거로 하는
데, 그것은 조선형사령 · 범죄즉결례 · 조선태형령이었다.10) 입법기구가 없는 식민
지에서 법령은 조선총독이 발하는 제령(制令)의 형식으로 제정되었다. 조선형사령
은 조선총독의 제령으로서 일본의 형법 · 형사소송법 등을 식민지조선에 의용(依
用)하도록 하는 근거법령이었다. 그러나 조선형사령은 단순히 의용의 근거만 제공
하는 법령은 아니었다. 조선형사령은 소위 식민지의 특수사정에 부응한다는 미명
하에 근대형사절차의 대원칙을 여러 가지 측면에서 훼손하였다. 그 가운데에서도
가장 현저한 것이 영장제도의 배제이었다.

조선형사령 제12조에 의하면 검사는 자신의 고유권한으로 피의자를 20일간 구
류(勾留)할 수 있었다. 이 경우 구류(勾留)란 지금의 구속(拘束)에 해당하는 강제
처분이었다. 나아가 조선형사령 제12조는 일제의 사법경찰관에게 피의자를 14일간
유치(留置)할 수 있는 권한을 부여하였다.11) 주목할 것은 이 유치권이 일제의 사법
경찰관에게 고유의 권한으로 부여되었다는 사실이다. 당시 일본에서 시행되던 형사
소송법에 의하면 수사절차에 있어서 강제처분의 권한은 원칙적으로 예심판사에게
속해 있었다. 일본에서는 일본 형사소송법에 따라 사법경찰관은 현행범의 경우에
한하여, 검사는 소위 요급사건이라는 다소 확장된 범위의 사건에 대하여 원래 예심
판사에 속해 있던 강제처분권을 예외적으로 행사할 수 있었을 뿐이다.12)

그러나 식민지조선에서는 검사뿐만 아니라 사법경찰관까지도 일본에서의 예심
판사에 준하는 강제처분권을 가지고 있었다. 일제수사기관의 강제처분권은 구류 ·

9) 우리 나라에 있어서 영장주의의 연혁에 관하여는 신동운, "영장실질심사제도의 실시와 영장주의
의 새로운 전개," 15면 이하; 문성도, "영장주의의 도입과 형성에 관한 연구—1954년 형사소송법
의 성립을 중심으로—," 서울대학교 박사학위논문(2001. 2) 참조.
10) 일제의 형사절차에 관해서는 신동운, "일제 하의 형사절차에 관한 연구," 박병호교수환갑기념
(Ⅱ) 한국법사학논총(1991), 401면 이하 참조.
11) 3·1운동 이후 일제는 검사의 구류(勾留) 기간 및 사법경찰관의 유치기간은 각각 10일로 단축
하였다. 일제수사기관의 인신구속 권한에 관하여는 신동운, "영장실질심사제도의 실시와 영장주의
의 새로운 전개," 21면 이하 참조.
12) 일제의 예심제도에 관해서는 신동운, "일제 하의 예심제도에 관하여—그 제도적 기능을 중심으
로—," 서울대학교 법학 제27권 제1호(1986.4), 149면 이하 참조.

유치・압수・수색・증인(참고인) 신문・감정 등 실로 모든 분야에 걸쳐 있었다. 일
제수사기관의 독자적인 강제처분권 가운데 가장 강렬한 것은 역시 구류와 유치로
지칭되는 인신구속의 권한이었다. 수사기관이 고유권한으로 인신구속권을 가지고
있었던 것이다.[13] 이러한 형사사법체계는 신분과 직무활동의 독립성이 헌법직으로
담보된 법관만이 영장을 발부할 수 있다는 근대형사재판의 대원칙을 근본에서 배
제한 것으로서 국권을 상실한 식민지에서나 찾아볼 수 있는 형사법의 본질적 왜곡
이었던 것이다.

Ⅱ. 일제의 조서재판과 고문

일제 하에 빚어졌던 형사재판의 왜곡은 비단 영장주의의 배제에 한정되는 것
은 아니었다. 일제는 범죄즉결례를 규정하여 1월 이하의 징역이나 벌금에 처할 사
건의 경우에 헌병・경찰이 수사와 재판 및 형집행을 한꺼번에 행할 수 있도록 하
였다. 소위 경미한 사건을 검사나 법관을 개입시키지 않고 독자적 판단 하에 '즉결'
로 처결하도록 한 것이었다. 그런데 소위 '즉결'에 의할 범죄는 일정한 경찰법령위
반 등에 국한되는 것이 아니라 '1월 이하의 징역이나 벌금에 처할'범죄로 그 범위
가 설정되어 있었다. 소위 '선고형'을 기준으로 범죄즉결례의 적용대상이 결정되었
던 것이다. 이러한 상황에서 일제는 다시 식민지 조선인들에게만 태형을 부과할 수
있도록 한 조선태형령(朝鮮笞刑令)을 매개로 삼아 벌금이나 과료를 선고할 경우에
이를 신체형인 태형(笞刑)으로 환형처분할 수 있도록 하였다.[14] 그 결과 일제의 헌
병・경찰관서에서는 수사・재판・형선고를 거쳐서 환형처분에 의한 태형의 집행이
라는 일관작업이 수행되었다. 신체형으로 형벌이 집행되는 비인도적 형사사법은 국
권을 상실한 우리 민족이 지불하지 않으면 아니 되었던 치욕의 대가이었다. 일제가
한일합방 초기에 실시하였던 소위 무단정치(武斷政治)는 바로 태형에 의하여 형벌
이 실현되는 전근대적・비인도적인 형사법령체계의 뒷받침에 의하여 비로소 가능

---

13) 이 당시의 상황을 증언하는 글로 원로법조인 고재호의 회고담이 있다. 아래에 일부를 옮겨 본다.
　　"(전략) 그 시절 형사소송법에서는 인신구속에 관한 영장제도가 없어 검사가 일단 구류장(勾留
狀)을 발부하면 구속할 수 있었고 2개월마다 구류장을 갱신함으로써 무기한 구속할 수 있었다.
그 때문에 일정 때 우리 독립운동가가 장기간 옥중에서 고생했던 것이다. 그만큼 검사의 권한이
대단했던 것인데 (후략)." 고재호, 법조반백년─고재호회고록─(1985), 165면.
14) 일제 하의 감옥상황 및 태형을 생생하게 묘사한 작품으로 소설가 김동인이 1920년에 발표한 작
품 "태형"이 있다. 김동인, "태형," 김동인전집 5(삼중당, 1976), 129면 이하 참조.

한 것이었다.

식민지 조선사람에게만 신체형을 과할 수 있도록 하였던 조선태형령은 1919년 3 · 1독립만세운동이 있은 후 일제가 표방한 소위 문화정치의 일환으로 폐지되었다. 그러나 수사기관에서의 비인도적인 매질이 사라진 것은 아니었다. 합법적인 태형은 폐지되었으나 수사관서에서의 매질은 이제 고문의 형태로 은밀하게 행해지게 되었다.

조선형사령이 의용한 당시의 일본 형사소송법에 의하면 각종의 서류는 원칙적으로 증거능력이 부정되었다. 소위 직접심리주의를 원칙으로 천명한 것이었다. 그러나 이에 대한 예외로서 '법령에 의하여 작성된 조서'는 아무런 제약조건 없이 절대적으로 증거능력이 인정되었다($\substack{\text{의용형사소송법} \\ \text{제343조 참조}}$). 현행 형사소송법 제311조에서 규정한 법관의 조서에 상응하는 증거능력이 부여되었던 것이다. '조서'란 공무원이 법령에 기하여 일정한 형식을 갖추어서 작성한 서류를 말한다. 당시 일본의 경우 조서작성의 근거가 되는 법령은 엄격히 제한되어 있었다.[15]

그러나 식민지조선으로 오면 사정은 크게 달라지게 되었다. 조서작성의 근거법령으로 조선형사령이 있었기 때문이었다. 조선형사령 제12조는 일제의 수사기관에 각종의 강제수사권을 부여하였다. 일제의 검사나 사법경찰관이 강제수사권을 행사하면서 작성한 조서($\substack{\text{의용형사소송법} \\ \text{제56조 참조}}$)는 의용된 일본 형사소송법이 규정하는바, 소위 법령에 의하여 작성된 조서가 되었다. 그리고 수사기관이 이 조서에 피의자의 자백을 기재해 넣기만 하면 법관면전에서 작성된 조서와 마찬가지로 절대적 증거능력을 인정받았던 것이다.

이와 같은 식민지형 법령체계를 배경으로 하면서 일제의 수사기관은 절대적 증거능력이 인정되는 자신들의 조서에 자백을 기재해 넣는 것이 최대의 관심사가 되었다. 자신들의 조서에 자백이 기재되기만 하면 수사기관은 별도의 물증을 확보할 필요가 전혀 없었던 것이다. 그 결과 일제의 수사실무는 자백편중의 그것이 되었고, 이 과정에서 자백을 얻기 위한 고문이 횡행하게 되었다. 그리고 그 고문의 원류는 식민지 초기에 합법적으로 시행되었던 태형에 있었음은 두 말할 필요가 없다. 영장제도의 배제를 통한 수사기관의 고유한 강제처분권, 법령에 기한 조서의

---

15) 일제 하의 조서재판과 오늘날 검사작성 피의자신문조서의 증거능력과의 관계에 대해서는 신동운, "공판절차에 있어서 피고인의 방어권보장—수사기록의 열람등사권 확보를 중심으로," 서울대학교 법학 제44권 제 1 호(2003. 3), 141면 이하 참조.

절대적 증거능력, 고문을 통한 자백의 획득, 이 세 가지가 일제형사절차의 근본적 특징이었다. 그리하여 영장 없이 피의자의 신병을 확보하고, 고문을 통하여 자백을 획득한 다음 이를 자백조서로 기재해 놓는 일제의 중세기적 수사관행이 구축되었던 것이다. 그러므로 이와 같이 어두운 식민지형사사법의 잔재를 어떻게 극복할 것인가 하는 점이 이후 한국형사사법이 직면한 절대절명의 과제가 되지 않을 수 없었다. 영장주의의 확립, 고문의 근절, 수사기관작성조서의 증거능력 제한이 한국형사사법의 최대과제로 등장하는 것은 극히 당연스러운 일이다.

Ⅲ. 미군정 하의 영장주의도입

1945년 8월 15일 마침내 우리 민족은 일제의 압제로부터 해방되었다. 남한에 진주한 미군은 군정(軍政) 초기에 대표적인 일제의 악법들을 폐지하였는데, 그 가운데에는 범죄즉결례도 들어 있었다. 그러나 조선형사령과 그에 근거한 각종의 형사법령은 폐지되지 아니한 법령들로서 여전히 효력을 유지하고 있었다.[16] 그 결과 영장주의를 배제한 조선형사령 제12조도 여전히 효력을 가지고 있었다.

1948년 국제연합이 남한에 한하여 UN감시 하에 총선거를 치르기로 결의함에 따라서 UN선거감시단이 내한하게 되었다. 선거감시란 선거의 자유로운 분위기를 보장하고 투·개표의 공정성을 감시하는 것을 의미한다. UN선거감시단은 선거의 자유로운 분위기를 점검하게 되었는데, 그 시금석의 하나는 신체의 자유가 어느 정도로 강력하게 보장되는가 하는 것이었다. 이와 관련하여 미군정당국은 1948년 3월 20일에 미군정법령 제176호로서 "형사소송법의 개정"이라는 법령을 공포하였고, 이 법령은 동년 4월 1일을 기하여 시행되었다. 미군정법령 제176호 "형사소송법의 개정"은 미군정의 법률고문들에 의하여 추진된 것으로서, 우리의 형사사법사상 한국의 형사사법제도가 영미식 형사사법제도와 직접 접목되어 이루어진 소산이라는 점에서 특히 주목된다.[17]

---

16) 김병화, 한국사법사(현세편)(1979), 5면 이하 참조.

17) 미군정법령 제176호 "형사소송법의 개정"에 관하여 당시의 해설서가 있다. 정윤환·민복기, 형사소송개정법개설(1948). 최근의 연구로는 심희기, "미군정법령 제176호 형사소송법의 개정," 법사학연구 제16호(1995), 117면 이하; 문성도, "영장주의의 형성과 도입에 관한 연구," 106면 이하; 김수용, "체포·구속적부심사제도에 관한 헌법사적 연구—해방 이후 1948년 헌법의 제정 때까지의 입법배경과 법적 논의를 중심으로—," 서울대학교 석사학위논문(2004. 2), 8면 이하; 문준영, "한국검찰제도의 역사적 형성에 관한 연구," 서울대학교 박사학위논문(2004) 참조.

이 "형사소송법의 개정"에 의하여 영장제도를 배제하였던 조선형사령 제12조는 마침내 폐지되었다. 식민지 형사사법제도의 핵심적 표지라고 할 수 있는 영장주의의 배제가 종언을 고한 것이다. 미군정법령 제176호 "형사소송법의 개정"은 일련의 영미식 인신보호장치들을 이 땅의 형사절차에 도입하였다. 미군정법령 제176호가 도입한 인신보호장치를 일별하면, (1) 사전영장을 원칙으로 하는 영장제도의 도입, (2) 법원에 의한 구속기간연장, (3) 구속시 범죄사실과 변호인선임권의 고지, (4) 변호인의 접견교통권 보장, (5) 국선변호인제도의 도입, (6) 구속적부심사제도의 도입, (7) 피의자·피고인 보석제도의 도입, (8) 검사의 구속장소감찰제도 도입, (9) 불법구속에 대한 민사상 손해배상, 감독권자의 파면, 불법체포감금죄의 신설 등을 들 수 있다.

미군정법령 제176호가 규정한 "형사소송법의 개정"이 가지는 의의와 가치는 이후 대한민국의 헌법 및 형사법령체계에서 이들 규정의 상당수가 그대로 계수되었다는 점에서 확인할 수 있다. 즉 영장제도, 변호인의 조력을 받을 권리, 국선변호인제도, 신체구속시 변호인선임권 등의 고지, 구속적부심사제도는 제헌헌법에서 기본권으로 규정되었고,[18] 이후 현행헌법에 이르기까지 계속 유지되고 있다. 1953년 제정된 형법은 수사기관에 의한 불법체포감금죄를 규정하였고, 1954년에 제정된 형사소송법은 피고인에 대한 보석제도, 검사의 구속장소감찰제도, 변호인선임권의 보장, 법원에 의한 구속기간연장 등 "형사소송법의 개정"이 규정한 일련의 장치들을 그대로 이어받았다. 다만, 피의자에 대한 보석, 불법구속에 대한 민사상 손해배상, 감독권자의 파면 등의 조문이 명시적으로 규정되지 않았다는 점이 약간의 아쉬움으로 남을 뿐이다.

Ⅳ. 미군정 하 형사소송법개정의 한계

법령체계에 관하여 보는 한 미군정법령 제176호 "형사소송법의 개정"이 한국 형사사법에 끼친 영향은 실로 막대하다. 그러나 형사실무에서 이러한 조문체계의 변화가 얼마나 실제적인 개선을 가져왔는가 하는 점에 대해서는 또 다른 평가가 필요하다. 법령체계의 변화와 실무의 관행 사이에는 상당부분 거리가 있었다. 그

---

18) 제헌헌법과 영장주의와의 관계에 대해서는 문성도, "영장주의의 도입과 형성에 관한 연구," 140면 이하 참조.

이유로는 우선 미군정 하의 형사소송절차개혁이 1948년도의 5·10총선거를 앞두고
외국의 선거감시단에게 보이기 위한 임시방편으로 시행되었다는 사실을 들 수 있
을 것이다.[19] 민주주의와 법치주의를 실현하기 위한 우리 민족의 자발적 개혁이라
기보다 외국의 선거감시단이 선거의 자유로운 분위기를 점검하기 위한 징표로서
형사소송법에 주목한다는 사실을 의식한 것이다. 이러한 문제의식 하에서 형사사법
을 개혁한다면, 이와 같은 외부로부터의 감시의 시선이 사라지는 순간 그 조문들은
의미를 크게 상실하게 될 것이다. 형사사법의 개혁을 위한 수용태세와 자발적 개혁
의지가 부족하면 개혁의 성공은 별반 기대할 수 없다.

영미식 개혁이 한계에 봉착하게 된 또 하나의 이유는 기존 형사사법체계와 영
미식 체계 사이의 이질성에서 찾을 수 있다.[20] 종래의 대륙식 형사사법조직에 영
미식 형사절차의 모델을 갑작스럽게 도입하려는 과정에서 권력기관 사이에 대립과
충돌이 발생하게 되었던 것이다. 그리고 이러한 마찰로 인하여 인신구속을 둘러싼
영장제도의 정착에 여러 가지 제약이 발생하였다. 일제 하의 형사사법은 독일식 모
델에 입각해 있었다. 수사절차와 관련해서 보면 검사는 수사의 주재자로서 사법경
찰을 지휘·감독하고 있었다. 이에 대하여 미군정당국은 미국식 형사사법제도에
입각하여 경찰에게 독자적인 수사권을 부여하려고 하였다. 이러한 와중에서 검찰과
경찰은 대립갈등을 빚게 되었으며, 이로 인하여 이후의 형사소송법 개정과정은 양
기관의 세력다툼으로 점철되게 되었다.[21] 시민의 인권보장과 형사사법에서의 정의
실현은 자연히 뒷전으로 물러나게 되었던 것이다.

Ⅴ. 대한민국의 건국과 영장제도의 재편

영장제도와 관련하여 보면, 미군정이 도입한 영장제도는 대한민국건국 후에 크
게 변질되었다. 애당초 사전영장을 원칙으로 하고 사후영장은 예외적으로 시행하기
로 하였던 미군정 하의 시행방침은 크게 후퇴하여 1954년의 형사소송법제정 직전

---

19) 대검찰청, 한국검찰사(1976), 246면 이하 참조.
20) 당시 영미법계의 영향에 대한 기성법률가의 반응을 나타내는 글로 엄상섭, "검찰제도에 대한 신
　구상(1)," 법정 제 2 권 제 8 호(1947. 8), 14면 이하; 엄상섭, "검찰제도에 대한 신구상(2완)," 법
　정 제 2 권 제11호(1947. 11), 28면 이하 참조.
21) 수사지휘권을 둘러싼 검찰·경찰의 갈등관계에 대해서는 신동운, "수사지휘권의 귀속에 관한
　연혁적 고찰(Ⅰ)," 서울대학교 법학 제42권 제 1 호(2001. 5), 178면 이하; 동, "수사지휘권의 귀
　속에 관한 연혁적 고찰(Ⅱ)," 서울대학교 법학 제42권 제 2 호(2001. 7), 238면 이하 참조.

에는 긴급구속이 대다수를 차지하게 되었다.[22]

영미식 영장제도에 의하면 피의자를 체포한 후 지체없이 법관의 면전에 인치하도록 되어 있다. 그러나 미군정이 이 땅에 도입한 미국식 영장제도는 이를 실시할 의지와 현실적 여건이 갖추어지지 아니한 관계로 한국적 토양에서 서면심리절차로 변질되었다. 미군정법령 제176호 "형사소송법의 개정"은 미국식 체포제도를 염두에 둘 때 이해할 수 있는 절차적 개혁이었다. 일선경찰관서에 가까운 곳에 법관이 위치하면서 강제수사에 법관의 통제를 가하는 것이 영미식 영장제도의 구상이었다.[23] 이러한 구상을 바탕으로 미군정당국은 미군정 말기에 제정한 법원조직법과 검찰청법을 통하여 간이법원의 설치를 입법화하였다. 그러나 간이법원의 설치는 대한민국건국 후에 제정된 법원조직법과 검찰청법에 의하여 무산되었다. 기존법률가의 기득권의식과 미지의 간이재판소제도에 대한 이해부족 때문이었다.[24]

일선경찰관서에 가까운 곳에 법관이 위치하지 않게 되면서 인신구속에 직면한 피의자를 법관의 면전에 출두시킨다는 영미식 영장제도의 구상은 크게 변질되었다.[25] 영장제도의 실현을 감시하고 추진할 실질적 세력주체들이 부재한 가운데 권위주의 정치체제가 장기간 지속됨에 따라 실무편의적이며 극히 한국적인 영장제도가 이 땅에 자리잡게 되었다. 그것은 바로 서면심리에 의한 영장발부의 방식이었다. 영미식 제도의 시행을 강제한 미군정이 물러나고 권위주의적 형사사법이 등장하면서 법관의 면전에 피의자를 인치시킨다는 구상은 곧 잊혀지게 되었다. 서류만을 보내서 영장을 발부받는 것이 수사기관들 사이에 당연한 일처럼 인식되게 되었다. 영장을 청구하는 검사나 영장을 발부하는 판사 모두 사법경찰이 작성한 서류만을 토대로 형사사법의 현실을 판단하는 실무관행이 구축되었다.

---

22) 1954년 1월 9일에 열린 '형사소송법초안에 대한 공청회'에서 법사위전문위원 서일교는 "긴급구속에 관한 자료를 말씀드리면 부산지방검찰청에서 제출한 통계입니다. 여기에 보면 구속영장발부수가 12,697명 중 긴급구속이 10,618명 약 95퍼센트가 긴급구속을 하고 있습니다"라고 보고하고 있다. 신동운 편, "형사소송법 초안에 대한 공청회 속기록," 형사소송법제정자료집(한국형사정책연구원, 1990), 116면 참조.

23) 원로법조인 고재호는 미군정 당시의 상황을 다음과 같이 회고하고 있다. "(전략) 미군정법령에 따르면 치안관의 직무는 현행 경범죄처벌법에 규정되어 있는 것과 비슷한 경범을 심판하는 즉결담당 판사의 일을 담당했다. 법원 소재지가 아닌 군에 있는 치안관은 위와는 별도로 구속영장을 발부하는 직무도 수행했다." 고재호, 법조반백년, 189면.

24) 미군정 하의 간이재판소에 대해서는 김병화, 한국사법사(현세편), 22면 이하; 신동운, "경미범죄의 효율적 처리방안," 형사정책 제15권 제2호(2003), 9면 이하 참조.

25) 미국식 인신구속제도에 관하여는 신동운, "미국법상 인신구속의 법리에 관한 일고찰," 형사법연구 제6호(1993), 237면 이하; 황정근, "미국의 인신구속절차와 형사재판," 인신구속과 인권, 264면 이하 참조.

영장제도는 고문의 방지를 위한 중요한 장치이다. 사법권의 독립이 보장된 법관이 영장을 발부해야 한다는 대원칙은 실제상 고문과 같은 수사기관의 인권유린 행위를 사전에 차단하기 위한 장치에 다름 아니다. 그러나 한국의 사법현실에서 영장발부가 형식심사에 흐르게 되면서 고문방지를 위한 장치로서의 영장제도는 광범위하게 그 기능을 상실하게 되었다.

Ⅵ. 1954년 형사소송법의 제정

1954년에 형사소송법이 제정되었다. 이 형사소송법은 1950년 5월 30일 총선거에 의하여 구성된 제 2 대 국회에 의하여 입법되었다. 원래 제 2 대 국회는 간선제를 규정한 제헌헌법에 의하여 대통령선출권을 보유하고 있었다. 그러나 1952년의 소위 부산정치파동과 그 결말로서 이루어진 발췌개헌에 의하여 이승만 대통령은 직선제로 정권을 장악하는 데 성공하였다. 동시에 이로써 제 2 대 국회는 그의 핵심적이며 본질적인 권한을 상실하고 말았다. 부산정치파동과정에서의 불법인식구속을 경험하고 이후 전개될 야당탄압의 위험을 의식한 제 2 대 국회의원들은 불법적인 체포·감금 사태를 극력 경계하였으며, 특히 고문의 방지에 노력하였다.[26]

이러한 정치적 상황을 배경으로 하면서 제 2 대 국회는 형사소송법의 심의에 착수하였다. 대한민국건국 직후의 혼란한 사회상황과 6·25전쟁의 와중에서 정부는 치안유지에 중점을 둔 형사소송법초안을 작성하여 국회에 송부하였다. 그러나 국회는 정부의 강제수사권을 제한하고 검찰권의 객관적 행사를 담보하기 위하여 일련의 중요한 수정안을 작성하였다. 이 과정에서 크게 주목되는 것으로는 사법경찰관 작성 피의자신문조서의 증거능력을 대폭 제한하는 형사소송법 제312조 및 검사의 불기소처분에 대하여 재정신청을 인정한 형사소송법 제260조 등을 들 수 있다.

영장주의와 관련하여 볼 때 특히 주목할 것은 사경작성 피의자신문조서의 증거능력을 제한한 형사소송법 제312조 제 2 항을 들 수 있다. 제 2 대 국회의 국회의원들은 한국의 수사실무에서 고문이 고질적인 병폐임을 솔직하게 인정하고, 이를 근원적으로 차단하기 위한 방책의 수립에 고심하였다. 이와 관련하여 국회법사위원

---

26) 제 2 대 국회의 활동배경에 관하여는 엄상섭, "해방10년정치사," 사상계(1955년 9월호), 197면 이하; 엄상섭, "입법10년사의 개관," 법정 제11권 제 9 호(1956. 9), 4면 이하; 한인섭, "한국전쟁과 형사법―부역자 처벌 및 민간인 학살과 관련된 법적 문제를 중심으로―," 서울대학교 법학 제41권 제 2 호(2000. 9), 135면 이하 각 참조.

회는 고문의 동기가 절대적 증거능력이 인정되는 수사기관의 조서에 자백을 담아내기 위함에 있는 것으로 보고 고문의 동기를 원천적으로 차단하기로 하였다. 그리하여 사경작성 피의자신문조서에 자백이 기재되더라도 법정에서 그 내용을 부인하기만 하면, 마치 "칠판에다가 써두었던 글씨를 닦아버리는"것과 마찬가지로 그 조서의 증거능력을 부정하기로 하였다. 이렇게 된다면 사법경찰관리는 강압수사를 하지 않게 될 것이라고 당시의 입법자는 판단하였던 것이다. 이리하여 법정에서의 내용부인이 있으면 사경작성 피의자신문조서의 증거능력을 배제한다는 현행 형사소송법 제312조 제 2 항의 규정이 탄생하게 되었던 것이다.[27]

그런데 이와 같은 입법자의 구상은 절반의 성공에 그치는 것이었다. 사경작성 피의자신문조서와 검사작성 피의자신문조서 사이에 증거능력의 차등을 두는 구상은 검사의 사법경찰에 대한 우위를 확보하는 데에 결정적인 기여를 하였으나, 원래의 취지인 고문방지에는 별다른 성과를 거두지 못하였다.

Ⅶ. 사경조서의 증거능력제한과 영장주의

미군정 하의 영장제도는 애당초 영미식처럼 피의자를 법관의 면전에 지체없이 인치시킨다는 구상에 입각해 있었다. 그러나 대한민국건국 후의 영장제도의 현실을 보면 영장의 청구와 심사는 모두 서면심리에 의하여 진행되게 되었다. 사법경찰관은 피의자를 신문하여 그 진술을 사경작성 피의자신문조서에 기재한다. 구속사유에 해당한다고 판단되면 사법경찰관은 자신이 작성한 피의자신문조서를 비롯한 일건서류를 검사에게 송부한다. 검사는 서류만을 검토하여 구속 여부를 판단하고 구속영장을 청구한다. 판사는 다시 검사가 송부한 일건기록을 검토하여 구속영장의 발부를 결정한다. 이러한 일련의 과정에서 법률전문가인 검사와 법관은 서면만을 가지고 세상을 바라보게 된다. 피의자의 항변이나 구체적인 처지는 이들의 눈과 귀에 전혀 전달되지 않는다.

주지하는 바와 같이 인신구속에 관한 재판은 범죄사실 자체에 대한 재판과 구별된다. 인신구속에 관한 재판은 범죄사실 자체를 다루는 것이 아니라 도주 또는 증거인멸의 우려가 있는가, 공판기일에 출석이 담보되는가, 유죄가 확정된다면 형

---

27) 엄상섭의 형사소송법안에 대한 국회심의과정에서의 발언 참조. 신동운 편, 형사소송법제정자료집, 한국형사정책연구원, 290면 참조.

집행은 확보되는가 하는 관점에서 판단한다. 따라서 인신구속의 재판에는 엄격한 증거법의 법리가 지배하지 않는다. 영장청구의 단계에서는 형사소송법 제312조 제 2 항에 의하여 증거능력이 배제되는 사경작성 피의자신문조서도 어엿한 입증자료로 검사 및 판사에게 제출되어 판단의 자료로 사용된다.

　　인신구속의 재판이 가지는 이러한 특성에 입각하여 한국의 수사실무에서는 고문의 유혹이 상존한다. 사법경찰관은 까다로운 물증의 확보보다는 피의자의 자백진술을 선호한다. 검사 또한 피의자의 자백을 영장청구의 기초자료로 요구한다. 법관은 피의자의 자백이 있고 검사가 영장을 청구하였다면, 별다른 문제가 없을 것으로 보고 영장을 발부한다. 검사와 판사가 수사기록만 가지고 영장을 발부하는 현상이 지속되는 한 사법경찰관은 고문을 해서라도 자백을 받아내려는 유혹을 쉽사리 떨쳐버리지 못한다. 왜냐하면 영장이 형식심사에 그치는 한 고문당한 피의자가 외부에 노출되는 일은 별로 염려하지 않아도 되기 때문이다.

　　대한민국헌법은 제12조 제 2 항에서 고문의 절대적 금지를 규정하고 있다. 이를 이어받아 동조 제 3 항에서는 영장주의를 규정하고 있다. 그러나 이와 같은 헌법의 규율체계는 영장이 형식적으로 심사되는 한 아무런 유기적 관련성이 없다. 사법경찰단계에서 10일간의 구속기간$\binom{\text{형사소송법}}{\text{제202조}}$, 검찰단계에서 최장 20일까지의 구속기간$\binom{\text{형사소송법 제203}}{\text{조·제205조}}$을 전제로 할 때, 외부에 노출되지 아니하는 밀행적 수사관행 하에서는 서류상으로 얼마든지 완벽한 상황을 꾸며 놓을 수 있기 때문이다. 그래서 '고문의 기술자'란 단순히 고문을 물리적으로 완벽하게 시행하는 사람만을 의미하는 것이 아니라 외부에 고문사실을 노출시키지 않을 방도까지도 물샐 틈 없이 갖출 수 있는 사람을 지칭하는 것이다.

　　영장의 형식심사와 고문의 상관관계는 권위주의체제 하에서 필연적인 것이었다. 비민주적 정권을 유지하는 데에는 형사사법조직을 이용하는 것이 불가결하다. 힘으로써 국민의 저항을 봉쇄해야 하기 때문이다. 국가권력이 가지는 힘의 행사는 제일차적으로 강제수사의 형태로 나타난다. 강제수사의 가장 치열한 형태는 체포와 구속으로 표현되는 인신구속이다. 보안사 서빙고분실, 남영동의 치안본부 대공분실 등이 고문으로 악명이 높은 것은 모두 권위주의정권을 유지하기 위한 방편으로 강제수사권을 남용한 데에서 비롯한다.

Ⅷ. 영장실질심사제도의 도입과 고문방지

　고문의 방지를 위하여 영장주의를 확립해야 한다는 요청은 시대의 추세이다. 신군부가 구축한 5공정권 이래의 권위주의정권을 붕괴시키고 새로이 등장한 문민정부가 형사소송법의 정비를 시도한 것은 당연한 일이라고 할 수 있다. 그리고 그 과정에서 가장 핵심적인 과제는 영장주의를 확립하는 일이 되어야 마땅하다. 그러나 이 과정에서도 우리의 낙후된 인권의식은 영장주의의 확립을 용이하게 용납하지 아니하였다. 그 이유는 형사소송법의 개정과 관련된 형사사법기관들이 이 문제를 자신들의 기득권과 관련하여 파악하였기 때문이었다.

　고문을 방지하려면 영장제도를 완비하여야 한다. 이 때 영장제도는 실질적인 제도를 의미한다. 단순히 서류로써 판단하는 절차가 아니다. 인신이 구속될 위험에 직면한 피의자가 직무활동의 독립성이 담보된 법관의 면전에 출두하여 자신의 처지를 직접 호소할 수 있도록 하는 것이 영장주의의 요체이다. 검사보다 상위의 유권기관으로서 법관이 인신구속의 문제를 판단한다는 식의 우열의 관계로 볼 것은 아니다. 이러한 영장주의의 요체를 포착하여 「시민적 및 정치적 권리에 관한 국제규약」은 제 9 조에서 신체의 자유가 제한된 사람은 누구든지 신속하게 사법관의 면전에 회부되어야 한다고 규정한 것이다. 앞에서도 언급한 바와 같이 우리 나라는 이미 1990년에 이 국제규약에 가입한 바 있다.[28]

　그런데 막상 1995년 말에 형사소송법을 개정함에 있어서는 문제의 해결이 용이하지 아니하였다. 국제인권규약에 의하면 모든 체포·구속 사건에 있어서 피의자를 법관의 면전에 출두시켜야 할 것이지만, 오랜 동안의 영장형식심사의 관행을 일거에 변화시키는 것은 쉬운 일이 아니었다. 제14대 국회는 실무에 줄 충격과 부담을 고려하여 임의적 실질심사의 방식에 의하여 영장발부를 결정하기로 하였다. 즉 법관은 영장을 발부함에 있어서 필요하다고 판단하는 때에는 선별적으로 피의자를 직접 심문할 수 있도록 하였던 것이다. 이와 같은 타협책은 검찰측의 강력한 반발에 기초한 것이었는데, 검찰측은 반발의 이유로 법관면전의 피의자인치에 필요한 호송인력의 문제를 들었다.[29] 그러나 그 반발의 이면에는 검찰의 위상약화가

---

28) 국제인권규약과 영장주의와의 관계에 관한 상세한 논구로, 황정근, "임의적 영장실질심사제의 국제법적 조명," 인신구속과 인권, 49면 이하 참조. 그 밖에 석암 배재식박사고희기념 국제인권법의 실천제도(1998)에 수록된 여러 논문들이 주목된다.

29) 영장실질심사의 도입을 둘러싸고 법원과 검찰은 일련의 이론적 논쟁을 전개하였다. 이와 관련된

큰 요인으로 작용하였음을 부인할 수 없다. 서면심사방식에 의한 영장발부관행에 따르면 법관이 실질적으로 영장재판에 개입할 가능성이 극히 적다. 이 때문에 인신구속의 실질적 주도권은 검사가 장악하고 있다고 보는 것이 종래의 인식이라고 할 수 있다. 새로운 제도가 도입될 경우, 이러한 검사의 기존위상이 크게 약화될 것을 우려한 것이 반대의 실질적 요인이라고 할 수 있다.

Ⅸ. 영장실질심사제도의 후퇴

영장제도의 본질을 고문방지와 관련시켜서 이해하지 아니하고 단순히 국가권력의 상징으로 파악하는 전근대적, 권위주의적 인식은 마침내 1997년의 형사소송법개정에 의하여 현실적인 모습을 드러내기에 이르렀다. 1997년 1월부터 시행되기 시작한 영장실질심사제도가 채 1년도 되기 전에 국회의원 의원입법의 형식으로 영장실질심사제도를 후퇴시키는 개정안이 국회에 제출되었다. 골자는 피의자의 심문을 법관이 재량으로 판단하도록 되어 있는 형사소송법의 규정을 고쳐서 피의자에 대한 법관의 심문을 피의자가 신청하는 경우에만 허용하도록 한다는 것이었다. 즉 법관의 피의자심문권을 배제하고, 그 대신 피의자에게 법관에 대한 심문신청권을 인정하자는 것이다.

이러한 개정안의 구상은 표면상으로는 피의자의 지위를 강화하는 것처럼 보인다. 그렇지만 실상에 있어서는 전혀 그러하지 않다. 피의자가 법관에 대하여 심문을 신청한다고 하더라도 법관은 이에 구속되지 않는다. 법관은 신청이 있는 경우에도 재량에 의하여 심문을 할 수도 있고 하지 않을 수도 있다(형사소송법 제201조의2 제 1 항 참조). 이렇게 된다면 결국 영장실질심사제도는 실제로 한 걸음 더 후퇴한 것이라고 하지 않을 수 없다.

영장실질심사제도를 후퇴시키는 형사소송법개정안은 검사출신 국회의원들이 다수 포진하고 있는 국회법사위를 무난히 통과하였고 마침내 국회 본회의까지도 통과하게 되었다.[30] 사법부는 영장실질심사의 주도권을 상실하였고, 피의자의 신청

문헌으로는 법원행정처, 새로운 인신구속제도 연구(1996); 법원행정처, 영장실질심사제도―실무상 문제점과 과제―(1997); 법원행정처, 영장실질심사제도 Ⅱ ―이론적 기초와 논리(1997); 법원행정처, 영장실질심사제도 Ⅲ ―실무적ㆍ입법론적 개선방향―(1997); 법원행정처, 불구속재판시행의 과제(1997); 대검찰청 검찰 21세기연구기획단, 구속제도정비방안연구(1995); 법무부, 구속 전 심문제도에 관한 제 문제점과 개선방안(1997) 등이 있다.

30) 1997년의 형사소송법 개정과정은 황정근, "구속영장실질심사제의 굴절," 인신구속과 인권, 93면

에 기하여 비로소 피의자를 심문할 수 있게 되었다. 그렇지만 그 심문도 필요적인 것은 아니다. 심문은 해도 좋고, 아니하여도 무방하다.[31]

무릇 형사절차는 절차적 엄격성을 핵심적 표지로 삼고 있다. 사형·무기징역 등 중형에 처해질 수 있는 절차가 형사절차이다. 따라서 그만큼 피의자·피고인의 방어권행사를 보장하여야 한다. 이를 위하여 입법자는 형사절차의 관련자들에게 엄격하게 준수해야 할 행동준칙을 설정하고, 그 이행을 담보하기 위하여 노력하여야 한다. 그렇기 때문에 형사절차는 원칙적으로 기속규정으로 규율되게 된다. 그런데 영장심사절차는 이제 여타의 형사절차에 관한 규정과 마찬가지로 임의적인 절차로 변질되어버렸다. 해도 좋고 아니해도 무방하다는 전형적인 한국식 형사절차가 또 하나 탄생하게 된 것이다.

형사절차 전반, 그리고 특수하게는 영장재판의 임의화는 한국 형사소송법의 현주소를 보여 준다. 영장제도를 법원과 검찰의 역학관계로 파악하는 언론의 시각, 인권보장의 시금석이 인신구속의 법리임을 인식하지 못하는 시민의식, 시민이 위주가 되는 것이 아니라 기관이기주의에 집착하는 관련 형사사법기관의 태도, 이 모든 것들이 부인할 수 없는 우리의 자화상이다. 피땀흘려 이룩한 민주화의 결실을 법리적으로 승화시키지 못하는 무력한 형사법학자들도 사태의 주역 가운데 하나이다.

제 3 절 영장주의확립을 위한 대책

이제 우리의 부끄러운 모습을 바라보면서 자탄만 하고 있을 수는 없다. 인신구속이 가져오는 개인적 비극, 가족의 붕괴, 사회활동의 파괴 등 일련의 부작용을 여기에서 다시 되내일 필요는 없다. 지금의 관심사는 최소한 고문만이라도 막을 수 있는 최소한도의 영장제도는 무엇일까 하는 점에 있다. 얼마나 다급하면 이러한 비명에 가까운 호소를 하게 되는 것일까?

저자는 한국의 영장제도가 국제수준에 맞추어 나아가려면 어떠한 방책을 강구해야 할 것인가 하는 점을 화두로 걸고 본 장을 적어 가고 있다. 그러나 사실 이와 같은 접근방식은 매우 한가하다. 서울지검에서 피의자가 고문으로 죽어 나오는 상

이하에 상세히 소개되어 있다.

31) 대법원 1999. 8. 20. 선고 99 도 2029 판결, 공 1999, 1920.

황을 보면서, 예컨대 국제인권규약 B규약 제 9 조 제 3 항을 거론하면서 "국제수준으로는 이 정도로 해야 하니 우리도 이러한 식으로 나아가자"고 말하는 것은 너무나도 현실인식이 안이하다. 아니 눈을 감고 있는 것이라고 하지 않을 수 없다. 번안법학에 맹종하는 근시안적 접근방법이라고 하지 않을 수 없다.

저자는 한국에서 영장주의가 제 궤도에 오르기 위해서 몇 가지 정비되어야 할 사항이 있다고 생각한다. 아래에서는 순차적으로 이 문제점들을 점검해 보기로 한다.

Ⅰ. 영장실질심사제도의 전면시행

첫째로 수사절차에서 피의자의 신병은 주기적으로 외부에 노출되어야 한다. 신청에 의하여 판사의 면전에 출두하는 정도를 넘어서서 반드시 필요적으로 신병의 안위에 대하여 외부에서 확인이 가능하도록 절차가 정비되어야 한다. 이를 위하여 저자는 영장실질심사제도를 전면적으로 시행할 것을 주장한다.[32] 신체의 자유가 제한된 모든 피의자는 법관의 면전에 지체없이 출두하여 자신의 처지를 호소할 수 있어야 한다. 그리고 이 과정에서 고문의 유무를 주장할 수 있어야 한다.

나아가서 사경단계에서 체포된 피의자는 구속영장이 청구되기 전에 반드시 검사의 면전에 출석하여야 한다. 한국의 검사는 아직도 서류만 가지고 구속영장청구여부를 결정한다.[33] 체포된 피의자가 검사를 대면하는 것은 한 달에 한번 시행하는 구속장소감찰 때이거나 또는 이미 법관으로부터 구속영장이 발부된 후 사경이 검찰송치를 하는 때이다. 후자의 경우에 경찰서유치장으로부터 구치소로 넘어갈 때 구속피의자는 검찰청사 내에 위치한 소위 호송출장소에서 대기하게 된다. 그리고 보통 이 단계에서 구속피의자는 검사의 신문을 받게 된다. 사경단계에서 피의자신문이 행해지는 시점에 검사가 피의자의 신병을 직접 관찰하는 기회는 법적으로 확보되어 있지 않다. 참고로 체포전치주의를 취하고 있는 일본의 경우 체포된 피의자는 반드시 검사의 면전에 인치된다. 이와 같은 대면을 토대로 일본의 검사는 법관에게 구류장(勾留狀)(우리의 구속영장)을 청구한다. 구속영장발부단계에서 일본의 법관은 피의자를 다시 한번 직접 대면하여 심문한다. 이중의 대면이 이루어지는 것

---

32) 같은 취지로 황정근, "구속제도의 개선방향," 인신구속과 인권, 212면 참조.
33) 이 점과 관련하여 경찰이 구속영장을 신청하면 검사가 피의자를 직접 면담하고 영장청구 여부를 최종결정하는 제도를 시행하기로 한 최근의 대검찰청지시는 주목할 만하다. 법률신문, 2003년 10월 13일, 2면 참조.

이다.[34] 우리 나라의 경우에도 이와 같은 절차적 정비가 이루어져야 한다.

Ⅱ. 긴급체포에 대한 사후영장제도의 실시

1995년 말의 형사소송법개정시에 우리 입법자는 임의동행의 관행을 법률의 테두리 내에 끌어들인다는 취지에서 체포영장제도를 도입하였다. 그와 동시에 사후영장에 의한 통제를 요하지 않는 긴급체포제도를 예외적 조치로 도입하였다. 그러나 체포영장제도는 사실상 사문화하고 있다. 그 대신 긴급체포제도가 통상적인 방식으로 활용되고 있다. 1995년 말 개정되기 전의 형사소송법은 긴급구속을 규정하면서 반드시 사후영장의 발부를 받도록 하고 있었다. 그러나 1995년 말의 형사소송법개정은 사후영장에 의한 통제를 배제하고 말았다. 법관의 사후판단을 배제한 긴급체포는 종전의 긴급구속에 비하여 중대한 후퇴이며, 인신구속에는 반드시 법관의 영장을 요하도록 한 헌법의 영장주의에 반하는 것이라고 하지 않을 수 없다. 그런데 이러한 긴급체포가 원칙화해 가고 있는 것이다.

이와 같은 파행이 일어나게 되는 근본원인은 영장제도의 확립을 위한 인적·물적 설비의 재조정이 없이 단순히 법전상의 조문만을 신설·폐지하여 문제를 해결하려는 안이한 자세 때문이다. 형사절차의 큰 테두리 내에서 그 흐름을 현장중심으로 점검하고, 이를 바탕으로 한 개선과 재조정이 필요하다는 사실을 간과한 것이다. 영장제도의 문제점을 검찰과 경찰 또는 검찰과 법원의 역학관계로만 파악하여 누가 주도권을 장악할 것인가 하는 데에만 급급한 결과로 나타난 모습이 현재의 영장제도의 파행이다.

한국의 수사기관은 48시간 동안 피의자를 긴급체포하였다가 풀어 줄 수 있다. 풀어 주기만 한다면 사후에 아무런 법관의 통제를 받지 않는다. 수사기관측에는 어떠한 부담도 없다. 혹시 대법원의 증거배제 판단이 있거나[35] 경우에 따라서 불법체포감금죄로 고등법원의 부심판결정이 이루어지는 경우[36]가 있어도 그것은 극히 예외적인 사정에 불과하다. 형사처벌은 고의가 있어야 가능하다. 그러나 고의의 입증은 생각보다 쉽지 않다. 증거배제의 대법원판례가 있더라도 그것은 검사작성 피

---

34) 일본에 있어서 체포와 구류의 절차에 관하여는 三井誠·酒卷匡, 신동운 역, 입문 일본형사수속법(2003), 31면 이하; 황정근, "일본의 인신구속제도," 인신구속과 인권, 278면 이하 참조.
35) 대법원 2002. 6. 11. 선고 2000 도 5701 판결, 공 2002, 1720.
36) 대법원 2003. 3. 27.자 2002 모 81 결정, 공 2003, 1117.

의자신문조서의 경우에만 의미가 있다. 일선경찰관서에서 구속영장청구를 위한 자백을 얻기 위하여 긴급체포를 하는 행태를 방지하는 데에는 한계가 있다.

긴급체포제도는 개정되어야 한다. 반드시 법관의 사후영장에 의한 통제가 있어야 한다. 이것이 헌법 제12조 제3항이 요구하는 영장제도에 부합하는 절차이다. 법관 앞에 체포된 피의자를 신속하게 인치해야 하는 것은 국제인권규약 B규약 제9조 제3항이 명시적으로 요구하고 있는 바이다. 긴급체포는 엄격하게 시행되어야 한다. 현재와 같은 검사의 사후승인(형사소송법 제200조의3 제2항)은 형식적인 것에 불과하다. 검사의 사후승인은 피의자의 신체의 자유를 보장해 주기 위한 법률전문가의 개입이 아니라 경찰관서 단위에 존재하는, 범죄혐의라는 고급정보를 검찰이 공유하기 위한 통로에 불과하다고 말하여도 지나친 표현은 아닐 것이다.

긴급체포 후 피의자의 신병은 즉시 검사의 면전에 현출되어야 한다. 긴급체포 후 이루어지는 검사의 사후승인은 피의자를 검사의 면전에 인치함으로부터 시작되어야 한다. 그리고 이렇게 체포된 피의자는 다시 구속영장의 청구시에 법관의 면전에 인치되어야 한다. 이러한 절차가 번거로울지도 모른다. 그러나 이웃나라 일본에서는 이와 같은 이중의 피의자현출이 일어나고 있다. 이러한 상황에서는 변호인의 유무가 그다지 문제되지 않는다.

서울지검 고문치사사건이 발생하자 법무부와 검찰은 고문방지대책으로 피의자신문시에 변호인참여를 인정하겠다고 발표하였다. 그러나 이 제도의 입법화는 아직도 시간을 기다려야 할 것 같다. 법무부측의 발표는 여론이 빗발칠 때에 이를 무마하기 위한 임시방편으로서의 인상이 강하였다. 재독(在獨) 사회학자 송두율 교수 사건에서 검찰은 여전히 피의자신문시에 변호인참여를 허용하지 않았기 때문이다. 독일대사관측의 변호인참여 요청에도 불구하고 변호인참여는 이루어지지 않았다. 검찰은 그 이유를 현행 형사소송법이 변호인참여를 명시하고 있지 않기 때문이라고 주장하였다.

그러나 현행 형사소송법에 변호인참여를 금지하는 명문의 규정은 어디에도 없다. 오히려 형사소송법제정시 국회토론과정을 기재한 국회속기록을 살펴보면, 법전편찬위원장인 김병로 대법원장이 변호인참여권이 신형사소송법에 도입되었음을 분명하게 밝히고 있음을 알 수 있다.[37] 검찰의 변호인참여권 부정론은 법률에 근거

---

37) 제2대 국회의 형사소송법안심의를 위한 국회본회의 독회에서 대법원장 김병로는 법전편찬위원장의 자격으로 출석하여 다음과 같이 발언하고 있다. "(전략) 그 점에서 오늘날 와서는 피의자가

한 것이 아니다. 지금까지의 수사실무는 강력한 권력기관으로서 변호인참여를 부인하는 사실상의 힘에 압도되어 형성된 것이라 할 수 있다. 변호인은 법원에 이러한 문제점을 지적하여 다툴 수 있어야 한다. 그 방법의 하나는 준항고제도이다. 그 동안 변호인측은 지금까지의 타성 때문에 이를 법률적 쟁점으로 부각시키는 데에 이르지 못하였다. 이러한 문제상황에 비추어 볼 때 대법원이 피의자신문시에 변호인의 참여권을 인정한 2003년 11월 11일자 2003 모 402 대법원결정($^{공\,2004.}_{271}$)은 실로 획기적이며 기념비적인 판례라고 하지 않을 수 없다.

그런데 피의자에 대한 신문에의 변호인참여권이 고문방지를 위한 근본적 대책이 된다고 생각하면 그것은 성급한 판단이다. 신문참여를 위한 변호인은 피의자에 의하여 선임되어야 한다. 구속적부심사절차를 제외하고($^{형사소송법\,제214}_{조의2\,제9항}$) 피의자에 대한 국선변호인제도는 아직 현행 형사소송법에 도입되어 있지 않다. 이러한 상황에서 검사나 사법경찰관의 피의자신문에 대한 변호인의 참여권은 현실적으로 볼 때 변호인을 선임할 수 있는 유자력(有資力) 피의자에 대한 혜택의 의미로 오해될 가능성이 있다. 변호인선임의 자력(資力) 유무에 관계 없이 인신구속된 피의자는 법률전문가의 면전에 현출되어야 한다. 그것은 변호인일 수도 있지만, 검사와 법관이 될 수도 있다. 후자의 경우 검사와 법관은 피의자를 위하여 실질적 변호를 제공하는 국가기관이 된다. 피의자의 경제적 형편에 따른 형평성시비를 처음부터 불식하려면 긴급체포에 사후영장제도를 도입하는 것이 반드시 필요하다. 변호인의 피의자신문 참여권은 물론 보장되어야 하지만, 검사의 사후승인과 법관의 사후심사라는 절차적 보장책을 실질적으로 정비하는 것이 보다 정면에서 문제를 해결해 들어가는 방책이라고 본다.

Ⅲ. 영장재판을 위한 간이법원의 확충

영장제도를 확립하려면 무엇보다도 영장의 신청과 발부가 원활히 이루어질 수 있도록 주변여건을 개선하여야 한다. 일본의 경우를 보면, 전후 형사사법을 개혁하면서 맥아더사령부는 간이재판소를 일본전역에 걸쳐서 대거설치하였다. 일본의 간이재판소는 경미사건의 효율적 처리를 위한 기관으로 도입된 것은 아니었다. 그보

취조를 받을 당초부터 변호사를 의뢰할 수도 있고, 취조하는 데에 입회할 수도 있고, 또는 그 때에 증거를 제출할 수도 있고, 여러 가지로 피의자 자신의 보위를 위해서 할 방법을 상세히 다 허락하고 규정하게 되었습니다." 신동운 편, 형사소송법제정자료집, 한국형사정책연구원, 268면.

다는 일선수사기관이 초동수사단계에서 손쉽게 영장을 청구할 수 있도록 인적·물적 시설을 확보하는 데에 있었다. 시·군단위의 최일선 재판기관에 판사와 검사(또는 부검사)가 상주하면서 경찰의 체포장청구 및 검사의 구류장청구에 대비하도록 한 것이다.[38]

우리 나라의 경우를 보면 영장발부가 거의 유무죄판단에 준하는 절차에 의하여 결정되고 있다. 체포 또는 구속은 사실상 유죄의 인정이며 앞당겨진 형집행이라는 인식이 강하게 퍼져 있다. 이 때문에 사법부도 인신구속의 재판은 경험이 풍부한 중견법관이 맡아야 한다는 것이 구상에 서 있으며, 그 결과로 주요법원에 영장전담법관제도가 실시되고 있다.

그렇지만 영장재판은 범죄혐의의 유무와 도주 또는 증거인멸의 유무를 확인하는 것으로 족하다. 엄격한 증거법칙에 의하여 범죄사실을 합리적 의심의 여지가 없을 정도로 증명해야 하는 것은 아니다. 그럼에도 불구하고 우리 형사실무는 사실상 유무죄판단에 준할 정도로 엄격하게 영장을 심사한다. 이것은 일면 국민의 신체의 자유를 최대한 보장한다는 점에서 긍정적인 측면이 있지만, 동시에 영장발부를 지나치게 까다롭게 하여 일선수사기관이 법이 정하고 있는 테두리 내에서 인신구속 절차를 밟아 나가는 것을 기피하게 한다.

인신구속 여부는 일선수사기관과 가까운 곳에서 신속하게 판단되어야 한다. 일본의 경우를 보면 간이재판소는 원칙적으로 경찰관서를 기본단위로 하여 설치되었다. 이후 일본의 교통사정이 호전되면서 일부 대도시를 중심으로 간이재판소의 집중이 일어나서 그 숫자는 줄어들었으나, 지금도 여전히 경찰관서를 단위로 간이재판소가 설치되어 있다는 점에는 변함이 없다. 경찰관서에 가까운 곳에 하급재판소가 위치해 있고, 그 재판소에서 영장발부가 이루어진다면 원거리이동에 수반되는 피의자호송은 염려할 필요가 없다.

Ⅳ. 순회검사제도의 실시

우리 나라의 경우에도 이제 하급재판소로서 시·군법원이 설치되었다. 미군정 이래 사법부의 오랜 숙원이자 한국사법제도의 일대 선진화를 의미하는 최일선 재

---

38) 일본의 간이재판소에 관하여는 김종구, 형사사법개혁론—새로운 패러다임의 비교법적 모색—(2002), 247면 이하 참조.

판기구가 마침내 도입된 것이다. 2003년 10월 말 현재 시·군법원은 전국에 걸쳐 104곳에 설치되어 있다(각급법원의설치에관한법률 제4조 별표 2 및 7 참조). 그런데 뜻밖에도 이 시·군법원에서는 형사사건이 심판되지 않는다. 영장발부 여부도 판단되지 않는다. 시·군법원은 소액의 민사사건이나 경찰관이 송치하는 즉결심판사건이나 처리할 뿐이다(법원조직법 제34조 참조).

시·군법원의 파행화는 검사의 배치가 이루어지지 않는 데에 있다. 형사사건을 다루려면 검사가 시·군법원에 공소를 제기하여야 한다. 그런데 시·군법원에는 검사가 배치되어 있지 않다. 공소권자가 없는 것이다. 나아가 시·군법원이 영장발부 사건을 다루려면 영장청구권자가 배치되어 있어야 한다. 우리 헌법상 영장청구권자는 검사로 한정되어 있다. 그런데 시·군법원단위에는 검사가 배치되어 있지 않다.

시·군법원은 종래의 즉결심판소에서 유래하는 것이라고 할 수 있다. 각 경찰관서단위로 즉결심판소가 설치되어 있었던 것이 시·군법원으로 개편된 것이라고 할 수 있다. 그러한 관계로 시·군법원은 경찰관서와 상응하는 배치구역을 가지고 있다. 인신구속의 실제 현장은 구치소가 아니라 경찰관서의 유치장이다. 초동수사 단계에서의 인신구속은 현행범체포·긴급체포의 형태로 이루어진다. 이렇게 하여 체포·구속된 피의자는 일단 경찰서의 유치장에 구금된다.

신병이 확보된 상태에서의 초동수사에는 고문의 위험이 상존한다. 외부로부터 고립된 상태에서, 제3자가 관찰할 수 없는 상황에서 자백을 얻어 내기 위한 고문의 유혹은 나오게 마련이다. 경찰관서의 유치상태에서 고문이 행해진다는 사실은 이미 미군정 이래 우리 국민들이 인식하고 있었다. 그래서 미군정법령 제176호로 "형사소송법의 개정"이 공포되었을 때부터 이미 검사의 구속장소감찰제도는 도입되었던 것이다(동 법령 제21조). 이 제도는 실제로 발생한 경찰관서에서의 고문사건을 계기로 도입된 것이다. 당시 경찰관서에서 고문사건이 발생하자 검사가 이의 수사에 나서려고 하였던바, 경찰측이 미군정 하에서 경찰측에 독자적 수사권이 있음을 내세워 반발하였다. 이 때 검찰과 경찰의 충돌을 조정하기 위하여 타협책으로 도입된 것이 바로 유치장감찰제도이다.[39]

검사의 구속장소감찰제도는 미군정 이래 우리 형사사법에 친숙한 제도이다. 이 제도는 경찰·검찰의 수사지휘권 문제와 관련하여 상징적 의미를 지닌다. 검사는 매월 1회 이상 관할경찰관서(기타의 사법경찰기관 포함)를 순회하여 불법구금 여부를 심사한다. 불법구금 여부가 의심되면 검사는 당해 사건을 검찰청에 송치하도록

---

39) 대검찰청, 한국검찰사, 249면 이하 참조.

하거나 아예 피의자를 석방하도록 석방명령을 발할 수 있다(형사소송법 제
198조의2 참조).

이제 이 구속장소감찰제도의 순회주기를 1주일 단위로 하거나 그보다 더 주기를 좁히는 방안을 생각해 본다. 검사의 순회주기가 좁아지면 그만큼 경찰관서에서의 불법구금 문제는 줄어들게 될 것이다. 그만큼 시민의 이익은 늘어나는 것이다. 그런데 여기에서 한 걸음 더 나아가 순회검사가 공소제기 여부까지 판단할 수 있도록 해보면 어떨까?

미군정 당시 간이법원은 남조선과도정부법령 제192호로 공포된 법원조직법에 의하여 설치가 예정되어 있었다. 미군정의 검찰청법도 간이법원에 상응하는 간이검찰청제도를 예정하고 있었다.⁴⁰⁾ 그리고 새로운 제도의 실시를 위하여 간이법원 판사임용을 위한 특별시험도 실시된 바 있었다.⁴¹⁾ 그러나 간이법원판사의 인적 자질을 의심한 기성법률가의 불신, 미군정 하에 나타난 치안관의 각종 부조리 등을 이유로 대한민국이 건국된 이후 제정된 법원조직법·검찰청법에서는 간이재판소와 그에 상응하는 검찰조직이 사라지고 말았다.

이제 영장제도의 수립을 위한 토대로서 하급법원조직의 확충은 사실상 달성되었다. 시·군법원이 전국에 설치되어 기능하고 있기 때문이다. 이제 일련의 경미한 형사사건과 영장재판을 시·군법원단위로 전진배치할 시점이 되었다. 앞으로 해결해야 할 문제는 이를 위하여 상주검사나 순회검사를 시·군법원단위에 배치하는 일이다. 이렇게 해야만 검사의 서면심사에 의한 사후승인으로 통제가 그치는 긴급체포의 남용을 방지할 수 있다. 나아가 임의동행의 폐해를 방지하기 위하여 1995년 말 형사소송법의 개정시에 모처럼 도입되었던 체포영장제도를 활성화할 수 있다.

Ⅴ. 인신구속법리의 구축

한국의 영장제도가 정비되기 위하여 필요한 또 하나는 개선점은 인신구속법리의 축적이다. 현재 형사소송법의 개정과 관련하여 영장기각에 대한 준항고제도의 도입이 검찰측에 의하여 주장되고 있다. 법원측은 영장재판에 불복을 허용하지 아니한 지금까지의 판례태도를 내세우면서⁴²⁾ 준항고제도의 도입에 반대하고 있다. 영장이

---

40) 대검찰청, 한국검찰사, 240면 참조.
41) 김병화, 한국사법사(현세편)(1979), 22면 이하.
42) 대법원 1997. 9. 29.자 97모66 결정, 공 1997, 3352(압수영장에 대한 불복을 불허한 사례); 대법원 1997. 6. 16.자 97모1 결정, 공 1997, 2218(구속기간연장신청기각결정에 대한 불복을 불허한 사례).

기각되면 그것으로 최종적인 판단이며 불복은 허용되지 않는다고 본다. 검사는 영장을 재청구하면 된다는 것이다. 또한 체포·구속적부심사절차를 보더라도 그 절차에서 내려지는 판단에 대해서는 그것이 석방결정이든 기각결정이든 불복이 허용되지 않는다(형사소송법 제214조의2 제 7 항). 이렇게 하여 인신구속의 최일선에 임하는 하급심법관의 판단은 최종심판단이 된다. 그 판단의 법리적 당부에 대해서 대법원은 아무런 관여를 하지 않는다. 그 결과 인신구속의 법리는 대법원판례에 의하여 집적되지 않는다. 신체구속과 관련한 수사법리는 공무집행방해죄에 있어서 공무집행의 적법성 여부를 논하는 판례에서 간헐적으로 발견된다. 또한 손해배상을 문제삼는 민사판례에서도 산견된다. 그러나 법관의 인신구속판단 자체를 문제삼아 대법원이 본격적으로 법리를 피력한 판례는 거의 없다.

다행히 최근에 대법원은 체포·구속적부심사절차에서 보증금납입을 조건으로 하는 석방결정(형사소송법 제214조의2 제 4 항)에 대하여 항고를 인정한 바 있다.[43] 이것은 피의자의 신체구속에 대하여 대법원이 관여하기 시작하였음을 보여 주는 판례라는 점에서 매우 주목된다. 대법원의 태도는 피고인의 보석에 대하여 항고를 인정한 형사소송법의 규정(형사소송법 제403조 제 2 항)을 피의자에 대한 보석에도 확대적용한 것이라고 할 수 있다. 이 대법원의 판례에 대하여 이를 보증금의 납입 여부만을 판단하려는 태도라고 한정해석하는 견해도 생각해 볼 수 있다. 그렇지만 피의자의 보석 여부에 대한 판단은 범죄혐의, 도주 또는 증거인멸의 우려라는 체포·구속의 기본요건에 대한 판단을 배제할 수 없으므로, 결국 대법원은 인신구속의 법리에 대한 본격적 판단에 임하지 않을 수 없다. 이왕에 이렇게 대법원의 입장이 정리된다면, 차제에 영장재판에 대하여 정식으로 대법원에 불복절차를 인정하는 것도 하나의 현명한 방책이라고 할 수 있다.

그리고 이와 같이 영장재판에 불복을 허용한다고 한다면, 그와 함께 또 하나의 인신구속에 관한 재판인 체포·구속적부심결정에 대한 불복도 허용하여야 한다. 이 경우 석방결정 및 기각결정 모두에 대하여 불복을 허용하여야 한다. 현재와 같이 불복을 허용하지 아니하는 시스템 하에서는 담당법관이 판단에 이유를 붙일 필요가 없다. 설혹 이유를 붙이더라도 각 지방법원단위로 산재되어 통일적인 파악이 불가능하다. 불복을 허용하지 아니하는 재판에는 이유가 붙지 않는다(형사소송법 제39조 단서 참조). 이유를 붙이지 아니하는 판단은 권위적인 판단이다. 이제 대법원에 의한 최종판단

---

43) 대법원 1997. 8. 27.자 97 모 21 결정, 공 1997, 3191.

의 길을 열어 놓고 이를 의식하여 신중하게 이유를 붙이는 영장재판이 이루어져야 한다.

신중한 영장재판이라고 하여 미리 범죄혐의를 본격적으로 판단하는 재판을 말하는 것은 아니다. 도주 또는 증거인멸의 염려라는 구속사유를 집중적으로 판단하여 이유를 붙이자는 것이다. 이렇게 할 때 현재와 같이 인신구속의 재판을 둘러싸고 항간에 퍼져 있는 법조비리의 공연한 의혹을 불식시킬 수 있다. 현재 체포·구속적부심사절차에서의 결정에는 불복이 인정되지 않는다(형사소송법 제214조의2 제7항). 결정이 있으면 그만이다. 이 때문에 장관이나 대법관을 지낸 원로법조인들이 체포·구속적부심의 변호인으로 선임된다는 것이다. 전관예우의 폐습과 의혹은 불복이 허용되지 않는 인신구속의 재판에서 시작된다고 해도 과히 틀린 말은 아닐 것이다.44)

제 4 절 결   론

이제 결론에 갈음하여 지금까지의 논의를 정리해 보기로 한다. 한국 형사소송법상 인신구속의 법리만큼 논란이 많은 분야도 없다. 법리적으로라기보다는 형사정책적 관점에서 그러하다. 한국의 영장제도가 안고 있는 각종의 폐단은 일제의 식민지 형사사법제도에서 유래하고 있다. 식민지 형사사법체계 하에서 수사기관은 고유의 강제처분권에 기초하여 피의자의 신병을 확보한 후 수사를 진행하였다. 피의자로부터 자백조서를 받아 내기 위하여 고문과 같은 불법적 수사기법을 사용하였다. 이러한 상황 하에서 구축된 수사관행은 해방 후 미군정이 이 땅에 서구식 영장제도를 도입하면서 일대변혁의 계기를 맞이하였다. 그러나 영장발부와 관련된 하위사법조직의 불비, 영장제도의 실질적 실현을 위한 사회적 제 세력의 부재 등으로 인하여 한국의 형사사법에서 영장제도는 서면심리의 방식으로 왜곡·변질되었다.

이제 한국의 영장제도는 원래의 제 모습을 회복하여야 한다. 영장제도의 참 모습을 갖추려면 우선 영장실질심사제도의 전면실시, 긴급체포에 대한 사후영장제도의 완비 등과 같은 법조문의 개정이 필요하다. 그렇지만 단순히 법전상의 조문 몇 개만을 정비해서는 그 효과를 기대할 수 없다. 무엇보다도 중요한 것은 일선수사기

---

44) 신동운, "인신구속제도를 둘러싼 법적용의 왜곡과 그 해결방안," 서울대학교 법학 제39권 제1호(1998. 5), 17면 이하 참조.

관이 가까운 곳에서 손쉽게 영장을 발부받을 수 있는 인적·물적 조직이 완비되어야 한다. 사법경찰관이 손쉽게 찾아갈 수 있는 검사, 그리고 검사가 영장을 청구할 법관이 경찰관서 가까운 곳에 위치하고 있어야 한다. 인적·물적 투자 없이 법전의 몇 조문만을 개정하여 영장주의의 완벽을 기하겠다는 발상은 버려야 한다. 과감한 투자 없이 영장제도의 확립은 없다.

영장제도의 확립 없이는 고문의 근절 또한 없다. 1983년의 한일합섬 김근조 이사 고문치사사건, 1987년의 박종철 씨 고문치사사건에 이어 또 다시 2002년 서울지검 고문치사사건이 발생하였다. 이 불행하고도 수치스러운 사건은 한국의 형사사법에서 영장제도의 확립을 게을리한 우리 모두의 책임이다. 사실 지금까지도 영장주의를 확립하지 못하여 "국제기준에 비추어 본 한국의 영장제도"를 운위하는 사실 자체가 부끄러운 일이다. 우리 모두 힘을 모아 선진제국에 뒤지지 않는 영장제도를 완비하여야 한다. 진정 고문 없는 나라에 살고 싶다. 저자는 고문 없는 나라에 사는 길은 영장제도를 확립하는 데에 있다고 확신한다. 영장주의의 대원칙을 확립하기 위하여 우리 모두의 지혜와 역량을 모아야 할 시점이다.

[요 약 문]

본 장은 한국의 영장제도가 안고 있는 문제점을 지적하고, 그 개선방안을 모색해 보려는 문제의식에서 집필되었다. 집필의 계기는 2002년 10월에 일어난 서울지검 고문치사사건이다. 저자는 이 불행한 사건의 발생배후에는 현행영장제도의 파행성이 주된 원인의 하나로 자리잡고 있다고 생각한다.

한국헌법은 영장제도를 천명하면서 예외적인 경우에 사후영장제도를 허용하고 있다. 한국이 가입한 「시민적 및 정치적 권리에 관한 국제규약」은 피의자를 체포한 경우에 신속하게 법관의 면전에 피의자를 인치하도록 규정하고 있다. 그러나 현행 한국 형사소송법의 긴급체포 규정에 의하면 48시간 동안 긴급체포된 피의자는 법관의 면전에 인치되지 않는다. 수사기관은 48시간 이내에 법관에게 영장을 청구하거나 석방하면 된다. 이 경우 피의자를 석방한다면 그 때까지 체포되었던 피의자는 전혀 법관의 면전에 가보지도 못한 채 신체의 자유를 박탈당한 결과가 된다.

서울지검의 고문치사 사건은 수사기관이 피의자를 긴급체포하여 48시간 동안 수사관서에 유치해 두고 있는 상황에서 발생하였다. 만일 국제인권규약이 규정한 바대로 법관의 면전에 신속하게 피의자를 인치하는 장치가 정비되었더라면, 그와 같은 불행한 사건은 일어나지 않았을 것이다. 이와 같은 문제의식에 기초하여 저자는 다음과 같이 한국영장제도의 문제점과 개선방안을 정리해 보았다.

우선 저자는 한국의 영장제도가 일제의 식민지형 형사사법을 탈피하는 과정에서 미군정의 영향을 받아 수용된 것이라는 점을 분석하였다. 아울러 제도의 정착과정에서 기존실무의 유지라는 요청과 권위주의정권의 비호가 맞물려서 영장제도의 실질적 구현이 저해되었다는 점과 특별히 영장발부의 자료로 수사기관작성의 자백조서를 중시하는 실무의 특성 때문에 자백위주의 수사관행이 유지되어 왔다는 점을 지적하였다.

이상과 같은 원인분석에 기초하여 저자는 영장주의를 국제적 기준에 부합하도록 충실화하기 위한 방안으로 다음의 몇 가지를 제안하였다. 먼저 영장실질심사제도는 전면적으로 시행되어야 한다. 체포된 피의자는 예외 없이 모두 법관의 면전에 인치되어야 한다. 체포된 피의자에게는 자신의 처지를 법관에게 진술할 수 있는 기회가 주어져야 한다. 다음으로 피의자를 긴급체포한 경우에 수사관은 반드시 사후에 법관으로부터 영장을 발부받아야 한다. 현재와 같이 법관의 사후통제가 배제되고 있는 긴급체포제도는 개정되어야 한다. 헌법조문에 충실하도록 사후영장제도가 완비되어야 한다. 세 번째로 수사기관에 가까운 곳에서 신속하게 영장이 발부될 수 있도록 간이법원이 확충되어야 한다. 현재 각 경찰서단위로 시·군법원이 설치되어 있으나 검사는 아직 배치되어 있지 않다. 최소한 순회검사제도라도 실시하여 영장 발부를 위한 인적 조직을 하급법원단위까지 정비하여야 한다. 끝으로 최고법원인 대법원이 영장발부의 법리에 통일을 기할 수 있도록 각종 영장관련재판에 불복방법을 인정하여야 한다. 체포·구속적부심이나 피의자보석에 관한 재판에 항고를 인정하는 것이 그 구체적인 방안이다.

[영문초록]

Detention Warrant System of Korea in View of the International Standard of Rule of Law

Dong Woon Shin*

The study was conducted on the purpose of pointing out the current problems concerning the issuance of warrant in Korea and suggesting ways to improve them. With the incident happened in Seoul District Prosecutor's Office in October 2002, when a suspect had died during the interrogation, the researcher began to focus on those issues. It is the researcher's opinion that this terrible incident was the result of the current problems in the warrant systems in Korea.

Article 12, paragraph 3 of Constitution of Republic of Korea mandates the issuance of a warrant for arrest and detention. However, an exception of post-issuance of warrant is allowed in an urgent case or one involving a flagrant offender. According to the article 9, paragraph 3 of International Covenant on Civil and Political Rights, once a suspect is arrested, he or she should be taken to a judge immediately. However, according to the current Penal Procedure Code of Republic of Korea, it is not illegal to keep the suspect who are urgently arrested away from a judge for 48 hours. An investigator either needs to apply for a post-issuance of detention warrant within 48 hours of the arrest or release

---

* College of Law, Seoul National University(Professor Dr.).

the offender. The latter means, however, the suspect was deprived of his or her personal liberty without having had the chance to see a judge.

The death incident in Seoul District Prosecutor's Office occurred during the 48 hour detention after he had been urgently arrested. If the Penal Procedure Code of Republic of Korea had made it mandatory to take the suspect to a judge immediately as the International Covenant on Civil and Political Rights mandates, such a terrible incident would have not taken place. The study dealt with the current problems on the issuance of warrant in Korea and provided solutions for them.

First of all, a thorough analysis revealed that the Korean warrant system was affected by the US Military Government during 1945~1948 while establishing the new Korean warrant system which was distinct from the Penal Procedure Code of Japanese Occupation. During the establishment period of warrant system, the excuse of sustaining the legal service and the accommodation for authoritative government made the realization of warrant system very difficult. Besides, due to the characteristic of the Penal Procedure Code of Republic of Korea, which approves the admissibility of protocol made by a prosecutor as the evidence of guilt, confession-orientated investigation became a habitual practice.

Based on the problems mentioned above, several suggestions to make the Korean warrant system to meet the international standards are provided as follows. First of all, a court judge should personally interrogate the suspect concerning the issuance of the arrest and detention warrant. All the arrested suspects should be taken to a judge with no exceptions and given chances to testify in front of the judge. Secondly, when the urgent arrest is made, the investigator must apply for an arrest warrant afterwards. The current urgent arrest system, which excludes the control of a judge after the arrest, should be revised. The post-warrant system should be reformed in accordance with the article 12, paragraph 3 of Constitution of the Republic of Korea and the article 9, paragraph 3 of International Covenant on Civil and Political Rights. Thirdly, the functions of summary court should be expanded in order to issue the warrant promptly. Currently, for each police station, either city or county court is installed, however, the prosecutors who are entitled to apply for the issuance of warrants are not yet assigned. At least a circuit prosecutor system should be established so that the warrants could be issued even at the lowest courts. Finally, There should be a standardized guideline for the issuance of warrant provided by the Supreme Court ruling. One way to that, an appeal to the Supreme Court for the review of legality for the habeas corpus decision or decision for bail made by the lower courts should be approved.

제 **5** 장

리스크규제의 합리화: 유전자변형생물체를 중심으로

리스크규제의 합리화: 유전자변형생물체를 중심으로

조 홍 식*

서 론

1. 법학은 사회의 갈등구조를 해소하기 위해 존재한다. 인간은 함께 모여 부대끼며 살아가는 사회적 동물이고, 그런 까닭에 구성원 상호간에는 쉴새없이 갈등이 생긴다. 사회과학은 이와 같은 갈등구조를 해소하기 위한 여러 기제(mechanism)를 연구해 왔고, 법학도 그와 같은 노력의 일환인 것이다.

사회가 발전하면서 갈등의 양상은 대단히 복잡해져 왔다. 이 글의 주제인 리스크(risk; Risiko)[1]는 이와 같은 복잡한 갈등구조를 대표하는 갈등구조의 탈현대적

* 서울대학교 법과대학 교수.
　이 글을 작성함에 있어서는 많은 분들이 도움을 주셨다. 마이크로소프트사는 이 글이 태동할 수 있도록 물적 계기를 마련해 주었고, 정재훈 변호사님과 장승화 교수님은 MS프로젝트를 구체화하는 데 구체적인 노력을 기울여 주었다. 서울대 법학연구소 MS법의 지배센터가 주최한 "국제기준과 법의 지배"에 관한 2003년 발표회에 참석한 여러 분들은 깊은 통찰을 담은 질문과 코멘트를 보내 주었다. 특히 장승화 교수님은 글의 내용과 관련해 많은 시사점을 던져 주었다. 황형준 석사, 류화현 석사, 이유봉 석사가 없었더라면 이 글이 완성되는 데 보다 긴 시간이 소요되었을 것이다. 특히 황형준 군은 유전자변형생물체에 관한 자료수집과 원고정리에 노력을 아끼지 않았다. 이 모든 분들께 깊은 사의를 표한다.
1) 이 글에서 사용되는 리스크라는 용어는 영어로 risk, 독일어로 Risiko를 외래어로서 받아들여 표현한 것이다. 아래에서 설명하는 바와 같이 리스크와 구별되는 개념으로 위험이 있는데, 이것은 영어로 danger, 독일어로 Gefahr를 번역한 것이다. 리스크에 관한 연구문헌 중 사회과학에 관련된 문헌을 보면 저자의 용례와 같이 risk나 Risiko를 리스크로, danger나 Gefahr를 위험으로 번역하는 경우(예컨대 김남진, "리스크사회에 있어서의 리스크관리와 규제," 268면(저자소장))와 risk나 Risiko를 위험으로, danger나 Gefahr를 위해로 번역하는 경우(예컨대 강희원, "환경위기시대에 있어서 위험에 대한 법학적 계몽을 위하여," 경희법학 제30권 제1호(1995.12), 113-164면)가 있

징표이다. 리스크는 불확실성을 본질적 요소로 하기 때문에 어떤 리스크의 수용 여부는 리스크를 수반하는 행위를 행하는 사람과 그 리스크에 의해 영향을 받는 사람이 다를 수밖에 없고, 그렇기 때문에 특정한 상황에서조차도 객관적 계산에 기한 합의의 도출을 기대하기는 어렵다.[2] 리스크가 관료적 합리성에 기한 합의의 도출로 해소될 수 없다는 것은 리스크가 이제 '인류에게 귀속된 내재적 조건'이 되었음을 의미한다.[3]

2. 리스크가 이와 같이 우리 사회의 곳곳에 스며들어 이제는 인간의 내재적 조건으로까지 운위되고 있거니와 리스크는 법체계에 대해서도 감당키 어려운 도전을 제시하고 있다. 후술하는 바와 같이 기존 법체계의 기본골격에 영향을 미침은 물론, 거의 모든 개별·구체적 법해석에 힘든 미세조정작업을 요청하고 있기 때문이다. 나는 이미 「리스크법」[4]에서 리스크현상 전반에 대한 법체계 전체의 대응책을 살펴본 바 있다. 나는 그 글에서 주제의 크기가 방대하여 모든 논점을 포괄한다는 것이 어렵지만, 독자들로 하여금 문제의식을 갖게 하기 위해 가능한 한 많은 논점을 제기하려고 노력하였다. 이번 시도는 일종의 케이스연구이다. 리스크를 연구하는 법학자들이라면 너나 할 것 없이 리스크에 대응할 수 있는 새로운 법패러다임을 모색하려고 할 것이지만, 그러한 거대이론을 구성하기 위해서는 현실에서 벌어지고 있는 구체적 문제에 대한 심도깊은 연구가 선행되어야 할 것이다. 이 케이스연구가 이런 맥락에서 리스크문제에 대한 법체계의 대응책모색에 의미 있는 행보가 될 수 있기를 기대한다.

3. 이번 연구는 리스크문제에 대한 법체계의 대응책모색을 비교법적으로 추구한다는 데 또 다른 의미가 있다. 전세계가 자유민주주의와 시장질서라는 보편적 이념을 중심으로 세계화(globalization)되고 시장이 하나로 통합되고 있는 추세에 있는

음을 알게 된다. 다른 한편 자연과학에 관련된 문헌을 보면 대개 risk나 Risiko를 위해성으로 부르고 있음을 알게 된다(예컨대 Raven, Berg & Johnson, *Environment*, pp. 27-35(안동만 역, 보문당, 2001)). 저자는 danger나 Gefahr를 번역할 때 '위험'이란 용어를 사용해 온 것이 이제까지의 관행이라고 판단하고 있고, risk나 Risiko에 대해서는 '위험'과 같이 관행화된 번역어가 현재 정립되어 있지 않다고 보고 있다. 이하에서는 적당한 번역어가 정립될 때까지 리스크를 risk나 Risiko를, 위험을 danger나 Gefahr를 의미하는 것으로 사용하기로 한다.

2) Niklas Luhmann, *Risk: A Sociological Theory*(Aldine De Gruyter, 1993), pp. 3-4

3) Clayton P. Gillette & James E. Krier(1990), "Risk, Courts, and Agencies," 138 *U. Pa. L. Rev.*, p. 1027. 보다 자세한 논의를 위해서는 Peter L. Bernstein, *Against the Gods: The Remarkable Story of Risk*(Wiley & Sons, 1996) 참조.

4) 졸고, "리스크법: 리스크관리체계로서의 환경법," 법학 제43권 제 4 호(2002. 12), 27-128면.

작금, 한 나라의 법체계를 구상하는 작업은 반드시 국제기준(global standard)을 감안하여 가능하면 이를 수용하는 열린 자세를 취하여야 할 것이다. 리스크문제가 보편화되면서 지구의 곳곳에서는 나름대로의 방책을 찾아 내려는 노력을 가일층 강화하고 있고, 그와 같은 노력의 결과로 생긴 자기 나름의 법체계를 세계화하려고 경쟁하고 있다. 우리 나라의 리스크법은 이런 치열한 경쟁 속에서 제시된 각각의 법체계를 참고하여 이를 발전시키는 방향에 그 노력의 초점을 맞추어야 할 것이다. 후술하는 바와 같이 리스크문제에 관해서는 여타의 사회문제와 달리 세계가 한결같이 받아들인 표준적인 제도나 체계는 존재하지 않고, 세계경제를 호령하는 미국과 유럽이 각각 자신의 제도나 체계를 고집하고 이를 상대방에게 암암리에 강요하고 있는 형국이다. 이와 같은 총성 없는 전쟁의 틈바구니에 있는 우리 나라로서는 리스크법을 설계함에 있어 보다 높은 수준의 경각심과 실용주의적 사고가 필요하다고 하겠다.

4. 이상의 문제의식을 토대로 이하 다음과 같은 순서로 논의를 전개하기로 한다. Ⅰ.에서는 이후의 논의에 필요한 최소한의 한도에서 리스크에 대한 정보를 소개한다. 먼저 리스크현상 일반을 살펴본 후 유전자변형생물체에 따르는 리스크가 리스크의 전형적 특징을 가지고 있음을 밝혀서 이후 전개될 논의의 대상을 제시한다. Ⅱ.에서는 리스크에 대한 이제까지 논의된 법적 대응책을 개관한다. 먼저 사법적 대응의 한계를 개관하여 사법기제가 가진 한계를 확인하고 공법적 해결책을 모색하여야 할 필요성을 제시한다. Ⅲ.에서는 Ⅱ.에서 제시된 일반론을 유전자조작유기체에 대해 구체화하고 있는 미국과 유럽, 그리고 국제법의 내용을 일별하여 국내법을 평가하기 위한 비교법적 기초를 확립한다. Ⅳ.에서는 국내입법에 대해 일별하는 시간을 갖는데, 먼저 상반되는 내용을 가진 원칙, 즉 비용편익분석과 사전배려의 원칙이 혼재하고 있고, 나아가 개별법도 일관성 없이 제정되어 복잡성을 띠고 있음을 살펴본다. Ⅴ.에서는 우리 나라가 가지고 있는 현재의 법체계 하에서 유전자변형생물체 문제를 어떻게 대처할 것인지를 살펴본다. 먼저 현재의 법제가 가지는 체계의 복잡성이 불가피한 측면이 있음을 밝히고, 이에 대한 실용주의적 대책을 제시한다.

Ⅰ. 리스크와 유전자변형생물체(GMO)

1. 리스크＝불확실성＋선택

(1) 리스크라는 용어는 환경법과 정책의 영역에서만 쓰이는 용어가 아니다. 기업의 영역에서는 기업가의 활동영역을, 금융세계에서는 파산의 위협을, 의료의 영역에서는 치료중 예측하지 못한 상황의 발생을, 자연계에서는 심각한 생태적 위협을 의미한다.[5] 이런 용법에서 알 수 있는 것은 우리가 통상 리스크라고 할 때에는 발생할 수 있는 위해의 크기, 즉 중대성과 그것이 발생할 확률, 즉 개연성을 함께 의미한다는 것이다. 이 같은 태도는 미국과 유럽에서 공히 발견되는데,[6] 예컨대 석면과 같은 발암물질에 노출되었을 때 폐암에 걸릴 확률은 심각하고(위해의 개연성), 암에 걸리는 것은 곧 사망(위해의 중대성)을 의미하는 까닭에 석면이 가져오는 리스크에 대해 조치가 필요하다고 하는 반면, 휴대전화전자파가 가져오는 위해는 치명적 뇌종양일 수도 있지만 그보다는 단순한 두통에서 끝날 가능성이 높아 이에 대한 정책적 요구는 매우 낮다. 이와 같이 리스크는 위해의 중대성(gravity; g)과 개연성(probability; p)의 조합($r=g \times p$)을 의미하는 것이 통상어법이다.

(2) 이와 같이 리스크가 위해의 중대성과 개연성의 조합을 의미한다고 할 때 쉽게 빠질 수 있는 오류는 리스크에 대한 과학적이고 객관적인 진단과 예측이 가능하다는 생각이다. 불행하게도 리스크는 그 예측이 불가능에 가까울 정도로 불확실하다는 것을 본질적 특성으로 한다. 리스크는 발생개연성은 영에 가깝지만 발생할 경우의 해악은 대재난이 되기 때문에 그 미소한 개연성도 무시할 수 없는 딜레마상황—통상 "영-무한대 딜레마"("zero-infinity dilemma")라고 부르는 특수한 상황을 만들어 낸다. 리스크를 유발하는 물질의 조사량(照射量)을 극소하게, 그리고 그에 대한 노출을 적절히 관리하면, 이 경우의 리스크는 영-무한대 딜레마상황이

---

5) Francois Ewald(1999-2000), "Risk in Contemporary Society," 6 *Conn. Ins. L.J.* 365.

6) 미국측 태도에 관한 문헌으로는 Jonathan B. Wiener(Dec. 2001), "Precaution in a Multi-Risk World," *Duke Law School Working Paper*, No. 23, p. 3. 독일측 태도에 관한 문헌으로는 Sonja Boehmer-Christiansen, "The Precautionary Principle in Germany: Enabling Government," *Interpreting the Precautionary Principle*(O'Riordan & Cameron, ed., 1994), pp. 31-60; Peter Sand (2000), "The Precautionary Principle: An European Perspective," reprinted in Peter Sand, *Transnational Environmental Law*, pp. 129-139; 한귀현, "독일 환경법상의 사전배려와 위험방지," 동아대학교 대학원논문집 제22편(1998. 4), 89-109면. 미독을 비교한 문헌으로는 Jonathan B. Wiener & Michael D. Rogers, "Comparing Precaution in the United States and Europe," http://www.env.duke.edu/solutions/documents/pp-eu_us_jrr_2002_03_25.pdf.

라고 할 수 있으나, 리스크물질의 조사량이 증가하면 그 심각한 위해의 개연성은
여전히 낮지만 증대되고, 이와 더불어 노출되는 사람의 범위가 커지면 커질수록 위
해는 통계상 사망하는 사람의 숫자로 표시될 정도로 확실해진다.[7] 하지만 실제 소
송으로 발전되는 문제상황은 잠재적으로 대재앙적 결과를 만들어 낼 통계적 가능
성이 불확실한 경우이다.[8] 사정이 이러하다 보니 리스크에 대한 타법 또한 기술낙
관주의에 기해 문제를 미래의 기술적 해결에 맡기는 태도[9]에서부터 대재앙적 결과
에 대한 포퓰리즘(populism)에 기해 리스크를 원천봉쇄하려는 태도까지 실로 다종
다양한 태도가 형성되는 것이다.[10]

(3) 리스크는 법학의 영역에서 논자에 따라 여러 종류로 분류되는데, 아마도
대표적인 분류는 리스크(risk; Risiko)와 위험(Danger; Gefahr)의 구별일 것이다. 독
일의 논법을 보면,[11] 먼저 발생할 가능성이 있는 위해의 중대성과 개연성의 조합
에 의하여 결정된 위험한계치(Gefahrenschwelle)를 정하고 이를 초과하는지 여부에
따라 「위험」(Gefahr)과 「리스크」(Risiko)를 구별한다. 이와 같은 개념은 각각의 법
적 대응에 연결되는데, 위험에 대해서는 경찰행정법상의 위험방지의무로, 리스크에
대해서는 사전배려의 원칙으로 대응한다. 그리고 모든 위험방지 및 사전배려를 다
한 후에 남는 위해는 사전배려한계치(Vorsorgeschwelle)를 넘지 않는 「잔존리스크」
(Restrisiko)로서, 일반국민은 이를 받아들여야 하는 것으로 해석하고 있다.[12]

---

7) Page(1978), "A Generic View of Toxic Chemicals and Similar Risks," 7 *Ecological L.Q.,* p.
 207, 211.
8) Larry D. Silver(1986), "The Common Law of Environmental Risk and Some Recent Appli-
 cations," 10 *Harv. Envtl. L. Rev.* 61, pp. 64-65.
9) 기술낙관주의에 관해서는 Krier & Gillette(1985), "The Un-Easy Case for Techonological
 Optimism," 84 *Mich. L. Rev.* 405. 한편 기술낙관주의를 연성화하여 보다 많은 주목을 끌고 있는
 생태근대화이론(ecological modernization theory)에 관해서는 Arthur P. J. Mol & Gert
 Spaargaren(1993), "Environment, Modernity and the Risk-Society: The Apocalyptic Horizon of
 Environmental Reform," *Int'l Sociology,* Vol. 8, No. 4, pp. 431-459.
10) 미연방대법원 대법원장인 Rehnquist가 Industrial Union Dept., AFL-CIO v. American Petro-
 leum Institute, 448 U.S. 607(1980)에서 표명한 견해, 즉 "a risk of an accident is not an effect
 on the physical environment. A risk is, by definition, unrealized in the physical world"는 전자
 를 대변하는 반면, 환경주의자들 중 극단론을 펴는 사람들은 후자를 대표한다고 할 수 있다.
11) 이하의 설명은 한귀현의 간결한 요약을 참고하였다. 한귀현(주 6)), 90-92면. 그러나 이러한 구
 분이 독일에만 있는 것은 아니다. 미국의 학자 중에도 같은 분류를 하는 사람이 있다. Robert A.
 Bohrer(1984), "Fear and Trembling in the Twentieth Century: Technology Risk, Uncertainty
 and Emotional Distress," 1984 *Wis. L. Rev.* 83, pp. 90-91.
12) 이상을 수학적 공식으로 표현하면 다음과 같다. e는 위해의 발생가능성, s는 위해의 크기, g는
 위험한계치를, v는 사전배려한계를 의미한다.

(4) 저자는 이와 같은 독일식 범주화가 리스크문제에 대한 적절한 해결책인가에 관해 회의적이다. 왜냐하면 삼분법(三分法)이 말하는 위험·리스크·잔여리스크가 그에 대한 법적 대응을 차별화할 만큼 질적 차이가 있는 것이 아니기 때문이다. Larry Silver는 "기지리스크"("known risk")와 "미지리스크"("unknown risk")를 평하면서 리스크의 개념적 분류를 오도적이라고까지 평가한다.[13] 즉 사람들은 이러한 분류를 접하면 자연스럽게 그 각 개념에 상응한 의사결정과정이 각각 있거나 아니면 의사결정과정의 난이도가 각각에 상응하게 나타날 것이라고 추측하게 된다는 것이다. 불행하게도 이러한 범주적 대응이 유의(有意)할 정도로 리스크 전반에 대한 자연과학적 지식이 성숙해 있지 않다. 각각의 리스크상황에 맞추어 개별·구체적으로 해결책을 강구하기에도 벅찬 것이 현재의 상황이다. 이와 같은 현실인식을 염두에 둔다면 리스크와 위험을 본질적으로 성질을 달리 하는 것으로 보고, 이에 따라 법적 대응책을 구성하는 것은 무리한 시도라고 본다.

(5) 리스크에 차이가 있다면, 그것은 불확실성의 정도의 차이일 뿐이다.[14] 상대적으로 볼 때 많은 연구가 축적되어 불확실성이 적은 리스크도 있고, 그렇지 못한 리스크도 있다. 석면이 발암물질이라는 사실은 이미 상당히 알려진 사실이지만, 휴대전화전자파의 위해에 대해서는 많은 사람이 반신반의하고 있다. 하지만 이러한 불확실성의 차이는 量의 問題이다. 미래에 대해서 예측은 할 수 있지만, 확실성이 담보될 정도로 알 수 없는 까닭에 모든 리스크는 확률적이고 불확실한 것이다. 따라서 미래와 관련한 결정이 불확실성의 조건 속에서 이루어져야만 한다는 것은 리스크에 대한 것이건, 위험에 대한 것이건 같다고 할 수 있겠다.

(6) 또한 대상이 불확실한 것이 아니고 우리의 인식이 불확실하다. 따라서 중요한 것은 주어진 불확실성 속에서, 즉 현재의 인식수준 하에서 어떤 자세를 취할 것인가를 정하는 것이다. 우리는 이제껏 한번도 어떤 것이 해악을 가져올 것이라고

상위개념으로서 잠재적 위험의 종류	공 식	법적 대응방식
위 험	$g<e\times s$	안전법상 위험방지
리 스 크	$v<e\times s<g$	환경법상 사전배려
잔존리스크	$0<e\times s<v$	수용의무

13) Silver(주 8)), pp. 64-65.
14) Wiener, "Multi-Risk"(주 6)), p. 3.

완벽하게 확신한 적이 없으며, 우리가 초래하는 리스크와 기회에 대해 한번도 확신해 본 적이 없다. 미래에 관한 모든 결정은 이와 같은 불확실성 속에서 내려져야만 한다. 그리고 그 결정은 주어진 구체적 상황 속에서 결정에 의하여 영향을 받는 사람들 자신에 의해 개별 구체적으로 내려지는 것이 옳다. 대응방안에 관해 미리 선험적으로 범주를 정하기에는 대상에 대해 아는 것이 너무나 없다. 정도의 차이가 생기는 것은 대상리스크의 속성으로부터 생기는 것이 아니라 우리의 인식에 의해서 생기고, 우리의 인식은 그것에 기초한 대응방안을 범주화하기에는 너무나 불완전하다.

이와 관련해 유의할 점이 있다. "약도 독이 된다"는 Paracelsus의 통찰대로[15] 아무리 유용한 물질 또는 행위라도 때로는 해가 되는 경우가 있다. 요컨대 리스크로부터 완전히 자유롭다고 확신할 수 있는 것은 하나도 없다. 생활필수품, 예컨대 물·소금·산소·햇빛·비타민조차도 지나친 양을 흡수했을 때(예컨대 산소중독·피부암)나 적소(適所) 외에 노출되었을 경우(폐 속으로 들어간 물, 생채기에 소금)에는 치명적인 결과를 불러오기도 한다. 따라서 무엇이 위해인가의 여부는 어떤 물질의 본질적 속성의 분류에 의존하는 것이 아니라 적용맥락에 달려 있는 것이다.[16]

따라서 리스크와 위험을 본질적으로 구별되는 개념으로 상정하고, 이를 전제로 이에 대한 법적 대응방법을 구조화하는 것은 논리적 필연성을 결여한 법적 허구라고 할 수 있을 것이다. 그 구별기준으로 정한 임계치는 불확실성이라는 배경에 비추어 볼 때 너무나 작위적이다. 누가 어떤 기준에서 그것을 정할 수 있겠는가?

이렇게 볼 때——앞으로 다양한 법적 맥락을 거치면서 확실히 드러나듯이—— 우리가 직면하고 있는 리스크의 본질적 속성은 불확실성과 선택, 즉 **불확실성 속에서의 선택**이라 할 수 있겠다.[17] 따라서 리스크문제에 대한 논의는 불확실성 속에서 어떤 과정 내지는 방식을 거쳐 어떤 내용의 결정을 하여야 합리적이라는 평가를 받을 수 있는가에 모아져야 하고, 그와 같은 논의 끝에 내려진 해법은 불확실성과 선택이라는 요소를 가지고 있는 문제상황이라면 그것이 이제껏 위험이라는 범주에 포섭

---

15) M. Alice Ottoboni, *The Dose Makes the Poison: A Plain-Language Guide to Toxicology* (Berkeley: Vincente Books, 1984). Wiener, "Multi-Risk"(주 6))에서 재인용.

16) Wiener, "Multi-Risk"(주 6)), p. 3.

17) 논자에 따라서는 리스크와 불확실성을 대등한 개념으로 파악하는 경우도 있다. 예컨대 Wildavsky는 리스크를 '정확한 결과를 예측할 수 없으나 개연성분포는 특정이 가능한 경우'로, 불확실성을 '결과의 범위조차 알 수 없는 경우'로 구분한다. Wildavsky(1968), "The Political Economy of Efficiency, Cost-Benefit Analysis, Systems Analysis, and Program Budgeting," in *Political Science and Public Policy* 55, pp. 61-62; Christopher Schroeder(1986), "Rights against Risks," 86 *Colum. L. Rev.* 495, p. 503, footnote 32에서 재인용.

되어 왔건, 리스크라는 범주에 포섭되어 왔건 관계 없이 적용될 수 있다고 본다.

(7) 리스크와 관련한 결정이 불확실성의 조건 속에서 이루어져야만 한다는 것은 이미 강조한 바이거니와 불확실성이 곧 선택의 불가피성을 의미한다면, 리스크는——Luhmann[18]과 Beck[19]의 지적대로——결정을 전제로 하는 개념이라 할 수 있다. 즉 리스크는 불확실성과 그에 따르는 위해를 결정으로 변환하는 과정에서 생겨나는 것이다. 선택을 하여야 한다는 것은 다시 불확실성을 증폭시켜 리스크에 대한 불확실성은 더 이상 감축할 수 없게 된다.[20]

이와 같이 위험을 불확실성 속에서 이루어지는 누군가의 결정이라고 인식하면 의사결정을 어떻게 하는 것이 올바른가 하는 리스크관리의 문제가 중요한 의미를 갖게 된다.[21] 어떤 이의 결정으로 다른 이가 피해를 입었다는 인과관계가 명확하면 책임귀속의 문제가 전면에 부상하겠지만 누차 강조했듯이 책임을 귀속시킬 만큼 확실한 인과관계를 증명할 수 없기 때문에, 그렇다면 우리 모두에게 편리함을 가져다 주고 우리 모두가 어떤 형태로든——예컨대 편안함을 추구하여 시장에서 리스크가 따르는 물건을 구입하는 것을 포함해서——기여하였으므로 누구의 잘잘못을 따지기보다는 이를 적절히 관리하는 데 노력을 집중하자는 논의가 나오는 것이다. 요컨대 어떤 손해가 발생하였을 때 이 손해가 주어진 것이 아니라 누군가의 선택에 의해 만들어진 것이라지만, 그렇다고 그 누군가를 특정할 수도 없고, 그렇다고 해서 리스크로부터 해방된 상태를 지향하는 것은 현실성 없는 선택이기 때문에 리스크의 관리에 치중하자는 결론에 이르게 되는 것이다. 여기에 Mary Douglas가 위험이 개인의 문제였다면, 리스크는 공동체의 문제라고 주장한 까닭이 있다고 본다.[22]

이런 까닭에 법체계가 리스크개념을 수용하는 것은 파괴적 효과가 따르는 현대과학기술을 이제는 법적으로 관리하여야겠다는 사고의 전환을 유도하는 계기가 된다.[23] 이에 따라 리스크개념과 그 속성에 초점을 맞춘 다양한 법적 대응방안이

---

18) Luhmann에 따르면 리스크와 위험 모두 잠재적 손실을 예정하고 있는 개념인데, 위험이 그 손실의 원인이 행위자 자신의 통제 밖에 있는 데 반해, 리스크는 자기 스스로 한 결정에 손실의 원인이 귀속되는 경우이다. Luhmann, *Risk: A Sociological Theory*(주 2)), pp. 21-22.

19) Ulrich Beck, "Risk Society and the Provident State," *Risk, Environment & Modernity: Towards a New Ecology*(Scott Lash, *et al.*, ed., 1996), pp. 27-43.

20) Lindsay Farmer and Gunther Teubner, "Ecological Self-Organization," *Environmental Law and Ecological Responsibility*(Gunther Teubner *et al.*, ed., 1994), p. 4.

21) Luhmann, *Risk: A Sociological Theory*(주 2)), pp. 101-124.

22) Mary Douglas, *Risk and Blame: Essays in Cultural Theory*(Routledge, 1992).

23) 이에 관한 문헌으로는 James Cameron & Juli Abouchar(1991), "The Precautionary Principle:

제기된다. 뒤에 상술하는 바와 같이 리스크는 그 속성상 사후적 대처가 부적절하므로 사법(私法) 기제는 아무래도 부적절하다는 주장, 최선의 방책은 이를 사전예방하는 것이라는 주장(사전예방·배려의 원칙), 따지고 보면 기술에만 리스크가 따르는 것이 아니라 인간의 모든 행동에는 리스크가 따르는데 특정한 기술만을 규제하는 이유가 무엇인가라는 의문에 기초하여(리스크비교평가) 리스크는 이를 적절히 관리하여야 한다든지(리스크관리), 그런 큰 그림을 그릴 필요 없이 미세조정으로 해결할 수 있다든지(행정법의 유연화) 하는 등의 다양한 주장이 제시되는 것이다.

2. 유전자변형생물체의 개념[24]

이 글의 주제인 유전자변형생물체(Genetically Modified Organism; GMO)[25]는 그 위해성 여부가 과학적으로 밝혀지지 아니한 상태에 있고, 그로 인해 여러 가지의 사회적 문제가 제기되고 있으며, 근자에 들어 관련법률이 제정되어 그 시행이 준비중에 있는 까닭에 많은 사람들의 관심을 끌고 있다. 따라서 GMO에 대한 적합

A Fundamental Principle of Law and Policy for the Protection of the Global Environment," 14 *B.C. Int'l & Comp. L. Rev.* 1.

24) 유전자변형생물체에 관해서는 국내외의 다양한 문헌이 존재한다. 외국문헌으로는 예컨대 Aynsley Kellow(2002), "Risk Assessment and Decision-making for Genetically Modified Foods," 13 *Risk: Health Safety & Env't* 115; Drew L. Kershen(2001), "The Risks of Goning Non-GMO," 53 *Okla. L. Rev.* 631. Indiana법과대학에서는 2001년 "Sustainable Development, Agriculture, and the Challenge of Genetically Modified Organisms"에 관하여 심포지엄을 개최하였는데, 심포지엄에서의 연구는 9 *Ind. J. Global Legal Stud.* 1(2001)에 실려 있다. 게재된 논문 중에 주목할 만한 것은 Stephen Tromans(2001), "Promise, Peril, Precaution: The Environmental Regulation of Genetically Modified Organisms," 9 *Ind. J. Global Legal Stud.* 187. 국내문헌으로는 아래 인용한 문헌 외에 유전자변형생물체에 관한 국내외법제를 내분비계장애물질에 관한 국내외법제와 비교분석한 훌륭한 논문인 황형준, "환경리스크에 대한 법적 대응: 유전자변형생물체와 내분비계장애물질을 중심으로"(서울대학교 석사학위논문, 2004). GMO에 관한 국제법에 관해서는 Sean D. Murphy(2001), "Biotechnology and International Law," 42 *Harv. Int'l L.J.* 47. 국내문헌으로는 이혜경(2002), "환경법에 있어서의 위험관리: 유전자변형생물체를 중심으로"(서울대학교 석사학위논문, 2002).

25) 이 글이 다루는 주제에 대해서는 GMO라는 용어 외에 여러 가지 용어, 즉 GEO(Genetically Engineered Organism(GEO), Living Modified Organism(LMO) 등의 용어가 사용되기도 한다. 이러한 용어들은 개념상 미세한 차이가 있는데, 생명공학과 전통적 교배기술의 차이를 부정하려는 미국과 같은 유전자변형농산물의 수출국에서는 "살아 있다"("living")는 것을 강조하기 위해서 LMO를 사용하려고 하는 데 반해, '유전자재조합기술'의 측면을 강조하려는 측에서는 Recombinant DNA Organisms란 용어를 사용하려고 한다. 또한 국내에서 유전자조작의 '위험성'을 강조하여 그 부정적 측면을 부각시키려는 환경단체들은 유전자 '조작' 식품이라는 용어를 사용한다. 카르타헤나의정서에서는 LMO라는 용어를 사용하고 있다. 하지만 저자는 그 차이가 이 글이 주장하는 논지에 변화를 가져올 만큼의 중요한 것은 아니라고 판단하고 있다. 이하에서는 위에서 살펴본 여러 용어를 포괄하는 의미로서 GMO를 사용하기로 한다.

한 규제방법을 모색해 보고, 그 연구결과에 비추어 현재의 실정법을 평가하는 것은 시의적절하다고 하겠다.

유전자변형생물체는 '현대의 생명공학 기술을 이용하여 제조된 것으로서 새로운 유전물질의 조합을 포함하고 있는 모든 생명체'를 말한다.[26] 유전자변형생물체를 만드는 데에는 유전자재조합기술(Recombinant DNA Technology)이 사용되는데, 유전자변형생물체는 이 기술에 의해 창출된 지구상의 새로운 생물체이다. 첨단생명공학기술의 일종인 유전자재조합기술은 여러 종류의 생물체의 유전자를 이용하여 새로운 구조의 유전자를 만들어 내는 기술이기 때문에[27] 이 기술에 의해 만들어진 유전자변형생물체는 재래식 조작방법이라고 할 수 있는 종간의 교배에 의한 육종 등의 방법에 의한 신종생물과는 구별된다.

종간의 교배와 유전자재조합기술 사이에는 인위성의 정도의 차이가 있는 것에 불과하다고 볼 수도 있지만, 종간의 교배는 인간의 개입이 없어도 일어날 가능성을 배제할 수 없는 데 반해, 유전자재조합기술의 이용은 오로지 인간만이 할 수 있다는 점에서 본질적 다른 성질의 것이라는 견해도 있을 수 있다. 또한 전통적 교배육종에 의해 원하는 특성(돌연변이)을 얻으려면 많은 시간 및 시행착오가 필요할 뿐 아니라 성공가능성이 불확실한 반면, 유전자재조합기술을 이용하게 되면 원하는 품종을 바로 얻을 수 있게 된다.

유전자변형생물체가 창출되는 과정을 단순화하면 다음과 같다.[28]

$$A + 유전자조각(DNA/RNA \text{ Fragment}) \rightarrow A'$$

A는 기존의 생물체이고, 유전자조각이란 A가 아닌 다른 생물체에서 분리한 염기배열 또는 인위적으로 생성한 염기배열을 말한다. 위 도식과 같이 A생물체에 인위적인 유전자조작을 첨가하여 A'라는 새로운 생물체를 창출하게 된다. 이 경우 유전자조각의 첨가에 의해 A가 보유하지 못하던 특별한 성질, 예컨대 내한성·제

---

26) 후술할 카르타헤나의정서가 내린 정의내용이다.

27) 현재 대표적인 유전자재조합기술로는 (1) 아그로박테리움이라는 미생물이 식물세포에 자신의 구성체(플라스미드)를 밀어 넣는 성질을 이용한 아그로박테리움법, (2) 식물의 세포막을 제거한 후 전기충격을 가하여 유전자를 원형질체에 삽입시키는 원형질세포법, (3) 금속의 미립자에 유전자를 묻힌 후 고압가스나 화학폭발에 의해 유전자를 삽입시키는 입자총법 등이 있는데, 세 가지 기술 모두 도입유전자가 식물세포의 어느 부위에 들어가는지를 알 수 없어 경우에 따라서는 예상할 수 없는 물질을 만들어 낼 가능성이 있다고 한다. 이승헌, "유전자변형농산물(GMO)," 농어촌과환경 제71권(농업기반공사 농어촌연구원, 2001. 6), 125-127면.

28) 박용하, 유전자변형된 생물체(LMOs)의 안전성확보방안 1(한국환경정책, 평가연구원, 1998).

초제내성·살충제내성 등이 추가되어 나타난다.

그런데 문제가 되는 것은 현재의 유전자조합기술 수준으로는 이와 같이 추가되는 유전자조각이 정확히 피도입세포의 어느 부위에 들어가게 되는지를 알 수 없다고 한다.[29] 따라서 예상과 다른 물질이 창출될 가능성이 있고, 이것이 바로 유전자변형생물체가 빚어 내는 리스크의 불확실성을 가중시키는 것이라고 할 수 있다.

3. 유전자변형생물체의 리스크특성

앞서 리스크는 위해의 중대성과 개연성의 조합($r=g \times p$)을 말하고, 그 본질적 속성은 '불확실성 속에서의 선택'으로 규정지을 수 있으며, 이러한 성질에 기해 리스크에 대응한 다양한 법적 대응방안이 모색될 수 있음을 살펴보았다. 여기서는 유전자변형생물체는 이러한 일반적 성질을 가지고 있을 뿐만 아니라 여타의 리스크와 구별되는——비록 상대적인 구별이기는 하지만——특유의 성질을 가지고 있고, 이러한 성질이 앞서 살핀 리스크에 대한 법적 대응방안 중 일부를 특히 선호하게 하고 있음을 살펴본다.

(1) 유전자변형생물체의 위해의 불확실성

유전자변형생물체의 리스크는 그 위해의 크기와 발생개연성을 예측할 수 없을 정도로 불확실하다는 것을 본질적 특성으로 한다. 유전자재조합기술에 의해 유전자변형생물체를 새롭게 만들어 낼 경우, 인간이 개입하지 아니한 상태에서는 절대 일어날 수 없는 다른 종 사이의 유전자조합이 일어나게 된다. 따라서 특정유전자의 기능이 사라지거나, 새로운 독성이 발현되거나, 생태계에 예상하지 못했던 영향을 주게 될 가능성이 있음을 어렵지 않게 상정할 수 있겠다. 문제는 이러한 위해에 대한 정보가 그 대응책을 설계하는 데 있어 의미 있을 정도로 확실하지 못하다는 데 있다.

이와 같은 불확실성이 생기는 원인은 (1) 유전자재조합기술에 의해 유전자변형생물체를 새롭게 만들어 낼 경우, 인간이 개입하지 아니한 상태에서는 절대 일어날 수 없는 다른 종 사이의 유전자조합이 일어나게 되는 것인바, 이것은 자연상태에서 인간이 경험해 보지 못한 초유의 사건이기 때문이고, (2) 유전자변형생물체의 창출에 사용되는 유전자재조합기술이 아직은 유아기에 머물고 있어 그 결과를 통제할

---

29) 이승헌 (주 27)), 125-127면.

만큼 정치하지 못하기 때문이다. 현재의 기술은 도입유전자를 피도입세포의 특정지점에 정확히 이식할 수 있을 정도에 이르지 못하고 있다.

1) 불확실한 위해의 중대성

먼저 위해의 중대성부터 살펴보자. 수천·수만년간 인류의 복용을 통해 안전성이 경험적으로 확인된 재래식품과는 달리 유전자변형식품은 그 안전성을 보장하기가 매우 어렵다. 만일 유전자변형생물체에 광우병(BSE)의 경우와 같이 긴 잠복기를 거쳐 발현하는 위해성이 내포되어 있다면, 더 나아가 수 세대가 지나서야 농축된 위해성이 발현된다면 단기간의 동물실험 등을 통해 이를 포착하기는 어려울 것이다. 또한 동물실험에서 안전성이 인정되었다고 해서 사람에게 반드시 안전하다는 보장도 없다. 유전자변형식품은 인류가 섭취해 본 적이 없는 유전자와 단백질이 내포된 식품임에도 불구하고 인체를 대상으로 장기간에 걸쳐 안전성을 검증할 수 없으므로, 그 안전성에 관하여 아무리 과학적으로 연구한다고 해도 그 결과를 신뢰하기란 어려운 것이다.

유전자변형생물체가 가져올 위해의 크기에 따르는 불확실성을 더욱 가중시키는 것은 유전자변형생물체가 생태계에 혼입된다는 사실이다. 새로운 리스크가 가져올 위해는 주로 인체에 초점이 맞추어져 논하여졌지만, 유전자변형생물체의 경우 더욱 큰 문제는 그 **생태계교란가능성**이다. 유전자변형생물체는 일단 환경에 방출된 후에는 통제할 수 없고, 이로부터 생태계는 끝없는 인과관계의 연쇄고리를 따라 지속적으로 변화하게 된다. 종의 다양성에 영향을 끼치는 것은 물론 유전자변형생물체는 한번 자연에 방출되면 다시는 원상태로 돌릴 수 없고, 환경에 방출된 유전자변형생물체는 다른 생물체에 변종을 유발할 수 있으며, 다른 생물체에 의도하지 않은 유전자전이를 가져옴으로써 지구생태계에 회복불가능한 교란을 불러오는 것이다.[30] 이러한 유전자변형생물체의 환경방출로 인한 피해확산을 조금이라도 막아보려는 노력이 후술할 유럽연합의 모니터링제도와 추적가능성제도이다. 이러한 제도들은 인체에의 위해확산을 가능한 조속히 방지하려는 노력이지만, 부수적으로는 생태계교란방지에도 기여할 수 있겠다. 하지만 이러한 제도에도 불구하고 유전자변형생물체가 생태계에 일단 정착되면 유전자변형생물체를 생태계에서 제거하는 것은 사실상 불가능해지기 때문에 유전자변형생물체의 환경방출에는 더욱 신중할 필요가 있다고 하겠다.

---

30) 이종영, "국가의 후세대보호의무와 유전공학의 안전성," 공법연구 제30집 제1호, 48면 이하.

2) 불확실한 위해의 개연성

문제를 더욱 복잡하게 만드는 것은 위해의 크기가 아니라 아예 위해 자체가 있는지 없는지 여부가 불확실하다는 데 있다. 유전자변형생물체의 위해성논란은 다음과 같은 유전자변형생물체에 관한 대표적인 연구성과를 둘러싼 논란의 전개과정을 살펴봄으로써 그 실체를 보다 명확히 파악할 수 있다.

유전자변형생물체가 위해를 가져올 수 있다는 문제의식은 유전자변형 DNA가 최초로 만들어진 1970년대부터 제기되어 왔지만, 위해성논란이 본격화되기 시작한 것은 무르지 않는 유전자변형 토마토인 Flavr Savr가 상품화되고 뒤이어 Bt옥수수·라운드업 레디 콩 등이 승인된 1994년부터라고 할 수 있다. 이러한 위해성에 대한 논란은 1999년 5월 미국 코넬대학의 곤충학자 존 로시가 「네이처」誌에 발표한 연구보고에서 유전자변형 옥수수의 꽃가루가 '제중왕나비'의 애벌레를 죽일 수 있다고 발표하고, 1999년 10월 스코틀랜드 로웨트연구소의 단백질생화학자 아패드 푸즈타이가 유전자변형감자를 먹인 '쥐'의 면역반응이 저하되고 위와 장에 손상을 입었다고 의학전문지 「란세트」지에 보고하자 더욱 가열되었다. 나아가 독일 예나대학의 한스 카츠가 2000년 5월에 GMO의 유전자가 식물에서 동물로 전염될 수 있다는 연구결과를 발표하면서 GMO의 위해성논란은 일파만파로 확대된다.

그런데 유전자변형생물체가 제중왕나비나 쥐에게 유해하다는 연구결과는 모두 현재 그 연구의 신뢰성을 의심받고 있다. 제중왕나비에 관한 존 로시의 연구를 검증하기 위해 기획된 미국의 연구사업의 결과 압도적인 다수의 과학자들은 로시와는 반대되는 견해를 제시했고, 푸즈타이의 연구 역시 수많은 변수를 무시한 예비조사의 성격이어서 인체에의 위해성입증과는 거리가 있는 것으로 평가하는 학자가 많다.

이처럼 위해성 여부에 대한 과학적 입증이 곤란해지자, 유전자변형생물체의 수용 여부는 **과학적 논쟁**이 아닌 **논리적·사회적·경제적 논쟁**으로 변형되는 경향에 놓여 있게 되었다. 과학적으로 완벽한 입증이라는 것은 애당초에 불가능하고, 제각기 제기되는 과학적 주장들은 그 주장의 전제가 된 여러 가지 **가정**(assumption)에 따라 이런저런 모습을 띠게 되는바, 결국 가정을 어떻게 설정하느냐에 따라 주장의 내용이 좌우되는 형국에 이르게 되었는데, 바로 이런 결정적 역할을 하는 가정은 그 가정을 설정하는 사람들의 가치관을 그대로 담고 있는 것이다. 따라서 과학적 논쟁이라는 것은 따지고 보면 여타의 윤리적·사회적·경제적 이유를 근거로 하는

유전자변형생물체의 '찬반논쟁'과 별반 다를 것이 없다는 생각에 이르게 된다. 위
해성 여부에 관한 판단은 보류한 채 식량위기극복의 수단임을 근거로 유전자변형
생물체의 개발에 찬성하는 입장[31]이나 농업의 선진국예속 가능성을 우려하여 이를
반대하는 입장이 공존하는 것이 그 좋은 예가 된다.

이에 따라 현재 GMO옹호론자와 반대론자의 싸움은 실질적인 위해성에 관한
논쟁보다는 GMO농작물이 가져올 엄청난 사회경제적 영향, 특히 농업분야에 끼칠
영향에 대해서만 우선적인 초점이 맞추어져 있다는 지적도 있고,[32] 기존의 실험결
과를 토대로 모든 유전자변형생물체의 환경위해성 유무를 논하는 것 자체가 시기
상조라는 견해[33]도 있다.

(2) 선택의 불가피성

1) 선택의 불가피성이란 (1)에서 본 바와 같이 결국 순수하게 과학적인 차원에
서의 위해성판단은 현재의 과학수준에서는 불가능하다고 할 수 있는데, 그럼에도
불구하고 인류는 GMO를 취할지 여부에 대해 선택하여야 하는 것을 의미한다. 여
타의 리스크가 위해의 발생가능성 자체는 존재하며 다만 그 가능성이 현저하게 낮
은 경우임에 비해, 유전자변형생물체의 경우는 발생가능한 위해라는 것이 과연 존
재하는지조차 알 수 없으므로 이는 불확실성의 극단에 있는 것으로 평가할 수 있
다. 선택의 기준이 없어 선택이 극히 곤란한 상황에서 선택하여야 한다는 것이야말
로 유전자변형생물체를 둘러싼 문제의 총체적 특징이라 할 수 있을 것이다.

논자에 따라서는 선택을 하지 않으면 무슨 문제가 있겠는가, 또는 관련과학이
발전하기를 기다리면 되지 않는가라는 의문을 제시할 수도 있을 것이다. 하지만 관
련과학이 발전하기를 무작정 기다릴 수만은 없다. 얼마나 과학이 발전해야 안전하
다는 과학적 판단을 신뢰할 수 있는 것인지도 불분명할 뿐 아니라, 수 세대가 지나
도록 시행되는 장기적인 연구를 지켜 본다는 것도 비현실적이기 때문이다. 유전자
변형생물체와 같이 즉각적인 편익(예컨대 식량혁명)을 줄 수 있는 경우에 판단의
유보란 거부, 즉 부정적 선택을 하는 것을 의미하게 되는데, 이는 마치 감전이 두
려워 인체에 무해한 전기가 개발될 때까지 전기의 사용을 미루거나 교통사고가 무

---

31) 권오희, "식량위기와 유전자조작농산물," 지식재산 21 제55호(1999. 7), 149-166면.

32) 장진수, "유전자변형식품, 인체와 생태계 위협하는가?," 정경뉴스 제 4 권(한국언론인협회,
    2000. 7), 168면.

33) 박용하, "진화과정을 파괴하는 유전자변형생물체," 함께 사는 길 제86권(환경운동연합, 2000.
    8), 70-72면.

서워 자동차를 이용하지 않는 경우와 같이 여겨질 가능성도 있다.

결국 좀더 기다린 후에 선택할 수 있다면 좋겠지만, 기다릴 수 없는 리스크선택의 불가피성이 GMO의 또 다른 위험요소로 추가된다. 이에 대해 우선 생각할 수 있는 방안은 잘못된 판단이 이루어질 경우의 피해를 최소화하는 쪽으로 결정하는 것이다. 이 경우의 피해최소화란 단순히 최악의 사태에 따르는 피해의 크기와 리스크를 감수하여 얻을 수 있는 편익의 크기를 비교하는 것이어서는 안 되고, 이들에 각각 현재시점에서의 피해가능성 및 편익가능성을 곱한 개념이어야 합리적이다. 그러나 피해가능성을 측정한다는 것은 그야말로 지난한 것이어서 이러한 비교는 결국 불가능에 가깝다고 할 수 있다. 이와 같은 자연과학적 불확실성에도 불구하고 현재의 과학적 증거에 기초해 어떤 식으로든 선택하여야 한다는 것이 GMO에 관련된 문제의 요체이다.

2) 불확실성 속에서 결정을 내려야 하는 리스크문제의 속성과 관련하여 리스크에 대한 인식의 문제가 제기된다. 리스크에 대한 문외한으로서의 일반대중이 가지는 인식은 실제의 리스크와는 사뭇 다를 수 있기 때문에 리스크에 대한 법과 정책의 설계에 있어 적지 않은 문제점을 제기한다. 전문가들은 때때로 일반인들의 인식상의 차이를 고려하지 않고 리스크를 평가하고, 이는 후술하는 바와 같이 비용편익분석에 영향을 미쳐 결국 정책의 내용 및 채택 여부에 영향을 미친다.

이러한 인식의 차이 때문에 **"리스크의사소통"**("risk communication")의 중요성이 강조된다. 리스크의사소통이라 함은 "리스크평가자, 리스크관리자, 소비자 및 기타 이해관계인 사이에서 이루어지는 리스크에 관한 정보와 의견의 상호 교환"을 말한다.[34] 위해의 중대성은 객관적으로 평가된다기보다는 주관적으로 결정된다고 보는 것이 합당하다. 따라서 만일 리스크에 관한 정보가 널리 공유되고 사람들간에 의사소통이 이루어져 리스크에 관한 인식의 차가 좁혀진다면, 리스크관리의 어려움은 어느 정도 줄어들 수 있을 것이다. 그러나 의사소통에 필요한 비용을 사회가 감내할 수 없다면, 이러한 인식의 문제는 불확실성과는 또 다른 차원의 문제를 제기할 것이다.

리스크인식의 문제는 유전자변형생물체와 관련하여서는 더욱 심각해지는데,

---

34) Thomas O. McGarity(2002), "Seeds of Distrust: Federal Regulation of Genetically Modified Foods," 35 *U. Mich. J.L. Reform* 403, p. 496("the interact 'ive exchange of information and opinions concerning risk among risk assessors, risk managers, consumers, and other interested parties").

그것은 유전자변형생물체의 위해성 여부에 관하여 일반대중과 전문가들 간에만 인식의 차가 존재하는 것이 아니라 일반대중내부 및 전문가집단내부에서도 뚜렷한 의견대립의 양상을 보이고 있기 때문이다.[35] 게다가 이러한 인식의 차이가 국가간에도 존재하게 되어 결국 WTO분쟁으로까지 확산되는 등 유전자변형생물체의 위해성 여부는 그 자체로 중요한 사회적 이슈가 되어버렸다.[36]

　　우리 나라의 경우 이러한 인식의 차이는 유전자변형작물의 생산자인 농민과 그 소비자 간에 뚜렷한데, 유전자변형생물체의 인체 및 환경위해성을 묻는 어느 설문조사에서 소비자의 72.6%가 유해할 것이라고 답한 반면, 생산자는 33.5%만이 유해하다고 답한 사실 및 유전자변형식품의 섭취의향에 관해서는 소비자의 72.4%가 먹지 않겠다고 답한 반면, 생산자는 64.9%가 먹겠다고 답한 사실 등에서 분명히 드러난다.[37] 유전자변형생물체에 대한 적절한 대응책이 되려면, 적어도 이러한 리스크인식의 차이를 반영하고 해결할 수 있는 것이어야 할 것이다.

(3) 유전자변형생물체 고유의 리스크특성: 주산물성

　　리스크로서 유전자변형생물체의 특징 가운데 두드러지는 것은 유전자변형생물체의 존부 자체를 우리 사회가 선택할 수 있다는 것이다. 원자력발전으로 인한 리스크에서 벗어나기 위해 대체에너지를 개발하고 원자력발전을 포기할 수 있는 것처럼 유전자변형생물체의 리스크로부터 벗어나기 위해 유전자변형생물체의 수입 및 연구개발을 전면적으로 금지할 수 있으며, 이로써 유전자변형생물체의 리스크로부터 벗어나는 것이 가능하다.

　　이는 석면흡입으로 인한 리스크, 내분비계장애물질로 인한 리스크 등의 일반리스크와는 확연히 구별되는 특징인데, 우리가 생활 속에 퍼져 있는 수많은 화학물질의 리스크에서 벗어날 수 있는 방법이란 현대문명을 거부하여 원시적 생활을 추구하는 다소 비현실적인 방법일 수밖에 없는 반면, 유전자변형생물체는 개발을 금지

---

35) 유전자변형생물체의 위해성에 대한 과학계의 논란에 관한 간략한 소개로는 현원복, "바이오식품은 얼마나 안전한가?—불붙은 안전성논쟁—," **과학과기술** 제369권(2000. 2), 74-77면 참조.

36) 최근에는 아사위기에 놓인 국민이 3백만 명이나 되는 잠비아가 유전자변형식품인 미국 옥수수 1만8천 톤을 돌려 보낸 것이 화제가 되기도 했다. 레와 음와나와사 잠비아대통령은 영국 스카이뉴스와의 회견에서 "독성이 든 것을 먹느니 차라리 굶어 죽겠다"고 말했다고 한다. 자세한 것은 "GM식품 먹느니 굶는다?," **뉴스위크 한국판** 제13권 제 7 호(2003. 2. 19), 68면.

37) 김배성, "생명공학 및 유전자변형생물체에 대한 소비자와 생산자 인식 조사분석," **산업경제연구** 제43권 제 3 호(2002. 9), 15-19면. 이 설문은 20세 이상 주부와 농축산업종사자를 비교한 것인데, 저자도 지적하는 바와 같이 학력수준의 차이도 이러한 편향성의 존재에 큰 영향을 미쳤을 것으로 생각된다.

함으로써 그 리스크에서 벗어날 수 있는 것이다. 요컨대 내분비계장애물질 등의 일반리스크는 **부산물**로서의 리스크를 유발하는 반면, 유전자변형생물체는 주산물로서의 리스크를 유발한다고 할 수 있다.[38] **주산물**로서의 리스크에 대해서는 보다 근본적인 해결, 즉 거부 내지는 사상(捨象)이 가능하다.

　이러한 사고를 공동체가 아닌 개인단위로 적용하면, 각 개인에게 유전자변형생물체의 리스크에 관한 선택권을 배분할 수 있지 않을까 하는 생각에 이르게 된다. 사회 전체는 유전자변형생물체의 리스크를 엄격한 관리체계 하에서 일단 받아들이되 각 개인에게는 이를 거부할 수 있는 권리를 부여한다는 논리가 바로 그것이다. 이러한 관점에서 유전자변형생물체의 **표시제**를 이해할 수 있을 것이다. 유전자변형생물체의 편익이 크고 그 위해성은 극히 불확실한 만큼 위해의 불확실성을 감수하여 편익을 누리고자 하는 자는 유전자변형생물체를 선택할 수 있게 하고, 반대로 불확실한 위해로부터도 벗어나려고 하는 자는 이를 거부할 수 있도록 하는 것이 표시제의 기능이다. 이러한 제도는 주산물인 리스크 중에서도 개인적인 선택이 가능한 소비재로부터 비롯되는 리스크의 경우에 적용될 수 있다. 공공재리스크인 원자력발전의 경우에는 개인의 선택에 의한 리스크의 수용이란 불가능하고 부산물리스크인 내분비계장애물질의 경우에는 개인의 선택에 의한 리스크의 수용이 지난하다. 표시제에 의한 리스크선택은 '선호의 다양성의 존중'이라는 다원주의적 관점뿐 아니라 알 권리의 실현을 통한 '소비자선택권의 실질적 보장'이라는 측면에서도 긍정적으로 평가될 수 있을 것으로 보인다.

　그런데 각국의 유전자변형식품 규제상황을 살펴보면, 표시제는 당연한 것으로 받아들여지지 않고 있음을 발견하게 된다. 선호의 다양성이나 소비자선택권 등의 가치를 높이 평가하고 있는 것으로 알려진 미국에서 오히려 표시제의 시행에 소극적이라는 사실을 주목할 필요가 있다. 이는 미국이 유전자변형생물체의 주요 생산국으로서 표시제를 시행할 경우 상당한 추가비용을 부담하게 되기 때문이다.

　표시제에 의한 리스크선택은 관점을 달리하면 리스크문제를 시장기제에 의해 해결하겠다는 것 이상도 이하도 아니다. 리스크의 궁극적 문제인 "얼마나 안전해야 안전한 것인가"("How safe is safe?")를 스스로 선택할 수 있도록 해 줌으로써

---

38) 유전자변형생물체가 불러오는 리스크의 특성으로 주산물성을 착안해 낸 것은 나의 제자 황형준의 아이디어에 힘입었다. 황형준은 유전자변형생물체에 관한 자료를 정리해 주면서 주산물성에 관해 내게 제언해 주었다. 황형준(주 24)) 참조.

시장기제는 사적 자치를 달성할 수 있을 뿐만 아니라 논자에 따라서는 그렇기 때문에 가장 민주적인 제도라고까지 평가하고 있다. 하지만 그토록 칭송받는 시장도 실패할 수 있다는 것이 역사의 교훈이다. 하물며 그 실패가 가져올 효과가 국민의 건강과 생명을 해하는 것으로 비추어질 수 있음을 생각하면 그 실패에 대해 대비해야 한다는 데 이견이 있을 수 없다. 이런 까닭에 유전자변형생물체의 선택을 시장에만 맡길 수는 없다는 결론에 도달하게 되는 것이다. 이하에서는 유전자변형생물체 리스크에 대한 법적 대응을 살펴보기로 한다.

Ⅱ. 리스크에 대한 법적 대응책 개관

1. 사법모델

(1) 사법체계의 한계

1) 리스크문제에 대한 사법(私法) 체계가 가지는 한계에 관해서는 많은 연구가 되어 있고, 이에 관해서는 이론을 찾아보기가 쉽지 않다. 우리는 통상 환경문제를 다루는 사법체계의 한계로 「입증의 어려움」, 「위법·책임성구성의 어려움」, 「피해의 광역성」, 「배상능력의 한계」, 「법원의 기관으로서의 한계」 등을 상투적으로 거론하는데, 그 표현에서 느끼는 진부함이 사법체계의 한계에 관한 학계의 합의를 반증한다고 본다.

그러나 과학적 불확실성을 입증책임의 실패로 규정하고, 그 논리적 결과로서 리스크를 침해와 구별되는 별개의 것으로 간주해버리는 것은 해로운 효과가 긴 잠복기를 거쳐 나타나는 탈현대적 과학기술의 특징을 무시하는 것이고, 그 결과 리스크피해자에게서 법적 보호를 받을 수 있는 자격을 박탈하는 것을 의미한다. 이에 사법체계 내에서 리스크에 대응할 수 있는 방법론을 개발할 필요성이 제기되는 것은 당연한 일이라 하겠다.

2) 사법이 리스크와 관련한 사회문제를 해결할 능력이 있는가 여부에 관해서는 논의가 분분하다. 리스크문제에 관한 사법기제의 효능을 가장 강력하게 주장하는 사람은 효용주의자로 개종한 Richard Epstein이다.[39] 그는 「시장환경주의」(Market Environmentalism)의 주창자답게 환경문제를 해결하는 데 특별한 비책은 필요하

---

39) 예컨대 Richard A. Epstein(2000), "Too Pragmatic by Half," 109 *Yale L.J.* 1639(Book Review).

지 않고, 일반 개인의 사법상 재산권을 보호하는 것으로 충분하다고 주장한다. 환
경자원의 사용과 분배에 관해서도 개개인이 경제적 유인에 따라 행동하는 시장에
서 결정하게 하는 것이 정치체의 공동결정보다 우월하다고 믿는 것이다. 그 결과
환경재에 재산권을 설정하면 물권법·계약법·불법행위법만으로도 환경문제를 해
결할 수 있고, 오히려 이것이 불필요한 제약을 만들어 내는 공법적 규제보다 우월
하다고 한다. 환경문제에 관한 정(正)과 사(邪)는 이웃하는 사람의 토지이용을 규
율하는 상린관계법에서 나오고, 그 기준은 하수로부터 나오는 악취나 핵폐기물의
처리에 관련된 리스크나 관계 없이 똑같이 적용될 수 있다고 한다.[40]

　　Epstein은 비용을 수반하는 정부의 규제는 그것이 선으로 증명될 때까지는 악
이라는 자유방임적 전제 아래 오히려 환경규제가 철회되거나, 아니면 최소한 국가
가 환경적 이유로 행위제한을 당하는 사람들에게 보상을 해주어야 하는 경우를 선
별해 내는 것이 건전한 환경체계의 운영에 필수적이라고 주장한다. Epstein이 이와
같이 사적 재산권에 의해 형성된 균형상태와 이를 지탱해 온 전통적인 사법기제를
중시하는 것은 우리 사회가 리스크를 포함한 환경문제에 대응하는 선택을 할 때에
기준선으로 삼아야 할 것은 바로 사람들이 자유롭게 자신의 선호를 표시하는 시장,
그리고 그 법적 표현인 사법이라는 신념 때문이다. 정부로 하여금 수용적 침해(re-
gulatory taking)에 대해 보상하도록 하는 것도 정부가 시장에서 만들어진 가격정보
에 반응하도록 함으로써 환경규제에서의 정치적 모험주의를 제한하고 환경적 가치
와 여타의 사회적 가치 사이에서 책임감 있는 선택을 하도록 선도하기 위한 것이다.

　　Epstein은 전술한 바와 같이 리스크를 포함한 환경침해를 소유권침해와 달리
취급하지 않기 때문에 리스크에 대한 Epstein의 대응법도 대상을 기준으로 다음과
같은 세 가지 범주로 나눌 수 있다고 본다.[41] 첫째, 리스크가 타인의 신체나 재산
에 미치는 경우이다. 이 경우는 전통적인 방법인 재산권에 기한 방해배제나 상린관
계법으로 해결해야 한다고 주장한다.[42] 둘째, 재산권을 설정할 수 없는, 예컨대 공
공수역에서의 오염에 대해서는 상린관계법 이외의 대안이 필요하지만, 이것 역시

40) *Ibid.,* 1643.
41) *Ibid.,* 1647-1649. Epstein은 리스크에 대해서라기보다는 환경문제 전반에 관해 논하였다. 하지
만 여기서 인용한 Epstein의 글이 리스크를 위주로 논한 Daniel A. Farber, *Eco-Pragmatism*(Chi-
cago, 1999)을 논평한 것이기 때문에 그의 주장을 리스크맥락에 유추하는 것이 가능하다고 본다.
42) 다만, 환경침해에 대해서는 미세조정이 필요하다고 하면서 그 예로 무시할 만큼 작고 넓게 퍼지
는 생활침해, 예컨대 뒷마당에서 노는 것, 바비큐 파티를 하는 것 등에 대해서는 길게 보아 서로
참고 지내는 것이 바람직하므로 이에 대한 구제책을 부인하여야 한다고 한다. *Ibid.,* 1648.

사법에 의해 해결할 수 있다고 한다. 왜냐하면 이 경우에도 국가를 마치 그 자원의 소유자나 혹은 일반국민을 수혜자로 한 수탁자로서 보고, 이에 기해 사유재산권을 오염시킨 것에 대해 소송하듯이 소송을 제기할 수 있도록 하면 되기 때문이다. 셋째, 개인에게 발생한 해로운 결과가 당사자 사이에 합의에 의해 생긴 경우, 예컨대 리스크가 높은 작업장에서 일하기로 동의한 공장근로자의 경우에 대해서는 사적 계약이 합의당사자 사이에 리스크를 적절히 분배할 수 있다고 주장하고 있다. Epstein의 주장은 리스크를 정면으로 다룬 것이 아니어서 여러 부분에서 불충분한 점이 노출되지만, 사법의 역할을 다시 바라보는 계기를 마련했다는 점에서 의의가 있다고 본다.

  3) 한편 사법기제에 대해 강력한 의구심을 제기하는 주장도 만만치 않다. Karl-Heinz Ladeur의 반론을 직접 들어 보자.[43] Ladeur는 전통적인 민사상 책임체계를 "제 1 차적 책임체계"("first order liability system")라고 부르고, 그 한계를 극복하고 보충하는 방법으로 제시된 집단책임(collective liability)을 내용으로 하는 "제 2 차적 책임체계"("second order liability system")를 평가하였다.[44] 제 1 차적 책임체계는 법적으로 포착된 행위에 대한 책임을 관련당사자에게 개별적으로 귀속시키는데, 개별적 책임귀속이 가능하기 위해서는 어떤 결과에 대한 구체적 원인을 밝혀 이를 개인에게 귀속시킬 수 있어야 한다. 제 1 차적 책임체계는 세상에서 벌어지고 있는 일들의 인과관계를 밝혀 내는 데 특별한 어려움이 따르지 않는다고 보는 것이다. 즉 사람들은 어떤 행위가 어떤 결과를 불러일으킨다는 것을 반복적으로 경험하게 되고, 이것이 자연스럽게 축적되어 그 결과 복잡한 추리과정을 거치지 않고도 사물의 인과율을 인식할 수 있다고 생각하는 것이다. 이와 같은 귀납추론적 인식(heuristic perception)에 터잡은 과실개념과 위험(danger) 개념은 각각 기계론적 인과관계를 전제로 한 민사상 책임체계와 경찰행정법의 기초가 된다. 그리하여 민법은 사후적으로(ex post) 발생한 결과에 대한 원인을 밝혀 내어 이에 대한 책임을 지움으로써 경찰행정법은 해로운 결과로 이어질 수 있는 인과관계선상에 있는 행

---

43) Karl-Heinz Ladeur(1994), "The Environmental Liability Fund under the Hamburg Model: A False Towards Flexibilization of Environmental Law?," 2 *New Eur. L. Rev.* 1. 이하는 Ladeur의 설명을 문맥에 맞게 요약한 것이다. 특별히 주석을 붙인 것 외에는 Ladeur의 설명에 의존한 것이라고 보면 무방하다. 주석을 붙인 것은 Ladeur의 주장임을 부각시키기 위해서거나, Ladeur의 설명과 관련해서 유용한 논점을 추가하기 위해서이다.

44) Ladeur는 종국적으로는 제 2 차적 책임체계도 한계가 있음을 지적하면서 공법기제로의 이행을 주장한다. 이에 관해서는 집단책임체계 부분에서 상술하기로 한다.

위에 사전적으로(ex post) 제약을 가함으로써 사회를 위험으로부터 보호할 수 있다고 보는 것이다.

하지만 이러한 귀납추론은 리스크에 대한 인식이 새로워지면서 더 이상 설 자리를 찾을 수 없게 되고, 이를 전제로 한 민사상 책임체계와 경찰행정법도 큰 도전에 직면하게 된다. 리스크 앞에서 사회적 경험과 법규범을 연결해 주던 귀납추론은 한낱 주먹구구식 판단 또는 잘 해야 훈련된 직관으로밖에는 볼 수 없게 되었기 때문이다. 인과관계를 확인할 수 없을 만큼 불확실성이 증대하고, 그와 같은 상황에서 행위자나 피해자를 확정하는 것이 어려울 뿐만 아니라, 결국 누구를 비난하고 누구를 위로하여야 할지를 판단하는 것이 자의적으로 비추어지게 된 것이다. 요컨대 제 1 차적 책임체계나 경찰행정법이 추구하는 개별적 책임귀속체계의 기초가 흔들리게 된 것이다.

이와 같은 한계의 인식은 이를 극복하기 위한 다양한 노력을 촉발하였다. 제 1 차적 책임체계의 한계는 리스크에 관해서 개별적·사후적 책임귀속이 어려워졌다는 것으로 요약되므로, 그 대응책으로 집단적·규제적 요소의 도입이 시도된 것은 당연한 일이다. 「개연성이론」·「수인한도론」·「시장점유율이론」[45]은 법원의 적극적 해석에 의해 도입되었지만, 이와 같은 사법적 재해석·재구성 노력은 여전히 자유주의적 사법체계[46]의 한계를 가지고 있다. 「엄격책임」과 「제조물책임」 등의 도입은 위험과 손해에 대해 개별적 책임을 귀속시키는 역할을 한 꽉 짜여진 法條(Rechtsdogmatik 또는 legal categorization)를 입법적으로 유연화한 것이라고 할 수 있다.[47] Ladeur가 적절하게 지적하였듯이 이러한 시도는 특별한 위험의 인과관계를 확인해 내었다기보다는 여전히 알 수 없는 복잡한 기술체계를 입법으로 평가한 것이라고 이해하여야 한다.[48] 탈현대적 기술체계는 일반인의 경험으로는 알 수 없는 "불투명한 상자"에 해당하고,[49] 그런 까닭에 리스크책임을 한 개인에게 귀속시

---

45) 대표적인 사건으로 Sindell v. Abbott Laboratories, 26 Cal. 3d 588, cert. denied, 449 U.S. 912 (1980). 추천할 만한 관련문헌으로는 Susan Rose-Ackerman(1990), "Market-Share Allocations in Tort Law: Strengths and Weaknesses," 19 *J. Legal Stud.* 739. 국내문헌으로는 오용호, "미국의 유독성물질로 인한 불법행위소송에 있어서의 인과관계와 그 입증," **인권과 정의** 제197호 (1993), 47면.
46) 자유주의적 사법체계라 함은 문제를 직접 해결하기보다는 행위의 규칙을 정하고 개인의 활동을 그 규칙에 따르게 하는 데 그치는 사법체계를 말한다. Ladeur(주 54)), p. 3.
47) Ladeur도 같은 취지의 견해를 피력하였다. *Idid.,* p. 5.
48) *Ibid.,* p. 6.
49) *Ibid.*

키는 것은 지나치다는 주장이 설득력을 얻는다. 하지만 기존의 법조를 더 이상 유연화시키는 것은 기존 사법체계의 골격을 허무는 일이 될 것이다.

4) 개별책임체계에 대응한 집단책임체계는 다양한 측면에서 모색될 수 있다. 사실 엄격책임론이나 위험책임론도 집단책임체계의 일부라고 볼 수 있는데, 과실을 전제로 한 개별책임의 관점에서 보면 이러한 논의에서도 집단적 요소가 발견되기 때문이다. 이러한 예로 미국의 종합환경조치, 보상, 책임법(Comprehensive Environmental Response, Compensation, Liability Act; CERCLA)[50]과 독일의 환경책임법(Gesetz über die Umwelthaftung)을 들 수 있을 것이다.

보다 본격적인 집단책임체계는 기금모델, 즉 환경책임기금을 조성해 리스크로부터 환경손해를 입은 사람이 이 기금으로부터 보상을 받을 수 있는 권리를 창출하는 것이라 할 수 있다. 독일에서는 환경책임기금의 조성을 내용으로 하는 Hamburg모델이라는 Land입법안이 실제로 제안되었는데,[51] 그 골자는 다음과 같다. 환경책임기금이 사용되기 위해서는 (1) 피해(Einwirkungen)의 원인을 생태적 악화로 귀속시킬 수 있거나, (2) 피해자가 원인제공자를 확인할 수 없거나, 과학지식의 현재수준으로는 청구의 기초가 되는 당해 물질이나 공정의 유해적 효과를 입증할 수 없어 피해자가 배상받지 못하게 된 경우라야 한다. 이러한 입법안이 복수의 원인제공자 사이의 책임귀속 문제와 새로운 기술 및 화학물질에 관련된 입증의 어려움을 해결하기 위해 제안되었음은 물론이다.

그러나 집단책임체계도 적지 않은 문제가 있다. Ladeur가 적절히 지적하였듯이 기존의 개별책임체계와 새로운 집단책임체계를 조율하여야 하는 어려움이 있을 뿐만 아니라[52] 개별책임체계의 한계로 지적된 문제점도 해결되지 않은 채 그대로

---

50) 이 법은 오염된 토지와 어떠한 형태의 관련을 맺고 있거나 맺었던 거의 모든 당사자들에게 오염된 토지의 정화의무를 부과한다. 이 법률에 대한 가장 기초적인 문헌으로는 Roger W. Findley & Daniel A. Farber, *Environmental Law in a Nutshell*(West, 1996), pp. 222-245 참조. 보다 깊은 논의를 위해서는 Jeffrey Miller & Graig Johnston, *The Law of Hazardous Waste Disposal and Remediation*(West, 1996); Peter S. Menell & Richard B. Stewart, *Environmental Law and Policy*(Litte, Brown & Company, 1994); pp. 612-722; Gerald W. Boston & M. Stuart Madden, *Law of Environmental and Toxic Torts*(West, 1994), pp. 475-526; Zygmunt Plater, Robert Abrams, William Goldfarb & Robert Graham, *Environmental Law and Policy: Nature, Law, and Society*(2d ed., West, 1998), pp. 805-866; John Bonine & Thomas McGarity, *The Law of Environmental Protection*(West, 1992), pp. 907-1028 참조.

51) Bundesrat-Drucksachen [The Proposal of the Land Hamburg], No. 127/90. Ladeur(주 54)), p. 1에서 재인용. 이하 Hamburg모델에 관한 설명은 Ladeur에 의존하였음을 밝히고, 개별적 주석을 생략하기로 한다.

52) 피해자는 실제로 어느 소송에서 승소할 가능성이 큰지 알 수 없기 때문에 일반소송과 기금보상

나타난다.[53] Hamburg모델은 기금으로부터 보상받기 위한 입증의 기준으로 '현저한 개연성'(predominant probability)을 제안하면서 그 기준에 부합하는지 여부는 '과학지식의 현재수준'(state of scientific knowledge)에 따라 평가할 것을 요구한다. 예컨대 유전자조작 콩이 유해한지 여부가 소송의 전제가 되었다면 법원은 여기에 관해 어떤 결론을 내릴 만한 전문식견은 물론 최소한의 경험도 없기 때문에 결국 전문가의 의견에 의지할 수밖에 없는데, 이 때 전문가 사이의 의견에 차이가 있으면 어떤 의견을 채택하여야 하는가? 다수결의 원칙에 의하여야 하는가, 아니면 전문가의 명성에 의존하여야 하는가? 보다 근본적으로 무엇을 비교평가하기 위해서는 평가의 기초가 마련되어야 하는데, 이것이 결여된 상태가 아닐까? 더 나아가 사법체계가 불확실한 자연과학적 가설에 의지해 리스크문제를 해결해야 할 필요가 있을까? 바로 이러한 문제로 인하여 집단책임체계에서도 개별책임체계의 한계가 그대로 남게 된다는 지적이 설득력 있게 제기되는 것이다.

이상의 이유로 인해 집단책임체계는 개개인에 착목하여 그들의 권리와 책임의 형식을 정하고 이에 의해 체계를 운영해 나아가려는 사법체계의 틀 안에서 개별책임체계의 한계를 극복하려는 노력이지만, 이해관계인 중 어느 누구로부터도 환영을 받지 못하는 처지에 놓이게 된다. 즉 기업은 기업대로 출연하여야 하는 재원마련에 고심하게 되고,[54] 피해자는 피해자대로 입증이 어렵기는 마찬가지라고 불평하며, 법원은 법원대로 제 2 차적 판단, 즉 전문가의 판단에 의존하게 되므로 판결이 가지는 규칙확립기능이나 예방기능을 수행할 수 없게 된다. 기존사법체계의 한계를 극복하고자 하는 노력이 또 다른 문제를—경우에 따라서는 더욱 어려운 문제를 야기하게 되는 것이다.

그렇다면 우리는 이제 사법체계 이외의 영역에서 해를 찾으려고 노력해야 하는 것이 아닐까? 리스크문제는 우리 모두의 문제, 즉 가해자도 없고, 피해자도 없으며, 혜택만을 보는 사람도 피해만을 보는 사람도 없는 우리 모두의 문제라는 사

소송 사이의 선택에 관해 고민하여야 하고, 일반소송에서 입증에 실패하면 이것은 암암리에 후에 제기될 기금보상소송에 영향을 미치게 될 수 있다. 다른 한편 집단책임체계 하에서 모든 산업체가 그 비용을 부담하기 때문에 기금쪽에서는 피해자의 권리주장과 맞설 동기가 부족하게 된다. 자세한 것은 Ladeur(주 54)), pp. 10-11 참조.

53) *Ibid.*, pp. 11-14.

54) Hamburg모델은 기금으로부터 지급되는 보상금이 매년 500억 마르크에 이를 것으로 추정하고 있다고 한다. *Ibid.*, p. 14. 기업의 입장에서는 리스크문제가 특정기업군의 문제라기보다는 국민 모두의 문제이기 때문에 국민 모두가 책임을 분담하는 것이 타당하다고 볼 것이고, 이에 기해 환경세 등을 통하여 사회보험 내지는 복지보험으로 가야 한다고 주장할 것으로 예측된다.

실을 직시할 필요가 있다. 우리 모두의 탓으로 돌릴 수밖에 없고, 우리 모두가 힘을 합쳐 극복해야 할 문제라면 공법적 대응책을 모색하는 것이 보다 설득력이 있어 보인다. 사실 집단책임체계도 집단이 공동으로 출연하는 기금을 전제로 하는 만큼 공법적 색채를 띠고 있는 것으로 볼 수 있고, 관점에 따라서는 사법모델에서 공법모델로 이행하게 하는 가교역할을 한다고도 볼 수 있을 것이다.

(2) 공법의 필요성

1) 사법체계 내에서의 리스크대응책은 절차적인 면에서도 시도되었다. 예컨대 시효기간의 개시에 대한 새로운 해석[55] 등 여러 가지가 있는데, 모두가 공통적으로 리스크대응책으로서는 감당하기 어려운 한계를 가지고 있다. David Rosenberg는 새로운 해석론이 사법의 실체면에서 논의되고 있음에 주목하면서, 이러한 시도들이 성공하기 위해서는 사법의 실체면만을 보아서는 안 되고 그와 동시에 절차면에서의 노력도 함께 경주되어야 한다고 주장한다.[56] 그 예로 비례책임체계를 들면서 이것이 입증책임의 완화로는 해결할 수 없는 문제를 푸는 데 큰 몫을 할 수 있지만, 법원이 종래의 소송절차, 즉 당사자 사이에 펼쳐지는 공방의 우열에 따라 사건별로 개별 판결을 내려 처리하는 전통적 방식──그 자신이 "사법과정"("private law process")이라 칭한──을 고수한다면, 그 효과는 반감할 수밖에 없음을 지적한다. 사법체계가 가지는 억제와 보상의 기능을 생산적으로 수행하기 위해서는 소송절차의 개혁이 필요하다는 것이다. Rosenberg는 그 구체적 방안으로「집단소송」을 도입하여 소송형식을 유연화하고, "일률배상"("Damage Scheduling") 판결[57] 및 "기금조성판결"("Insurance Fund Judgements")[58]을 도입하여 판결형식을 다양화할 것

55) 대표적 판결만 소개하면 Wilson v. John-Manville Sales Corp., 684 F.2d 111, 112(D.C. Cir. 1982)(asbestos에 노출되어 생긴 병이 명백하게 나타날 때 비로소 시효가 진행); Martinez-ferre v. Richardson-Merrill, 105 Cal. App. 3d 316, 324, 164 Cal. Rptr. 591, 595(1980)(불확실성을 본성적 요소로 하는 20세기의 기술로 인한 사적 분쟁에 그것과 전혀 다른 사회적 배경을 전제로 만들어진 시효제도를 그대로 적용하는 것은 문제가 있음을 지적).

56) David Rosenberg(1984), "The Casual Connection in Mass Exposure Cases: A 'Public Law' Vision of the Tort System," 97 *Harv. L. Rev.* 849, pp. 905-924.

57) Damage Scheduling판결은 원고에 대한 배상액을 결정할 때, 원고 개인의 특성에 기하지 않고 원고가 속한 집단의 특성에 기해 판결하는 것을 말한다. 우리 법에서 인정되지 않고 있는 일률청구(一律請求)와 같은 개념으로, 개개인에게 돌아가는 보상액수가 너무 적어 소송을 포기하는 상황에 대비하여 입증에 따른 비용을 덜어 주고 소송제기를 용이하게 하기 위한 개념이라고 할 수 있다. *Ibid.*, pp. 916-919 참조.

58) 리스크피해는 잠복기가 길어 피해자를 조기에 확정할 수 없고, 나중에 피해가 확인된 경우에도 시효가 경과했다든지 가해회사가 도산했다든지 하는 문제점으로 인해 실효성 있는 피해자구제가

을 주장한다. Rosenberg주장의 요체는 당사자변론중심의 개별적 절차 대신 법원이 사건의 해결을 위해 적극적으로 관여하는 직권주의적·집단적 절차의 도입, Rosenberg의 표현을 빌리면 "공법과정"("public law process")으로의 전환이다.

2) Scott의 통찰대로 사법과정과 공법과정의 본질적 차이는 분쟁해결에 치중하느냐, 아니면 행위계도에 치중하느냐 이다.[59] 논의가 여기에 미치면 국가조직 전체의 관점에서 과연 법원의 역할이 무엇이어야 하는가라는 근본적인 문제도 고려할 필요성을 느끼게 한다. Rosenberg의 지적대로 공법과정의 장치에도 불구하고 법원이 이를 수용하기를 꺼려 하는 것은 기관으로서의 한계—리스크정보를 분석하고 이를 평가하는 데 필요한 전문성의 부족 등을 스스로 인정한 것이다.[60] 또한 법원이 제기된 사건에 관하여 주어진 문법에 따라 가부를 판단하는 것을 넘어 소송의 장에서 국민을 향도하는 것이 적절한가 하는 의문이 든다. 주지하듯이 판사는 국민에 의해 선출되지 않으며, 국민에 대해 정치적 책임을 지지도 않는다. 법원은 민주적 정당성을 결여하고 있다. 법원이 공법과정을 택하지 않는 것은—택하지 못하는 것이 아니라—국회로 하여금 리스크를 다룰 수 있는 행정적 해법을 설계해 입법하라는 메시지일 수도 있으리라.[61]

3) 공법의 필요성을 뒷받침하는 또 다른 근거는 역사적 분석이다. Larry D. Silver는 환경리스크에 관해 발전한 미국보통법의 발전사를 분석하고, 이를 토대로 공법적 해결의 필요성을 주장한다.[62] 그는 시기를 3분하여 17세기부터 산업혁명 이전, 19세기, 1970년 이전까지의 20세기에 선고된 생활방해 및 유지청구의 성립요건, 그리고 심리적 공포의 청구원인 가능성에 관한 영미의 판례를 분석하고, 이 시대를 관통하는 영미법원의 태도는 불확실한 리스크를 무시하는 '불개입'정책(poli-

어렵고, 그 결과 리스크억제효과도 떨어진다. 기금조성판결은 이러한 문제점에 대응한 판결형식이다. 예컨대 낙동강페놀사건과 수많은 사람이 리스크에 노출되었다는 사실이 밝혀진 직후에 제기된 집단소송에서 가해회사의 책임이 인정되면, 법원은 기금조성판결로써 가해회사로 하여금 기금을 조성하여 노출된 다중에 대한 보험을 떠맡을 것을 명령할 수 있는 것이다. 자세한 것은 *ibid.*, pp. 919-924 참조.

59) Scott(1975), "Two Models of the Civil Process," 27 *Stan. L. Rev.* 937.

60) Rosenberg(주 56)), p. 926. 관련문헌으로는 Yellin(1981), "High Technology and the Courts: Nuclear Power and the Need for Institutional Reform," 94 *Harv. L. Rev.*.

61) Rosenberg(주 56)), p. 926. Rosenberg는 정치적 합의가 도출되기 어려울 것이라는 이유로 리스크에 대응하는 포괄적 입법의 가능성을 부인한다. 공법이 있는 경우에도 불법행위법은 공법을 보충하는 역할을 한다는 면에서 여전히 의미가 있다는 점은 부인할 수 없다. 위 같은 면.

62) Silver(주 8)), pp. 61-62, 96-99. 이하의 설명은 Silver에 의존하였음을 밝히고, 개별적 주석을 생략하기로 한다.

cy of "noninterference")이었다고 주장한다. 이와 같은 태도는 당시의 사회적 가치의 선택, 즉 발전을 지향하는 기업가적 시대정신을 그대로 반영하는 것 이상도 이하도 아니었으며, 그 이면에는 막연한 기술낙관주의가 있었다고 한다. 그 결과 리스크에 대해 무방비적인 사법원칙들이 탄생했다는 것이다. 사회의 분위기는 환경운동이 본격화되기 시작한 1970년대에 일신되었으나, 법원의 태도가 이를 좇아가기에는 스스로 만들어 낸 족쇄, 즉 엄격한 판례이론이 너무나 큰 부담이었고, 그 결과 현재와 같이 리스크에 대해 해결할 수 없는 지경에 처하게 되었다는 것이다. 자연과학적 불확실성 속에서 진화하는 사회적 가치를 기존의 문법으로 표현하는 지난한 작업이기 때문에 리스크에 관한 한 법원은 결국 "직감"("hunch")에 의존했다고 볼 수밖에 없다고 혹평한다. 따라서 사회가 발전할수록 그리고 사회의 가치가 바뀔수록 법원의 직감은 시대에 뒤떨어진 것일 수밖에 없게 된다고 결론짓는다.

　　Silver의 주장이 한쪽으로 치우친 점이 없지 아니할 것이다. 하지만 법원의 판결이라는 것도 사회의 조류에 무감할 수 없는 사회의 의사결정기제 중 하나라는 평범한 사실을 상기시켜 준다. 의사결정의 대상 자체가 확정되지 않고 과학적 발견과 함께 비정형적으로 발전하는 것이라면, 굳이 권리・의무의 이진법에 의한 해결을 고집할 필요가 있을까? 더욱이 리스크에 대한 의사결정의 영향이 개인에 그치는 것이 아닐진대, "집단적 정의"("collective justice")를 찾으려면 불법행위법이 아닌 다른 곳에서 찾을 필요가 있지 않을까?[63]

　　4) 공법의 필요성을 뒷받침하는 마지막 근거는 공법모델이 사법모델과 달리 학습능력이 있다는 사실이다. 사법체계는 일회적・일도양단적 판결로 사건을 종결하는 까닭에 스스로를 교정할 기회를 가지지 못하지만, 공법적 결정은 시행착오를 거듭하면서 실천을 통한 학습을 할 수 있다. 현재를 사는 우리들이 리스크가 따르는 문명과 절연해서 살기로 작정하지 않은 마당에야 리스크는 피할 수 없는 인간의 숙명이 되었지만, 시간이 흘러감에 따라 리스크에 대한 사회의 내성은 강화되어야 한다. 어찌 보면 Ladeur의 지적대로 현시대인은 "기술을 통해 보다 신뢰할 수 있는 지식을 얻을 수 있다는 희망 아래 리스크를 감수하는"[64] 결정을 내리면서 살아가고 있는지도 모를 일이지만, 법체계의 입장에서는 그러한 위험한 결정을 하는

---

63) 반론으로는 Glen O. Robinson & Kenneth S. Abraham(1992), "Collective Justice in Tort Law," 78 *Va. L. Rev.* 1481.

64) Ladeur(주 43)), p. 12.

바에야 그에 따른 지식이 축적될 수 있도록 대응책을 강구할 필요가 있다고 본다.

2. 공법모델

(1) 공법과정의 의의

전절에서는 사법모델의 한계를 보았거니와 이와 같은 사법모델의 한계는 리스크문제를 해결하는 데 있어서의 시장의 한계를 보여 주는 것이기도 하다. 자유민주주의체제 하에서 정부규제는 시장실패에 대한 처방이라는 차원에서 그 정당성을 확보하고, 그러한 정당성의 요체는 시장에 맡길 수 없는 문제에 대해 국민이 참여하고 결정하는 「정치과정」을 통한다는 데 있다. 정치과정은 개개인의 분절적 행위가 균형(equilibrium)을 이룰 수 없는 영역에서 국민 모두가 함께 참여하는 과정을 통해 개개인의 선호와 가치를 수렴하는 공동결정(collective decision)을 하고, 그에 따라 정해진 행위준칙을 준수하게 하는 것이다.

하지만 정치과정도 때때로 실패한다. 국민이 **항상** 합리적인 결정을 하는 것은 아니다(합리성의 문제). 또한 현대국가는 직접민주주의를 불가능하게 할 만큼 많은 구성원을 가지고 있기 때문에 대표자를 뽑아 이들이 국민의 선호와 가치를 대변하도록 하는 대의제를 채택하는데, 이들 대표가 국민의 뜻을 제대로 반영하지 못할 때도 있다(국민에 대한 자기설명성의 문제). 공법과정은 이와 같은 정치과정을 법화(法化)하여 대표자의 국민에 대한 책임을 보다 확고히 하고, 정책의 내용을 보다 합리화하려는 것이다.

(2) 포괄주의 대 점증주의

정치과정의 합리성과 국민에 대한 자기 설명성을 향상시키기 위해 법이 기여할 수 있는 방안은 여러 방향에서 시도되고, 이를 분류하는 방안도 다양하다.[65] 대

---

65) 예컨대 Lindsay Farmer와 Gunther Teubner는 환경문제에 관한 한 시장은 해결능력을 상실하였고, 마찬가지로 환경입법도 기업활동을 옥죄며 허황된 목표를 좇아 결국 사회후생을 희생하고 있다는 비난에 직면하고 있음을 적시하면서 이를 극복하기 위한 세 가지 방안을 제시한다. 첫째는 최적화방안(optimization strategy)인데, 이는 비용-편익 분석에 있어서 고려할 요소로 비경제적 요소를 대거 받아들이는 것으로 요약할 수 있다. 환경적 입법을 함에 있어서는 경제적 비용뿐만 아니라 법적·정치적·사회적 영향을 고려하여야 한다는 것이다. 둘째, 경험적 결정방안(method of empirical decision)이 있는데, 이는 다양한 가치선호를 실증적 방법을 통해 합리화하는 것, 즉 결정과정에서 특정한 가치와 선호가 과도·과소하게 반영되는 것을 실증적으로 밝혀 이를 방지함으로써 다양한 가치가 결정에 있어 반영되도록 한다는 것이다. 요컨대 이것은 보다 다양한 가치가 결정과정에서 반영되는 것을 목적으로 한다. 셋째, 참여방안(participatory procedure)이 있다. 이것은 보다 많은 사람이 환경결정에 참여하도록 법적 절차를 설계하는 것이고, 이 타법 또한 보다

표적으로는 결정의 내용에 대한 제약을 가하는 실체적 접근과 이해관계인의 절차 참여를 확실히 하는 절차적 접근이 있다. 절차적 접근은 결정절차에 참여할 수 있는 이해관계인의 범위를 확정하여 이들이 절차에 참여할 수 있도록 보장하고, 나아가 이들이 의미 있는 참여를 할 수 있도록 하기 위해 관련정보를 입수할 수 있도록 해주는 데에 치중한다. 하지만 절차적 접근은 결정내용에 관해서는 다원주의적 정치과정론에 입각하여 개입하지 않는다.

결정내용에 일정한 제약을 가하는 실체적 접근방안은 다음의 두 가지를 생각할 수 있다.[66] 하나는 포괄적 합리성(comprehensive rationality)을 기치로 문제 전체를 일거에 해결하는 방안인데, 지도원리 내지는 대원칙을 천명함으로써 실천적 효력이 있는 세부규칙이 이 원리·원칙에 의하여 조종되도록 하는 것이다. 원리·원칙과 체계적으로 정합할 수 있는지 여부, 즉 체계정합성이 하위규칙을 제어하는 주요한 개념도구가 된다. 환경문제에 대처하기 위해 우리 환경정책기본법에 천명된 원인자부담의 원칙[67]이 그 예라 할 수 있다. 다른 하나는 공법체계의 틀이나 운영원리에 관한 결정을 유보한 채 구체적 문제상황에 맞게 각각의 방안을 정함으로써 점진적으로 개선해 나아가는 방안, 즉 점증주의적 방안(incrementalism)이다. 이 방안은 대상에 관한 확실한 파악이 되지 않는 상태에서 큰 그림을 그리는 것은 이제 막 맹아를 보이기 시작한 법의 자유로운 발전에 도움이 되지 않는다는 전제에서 출발하는 것이다.[68]

포괄주의와 점증주의는 모두 그 각각의 장단공과(長短功過)를 가지고 있다. 포괄주의 하에서는 대원칙과 그 원칙 하에 그 원칙에 부합하는 시행세칙이 마련되기 때문에 나름대로의 체계가 서게 된다. 따라서 그 체계에 의하여 규제되는 피규제자

많은, 보다 다양한 가치가 결정에 포함되도록 하는 것이다. 앞의 두 방안이 실체적 접근이라면, 마지막 방안은 절차적 접근이라 할 수 있을 것이다. Farmer & Teubner(주 20)), pp. 3-4.

66) 보다 자세한 것은 Colin S. Diver(1981), "Policymaking Paradigms in Administrative Law," 95 *Harv. L. Rev.* 393.

67) 환경정책기본법 제 7 조.

68) 이에 관한 문헌으로는 J. B. Ruhl(1996), "Complexity Theory as a Paradigm for the Dynamical Law-and-Society System: A Wake-Up Call for Legal Reductionism and the Modern Administrative State," 45 *Duke L.J.* 849(이하 Complexity Theory); J. B. Ruhl(1996), "The Fitness of Law: Using Complexity Theory to Describe the Evolution of Law & Society and its Practical Meaning for Democracy," 49 *Vand. L. Rev.* 1407; J. B. Ruhl & Harold J. Ruhl, Jr.(1997), "The Arrow of the Law in Modern Administrative State: Using Complexity Theory to Reveal the Diminishing Returns and Increasing Risks the Burgeoning of Law Poses to Society," 30 *U.C. Davis L. Rev.* 405(이하 Arrow).

의 입장에서는 예측가능성이 확보되어 앞날의 계획을 설계할 수 있다. 하지만 그 원칙이 잘못된 방향으로 설정되면 그 시행세칙도 원칙이 통제하는 대로 잘못된 방향으로 나아갈 수밖에 없고, 후에 원칙이 바뀌지 않는 한 미세조종으로 문제를 해결할 가능성은 희박하게 된다. 원칙의 변경 또한 변경에 따르는 정치적 파장 때문에 쉽게 기대할 수 있는 것이 아니다.

점증주의는 이와 같은 포괄주의의 문제점을 해결할 수 있는 장점을 가지고 있다. 개별적인 문제점이 발생할 때마다 그에 즉응한 해결책을 마련하게 되므로 구체적 타당성이 있는 해결책을 모색할 수 있고, 또한 그 해결책이 잘못 설계되었을 때에도 신속하게 대처할 수 있다. 그러나 피규제자의 입장에서는 대원칙이 선언되어 이것이 후에 만들어지는 규제를 통제하는 역할을 하지 않기 때문에 규제가 어떤 방향으로 나타나게 될지 알 수 없는 매우 불안정한 상태에 놓이게 된다. 특히 정치적으로 민감한 사안의 경우, 조령모개식(朝令暮改式)의 입법이 나타날 가능성이 있다.

한편 공공선택이론(public choice theory)은 포괄주의와 관련해서 주목을 요하는 실증적 연구결과를 내놓고 있다. 의회의 의원들은 정치적 부담이 큰 결정에 관해서는 그 결정을 관료에게 떠넘기려는 유혹을 받게 된다. John P. Dwyer는 '상징적 입법'이란 개념을 통해 이를 잘 설명하고 있는데,[69] 정치인은 상징적 입법을 통해 정치적 인기를 얻고 어려운 정책적 선택을 비켜 갈 수 있다고 주장한다. 환경문제를 오랜 동안 담당해 온 사람들 사이에서 모두가 공감하는 관찰이 있는데, 환경문제에 있어서는 총론에는 모두가 한 목소리를 내지만 각론에 들어가면 모두가 제각각의 목소리를 낸다는 관찰이다. 환경을 보호하자는 추상적 대의의 차원에서는 모두가 동감하지만, 그 구체적 시행계획에 들어가면 잠복해 있던 이해관계가 현실로 드러나 자신의 부담을 최소화하기 위해 애를 쓰게 되기 때문에 합의에 이르기 어려운 상황을 설명하고 있는 것이다. 따라서 이 같은 상황에서 정치인들은 총론적인 수준에서 장밋빛 청사진을 제시하고, 나머지 구체적인 시행방안의 결정은 행정부에 떠넘기는 경로를 선택하게 된다. 대중민주주의 하에서 정치인은 리스크로부터 해방된 자유로운 세계를 약속하는 듯한 상징적 법률을 입법함으로써 정치적 인기를 얻고, 어려운 정책선택을 비켜 갈 수 있다. 이런 이유로 생겨나는 법률은 기능적이라기보다는 상징적이어서 집행단계에서 그것이 실제에 적용되었을 때 생기는 현실적 결과를 고려해 그 집행수준을 조정할 수밖에 없는데, 이 때 그런 작업을 담

---

69) John P. Dwyer(1990), "The Pathology of Symbolic Legislation," 17 *Ecology L.Q.* 233.

당하게 될 관료에게는 의원들이 경험하는 똑같은 상황──즉 어려운 정책선택이 주어지는 것이다.

포괄주의에서 말하는 원칙이나 기본방향이 바로 이런 상징적 입법의 결과로 만들어진다면, 이것은 큰 문제가 아닐 수 없다. 이것은 포괄적 합리성이란 계기에 의해 만들어진 것이 아니라 당면의 정치적 곤궁을 피하기 위해 만들어진 것 이상도 이하도 아니기 때문이다. 불행하게도 상징적 입법을 통해 선택을 위임받은 행정부관료들이 이익집단에 의해 포획(capture)될 가능성은 의원들이 포획될 가능성보다 적다는 가정은 쉽게 받아들일 수 없다.

점증주의 하에서의 개별적·분절적 입법도 정도의 차이가 있지만 문제가 있기는 마찬가지이다. 점증주의 하에서는 환경입법을 둘러싸고 벌어지는 싸움이 사안마다 펼쳐지는 것이어서 각 사안에 투자할 수 있는 정치적 자원의 다과에 의해 싸움의 성패가 갈릴 가능성이 크다. 어떤 특정한 사안에 큰 이해관계를 갖고 있는 사람은 그 사안의 결정에 의해 운명이 좌우될 것이기 때문에 가능한 모든 수단을 통해 자신에게 유리한 게임의 규칙을 얻어 내려고 애를 쓸 것이다. 따라서 그 사안에 관한 정치적 결정과정은 국민 전체의 입장에서 바람직한 결과를 고민하는 자리가 되기는 커녕 특정한 이익집단의 입장을 대변하여 공식화하는 장으로 변할 가능성이 농후하다. 그 결과 만들어지는 공법은 어떤 합리성을 향해 단계적으로 나아가는 점증적 발전이 아니라 이익집단 사이에서 벌어지는 쟁투가 생산한 전리품의 나열대로 변할 것이다.

바람직한 공법과정은 온 국민이 확실한 자연과학적 정보를 기초로 자기 자신의 일이라는 마음가짐으로 당면문제에 관한 대원칙을 정하고, 그 원칙에 기해 구체적인 결정을 함께 고민하는 자리가 되어야 할 것이다. 그러나 유감스럽게도 현실의 공법과정은 신뢰할 만한 자연과학적 토대가 마련되어 있지 아니할 뿐만 아니라 국민들 또한 합리적 무지(rational ignorance)로 무장한 채 합당한 관심을 보이지 않고 있기 때문에 이익집단, 그리고 그들과 부정하기 힘든 함수관계에 있는 정치인들에 의해 좌우되고 있는 현실에 처해 있다. 그런 까닭에 포괄주의와 점증주의의 선택의 문제는 더욱 더 어려움을 더해 가고 있는 것이다.

(3) 문제의 소재: 원칙의 상충

우리 환경법은 포괄주의와 점증주의의 두 가지 방안이 혼합된 형태라고 보인다. 왜냐하면 헌법상 환경권을 천명하였을 뿐만 아니라 환경정책기본법에는 기본원리로 볼 수 있는 내용의 규정이 있는 반면(포괄적·접근법적 요소), 이러한 원리적 규정이 개별 환경법의 내용에 대해 가지는 법적 효력이 애매모호한 상태에 있기 때문이다(점증주의적 요소). 예컨대 한강수계상수원수질개선및주민지원등에관한법률은 오염원인자부담의 원칙에 반하는 규정을 담고 있는데, 이 규정의 효과에 관해서는 정설이 없다.

그런데 리스크문제에 관해서는 (뒤에서 상술하는 바와 같이) 두 개의 상충하는 지도원리 내지 대원칙이 함께 규정되어 있다. 즉 신설된 행정규제기본법상 규제영향평가규정은 환경법의 기본원리로 널리 인정되고 있는 환경정책기본법상의 사전배려의 원칙과 정면으로 충돌한다. 이것은 법체계 전체의 합리성은 염두에 두지 않은 채 오로지 정치적 곤궁을 벗어나려는 정치인들이 만들어 낸 현실이다. 다음에서는 이런 문제의식을 가지고 구체적 문제인 유전자변형생물체에 관한 우리 법체계의 문제점을 보다 구체적으로 살펴보기로 한다.

Ⅲ. GMO규제의 비교법적 고찰

1. 외국의 규제제도 개관

(1) 리스크문제의 핵심은 사회공동체 전체가, 그리고 이를 대표한 규제당국이 특별히 불확실한 리스크에 대하여 어떻게 대응하여야 하는가를 결정하는 것이다. 경찰행정법상 위험방지는 인과관계의 연쇄고리를 하나하나 추적할 수 있었기 때문에 문제가 되는 어느 한 지점에 개입함으로써 인과관계를 차단하면 된다고 생각했지만, 리스크에 관해서는 인과관계에 관한 확실한 파악이 불가능하기 때문에 종전과 다른 접근법을 고안할 필요가 있다. 생각할 수 있는 접근방법의 한쪽 끝에는 아예 처음부터 문제의 소지를 없애자는 위험회피적(risk-averse)인 발상이 위치하는 반면, 다른 한쪽 끝에는 길고 짧은 것은 재어 보아야 알 수 있다는 위험수용적(risk-receptive) 발상이 위치하며, 그 중간 어귀에 중립적인 위험중립적(risk-neutral) 발상이 위치한다고 하겠다. 사전배려의 원칙이 위험회피적인 방안이라면, 비용편익분석은 위험수용적인 쪽에 치우친 것이라 할 수 있을 것이다.

(2) 비용편익분석과 사전배려의 원칙은 리스크에 대한 대응책을 어떻게 구성할 것인가에 관해서 상반되는 입장을 가진 미국과 유럽이 각각의 입장을 함축해

놓은 대표원리이다. 물론 미국과 유럽이 비용편익분석과 사전배려의 원칙을 대표원리로 받아들이고 있다고 해서 그 각각의 법체계 전체가 그 각각의 원리에 의해 통일적으로 규율되고 있다는 것은 아니다. 미국에서도 사전배려의 원칙을 수용한 사례를, 유럽의 법체계에서도 비용편익적 요소를 어렵지 않게 발견할 수 있다.

미의회는 식품약품화장품법(Food, Drug, and Cosmetic Act)의 Delaney조항에서 명문으로 절대적인 리스크예방의지를 표명한 바 있고,[70] 미연방법원은 미국환경법의 기념비적 사건이라 할 수 있는 *Ethyl Corp. v. EPA*[71]와 *TVA v. Hill*[72]에서 대기청정법(Clean Air Act)과 멸종위기에처한종보호법(Endangered Species Act)의 관련규정을 각각 사전배려의 원칙에 입각해 해석한 것으로 볼 수 있는 판결을 선고하였다. 사전배려의 원칙을 채택한 대표적인 나라인 독일에서도 사전배려적 조치가 취해지는 데에는 여러 가지의 법적·절차적 제약요소가 따른다. 그런 제약요소로는 사전배려적 조치를 취하기 전에 모든 가용정보를 충분히 고려해야 할 의무, "편익리스크평가"("benefit-risk assessment")를 시행해야 할 의무, 그러한 평가를 유도하고 공개할 의무, 사전배려적 조치를 비례의 원칙에 부합되도록 취해야 할 의무 등이 있다.[73]

또한 각국은 채택한 각 원칙을 적용함에 있어서도 타방원칙의 장처(長處)를 어느 정도 반영할 수 있는 정도로 유연성을 보이고 있다. 그리하여 Peter Sand가 매우 적절히 지적했듯이 유럽에서 볼 수 있는 사전배려원칙의 정치적·입법적 수용이 행정부와 법원에 의한 적용으로 이어진다고 생각하는 것은 그야말로 오산이

---

70) Delaney조항은 "인간이나 동물에게 암을 유발하는 것으로 판명된"("found … to induce cancer in man or animal") 식품첨가물의 사용을 전면금지한다. 사전배려의 원칙과 Delaney조항의 관계에 관해서는 Frank B. Cross(1996), "Paradoxical Perils of the Precautionary Principle," 53 *Wash. & Lee L. Rev.* 851, pp. 855-856.

71) 541 F.2d 1(DC Cir. 1976). 자세한 내용은 졸고, 리스크법(주 4)), 주 150)) 및 그 본문 참조.

72) 437 U.S. 153(1978). 미국 멸종위기에처한종보호법(Endangered Species Act)에 등록된 Snail Darter가 TVA에서 추진하는 댐의 건설로 인해 위태로워지자 이를 보호하기 위해 제기된 소송에서 미연방대법원은 댐의 완공은 ESA를 위반하는 것이고, 따라서 법원으로서는 댐의 건설을 중지할 수밖에 없다고 판시하였다. 이미 엄청난 비용이 소요되었고 완공을 앞두었다는 사실은 이 사건의 결정에 관해선 무관한 사항이라고 판시하면서, 의회는 ESA를 통과시키면서 멸종위기에 처한 종을 구하는 것이 다른 어떤 정부정책보다 중요한 것이라고 결정을 내렸고, 이와 같은 의회의 정책결정에 대해 다시 심사하는 것은 법원의 기능이 아니라고 판시하였다. 이 판결은 snail darter라는 물고기에 대한 리스크를 예방하는 차원에서 내려졌고, 그런 의미에서 미국판례상 사전예방의 원칙에 기해 내려진 판결로 인용되고 있는 것이다.

73) U. Di Fabio(1996), "Gefahr, Vorsorge, Risiko: Die Gefahrenabwehr unter dem Einfluss des Vorsorgeprinzips," *Jura* 18, p. 566, pp. 572-574, Sand(주 6)), p. 137에서 재인용.

다.[74]「스웨덴」과「네덜란드」는 사전배려원칙에 의한 해결을 피하여 다른 규정이
나 이론에 의하여 분쟁을 해결하려 하고,[75]「영국」법원은 최소한 두 사건에서 이
원칙에 기해 사건을 해결하려는 시도를 철저히 외면했다고 한다.[76]「프랑스」의 국
참사원은 1997년 원자력발전소 가동중지와 관련된 *Superphnix*사건에서 Maastricht
수정조약에 규정된 사전배려원칙[77]이 유럽연합회원국에는 직접적 효력이 없다고
판시하였다가 다음 해에 제기된 *Transgenic Maize*사건에서는 사전배려의 원칙을
"스위스회사에 의해 생물공학적으로 처리된 옥수수(maize)의 프랑스 내에서의 경
작 및 시판에 대한 허가를 유보하는 결정을 정당화할 수 있는 중대한 근거"라고
판시하였다.[78] 그러나 사전배려의 원칙을 국내입법으로 수용한 1995년의 Loi
Barnier는 사전배려조치를 취할 때에는 그 비용이 경제적으로 수용할 수 있는 균형
잡힌 조치여야 한다고 규정하고 있어 사전배려원칙의 본래의 모습이 희석되었다는
평가를 받고 있는 것이다.[79]

이와 같이 리스크에 대한 태도와 그 구체적 적용은 나라마다 각각이고, 한 나
라에서도 사안마다 다르다고 볼 수 있는 것이다.

(3) 1980년대부터 GMO의 연구개발이 본격화되자 OECD·WHO·UNEP 등
의 국제기구에서는 유전자재조합기술의 산업적 이용과 관련된 안전성지침을 제정
하였다. 이 경우 안전성평가의 기준이 되는 두 가지 개념은 (1) 인체안전성평가를
위한 **실질적 동등성**(substantial equivalence) 개념과 (2) 환경안전성평가를 위한 **친숙
성**(familiarity) 개념인데, 실제로 미국·캐나다·일본 등에서는 GMO안전성규제에
이러한 개념을 적용하고 있다.[80]

실질적 동등성이라 함은 유전자변형식품에 도입된 유전자의 특성이 일반적으
로 잘 알려져 있어 본래의 식품과 실제로 동일한 정도로 해가 없다는 것에 대한

74) Sand(주 6)), pp. 134-137.
75) *Ibid.,* p. 134.
76) *Ibid.,*
77) EU Treaty Art. 130, r(2)은 환경에 관한 유럽연합의 정책은 "사전배려의 원칙에 기하여야 한
다"고 규정하고 있다.
78) Sand(주 6)), p. 135.
79) 조문의 내용은 "Lack of certainty, taking into account scientific and technical knowledge at
the time, shall not delay effective and commensurate measures, at economically acceptable cost,
to prevent the threat of serious and irreversible damage to the environment. Sand(주 6)), p. 135.
80) 김태산·임용표·서정근, "GMO안전성규제현황," 원예과학기술지 제18권 제 6 호(한국원예학
회, 2000. 12), 861면.

과학적인 확신이 있고, 유전자변형식품과 기존식품 간의 편차가 자연계품종간에 존재하는 편차범위 내에 있다면 이러한 유전자변형식품은 본래의 식품과 마찬가지로 안전하다고 보는 것을 말한다.[81] 예컨대 유전자변형 콩이 겉모습·성분 등의 제반 특성이 일반 콩과 동일하고 도입된 유전자에 의하여 생산된 물질이 일반 콩의 그것과 비교하여 본질적 차이가 없는 경우에는 유전자변형콩은 일반 콩과 실질적으로 동등하므로 안전하다고 판단되는 것이다. 실질적 동등성이란 개념은 1990년 FAO(유엔식량농업기구)와 WHO(세계보건기구)의 합동자문보고서에서 식품의 안전성확보 기준으로 처음 도입한 개념으로서 그 후 1993년부터는 OECD에서 식품의 안전성평가를 위한 기본개념으로 정립되기에 이르렀다.

친숙성이라 함은 "[재래생물과] 유사한 환경에서 재배되고 같은 방식으로 같은 목적에 이용되는 유사한 유전자생성물(gene product)·묘목변종(plant varieties)·원종변종(progenitor varieties)에서 얻게 되는 간접적 지식과 경험"을 의미한다.[82] 친숙성을 이와 같이 정의하면 앞서 본 실질적 동등성과 다른 점이 무엇인가라는 의문이 생기는데, 양자를 똑같은 개념으로 보는 견해도 있다.[83] 굳이 차이점을 찾아 본다면, 실질적 동등성은 특히 식품과 같이 인체에 대한 위해성이 문제되는 경우에 사용되는 반면, 실질적 친숙성은 일반적인 변형생물에 사용되는 것으로 이해되고 있다고 보인다.[84]

그런데 앞서 보았듯이 EU는 기본적으로 유전자변형식품에 대해서도 위험회피적인 태도를 취하고 있어 미국과 구별된다고 하겠다. 즉 유전자변형식품에 의한 영향이 불분명한 경우, 위험방지를 위해서 사전배려의 원칙에 입각하여 미국보다 강력한 규제를 실시하고 있다.

---

81) 실질적 동등성의 개념에 대한 설명은 상게서, 865-866면을 주로 참조하였다. 그 밖에 실질적 동등성개념에 대한 비판으로는 권영근, "환경호르몬, 유전자조작물질, 먹을 거리의 안전," **환경과생명** 제30호(2001. 12), 62-82면.

82) Comm. on Genetically Modified Pest-Protected Plants, Nat'l Research Council(2000), *Genetically Modified Pest-Protected Plants: Science and Regulation,* p. 73. McGarity(주 34)), p. 490, footnote 478에서 재인용. 위 연구보고는 "familiarity"를 "indirect knowledge or experience obtained from similar gene products, plant varieties, or progenitor varieties grown under similar conditions and used for the same purposes in the same way"로 정의하였다.

83) *Ibid.*("definition that fits the 'substantial equivalence' concept to a tee").

84) Julian Kinderlerer(2000), "Genetically Modified Organisms: An European Scientit's View," 8 *N.Y.U. Envtl. L.J.* 557.

2. 미국의 법체계

(1) 미국의 규제체계의 연혁

미국에서도 사전배려의 원칙의 흔적을 Delaney조항과 1970년대의 판례 등에서 찾아볼 수 있음을 지적하였지만, 사전배려의 원칙을 미국 리스크법을 통할하는 원칙으로 볼 수는 없다. 오히려 미국은 국제협상테이블에서 사전배려의 원칙을 아무런 유보 없이 채택하는 것을 반대해 왔으며,[85] 여러 판례에서 볼 수 있듯이 국내법적으로도 이 원칙을 부인하고 있다.[86] 현재 유럽은 사전배려의 원칙을 전면수용하여 리스크를 적극적으로 —— 물론 그 구체적 내용에 관해 보면 천차만별이지만 —— 규제하려고 하는 반면, 미국정부는 —— 미국법원도 이에 발을 맞추어 —— 자국의 경제활동을 위축시킬 것이 명백한 사전배려의 원칙을 부인하고, 대신 규제 전에 실제 위해를 입증할 만한 증거가 나오기를 기다리고 실증적인 연구에 기해 리스크를 관리해야 한다는 입장이다.[87] 이와 같은 미국의 태도를 제도화한 개념이 바로 리스크평가(risk assessment)와 리스크관리(risk management)이다. 비용편익분석은 리스크평가를 기초로 리스크를 관리하는 대표적 방안으로 미국정부가 규제 여부를 결정하는 주된 수단으로 사용하고 있다.

리스크평가 또는 비용편익분석 주창자들은 사전배려의 원칙을 '과학적 규제'에 대한 '반과학적 반대'로 폄하하기도 하는데,[88] 후술하는 바와 같이 리스크평가는 흔히 주먹구구식으로 비유되는 일반인들의 감에 의한 판단을 지양하고, 리스크를 가용정보를 총 동원해서 과학적으로 평가하려는 시도이다. 탈현대적 리스크문제에 관해서는 귀납추론적 인식이 더 이상 타당하지 않기 때문에 리스크에 대한 지식을 축적해서 이를 체계에 제공하기 위해서는 개인차원을 넘어 사회차원에서의 장치가 필요하다는 것을 보았거니와 리스크평가는 바로 이러한 생각의 제도적 표현이라고 볼 수 있겠다. 우리가 리스크에 관해 정사선악을 구별하는 태도를 넘어 실제적 맥

---

85) Wiener에 따르면 기후변화협약에서도 미국은 사전배려의 원칙을 제한하려고 노력하였고, 이것은 현재까지도 계속되고 있다고 한다. Wiener, "Multi-Risk"(주 6)), p. 2.

86) Industrial Union Dep't, AFL-CIO v. American Petroleum Inst., 448 U.S. 607(1979)(소위 Benzene Case).

87) 사전배려원칙에 관한 미국과 독일입장의 비교분석으로는 Wiener & Rogers(주 6)). 비교위험평가의 다양한 측면을 포괄한 유익한 문헌으로는 Jonh D. Graham & Jonathan Wiener(1995), *Risk versus Risk*.

88) Wiener, "Multi-Risk"(주 6)), p. 6.

락에서 그 실질을 보고자 한다면 어떤 구체적 잣대가 필요하게 되는데, 리스크평가는 과학의 힘으로 객관적 잣대를 제공하려는 시도로 볼 수 있을 것이다. GMO에 관한 미국의 규제제도 또한 이와 같은 토대를 전제로 설계·시행되고 있음은 물론이다.

리스크평가와 비용편익분석이 도입되게 된 배경은 1980년대 미국경제의 위기였다. 1980년대 들어서서 미국경제가 독일과 일본과의 경쟁에서 뒤쳐지자 미국민들은 지나친 환경규제가 경제활동의 목을 죈다는 불평을 하기 시작하였고, 이런 상황에서 규제를 합리화하기 위한 방편으로 리스크평가와 비용편익분석이 등장하게 되었던 것이다. 도덕성만을 강조하다 무능력으로 낙인찍힌 Carter행정부의 실패를 디딤돌로 해서 등장한 Reagan행정부는 정부가 너무 비대하고 너무 경직되어 있다는 점을 지적하면서, 그 해결책으로 연방정부의 규제범위를 대폭 줄이고 주정부——탈규제가 보다 원활히 이루어질 수 있는——로 이양할 것을 내놓는다. Reagan은 규제혁파를 위해 연방행정부에 대해 대통령훈령 제12291호(Executive Order 12291)를 공포했는데, 이 훈령은 절차적인 면과 실체적인 면에서 진행되었다. 규제를 신설하기 위해 충족하여야 할 실체적 요건으로 "법이 허용하는 한도 내에서"("to the extent permitted by law") 비용편익분석을 실시하고, 그 결과 순편익이 없는 규제는 이를 시행해서는 안 되고, 또한 여러 대안이 있으면 비용이 가장 적게 드는 대안을 선택하여야 한다는 것을 규정하였다.[89] 또한 실체적 요건을 충족하기 위한 절차적 요건으로 국가경제에 매년 1억 불 이상의 영향을 미치는 행정명령·규칙은 이를 제정하기 전에 대통령직속의 관리예산실(Office of Management and Budget: OMB)의 심사를 받아야 한다는 것을 규정하였다.[90]

이러한 규제혁파의 추세는 Bush행정부 초에 다소 완화되는데, 이것은 1990년 시행된 대기정화법의 개정(Clean Air Act Amendment of 1990) 때문이었다. 하지만 Bush행정부 마지막 2년은 다시 규제혁파로 돌아서는데, 부통령 Dan Qualye이 위원장을 맡은 경쟁력위원회(Competitiveness Council)가 행정 전부문을 호령하였기 때문이었다. Clinton행정부의 규제관은 Bush행정부 전반부의 온건하고 낮은 자세와 크게

---

89) Executive Order 12291에서 관련된 내용을 발췌하면 다음과 같다. "[T]o the extent permitted by law," "regulatory action … not be undertaken unless the petential benefits to society of the regulation outweigh the potential costs to society," "regulatory objectives … be chosen to maximize the net benefits to society," and "among alternative approaches to any given regulatory objective, the alternative involving the least net cost to society … be chosen." 자세한 내용은 Richard L. Revesz(1997), *Foundation of Environmental Law and Policy*, pp. 76-79.

90) 자세한 내용은 *Ibid.*

다르지 않다고 평가받는다.[91] 하지만 1994년 의회선거결과는 의회의 기류를 바꾸었
을 뿐만 아니라 Clinton행정부 자체의 규제행정 방식에도 엄청난 변화를 가져왔다.

1994년 선거결과는 미국민들이 Newt Gingrich에 의해 주도된 "미국과의 계
약"("Contract with America") —— 하원선거에 도전한 공화당후보들이 원내과반수를 차
지하면 수행하기로 약속한 공약의 목록인[92] —— 을 선택한 것으로 받아들일 수 있다.
미국과의 계약목록 중 대표적인 것이 "고용창출과임금상승법"("Job Creation and
Wage Enhancement Act")이었는데, 이 법은 Reagan행정부의 규제개혁 의제의 대부
분을 수용한 것일 뿐만 아니라, 더 나아가 Reagan행정부도 생각하지 못한 환경보
호청(Environmental Protection Agency: EPA)과 직업안전보건청(Occupational Safety
and Health Administration: OSHA)의 규제방식에 대해서도 근본적 개혁을 가져오는
내용을 포괄하고 있다. 공화당주도의 하원은 약속대로 회기가 시작하자마자 새로운
입법안을 통과시켰는데, 이 중 상원과 대통령의 서명을 받은 법안은 온건한 규제개
혁안을 담은 법이었을 뿐[93] 골자가 되는 법안은 상원을 통과하지 못하였다. "리스
크평가및비용편익분석법"("Risk Assessment and Cost-Benefit Act")이 그것인데,[94]
이 법안은 "경제에 2억5천만 불 이상의 영향을 미치는 규제가 허용되기 위해서는

---

91) Clinton행정부의 방식은 크게 보면 Reagan행정부와 크게 다르지 않다. 즉 Clinton행정부 대통령훈
    령 제12866호(Executive Order 12866)를 보면, OMB에 의한 중앙집권적 규제심사를 그대로 유지
    한 채 규제심사의 틀을 약간 후퇴시킨 것에 불과하기 때문이다. Executive Order 12866에서 관련된
    내용을 발췌하면 다음과 같다. 이를 앞서 본 Executive Order 12291과 비교해 보라. "[I]n choos-
    ing among alternative regulatory approaches, agencies should select those approaches that maxi-
    mize net benefits ··· unless a statute requircs another regulatory approach." "[Regulatory agen-
    cies] shall consider, to the extent reasonable, the degree and nature of the risk posed by vari-
    ous substances." Clinton의 훈령에 따르면, 특정한 법(예컨대 대기정화법)이 비용편익분석 이외의
    다른 기준(예컨대 건강에 기초한 대기오염기준)을 제시하고 있어 비용편익분석의 적용을 금하는 경
    우에는 그 법에 따라야 하고, 따라서 비용편익분석 결과 비용이 더 많이 드는 경우에도 규제를 시행
    하게 된다. 자세한 것은 Exec. Order No. 12866, 58 Fed. Reg. 51735-36(1993).
92) 자세한 내용은 Rep. Newt Gingrich, *et al., Contract with America: The Bold Plan*(Ed
    Gillespie & Bob Schellhas, eds., 1994).
93) 통과된 법률안을 보면 "지원부족명령법"("Unfunded Mandates Act")과 "문서업무감축법"
    ("Paperwork Reduction Act"), "식품질보호법"("Food Quality Protection Act"), "미국과의계약
    추진법"("Contract with America Advancement Act"), telecommunication관련 개혁법 등이었다.
    특히 미국과의계약추진법은 "중소기업에대한법집행공정법"("Small Business Enforcement Fair-
    ness Act")을 포함하고 있었고, 중소기업에대한법집행공정법은 다시 "유연규제법"("Regulatory
    Flexibility Act")에 대한 개정을 담고 있었다. Thomas O. McGarity(1998), "A Cost-Benefit
    State," 50 *Admin. L. Rev.* 7, p. 9.
94) H. R. 1022. 이 법에 관한 자세한 소개와 평가는 Jeff Gimpel(1997), "The Risk Assessment
    and Cost Benefit Act of 1995: Regulatory Reform and the Legislation of Science," 23 *J. Legis.*
    61 참조.

점증적인 리스크감소 또는 여타의 규제편익이 정부·공공단체·사기업 등이 부담하여야 할 비용을 정당화할 수 있어야 하고," 이를 위해서 "비용과 편익은 실행가능하다면 정량적으로 평가되어야 한다"고 규정하고 있고, 이를 담보하기 위해 피규제자가 사법심사를 청구할 수 있도록 규정하고 있다.[95] 이 법안이 주목받는 이유는 제정형식이 법률이기 때문에 효력이 행정부내부에 국한되는 Reagan이나 Clinton의 훈령과 달리 그 법적 효력이 일반국민에 대해 미치고 있을 뿐만 아니라, Reagan이나 Clinton의 훈령이 관련법에 저촉되지 아니하는 범위 내에서 비용편익분석을 실시하라고 명령하는 데 반해, 이 법안은 비용편익분석 적용의 예외를 인정하지 않는다. 이 법안은 관련법령이 "비용편익분석을 채택하지 않으면 이를 보충하여 비용편익분석을 하게 하고, 만약 비용편익분석 외에 다른 규제기준을 제시하고 있다면 이에 우선하여 적용된다"고 규정하고 있는 것이다.[96] 따라서 이 법안이 발효한다면 환경법을 포함한 모든 규제법에 기한 행정규제가 이 법안 밑에 있게 되고, 모든 시행령·시행규칙을 제정할 때 모법이 제시한 기준에 앞서 비용편익분석틀이 적용된다는 것을 의미한다.[97] 정치가 그리 간단한 것이 아님을 입증이라도 하듯 이 혁명적 법률안은 상원을 통과하지 못하였다.

이러한 실패는 우리에게 시사하는 바가 중대하다. 왜냐하면 미국과 같이 신자유주의가 휘몰아치고 있는 나라에서도 실패한 입법이 우리 나라에서는 별다른 저항 없이 국회를 통과하여 「행정규제**기본법**」으로 입법되어 실행되고 있으니 말이다. 우리 나라와 같이 평등주의적 국가에서 이 법안이 소란 없이 통과된 것은 이 문제에 대한 국민적 이해가 충분치 못했고, 국민의 대표자인 입법자나 행정공무원들이 의제의 의미를 홍보하지 못했으며, 학계에서도 이 법안이 가지는 진정한 의미를 깨치지 못하였기 때문이다. 요컨대 행정규제기본법을 액면 그대로 받아들이면

---

95) 관련조문을 보면 "[U]nless the incremental risk reduction or other benefits … will be likely to justify, and be reasonably related to, the incremental costs incurred by State, local, and tribal government, the Federal Government, and other public and private entities." "costs and benefits shall be quantified to the extent feasible and appropriate and may otherwise be qualitatively described." 자세한 내용은 Revesz(주 89)), p. 76 이하.

96) 관련조문을 보면 "Notwithstanding any other provision of federal law, [cost-benefit framework] shall supplement and, to the extent there is a conflict, supersede the decision criteria for rulemaking otherwise applicable under the statute pursuant to which the rule is promulgated." H.R. 9, §422(b). 강조는 저자가 추가한 것이다. 자세한 것은 Gimpel(주 94)).

97) McGarity(주 93)), p. 33. 한편 Cass Sunstein은 이러한 시도를 자신이 주장하는 "비용-편익국가"("cost-benefit state")를 제도화하는 것으로 환영한다. 같은 면.

우리 환경법은 유명무실해질 가능성이 농후하다.

이와 같은 우리 나라의 무지함과 대비되는 사실은 미국에서는 이 문제가 이미 오래 전부터 전문가그룹에서뿐만 아니라 일반국민에게도 제기되어 많은 논의가 있었다는 것이다. 미연방대법관인 Stephen Breyer는 1993년도에 출판한 그의 저서 *"Breaking the Vicious Circle: Toward Effective Risk Regulation"*에서 리스크에 관련된 행정법의 경직성이 초래하는 국가적 손실과 그로 인한 미국민들의 공통된 불만을 과학적 분석자료로 뒷받침하고, 이를 토대로 환경법의 개혁을 주장하였다. Philip K. Howard는 위 책의 대중판이라 할 수 있는 *"The Death of Common Sense"*에서 보다 쉬운 어조로 규제로 인한 폐해를 주장했고, 이 책은 전문분야를 다룬 책으로는 드물게도 1994년도에 베스트셀러가 되었다.

Breyer의 주장을 소개하는 것은 논의의 맥락을 보다 선명하게 드러낼 수 있다. 그의 주장을 요약하면 환경보호의 가치를 누구도 부정할 수 없지만 리스크와 이에 대한 법적 대응책, 즉 행정법 사이에 큰 간극이 있어 법을 준수하려고 하면 상식에 반할 정도로 큰 비용을 치르게 되고, 결국 이것이 미국을 병들게 한다는 것이다. 예컨대 미국은 독성물질규제법(Toxic Substance Control Act)에 기해 석면의 사용을 점진적으로 금지하고 있는데, 석면이 가져오는 리스크를 정량적으로 평가하고 이에 근거해 석면규제가 가져오는 비용을 계산해 보았더니 석면이 가져오는 리스크는 이쑤시개를 삼켜서 사망할 리스크와 같고, 그 비용은 한 사람을 구하는 데 무려 2억5천만 달러가 든다는 사실을 밝혀 냈다.[98]

이러한 Breyer의 분석은 그 후 사회과학을 전공하는 수많은 학자로 하여금 규제를 실증적으로 분석하게 하는 동기로 작용했는데, 예컨대 Kip Viscusi는 미국 Superfund법의 시행에 따른 비용은 한 사람을 구하는 데 40억 달러가 든다는 분석 결과를 내놓았다.[99] 이런 연구결과는 Howard의 호소대로 상식에 반하는 정부라는 주장이 설득력을 갖게 하였을 뿐만 아니라 행정법이라는 것이 누구를 위해 존재하는지를 묻게 하였으며, 그 결과 정부의 운영방식, 공법체계 자체에 대해 자문하게 하는 기회를 제공하게 되었다.

그리하여 Cass Sunstein은 1994년 선거를 "미국이 진정으로 새로운 규제국가

---

98) 다른 예에 관해서는 Stephen Breyer, *Breaking the Vicious Circle: Toward Effective Risk Regulation*(Harvard, 1993), pp. 1-29.

99) Kip Viscusi(1996), "Regulating the Regulators," 63 *U. Chi. L. Rev.* 1423, p. 1436.

로 거듭나야 함을 알려 주는 신호탄"으로 해석하여[100] 미국은 "비용편익국가"
("cost-benefit state")로 거듭나야 하는 만큼 비용편익분석틀을 정부의 "기본운용방
식"("modus operandi"), 즉 "준헌법적 개정"("quasi-constitutional amendment")으
로 보아야 한다고 주장하고 있다.[101] 비용편익국가는 "정부의 업무수행이 그 비용
과 편익을 비교함으로써 평가"되는 국가를 말하는데, 이와 같은 주장은 Sunstein의
평소의 지론, 즉 "정부는 자신이 취하려는 조치의 편익이 그 비용을 초월하기 전에
는 시장의 부침(浮沈)에 개입하여서는 안 된다"는 소신에 기초한 것이다.[102] 현재
미국공법학계는 —— 우리 학계는 큰 그림을 놓치고 아직도 자구해석에 몰두하고 있는데 ——
Sunstein의 주장을 놓고 찬반양론이 격한 투쟁을 벌이고 있는 실정이다.[103] 그 논
쟁에 관계 없이 비용편익분석은 앞서 본 Clinton의 훈령에 의하여 행정규제의 합리
화를 도모하기 위한 가장 중요한 수단으로 사용되고 있다.[104]

(2) 미국의 규제체계의 개요

미국은 생명공학분야에서 현재 세계최고의 위치에 있으며, 세계최대의 유전자
변형작물 개발국이자 수출국이다. 미국 내에는 몬산토·아그레보·칼진·아벤티스
와 같이 수많은 대규모 생명공학회사가 있으며, 2002년 미국의 유전자변형작물 생
산면적은 약 3,900만 헥타르로서 전세계생산면적의 66%에 이른다.[105] 이처럼 미국

---

100) Cass R. Sunstein(1996), "Legislative Foreword: Congress, Constitutional Moment, and the Cost-Benefit State," 48 *Stan. L. Rev.* 247, p. 249. Sunstein은 미국법사를 3분하는데, New Deal 전 사법(common law)이 지배하던 시대, 심각한 공황을 타개하기 위해 정부가 전면으로 나서고 공법이 주된 역할을 하던 New Deal시대, 그리고 현재 다시 시장으로 돌아가자는 신자유주의와 기조를 같이 하는 규제개혁시대가 그것이다. 현재의 시대를 그는 post-New Deal시대로 명명한다.

101) *Ibid.*

102) 이와 같은 소신은 Sunstein의 여러 논문에서 쉽게 발견할 수 있는 것이다. 예컨대 Cass R. Sunstein(1996), "Health-Health Tradeoffs," 63 *U. Chi. L. Rev.* 1533, p. 1535; Sunstein(주 100)); Richard H. Pildes & Cass R. Sunstein(1995), "Reinventing the Regulatory State," 62 *U. Chi. L. Rev.* 1, pp. 72-76; Cass R. Sunstein, "Administrative Substance," 1991 *Duke L.J.* 607, pp. 637-639; Cass R. Sunstein(1990), "Paradoxes of the Regulatory State," 57 *U. Chi. L. Rev.* 407. 근래의 저서인 Cass Sunstein(1997), *Free Market and Social Justice*는 위 논문을 포함한 자신의 주장을 집대성한 것이다.

103) 반론으로는 McGarity(주 93)); David M. Driesen(1997), "The Societal Cost of Environmental Regulation: Beyond Administrative Cost-Benefit Analysis," 24 *Ecology. L. Q.* 545; Thomas O. McGarity(1996), "The Expanded Debate Over the Future of the Regulatory State," 63 *U. Chi. L. Rev.* 1463.

104) Susan Rose-Ackerman(1992), *Rethinking the Progressive Agenda: The Reform of the American Regulatory State*, pp. 33-37.

105) 기타 자세한 통계내용은 한국생명공학연구원, **2003 바이오안전성백서**, 53면 참조.

은 유전자변형생물체의 주요 생산국이어서 정책결정에 있어 이들 기업의 영향력이 클 뿐 아니라, 일반소비자들의 유전자변형식품에 대한 인식도 비교적 긍정적이다.[106]

미국의 GMO규제에 관한 가장 큰 특징 중의 하나는 GMO를 규제함에 있어 **과정**(process)이 아닌 **산물**(product)을 중심으로 개별적으로 리스크를 판단하려고 한다는 점이다. 미국의 안전성규제의 기본적인 관점은 만들어진 생산물이 과연 위험한 성질을 지니고 있는가이지, 그 생산과정에서 어떤 기술이 이용되었는가는 고려의 대상이 아니라는 것이다.[107] 이처럼 엄격한 표시제도 · 사전승인과 같은 별도의 규제가 불필요하다는 미국의 입장에서 보면, 후술하는 바와 같은 유럽의 엄격한 규제는 과학적 근거가 없는 포퓰리즘에 편승한 비관세장벽일 뿐 아니라, 자국의 생명공학기술을 보호하기 위한 시간벌기용이므로 철폐되어야 한다고 주장하게 된다. 그래서 미국은 EU와 달리 GMO의 문제를 과학이 아닌 무역의 문제로 파악하려 한다는 지적을 받고 있으며, 아직까지 GMO에 관한 특별법도 없고, 특별행정기관도 없는 상태이다. 또 GMO의 수입에 관해서도 특별취급은 하지 않고 있으며, 일반적인 수입식품의 안전성확보 체제 하에서 수입된 GMO를 다루고 있다.

미국의 규제는 내용면에서는 안전성규제와 표시규제로 구별되며, 규제기관을 기준으로 하면 크게 농무부 · 식품의약품안전청 · 환경보호청의 규제로 구별할 수 있는데, 이하에서는 내용을 중심으로 미국의 규제상황을 검토하기로 한다.

(3) 안전성규제

미국에서 GMO의 안전성규제는 주로 식품의약품안전청 · 농무부 · 환경보호청에 의해 이루어진다. 세 부서는 각각 고유의 관할권을 갖고 GMO를 규율하고 있는데, 이로 인한 규제의 중복 내지는 상충을 피하기 위해 백악관 과학기술정책실은 1986년에 '생명공학규제에관한조화방안'(Coordinated Framework for Regulation of Biotechnology)을 마련하여 각 규율의 통일성을 확보하고 있다.

---

106) 그러나 최근에는 미국시민의 유전자변형 식품에 대한 부정적 인식이 점차로 증가하고 있다고 한다. 2000년도 주요 국가의 유전자변형 식품에 대한 부정적 인식의 정도는 일본 82%, 독일 73%, 프랑스 71%, 캐나다 59%, 영국 58%, 미국 51%, 브라질 45%의 순이다. 보다 자세한 내용은 김종덕 · 이경미, "유전자조작 농업(GMO) 전쟁의 경과와 전망," 경남대 사회학과 **사회연구** 제14집(2001.12), 171면 참조.
107) 김은진, "미국에서의 GMO관련법과 그 문제점," **농민과사회** 제26권(한국농어촌사회연구소, 2001.6), 142면.

1) 식품의약품안전청(FDA)의 규제

미국 식품의약품안전청(Food and Drug Administration)은 「연방식품·의약품·화장품법(Federal Food, Drug and Cosmetic Act)」[108] 및 「공중보건법」(Public Health Service Act)에 의해 유전자변형식품과 의약품의 안전성을 담당한다. 그런데 1992년에 「새로운 식물품종에서 생산된 식품에 대한 정책성명」[109]을 발표한 이래로 유전자변형식품의 제조과정에 대한 특별한 규제는 하지 않겠다는 것이 FDA의 기본적인 입장이라고 할 수 있다. 도입유전자가 유해영향을 미칠 우려가 없고, 영양성분·유해성분·조리방법·섭취량에 대해 기존농작물과 실질적으로 동등하다고 판단되는 유전자조작작물에 대해서는 판매전승인을 의무화하지 않겠다는 것이다.

이와 같은 태도는 안전성규제에 관한 실질적 동등성의 개념을 받아들인 결과인데, FDA는 구체적으로 (1) **예상치 못한 독성물질의 합성 또는 증가 여부**(대부분의 식물이 자기방어를 목적으로 어느 정도의 독성물질을 생성하는데, 유전자변형으로 인해 독소의 농도가 증가하거나 잠복해 있던 독성물질이 발현되는지 여부를 검사하는 것), (2) **비타민과 같은 필수영양성분의 변화 여부**(최근 유전자변형 콩은 인체영양학적으로 중요한 성분인 이소플라본(isoflavones) 함유량이 일반 콩보다 낮다는 연구결과가 발표되어 논란이 된 적이 있는데, 이와 같은 변화 여부를 검사하는 것), (3) **알레르기유발가능성**(대표적인 알레르기유발식품인 땅콩·콩·견과·우유·달걀·생선·갑각류·밀 등의 8종에서 유래한 유전자변형식품을 개발할 경우에는 반드시 개발자가 알레르기유발가능성이 없음을 과학적으로 증명해야 하는 것), (4) **항생제내성의 유발 여부**(유전자조합과정에서 항생제내성유전자가 식품으로부터 생태계의 병원균으로 전이되어 항생제내성병원균이 발생하는 것이 아닌가를 검사하는 것) 등을 검사하여 실질적 동등성을 판단하고 있다.[110] 이러한 FDA의 규제는 완전히 새로운 방식으로 볼 수는 없으며, 여타의 식품에 대한 전통적인 규제의 연장선상에 있는 것으로 평가될 수 있을 것이다.

한편 미국 내에서도 점차로 유전자조작식품에 대한 우려의 소리가 커지자 FDA는 2001년 1월 17일에 「유전자식품의판매전심사의무화에관한규칙」(Premarket Notice Concerning Bioengineered Foods)을 발표하였다. 이 지침의 주요 내용은 새로

---

108) 동법 제402조 (a)항 1호는 공공의 건강에 위해가 되는 식품을 판매시장에서 제거할 권한이 FDA에 있음을 규정하고 있으며, 동법 제409조는 유전자변형식품을 포함한 모든 식품첨가물은 식품에 사용되기 전에 FDA에 의한 검토와 승인을 거쳐야 함을 규정하고 있다.

109) Statement of Policy: Foods Derived From New Plant Varieties(Notice-92-N-0139).

110) 심사내용에 관한 보다 자세한 소개는 김태산·박용환, "미국 식품의약품안전청의 유전자변형식품 안전성심사," **한국국제농업개발학회지** 제13권 제 1 호(한국국제농업개발학회, 2001. 3), 1-6면.

운 유전공학식품이나 원료를 판매하려는 기업은 120일 전에 FDA에 이를 **신고하**도록 한 것인데, 신고시에는 개발방법, 항생제내성의 유발 여부, 알레르기유발가능성, 식품의 안전성 및 당해 식품과 종전 식품과의 비교 등과 같은 정보를 제공하지 않으면 안 되며, 이 정보는 원칙적으로 공개된다.[111]

2) 농무부(USDA)의 규제

미국 농무부(U.S. Department of Agriculture)는 「연방식물·해충법」(Federal Plant Pest Act)과 「식물검역법」(Plant Quarantine Act)에 의해 유전자변형작물의 안전성을 규제하고 있다. 이들 관련법에 의해 농무부산하의 동식물검역청(Animal and Plant Health Inspection Service)은 새로운 식물품종이 기존식물에 병해를 유발하는지 여부를 관리·감독하게 된다. 동식물검역청에 의한 안전성심사는 과학자와 법학자 등 총 19명의 전문가로 이루어진 '생명공학평가팀'(Biotechnology Evaluation Team)에 의해 이루어지게 되는데, 생명공학평가팀은 다음의 세 단계를 통해 안전성을 규율하게 된다.

우선 유전자변형작물의 수입, 국내이동, 포장시험의 허가를 얻기 위한 간편한 절차로서 **신고**(Notification) 절차가 있다. 다음으로 유전자변형작물의 수입, 국내이동, 포장시험시 일정기간(보통 1년) 동안의 허가를 얻는 절차인 **허가**(Permit) 절차가 있다. 1993년 및 1997년의 개정으로 인해 기존의 허가절차대상 작물 중 일부가 신고절차대상으로 변경되었으며, 신고절차도 대폭 간소화되었다. 끝으로 사업자는 **비규제청원**(Petition for Non-regulated Status)을 할 수도 있는데, 이는 안전성이 확인된 유전자변형작물의 경우는 환경방출시 기존의 작물처럼 아무런 규제를 받지 않을 수 있도록 하는 절차이다. 비규제청원이 받아들여지게 되면 이들로부터의 산물이나 후대계통의 수입, 미국 내 주간이동이나 환경방출시에 더 이상 동식물검역청의 규제를 받지 않게 된다.

이러한 미 농무부의 유전자변형 작물의 관리 및 규제는 가능한 **사안별**(case-by-case)로 **신축적**으로 운영되고 있는데, 이 경우 **친숙성**(Familiarity) 개념이 환경적 위해성을 평가하는 중요한 기준으로 작용하게 된다.[112] 즉 (1) 작물의 생물적 특성

111) 이는 유전자변형식품에 대한 의무적인 규제가 없음으로 인해서 소비자들이 제품관련정보를 얻을 수 없다는 주장을 반영한 정책변화로 여겨진다. 이러한 주장의 근거가 되었던 몬산토사의 rbGH호르몬 사건에 관해서는 이훈, "미국 화학물질관련 정책 및 법률동향: 유전자변형식품을 둘러싼 논란," **화학물질정보** 제52권(한국화학물질관리협회, 2000. 2), 30면 참조.

112) 김태산·임용표·서정근, "GMO 안전성규제현황," **원예과학기술지** 제18권 제6호(2000. 12), 866면.

(생식방법, 수분방법, 야생근연종과의 교배친화성), (2) 도입된 유전자특성(도입된 유전자가 어디에서 유래되었으며, 어떻게 도입되었는가), (3) 재배환경정보(작물의 재배방법, 해충저항성작물의 경우는 대상해충의 특성 등) 등이 위해성평가에 있어 고려되게 되는 것이다. 그러나 이와 같은 친숙성은 고정된 기준이 아니고 기술의 발전과 사회적 요구에 따라 유동적으로 적용될 수 있는 것이라는 점에 특징이 있다.

또한 미 농무부의 유전자변형 작물의 관리 및 규제는 연구개발의 초기부터 시작되는 것이 특징이다. 미 농무부는 새로운 품종의 개발초기 단계에서 그 품종이 과연 농업에 안전하게 이용될 수 있는가를 평가하며, 더 나아가 불필요한 검사를 받지 않고 농업특성조사시험 또는 육종사업에 이용될 수 있도록 관리하게 된다. 이처럼 종래 미 농무부의 규제는 오히려 미국의 유전자변형 작물의 개발 및 상업이용에 커다란 이바지를 했던 것이 사실이다.[113]

한편 2000년에 제정된 농업리스크방지법(Agriculture Risk Protection Act)은 미 농무부에 대한 간단한 통지로 족하다고 규정하여 규제완화의 정도를 더하고 있다.

3) 환경보호청(EPA)의 규제

미국 환경보호청(Environmental Protection Agency)은「연방살충제, 살균제, 살서제규제법」(Federal Insecticide" Fungicide and Rodeticide Act)과「독성물질규제법」(Toxic Substances Control Act) 등을 중심으로 유전자변형생물이 환경에 미치는 영향을 평가한다.[114]

「연방살충제, 살균제, 살서제규제법」에 따르면 식품이나 사료로 쓰일 수 있는 살충제성분을 가진 식물의 노지실험 전에 **사전허가**(Experimental Use Permits)가 필요하고, 살충제성분을 가진 식물은 판매되기 전에 개발자가 이를 **등록**하고 살충제 **잔류허용치를 준수**(tolerance-setting procedure)하거나 그 **적용면제**를 얻어야 한다. 미 환경보호청은 위험성이 희박하거나 환경에의 악영향가능성이 별로 없다고 인정하는 경우에는 사전허가 또는 잔류허용치 설정절차를 **면제**할 수 있는데, 이러한 면제의 근거 역시 실질적 동등성의 개념에 있다고 할 수 있다. 한편「독성물질규제법」에 따르면 규정상 GMO에 대한 강력한 규제의 가능성이 있으나, 환경위해성을 환경보호청이 입증함에 있어 자료수집상의 어려움이 있기 때문에 실행에 있어 탄

---

113) 국회도서관 입법전자정보실(배민식), "유전자조작작물(식품)에 대한 각국의 규제동향," 입법정보 제23호, 14면.

114) 김은진(주 107)), 141면.

력성을 보이고 있다.

(4) 표시제도에 의한 규제

미국은 표시제에 있어서도 소극적인 태도를 보이고 있는데, 그 이유는 다음과 같다. 우선 기술한 실질적 동등성의 원칙에 따를 때 기존의 식품과 비교하여 영양성분·영양가치 등에서 실질적 차이가 없는 데도 불구하고 이를 표시하게 되면, 마치 유전자변형식품이 안전하지 않은 것으로 소비자를 잘못 인식시킬 수 있다고 생각하기 때문이다. 또 유전자변형식품의 표시제도를 시행하면 생산·수송·가공·판매의 전과정에서 이를 별도로 구분하여 관리하여야 하므로 비용의 증가가 상당할 것으로 생각되기 때문이다.

이에 따라 미국은 유전자변형식품이 알레르기를 유발하는 경우 등에만 이를 표시하도록 규정하고, 그 외에는 자발적인 표시를 권장하고 있다. 즉 유전자재조합식품의 경우, 기존의 농산물과 실질적으로 동등하지 않고 위해하다는 과학적 입증이 있는 예외적인 경우에만 표시하도록 규정하고 있는 것이다. 법원도 표시제에 소극적인 FDA의 태도를 존중하고 있다.[115] 최근에는 소비자의 알 권리·선택권 등을 근거로 표시제에 대한 소극적인 태도에 대한 강력한 반론이 제기되고 있고 주정부차원의 분절적인 노력이 증가하는 것이 사실이지만,[116] 미국정부의 소극적인 태도는 여전한 것으로 보인다.

(5) 미국의 규제체계에 대한 평가

미국은 기본적으로 비용편익분석의 관점에서 유전자변형식품의 리스크를 평가하고 분석하는 규제체계라고 평가할 수 있다. 이와 같은 태도가 만들어진 것은 유전자변형식품의 리스크란 현재의 과학기술에 의해 인식가능하고 관리가능하다고 생각할 뿐 아니라, 환경적 가치 외에 경제적 가치도 놓칠 수 없다는 실용적인 사고방식에 의해 리스크문제에 접근하였기 때문이다.

---

115) International Dairy Foods Association v. Amestoy, 92 F.3d 67(2d Cir. 1996); Alliance for Bio-Integrity v. Shalala, 116 F. Supp. 2d 166(D.D.C. 2000).

116) 예컨대 반론의 예로는 McGarity(주 34)), pp. 502-503; Frank Loy(2000), "Statement on Biotechnology: A Discussion of Four Important Issues in the Biotechnology Debate," 8 *N.Y.U. Envtl. L.J.* 607. 주정부의 노력에 관해서는 김영찬, "주요 국가의 유전자재조합식품 표시관리동향," **보건산업기술동향** 통권 제11권(2002, 가을), 129면.

3. EU의 법체계

(1) EU규제의 개관

유럽지역은 유전자변형식품을 프랑켄슈타인에 비유하여 '프랑켄 푸드'라고 부를 정도로 세계 어느 지역보다 유전자변형식품에 대한 소비자의 반발이 심한 지역으로 알려져 있다. 따라서 유럽은 이미 GMO의 안전성관리에 있어 비교적 강력하고도 구체적인 규제제도를 마련한 상태이며, 미국과는 달리 산물(product)보다는 과정(process)에 중점을 두어 잠재적인 리스크를 관리하려고 하고 있다.

유럽에서의 유전자변형 생물체의 규제는 다양한 규칙과 지침을 통해 다원적으로 이루어지고 있다.[117] 유럽공동체조약 제189조에 의하면 유럽공동체기관은 그 임무를 수행하기 위해서 규칙(Regulation)·지침(Directive)·결정(Decision)·권고(Recommendation)·의견(Option) 등의 다섯 가지 행위형식 중 하나를 선택할 수 있다. 이 중 실질적으로 자주 사용되는 형식은 규칙과 지침인데, 규칙은 유럽주민 일반에 대해 직접적 구속력을 갖게 되는 반면, 지침의 경우는 각 회원국이 그 실행을 위해 국내법으로 전환할 필요가 있다. 다만, 각 회원국은 지침을 국내법으로 전환함에 있어 자유로운 선택권을 갖기 때문에 지침의 요구사항을 충족하기만 하면 새로운 법규를 제정하지 않고 기존법규를 개정하는 방식을 이용할 수도 있다.

현재 유전자변형생물체의 규제에 관한 대표적인 지침으로는 환경방출지침·폐쇄계지침 등이 있으며, 규칙으로는 신식품규칙·표시규칙 등이 있다. EU의 규제체계는 유전자변형생물체의 환경으로의 의도적 방출을 의미하는 개방계이용과 폐쇄계에서의 산업·연구목적의 유전자변형생물체 이용을 의미하는 폐쇄계이용을 구별하고 있는데, 전자를 규율하는 것이 환경방출지침이며, 후자를 규율하는 것이 폐쇄계지침이다. 이하에서 이를 차례로 살펴본다.[118]

(2) 환경방출지침(Directive 2001/18/EC)

환경방출지침의 정식명칭은 「유전자변형생물체의환경으로의의도적방출에대한유럽지침」(Directive on the deliberate release into the environment of genetically

---

117) EU규칙과 지침에 관한 이하의 설명은 송동수, "유럽에서의 유전자변형 생물체(GMO)에 대한 안전관리체계," **환경법연구** 제24권 제 1 호(2002.9), 407-409면에 크게 의존하였다. 이하 특별히 강조하거나 다른 견해의 존재를 부각할 필요가 없는 한 일일이 주석을 달지 않기로 한다.

118) 각국의 제도에 관해서는 한국생명공학연구원(주 105))이 매우 상세한 설명을 하고 있다.

modified organisms)인데, 1990년에 처음 제정된(Directive 90/220/EEC) 이후 3차례의 개정을 거쳐 2001년 3월에 Directive 2001/18/EC로 대체되었다. 2002년 10월 17일부터 발효되고 있는 새로운 환경방출지침은 사전배려의 원칙에 입각하여 개별적인 위해성평가를 통한 단계적 승인절차를 도입하는 것을 골자로 하고, 특히 후술할 추적가능성(traceability) 제도를 적용·시행할 예정이라는 점에 특징이 있다. 환경방출지침의 주요 내용은 다음과 같다.

환경방출지침은 유전자변형생물체의 의도적 방출 및 유통과 관련하여 사전배려의 원칙에 기해 인간의 건강과 환경을 보호하는 것을 목적으로 하고 있다. 회원국들은 유전자변형생물체가 공중보건이나 환경에 영향을 미치지 않도록 적절한 조치를 취해야 하며, 동 지침 제4조에 따라 회원국 또는 유럽위원회는 유전자변형생물체의 환경에의 영향을 사례별로 평가해야 한다.

유전자변형제품을 시장에 유통시키기 위해서는 환경방출지침에 따른 사전승인이 필요한데, 승인절차는 신청절차·심사절차·승인서발급절차·사후감독(모니터링) 절차로 구성된다. 특별한 경우를 제외하고는 신청서, 평가보고서 및 사후감독 결과는 모두 공개된다.

1) 신청절차

신청절차에서는 먼저 유통을 원하는 자가 해당 제품에 대한 신청서를 최초 유통희망국가의 관할행정청에 제출한다. 신청서에는 GMO의 일반정보 및 환경영향평가의 결과 등이 포함되어 있어야 한다. 신청서가 접수되면 관할행정청은 이에 대한 요약본을 다른 회원국의 관할행정청과 유럽위원회에 즉시 송부하여야 하며, 동시에 지체없이 그 내용을 검토하여야 한다.

2) 심사절차

신청서가 접수되면 관할행정청은 그 신청이 GMO환경방출지침에 부합하는지 여부, 즉 GMO제품의 위해성 여부에 대한 심사를 하고, 그 결과를 평가보고서로 작성하여 신청인과 유럽위원회 등에 송부하게 된다. 이 때 평가보고서에는 해당 GMO제품이 시중에 유통될 수 있는지 여부와 유통조건 등에 대한 심사내용이 포함되어야 한다. 심사결과 부정적 평가보고서가 작성되면 그 신청은 거부된 것이지만, 긍정적 평가보고서가 작성되면 각 회원국의 의견개진 절차를 거쳐 승인서를 발급받게 된다.

3) 승인서발급절차

신청인은 신청서를 접수한 관할행정청으로부터 승인서를 발급받게 되는데, 승인서를 발급받게 되면 신청인은 신청내용에 따라 해당 GMO제품을 EU 내에서 유통시킬 수 있게 되고, 다른 추가적인 승인조치를 받지 않아도 된다.

4) 사후감독(모니터링) 절차

승인을 받은 후 GMO제품이 유통되면 신청자는 승인서에 규정되어 있는 바에 따라 모니터링을 실시하고, 그 결과를 관할행정청에 보고하여야 하며, 관할행정청은 이를 유럽위원회 및 각 회원국에 제출해야 한다. 승인서발급 이후에 새로운 위해정보가 나타난 경우 신청인은 지체없이 공중보건 및 환경보호를 위해 필요한 조치를 취해야 하며, 이를 보고받은 관할행정청은 승인의 내용을 수정하거나 이를 취소할 수 있다.

또한 새로운 환경방출지침에는 시장에 유통되는 유전자변형생물체에 대한 각 단계별 의무표시와 추적가능성에 관한 규정이 포함되어 있다. 추적가능성제도란 상품의 생산 및 공급과정을 확인해서 어떤 상품이 생산공정의 실수로 리스크를 노출시켰을 때 문제의 상품을 시장으로부터 신속히 수거하여 인간의 생명을 구할 수 있도록 배려하는 것이다. 지금까지는 유전자변형식품 또는 유전자변형파생물질이 포함된 식품에 대한 특정규정이 없었지만, 앞으로는 시장화단계에 이르기까지 유전자변형의 추적의무화로 건강에 해로운 식품을 쉽게 시장에서 회수할 수 있고, 건강 및 환경에 위해한 상품에 대한 조사가 용이할 뿐만 아니라 유전자변형식품설명서에 기술된 내용의 진위를 확인할 수 있게 된다.

(3) 폐쇄계지침(Directive 98/81/EC)

1990년에 제정된 폐쇄계지침(Directive 90/219/EEC)은 산업·연구의 목적으로 한 폐쇄된 영역에서의 이용에 대해 규율하고 있으며, 그 정식명칭은 「유전자변형미생물체의폐쇄계이용에관한유럽지침」(Directive on the contained use of genetically modified micro-organisms)이다. 이 지침도 1998년에 Directive 98/81/EC로 개정되었는데, 이 지침은 폐쇄계, 즉 한정된 시스템 내에서 상당한 안전성이 확보될 수 있는 경우, 예컨대 실험실에서의 GMO연구와 같은 경우에 적용되는 지침이라는 점에서 GMO의 외부로의 방출을 전제로 하는 환경방출지침과 구별된다.

폐쇄계지침은 다음과 같은 세 가지의 착안점에 기해 규제방법을 달리하고 있다. 첫째, 최초로 사용되는 GMO에 관한 것인지, 아니면 이미 생산된 GMO의 지속적인 개발을 위한 것인지를 구분하여 최초로 사용되는 GMO에 대해서는 상대적으로 엄격한 절차를 요구한다. 둘째, GMO성분의 위험성에 따라 이를 구분하여 이미 그 안전성이 검증된 GMO성분에 대해서는 그 절차를 완화하는 한편, 그 외의 경우는 엄격한 절차를 규정하고 있다. 셋째, GMO의 사용목적에 따라 이를 구별하여 연구, 순수개발 기타 상업적 목적이 없는 경우에는 GMO사용에 대해 신고의무만 주어지는 완화된 절차를 규정하고 있지만, 그 외의 경우는 엄격한 사전승인절차를 규정하고 있다.

그런데 만일 어느 EU회원국이 유전자변형생물체를 외부로 방출하려고 하는 경우에는 당사국의 외부환경방출 계획을 위원회가 각국에 통보하게 된다. 이에 따라 각국이 모두 동의하면 이를 허용하게 되고, 각국의 의견대립이 있는 경우에는 위원회가 과반수로 결정하게 된다.

(4) 신식품규칙(Regulation 258/97)

「신식품규칙」(Regulation concerning novel foods and novel ingredients)은 GMO성분을 포함하고 있는 유전자변형식품을 규율하기 위해 1997년 제정되었고, 지침이 아닌 규칙이므로 각 회원국의 국내법으로의 전환 없이 바로 적용되었다. 신식품규칙은 신식품에 관한 규율을 통일하여 무역장벽을 없애고 시장기능을 활성화하는 한편, 위해를 초래할 수 있는 신식품을 규제하여 인간의 건강과 환경을 보호하는 것을 목적으로 하고 있다.

신식품규칙의 규제대상이 되는 식품에는 GMO식품, GMO로부터 생산된 식품, 새로운 또는 의도적으로 변형된 최초분자구조를 가진 식품 등이 포함되며, 식품첨가제·향신료 등에는 적용되지 않는다.

신식품의 유통에 관해서 신식품규칙은 승인절차를 규정하고 있는데, 신식품을 유통시키려고 하는 자는 먼저 신식품이 소비자에게 위해가 되지 않는다는 점을 증명하여 심사를 거쳐 승인을 받아야 하고, 다른 회원국의 이의제기가 있는 경우에는 추가심사를 받아야 한다. 하지만 모든 GMO식품이 사전승인을 받아야 하는 것은 아니고, 신고만으로 족한 경우도 있다. 해당 신식품이 영양가치·부작용·성분 등에 관해 기존의 식품과 대동유사하다고 평가되는 경우에는 승인을 받지 않고 신고만으로 유통시킬 수 있는 것이다.

(5) 표시규칙(Regulation 1139/98)

EU에서는 1997년부터 '유전자변형식품의무표제'가 시행되고 있는데, 환경방출지침(Directive 2001/18/EC)이 2002년 10월 17일에 새롭게 발효됨에 따라 각 회원국은 시장유통의 모든 단계별로 유전자변형생물체에 대한 표시를 명확히 하는 조치를 취해야 한다. 새로운 지침에서 규정한 유전자변형식품 표시의 근거는 EC의 **신종식품및신종식품원료**규칙인 EC 258/97(Regulation on Novel Foods and Novel Food Ingredients)이다. 이 규칙에 따라서 유전자변형생물체를 포함하거나 유전자변형생물체로 만들어진 식품 및 식품원료에는 유전자변형식품 표시를 할 것을 의무화하고 있다.[119]

한편 EU위원회규칙 1139/98, 「유전자변형생물체에서유래한식품의표시의무에관한규칙」(Regulation concerning the compulsory indication of the labelling of certain foodstuffs produced from genetically modified organisms)은 유전자변형에 의하여 단백질 또는 DNA가 출현한 **옥수수와 콩** 각각 1종에서 유래한 식품 및 식품원료에 대한 표시제기준을 정립하고 있는데, 이 기준은 GMO로부터 유래한 모든 식품 및 식품원료에 대한 표시제규정을 마련하는 데 활용되고 있다.

2000년 1월 EU위원회는 **식품첨가물**과 **향료**에도 최종산물에 유전자변형생물체에서 유래한 단백질이나 DNA가 들어 있는 경우에는 이를 표시하도록 규정한 EC규칙 50/2000을 채택하였다. 또한 EU위원회지침 98/95/EEC는 유전자변형 **종자품종**도 반드시 표시할 것을 규정하고 있고, 현재 유전자변형 **사료**의 표시에 대하여 특별한 규제 움직임은 없으나 신규지침 2001/18/EC가 2002년 10월 17일부터 각 회원국에 적용됨에 따라서 신종사료(novel feed)에 대한 표시를 규정하는 새로운 법제정이 예상된다고 한다.[120]

EU는 표시제도에 관하여 이를 계속 강화하는 추세에 있다고 보이는데, 2001년 7월 25일 EU위원회는 유전자변형식품의 표시관리를 보다 강화하는 내용의 '유전자조작식품및사료에관한규칙안'을 제안하였다. 이 규칙은 첫째 유전자변형기술에 의한 GMO는 유전자변형물질이 포함되어 있지 않아도 생산·유통과정의 모든 단계에서 증명서를 발행하여 경로를 식별할 수 있도록 의무화하는 추적가능성제도를 도입하고 있고, 둘째 GMO를 함유 또는 GMO로 제조된 모든 식품·사료에 대해

---

119) 한국생명공학연구원(주 105)), 132면.
120) *Ibid.*

「유전자조작」·「유전자조작물질에 의해 만들어졌으나, (가공되었기 때문에) 유전자조작물질을 포함하고 있지 않음」 등의 표시를 하도록 의무화하고, 셋째 비의도적으로 혼입된 유전자변형성분의 함유는 1% 이하가 되도록 하고 있다. 이 법안은 늦어도 2003년 중 발효될 것으로 전망된다고 한다.[121]

이상을 종합하면 EU의 표시제도는 유전자변형 DNA나 단백질검출가능 여부에 상관없이 모든 유전자변형식품과 사료가 표시제의 적용대상이 되고, 그 결과 유전자변형생물체에서 유래되거나 유전자변형생물체를 포함하거나 유전자변형생물체로 구성된 식품과 사료는 모두 의무표시제의 대상이 되고, 이에 대한 효과적인 모니터링과 사고발생시 신속한 회수가 가능하도록 추적장치를 도입하여 효과적인 사후관리를 모색하고 있다는 것이다.

(6) EU의 규제체계에 대한 평가

EU의 규제체계를 평가하면, 철저한 사전예방에 의한 엄격한 관리체계라고 할 수 있다. EU는 유전자변형식품에 대한 관리를 경제적 가치뿐만이 아니라 환경적 가치를 존중하는 측면에서 바라보고, 아울러 한 나라만의 문제가 아닌 공동체의 문제로 인식하고 있다고 보인다. EU는 이러한 기본시각 아래 사전예방을 철저히 하고, 이를 실현하기 위해 행정적·입법적·사법적 전분야에 걸쳐 엄격한 관리시스템을 운용하고 있다고 볼 수 있겠다.

4. 국제법적 규제

(1) 국제법적 규제의 개관

국제법분야에서는 비용편익분석보다는 사전배려의 원칙이 더욱 두각을 내고 있다. 리오선언과 같은 "연성법적 선언"("soft law declaration")뿐만 아니라 1992년 기후변화협약(UN Framework Convention on Climate Change)을 포함한 최소 12개의 "경성법적 다자간 국제협약"("hard multilateral agreements") 등에서 채택되고 있을 뿐만 아니라,[122] 유럽연합을 구성하는 조약인 EU Treaty에서는 '유럽의 헌법상 목표'의 반열에 올랐다고 볼 수 있다.[123] 그리하여 사전배려의 원칙은 이제 어떤 나

---

121) *Ibid.*
122) Sand(주 6)), p. 129, footnote 3.
123) EU Treaty Art. 130, r(2)은 환경에 관한 유럽연합의 정책은 "사전배려의 원칙에 기하여야 한다"고 규정하고 있다.

라도 거부할 수 없는「국제관습법」이 되었다는 주장이 제기되기에 이르렀다.[124] 이와 같이 적어도 수적으로는 사전배려의 원칙을 택하고 있는 나라가 다수로 보인다.

　유전자변형생물체에 대한 국제적 대응은 다양한 측면에서 이루어지고 있다. 우선 생물다양성협약의 부속의정서인 카르타헤나의정서를 중심으로 하는 규제가 이루어지고 있으며, OECD와 CODEX를 중심으로 유전자변형생물체 안정성확보를 위한 데이터베이스구축·학술회의개최·안전성평가지침의 작성[125] 등의 다양한 활동도 이루어지고 있다. 이 글의 목적상 불필요한 논의는 생략하고,「유전자변형생물체의국가간이동등에관한법률」의 모체가 되는 카르타헤나의정서를 중심으로 간단히 살펴보는 데 그치기로 한다.

(2) 카르타헤나의정서의 내용

1) 사전예방원칙(Precautionary Principle)의 채택

　2003년 9월 11일 발효하기 시작한 카르타헤나의정서는 생물다양성협약(Convention on Biological Diversity)의 부속의정서 성격을 갖는다. 동 의정서는 제 1 조에서「환경과 개발에 관한 리우선언」의 제15 원칙에 포함된 사전예방적 접근방법에 따르고 있음을 명시하고 있다. 이 원칙을 의정서에 구체적으로 삽입시키는 것에 대해서는 많은 논의가 있었는데,[126] 그것은 사전예방원칙을 의정서에 포함시키게 되면 유전자변형생물체에 의한 위해성이 발생하기 이전에 필요한 조치가 의정서에 상세히 제시되어야 하며, 이에 따른 기술지원이 필요하고 소요재원도 증가하기 때문이다. 생명공학기술에 대해 부정적인 EU 및 개도국측에서는 이 원칙을 의정서의 전문과 목적에 포함시키자는 입장을 취하였으나, 생명공학기술이 발달하고 이에 대한 재원을 주로 부담하게 될 미국 등의 Miami그룹국가들은 이 원칙이 의정서에 제시되는 것에 대해 반대하였다.

2) 사전통보절차(Advance Informed Agreement)

　카르타헤나의정서의 핵심내용은 유전자변형생물체의 수입과 관련하여 사전통

---

124) Philippe Sands, *Principles of International Environmental Law* I(Manchester Univ. Press, 1995), p. 213.

125) 1986년 경제협력개발기구(OECD)의 유전자안전성평가에 관한 권고사항인 일명 블루북은 유전자변형생물체의 안전성평가의 바이블로 불리며, 경제협력개발기구의 회원국뿐 아니라 비회원국에서까지도 유전자변형생물체의 안전관리에 관한 기준으로 이용되어 왔다.

126) 박용하, "생명공학안전성의정서의 채택 및 이에 대한 분석," **환경법연구** 제22권(2000. 12), 140면 이하.

보절차를 규정하고 있다는 점인데, 이에 관해서는 국내에 비교적 상세한 설명이 이루어진 상태이므로[127] 여기서는 이 글의 목적에 관계된 내용만을 기술하기로 한다.

환경방출용 유전자변형생물체를 의도적으로 국가간에 최초로 이동하려고 할 때에 수출국은 수출국의 비용으로 위해성을 평가한 후에 수입국의 국가책임 기관에 서면으로 이를 통보해야 하며, 수입국은 통보를 받은 후에 270일 이내에 국가간 이동을 승인하거나 거부하게 된다. 수입국의 결정이 있은 후에도 수출국은 위해성평가에 관한 상황의 변화 등을 이유로 동 결정의 재검토를 요청할 수 있다. 이러한 사전통보절차는 사전예방원칙의 맥락에서 도입된 것이지만, 수입국의 결정에 대한 기간의 제한은 미국과 수출기업들의 주장을 받아들인 것이다.

국가간 이동이 예상되는 식용·사료용·가공용 유전자변형생물체의 경우는 절차가 좀 달라지는데, 이러한 GMO의 국내사용에 대한 최종결정을 내리는 당사국은 결정을 내린 후 15일 이내에 바이오안전성정보센터를 통하여 이를 다른 당사국들에게 통보해야 하며, 당사국은 이에 따라 수입에 관한 결정을 하게 된다. 그런데 식용·사료용·가공용 유전자변형생물체의 경우는 수입국에게 규칙을 개발하고 공포할 책임을 지우고 있으므로, 수입국의 경우는 국내승인에 관한 재정 및 능력의 부담이 가중된다. 이 경우 수입국은 과학적 정보 및 지식의 부족으로 인해 과학적인 확실성이 없는 경우에도 잠재적 악영향을 회피하기 위해 적절한 결정을 내릴 수 있다.

3) 리스크평가 및 관리

의정서에 따른 위해성평가는 부속서에 의해 인정된 위해성평가기술을 고려하여 과학적으로 건전한 방법에 의해 수행되어야 한다.[128] 이러한 위해성평가는 유전자변형생물체가 인간건강에 끼치는 위해성을 고려하여 생물다양성의 보존 및 지속가능한 사용에 대한 부정적인 영향의 확인과 평가를 위하여 제공된 정보와 다른 입수가능한 과학적 증거에 기초하여야 한다.

위해성관리는 위해성을 규제, 관리 또는 통제하기 위한 장치, 조치 및 전략이다. 당사국은 유전자변형생물체의 사용, 취급 및 국가간 이동과 관련된 의정서의 위해성평가 규정에서 명시된 위해성을 규제, 관리 및 통제하기 위한 장치, 조치 및 전략을 적절하게 수립하고 운영해야 한다. 특히 당사국은 수입되거나 국내에서 개

---

127) 이에 관해서는 상게서, 142-146면; 한국생명공학연구원(주 105)), 75-80면 등 참조.
128) 이하의 설명은 한국생명공학연구원(주 205)), 80-81면 참조.

발된 유전자변형생물체를 의도된 목적으로 사용하기 전에 동 유전자변형생물체의 일생 또는 세대기간에 상응하는 적절한 관찰기간을 보장하도록 노력하여야 한다.

4) 의정서에 대한 평가

카르타헤나의정서는 생명공학의 리스크와 혜택을 동시에 인정하고 국제적인 영역에서 최소한의 공익보호를 실현하였다는 점에서 긍정적인 평가를 받고 있으나, 농산물수출국의 통상이익의 반영이라는 비판 및 유전자조작식품의 주요 생산국인 미국의 불참으로 인해 의미가 퇴색했다는 비판을 받고 있다.

Ⅳ. GMO에 대한 국내법개관

1. 리스크규제를 지도하는 원칙의 상충

(1) 저자가 리스크에 대한 법적 지체(legal lag)를 본격적으로 연구하게 된 것은 환경부 규제심사위원으로 신설·강화되는 규제에 대한 규제영향평가를 하게 되면서부터이다. 정부는 1997년 그 동안 부침을 거듭하며 성장한 규제개혁노력의 가닥을 잡고 「행정규제기본법」을 제정하였는데,[129] 이 법은 규제개혁을 달성하기 위한 수단으로 「규제영향분석」(Regulatory Impact Analysis: RIA)을 제도화하였다. 규제영향분석은 규제의 신설·강화시 그 규제의 영향을 분석하여 그 결과를 토대로 이를 철회하거나 개선하도록 함으로써 규제를 합리화하려는 것인데, 규제의 시행에 따라 피규제자 및 국민이 부담하여야 하는 비용과 편익을 비교분석하는 것을 그 핵심적 요소로 하고 있다. 저자는 「비용편익분석」(Cost-Benefit Analysis; 이하 "CBA")은 불필요한 규제를 합리화하는 수단으로 이에 대해 반대할 만한 명분이나 합리적 이유가 없다고 생각했었는데, 실제로 신설·강화되는 구체적 규정에 대한 규제심사의견서를 작성하다 보니 CBA가 우리 나라에서 환경법기본원리로 널리 받아들여지고 있는 「사전배려의 원칙」[130]과 정면으로 충돌한다는 사실을 깨닫게 되었다.[131] 예컨대 토양오염을 방지하기 위한 조치의 일환으로 토양오염물질별 검사

---

129) 법제정배경에 관해서는 유경기, "행정규제기본법의 제정배경과 내용"; 김종석, "규제개혁, 어떻게 해야 하는가"(저자소장) 참조.

130) 현행법에서도 이 원리의 구체적 표현으로 이해할 수 있는 여러 규정이 발견된다. 예컨대 환경정책기본법 제 2 조(환경이용에 있어서 환경보전의 우선적 고려)·제 4 조(국가 및 지방자치단체의 환경보전계획의 수립·시행의무)·제 5 조(사업자의 책무)·제 6 조(국민의 권리·의무 규정)·제11조 3호(새로운 과학기술의 사용으로 인한 환경위해의 예방), 환경영향평가법(환경영향평가제도에 관한 규정), 수질환경보전법 제 1 조(목적조항) 등이 있다.

131) 이에 대해서는 졸고, 리스크법(주 4)) 제Ⅲ장을 참고하라.

항목을 추가하고 그 기준을 설정하는 것은 관련과학기술의 발전에 보조를 맞추어
보다 나은 환경질의 확보를 위해 추구되는 것으로서 사전배려의 원칙에 매우 부합
하는 조치인데, 행정규제기본법은 이 규제에 따르는 비용과 편익을 계량하여 비교
할 것을 주문하고 있는바, 그 결과 여하, 즉 규제에 소요되는 비용이 편익을 초과
하는 경우에는 당해 규제가 철회되거나 개선되어야 할 처지에 놓이게 될 가능성이
크다. 이 같은 해석은 행정규제기본법이 제정된 배경,[132] 규제영향분석의 성격규
정,[133] 규제영향분석의 효과, 즉 규제영향분석을 규제심사에 연계시키고 있는 점,[134]
저자의 경험[135] 등에 터잡은 것이다. 따라서 규제영향분석의 핵심요소인 비용편익
분석이 규제의 채택 여부에 결정적인 영향을 준다고 할 수 있다. 이 후 관련문헌을
비교법적으로 검토하면서 비용편익분석과 사전배려의 원칙은 리스크에 대한 대응
책을 어떻게 구성할 것인가에 관해서 상반되는 입장을 가진 미국과 유럽이 각각의
입장을 함축해 놓은 대표원리라는 것을 깨닫게 되었다.

　(2) 한편 사전배려의 원칙은——그 구체적 내용에 관해서는 의견이 분분할 수 있
지만——기본적으로 환경보호를 위한 정책을 시행할 때 비용에 대한 고려를 배제하
고 있다. 따라서 사전배려의 원칙에 충실한 리스크대비책을 세운다면 비용의 다과
를 고려하지 않고 '기술적으로 가능한 최대한의 범위' 내에서 리스크에 대응하여야
한다는 결론에 도달한다. 또한 사전배려의 원칙은 오염원인자책임원칙과 달리 명문
의 근거가 없었는데, 1999년 법개정으로 인하여 환경정책기본법에 명문으로 규정

---

132) 행정규제기본법은 "행정규제에 관한 기본적인 사항을 규정하여 불필요한 행정규제를 폐지하고
　　비효율적인 행정규제의 신설을 억제함으로써 … 국가경쟁력의 지속적인 향상을 도모"하기 위하여
　　제정되었다. 동법 제1조.
133) 동법은 규제영향분석을 "규제로 인하여 국민의 일상생활과 사회·경제·행정 등에 미치는 제반
　　영향을 객관적이고 과학적인 방법을 사용하여 미리 예측·분석함으로써 규제의 타당성을 판단하
　　는 기준을 제시하는 것"이라고 정의한다. 동법 제2조 제1항 5호.
134) 동법은 중앙행정기관의 장으로 하여금 규제영향분석의 결과를 기초로 규제의 대상·범위·방법
　　등을 정하고, 그 타당성에 대하여 자체심사를 하도록 규정하였다(동법 제7조). 또한 동법은 규제
　　심사위원회로 하여금 중앙행정기관의 자체심사가 신뢰할 수 있는 자료와 근거에 의하여 적절한
　　절차에 따라 적정하게 이루어졌는지 여부를 심사하도록 하고(동법 제12조), 심사결과 필요하다고
　　인정하는 경우에는 그 중앙행정기관의 장에게 당해 규제의 신설 또는 강화를 철회하거나 개선하
　　도록 권고할 수 있다고 규정하였으며(동법 제14조 제1항), 나아가 그 권고를 받은 중앙행정기관
　　의 장은 특별한 사유가 없는 한 이에 따라야 하고, 그 처리결과를 위원회에 제출하도록 규정하였
　　고(동조 제2항), 또한 법제처장에게 신설 또는 강화되는 규제를 포함하는 법령안의 심사를 요청
　　할 때, 그리고 법령안을 국무회의에 상정하는 경우 당해 규제에 대한 위원회의 심사의견을 첨부하
　　도록 규정함으로써(동법 제16조 제2항) 그 실효성을 확보하려고 한다.
135) 저자가 수행한 규제영향분석 중 비용이 편익을 초과한다는 비용편익분석은 한번도 발견되지 않
　　았다.

되었다.

비용편익분석은 신설·강화되는 모든 규제에 ─ 그 형식이 행정명령의 형식이든 행정규칙의 형식이든, 그리고 그 내용이 환경문제에 관련된 것이든 경제·사회문제에 관련된 것이든 관계 없이 ─ 적용되는 것이지만, 이것은 대표적인 규제인 환경규제를 염두에 둔 것이거니와 실제로 모든 환경법의 시행에 직접적인 영향을 미친다. 주지하듯이 각종 환경법은 특히 그 기술적 성격으로 인해 그 구체적 내용을 하위법령에 위임하고 있는 실정이고, 그러한 하위법령을 신설·강화할 때에는 행정규제기본법이 규정한 규제영향분석을 받아야 하기 때문이다.

사전배려의 원칙과 비용편익분석의 충돌, 크게는 환경정책기본법과 행정규제기본법의 상충은 여러 논점을 제시한다. 물론 이와 같은 양법의 상충을 정부부처 사이에서 사전조율 없이 이루어진 최소한의 심의도 거치지 않고 국회를 통과한 무원칙한 입법례의 하나로 볼 수도 있고, 아니면 환경적 가치가 규제개혁이라는 상충하는 가치에 의해 뒷전으로 물러나게 된 의도된 결과라고도 볼 수 있을 것이다. 중요한 것은 ─ 적어도 이 글의 목적과 관련하여 ─ 상충하는 법규정이 우리에게 주어졌고, 이것을 합리적으로 해석해야만 한다는 것이다.

저자가 판단하기로는 이 문제는 우리가 가지고 있는 법해석의 기본원칙, 예컨대 신법우선·특별법우선·기본법우선 등의 일반적인 법해석법칙(canonical interpretation)으로 해결될 문제가 아니다. 또한 이 문제는 자구의 입법적 수정이나 법이론의 미세조정으로 끝날 문제도 아니다. 이 문제는 리스크에 대하여 사회공동체가 어떻게 대처할 것인가를 정하는, 환언하면 **리스크에 대한 기준선**(baseline)을 정하는 문제이기 때문에 보다 깊은 논의가 필요하다고 하겠다. 정치가 국민들의 선호(preference)를 단순히 반영하는 것인지, 아니면 공적 가치(public value)를 찾아가는 과정인지에 관해서는 의견이 분분하지만, 사회의 중요 문제에 관하여 법체계 내에 서로 조율할 수 없는 기본적 성격의 두 원리가 상충하도록 내버려 두는 것은 결코 바람직하지 않다고 하겠다.

(3) 유전자변형생물체와 같은 환경적 리스크에 대한 규제에 있어서도 이는 예외가 아니다. 사전배려의 원칙을 관철한다면, 위해성에 관해 과학적으로 완전한 이해가 불가능한 이러한 경우에도 정부의 규제는 정당한 것일 뿐 아니라 필요한 것으로 받아들여진다. 사전배려의 원칙은 특히 국제법영역에서 받아들여지고 있는데, 카르타헤나의정서가 기본적으로 이 원칙에 기초하고 있는 것은 전술한 바와 같다.

그런데 동 의정서의 이행법률이자 유전자변형생물체의 규제에 관한 일반법률이라 할 수 있는「유전자변형생물체의국가간이동등에관한법률」을 시행함에 있어서는 상기한 바와 같은 문제가 발생한다. 동법에 의해 이루어지는 규제에도 행정규제기본법에 의한 비용편익분석이 실시되어야 하기 때문이다. 주지하듯이 '환경적 리스크의 규제에 관한 비용편익분석'이란 여러 가지 측면에서 방법론상의 또는 이론상의 한계를 드러내게 되고,[136] 바로 이런 한계로 인해 유전자변형생물체에 관한 새로운 규제의 시도는 모두 (불확실한) 편익에 비해 과다한 비용을 요구하는 것으로 평가되기 쉽다.

그렇다면 이러한 결과는 어떻게 받아들여져야 하며, 또 어떻게 해결되어야 하는가? 즉「행정규제기본법」과「유전자변형생물체의국가간이동등에관한법률」은 상호 모순되는 채로 병존하는가, 아니면 어느 한 법률이 다른 법에 우선하는가? 양자모두 적절치 않다면, 이러한 법현실은 규범적으로 어떻게 받아들여질 수 있는가? 리스크에 관련된 국내의 대표적 기본법원칙 사이의 상충은 유전자변형생물체에 관해서도 여지 없이 중대한 문제를 던져 주고 있는 것이다. 이하에서는 문제상황의 보다 분명한 제기를 위해 유전자변형생물체에 관한 개별 국내법을 구체적으로 검토해 보기로 한다.

2. 유전자변형생물체를 규율하는 국내개별법 · 정책의 검토

(1) GMO에 관한 국내정책의 개요

현재 우리 나라는 자체 개발하여 유통되고 있는 유전자변형생물체가 없지만, 상당량의 유전자변형 생물체가 해외에서 해당 유전자변형생물체에 대한 안전성평가자료와 함께 수입되고 있는 실정인바,[137] GMO에 관해서는 법률부터 행정지침까지 다양한 규제정책이 수립되어 있다. 유전자변형생물체에 관한 최초의 입법은「생명공학육성법」($^{(1983. 12.}_{31 \, 제정)}$이라고 할 수 있는데, 동법은 생명공학을 효율적으로 발전시키고 산업화를 촉진하여 국민경제발전에 이바지하기 위한 법이라는 점에서 다른 국가들의 규제 움직임과는 다소 상반된 양상을 보이는 것이었다. 그러나 그 후「유전자재조합실험지침」,「유전자재조합식품 · 식품첨가물안전성평가자료심사지침」,「유

---

136) 자세한 내용은 졸고, 리스크법(주 4)), 104-109면 참조.
137) 2001년의 경우 우리 나라의 대두수입량 중 62%인 73만 톤에 해당하는 대두가 유전자변형작물인 것으로 추정된다고 한다. 한국생명공학연구원(주 105)), 150면.

전자변형농산물표시요령」 등이 차례로 제정되면서 비교적 완비된 규제의 틀을 갖추게 되었다. 다만, 이 당시의 규제는 각 행정부차원에서 소관업무의 처리를 위해 개별적으로 규율되었던 것이므로 통일적이고 근본적인 관리체계는 갖추어지지 아니한 상태였다고 할 수 있다.

이후 유엔환경개발회의(UNEP)의 생물다양성협약 당사국총회가 2000년 1월 29일 국제협약인 「바이오안전성에 관한 카르타헤나의정서」(The Cartagena Protocol on Biosafety; 이하 '카르타헤나의정서'라고 함)를 채택하였고, 우리 나라는 2000년 9월 동 의정서에 서명하였다. 이에 따라 우리 나라는 카르타헤나의정서의 이행법률로서 「유전자변형생물체의국가간이동등에관한법률」을 제정하였고, 이로써 유전자변형생물체의 안전성관리에 관한 일반법을 보유하게 되었다. 동 법률은 카르타헤나의정서가 2003년 9월 11일부터 국제적으로 발효됨에 따라 동법부칙에 의거하여 국내에서도 법률로서의 효력이 발생하였고, 법제처가 현재 동 법률의 시행령·시행규칙을 심의중에 있다.

GMO에 관한 연구·개발의 대응체계를 간략히 검토해 볼 때 과거에는 규제가 실험지침이나 표시제도 등을 중심으로 각 행정부서별로 이루어지고 있었으나, 카르타헤나의정서의 체결을 계기로 총괄적·일반적인 규제체계로 이행하려는 추세라고 보여진다. 이하에서는 현재의 대응체계의 파악을 위해 우선 「유전자변형생물체의국가간이동등에관한법률」을 살펴보고, 이어 각 행정부의 구체적인 규제정책의 개요를 살펴보기로 하겠다.

(2)「유전자변형생물체의국가간이동등에관한법률」의 내용

「유전자변형생물체의국가간이동등에관한법률」은 1차적으로 유전자변형생물체로 인한 위해성의 사전예방을 목적으로 하고($\frac{동법}{제1조}$), 기술한 바와 같이 유전자변형생물체에 관한 일반법률의 성격을 지니고 있다($\frac{동법}{제4조}$). 동법은 본래 카르타헤나의정서의 이행법률이므로 유전자변형생물체의 '수출입'에 있어서의 안전성을 관리하기 위한 법이지만, '국내'의 유전자변형생물체 개발·생산단계에서도 그 안전성을 관리하고 있다($\frac{동법 제12조·}{제22조 등}$). 국내에서 개발되는 유전자변형생물체에 대한 안전성검사를 하지 않고 외국으로부터 유입되는 유전자변형생물체에 대한 위해성만을 국가가 관리한다는 것은 규제의 형평성을 상실하는 결과를 초래하기 때문이다.[138] 이로써 이

---

138) 이종영(주 30)), 69면.

법률은 유전자변형생물체의 인체·환경에 대한 리스크를 관리하기 위한 기본법으로서의 역할을 하고 있다고 하겠다.

동법은 유전자변형생물체의 리스크관리에 관해 주로 공법모델 중 사전배려원칙에 기초하고 있는 것으로 평가된다. 우선 제1조에서 동법이 "유전자변형생물체로 인한 … 위해를 **사전에 방지하고** …"라고 표현하고 있을 뿐 아니라, 제8조에서는 유전자변형생물체의 국내유입시에 승인을 받도록 규정하고 있는데, 이는 카르타헤나의정서에서 사전예방기능을 수행하고 있는 사전통보절차(Advance Informed Agreement)에 해당하는 것이기 때문이다. 또한 동법 제14조 제1항은 인체 및 환경에 대해 위해를 미치거나 **미칠 우려가 있는 경우**에는 당해 유전자변형생물체를 금지하거나 제한할 수 있도록 규정하고 있어 철저한 위해예방을 실현하려 하고 있고, 제8조와 제12조에서는 수입승인이나 생산승인을 받기 위해서는 반드시 유전자변형생물체의 위해성평가를 거치도록 규정하고 있다. 그 밖에 동법 제13조 제4항이 유전자변형생물체의 수입 또는 생산승인을 하기 전에 당해 유전자변형생물체에 관한 정보를 국민에게 알리고 의견을 수렴하도록 규정하고 있는 것도 미국과 같이 실질적 동등성원칙에 입각한 나라에서는 찾기 어려운 입법이다.

한편 제24조는 표시제도를 규정하고 있는데, 유전자변형생물체를 개발·생산 또는 수입하는 자는 당해 유전자변형생물체 또는 그 유전자변형생물체의 용기나 포장에 유전자변형생물체의 종류 등 대통령령이 정하는 사항을 표시하여야 한다고 규정하여 사전배려원칙을 실현하고 있다.[139]

(3) 행정부차원의 관리체계

현재 유전자변형생물체의 안전성관리는 산업자원부를 국가책임기관으로 하여 과학기술부·농림부·보건복지부·환경부·해양수산부가 담당하고 있다. 이들 정부부처는 유전자변형생물체의 유형과 현행 정부조직법상의 기능을 고려하여 수입승인, 생산승인, 위해성관리, 개발·실험승인 등을 통한 안전성관리업무를 분담하고 있다. 그런데 이러한 관리체계는「유전자변형생물체의국가간이동등에관한법률」의 시행에 따라 새롭게 짜여진 것이 아니고, 기존의 규제상황을 이어받아 이를 동법에 맞추어 일부 조정한 것이다. 이하에서는 기존의 규제상황을 살펴보고, 그 제

---

[139] 유전자변형식품의 표시제가 소비자의 알고 선택할 권리의 보장 및 사전예방주의원칙 차원에서 필요한 조치라는 입장으로는 박선희·이승용, "유전자재조합식품의 표시방법: 대상품목의 범위와 선정방법," 환경법연구 제22권(2000. 12), 68-73면 참조.

도적 배경을 살펴보기로 한다.

　　1997년 유전자변형생물체에 관한 최초의 규제방안이라 할 수 있는「유전자재
조합실험지침」이 제정되었는데, 이는 우리 나라가 OECD에 가입함에 따라 OECD
의 이사회권고를 이행하기 위해 제정한 것으로서 그 내용은 **EU의 폐쇄계지침과
유사**한 것으로 평가된다. 동 지침은 제1조에서 유전자재조합실험의 안전을 확보할
수 있는 절차를 규정하여 생명공학적 변이생물체의 전파·확산에 따른 생물학적
위험발생을 예방하는 것을 목적으로 한다고 규정하여 사전배려원칙의 맥락에서 제
정된 것임을 드러내고 있다. 동 지침은 실험에 있어서의 밀폐기준 및 재조합체의
운반 및 처리절차를 자세하게 규정하고 있는바, 이는 기본적으로 유전자재조합실험
과정에서 예기치 못한 위해성이 발현될 수 있다는 것을 전제로 한 사전배려적 태
도라 할 수 있다. 이 같은 태도는 유전자재조합과정에 특유한 위험성이 없고, 발생
가능한 위해성은 기술적으로 통제할 수 있다는 미국의 입장과는 차이가 있는 것이
다. 한편 제4조는 실험의 안전확보 절차를 기준 외 실험과 기준 내 실험으로 구분
한 뒤 기준 내 실험은 다시 기관승인실험과 기관신고실험으로 구분하여 단계적으
로 규제를 강화하는 등 엄격한 규율을 시도하고 있다. 하지만 동 지침은 이행확보
수단이 없어 실효성이 없다는 지적이 일반적이다.

　　「유전자재조합실험지침」이 EU의 폐쇄계지침과 유사하다면, EU의 개방계지침
에 대응하는 것으로 볼 수 있는 것이 1999년 제정된「유전자재조합식품·식품첨가
물안전성평가자료심사지침」이다. 동 지침은 유전자재조합식품의 안전성을 식품의
약품안전청장에게 확인받고자 할 경우, 필요한 기본적인 요건과 확인절차를 규정함
과 아울러 식품으로서의 안전성평가 범위를 제시함으로써 안전한 식품이 개발될
수 있도록 하는 것을 목적으로 한다. 그런데 동 지침 제8조는 실질적 동등성에 의
한 안전성평가자료를 요구하고 있는바,[140] 이는 EU의 태도와는 구별되고, **오히려
미국의 식품의약품안전청(FDA)의 입장과 유사**한 것으로 평가된다.

　　2000년에는 유전자변형생물체에 대한 국내소비자의 우려를 반영하여 각종 표
시제가 도입되었는데,「유전자변형농산물표시요령」·「유전자재조합식품등의표시기
준」·「유전자변형수산물의표시대상품목및표시요령」 등이 그 예이다. 특히「유전자
변형농산물표시요령」 제4조 제2항에 의하면, 유통되는 콩·콩나물·옥수수 등에

---

[140] 구체적으로는 식품으로 사용된 역사, 구성성분에 관한 자료(주요 영양성분·내재성독소·알레
르기유발성분 등), 예상섭취량 등에 관한 자료를 의미한다. 동 지침 제8조 제3항 2호 참조.

비의도적으로 혼입된 유전자변형농산물이 3%가 넘을 경우에는 반드시 '유전자변형 포함'의 표시를 하도록 규정하고 있는데, 1%를 기준으로 제시한 EU의 표시규칙에 비해 완화되어 있기는 하지만 기본적으로는 EU의 엄격한 표시제를 도입한 것으로 평가할 수 있다. 이러한 상세한 표시의무는 영세한 식품회사에게는 상당한 부담이 되는 것이 보통이므로 비용편익분석의 관점에서는 정당화되기 어려운 점이 있다. 그 밖에 공정거래위원회에 의한 「중요한 표시·광고사항고시」도 유전자변형 물질의 포함사실을 구체적으로 명시하도록 규정하고 있으나, 동 고시는 소비자의 합리적 선택을 돕기 위한 취지에서 제정된 것이다.

최근에는 「유전자변형농산물의환경위해성평가지침」이 농림부에 의해 제정되었는데, 「유전자재조합식품·식품첨가물안전성평가자료심사지침」처럼 이도 역시 실질적 동등성 내지는 친숙성을 고려하여 위해성을 판단하고 있는 것으로 보인다. 한편 농림부는 GMO의 규제관리에 있어 (1) 국내외에서 안전성평가 경험이 없는 GMO는 허가대상으로, (2) 국내외에서 포장시험을 통하여 안전성이 확인된 GMO와 동일종에 동일한 유전자를 삽입한 GMO는 신고대상으로, (3) 이미 국내에서 안전성이 확인되어 더 이상의 규제가 필요 없는 GMO는 비규제청원대상으로 구분하여 관리하겠다는 입장이다.[141]

3. 국내법체계의 평가: 상충하는 원칙의 혼재와 분절적 개별법의 착종

이상과 같은 국내의 규제체계를 종합적으로 검토해 보면, 각 규제내용이 체계적 일관성을 갖고 도입된 것이 아님을 쉽게 알 수 있다. 우리의 제도는 도입 당시의 필요에 따라 미국 또는 EU와 같은 선진국의 규제를 번갈아 가며 받아들인 것으로 보일 뿐, 각국의 제도의 장단을 미리 두루 비교·평가한 뒤에 지금의 관리체계를 구상하여 차례로 도입했다고 볼 수는 없다.

그렇기 때문에 현재의 규제체계는 사전배려원칙에 입각한 「유전자변형생물체의국가간이동등에관한법률」을 기본법률로 하면서도 개방계규제는 미국의 비용편익분석적인 태도를 취하고 폐쇄계규제는 EU의 사전예방적인 태도를 취하고 있을 뿐 아니라, 위해성평가기준은 미국의 실질적 동등성의 원칙에 따르면서도 EU와 같이 표시제를 엄격히 요구하는 등 일견 체계상의 혼란을 빚고 있는 것으로 보인다. 이러한 제도에 대해 행정규제기본법의 규제영향분석을 실시할 경우에 과연 어떤 결

---

141) 이덕로, "유전자변환농산물의 안전관리," 한림 심포지엄 논문집 제7호(2001.12), 90-91면.

과가 나올지 의문일 뿐 아니라, 사전배려원칙의 측면에서도 원칙을 일관되게 추구했다고 볼 수는 없는 것이다. 따라서 현재의 GMO법체계는 사전배려와 비용편익분석이 공존하고, 하위개별법규도 분절적(分節的)·대증적(對症的)으로 제정·시행되고 있어 상충하는 원칙의 혼재와 분절적 개별법규의 착종으로 요약·정리할 수 있다.

V. 법진화 또는 법혁명

1. 법의 지배의 측면에서 본 현행법체계의 문제점 및 그 원인

(1) 이상에서 유전자변형생물체에 관한 현행법체계에는 (1) 법원칙의 측면에서 비용편익분석과 사전배려의 원칙이 혼재하고 있으며, (2) 개별법규의 측면에서도 상황에 즉응한 법규들이 체계정합성을 고려하지 아니한 채 분절적·대증적으로 제정되어 있음을 보았다. 지도원리 또는 원칙의 측면에서 보면, 미국과 유럽이 각각 채택하고 있는 비용편익분석적 사고와 사전배려적 사고를 그 상반성에도 불구하고 모두 받아들인 까닭에 어느 것에 우선순위를 두어야 할지, 우선순위를 둘 때에도 열위에 있는 원칙을 어느 정도의 비중으로 배려하여야 할지 등등의 의문이 꼬리를 물고 제기되고 있다. 또한 개별법의 입장에서도 현재와 같은 입법경향과 추세가 계속된다면, 각각의 영역에 특유한 일견 통일성과 일관성이 결여된 것 같은 과다한 입법이 제정될 가능성이 농후하다. 관련법률이 골격입법의 형태로 제정되는 경향은 GMO관련법체계의 복잡성을 더욱 심화시킬 것이다. 의원들은 자연과학적 불확실성을 핑계로 정치적으로 이로울 것이 없는 GMO규제를 행정부에 위임할 가능성이 높다. 또한 GMO를 주관하는 부처가 다기하게 분할되어 있고, 주관부처에 따라 GMO에 대한 대응방식이 다른 것도 GMO관련법체계의 복잡성을 더욱 심화시키고 있다.

이러한 입법현실은, 즉 대원칙의 상충, 개별입법의 통일성부재, 골격입법의 경향, 주무부처의 다기화는 GMO관련법체계의 복잡성을 제고하여 국민들을 혼란에 빠뜨릴 수밖에 없다. 그리하여 일반국민은 행정부의 과도한 예방조치를 요구할 것이고, 그와 같은 조치로 인해 경제활동의 지장을 받게 될 사업자들은 그 조치의 과도함을 성토하려고 할 것이다. 일반국민들은 사전배려의 원칙에 기해 보다 강력한 제재를 부르짖을 것이고(과잉규제의 위험성), 사업자들은 불확실성 아래에서 정부가 개입할 수 없다고 하면서 엄정한 비용편익분석의 실시를 주장할 것이다(과소규제의 위험성). 이와 같은 상황에서 정부가 균형을 잡지 못하고 갈팡질팡한다면, 자유방→ 대재난 → 과잉규제 → 규제혁파 → 자유방임의 악순환이 반복될 것은 뻔한 일이다. 또한 관계당국도 규제법규의 혼란에 기승하여 이익집단의 포로를 자처하거나 아니면 적어도 행정재량을 자의적으로 행사하려고 할 유혹에 처하게 될 것이고, 이는 과소규제와 과잉규제가 언제이건 나타날 수 있음을 의미한다.

이상의 문제점은 "법의 지배"("rule of law")의 측면에서 보면 더욱 큰 문제가 아닐 수 없다. 물론 법치국가나 법의 지배개념이 민주주의적 역동성을 받아들이고 있지만, 그것이 도에 지나쳐 조령모개식의 입법과 행정으로 결과할 때는 문제이다. 법체계가 투명하고 일관되어서 일반국민들의 입장에서 볼 때 예측가능성 내지는 기대가능성이 확보되어야 법의 지배가 확보된다고 할 수 있는데,[142] 법률이 사안마다 달리 입안된다면 국민은 그와 같은 법률을 자의적이고 변덕스럽게 느낄 것이고, 그럴 때 법이 지배하는 세계에서 멀어져 있다고 생각할 수밖에 없다. 따라서 이와 같은 입법현실에 대한 법해석 및 입법론적 개선책을 생각해 보는 것은 법학자에게 요구되는 당위가 될 것이다.

(2) 환경관련입법은── 특히 환경기준은 오랫동안 "자연과학적 발견에 근거한 [정책] 판단("scientifically informed value judgement")이라고 평가받아 왔고, 그런 까닭에 "환경법에 있어서 지속되는 유일한 것은 변화"라는 주장도 광범위하게 받아들여지고 있다.[143] GMO에 관한 우리 법체계의 난삽성(complicatedness)도 GMO에 관한 입법적 결정 자체가 자연과학과 정책에 의해 영향을 받기 때문에 생긴 것이지만, 보다 근원적으로는 GMO 자체가 복잡한 현상이기 때문이다. 앞서 상술하였거니와 GMO문제는 귀납추론적 인식에 기해 경험칙이 성립하기 어려울 정도로 불확실성이 개재되어 있고, 대부분의 경우 불특정다수인과 관련되어 있어 우리가 가지고 있는 기존규칙으로는 그 해결을 기대할 수 없다. 따라서 새로운 규칙이 필요하게 되고, 계속 늘어나고 있는 GMO관련법규는 그 예라 하겠다. 이렇게 볼 때 GMO관련입법이 가지는 복잡성(complexity)은 적어도 당분간 불가피한 현상으로

---

142) Freidrich Hayek는 *The Road to Serfdom*(1944)에서 다음과 같이 주장한 바 있다. 법체계가 투명하다고 평가받기 위해서는 "정부가 그 모든 작용에 있어서 확정적이고 미리 공고된 규칙─정부당국이 어떤 상황에서 강제력을 어떻게 행사할 것인가에 관해 상당히 확실하게 예측하는 것을 가능하게 하는 규칙에 의해 구속되어야 한다."

143) Richard J. Lazarus(1995), "Meeting the Demands of Integration in the Evolution of Environmental Law: Reforming Environmental Criminal Law," 83 *Geo. L.J.* 2407, p. 2426. Lazarus는 환경법일반에 관해 인용문과 같은 평가를 하였다.

받아들일 수밖에 없고, 따라서 큰 틀의 정립을 목적으로 복잡성을 일소하려고 하기보다는 입법과 법해석을 함에 있어 그 복잡성을 나름대로 소화하여야 한다고 보는 것이 옳은 판단으로 보인다. 이 복잡성이 '환경법연구의 캣치워드' 또는 '어색한 일반성으로부터 벗어난 탈출의 대가' 등으로 표현되는 까닭이 바로 여기에 있다.[144) 따라서 다음 문제는 이 복잡성을 여하히 소화해 낼 것인가에 모여진다.

2. 복잡성이론(complexity theory)과 법진화론(legal evolution theory)

(1) 법과 사회가 상호작용한다는 데에는 이론이 없다. 사회의 구성원들은 스스로 만든 법체계에 조응하면서, 또한 그 변화에 적응해 가면서 살아간다. 법체계 또한 인간사회의 변화에 적응하면서 진화한다. 하지만 법과 사회가 **어떻게** 상호 작용하는지 그 구체적 함수관계에 관해서는 아무도 자신 있게 설명하지 못할 것이다. 그런 까닭에 법과 사회를 연구해 온 사람들은 어떻게 하면 법의 사회에 대한 영향, 또는 사회의 법체계에 대한 영향을 잘 설명하고 예측할 수 있는가를 연구해 왔다. 이것이 법과 사회에 대해 연구해 온 분들의 일관된 관심이다.

그런데 근자에 들어 이러한 일반적 인식에 변화를 가져올 주장이 새롭게 제기되고 있다. 그 선도적 역할을 자임해 온 J. B. Ruhl은 법체계의 가치는 그 체계가 가지는 사회현상에 대한 설명가능성(explicability)이나 예측가능성(predictability)에 달려 있는 것이 아니라 그 체계가 불의타(不意打, surprise)를 이겨 낼 수 있는 능력, 즉 지속가능성(sustainability)에 달려 있다는 새로운 주장을 하고 있다.[145) Ruhl은 역동적 체계이론(dynamical systems theory)을 원용하면서 먼저 법과 사회가 서로 상호 작용하면서 진화하는데, 어떤 종착역을 향해 직선적으로 가는 것이 아니라 비선형적이고 역동적으로, 말하자면 갈지자(之) 행보로 진화한다고 단언한다. 역동적 체계이론에 따르면 비선형적·역동적인 체계에서는 혼돈(chaos)·돌출(emergence)·대혼란(catastrophe)과 같은 예측할 수 없는 체계행위(system behaviors), 즉 불의타가 생겨날 수 있고, 이러한 불의타는 체계를 정해진 궤도(trajectory)로부터 예측불가능한 방식으로 벗어나게 한다고 한다.[146) 그 논리적 결과로 법-사회 체계는 현실을 설명하고 미래를 예측하는 데 한계가 있을 수밖에 없다고 주장한다. 따

---

144) William H. Rogers, Jr.(1992), "A Superfund Trivia Test: A Common on the Complexity of the Environmental Laws," 22 *Envtl. L.* 417.
145) 이에 관한 문헌으로는 Ruhl(주 68))의 여러 논문 참조.
146) Ruhl(주 68)), *Complexity Theory*, p. 856.

라서 그 법-사회 체계에 있어서 법쪽 측면에서의 목표는 그러한 설명·예측가능성에서 찾을 것이 아니라 위기의 순간에 봉착할 때 이를 극복하는 능력, 즉 지속가능성에서 찾아야 한다고 주장한다.

이와 같은 Ruhl의 관점에서 볼 때, GMO에 관한 우리 법체계에 대한 평가는 재고의 여지가 있다. 앞서 본 바와 같이 우리 법체계는 상충하는 대원칙이 혼재하고 하위법규들도 여기저기 흩어져 있어 비체계적이고 난삽하다는 인상을 지울 수 없는데, 이것은 현행법체계의 복잡성에서 그 원인을 찾을 수 있을 것이다. 체계가 복잡하다는 것은 그 체계로 사회현상을 설명하기도 예측하기도 어렵다는 것을 의미한다. 따라서 법과 사회에 관한 일반적 시각에서 볼 때에는 현행법체계가 바람직하지 못하다는 결론에 도달하게 된다. 하지만 Ruhl의 관찰을 유의한 것으로 받아들인다면 현행법체계는 다른 측면에서 평가받아야 할 것이다. 즉 현행법체계가 앞으로 벌이지게 될 사회현상──구체적으로 GMO의 허용·시판이 가져올 리스크와 그것이 현재화되어 나타나게 될 각종 위난을 극복할 수 있는 능력의 존부 및 정도에 따라 그 평가가 다르게 나타나는 것이다. 저자가 보기에는 GMO에 관한 현행법체계의 복잡성은 GMO라는 미증유의 리스크현상을 극복하고 살아남기 위한 현행법체계의 고육지책으로 야기된 것이라고 보인다. 현행법체계의 복잡성은 나름대로 정리할 필요가 있지만, 아직 대상이 확실하게 파악되지 아니한 상태에서 현행법체계에 칼을 댄다는 것은 복잡성을 감소시키는 것이 아니라 오히려 증가시킬 공산이 크다고 본다.

역동적 체계이론에 따르면 체계의 지속가능성을 향상시키는 데에는 종종 반직관적인 원리들이 개재되기도 한다고 한다. 복잡성이론(complexity theory)은 역동적 체계가 어떻게 최대의 지속가능성을 향해 진화할 수 있는지를 이해하려는 역동적 체계이론의 종이론인데, 이 복잡성이론은 체계를 지속시키는 데 필요한 안정성(stability)·단순성(simplicity)·적응성(adaptability)의 최적조합을 제공할 수 있는 체계구조가 존재한다고 주장하고, 이를 찾는 것을 목적으로 한다.[147]

이런 연구의 결과 복잡성이론은 법체계의 지속가능성을 향상시키기 위한 다음과 같은 제안을 한다.[148] 첫째, 복잡성문제를 해결하기 위해 가능한 한 새로운 대증적·분절적 입법을 자제하여야 한다. 대증적·분절적 입법을 계속하다 보면 체

---

147) *Ibid.,* p. 857.
148) Ruhl(주 68)) · Arrow, pp. 470-481.

계의 복잡성은 더욱 증가하게 되고, 이것은 상황의 개선이 아니라 개악이 될 가능성이 크다. 따라서 문제를 해결하기 위해 큰 그림이 파악되기 전에는 기존의 규칙으로 대응하는 것이 옳다. 둘째, 기존의 규칙으로 대응할 때 목표로 삼아야 할 것은 불평등(inequality)의 감소이다. 사회의 요동은 대개가 사회구조의 복잡성이 증가할 때, 즉 불평등이 증가할 때 나타난다. 복잡성이론에 따르면 사회적 복잡성은 불평등을 증가시키고, 이에 사회는 증가된 불평등에 대항하기 위해 보다 복잡한 법구조를 만들어 내고, 이것은 다시 사회적 복잡성을 증가시켜서 결국 보다 큰 불평등을 초래한다고 한다. 말하자면 불평등은 사회적 복잡성과 법제도의 복잡성 사이에 순환고리를 만들어 내는 것이다.[149] 따라서 사회적 복잡성을 감소시키려 한다면, 법은 먼저 불평등의 치유를 목표로 삼아야 하겠다. 환언하면 기존의 법으로 복잡성을 헤쳐 나아가려 할 때 무엇보다 먼저 불평등을 치유하는 방향으로 법을 운용하여야 할 것이다.

Ruhl의 연구결과를 받아들인다면, GMO에 관한 현행법체계의 복잡성에 대한 치유책은 보다 확실한 자연과학적 정보가 나와 이것으로 사회적 복잡성을 정돈할 수 있을 때까지 당분간은 새로운 입법을 자제하고 기존의 법으로 문제에 대응하되 가능한 법적용의 결과가 불평등을 초래하지 않는 방향으로 법을 해석하고 운용하여야 한다는 것이 될 것이다.

(2) GMO에 관한 현행법체계의 평가와 관련하여 법진화론은 복잡성이론과는 다른 차원에서 의미 있는 통찰을 제공한다.[150] 미국의 유명한 대법관인 Oliver Wendell Holmes은 "법의 생명은 논리가 아니라 경험이다"라고 설파하였는데,[151] 이는 그 시대의 필요성, 그 시대를 섭렵하는 도덕적·정치적 이론 등 사람들이 중요하다고 공감하는 요소뿐만 아니라 그 시대의 사람들이 가지고 있는 편견과 같은 요소까지도 시간이 흐름에 따라 계속하여 법을 변화시키고 있음을 통찰한 이야기이다.

이와 같은 법진화론적 시각에서 보면 현재의 법은 "현재의 시점에서 제반각축하는 이해관계 사이에서 형성된 일시적인 균형상태의 결과물"이라고 볼 수 있을 것이다.[152] 또한 여기서의 균형상태는 매우 불안한 것이어서, 이 균형상태는 상황

---

149) *Ibid.*, pp. 479~480.
150) 법진화론에 관한 문헌으로는 E. Donald Elliott(1985), "The Evolutionary Tradition in Jurisprudence," 85 *Colum. L. Rev.* 38.
151) Oliver Wendell Holmes, Jr.(1881), *The Common Law* 1.
152) Lazarus(주 143)), p. 2414 참조.

변화에 따라 언제고 깨질 수 있는 것이다.[153]

우리가 다양한 영역의 법률과 법률을 비교하여 보면 서로 배치되는 원칙을 담고 있고, 또한 서로 극명하게 대립되는 전제와 목표를 가지고 있음을 볼 수 있다. 오직 이와 같이 서로 다른 영역의 법률 사이에서 반복되어 일어나는 대립, 그리고 이와 같은 대립을 해소하기 위한 점진적인 통합과정을 통하여 법이 하나의 체계로서 기능하게 되는 것이고, 여기에 법률가들의 소임이 있다고 하겠다. 이렇게 파악할 때 법률과 법률 사이의 대립·모순은 극히 자연스러운 현상이고, 법이 발전하고 진화하기 위하여 반드시 있어야 할 과정이라고 할 것이다.

Lazarus는 법은 법적 동화(legal assimilation)와 법적 통합(legal integration)을 통하여 진화한다고 설명하고 있다. 진화의 첫단계인 법적 동화는 "다른 일보다 우선적으로 하여야 한다고 새롭게 인식된 일과 새로운 정보가 다른 종류의 법률부문에 동시에 영향을 끼쳐 새로운 균형상태를 만들고, 이 균형상태가 서로 다른 상황에서 적용되는 일련의 법규칙의 기초가 되는 과정"을 말한다. 이에 반하여 진화의 두 번째 단계인 법적 통합은 "어느 한 법영역에서 일어나는 진화적인 과정"을 의미하는데,[154] 처음에는 어느 한 법영역과 이와 교차하는 또 다른 법영역이 서로 대립하다가 어색한 교환과 실험기를 거쳐 결국에는 수용하고 화해하게 된다는 것이다. 다시 말하면 각 법영역은 각각의 전제·가치관·목표가 있고, 이것들이 서로 대립하기 때문에 서로 대립하게 되지만, 뒤이어 두 가지의 법영역이 함께 진화하는 중에 서로에게 작용하고 정보를 교환함에 따라 서로를 수용하고 결국 화해하게 된다는 것이다.

이와 같은 진화론적 관점에서 돌이켜 GMO관련 현행법체계에 관하여 살펴보면, GMO의 개별법규들은 현재 기껏해야 맹아를 보이고 있는 상태여서 동화 또는 진화의 상태에 접어들기 위해서는 상당한 시간이 소요된다고 하겠다. 요컨대 GMO관련 현행법체계는 출현기에 있다고 할 수 있어서 현재는 위험성이 있는 영역이 밝혀질 때마다 이에 즉응한 법률이 제정되고 있고 앞으로도 당분간은 이와 같은 법제정은 계속될 것으로 보이며, 그 내용 또한 제정 당시의 국민들이 가지고 있는 가치관과 국민들이 처해 있는 경제적 상황에 의하여 좌우되므로 그 보호정도가 균

---

153) 여기에 관하여 일반적으로 Robert C. Clark(1981), "The Interdisciplinary Study of Legal Evolution," 90 *Yale L.J.* 1238 참조.

154) Lazarus(주 143)), p. 2415 참조.

일하게 되어 있지 않은 것이다.

(3) 이상에서 본 복잡성이론과 법진화론은 현행법체계에 대해 호의적인 평가를 할 수 있는 단서를 제공하지만, 이 같은 평가는 일시적인 것에 지나지 않는다. 향후 자연과학적 확실성이 제고되고 GMO리스크에 대한 국민의 법감정이 성서될 때에는 현행법체계의 유선화(流線化, streamline) 내지는 재구성(reconfiguration)이 필요할 것이다. 그런 시기가 올 때까지는 현행법체계에 의해 갈 수밖에 없는데, 복잡한 상태의 법체계로 GMO관련리스크를 어떻게 관리하느냐가 다음 과제로 남는다.

3. 최소주의(Minimalism)와 법실용주의(legal pragmatism)

(1) 이상적인 법제도와 법해석을 목표로 하는 사람이라면 누구나 자신의 이론에 의할 때 사회를 보다 잘 설명하고, 다가 올 일을 보다 잘 예측할 수 있는 그러한 이론을 설계하려고 할 것이다. 대이론(grand theory)을 꿈꾸는 것은 법률가에게는 매우 자연스러운 현상이다. 그러나 법학은 실천학문이다. 법률가들이 그런 이상에 매몰되어 현실과 유리된 순수법의 세계에서만 가능한 이론을 구상하고 현실을 이에 꿰어 맞추려고 한다면, 이것은 문제가 아닐 수 없다. 더구나 그 현실이 이제껏 겪어 보지 못한 초유의 경험이라면, 그 문제는 더욱 심각할 수밖에 없다.

앞서 상술하였듯이 리스크현상은 인류가 일찍이 겪지 못한 미증유의 경험이고, GMO는 대표적인 리스크현상이라 할 수 있다. 이와 같은 대상을 놓고 선불리 대이론을 고안·시도하는 것은 학자들의 치기로 치부하기에는 너무 위험하다. 그와 같은 시도는 그 자체로 우리 사회에 또 다른 리스크로 작용할 가능성이 크다.

앞서 보았듯이 GMO에 관련한 현행법체계는 상충하는 지도원리인 사전배려의 원칙과 비용편익분석이 혼재하고, 그 하위법규도 어떤 경우에는 전자에, 다른 경우에는 후자에 터잡고 있다. 이와 같은 상충하는 원칙과 그 하위법규들을 취사선택함에 있어 어떤 조합을 취하더라도 그 조합으로 모든 리스크를 규율할 수 있다고 생각하는 것은 문제를 지나치게 경시하는 것이고, 따라서 대원리차원에서 틀을 잡기보다는 구체적인 상황에서 합리적인 해결책을 모색하는 방안을 구상하여야 할 것으로 본다. 어떤 대이론을 설계하여 이것으로 선불리 GMO현상을 해결하려고 한다면, 그와 같은 시도는 법률가집단에 의한 '인과율의 사전선택'(causal preselection)으로 지탄받을 것이다.

따라서 GMO에서 비롯되는 문제들은 **적어도 당분간**은 사안별로 오로지 그 사안에 타당한 해결책을 모색할 수밖에 없다고 본다. "한번에 한 사건씩"("One Case at a Time")[155] 해결하면서 얻게 된 지식을 축적하고, 이것을 다시 환류시켜 다음 사건을 처리함에 있어 반영하고, 이와 같이 반복하다 보면 법체계의 학습능력이 자라나 일정시점에 이르러 비로소 큰 그림을 그릴 수도 있을 것이다. 이와 같은 최소주의적 태도는 특히 법원의 역할에도 부합하는 것이라고 본다.

(2) 실용주의는 매우 다양하게 정의된다. 법에 있어서 실용주의는 어떤 원리나 가치가 있을 때 이것을 받아들이되, 이것에 의해 제어되지 않는다는 것을 의미한다고 본다.[156] 법실용주의는 법률가들이 예컨대 경제적 환원주의와 같은 대이론에 매몰·집착하는 것에 반대한다. 법적 분석이나 해석이 설득력이 있으려면 다양한 원천으로부터 지지를 얻어 낼 수 있는, 비유하자면 하나의 통일된 기초 위에 쌓아올려진 '탑'이기보다는 겹겹이 엮여진 '거미줄'과 같아야 한다고 본다.[157] 또한 법적 분석이 지적 생명력을 가지려 한다면, 그것은 이론을 이용하되 그 자체가 '목적이 아닌 오로지 수단으로써만' 이용하여야 한다고 본다.[158] 하지만 실용주의적 사고를 한다는 것이 항상 개별적 결정(ad hoc decision-making) 또는 직관적 결정을 선호하고, 원칙이나 원리를 거부하는 것으로 비추어져서는 곤란하다. 실용주의는 원칙이, 다른 것의 도움 없이 그 자체만으로 결과를 결정한다는 생각을 거부하는 것이다. 이것이 바로 법실용주의의 요체이다.

GMO리스크를 포함한 환경문제와 관련한 법적 결정에는 규범적 판단만이 작용하는 것이 아니다. 여기에는 규범판단 외에 과학적 판단과 정책적 판단이 함께 작용하여 이러한 각종 판단이 하나의 네트워크로 작용하여 종합판단을 가능하게 하여야 한다고 본다. 이와 같은 환경적 결정에는 특히 실용주의적 판단이 중요하다. 앞서 보았듯이 GMO에 관한 현행법체계가 복잡성을 띠게 된 것은 GMO에 대한 자연과학적 불확실성과 그런 속에서 선택을 해야만 한다는 데에서 기인한다. 따라서 GMO에 관한 문제는 규범판단만으로 해결될 수 있는 것이 아니고, 자연과학

---

155) Cass Sunstein(1999), *One Case at a Time*.

156) 법실용주의에 관해서는 다음의 문헌을 참고하라. Daniel Farber(1992), "The Inevitability of Practical Reason: Statutes, Formalism, and the Rule of Law," 45 *Vand. L. Rev.* 553; Symposium(1992), "The Renaissance of Pragmatism in American Legal Thoughts," 63 *S. Cal. L. Rev.* 1569. 관련철학서로서는 Richard Rorty(1982), *Consequences of Pragmatism*; Hilrary Putnam (1990), *Realism with a Human Face*.

157) Daniel Farber(1999), *Eco-pragmatism,* p. 10.

158) *Ibid.*

적 판단 및 정책적 판단과 깊이 관련되어 있는 것이다. 실용주의적 사고는 GMO와 같이 복잡다기한 문제에 보다 더 설득력이 있을 것으로 본다. 또한 일관성이 없는 원칙과 하위법규가 혼재하고 있는 현행법체계 아래에서 GMO리스크에 현명하게 대처하기 위해서는 개별 사안마다 실천이성을 사용하여 실용주의적 판단을 할 수밖에 없다고 본다.

(3) 여기까지 함께 한 독자라면 —— 나의 논지에 공감하던, 하지 않던 관계 없이 —— 공통된 의문을 하나 가질 것이다. "그래 그 좋다는 실용주의적 해법이 구체적으로 무엇이요?"라고 말이다. 앞서 본 바와 같이 사전배려원칙과 비용편익분석은 문자 그대로 서로를 부정하는 양립불가능한 관계에 있다. 예컨대 유전자조작 콩의 수입·출시가 문제되었다고 하자. 환경정책기본법의 사전배려의 원칙과 그에 기한 하위법규에 기해 환경단체와 소비자단체들은 이 콩의 안전성을 확신할 수 있을 때까지 시판을 막으려고 할 것이고, 이를 위해 규제당국에 법규에 규정된 각종 조치를 취할 것을 요구할 것이다. 한편 콩의 수입업자는 이 콩의 시판이 가져올 편익이 위해로 인해 초래될 비용을 상회함을 전제로 이러한 조치는 규제의 신설에 해당하므로 행정규제기본법상의 규제영향 분석을 받아야 한다고 주장할 것이다. 만일 규제당국이 규제영향을 분석할 때 콩의 시판이 가져올 편익이 비용을 웃돈다는 평가가 나오면, 이 조치의 운명은 어떻게 되겠는가? 그러한 분석에도 불구하고 다중의 목소리에 따라 규제당국이 사전배려적 조치를 강행하고 수입업자가 이에 항의하기 위해 법원의 문을 두드린다면, 법원은 어떤 판결을 하여야 하는가? 이와 같은 상황에서 실용주의적 해법은 무엇일까?

우선 생각할 수 있는 것은 환경정책기본법과 행정규제기본법 사이의 관계에 서열을 정하는 방법이다. 예컨대 환경정책기본법은 「환경」정책의 실체에 관해 이야기하는 것이므로, 오로지 규제일반에 관해 규정하는 행정규제기본법의 특별법에 해당하므로 이를 우선 적용하여야 한다는 해석, 환경정책기본법보다 행정규제기본법이 후에 제정되었으므로 후자가 신법우선의 원칙에 의해 우선 적용되어야 한다는 해석, 환경정책기본법은 행정규제기본법보다 먼저 제정되었지만 사전배려의 원칙을 정한 규정은 행정규제기본법보다 후에 제정되었으니 사전배려의 원칙이 우선 적용된다는 해석 등등이 있을 수 있다. 실용주의적 해법은 이와 같은 법해석에 큰 획을 긋는 대이론을 기획하는 것을 당분간 유보하자고 할 것이다. 앞서 본 바와 같이 이와 같은 문제가 특별법우선이나 신법우선의 원칙과 같은 간단한 법해석법칙

(canonical interpretation)으로 해결될 문제가 아니기도 하지만, 그와 같이 큰 획을 그어 버리기에는 대상에 대해 너무나 아는 것이 없기 때문이다.

따라서 실용주의적 해법은 경우에 따라서 이 쪽으로도 갈 수 있고, 저 쪽으로도 갈 수 있는 여지를 남기는 '**열린 해석**'을 요구한다. 사전배려의 원칙과 비용편익분석의 충돌, 크게는 환경정책기본법과 행정규제기본법의 상충을 정부부처 사이에서 사전조율 없이 이루어진 무원칙한 입법례의 하나로 볼 수도 있지만, 법해석을 하는 마당에 확정적인 증거도 없이 입법과정의 불찰을 전제로 한쪽을 선택하고 다른 쪽을 버리기보다는 양자가 모두 필요해서 생긴 것이라고 전제하고 어느 쪽으로도 갈 수 있는 여지를 남기는 것이 현명하다. 사실 양 원칙의 충돌은 환경적 가치와 규제개혁의 가치의 충돌로 볼 수 있고, 나아가 민주주의 대 기술주의, 정부 대 시장의 대결을 함축하고 있다고도 볼 수 있는데, 그 중에서 어느 한쪽을 선택한다는 것은 다른 한쪽──우리 공동체에 필요한 다른 한쪽을 버리는 것이 된다.

다음으로 실용주의적 해법은 당면 '**사안에 충실한 해석**'을 요구할 것이다. 법해석이 당해 사건을 해결하는 것에만 그치는 것이 아니라 일종의 규칙을 세우는 의미가 있음은 물론이다. 그러나 GMO에 관해서 규칙을 세우기에는 불확실성이 너무 많을 뿐만 아니라 규칙이 모든 것을 지배하는 것이 되어서는 곤란하다는 것이 실용주의적 태도이다. 따라서 당분간은 사안별로 해결책을 모색하여야 하고, 그 과정에서 결과의 타당성도 고려하여야 할 것이다. 이를 위해서 구체적인 사실관계에 적용하기 위해 기존의 법원리 또는 실정법규에 대해 구체적 사정을 고려한 **미세조정** 작업을 하여야 할 것이다.

이와 같은 방향으로 해석하기 위해 생각해 볼 만한 수단적 이론으로는 여러 가지를 생각할 수 있다. 첫째, 사전배려의 원칙의 내용을 유연하게 해석하는 것이다. 사전배려의 원칙의 내용은 다양하게 해석할 수 있다. Jonathan Wiener는 사전배려원칙의 실체적 내용으로 다음과 같은 세 가지 모델을 제시하였는데,[159] 이 중 최연성적

---

159) Wiener(주 6)), pp. 5-8. Wiener의 세 가지 유형은 다음과 같다. 제 1 형은 "불확실성은 방치를 정당화하지 않는다"는 것이다. 그러나 이 공식은 리스크의 불확실성을 이유로 방치를 정당화하지도 않지만, 그렇다고 조치를 명령하지도 않는다. "완전한 증거가 없어도 사전배려적 규제로 나갈 수 있다"는 정도를 의미하는 것이고, 최연성적 공식으로 볼 수 있다. 사전배려의 원칙에서의 본질적 문제는 취해야 할 조치의 내용인데, 제 1 형은 전혀 단서를 제공하지 못한다. 제 2 형은 "리스크는 불확실하더라도 조치를 정당화한다"는 것이다. 제 2 안은 제 1 안과 달리 불확실한 리스크에 대해 규제적 조치를 강제하는 의미가 있다. 제 2 안은 예방적 조치가 필요한 경우로서 '과학적으로 확실히 규명할 수 없는' 상황을 예정하고 있어 과소·과잉규제의 위험성을 그대로 갖고 있으며, 취해야 할 조치의 내용에 대해서 전혀 설명하고 있지 않다. 제 3 형은 "불확실한 리스크는 입증책임을 전환한다"는 것이

모델, 즉 "불확실성은 방치를 정당화하지 않는다"는 것으로 환경정책기본법상의 사전배려의 원칙을 이해한다면, 비용편익분석과의 조화점을 찾을 수 있을 것이다.

둘째, 비용편익분석의 내용을 엄격하게 해석하는 것이다. 비용편익분석을 하기 위해서는 그 전 단계로서 리스크평가를 해야 하는데, 리스크평가시에 정량적인 요소뿐만 아니라 정성적 요소를 고려하고, 이를 토대로 비용편익분석을 하면 실제로 사전배려의 원칙에 의할 때와 비슷한 결론에 도달할 수 있다고 본다. 리스크평가를 하는 전문가들은 다양한 리스크를 평가할 때 이를 서로 비교할 수 있도록 "점수화"("point estimate")하는데, 이를 위해 "하나의 측정규준"("single metric")을 사용한다. 그런데 하나의 측정규준으로 성질이 전혀 다른 리스크를 비교하는 것은 특히 평가에 내재된 한계를 분명히 하지 않는 한 문제를 오도할 가능성이 크다고 한다.[160] 또한 리스크를 평가할 때에는 부득불 데이터와 최종적으로 내리는 리스크예측 사이의 간극을 메우기 위해 일정한 「가정」(assumption)을 하여야 하는데, 그 가정을 설정할 때에 선호나 가치판단이 개입할 수밖에 없다. 따라서 리스크평가는 결코 완벽할 수도 가치중립적일 수도 없다는 결론이다. 이 같은 인식은 리스크평가가 객관적 · 합리적이라는 대전제에 치명상을 주는 것이고, 이와 같은 위기상황을 돌파하기 위해 도출된 개념이 바로 연성적 · 정성적 리스크평가(soft, qualitative assessment)이다. 정성적 평가를 수행할 때에는 리스크의 양적 크기뿐만 아니라 리스크에 대한 노출이 자발적인지 여부, 리스크를 개인이 제어할 수 있는지 여부, 리스크에 대해 대중이 가지는 두려움, 불신, 불확실성의 종류와 정도, 리스크가 분산되는 정도가 형평의 관념에 부합하는지 여부, 리스크가 가져오는 사회적 편익의 크기 등을 고려하여 숫자로 나타난 데이터를 재조정하게 된다. 또한 비용과 편익을 계량할 때에도 존재가치나 비사용가치를 높게 평가하거나, 현재가로 환산할 때 낮은 이자율을 선택하거나, 지불용의액 대신 희생용의액으로 비용을 산정한다면 많은 규제가 시험을 통과하게 될 것이다. 이와 같은 과정을 거치면 정량적 비용편익분석이 잡아내지 못한 가치측면을 반영하는 정성적 비용편익분석에 이르게 될 것이다.

다. 제 3 안은 문제의 물질 또는 행위가 리스크를 제공하지 않는다는 점을 입증할 때까지 이를 금지하여야 한다는 것이다. 리스크에 관련된 불확실성의 세계에서는 입증책임은 곧 패배, 즉 「입증책임＝패배」를 의미하기 때문에 제 3 안은 최경성적 방식으로 볼 수 있다. 하지만 여전히 금지로부터 벗어나기 위해서는 무엇을 어느 정도 입증해야 하는가라는 문제, 즉 입증의 대상과 수준을 정하는 문제가 남는다.

160) Adam M. Finkel & Dominic Golding, "Working Group Discussions," *Worst Things Fisrt?* (Adam M. Finkel & Dominic Golding, eds., 1994), p. 187, 194.

셋째, Ronald Dworkin의 규칙/원리 구분론을 원용하는 것이다.[161] 이에 의할 때 사전배려의 원칙과 비용편익분석은 계층적 순위가 설정된 규칙(rule)에 해당하는 것이 아니라 형량에 의해 순위가 바뀌어 적용될 수 있는 원리(principle)에 해당하는 것이고, 따라서 구체적인 사실관계에 따라 부합하는 형량요소가 많은 원리가 우선하는 것으로 해석할 수 있게 된다.

넷째, 비례의 원칙이다. 비례의 원칙은 우리 나라에서 실정법적 근거가 없지만, 헌법원칙으로서 법률을 개폐하는 효력을 인정받고 있는 만큼 비례의 원칙으로 사전배려의 원칙과 비용편익분석을 조화하자는 것이다. 행정규제기본법이 정부의 비효율적 규제를 교정하기 위해 제정되었기 때문에 이를 존중하여야 하겠지만, 환경정책기본법을 포함한 여타의 개별 환경법에서 천명된 환경보호를 위한 국민의 의사도 이를 무시할 수 없다. 이런 마당에 비례의 원칙을 양자를 적절히 조율할 수 단으로 비례의 원칙을 이용하자는 것이다.[162] 그리하여 터무니 없이 불균형적인 비용을 초래하지 않는다면 정부는 환경리스크의 제거를 최대한 요구할 수 있게 된다. 환언하면 사전배려적 색채를 띤 법규의 조문에 충실하되, 다만 그 수단의 선택에 있어 비례의 원칙에 의해 과잉적 수단을 배격하자는 것이다. 비례의 원칙은 한편으로는 비용을 고려하지 않은 극단적인 안전책을 요구할 수 있는 사전배려의 원칙을 완화하고, 다른 한편으로는 목표까지도 폐기할 수 있는 비용편익분석을 순화시킴으로써 목표는 GMO에 대해 인체와 환경을 보호하려는 개별법규에 의해 정해진 대로 받아들이되 수단의 선택을 합리화하자는 시도이다.

실용주의적 해법에는 이외에도 다양한 시도가 있을 수 있을 것이다. 실용주의적 해법은 GMO에 관련된 불확실성이 어느 정도 해소될 때까지 이와 같은 다양한 수단을 통해 기존 법원리 및 법규정의 미세조정을 도모하여야 할 것으로 본다. 이와 같은 방식으로 앞서 제기한 질문에 대해 대답하면, 법원은 먼저 사전배려의 원칙과 비용편익분석이 조화롭게 해석될 수 있음을 밝힌 후 사안에 적용될 수 있는 구체적 잣대를 고안하여 문제를 해결하여야 할 것이다. 이 때 법원에게 주어진 질문의 요체는 주어진 사실관계를 토대로 유전자조작 콩의 시판이 가져올 리스크를 평가

---

161) Ronald Dworkin(1977), *Taking Rights Seriously*.
162) Daniel Farber는 규제개혁의 광풍이 불고 있는 미국에서도 원칙의 상충을 극복하기 위해 비례의 원칙을 제시한 바 있다. 그는 미국환경법의 기본적 태도인 규제수단의 채택기준으로서의 실행가능성(feasibility)을 이용해서 "터무니 없이 불균형적인 비용을 초래하지 않는다면 실행가능한 정도까지 정부는 환경리스크를 제거하여야 한다"는 공식을 도출하였다. Farber(주 157), p. 131.

한 후 그 리스크의 심각성에 비추어 정부의 규제가 지나친지 여부가 될 것이다.

결   론

리스크에 대한 법체계의 대응은 먼저 자연과학이 리스크문제를 해결할 수 없음을 깨닫는 데서 시작하여야 한다. 과거의 위해는 그 인과관계를 추적해 고리를 끊음으로써 위해의 발생을 막거나(경찰행정법), 혹은 그 위해의 원인을 제기한 사람에게 책임을 귀속시킴으로써(불법행위법) 이를 적절히 제어할 수 있었다. 그런데 리스크로 분류되는 새로운 현상은 잠재적으로는 대재앙으로 나타날 수도 있지만, 막상 이에 대처하기에는 그 발생가능성을 확정할 수 없을 정도로 불확실한 것이다. 리스크를 특징짓는 또 하나의 특징은 그것을 가져오는 활동이 불특정다수인에게 위해를 가져올 수 있지만, 다른 한편 인류에게 무시하지 못할 큰 편익을 가져다 준다는 것이다. 이러한 까닭에 리스크현상은 **불확실성 속에서 선택**을 하여야 하는 어려운 문제를 제기한다.

유전자변형생물체는 이와 같은 리스크의 특징을 고스란히 담고 있는 전형적 리스크이다. 특징이 있다면 여타의 리스크, 예컨대 원자력발전이나 환경호르몬이 위해를 부산물로 가져오는 반면, 유전자변형생물체는 그 생물체 자체가 편익이자 동시에 위해가 되는 것으로, 말하자면 위해를 주산물로서 가져올 수 있는 것이라 하겠다. 따라서 여타의 리스크는 이론적으로는 편익을 취하면서 부산물인 위해만을 제거할 수 있지만, 유전자변형생물에서는 편익만을 취하고 위해를 제거할 수 없다. 따라서 유전자변형생물체에 있어서는 선택이 더욱 어려워진다고 하겠다. 유전자변형생물체에 있어서는 일단 좋은 것을 취하고 나중에 그 부작용을 제어하겠다는 타협적 선택은 발 붙일 여지가 없고, 전부 아니면 전무 식의 선택, 즉 즉단적 선택을 하여야 하는 것이다. 이와 같은 선택의 즉단성이 문제를 더욱 복잡하고 어렵게 만든다.

이와 같이 유전자변형생물체는 위해가 발생할 때 그 인과율을 확정할 수 없기 때문에 기존의 법체계로는 이에 대처하는 것이 어렵다. 따라서 새로운 방식을 모색하여야 하는데, 이 때 사법적 방식은 또 다른 한계를 보여 준다. 즉 유전자변형생물체로 인한 위해와 편익이 특정인에게 나타나는 것이 아니라 공동체구성원 전체에 대해 분산되어 나타나기 때문에 개인과 개인 사이에 줄 것을 주고, 받을 것을 받는 사법방식으로 해결하는 것은 적절치 않다. 유전자변형생물체가 가져오는 리스크는 사회공동체구성원 모두에게 관련된 문제로 보는 것이 타당하고, 따라서 이를 처리할 규칙을 제정하는 것이 필요하게 되었다. 새로운 규칙의 제정은 그 수범자인 사회의 구성원 사이에 희비가 엇갈리는 상황이 발생하게 된다는 것을 예정하고 있고, 따라서 많은 사람들이 규칙의 제정에 관심을 갖고 이에 매달리게 된다.

새로운 공법의 필요성을 절감한 세계각국은 나름대로의 타개책을 마련하고 있다. 공법은 시장에서 자생적으로 생긴 질서를 확인하는 사법과 달리 일정한 방향을 가진 질서의 인위적 창출을 의미한다. 따라서 여기에는 가치가 개입되고, 그런 만큼 이를 둘러싼 공동체구성원 사이의 알력의 조정이 주된 문제로 떠오른다. 미국은 세계 최고·최대의 유전자변형생물체 생산국가인 만큼 가능한 위험하더라도 유전자변형생물체를 포용하려고 하는 데 반해, 유럽은 미국의 GMO기술공세로부터 자국의 산업을 보호하여야 한다. 미국이 취하고 있는 비용편익분석이나 유럽이 취하고 있는 사전배려의 원칙은 모두 이와 같은 각국의 상황에 즉응한 선택일 뿐 어느 것이 정답일 수는 없다.

우리 나라도 유전자변형생물체에 대해 발빠른 대응을 해왔다고 평가할 수 있지만, 불행인지 다행인지 상충하는 두 원칙이 모두 들어와 있고, 개별법규도 일관성 없이 어떤 것은 사전배려적 색채가 나타나고, 또 다른 것은 비용편익분석적 요소를 가지고 있다. 추측건대 국민의 지지에 의해 탄생한 사전배려의 원칙이 그 경직성으로 말미암아 기업활동을 지나치게 간섭하자, 그 교정책으로 비용편익분석이 제시된 것이 아닌가 생각된다.

사전배려와 비용편익분석의 경쟁은 거시적 측면에서의 기본틀을 정하는 것이지만, 유전자변형생물체에 대한 불확실성이 거두어지지 않은 마당에 승자를 결정하려고 하는 것은 양자 모두의 단점을 노출시킬 뿐이라고 본다. 따라서 현재의 시점에서 제안할 수 있는 것은 적어도 당분간은 현행법체계를 그대로 유지하면서 그 법체계 내에서의 미세조정으로 문제를 해결하자는 것이다. 현행법체계의 복잡성을 해소하기 위해 섣불리 입법적 해결을 모색하거나 총괄적 법원리를 도출하려는 것은 문제를 더욱 악화시킬 뿐이다. 과학적 불확실성이 제거되지 않고 국민의 의사가 결집되지 아니한 현재의 상태에서 큰 틀을 고쳐 예기치 않았던 부작용을 초래하는 것보다는 실용주의적 관점에서 기존법원리나 실정법규의 미세조정을 통해 사안별 해결책을 모색하는 것이 최선일 것이다.

[영문초록]

Rationalization of Risk Regulation: Focusing on Genetically Modified Organisms

Hong Sik Cho*

Environmental(or technological) risk inheres in human condition. Whether brought on with nuclear energy technology, biotechnology or other high technologies, harzard is inevitable and ubiquitous. This new type of environmental problem differs in nature from the more familiar pollution and resource depletion problems. At its extreme environmental risk presents public decision-makers with the "zero-infinity dilemma": a virtually zero probability of a virtually infinite catastrophe. Environmental risk has rapidly increased in importance over the last few decades and may indeed become the dorminant type of environmental problem.

Genetically Modified Organisms(hereinafter, "GMOs") is one of the most typical risk problems. GMOs are newly introduced into human environment by the use of recombinant DNA techniques that utilizes genes from different organisms to create a new structure of genes. The harm of GMOs to human health and the environment has yet to be scientifically proven. There is and will be much controversy over safety issues involving the use of GMOs.

Our society is especially vulnerable to environmental risk problems because the characteristics that distinguish environmental risk from traditional environmental problems make environmental risk problems less susceptible to management through existing regulatory, legal and economic institutions. This article

* College of Law, Seoul National University.

aims to suggest a direction in legal management more suited to the characteristics of GMOs risk and hence more likely to be effective than the current approach.

For this purpose, this article explores a question of whether various approaches that are adjusted and developed *within* the current private and public law system can solve GMOs risk problem. Originally, while civil law sets up individual liability system to sanction environmental harmful behavior and industrial practices, traditional police administrative law works by directly intervening where there is obvious cause and effect. However, this system has an inherent limit in tackling GMOs risk problems because GMOs risk problems pose ambiguity about their cause and effect and other variables tinged with similar uncertainty. Due to the uncertainty, attributing responsibility for GMOs risk to individuals is neither feasible nor appropriate. Members of our society are all responsible in one way or another for GMOs risk.

After finding that the current system is well short of coping appropriately with GMOs risk problems, this article turns to a number of regulatory statutes enacted especially to contend with GMOs risk problems. First, Korea's regulatory system has two principles, vorsogeprinzip(precautionary principle) and cost-benefit analysis, that conflict with each other. While the Framework Act on Environmental Policy and various environmental statutes enacted under its auspice are based on the precautionary principle, the Framework Act on Administrative Act enacted to reform regulatory structure institutionalizes the analysis of regulatory consequences. This collision of principles in legal landscape surely brings about difficulties in regulating GMOs risk problems. Second, newly-enacted regulatory scheme aiming at GMOs risk seems like a patchwork of discrete, fragmentary, and unconcerted regulations, which demands restructuring by fine-tuned legislation and/or calibration by delicate interpretation.

The phenomenon of GMOs risk not only demonstrates the complexity of modern society but embodies the uncertainties that imply the limits of human congnizance. It cannot be denied that our legal system concerning GMOs risk has many aspects of disharmony. However, it still has practicality in specific cases. Moreover, if we try to rebuild a wholly new comprehensive regulatory system, it would do nothing but add to the exiting complexity. In a complex and dynamic adaptive system such as legal system, unprepared move toward a new system could entail unforseen negative effects. Therefore, this articles comes to the conclusion that under the circumstances *legal pragmatism* giving up the attempt to establish a grand theory and advocating case-by-case solutions seems to be the selectable solution in that it can among other things minimize the costs of dealing with GMOs risk.

제 **6** 장

국제통상체제에서의 '법의 지배'(Rule of Law) 확립과 한국의 현황

국제통상체제에서의 '법의 지배'(Rule of Law) 확립과 한국의 현황

안 덕 근*

제 1 절 서 론

"WTO설립에 관한 협정"(Agreement Establishing the WTO, 이하 "WTO협정")
은 8년여에 걸친 협상 끝에 1994년 4월 15일 GATT회원국들에 의해 서명됨으로
써 그 이전 반세기 동안 국제통상체제의 법적 기초가 되어 왔던 GATT를 대체하
는 새로운 국제통상규범으로 자리를 잡게 되었다. 총 4부 38개의 조항으로 이루어
진 GATT와는 달리 WTO협정은 GATT에 더하여 동경라운드협상에 의해 체결된
9개의 부속협정을 수정·보완한 새로운 협정을 포함하여 총 12개의 상품교역에 관
한 협정을 포함하고 있을 뿐만 아니라, "서비스교역에 관한 협정"(General Agree-
ment on Trade in Services, 이하 "GATS")과 "무역관련 지적재산권협정"(Agreement
on Trade-Related Aspects of Intellectual Property Rights, 이하 "TRIPS")을 포함하고
있다.[1] 위의 규범들 및 협정들은 1993년 12월 15일 우루과이라운드협상이 끝나는
시점에서 채택한 23개의 각료결정문 혹은 선언문과 1994년 4월 14일 추가로 채택

* WTO 통상전략센터 소장, KDI 국제정책대학원 교수.
** 본 연구에 대한 지원과 조언을 아끼지 않은 장승화 교수께 깊이 감사드린다. 본 장의 초안에 좋은
   제언을 해주신 외교통상부 통상법률지원팀의 정해관 외무관께도 감사드린다. 또한 연구과정중에
   다양한 연구지원을 수행한 김현정 연구조교에게도 감사한다.
1) WTO, The Results of the Uruguay Round of Multilateral Trade Negotiations(1994).

된 4개의 각료결정문에 의해 보충되고 있다. 이러한 규범에 더하여 실질적으로 국제무역의 자유화를 위해 회원국간에 합의한 상품교역에 관한 양허표와 서비스교역 분야에서의 양허내용을 명시한 구체적 약속(Specific Commitments) 내용을 포괄하는 경우, WTO협정은 총 30,000쪽이 넘는 방대한 분량의 내용을 포함하고 있다. 또한 WTO회원국간의 통상분쟁을 전담할 분쟁해결제도를 마련하고 있는데, 그 구체적인 내용은 "분쟁해결양해"(Understanding on Rules and Procedures Governing the Settlement of Disputes, 이하 "DSU")에 명시되어 있다. 더욱이 WTO협정 자체는 IMF협정을 비롯하여 지적재산권, 국제표준, 환경 및 위생 검역 등과 관련된 다양한 국제협정 및 조약들을 언급하면서 그러한 협정 및 조약들과의 연계성에 대해서 규정하고 있는바, WTO를 기축으로 한 국제통상체제는 다른 어떠한 국제체제보다 다양하고 복잡한 법적인 내용을 포함하고 있다.

이러한 일련의 특징들은 국제통상체제에 있어 법의 지배강화라는 측면에서 괄목할 만한 진전을 가지고 왔다. GATT체제의 경우, 소위 '선천적 기형'(Birth Defect)이라 불리우는 제도적 결함에 의해 법제적인 측면에서 문제점을 내포하고 있었다. 또한 총의(consensus)에 의한 일반적인 GATT 의사결정방식은 분쟁해결패널 보고서의 채택과정에서도 그대로 적용됨으로써 분쟁해결제도의 사법적 위상을 약화시키고 있었다. WTO체제 하의 분쟁해결제도에서는 이러한 패널 및 상소기구판결의 채택절차를 Negative Consensus에 기초하게 함으로써 사실상 분쟁해결기구 판정의 법적 구속력을 자동적으로 확보하였다. 이에 따라 WTO를 중심으로 한 국제통상체제의 '법의 지배'(Rules of Law) 구조를 한층 강화하고 있다. 또한 그러한 토대 위에서 축적되어 온 패널 및 상소기구의 판례들은 급속하게 국제통상분야의 법의 지배체제를 공고히 해가고 있다.

국내법체제와 국제법체제를 막론하고 기본적으로 '법의 지배' 체제를 확보하기 위해서는 법체계가 최소한의 절차 및 실체적 요건을 충족하여야 한다. 그러한 최소한의 요건으로는 절차적 투명성, 법적 일관성, 규범의 완결성(non liquet의 금지), 민주적 합법성 및 규범의 집행가능성 등을 들 수 있다. 특히 법적인 일관성 문제는 GATT를 기반으로 지난 50년간 발전을 거듭해 온 WTO 및 국제통상체제에서 그 중요성이 더욱 부각되고 있다. 이러한 점은 GATT 및 지난 무역자유화노력의 결과 전체를 포괄하는 통합되고 보다 존속가능하고 항구적인 다자간 무역체제를 발전시켜 나갈 것을 결의하고 있는 WTO협정의 서문에서도 나타나고 있다.[2] 이하에서는 국제통상체제에서의 법의 지배구축을 위해 진행되어 온 내용과 한국에서의 경험에 대해 논의하기로 한다.

제 2 절   법의 지배: 국내법의 지배와 국제법의 지배

I. 개념적 차이

국제통상에 관한 법의 지배체제 구축에 있어 우선 구분하여 고려되어야 할 부분은 국제통상에 관한 국내법의 지배와 국제법의 지배에 대한 차이점이다. 일반적으로 국제법체제는 국내법체제에 비해 상대적으로 분권화되어 있고 덜 체계화되어 있는 입법절차와 행정 및 사법체계에 의해 특징지워질 수 있다. 따라서 국내 입법부와 사법부에 의한 국제법체제에 대한 뿌리깊은 불신의 원인 중 일부는 국내 입법절차 혹은 의회절차에서 보장되는 바와 같은 효과적인 사회전체이해의 대변이라는 부분 없이 흔히 정부대표단에 의해 협상의 결과로 형성되는 국제법적 의무에 대한 민주적 합법성의 결여에 기인한다고 볼 수 있다. 그러므로 국제통상에 관한 WTO 회원국들의 국내법적인 법의 지배강화가 반드시 국제법적인, 즉 WTO체제차원에서의 법의 지배강화로 직결되는 것은 아닐 수 있다.

실제로 WTO가 발족된 후 2003년 8월 현재 회원국 수가 146개로 증가되었는데, 그 중 많은 회원국들의 경우 WTO가입 혹은 출범에 따라 국내법제도의 정비에 많은 노력을 기울였다. 특히 기존의 국내법들을 WTO협정의 내용을 반영하는 수준에서 개정·보완하는 작업뿐만 아니라, 다양한 무역구제법규를 새로이 도입하고 지적재산권분야의 법령을 마련하는 등 국내법적으로 국제통상에 관한 법의 지배체제 확립에 큰 성과를 거두고 있다. 그러나 이러한 WTO회원국——특히 개발도상국 회원국——에 의한 새로운 법규의 도입은 현재 WTO분쟁해결제도 하에서 수많은 분쟁의 원인을 제공하고 있다. 그러므로 제도적인 차원에서 국제통상에 관한 법의

---

2) WTO협정의 관련된 부분의 원문은 이하와 같다: "*Resolved,* therefore, to develop an integrated, more viable and durable multilateral trading system encompassing the General Agreement on Tariffs and Trade, the results of past trade liberalization efforts, and all of the results of the Uruguay Round of Multilateral Trade Negotiations, *Determined* to preserve the basic principles and to further the objectives underlying this multilateral trading system." WTO, The Results of the Uruguay Round of Multilateral Trade Negotiations, 4(1994).

지배체제를 검토함에 있어 국내법적인 발전과 국제법적인 진전에는 상호 보완관계 뿐만 아니라 긴장관계의 요소도 함유되어 있다는 점이 간과되지 않아야 한다.

Ⅱ. 통상정책에 대한 법의 지배상충문제

기본적으로 대부분의 국내법체제에서는 정부의 조치가 법에 의해 시행되고 또 한 법체제 하에서 규제되어야 한다는 법치사회의 목표가 권한의 남용을 제한하고 권리의 사법적 보호를 제공할 수 있는 헌법의 법제에 의해 달성된다. 이러한 경우 국내정책에 관한 권한에 대해서는 헌법상의 제한이 국가마다 다르게 나타나는데, 일반적으로 미국의 경우에서와 같이 권력분립이 명확한 국가의 체제 하에서는 헌 법상 제한이 매우 엄격하게 제시되는 데 반해, 영국과 같이 의회주권주의를 채택한 국가나 연방법에 대해서는 사법적 제한이 이루어지지 않는 스위스와 같은 경우에 는 비교적 그러한 제한이 완화되고 있는 경향이 있다. 그러나 그러한 국내법체제에 따른 헌법상 제한이 국내정책분야에서는 다르게 나타나고 있는 데 반해, 정부의 대 외정책 —— 또는 보다 구체적으로 국제통상정책 —— 에 관하여서는 그와 같은 헌법상 제한이 거의 예외 없이 효과적으로 이루어지지 않고 있다.

특히 이러한 문제에 관한 적절한 정립된 이론이 결여되고 있어 대부분의 경우 국제통상정책에 관한 권한의 배분과 시행에 관해 헌법상의 규정이 불완전하게 제 시되고 있다. 예를 들어 헌법의 체계가 가장 정치하게 마련되고 있는 미국의 경우 에도 헌법 제 1 조에서는 일부 대외정책권한을 의회에 배정하고 있는 반면, 제 2 조 에서는 다른 대외정책권한을 대통령에게 배정하고 있다. 그러나 기타 명시되고 있 지 않은 대외정책권한에 대해서는 의회와 대통령 중 어디에 최종적인 권한이 주어 져 있는지에 대해 명확하게 규정하고 있지 않으며, 더욱이 그처럼 배분되어 있는 권한이 어떠한 방식으로 사용되어야 하는지에 대해서도 구체적인 규정이 제시되지 않고 있다. 미국의 대법원 또한 대외정책에 관한 문제에 대해서는 대부분 정치적으 로 결정할 사안("political question")으로 인식하면서 사법부에 의한 판결보다는 행 정부나 입법부에 의한 결정으로 판단할 부분으로 차치하는 경우가 많다.

그러나 나날이 급속도로 세계화되고 통합화되어 가고 있는 현재의 국제경제 체제에서는 대부분의 민간 혹은 정부의 행위에 국제적인 차원의 문제가 연루되고 있을 뿐만 아니라, 한편으로는 국제조약에 의해 점차적으로 폭넓은 부문에서 그러한 민간과 정부의 조치가 구속을 받고 있다. 그럼에도 불구하고 국제법과 국내법을 다른 차원의 영역으로 간주하는 Dualist Legal System을 채택한 국가들에서는 여전히 국제법부문을 정부에 국한된 문제로 간주하고, 국내법영역에서 적절하게 국제법규범을 반영하지 못하는 경우가 많이 나타나고 있다. 또한 미국의 예에서와 같이 원론상으로 국내법과 국제법 부문을 동일시하는 법제를 채택하고 있는 Monist Legal System국가의 경우에서도 입법부가 국제법규범에 합치하지 않는 국내법규의 입법권한을 주장하는 사례가 흔히 발생하고 있다. 대표적인 예로 '후법우선원칙' (later-in-time rule)을 들 수 있는데, 이러한 원칙은 사실상 국제법지배에 대한 엄격한 준수보다는 국내법지배원칙에 우선순위를 둔 법제운영이라고 할 수 있다. 일반적으로 사법부의 경우 국제법규범과 합치하는 방식으로 국내법을 해석하여야 하는 법원리에 대해서는 공감하고 있으나, 실제로 국제법의무위반의 소지가 있는 대외정책조치에 대해 판정을 해야 할 경우에는 "political question" doctrine이나 "act of state" doctrine 등 다양한 법률 해석 및 적용의 원칙을 동원하여 사법적 해석의 여지를 제한함으로써 그러한 판결을 유보하고 있다.

또한 현재와 같이 세계적 규모의 경제통합화가 진전된 국제통상체제에서는 국내정책과 대외정책의 구분이 점차 모호해져 가고 있으며, 명확한 구분이 더욱 어려워지고 있다. 예를 들어 무역제한조치와 같은 국제통상정책들은 국내정책형성 및 집행절차를 통해 마련되고, 국내소비자들에 대한 세금의 인상 및 소비자유를 제한하는 형태로 이루어진다. 즉 국제통상정책을 비롯한 대외정책은 필수불가결하게 국내정책문제와 연계를 가지며, 따라서 두 분야의 연관성에 대한 적절한 법적 대처 없이는 효과적인 문제해결이 이루어질 수 없다. 다시 말하여 대외정책과 국내정책 간의 다원화되어 있는 관련성을 감안할 때 효과적인 대외정책에 관한 법제의 확립이 결여되어 있는 경우, 국내정책에 관한 법제의 효율성저해를 초래할 수 있는 것이다.

대부분의 경우 여전히 대외정책에 관한 헌법적 수준의 법제확립은 수용되지 않고 있으며, 대외정책에 관한 권한은 가능한 한 헌법적·입법적 혹은 사법적인 제한보다는 행정부의 재량에 남겨 두도록 마련되고 있다. 따라서 국제통상정책을 포함한 대외정책분야의 법제는 국내정부에 의한 협상에 의거하여 국내입법절차를 통해 민주적으로 비준되었음에도 불구하고 아직도 국제법차원의 법의 지배보다는 국내법수준의 법의 지배에 초점이 맞추어져 있다. 그러므로 국제통상체제에 대한 법의 지배논의에 있어 이러한 국제법차원의 법의 지배와 국내법차원의 법의 지배 간 상충 및 조화문제는 근본적이고 중요한 선결과제라 할 수 있다.

제 3 절   국제통상체제를 위한 법의 지배개선

Ⅰ. 국제통상을 위한 '법의 지배' 체제 : 국제통상법의 법제화 (Judicialization)

국제통상법발전에 있어 국제사법절차는 중요한 역할을 수행하여 왔다. 실제로 효과적인 국제사법절차의 수립은 *pacta sunt servanda*원칙이나 신의성실(good faith) 원칙과 같은 국제법의 핵심원칙을 효과적으로 적용하는 데 전제조건이라고 할 수 있다. 이러한 점이 실증적으로 보여진 대표적인 예로 유럽연합의 경제통합 과정에서 나타난 유럽사법재판소(European Court of Justice)의 역할과 기능을 들 수 있다. 유럽연합의 형성과정에서 정비된 European Parliament, European Council 및 European Commission 간의 권한의 배분 및 기구간 위상균형을 판례를 통해 체계 화한 것은 바로 유럽사법재판소였다. 즉 국내헌법상 규정되는 권력분립의 모형과 마찬가지로 제도적 차원에서 기구적 균형을 제시한 유럽공동체의 체제를 헌법적인 차원에서 실질적으로 규범화하고 시행하는 데 유럽사법재판소의 사법기능이 핵심 적인 역할을 수행한 것이다. 유럽사법재판소는 그러한 사법기능의 수행을 통해 EC 법의 Supremacy와 direct applicability를 보장하였으며, EC경제주체를 단순히 법규 의 적용대상으로부터 EC법의 법적인 주체로 전환함으로써 EC법원을 통해 법적인 권리를 적극적으로 시행할 수 있게끔 하였다. 이러한 사법기구의 기능은 비단 유럽 연합의 예에서뿐만 아니라, United Nation 혹은 World Trade Organization과 같은 국제기구에서도 그대로 적용된다고 할 수 있다.

한편 국내법원체계에서와는 달리 강제적인 제 3 자 소송절차 및 상소심절차는 EC와 WTO를 제외하고는 여전히 지역적 경제협정이나 기타 국제조직의 사법절차 에서는 매우 드물게 채택되고 있다. 특히 우루과이라운드를 통해 수립된 WTO체 제는 역사적으로 유례 없는 수준의 국제통상관계의 법규화를 이루었을 뿐만 아니 라, 다자간 체제에서의 국제통상관계의 사법화(judicialization)를 달성하였다. 그러한

국제통상관계의 사법화내용으로는 대표적으로 아래와 같은 사항들을 들 수 있다:

- WTO회원국의 요청이 있는 경우 사법적 분쟁해결을 위한 패널구성에 대한 WTO 분쟁해결기구의 강제적 사법권(Compulsory Jurisdiction)
- 국내법원에서의 소송절차와 유사한 세부적인 소송절차 및 규정된 시한 내에 소송절차를 종료하도록 되어 있는 엄격한 시한규정
- 패널구성에 대한 명시적인 권한과 후속적인 절차로서 상임상소기구절차에 대한 권한
- 분쟁해결기구에 의한 신속하고 사실상 자동적인 패널보고서 및 상소기구보고서의 채택
- 분쟁해결의 대안으로서 신속한 중재절차
- 분쟁해결판정 및 분쟁해결기구의 권고사항에 대한 신속한 이행을 확보하기 위한 다자간 감시절차
- WTO협정에 위반하는 조치의 철회 또는 이행이 즉각적으로 이루어지지 못하는 경우, 일시적인 대안으로서 보상에 대한 합의 또는 보복조치의 승인
- 회원국들이 다른 회원국의 WTO협정의무 위반에 대해서 구제조치를 취하고자 하는 경우 분쟁해결양해 하의 규정을 준수하게끔 하며, 일방적인 보복조치를 통한 구제조치의 시행을 금지
- 국내제도차원에서 독립적인 심사제도를 마련하고 사법, 중재 혹은 행정절차를 확보하도록 한다. WTO협정 중에서 그러한 규정을 제시하고 있는 협정들로는 GATT 1994(제 X 조), Antidumping Agreement, Customs Valuation Agreement, Preshipment Inspection Agreement, Subsidies and Countervailing Agreement, GATS, TRIPS, Government Procurement Agreement를 들 수 있다.

이러한 내용을 포함하는 WTO분쟁해결제도는 여타 국제기구 혹은 국제협정들에서의 분쟁해결제도와 비교할 때 많은 측면에서 차이를 보이고 있다. 대표적인 국제분쟁해결제도인 국제사법재판소(International Court of Justice, 이하 "ICJ") 절차와 비교할 때, ICJ의 강제적인 사법권이 UN회원국들의 채 3분의 1에 해당하는 국가들에 의해서조차 채택되지 못하고 있는 반면, 다음과 같은 사항은 별도사항이다.

- 분쟁해결양해는 모든 WTO회원국에게 강제적이고 자동적인 사법권을 적용하며, 이의 적용을 위해서 ICJ의 경우에서와 같이 회원국간의 특별한 합의를 필요로 하지 않는다.
- 모든 패널의 판결은 어느 분쟁당사국에 의해서도 상소기구에 상소되어 상소심을 받을 수 있다.
- WTO분쟁해결기구에 의해 다루어질 수 있는 사안의 범주는 명시적으로 대상협정

(covered agreements)에 국한되어 있으며, 따라서 일반적인 국제법규범을 적용할 수 있는 ICJ와 비교할 때 분쟁해결과정에서 적용할 수 있는 법규의 범주가 제한되어 있다.

· WTO분쟁해결을 위한 패널절차는 분쟁해결기구에 의한 패널설치 후 1년이라는 신속한 절차적 규정의 구속을 받는다.

· WTO분쟁해결제도는 EC와 같이 비국가기구 및 홍콩·마카오 등 관세영역에 대한 독립적인 권리를 인정할 뿐만 아니라, 국내구제절차의 선활용(prior exhaustion of local remedy)이라는 일반적인 국제법요건을 제거함으로써 비교적 덜 국가중심적인(less state-centered system) 운영체제를 보이고 있다.

· "Estoppel," "acquiescence" 혹은 기타 유사한 개념에 기초한 법적인 주장들은 WTO체제에서는 다른 회원국에 대한 제소를 금지하는 근거로 인정되지 않는다.

· 반면 specific performance와 위반조치의 중단 이외에는 과거의 피해부분에 대한 보상 혹은 금전적인 피해보상 등의 구제조치를 거의 인정하지 않는다는 점에서 WTO분쟁해결제도는 일반적인 분쟁해결제도에 비해 제한적인 성격을 가진다.

이처럼 국내 및 국제통상법의 사법화(judicialization) 강화는 흔히 강제적 사법권한 및 사법적 심사절차의 결여로 인해 국제법적 의무위반에 대해 아무런 제재가 가해지지 않는 기타 국제법분야에 견주어 국가간 통상관계에 있어 국제법차원의 법의 지배구조를 한 수준 격상시키는 데 기여한 바가 크다고 할 수 있다.

Ⅱ. 국내법 및 국제법상의 상소심사제도

국내법제도 하에서 상소심사는 성문법체제(civil law)를 채택하고 있건 판례법체제(common law)를 채택하던 별 차이 없이 모든 국가의 사법제도에서 공통적으로 구비된 절차라 할 수 있다. 일반적으로 사법체제 하에서 상소절차는 판사의 오판가능성, 정의구현가능성 증대, 판결의 사회적 수용성증가, 법적인 일관성 및 법체제의 통합성확보 등의 면에서 정당화되고 있다. 반면 상소가능성 및 상소심사의 수준은 분쟁해결절차 및 최종판정의 지연, 1차심 판정의 권위약화 및 추가비용발생 등 상소심에 의한 부정적 효과를 방지하기 위해 일반적으로 제한되고 있다. 또한 상소심에 의한 판결이 1차심에서의 판결보다 나은 수준이 되도록 보장하기 위해 일반적으로 상소심에 관여하는 판사들의 자격요건이 1차심에서보다 더욱 엄격하게 제시되는 경향이 있다.

국제법에서도 이와 같은 상소심에 관한 특징은 기본적으로 적용되는데, 이하의 네 가지 형태의 상소심사절차는 주목할 만하다.

- 최초 국제심사기구에 회부

ICJ법규 제60조와 제61조 및 ECJ법규 제40조와 제41조에서 볼 수 있듯이 1차심에서의 판정에 대한 해석이나 결정적인 사실관계의 발견에 따른 판정의 수정을 위해 최초의 국제심사 기구에 회부할 수 있는 절차가 있다. 그러한 해석을 위한 요청, 사소한 오류의 수정 또는 분쟁당사국의 실수에 기인하지 않은 새로운 결정적인 사실관계의 발견에 기초한 판정수정 등은 1차심의 판정에 대한 전면적인 재심을 요구하는 것이 아니며, 이는 일반적인 의미의 상소심과는 구분되어야 한다. GATT분쟁해결제도의 역사에서도 원패널이 피소국의 이행조치적절성 여부를 판정하기 위해 다시 소집된 경우가 있었다.[3]

- 다른 국제심사기구에 회부

이러한 사례는 흔히 최초의 분쟁해결 협의안에 포함되는 경우가 일반적인데, UN과 ILO행정법원 절차에서 구속력을 가지는 자문의견(advisory opinion)을 확보하기 위해 ICJ에 요청할 수 있도록 한 규정이 이에 해당한다. 이러한 경우는 세계은행의 Convention on the Settlement of Investment Disputes와 NAFTA분쟁해결제도에서도 나타나고 있다.

- 준사법적 판정에 대한 국제재판소에의 회부

대표적인 예로 International Trade Organization(ITO)을 설립하기 위한 1948년 Havana Charter의 제96조에서 ITO에 의한 판결에 대해 회원국들이 ICJ에 재심을 요청할 수 있도록 규정한 것을 들 수 있다. 현재 이와 유사한 규정을 제시하고 있는 국제협정으로는 ILO헌장, International Civil Aviation Convention(ICAO), International Air Services Transit Agreement of 1944 등을 들 수 있는데, 이제까지 ICAO의 판정에 대해 인도가 한 차례 ICJ에 재심을 요청한 적이 있다.[4]

- 국제법문제에 대한 국내법원으로부터의 회부

현재까지 국제법문제에 관해 개인의 요청에 의해 국내법원으로부터 국제법원으로의 회부를 허용한 유일한 경우는 실제로 발효되지는 못하였으나, 1907년 마련된 Hague Convention No. XIII를 들 수 있다. 한편 이와는 조금 다른 성격이나 NAFTA 제19조에서는 반덤핑 및 상계관세에 관한 국내행정적 판정에 대해 국내의 사법재심 절차를 대신하여 NAFTA차원의 분쟁해결패널 절차를 제시하고 있다.

---

3) BISD, 13S/35; 39S/91.
4) *ICJ Reports*(1972), p. 46.

Ⅲ. WTO상소기구체제[5]

1. 서 론

우루과이라운드(이하 "UR")에서 재정비된 WTO분쟁해결제도는 국세통상분쟁을 주관하는 세계무역체제의 핵심적인 기능을 수행하고 있는데,[6] GATT체제 하의 분쟁해결제도와 비교할 때 신설된 상소기구의 역할이 특히 두드러지게 나타나고 있다.

2003년 2월 현재 WTO분쟁해결제도가 운용된 지 8년이 지난 시점에서 총 54개의 상소기구보고서가 회람되었으며,[7] 총 90건의 패널판정 중 29건에 대해서는 상소절차가 운용되지 않았다.[8] 또한 회람된 54개의 상소기구보고서 중 7개의 보고서는 제21.5조 패널판정에 대한 것이다. 〈표 6-1〉에서 볼 수 있듯이 WTO출범 초기에는 거의 모든 패널판정에 대해 재심사기회를 가지려는 차원에서 상소가 이루어졌으나, 이후 상소기구에 의한 판결이 축적되어 이에 기초한 패널판정에 대한 신뢰가 확보되면서 법적인 논거가 취약함에도 불구하고 무조건적으로 상소를 하는 사례가 차츰 감소하는 추세이다.

회람된 54개의 상소기구보고서에서 많은 경우 패널의 법적인 해석 혹은 판정이 부분적으로 수정되었으며, 2개의 패널보고서에서의 판정은 전면적으로 번복되었다.[9] 한국 또한 상소절차를 적극적으로 활용하고 있는데, 2002년 12월까지 피소

〈표 6-1〉 연도별 상소현황

연 도	1995	1996	1997	1998	1999	2000	2001	2002
회람된 패널보고서	0	4	10	10	13	18	7	12
상소된 패널보고서	0	4	10	7	10	11	5	7

(주) : 제21.5조 패널보고서는 제외.

---

5) 이하의 부분은 안덕근, "WTO체제의 분쟁해결제도: 상소절차," 통상법률 제31호(2000)에 기초하고 있다.

6) 일례로 전임 WTO사무총장 Renato Ruggiero는 WTO분쟁해결제도의 성과와 위상에 대해 WTO의 "best achievement is the dispute settlement body, which is working, and which is really the heart of the multilateral trading system"이라고 피력하였다. *INT'L HERALD TRIBUNE*(July 29, 1996), at 11.

7) *See* 〈http://www.wto.org/wto/dispute/distab.htm〉.

8) 이 중 4개의 패널판정은 제21.5조 하의 패널에 의한 것이다.

9) *EC-Customs Classification of Certain Computer Equipment*(WT/DS62, DS67, DS68/AB/R,

〈표 6-2〉 연도별 상소통보변화추세

	1995	1996	1997	1998	1999	2000	2001	2002
상소통보 수	0	4	6	8	9	13	9	7

국으로서 패널에 의해 패소판정을 받은 3건[10]에 대해 모두 상소기구절차를 이용한 바 있다.

WTO분쟁해결제도 하의 상소절차는 약 50년간 지속되어 온 GATT체제 하에서의 분쟁해결 양식을 수용·발전시킨 패널절차와는 달리 UR협정의 산물로 WTO의 국제기구로서의 발족과 함께 새로이 마련된 상설사법기구인 상소기구에서의 제소와 분쟁해결에 관련된 절차이다.[11] 분쟁해결양해(Understanding on Rules and Procedures Governing the Settlement of Disputes, 이하 "DSU") 제17조의 규정에 따라 1995년 11월 29일 분쟁해결기구(Dispute Settlement Body, 이하 "DSB")에 의해 7인의 상소기구 위원들이 임명되었고,[12] 이후 1996년 2월 15일자로 채택된 "Working Procedures for Appellate Review"(이하 "Working Procedures")[13]에 의거해 당해 2월 21일 미국에 의해 상소통보(Notice of Appeal)가 접수된 *United States–Standards for Reformulated and Conventional Gasoline*(이하 "*US-Gasoline*") 사건의 상소심리에 착수함으로써 WTO상소기구절차의 공식적인 운용이 개시되었다.[14]

상기한 54개의 WTO상소기구보고서에서 피력된 상소기구의 판결내용들은 이제 WTO협정문의 해석 및 적용뿐 아니라 국제통상법의 여러 핵심논제에 대한 기본적인 지침이 되는 논거를 제시하고 있으며, 이는 분쟁해결보고서 채택에 관한 '소극적 총의'(negative consensus) 원칙에 의해 사실상 DSB에 의해 자동적으로 채택

---

adopted on June 22, 1998) 사건의 경우 패소국에 의한 피소국의 협정의무위반 판정이 번복되었으며, *Guatemala-Anti-Dumping Investigation Regarding Portland Cement from Mexico*(WT/DS60/AB/R, adopted on Nov. 25, 1998) 사건의 경우 분쟁대상사안의 부적격을 이유로 패널판정이 파기되었다.

10) *Korea-Taxes on Alcoholic Beverages*(WT/DS75, DS84/AB/R, adopted on Feb. 17, 1999); *Korea-Definitive Safeguard Measure on Imports of Certain Dairy Product*(WT/DS98/AB/R, adopted on Jan. 12, 2000); *Korea-Measures Affecting Imports of Fresh, Chilled and Frozen Beef*(WT/DS161, DS169/AB/R, adopted on Jan. 10, 2001).

11) WTO분쟁해결을 위해 구성되는 패널의 경우 사후 수시적(*ad hoc*)으로 설치되는 반면, 상소기구는 WTO 내의 상설기구(standing body)로서 규정되어 있다. DSU, Art. 17.1.

12) WTO, FOCUS, No. 6(Oct.-Nov. 1995), p. 1.

13) WTO, WT/AB/WP/1(dated on Feb. 15, 1996).

14) WTO, WT/DSB/16/Add.1(dated on Oct. 22, 1999).

됨으로써 국제법상으로도 향후 전개될 국제통상법의 법리발전에 중요한 의미를 가지고 있다.[15] 이하에서는 WTO분쟁해결제도 하에서 신설된 상소기구와 상소절차에 관하여 기술하고 그 문제점에 대해 검토하고자 한다.[16]

2. 상소기구의 설립과 구성

1948년 3월 24일 United Nations Conference on Trade and Employment에 의해 완성된 Havana Charter for International Trade Organization의 제8장 제96조에서 국제사법법원(International Court of Justice)에 의한 국제통상분쟁의 검토를 규정한 이래[17] 반세기 동안 발전해 온 GATT분쟁해결체제에서 잦은 GATT패널결정에 대한 불만에도 불구하고, 상고심의 마련에 대한 구체적인 논의는 이루어진 적이 없었다. 1952년 Seventh Session of the Contracting Parties에서 최초로 GATT 하에서의 분쟁해결을 위해 panel on complaint를 구성하기로 한 이래[18] GATT분쟁해결제도의 개선을 목적으로 5차례에 걸쳐 GATT CONTRACTING PARTIES에 의한 Decision 혹은 Understanding의 형태로 추가적인 합의사항들이 채택되었다.[19] 그러한 분쟁해결제도의 개선을 위한 지속적인 노력에도 불구하고, GATT체제 하에서는 패널판정을 재심사할 수 있는 상소절차에 대해 구체적인 협의나 준비가 이루어지지 않았다.

실제로 UR협상의 초기단계에서는 분쟁해결을 위한 상소절차의 마련에 대한 논의가 이루어지지 않았다. 그러나 분쟁해결보고서 채택절차를 기존의 '긍정적 총

---

15) *See generally* David Palmeter & Petros Mavroidis(1998), "The WTO Legal System: Sources of Law," 92 *AM. J. INT'L L.* 398.
16) 패널절차에 관하여서는 박노형, "WTO체제의 분쟁해결제도: 패널절차," 통상법률 제2호 (1995) 참조.
17) Interim Commission for the International Trade Organization(1948), *Final Act and Related Documents*, p. 50. ITO설립의 실패에 관하여서는 WILLIAM DIEBOLD, JR.(1952), *THE END OF THE ITO*와 RICHARD N. GARDNER(1980), *STERLING-DOLLAR DIPLOMACY IN CURRENT PERSPECTIVE* 참조.
18) *See* ROBERT E. HUDEC, *THE GATT LEGAL SYSTEM AND WORLD TRADE DIPLOMACY*(2d ed., 1990), pp. 85-94; *See also* Robert E. Hudec, "The Role of the GATT Secretariat in the Evolution of the WTO Dispute Settlement Procedure," in *THE URUGUAY ROUND AND BEYOND: ESSAYS IN HONOR OF ARTHUR DUNKEL*(J. Bhagwati & M. Hirsch, eds., 1998), pp. 101-120.
19) *See* U.E. PETERSMANN(1997), "THE GATT/WTO DISPUTE SETTLEMENT SYSTEM: INTERNATIONAL LAW," *INTERNATIONAL ORGANIZATIONS AND DISPUTE SETTLEMENT*, p. 71.

의'(positive consensus)에서 '부정적 총의'(negative consensus)에 기초한 것으로 전면
적으로 개편한 데 대한 보완책으로 상소기구의 설치필요성이 제기되었다.[20] 분쟁
해결기구에 의한 패널보고서의 채택이 사실상 자동적인(quasi-automatic) 절차로 수
정되면서 패널판정에 대한 이의를 재심사할 수 있는 기회의 필요성이 심각하게 제
기되었고, 이에 우루과이라운드협상중 1989년 12월 7일 협상단회의에서 처음으로
상설기구로서의 상소기구의 설립가능성이 개진되었다. 이후 이 제안은 상소에 따른
분쟁해결의 지연에 대한 우려에도 불구하고 점차 유럽연합, 미국, 캐나다 그리고
멕시코 등의 국가들로부터 긍정적으로 받아들여지기 시작하였다.[21] 이러한 움직임
은 1990년 10월 19일자로 회람된 Chairman's Text on Dispute Settlement에서 4
년 임기의 7인 위원으로 구성된 상설기구로서 상소기구의 설립제안이 채택된 후
당해 11월 26일자로 회람된 소위 Brussels Draft Final Act[22]와 1991년 12월 20일
자로 마련된 Dunkel Draft[23]를 거치며 수정 및 보완을 거쳐 최종적으로 DSU에
규정된 형태로서 WTO의 출범과 함께 제도화되었다.[24]

그러나 위에서 언급된 바와 같이 상소기구가 1995년 1월 1일 WTO의 출범과
동시에 완전한 형태를 갖춘 것은 아니었으며, 1995년 11월 29일에서야 23개국에서
추천된 32인의 후보 중 다음과 같이 7명의 상소기구 위원들이 임명되었다.[25]

    James Bacchus(미국)
    Christopher Beeby(뉴질랜드)
    Claus-Dieter Ehlermann(독일)
    Said El-Naggar(이집트)
    Florentino Feliciano(필리핀)
    Julio Lacarte-Muro(우루과이)
    Mitsuo Matsushita(일본)[26]

---

20) Jeff Waincymer(2002), *WTO LITIGATION*, p. 694.

21) Terence P. Stewart & Christopher J. Callahan, "Dispute Settlement Mechanisms," in *THE GATT/URUGUAY ROUND: A NEGOTIATING HISTORY*(1986-1992), Vol. Ⅱ (T. Stewart, ed., 1993), pp. 2767-2768.

22) GATT, *Draft Final Act Embodying the Results of the Uruguay Round of Multilateral Trade Negotiations*, MTN.TNC/W/35/Rev.1(dated on Dec. 3, 1990).

23) GATT, *Draft Final Act Embodying the Results of the Uruguay Round of Multilateral Trade Negotiations*, MTN.TNC/W/FA(dated on Dec. 20, 1991).

24) Stewart & Callahan, *supra* note 15, at 2779-2811.

25) WTO, *supra* note 7, 1.

26) 상소기구위원들에 대한 간략한 신상설명은 WTO, FOCUS, No. 7(Dec. 1995), p. 8 혹은 WTO,

현재 DSU 제17.2조의 규정에 의거하여 추첨을 통해 지명된 Ehlermann, Feliciano, Lacarte-Muro 3인의 상소기구 위원이 2년 임기로 위원직을 수락하였으나, 한번 연임을 허용한 규정 하에서 위의 세 명의 위원은 자동적으로 1997년 12월 11일부터 4년의 임기로 재임용이 되었다.[27] 이후 2000년 3월 31일자로 임기가 만료되는 El-Naggar, Matsushita 두 명의 위원과 3월 19일 갑작스럽게 사망한 Beeby 위원을 대체하기 위해 Yasuhei Taniguchi(Japan), G. M. Abi-Saab(Egypt), A. V. Ganesan(India) 위원이 선임되었고,[28] DSB는 2001년 9월 25일자로 Luiz Olavo Baptista(Brazil), John S. Lockhart(Australia), Giorgio Sacerdoti(Italy) 위원을 Ehlermann, Feliciano, Lacarte-Muro위원의 후임으로 선임하였다.[29] 따라서 2003년 2월 현재 최초의 상소기구 위원 중 Bacchus위원을 제외하고는 모두 대체되어 있다.[30]

DSU 제17.3조에 따르면 상소기구위원은 법, 국제무역 및 DSU의 적용을 받는 관련협정 전반에 관한 전문성을 갖춘 권위자여야 한다고 규정하고 있다. 또한 상소기구위원은 어떠한 정부와도 연계될 수 없으며, 상소기구의 구성은 전체 WTO회원국들을 폭넓게 대표하여야 한다. 위의 요건에 의해 선출된 상소기구위원들은 4년의 임기 동안 part-time의 임용임에도 불구하고, 항상 신속하게 상소된 사건을 위해 일할 수 있어야 한다.[31]

한편 WTO상소기구는 최초에 국장을 포함하여 4명의 법률전문가로 시작되었으나, 이후 상소되는 사건이 증가함에 따라 상소기구위원을 지원할 법률전문가의 증원필요성이 꾸준히 제기되면서 이후 6명으로 늘었고 2002년 현재 총 13명으로 구성되어 있다.[32]

이와 같이 WTO분쟁해결체제 하에 상소기구를 설립한 것은 소극적 총의에 의한 패널보고서의 사실상 자동채택방식의 도입에 의해 야기될 수 있는 문제를 적절

PRESS/32(dated Nov. 29, 1995) 참조. See also Claus-Dieter Ehlermann(2002), "Six Years on the Beach of the World Trade Court," 36(4) JOURNAL OF WORLD TRADE 605, p. 608.

27) WTO, WT/DSB/10(dated on Nov. 28, 1997), pp. 4-5. See also WT/DSB/M/35, 6(dated on July 18, 1997).

28) WTO, PRESS/179(dated May 25, 2000).

29) WTO, PRESS/246(dated Sep. 25, 2001).

30) DSB는 2003년 11월 7일자로 Merit E. Janow를 Bacchus후임으로 선임하였다. Janow교수는 12월 11일부터 WTO 최초의 여성상소기구 위원으로 활동을 하게 될 예정이다.

31) Working Procedures, 2.4.

32) WTO(2002), Annual Report, p. 154.

히 조절하여 새로운 체제의 법적인 확실성과 예측가능성을 증진하기 위해서이며,[33]
현재까지의 상소기구 운용을 검토해 볼 때 대부분 이 기구가 의도한 기능을 충실
히 수행하고 있다는 데 공감하고 있다.[34]

3. 상소절차에 관한 규정

(1) 개   요

상소기구의 설립 및 절차에 관련하여 UR을 통해 합의된 내용은 DSU 17조:
Appellate Review에 '상설상소기구', '상소절차', 그리고 '상소기구보고서의 채택'이
라는 세 항목 아래 14개의 항으로 규정되어 있다. 한편 세부적인 상소절차에 관한
사항은 DSU 제17.9조의 규정에 따라 채택된 Working Procedures를 따르고 있다.[35]
Working Procedures는 크게 '상소기구위원'과 '상소절차'에 관한 두 부분으로 구성
되어 있으며, 상소절차의 "Timetable"과 "Rule of Conduct"가 부록으로 첨부되어
있다.

상소절차에 있어 상소심의 범위는 패널보고서에서 취급된 법적인 쟁점사안과
패널에 의한 법적 해석으로 국한된다.[36] 따라서 패널판정에 대한 상소의 가능성에
도 불구하고 사실관계에 관한 패널의 결정은 최종적이며, 상소의 대상에서 제외된
다.[37]

DSU 제17.10조에 의하면 상소기구에서의 '절차'(proceedings) 자체가 비공개로
규정되어 있다. 이는 패널절차에 관한 DSU 제14.1조에서 패널 '심리'(deliberations)
가 비공개로 규정되어 있는 것과 대비를 이룬다. 현재 WTO의 투명성확보를 위한
많은 논의가 이루어지고 있는데, 그 중요한 부분으로 패널과 상소기구에서의 분쟁
해결 절차에 대한 공개가능성에 대해 여러 제안이 제시되고 있다. 일례로 1998년
10월 31일자로 미국에 의해 제출된 "DSU의 개선에 관한 예비서"에서 미국은 패

---

33) Debra Steger & Susan Hainsworth, "New Directions in International Trade Law: WTO Dis-
pute Settlement," in *DISPUTE RESOLUTION IN THE WORLD TRADE ORGANIZATION* 28
(J. Cameron & K. Campbell, eds., 1998), p. 38.

34) *See generally* Symposium on the First Three Years of the WTO Dispute Settlement System,
32 *INT'L LAWYER,* No. 3(1998).

35) WTO, WT/AB/WP/7(dated May 1, 2003). 이 문건은 1996년 2월 15일자로 채택된 최초의
Working Procedures for Appellate Review(WT/AB/WP/1)와 1997년 개정된 WT/AB/WP/3 및
2002년 개정된 WT/AB/WP/4를 대체한다.

36) DSU, Art. 17.6.

37) 박노형, WTO체제의 분쟁해결제도연구(박영사, 1996), 92-93면 참조.

널과 상소기구의 구두심리(oral hearing) 절차를 개방하자는 제안을 하고 있다.[38]
DSU협정문 자체에 주어진 문서상의 엄격한 해석을 취하는 경우, 많은 노력이 필
요한 개정이나 새로운 양해의 협상 등을 거치지 않고도 최소한 패널구두심리의 경
우, 패널 '심리'가 비공개로 이루어지는 한 비공개로 진행중인 현재의 방식을 바꿀
수 있는 여지가 있다고 볼 수 있다. 이에 반해 절차 자체가 DSU에 의해 비공개로
규정되어 있는 상소절차의 경우, 구두절차의 개방은 WTO회원국들의 새로운 합의
를 요구하는 사항이라 할 것이다.

　　국제사법법원의 판결문에서 취하는 양식과는 달리 상소기구보고서에서 각 위
원들의 견해는 개별적으로 개진되지 않으며,[39] 최대한 총의(Consensus)에 의해 판
결하도록 규정하고 있다.[40] 따라서 현재까지의 상소기구보고서에서는 반대의견
(dissenting opinion)이 개진된 경우는 없으며, 이는 *European Communities-Measures
Affecting the Importation of Certain Poultry Products*(이하 "*EC-Poultry*") 사건에
서 dissenting opinion을 허용한 패널에서의 경우와 대비된다.[41] 다만, 현재까지
*European Communities-Measures Affecting Asbestos and Products Containing As-
bestos*(이하 "*EC-Asbestos*") 사건에서 "Like Products"기준과 관련하여 별도의 동의
의견(concurring opinion)이 한 차례 제시된 바가 있는데,[42] DSU 제17.11조의 무기
명규정에 따라 구체적으로 어느 상소기구위원의 의견인지는 밝혀지지 않고 있다.

　　DSU 제17.13조에 규정한 바와 같이 상소기구는 패널의 법적인 평결 혹은 결
론에 대해 지지, 수정 혹은 파기할 수 있다. 그리고 이러한 상소권은 분쟁당사국에
게만 주어지며, 제 3 국의 자격으로 패널절차에 참여한 국가에게는 서면입장제출과
의견제시의 기회만 주어진다.[43] 상소권을 가진 분쟁당사국은 패널보고서의 최종판
결이 불리하게 적용되는 국가뿐 아니라 승소한 국가 또한 포함하며, 실제로 최종적
인 승소판결에 관계 없이 패널에 의한 법논리나 조문해석에 이의를 제기하는

---

38) USTR, *Preliminary Views of the United States Regarding Review of the DSU*(dated on Oct.
　 31, 1998), p. 4.
39) DSU, Art. 17.11. 국제사법법원의 판결문에서는 재판관 개개인의 평결이 모두 별개로 주어지며,
　 최종판결은 다수의견에 의해 결정된다.
40) Working Procedures, 3.2.
41) WTO, WT/DS69/R, paras. 289-292. GATT체제 하에서도 드물게 dissenting opinion을 허용한
　 경우가 있었다. *See* WTO(1995), *ANALYTICAL INDEX: GUIDE TO GATT LAW AND
　 PRACTICE*, Vol. 2, p. 755.
42) WTO, WT/DS135/AB/R(adopted on April 5, 2001), para. 152-154.
43) DSU, Art. 17.4.

"cross-appeal"이 전체상소의 46% 이상을 차지하고 있다.[44]

상소절차에서 분쟁당사국가의 공무원이 아닌 민간자문변호사의 구두심리참여 허용 여부는 *European Communities-Regime for the Importation, Sale and Distribution of Bananas* 사건에서 최초로 Saint Lucia의 요청을 수락한 이래[45] 현재 별도의 규정 없이 이후의 분쟁절차에서 선례에 의한 관행으로 받아들여지고 있다.[46] 그러나 이러한 민간변호사의 참여가 허용되면서 이와 관련한 행동규칙(Code of Conduct) 마련과 적용문제가 제기되고 있는데, 실제로 *Thailand-Anti-Dumping Duties on Angles, Shapes and Sections of Iron or Non-Alloy Steel and H-Beams from Poland* 사건에서는 제소국인 폴란드를 대변하던 법률회사가 비밀유지를 준수하지 못하여 관련자료가 유출됨으로써 상소절차진행 중도에 사임한 바 있다.[47]

Non-Governmental Organization(NGO)에 의한 *Amicus Curiae Briefs*의 패널 및 상소절차에의 제출에 관하여서는 특히 환경문제와 관련한 사건들의 맥락에서 오랜 논란이 있어 왔다. 그러나 *United States-Import Prohibition of Certain Shrimp and Shrimp Products* 사건의 상소에서 상소기구가 패널절차에 대해 이를 허용하고,[48] 이어 *United States-Imposition of Countervailing Duties on Certain Hot-Rolled Lead and Bismuth Carbon Steel Products Originating in the United Kingdom* 사건에서 상소절차에 대해서도 명시적으로 허용함에 따라[49] 쟁점사안이 *Amicus Curiae Briefs*의 허용 여부가 아니라 *Amicus Curiae Briefs*의 제출과 관련한 절차의 문제로 바뀌게 되었다.[50] 이후 *EC-Asbestos* 사건에서 처음으로 상소기구가 *Amicus Curiae Briefs*의 제출과 관련한 절차를 마련하였으나, 절차적인 이유로 *Amicus Curiae Briefs* 제출신청을 모두 기각하였다.[51] 한편 *US-Shrimp* 제21.5조 패널판정에 대한 상소절차에서 American Humane Society and Humane Society

---

44) 〈http://www.worldtradelaw.net/dsc/database/crossappealcount.asp〉.

45) WTO, WT/DS27/AB/R(adopted Sep. 25, 1997), paras. 10-12.

46) 동 판정은 상소기구절차에 국한되므로 그 자체로서 패널절차와 관련한 민간변호사의 참여허용 여부에 대해서는 적용되지 않는다. 그러나 이후 *Indonesia-Auto*(WT/DS54, 55, 59, 64/R) 사건과 *Korea-Alcohol*(WT/DS75, 84/R) 사건에서 패널은 이를 허용하였다.

47) WTO, WT/DS122/AB/R(adopted on April 5, 2001), para. 72.

48) WTO, WT/DS58/AB/R(adopted on Nov. 6, 1998), para. 108.

49) WTO, WT/DS138/AB/R(adopted on June 7, 2000), para. 42.

50) Dukgeun Ahn(1999), "Environmental Disputes in the GATT/WTO: Before and After US-Shrimp Case," 20 *MICH. J. INT'L L.* 819, pp. 839-843.

51) WTO, WT/DS135/AB/R(adopted on April 5, 2001), paras. 53-57.

International에 의해 제출된 *Amicus Curiae Briefs*를 미국정부가 정부서면입장서에 포함하여 제출함으로써 상소기구는 이를 실제로 검토한 바 있으나,[52] *United States-Countervailing Measures Concerning Certain Products from the European Communities* 사건에서는 American Iron and Steel Institute에 의해 제출한 자료를 판정에 반영하지 않았다.[53] *European Communities-Trade Description of Sardines* 사건에서는 상소기구가 NGO뿐만 아니라 WTO회원국에 의한 *Amicus Curiae Briefs*도 허용한 바 있어 분쟁해결제도 하의 절차적인 문제를 한층 복잡하게 하고 있다.[54]

(2) 절차에 관한 세부규정

상소절차의 개시는 DSU 제16.4조의 규정에 의거한 DSB에의 서면통보와 상소기구사무국에 상소하는 패널보고서제목, 분쟁당사국의 연락처, 상소하는 내용에 관한 요약 등을 기술한 상소장을 제출함으로써 이루어진다.[55] 이에 따라 상소기구는 7인의 상소기구 위원 중 무작위추출(random selection)에 의해 국적에 상관 없이 3인의 위원들로 이루어진 Division을 구성한다.[56] 상소기구위원의 국적에 관하여서는 패널절차에 있어 동의가 없는 경우 분쟁당사국가 국민은 패널에서 제외한다는 DSU 제8.3조와 같은 제약이 없으며, Working Procedures 제6.2항에 위원들의 국적에 상관 없이 Division이 구성된다고 규정하고 있다. 그러나 한편으로는 DSU 제 17.3조에서 상소기구위원들이 직접적으로나 간접적으로 이해의 상충이 있는 분쟁의 검토에는 참여할 수 없다고 규정하고 있다.

DSU 제16.4조에 따르면 상소결정의 통고가 없는 경우 패널보고서는 회람 60일 이내에 개최되는 DSB에서 불채택을 위한 총의가 없는 한 정식으로 채택되게 된다. 한편 DSU 제16.1조는 보다 신중한 고려를 위해 패널보고서의 회람 후 20일 내의 DSB에 의한 보고서채택을 금하고 있다. 따라서 패널보고서에 대한 상소를 고

---

52) WTO, WT/DS58/AB/RW(adopted on Nov. 21, 2001), paras. 75-77.

53) WTO, WT/DS212/AB/R(adopted on Jan. 8, 2003), para. 76.

54) WTO, WT/DS231/AB/R(adopted on Oct. 23, 2002), para. 167. *See* Nick M. Covelli and Rajeev Sharma, "Due Process, Judicial Economy and Procedural Rights-Non-Disputing Member Participation in WTO Disputes," *JOURNAL OF WORLD INTELLECTUAL PROPERTY,* Vol. 5, No. 4(July 2002), pp. 591-611; *See also* Gabrielle Marceau and Matthew Stilwell(2001), "Practical Suggestions for *Amicus Curiae* Briefs before WTO Adjudicating Bodies," 4 *JOURNAL OF INTERNATIONAL ECONOMIC LAW* 1, pp. 155-187.

55) Working Procedures, 20.

56) *Ibid.,* 6.2.

려하는 국가는 보고서회람 후 20일과 60일 사이에 예정되어 있는 DSB회의 전에 위에서 기술한 상소개시절차를 완료하여야 한다. 2003년 2월 현재까지 종료된 54 건의 상소기구 절차들로부터의 자료에 따르면, 패널보고서회람 이후 상소통보까지 평균 약 43일 정도가 소요되었다.[57] 실제에 있어서는 US-Underwear 사건(DS24) 에서 소요된 3일부터 Chile-Alcohol 사건(DS87, 110)에서 소요된 90일까지 상당한 정도의 편차를 보이고 있다. 상소기구보고서회람부터 채택까지에는 평균 24일 정도가 소요되는 것으로 나타나고 있다.

상소된 사건에 관한 의사결정은 전적으로 해당 사건에 배정된 Division에 의해 이루어지며,[58] 가능한 한 총의에 의한 의사결정을 권고하나 부득이한 경우 다수결에 의한 결정 또한 허용하고 있다. 그리고 공정성을 기하기 위한 Division의 임의 추출에 따른 판결의 일관성저해 우려를 보완하기 위해 Working Procedures 제4항에서 소위 Collegiality원칙을 제시하고 있다. 즉 기본적으로는 해당 상소사건을 위해 구성된 Division이 그 사건에 대한 궁극적인 의사결정권을 전유하나, 모든 상소기구위원들이 매 상소사건에 관련하여 제출된 모든 자료를 받고 상소기구보고서의 확정에 앞서 서로간에 의견을 개진하도록 규정함으로써 상소기구의 기능에 일관성을 확보할 수 있도록 하고 있다.

상소의 개시에 따라 해당 Division은 관련문서제출 시한, 구두심리 날짜 등을 정한 working schedule을 작성하고 상소관련국에 통보한다.[59] 관련문서는 상소기구사무국에 정해진 날짜 이내에 수령되지 않는 한 제출된 것으로 인정되지 않으며, 이러한 문서는 모든 상소관련국에게 통보되어야 한다.[60]

상소국(Appellant)은 상소장의 제출 후 10일 이내 상소기구사무국과 관련분쟁 당사국들에게 서면입장과 그 사본을 송달하여야 한다.[61] Cross-appeal의 형태로 승소국 또한 패널의 평결에 대해 상소하는 경우 상소장제출 후 15일 이내에,[62] 그리고 피상소국(Appellee)과 제3국의 경우 상소장제출 후 25일 이내 서면입장을 같은 방식으로 송달하여야 한다.[63] 일반적으로 상소절차에서 구두심리는 상소장제출 30

---

57) 〈http://www.worldtradelaw.net/dsc/database/abtiming.asp〉.
58) *Ibid.*, 3.
59) *Ibid.*, 26.
60) *Ibid.*, 18.
61) *Ibid.*, 21.
62) *Ibid.*, 23.1.
63) *Ibid.*, 22, 24.

일 후에 개최된다.[64] 상소절차참가국이 시한 내 서면입장을 제출하지 못하거나 구두심리에 출석하지 못한 경우, Division은 이의 판단에 따라 상소를 기각할 수도 있다.[65] 그러나 예외적인 경우, 상소관련국들은 working schedule에 제시된 그러한 시한들에 대해 Division에게 수정을 요구할 수 있다.[66] 한편 상소절차진행중 어느 시점에서도 상소국은 상소기구에 통고함으로써 상소를 철회할 수 있다.[67] 현재까지는 유일하게 India-Auto(DS146, 175) 사건에서 인도가 구두진술 전에 상소를 철회함으로써 실질적인 법률검토가 이루어지지 않은 상소보고서[68]가 47일 만에 회람된 바 있다.

DSU 제17.5조에서는 일반적으로 상소절차는 공식적인 상소결정의 통고로부터 상소기구보고서의 회람까지 60일을 초과하지 않으며 어떠한 경우에도 90일을 초과할 수 없다고 규정하고 있으나, *European Communities-Measures Concerning Meat and Meat Products(Hormones)* 사건에서 최초로 90일의 시한이 초과된 이래[69] 현재

〈표 6-3〉 상소절차단계별 시한[70]

	일반상소	금지보조금사건
상소통보	0	0
상소자서면입장서 제출	10	5
기타 상소자서면입장서 제출	15	7
피상소자 및 제3자 서면입장서제출	25	12
구도진술	30	15
상소보고서회람	60-90	30-60
DSB상소보고서 채택	90-120	50-80

---

64) *Ibid.*, 27.
65) *Ibid.*, 29.
66) *Ibid.*, 16.2.
67) *Ibid.*, 30.
68) WTO, WT/DS146, DS175/AB/R(adopted on April 5, 2002).
69) WTO, WT/DS26, DS48/AB/R(adopted on Feb. 13, 1998). 이 사건의 경우 상소결정이 1997년 9월 24일 통고되었으나, 상소기구보고서의 회람은 1998년 1월 16일 이루어졌다. 그러나 이 외의 상소에서는 대부분 90일의 시간규정이 지켜져 패널절차에서의 빈번한 최대소요시간 규정의 위배와 대비된다. 분쟁해결의 소요시간에 관한 자료는 박노형, "WTO분쟁해결제도의 운영사례분석," 통상법률 제28호(1999), 196-201면 참조.

〈그림 6-1〉 상소기구절차

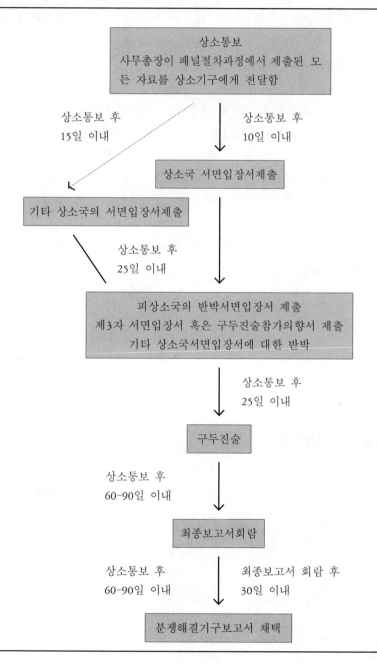

까지 3건의 상소기구 절차에서 추가로 시한이 초과된 바 있다.[71]

상소절차의 제한된 전체시한을 고려할 때, 상소절차상 시간산정은 실제 분쟁해결의 진행에 있어 중요한 의미를 가진다. Working Procedures 제17항과 이에 관련된 "DSU상의 기간만료"(WT/DSB/M/7)에 대한 DSB결정에 의하면, DSU상의 기간산정에 있어 기간개시일은 제외시키고 기간만료일은 산입되는데, 기간만료일이 WTO 휴무일과 겹치는 경우 이후 첫번째 근무일로 이를 대체하도록 한다. 예를 들어 위에 기술된 상소국의 서면입장 제출의 경우, 상소장제출날짜를 0일로 기준하여 10일째 되는 날짜가 마감일이 된다. 이 때 0일이 수요일이 되는 경우 10일은 토요일이 되며, 따라서 상소국의 실제 서면입장제출 마감일은 12일째의 월요일이 되어 2일간의 추가적인 시간을 가지게 된다. 한편 피상소국의 경우, 0일로부터 25일째 되는 날은 일요일이므로 실제 마감일은 26일째의 월요일이 되어 1일의 추가적인 시간을 갖는다. 그러나 피상소국의 cross-appeal마감일은 15일째의 목요일로 추가적인 시간혜택이 없어 상소국의 서면입장 제출일로부터 단지 3일간의 시간여유만을 가지게 된다.[72] 이와 같이 시간배정에 있어 절차의 개시시점에 따른 비대칭적인 효과가 있으며, 이는 절차진행과 상소절차운용에 있어 유의해야 할 점이다. 예시된 바와 같이 현실적으로 상소절차에 있어 실제로 제출된 분쟁상대국의 서면입장에 전적으로 근거하여 자국의 서면입장을 준비하는 것은 시간상 매우 어려우며, 대개의 경우 분쟁당사국들은 패널보고서회람 직후부터 상소를 가정하고, 필요한 서면입장 등의 자료를 준비하게 된다.

4. 상소절차상의 문제점

국제재판기구로서는 예외적으로 상소심리의 기회를 제공하는 WTO분쟁해결체제 하의 상소기구에 의한 상소절차는[73] WTO체제 하에서 "rule-oriented system"

---

70) WTO, WT/AB/WP/4, 15(dated Jan. 24, 2002).

71) 보다 구체적으로 US-Lead Bars(DS138)이 104일, EC-Asbestos(DS135)와 Thailand-Steel (DS122) 사건이 140일을 소요하고 있다.

72) DAVID PALMETER & PETROS C. MAVROIDIS(1999), *DISPUTE SETTLEMENT IN THE WORLD TRADE ORGANIZATION: PRACTICE AND PROCEDURE*, pp. 146-147.

73) 예를 들어 국제사법법원이나 유럽법원(European Court of Justice)에는 상소심이 없다. 다만, 유럽법원의 경우, 제1심 법원(Court of First Instance)의 판결이 항소될 수 있다. *See generally* Giorgio Sacerdoti, "Appeal and Judicial Review in International Arbitration and Adjudication: The Case of the WTO Appellate Review," in *INTERNATIONAL TRADE LAW AND THE GATT/WTO DISPUTE SETTLEMENT SYSTEM* 245(E.U. Petersmann, ed., 1997). 북미자유무역협정(NAFTA)에서도 전반적인 분쟁해결절차를 규정한 제20장에 어떠한 형태의 상소절차도 다

의 구축이라는 차원에 있어 분쟁해결제도의 사법적인 기능의 강화를 통해 크게 기
여하고 있다.[74] 그러나 한편으로는 새로이 정비된 상소절차의 실제 적용에 있어
개선을 요구하는 문제점들이 나타나고 있다.

　우선 현행상소절차에는 패널의 판결에 문제가 있는 경우 사건을 원 패널에게
로 회부하는 상소기구의 '반송권한'(remand authority)이 규정되어 있지 않다.[75] 이
는 DSU 제17.6조에서 규정된 패널보고서에서 취급된 법률적인 문제로 국한된 상
소기구의 제한적인 사법권과 상충하는 문제를 발생한다. 특히 이 문제는 *United
States-Measure Affecting Imports of Woven Wool Shirts and Blouses from India*
사건에서 상소기구가 패널에 의한 judicial economy practice를 공식적으로 용인함
으로써 더욱 심각해지게 되었다.[76]

　즉 패널이 분쟁당사국에 의해 거론된 모든 쟁점이 아니라 분쟁사안의 해결을
위해 필요한 주장에 대해서만 판결을 하는 것을 허용함으로써 패널보고서의 내용
에 국한되는 상소심에 있어서의 상소기구의 사법권을 그만큼 제한하게 되었다. 이
와 같이 제약된 상소기구의 사법권은 상소기구가 패널의 판결을 수정하거나 파기
하는 경우, 패널보고서에서 다루어지지 않은 관련규정의 법적인 해석뿐 아니라 사
실관계에 대한 결정을 새로이(*de novo*) 해야 할 필요를 야기시킴으로써 상소기구의
심리에 큰 장애로 작용할 수 있다.

　실제로 WTO분쟁해결체제 하의 최초의 상소사건인 *US-Gasoline* 사건에서, 상
소기구는 GATT 제 XX 조 해석과 관련하여 패널의 논리를 파기하면서 패널보고서
에서 직접적으로 다루지 않은 규정에 대해서도 독자적인 해석을 제시하였다.[77] 상

　루지 않고 있다. 대신 극히 예외적인 경우, 반덤핑과 상계관세에 관한 분쟁해결에 있어 3인으로
　구성된 Extraordinary Challenge Committee(ECC)에 의한 재심의 가능성을 제19장에서 제시하고
　있다. *See e.g.*, Gabrielle Marceau, "The Dispute Settlement Rules of the North American Free
　Trade Agreement: A Thematic Comparison with the Dispute Settlement Rules of the World
　Trade Organization," in *INTERNATIONAL TRADE LAW AND THE GATT/WTO DISPUTE
　SETTLEMENT SYSTEM* 487(E.U, Petersmann, ed., 1997). NAFTA, ECC와 WTO상소기구의
　비교분석은 *see* Donald M. McRae, "The Emerging Appellate Jurisdiction in International
　Trade Law," in *DISPUTE RESOLUTION IN THE WORLD TRADE ORGANIZATION* 98(J.
　Cameron & K. Campbell, eds., 1998).

74) *See* JOHN H. JACKSON(1998), *THE WORLD TRADE ORGANIZATION: CONSTITUTION
　AND JURISPRUDENCE.*
75) *See generally* David Palmeter, "The WTO Appellate Body Needs Remand Authority," 32 *J.
　WORLD TRADE*(Feb. 1998).
76) WTO, WT/DS33/AB/R(adopted on May 23, 1997), paras. 6.1-6.9.
77) WTO, WT/DS2/AB/ R(adopted on May 20, 1996).

소기구는 이후 *EC-Poultry* 사건에서, 패널의 판결을 파기하는 경우 상소기구가 패널에 의해 다루어지지 않은 새로운 법적인 쟁점사안들에 대해서 판결을 할 수 있다고 명시적으로 판결하였다.[78] 그러나 한편으로 상소기구는 동 보고서에서 분쟁당사국인 브라질에 의해서 제기되었으나, 패널이 다루지 않은 쟁점사안에 관하여서는 DSU 제17.6조에 근거하여 상소기구의 사법권에 포함되지 않는다고 판결함으로써 판결의 일관성에 문제를 제기시켰다.[79] 이와 같은 상소기구의 반송권한 결여에서 기인하는 제반문제에도 불구하고 상소된 사건의 반송에 따른 분쟁해결의 지연이라는 문제 때문에 상소기구에 반송권한의 부여는 쉽게 이루어지지 않을 전망이다.

또한 상소기구의 사법권으로 규정된 '법적인 쟁점사안과 법적 해석'의 범주와 패널의 고유한 사법권으로 제시되어 있는 '사실관계의 객관적인 규명'(objective assessment of the facts)[80]에 대한 구분이 모호한 경우가 자주 있다. *EC Measures Concerning Meat and Meat Products*(Hormones) (이하 "*EC-Hormones*") 사건의 상소기구보고서에서 법과 사실관계구분의 문제에 관한 직접적인 판결에도 불구하고[81] 여전히 많은 경우 그 적용에 있어 기준이 명확치 않다. 실례로 *Canada-Certain Measures Concerning Periodicals*(이하 "*Canada-Periodicals*") 사건의 상소심에서,[82] 상소기구가 법적인 문제로 국한되어 있는 사법권에도 불구하고 사실관계에 관한 판정을 범한 것으로 보는 시각이 많다.[83]

이에 더하여 어떠한 경우에 패널에 의한 사실관계에 대한 판결에 있어서의 오류가 상소기구에서 법적인 오류로서 재심될 수 있는지의 문제에 대해서도 상소기구보고서간에도 상당한 시각의 차이가 있다.[84] 즉 *Canada-Periodicals* 사건에서는 패널의 "like product"에 대한 판정이 패널절차상 제시된 자료와 증거에 근거하지 않았다고 판결하면서,[85] 이러한 경우 패널의 사실관계에 대한 판결오류를 상소절

---

78) WTO, *supra* note 27, at para. 156.
79) *Ibid.*, at para. 107. *See also* Peter Lichtenbaum(1998), "Procedural Issues in the WTO Dispute Resolution," 19 *MICH. J. INT'L L.* 1195, p. 1270.
80) DSU, Art. 11.
81) WTO, WT/DS26, DS48/AB/R(adopted on Feb. 13, 1998), para. 132.
82) WTO, WT/DS31/AB/R(adopted on July 30, 1997).
83) *See e.g.*, Edwin Vermulst, *et al.*(1999), "The Functioning of the Appellate Body After Four Years: Towards Rule Integrity," 33 *J. WORLD TRADE* 1, p. 7.
84) *See* Maurits Lugard(1998), "Scope of Appellate Review: Objective Assessment of the Facts and Issues of Law," 1 *J. INT'L ECON. L.* 323.
85) WTO, *supra* note 61, paras. 5.3-5.4.

차에서 법적인 오류의 범주로 해석하여 상소기구가 파기할 수 있는 것으로 결론지었다.[86] 그러나 *EC-Hormones* 사건에서 상소기구는 패널에 의한 '고의적인'(deliberate, wilful or gross negligence amounting to bad faith) 관련증거의 무시나 왜곡이 입증되는 경우에 한하여 패널의 사실관계에 대한 판정을 법적인 오류의 범주에서 파기할 수 있다고 결론지음으로써 이 문제에 대한 판결기준을 대폭 강화시켰다.[87]

5. 소 결

상술한 바와 같이 WTO분쟁해결체제 하에서 새로이 도입된 상소절차는 그 실행에 있어 제기되는 몇 가지 문제점에도 불구하고 세계무역체제의 법질서확립에 크게 기여하고 있다. 즉 WTO상소기구는 국제통상법의 발전에 있어 예측가능성의 증진, 법체계의 확고성 그리고 나아가 합법성의 고양이라는 차원에서 궁극적인 책임을 가지며, 이에 중요한 위치를 차지하고 있다.[88] 그러나 한편으로는 WTO분쟁해결에 있어 과도한 상소기구의 운용으로[89] 최초설립 당시 의도한 바대로 소수의 상소기구사무국 법률자문관들과 part-time으로 임용하는 상소기구위원들을 중심으로 상소절차를 운용하는 데 한계를 보이고 있다.

일례로 1998년 하반기부터는 동시에 3개 이상의 패널보고서가 상소되곤 하는데, 이러한 경우 법률자문관은 물론 최소한 두 명 혹은 그 이상의 상소기구 위원들이 동시에 2개 이상의 상소를 맡게 되어 현재의 상소기구 내 인력과 자원으로는 적절히 주어진 상소사건을 처리하는 데 어려움이 있다. 특히 part-time의 임용에도 불구하고 실제로는 전적으로 상소기구의 임무에 전념해야 하는 상소기구위원들의 사정 등을 감안하여[90] 상소기구의 확대와 상소기구위원들의 전임임용에 대한 제안

---

86) *Ibid.*, at para. 5.7.
87) WTO, *supra* note 58, paras. 133, 138, 139.
88) Rambod Behboodi, "Legal Reasoning and the International Law of Trade-The First Steps of the Appellate Body of the WTO," 32 *J. WORLD TRADE* 55(Aug. 1998), p. 64.
89) 1998년까지 4년 동안 회람된 22개의 패널보고서 중 3개를 제외한 19개의 패널보고서가 상소되었다. 3건의 상소되지 않은 사건은 다음과 같다: *Japan-Measures Affecting Consumer Photographic Film and Paper*(WT/DS44/R, adopted on April 22, 1998); *Indonesia-Certain Measures Affecting the Automotive Industry*(WT/DS54, DS55, DS59, DS64/R, adopted on July 23, 1998), and *India-Patent Protection for Pharmaceutical and Agricultural Chemical Products*(WT/DS79/R, adopted on Sep. 22, 1998).
90) 특정상소건의 Division으로 선발된 상소기구위원은 보통 60일 상소건의 경우 최소한 30일 이상, 90일 상소건의 경우 60일에서 70일 정도를 제네바에 상주하게 된다. Richard Bernal, *et al.* (1998), "Key Procedural Issues: Resources, Comment," 32 *INT'L LAWYER* 871, p. 875.

이 제기되고 있다. 그러나 그러한 제안에 대하여 조직확대에 따른 비효율과 정치적인 고려 등의 이유로 일부 WTO회원국들이 부정적인 입장을 개진하고 있으며, 더욱이 미국국무성의 국제기구과에서 추진하는 WTO예산무증가 정책기조에 근거해 고려해 볼 때,[91] 상소기구조직의 대폭적인 개편은 단시일 내에는 용이하지 않을 전망이다.

2003년 11월 현재까지 8년 이상의 운용을 거친 WTO분쟁해결제도는 WTO의 출범으로 새로이 정비된 세계무역체제의 중심으로서 국제통상법규범의 확립과 적용에 있어 그 입지를 확고히 하고 있다. 특히 처음 도입된 WTO분쟁해결제도 하에서 상소절차의 운용은 현재까지 제기된 절차상의 문제점과 운용상의 애로에도 불구하고, 국제통상의 분야에서 법적 규범과 질서의 강화에 기여하고 있다. 도하라운드협상의 결과에 따라 국제통상분야에서는 서비스·지적재산권 등의 분야에서도 앞으로 본격적인 WTO협정의 적용이 전망되고 있을 뿐만 아니라, 최근 가입한 중국과 관련한 빈번한 통상분쟁이 예상되고 있어 WTO분쟁해결체제는 그 중요성이 더욱 부각될 전망이다. 뿐만 아니라 개발도상국들의 보다 적극적인 WTO분쟁해결제도의 운용을 위해 2001년 10월 설립된 Advisory Centre on WTO Law 등을 고려해 볼 때 WTO분쟁해결제도의 활용은 더 한층 활발해질 전망이다.[92]

현재 "DSU적용 및 검토에 관한 결정"[93]에 따라 분쟁해결제도의 운용과 관련한 제반개선점에 관한 논의가 진행중이며, 도하라운드협상에서는 그 개정시한을 2004년 5월로 정하고 있다.[94] 상소기구와 상소절차개편에 대해서 많은 회원국들에 의해 다양한 제안이 제기되고 있는데, WTO분쟁해결제도에 대한 보다 심도 있는 고찰과 연구를 바탕으로 개선 및 보완작업이 이어져야 할 것이다.

---

91) Richard Bernal, *et al., supra* note 58, 879.

92) *See generally* ⟨http://www.acwl.ch⟩. *See also* Frances Williams(1999), "Legal Centre for Poor Nations to be Launched," *FIN. TIMES,* Dec. 1, at 11.

93) Decision on the Application and Review of the Understanding on Rules and Procedures Governing the Settlement of Disputes, *THE RESULTS OF THE URUGUAY ROUND OF MULTILATERAL TRADE NEGOTIATIONS: THE LEGAL TEXTS* 465(1994).

94) 원래 2003년 5월로 예정된 분쟁해결제도 개선에 관한 도하협상 일정은 회원국간 이견으로 2004년 5월로 연기되었다.

제 4 절   한국에서의 통상에 관한 법의 지배

I. 한국통상법체계

한국의 통상관련분야에 있어 국내법 및 국제조약에 의한 법의 지배체제는 WTO체제의 출범과 함께 상당한 수준으로 강화되고 있다. 우선 한국의 경우 헌법 제 6 조 제 1 항에서 선언하고 있는 바와 같이 WTO협정과 같은 국제조약은 국내법화하기 위한 별도의 입법조치 없이도 법적인 효력을 가지고 직접적용된다. 따라서 우루과이라운드 이후 WTO협정을 발효함에 따라 자동적으로 국내법체계에서 통상부문의 법의 지배체계가 대폭 강화되었다. 특히 WTO협정이 전적으로 수용됨으로써 국제통상기준을 여타 WTO회원국들과 동일한 수준에서 국내법체제에 반영하였다.

더욱이 현재 일괄수용원칙(single undertaking)을 채택하고 있는 WTO체제의 예외로 적용되고 있는 복수간 협정부문[95]에 있어서도 정부조달협정을 1997년 1월 1일부터 발효함에 따라 국제통상기준의 수용수준을 한층 심화시키고 있다. 뿐만 아니라 한국은 1996년 싱가포르각료회의에서 채택된 소위 "IT협정"[96]과 1997년 2월 합의된 기본통신협상의 내용도 전적으로 수용하고 있다. 그러므로 통상부문에 있어 법제차원에서 볼 때, 한국의 국제기준수용 수준은 어느 WO회원국에도 그다지 뒤지지 않고 있다고 할 수 있다.

한편 WTO체제의 출범과 함께 한국은 통상에 관련된 국내법규의 재정비작업도 전면적으로 시행하였다. 현재 한국에서 통상부문에 있어 중추를 이루는 국내법들로는 이하의 법규들을 들 수 있다.

- 관세법(일부개정 2002. 12. 18, 법률 제6777호)
- 대외무역법(일부개정 2001. 2. 3, 법률 제6417호)
- 불공정무역행위조사및산업피해구제에관한법률(제정 2001. 2. 3, 법률 제6417호)

---

[95] 최초 WTO가 발족될 당시 원래 총 4개의 복수간 협정이 적용되었으나, 그 중 International Dairy Agreement와 International Bovine Meat Agreement는 1997년 말로 종료되고, 현재 정부조달협정과 민간항공기무역협정만이 남아 있다. 2003년 10월 현재 정부조달협정은 28개, 민간항공기무역협정은 30개 WTO회원국들만이 참가하고 있다. WTO, GPA/73 및 WT/L/500 참조.

[96] Ministerial Declaration on Trade in Information Technology Products. 현재 60개 회원국이 참여하고 있다.

관세법은 한국의 관세제도를 규정하는 법규로서 현재 통상에 관련된 법규 중 가장 오래되고 포괄적인 내용을 포함하고 있다. 법률 제6777호로 적용되고 있는 현행관세법은 1949년 11월 23일 법률 제67호로 제정·공포된 이래 많은 개정작업을 거쳐 왔으며, 1967년[97]과 2000년 두 차례에 걸쳐 전문개정이 이루어진 바 있다. 최초 251조로 시작된 관세법은 현재 총 329조에 달하는 내용을 포함하고 있다.

대외무역법의 경우, 법률 제3895호로 1986년 12월 31일 제정된 후 수차의 부분개정을 거치다가 WTO체제출범 이후 1996년 12월 30일자로 전면개정을 거쳐 법률 제5211호로 발효된 바 있다. 당시 전면개정을 통해 72조에 달하던 대외무역법의 내용이 총 60조로 대폭 정리되었다.

불공정무역행위조사및산업피해구제에관한법률은 법률 제6417호로 2001년 2월 3일에 제정되었는데, 2003년 10월 현재 아직 한 차례의 개정이나 수정을 거친 바가 없다. 동법은 무역구제제도 중 세이프가드제도에 대한 내용을 대폭 개선하여 체계화하고 있다.

II. 한국사법체계에서의 해석 및 판결

1. GATT/WTO협정에 위배되는 국내법의 효력

한국의 경우 기본적으로 GATT 또는 WTO 등 국제통상협정은 국회의 비준을 거쳐 직접적으로 국내법화되기 때문에 국제적으로 확립된 법규의 국내수용 정도가 별달리 문제시되지는 않고 있다. 예를 들어 WTO반덤핑협정의 경우, 그 자체가 현재 국내법으로서의 효력을 가지고 있기 때문에 WTO에서 확립된 반덤핑체계에 대한 규율 및 법규는 온전하게 국내법체계에서 수용되고 있다. 따라서 원칙적으로 국내법규상 국제통상규범의 수용은 다른 대부분의 WTO회원국들에서와 같은 수준으로 이루어지고 있다.

그러나 이러한 원칙에도 불구하고 국내법상 국제통상규범과의 충돌이 야기되는 부분이 있을 수 있는데, 이는 WTO협정에 위반되는 국내법의 효력에 대해서는 여전히 현재의 한국사법체계에서 국내법의 효력을 우선시하고 있기 때문이다. 아직까지 한국의 법원——특히 대법원——에서 국내법상 국제통상규범에 상치하는 국내법의 효력에 대해 명확한 결론을 제시하고 있는 판례는 없다. 다만, 대외무역법상

---

97) 법률 제1976호(1967. 11. 29 제정 및 공포).

의 수입선다변화제도와 GATT협정 간의 문제에 대해 다룬 일련의 사건들이 있는
바, 이하에서는 이에 대한 검토를 통해 국내사법체제에서의 현실에 대해 간략하게
논의하도록 한다.[98]

　　기본적으로 일본의 상품에 대한 차별적인 수입규제조치인 수입선다변화제도는
1999년 6월 말 IMF구제금융프로그램의 부분으로써 완전철폐되어 현재는 더 이상
시행되지 않고 있다. 그럼에도 불구하고 동 제도와 관련된 일련의 한국 대법원판결
들은 WTO협정에 위반된 국내법의 효력에 대해 한국사법체계가 어떠한 입장을 취
하고 있는지 판별하는 데 중요한 시사점을 제공하고 있다.

　　수입선다변화제도의 GATT규범상 효력에 대한 문제는 "대법원 1993. 2. 9. 선
고 92 도 2685 판결"에서 처음으로 포괄적으로 다루어진 이후, "대법원 1995. 7. 28.
선고 93 도 1977 판결"에서 이전의 판결이 수정 없이 채택되고 있다. 전자의 사건
은 거위털 이불이 수입선다변화품목으로 분류되자 일본법인이 생산한 거위털 이불
을 대만으로 보내 일본제상표를 제거하고, 그 자리에 대만제상표를 부착하여 대만
제거위털 이불로 위장한 다음 마치 대만제 거위털 이불을 수입하는 것으로 가장하
여 수입승인을 받고, 이에 기하여 수입면허를 받으려고 한 행위에 대한 것이다. 후
자의 사건에서는 완제품으로는 자동제어장치의 수입이 불가능하게 되자 외국의 제
조회사로부터 자동제어장치완제품을 구입하면서, 이를 부분품으로 분해하여 수출
하도록 부탁하여 그 회사로부터 승낙을 얻고 마치 수입자동승인품목인 부품을 수
입하는 것처럼 하여 세관으로부터 자동제어장치부품에 대한 수입면허를 받아 각
부분품들을 통관·반출하여 이를 수입한 다음 특별한 가공절차 없이 각 부분품을
단순조립하거나 운영프로그램만을 장착하여 자동제어장치완제품으로 판매한 경우
를 다루고 있다. 두 사건 모두에서 법원은 관련무역행위에 대해 관세법위반으로 판
정하고 있는데, 피고인들은 관세법의 보충규범으로 작용하고 있는 대외무역법 및
동 시행령에 따른 상공부고시인 수입선다변화공고가 GATT의 규범에 저촉되어 효
력이 없으므로 피고인들의 행위를 관세법위반으로 처벌할 수 없다는 주장을 하였다.

　　이에 대해 대법원은 구 대외무역법$\binom{\text{1992. 12. 8. 법률 제4527}}{\text{호로 개정되기 전의 것}}$ 제19조 제 2 항 및 구 대
외무역법시행령$\binom{\text{1993. 7. 1. 대통령령 제13922}}{\text{호로 개정되기 전의 것}}$ 제35조 제 5 호에 의하여 마련된 수입선다변화

---

98) 이하의 부분에서 논의하는 내용에 대한 선구적인 연구는 장승화, "GATT/WTO협정에 위반된
　　국내법의 효력─대법원 1993. 2. 9. 선고 92 도 2685 판결을 중심으로," 국제판례연구 제 1 집(서울
　　국제법연구원 편), 227-260면에서 이루어진 바 있다. 본 장의 이하 관련부분에서는 기본적으로 장
　　승화 교수의 연구내용을 재정리하여 소개함을 밝힌다.

품목공고는 무역역조폭이 가장 큰 나라로부터 수입선다변화품목으로 분류된 물품을 수입하고자 하는 자가 수입승인신청을 할 때, 한국무역대리점협회장이 확인한 물품매도확약서나 계약서를 첨부하도록 하여 수입승인절차를 보다 까다롭게 함으로써 그 나라로부터의 수입을 사실상 제한하고 다른 나라로부터 수입하도록 유도하여 국가별로 수출입의 균형을 유지하려는 조치일 뿐이며, 수입선다변화품목으로 분류된 물품의 수입 자체를 금지하거나 제한하려는 조치는 아니므로 이를 들어 GATT수입제한철폐의 원칙에 위배된다고 할 수 없다고 판결하였다. 또한 수입선다변화품목공고에 의하여 수입선다변화품목으로 분류된 물품의 수입이 사실상 제한되는 나라는 구체적으로 특정되어 있는 것이 아니라 전년도 말을 기준으로 하여 과거 5년간의 수출입액을 비교하여 무역역조폭이 가장 큰 이른바 '심한 입초국'이라고 추상적으로 규정되어 있을 뿐이어서, GATT체약국은 어느 나라나 '심한 입초국'에 해당할 수 있다는 점에서 볼 때 무차별대우의 원칙에 위배된다고 할 수 없다고 판결하였다.

상기 대법원의 판결은 여러 가지 측면에서 오류를 범하고 있다.[99] 우선 용어상으로도 대법원이 판시하고 있는 '수입제한철폐의 원칙'과 '무차별대우의 원칙'이라는 것이 불명확하다. GATT협정상 수입제한을 철폐하도록 규정하는 원칙은 없으며, 무차별대우 또한 내국민대우원칙과 최혜국대우원칙으로 그 범주가 분명하게 구분되고 있다. 보다 정확하게는 전자의 경우 문맥상 GATT 제11조의 "양적 제한 금지원칙"을, 후자의 경우는 제 1 조의 "최혜국대우원칙"을 의미하는 것으로 이해된다.

우선 GATT 제11조상의 "양적 제한금지원칙"에 대해서 보면, 수입선다변화제도는 명백하게 동 조항의 의무사항을 위반하고 있는 것으로 이해된다. 대법원이 판결에서 인정하고 있는 바와 같이 동 제도는 수입을 '사실상 제한'하는 조치로서,[100] 조치의 시행목적이 GATT협정에서 인정하고 있지 않은 —— 사실 금지하고자 하는 —— '국가별로 수출입의 균형을 유지하려는' 데 있으므로 이는 GATT협정에서 정당화되기 어렵다. 뿐만 아니라 원심판결을 그대로 수용하고 있는 것으로 나타나는 수입선다변화제도가 '잠정적이고 제한적인 조치'이므로 GATT협정의 근본정신에 부합

---

99) 이하의 부분에 대한 보다 상세한 설명은 장승화, 전게서 참조.
100) 수입선다변화제도 하에서의 수입제한은 사실상의 제한일 뿐 아니라 법적인 제한으로 간주된다는 시각도 있다. 장승화, 전게서, 243-244면.

한다는 판결 또한 명백한 오류라고 보여진다.[101] 실제로 그러한 목적을 위해 GATT협정은 제19조에서 세이프가드제도를 규정하고 있으나, 이의 발동을 위해서는 규정된 요건을 충족하여야 할 뿐만 아니라 수입선다변화제도는 세이프가드조치로 사용된 것이 아니므로 그러한 논리가 성립되지 않기 때문이다.

또한 최혜국대우원칙에 대한 판결도 수입선다변화제도는 사실상 일본의 상품에 대해서만 차별적으로 수입규제를 시행하는 조치이므로 분명하게 GATT협정상의 의무를 위반한 것이라고 보여진다. 대법원은 판결에서 동 조치가 추상적으로 무역역조폭이 가장 큰 이른바 '심한 입초국'에 대해서만 수입을 규제하고 있으므로 GATT의무위반이 아니라고 판결하고 있으나, 사실관계의 차원에서 동 조치는 실제로 일본에 대해서만 시행되는 제도일 뿐만 아니라 무역역조폭이 큰 국가에 대한 수입규제는 최혜국대우원칙의 예외로 인정받을 수 있는 사항이 아니다. 따라서 수입선다변화제도는 최혜국대우원칙의 측면에서도 GATT협정상의 의무위반이라고 할 수 있다.

상기 사건들에서 대법원은 관련국내법이 GATT협정상 의무를 위반하지 않는다고 판결을 하였으므로 원고가 주장한 바의 GATT협정을 위반하는 국내법의 효력문제를 직접 다루지 않았다. 그러나 만약 위에서 지적한 바와 같은 명백한 오류가 정정되어 반대의 결론이 도출되었다고 가정하는 경우, 한국법체제 내에서 상기 법쟁점이 어떻게 다루어질 것인가 하는 의문이 제기될 수 있다. 특히 최근과 같이 지속적으로 GATT/WTO의 범주가 확대되고 있는 시점에서는 미처 포괄적인 범위에서 국내법규의 정비가 이루어지지 않게 되는 경우, 그러한 문제가 야기될 가능성이 더욱 확대되고 있다.

이러한 문제에 대해 현재 미국·유럽 등의 국가에서는 WTO협정에 위반하는 내용이 있더라도 해당 국내법의 효력을 인정하고 있으며, 일본의 경우 원칙론상으로는 국제통상협정이 국내법보다 우월한 지위를 가지는 것으로 인정되나, 1986년 교토지법이 GATT협정과 충돌하는 국내법의 효력을 부인하지 않은 판결이 일본최고재판소에서까지 인정된 사례가 있다.[102]

한국의 법체제에서는 아직 상기 문제에 대해서 명확하게 일관된 입장정립이

---

101) 부산고법 1992. 10. 8. 선고 92 노 742 판결.
102) Yuji Iwasawa, "Constitutional Problems Involved in Implementing the Uruguay Round," in *IMPLEMENTING THE URUGUAY ROUND*(JOHN JACKSON & ALAN SYKES, 1997), pp. 145-163, p. 152.

되어 있지 않은 상태이다. 그러나 이미 지적한 바와 같이 앞으로 WTO협정의 범주 및 영역이 점차 확대되어 가는 경우 거의 전부문의 국내법영역에 있어 WTO규범과의 합치문제가 제기될 것으로 보인다. 따라서 이러한 문제에 대해 국내법체계에서의 명확한 원칙이 정립되지 않는 경우 국내법원들은 거듭해서 우리 법체제상의 근본적인 문제에 대해 나름대로의 해석을 내릴 수밖에 없으며, 이로 인한 일관성 없는 법제형성의 문제가 제기될 것으로 우려된다. 이 문제에 대해서는 WTO협정 상으로도 국내법원이 개별 사건에서 특정국내법규정을 WTO협정위반이라고 적극적으로 판단하고 이에 기초하여 해당 법규를 무효화하도록 규정하고 있는 바가 없으며, 정책적으로도 그러한 국내법원의 판결가능성은 WTO분쟁해결제도를 통해서가 아니라 국내법원에서 외국 및 국내의 이해당사자로 하여금 국내법의 WTO협정 위배에 대한 소송을 촉발하게 될 소지가 있어 바람직하지 않다. 그러므로 국내법원에서는 비록 국내법이 WTO협정에 위반될 소지가 있다고 하더라도 국제법상 우리 국가가 부담해야 하는 의무와는 별개로 그러한 사유로 국내법을 무효화할 수 없다는 사유에 근거하여 법적인 합법성 자체에 대한 판결은 유보하는 것이 바람직할 것으로 보인다. 그리고 국내법의 WTO협정에 대한 합치성 여부는 국내법원이 판단할 것이 아니라 문제가 있어 통상에 부담이 되는 경우, 관련교역상대국이 WTO 분쟁해결제도에서 제기하도록 하는 것이 현재 여타 주요 WTO회원국들의 체제에 견주어 볼 때에도 적절할 것으로 판단된다.

물론 국내법의 입법과 시행에 있어 *Pacta sunt servanda* 혹은 신의성실원칙에 입각하여 충실하게 국제통상규범을 반영하여야 하는 것이 우리 국가 또는 정부의 국제법상 의무이다. 그러나 국내법원으로서 지나치게 적극적으로 법리해석입장을 견지하는 경우, 국내법체제에서의 바람직한 법의 지배체제 확립에 문제가 야기될 수 있다는 점도 주목되어야 할 것이다.

2. 통상정책에 대한 행정법원의 판례

통상정책과 관련한 중요한 사법기능으로 사법재심사제도가 있다. 이는 행정부 또는 행정기관에 의한 재량적인 결정에 대해 사법적인 재심사절차를 통해 그 적법성을 판단하는 제도로 통상분야에 있어 법의 지배체제 확립이라는 측면에서는 매우 중요한 의의를 가진다.[103] 현재 WTO협정에서도 많은 부분에서 명시적으로 이

---

103) 이러한 행정당국의 조치에 대한 사법재심에 있어서 Standard of Review문제가 매우 중요하게

러한 사법재심사제도의 구비를 규정하고 있는데, 그 대표적인 것으로 보조금협정·
반덤핑협정·원산지협정·관세평가협정·GATS·TRIPS 등을 들 수 있다. 예를
들어 반덤핑협정의 경우 제13조(Judicial Review)에서 행정당국의 최종판정과 재심
판정에 대해 사법재심제도를 마련하도록 규정하고 있다.[104]

　　한국의 경우, 이러한 통상정책과 관련한 사법재심제도 차원에서 중요한 판결이
최근 행정법원에 의해 내려진 바 있다.[105] 이러한 행정법원의 판결은 2002년 11월
중국산 마늘수입과 관련한 무역위원회의 결정에 대해 이루어졌는데, 특히 동 판결
이 위에서 언급한 바와 같이 WTO협정상 사법재심제도를 명시하고 있는 사항이
아닌 세이프가드조치와 관련된 것이라는 점에서 주목할 만하다. 예를 들어 미국의
경우, 이러한 사항에 대한 행정당국──보다 구체적으로 국제무역위원회(International
Trade Commission)──의 판단은 거의 사법재심의 대상으로 간주되지 않으며, 사법
재심이 이루어지는 경우에도 절차상의 문제에 대해서 그 심사의 범위가 국한되는
경향을 보인다. 그러므로 동 판결에서 행정법원의 판정 범위 및 권한에 대해 내려
진 판정은 향후 국내통상정책 운용에 있어 중요한 의의를 가진다고 할 수 있다.

　　1999년 9월 30일 농업협동조합중앙회(농협)는 무역위원회에 중국산 마늘 수입
에 대해 세이프가드조치부과를 신청하였는바, 동년 11월 18일 재정경제부장관은
2000년 6월 4일까지의 시한으로 관세율을 315%로 인상하는 잠정조치를 부과하였
다. 이후 2000년 3월 15일 산업피해에 대한 긍정최종판정에 근거하여 무역위원회
는 확정조치를 권고하였고, 이에 재정경제부장관은 2003년 5월 31일까지 3년간
세이프가드관세를 부과하기로 결정하였다. 그러나 재정경제부장관은 2000년 6월
중국정부와의 협상결과에 따라 세이프가드관세 부과기간을 2002년 12월 31일까지
로 단축하고, 중국산 마늘에 대해 쿼터를 설정하여 저율관세를 적용하며, 최소시장

─────────────

대두된다. 좀더 일반적인 문맥에서 WTO회원국 행정기관들의 결정사항에 대해 WTO분쟁해결제
도에서 어떠한 기준으로 사법적인 재심을 수행하여야 하는가 하는 것이 중요한 쟁점으로 제기된
다. 이에 대한 보다 구체적인 연구는 Steven P. Croley and John H. Jackson(1996), "WTO Dis-
pute Procedures, Standard of Review, and Deference to National Governments," 90 *American
Journal of International Law*, pp. 193-213.

104) 원문은 이하와 같다: "Each Member whose national legislation contains provisions on anti-
dumping measures shall maintain judicial, arbitral or administrative tribunals or procedures for
the purpose, inter alia, of the prompt review of administrative actions relating to final determi-
nations and reviews of determinations within the meaning of Article 11. Such tribunals or pro-
cedures shall be independent of the authorities responsible for the determination or review in
question."

105) 서울행정법원 제 4 부 판결 2002. 11. 15. 선고 2002 구합 29838 판결.

접근물량을 전량 중국산 마늘로 도입하기로 결정하였다. 무역위원회는 2001년 6월 8일 세이프가드조치연장 여부에 대한 재심사에서 기본적으로 연장불필요결정을 하였으며, 농협의 세이프가드조치 연장을 위한 피해조사신청을 "관계중앙행정기관들이 중국과의 합의내용 및 통상마찰가능성 등을 이유로 조치의 연장을 반대하고 있고, 2002년 7월 25일 경제장관회의에서 확정된 '마늘산업종합대책'이 조사개시 전에 국내산업의 심각한 피해 또는 우려를 구제하기 위한 조치가 취하여지는 등 조사개시가 필요 없는 경우에 해당된다"는 이유로 피해조사를 개시하지 아니하기로 결정하였다. 이에 농협은 무역위원회의 조사불개시 결정에 대해 행정소송을 제기한 것이다.

　　우선 동 사건에서 무역위원회는 조사불개시결정이 사법심사의 대상이 아니라고 주장하였다. 이에 대해 행정법원은 "세이프가드조치의 실시 여부에 대하여 광범위한 재량이 인정된다 하더라도 그 근본취지는 어디까지나 수입의 증가로 인하여 직접적인 피해를 입는 이해관계인들의 권익을 보호하고자 하는 데에 있다 할 것이고, 법이 이해관계인들의 산업피해조사 신청권을 명시적으로 인정하면서 세이프가드조치의 구체적인 요건·절차·내용 등에 관하여 상세하고 구체적인 규정을 두고 있는 점에 비추어 보면, 세이프가드조치의 실시 여부의 전단계과정인 산업피해조사개시 여부의 결정이 사법심사의 대상에서 전면적으로 배제되는 행위라고는 할 수 없다"라고 판결하고 있다. 또한 "만약 조사불개시결정이 세이프가드조치의 시행 여부를 결정하기 위한 중간단계의 행위에 불과하다 하여 항고소송의 대상이 될 자격을 부인한다면, 이해관계인들의 권리구제 기회를 전면적으로 봉쇄하는 불합리한 결과를 초래한다는 점에서 조사불개시결정도 항고소송의 대상이 되는 행정처분에 해당하는 것으로 봄이 상당하다"고 결론지었다.

　　다음으로 무역위원회가 원고적격에 대해 제기한 법률사안에 대해서는 "행정처분에 대한 취소소송에서 원고적격이 있는지의 여부는 당해 처분의 상대방인지의 여부에 따라 결정되는 것이 아니라 그 취소를 구할 법률상의 이익이 있는지의 여부에 따라 결정되는 것이고, 여기서 말하는 법률상 이익이란 당해 처분의 근거법률에 의하여 보호되는 직접적이고 구체적인 이익을 의미한다"라고 판시하였다.

　　소송의 이익에 관하여 무역위원회는 관계중앙행정기관장들이 모두 세이프가드조치 연장불가의 방침을 정하였으므로 피고가 조사개시결정을 거쳐 세이프가드조치연장을 건의하더라도 받아들여지지 아니할 것이 확실하였고, 따라서 피고의 조사

개시결정 여부는 원고의 권리구제와는 무관하다고 주장하였다. 이에 대해 행정법원
은 "부총리 겸 재정경제부장관·농림부장관·산업자원부장관·기획예산처장관·통
상교섭본부장이 경제장관회의를 개최하여 마늘산업피해구제는 세이프가드조치의
연장에 의하기보다는 구조조정을 통하여 경쟁력을 강화하는 방향으로 추진하기로
결정된 사실은 인정되나, 위와 같은 회의결과의 절대적 구속력을 인정할 아무런 법
적 근거가 없고, 달리 이 사건 세이프가드조치의 연장이 법률상 불가능하게 되었다
는 사정이 없는 이상 위와 같은 정부의 방침이 결정되었다 하여 이 사건 소송의
소의 이익이 없게 되었다고는 할 수 없다"고 결론지었다. 이러한 행정법원의 판정
은 향후 무역구제조치 시행과 관련하여 중요한 의미를 가지는데, 현재 한국의 무역
구제체계는 무역위원회의 건의에 기초하여 주무부처장관이 최종조치부과 결정을
내리도록 되어 있으나 사전에 주무부처장관이 무역위원회의 판정을 구속할 법적인
장치는 없기 때문이다. 즉 비록 최종정책적인 판단이 조치의 부과로 이어지지 않더
라도 무역위원회의 조사절차를 수행하여 무역위원회의 판단을 확보하는 자체에 대
한 소송의 이익을 인정하고 있다. 이는 다른 한편으로는 최종무역구제조치 부과를
위한 건의의 기초가 되는 무역위원회판정에 대한 독립성에 대해 행정법원에서 평
가를 한 것으로도 볼 수 있다. 실제로 관련사실관계에 입각하여 내려진 산업피해의
판결은 후속조사에서 중요한 선례가 될 수 있다는 점에서 무역위원회판정의 준사
법적 성격에 대한 평가로도 이해될 수 있을 것이다.

　　본 사건의 실질적 법률쟁점에 대해서 행정법원은 핵심사안이 과연 마늘산업
종합대책으로 인하여 조사개시가 필요 없게 되었다고 볼 수 있느냐의 여부라고 결
론짓고, 이를 판단하기 위해서는 무역위원회가 가지는 재량권의 범위를 먼저 고려
하여야 한다고 판결하였다. 그리고 동 쟁점과 관련하여 "세이프가드조치를 취할
것인지의 여부는 당해 물품의 국내생산자의 권익뿐만 아니라 관련산업, 국내물가,
소비자의 이익 등 국내산업 전반에 미치는 파급효과와 외국과의 통상관계까지 종
합적으로 고려하여야 하는 정책적 결단이 요구되는 것으로서 관련행정청의 판단에
광범위한 재량이 부여되는 것"이라 판결하였다. 또한 "그 전단계에 있는 산업피해
조사의 개시 여부의 결정도 세이프가드조치의 실시를 위한 일련의 절차 중 하나라
는 점에서 역시 피고에게 광범위한 재량이 부여되는 행위라 할 것이며, 법원도 피
고의 이러한 전문적이고 정책적인 판단에 대하여는 법의 기본취지에 반하는 것이
아니라면 가능한 한 존중하여야 할 것이다"라고 판결하였다. 즉 원칙론적으로 무

역구제조치와 관련한 무역위원회의 '전문적이고 정책적인 판단'에 대해서는 "법의 기본취지에 반하는 것이 아니라면 가능한 한 존중하여야"한다고 판결함으로써 매우 광범위한 무역위원회의 재량에 대해 인정하고 있다.

　　이러한 판결에 기초하여 행정법원은 본 사건에서 관련종합대책이 마늘농가의 심각한 피해 또는 피해우려를 구제하기 위한 조치에 상응하는 수준이라고 판단하였다. 뿐만 아니라 상기 대책이 5개부처 장관이 합의한 정부안으로 2003년도 예산에 반영되는 등 기획예산처가 지원을 약속한 점, 또한 정부가 국민과 농민에게 공식천명한 점 등에 기초하여 기존의 어떤 마늘산업지원대책보다도 확실하게 이행될 것으로 판단하여 무역위원회가 조사불개시결정을 한 것으로 행정법원은 결론지었다. 그러므로 "위 마늘산업종합대책으로 인하여 마늘생산농가의 피해가 실질적으로 구제될 수 있는지의 여부 및 나아가 그로 인하여 세이프가드조치의 연장이 불필요하게 되었는지의 여부 등에 관한 피고의 전문적인 판단은 앞서 본 것과 같은 이유로 존중되어야 할 것이고, 원고가 주장하는 사유만으로는 위와 같은 결론을 뒤집을 수는 없다 할 것이다"라고 판결하였다.

　　본 사건은 무역위원회의 무역구제 조치와 관련된 판정이 행정법원에 제소되어 심사된 매우 드물고 의미 있는 사건이다. 이 판결에서 한국행정법원은 일반행정법에서 행정당국의 판정에 대해 인정하는 바와 같은 폭넓은 재량권을 명시적으로 재확인하고 있다.

제 5 절　법의 지배확립에 따른 문제점

　　위에서 설명한 바와 같이 국제통상분야에서 법의 지배확립은 WTO의 설립과 함께 국제적으로나 국내적으로 매우 급속하게 진전되었다. 이러한 법의 지배체제 강화는 수많은 경제주체들이 활동하는 국제통상무대에서 경제적 예측가능성 증가 및 투명성증대를 통해 국제통상을 진흥하는 데 크게 기여하였다. 그러나 한편으로는 국내의 헌법적인 법체계에서 사법적으로 법규를 집행하는 것과는 달리 기본적으로 국가들간의 합의에 의해 계약적인 관계로 형성된 WTO규범의 사법적 성격과 기능이 과도하게 강조됨으로써 전반적으로 국제통상체제가 지나치게 경직적으로 운영되고 있다는 우려가 제기되고 있다.

GATT에서 유래된 현재의 WTO체제는 앞서 설명된 바와 같이 상소기구제도의 도입과 판정에 대한 분쟁해결기구에서의 사실상 자동채택절차 도입 등으로 법제적인 측면이 대폭 개선된 면이 있으나, 태생적으로는 "diplomat's jurisprudence"라고 표현되는 바와 같이 엄격한 법체제로 성립되기에는 구조적인 한계를 가지고 있다.[106] 이러한 한계는 이후 GATT/WTO체제의 발전을 지속해 오면서 "rule-of-law system"보다는 "rule-oriented system"으로 그 지향점을 추구해 온 역사적 성장과정을 정당화하고 있다.[107]

이러한 역사적 배경과 태생적 특성 하에서 발전해 온 국제통상 체제가 최근 분쟁해결제도 하에서 내려진 판결들에 대해 점차 분쟁당사국들의 불이행이 거듭되면서 현실적으로 판결을 이행할 수 없는——따라서 제3자적 입장에서의 분쟁해결이 사실상 기능할 수 없는——사안들에 대해 성급하게 법적 판결을 요구하는 분쟁해결제도가 운용되는 것이 아닌가 하는 의구심이 제기되고 있는 것이다. 뿐만 아니라 국제수지문제와 지역간 무역협정에 관련된 쟁점이 분쟁해결제도에 회부되면서 WTO로 대변되는 국제통상체제에서 회원국간 합의에 기초한 정치적인 판단과 패널 및 상소기구에 의한 사법적인 판결의 적절한 구분을 어떻게 지을 것인가 하는 문제가 제기되고 있다.[108] 즉 법의 지배차원의 기능강화와 함께 이에 대한 적절한 대안으로서 정치적인 의사결정기능의 확보문제가 제기되고 있는 것이다.

그러면 보다 실증적인 차원에서 이와 같은 과도한 법의 지배체제에 대한 우려가 실질적으로 현재까지의 국제통상 체제에서 현실적으로 나타나고 있는 문제점을 반영하고 있는가? 결론적으로 얘기하면 국제통상부문에 있어 과도한 법의 지배체제 확립의 문제는 아직까지는 보다 이론적인 측면에서 제기되는 우려에 그치고 있다고 판단된다. 우선 사법적인 기능의 수행과정에서 WTO분쟁해결기구가 주어진 권한을 남용하거나 과도하게 Legal Activism을 추진한 사례는 없는 것으로 보여진다.[109] 실제로 과도하게 경직적인 법의 지배체제 구축에 대한 우려의 반대편에는

---

106) Robert Hudec(1970), "The GATT Legal System: A Diplomat's Jurisprudence," 4 *Journal of World Trade Law*, pp. 615-665.

107) "Rule-oriented system"이라는 표현은 John Jackson교수에 의해 처음 도입되었으며, 이후 GATT/WTO체제의 발전을 규정하는 motto가 되어 왔다. John H. Jackson, *The World Trading System: Law and Policy of International Economic Relations*(2d ed., 1997).

108) *India-Quantitative Restrictions on Imports of Agricultural, Textile, and Industrial Products*(WT/DS90/R, WT/DS90/AB/R) 및 *Turkey-Restrictions on Imports of Textile and Clothing Products*(WT/DS34/R, WT/DS34/AB/R) 참조.

109) Robert Howse, "The Most Dangerous Branch? WT Appellate Body Jurisprudence on the Na-

국제통상체제에 있어 법의 지배체제보다 한 단계 더 나아가 '원칙의 지배'(principle-oriented system) 체제에 대한 논의가 제기되고 있다.[110] 또한 현재의 WTO분쟁해결제도 하에서는 절차적인 측면에서 여전히 분쟁당사국간 정치적인 합의를 촉진하고 수용할 수 있는 단계들을 확보함으로써 실제로 사안의 해결에 있어 걸림돌이 되고 있는 부분은 제도 자체의 구조적인 경직성보다는 회원국들의 합의에 대한 정치적인 의지결여가 주요한 부분을 차지하고 있는 것으로 보여진다.

그럼에도 불구하고 이제 147개국을 포괄하는 WTO를 골간으로 하는 국제통상체제의 보다 안정적인 균형유지와 역할수행을 위해서는 일방적으로 법의 지배체제 강화에 전력하기보다는 근본적인 국제통상체제의 이해에 기초하여 국제통상체제를 합리적으로 보완하고 정치적인 유연성을 확보할 수 있는 기제가 마련되어야 할 것이다. 결국 국제통상체제에서 구축된 법의 지배체제를 더욱 공고하게 지탱하는 중요한 지지대는 법의 지배체제가 제대로 기능을 하지 못하는 부분을 보완할 수 있는 비법제적 안전장치이기 때문이다.

참고문헌

Bhala, Raj, and Kennedy, Kevin, *World Trade Law*(Michie Law Publishers, 1998).

Bronckers, Marco, & Quick, Reinhard, eds., *New Directions in International Economic Law*(Kluwer Law Int'l, 2000).

Cameron, James, & Campbell, Karen, eds., *Dispute Resolution in the World Trade Organization*(Cameron May, 1998).

Dam, Kenneth W., *The GATT: Law and International Economic Organization* (Univ. of Chicago Press, 1977).

Davey, Willaim, "WTO Dispute Settlement: Segregating the Useful Political Aspects and Avoiding 'Over-Legalization'," in *New Directions in International Eco-*

---

ture and Limits of the Judicial Power," in *The Role of the Judge in International Trade Regulation*(Thomas Cottier and Petros Mavroidis, eds., 2003), pp. 11-41. *See also* Willaim Davey, "WTO Dispute Settlement: Segregating the Useful Political Aspects and Avoiding 'Over-Legalization'," in *New Directions in International Economic Law*(Marco Bronckers and Reinhard Quick, eds., 2000), pp. 291-307.

110) Meinhard Hilf(2001), "Power, Rules and Principles-Which Orientation for WTO/GATT Law?," 4 *Journal of International Economic Law*, pp. 111-130.

nomic Law(Marco Bronckers and Reinhard Quick, eds., 2000), pp. 291-307.

GATT(1952-1995), *Basic Instruments and Selected Documents,* Vol. 1-Vol. 42.

Hilf, Meinhard, & Petersmann, Ernst-Ulrich, eds., *National Constitutions and International Economic Law*(Kluwer Law International, 1993).

Howse, Robert, ed., *The World Trading System: Critical Perspectives on the World Economy,* Vol. I, II, III & IV(Routledge, 1998).

Howse, Robert, "The Most Dangerous Branch? WTO Appellate Body Jurisprudence on the Nature and Limits of the Judicial Power," in *The Role of the Judge in International Trade Regulation*(Thomas Cottier and Petros Mavroidis, eds., 2003) pp. 11-41.

Hudec(1970), Robert, "The GATT Legal System: A Diplomat's Jurisprudence," 4 *Journal of World Trade Law,* pp. 615-665.

Hudec, Robert E., *Essays on the Nature of International Trade Law*(Cameron May, 1999).

Jackson, John H., *World Trade and the Law of GATT*(Bobbs-Merrill Company, 1969).

Jackson, John H., *Restructuring the GATT System*(Chatham House Papers, 1990).

Jackson, John H., *The World Trading System: Law and Policy of International Economic Relations*(MIT Press, 2d ed., 1997).

Jackson, John H., & Sykes, Alan O., eds., *Implementing the Uruguay Round*(Clarendon Press, 1997).

Jackson, John H., *The World Trading System: Constitution and Jurisprudence*(Chatham House Papers, 1998).

Jackson, John H., *The Jurisprudence of GATT and the WTO*(Cambridge Univ. Press, 2000).

McGovern, Edmond, *International Trade Regulation*(Globefield Press, looseleaf).

Palmeter, David, & Mavroidis, Petros C., *Dispute Settlement in the World Trade Organization: Practice and Procedure*(Kluwer Law International, 1999).

Petersmann(1998), Ernst-Ulrich, "How to Promote the International Rule of Law," 1 *Journal of International Law,* p. 25.

Petersmann, Ernst-Ulrich, & Meinhard Hilf eds., *The New GATT Round of Multilateral Trade Negotiations: Legal and Economic Problems*(Kluwer Law International, 2d ed., 1991).

Petersmann, Ernst-Ulrich, ed., *International Trade Law and the GATT/WTO Dispute Settlement System*(Kluwer Law International, 1997).

Porter, Roger B., *Efficiency, Equity and Legitimacy*(Brookings Institution Press, 2001).

Roessler, Frieder, *The Legal Structure & Functions of the World Trade Order* (Cameron May, 2000).

Stewart, Terence P., ed., *The GATT-Uruguay Round: A Negotiating History* (Kluwer Law and Taxation Publishers), Vol. Ⅰ, Ⅱ, Ⅲ(1993) & Ⅳ(1999).

Trebilcock, Michael J., & Howse, Robert, *The Regulation of International Trade* (Routledge, 2d ed., 1999).

WTO(1994), *The Results of the Uruguay Round of Multilateral Trade Negotiations.* Hilf(2001), Meinhard, "Power, Rules and Principles-Which Orientation for WTO /GATT Law?," 4 *Journal of International Economic Law*, pp. 111-130.

Weiler, J. H. H., *The EU, the WTOand the NAFTA*(Oxford Univ. Press, 2000).

세계무역기구협정의이행에관한특별법

(제정 1995. 1. 3. 법률 제4858호)

제 1 조(目的) 이 法은 世界貿易機構設立을위한마라케쉬協定(이하 "協定"이라 한다)을 이행함에 있어 世界貿易機構會員國(이하 "會員國"이라 한다)으로서의 우리 나라의 權利와 이익을 확보하고 協定의 이행으로 인하여 발생할 수 있는 被害를 最小化함으로써 國民經濟의 健全한 발전을 보장함을 目的으로 한다.

제 2 조(經濟主權의 보장) 協定의 어느 條項도 世界自由貿易體制의 一員으로서의 우리 나라의 정당한 經濟的 權益을 침해하는 것을 容認하는 것으로 解釋될 수 없다.

제 3 조(協定상의 權益確保) ① 政府는 協定의 기본원칙에 따라 權利와 義務를 행한다. ② 政府는 協商의 결과가 協定의 기본원칙에 어긋나거나 協定義務의 이행으로 인하여 특정 品目의 國內被害가 클 경우 協定節次에 따라 이를 修正하기 위한 協商을 추진하여야 한다.

제 4 조(補助金에 대한 措置) 會員國이 協定이 허용하지 아니하는 補助金 등에 의하여 輸出을 하는 때에는 政府는 協定과 關係法令이 정하는 바에 따라 필요하고 적절한 措置를 취하여야 한다.

제 5 조(民族內部去來) 南北韓間의 去來는 民族內部去來로서 協定에 의한 國家間의 去來로 보지 아니한다.

제 6 조(特別緊急關稅) 農林水産物의 輸入物量이 急增하거나 國際價格이 현저히 下落하는 때에는 政府는 協定과 關係法令이 정하는 바에 따라 讓許한 稅率을 초과하여 特別緊急關稅를 賦課할 수 있다.

제 7 조(農林水産物 關稅 및 輸入利益金의 用途) 協定 이행으로 인한 農林水産物關稅와 輸入利益金은 關係法令이 정하는 바에 따라 農漁民所得向上 및 農漁村 발전 등을 위하여 사용한다.

제 8 조(國民健康의 보호) 食品, 그 容器 기타 輸入物品이 檢疫法·食品衛生法·植物防疫法, 家畜傳染病豫防法 등 法令이 정하는 細菌·病害蟲 또는 有害物質 등을 함유하여 國民健康을 害할 우려가 있는 때에는 政府는 그 輸入物品이나 이를 原料로 하여 製造·加工된 物品 또는 그 輸入物品을 製造·加工한 製造元의 類似物品에 대하

여 協定과 關係法令이 정하는 바에 따라 그 輸入을 금지 또는 제한할 수 있다.

제 9 조(環境의 보호) 特定物品의 輸入으로 인하여 사람·動物의 健康이나 植物의 成長을 害할 環境汚染의 危險이 있는 때에는 政府는 協定과 關係法令이 정하는 바에 따라 당해 物品 또는 이를 原料로 하여 製造·加工된 物品에 대하여 그 輸入을 금지 또는 제한할 수 있다.

제10조(輸入機關의 지정) 政府는 農林水産物의 輸入으로 인하여 관련 國內農林水産業이 위축될 위험이 큰 物品에 대하여는 協定과 關係法令이 정하는 바에 따라 政府·地方自治團體·政府投資機關 및 生産者團體 등으로 하여금 輸入하게 할 수 있다.

제11조(國內支援 정책의 施行) ① 政府는 協定發效 후 조속한 시일 내에 輸出品에 대한 信用保證과 輸出市場에 대한 情報提供 등 協定이 허용하는 輸出市場開拓에 대한 支援制度를 확충하여야 한다.

② 政府는 協定發效 후 조속한 시일 내에 農林水産業의 生産者를 보호하기 위하여 協定이 허용하는 다음 各號의 支援措置를 강구하여야 한다.

1. 生産統制를 目的으로 한 直接支拂

2. 零細農 등을 위한 보조

3. 土壤 등 環境保全을 위한 有機農, 耕種農에 대한 보조

4. 農林水産業 災害에 대한 지원

5. 生産과 연계되지 아니하는 所得補助

제12조(生産者團體의 農林水産物 需給調節事業에 대한 지원) 政府는 農林水産物 需給調節 사업을 하는 生産者團體에게 關係法令이 정하는 바에 따라 收買·備蓄·加工 등의 施設에 대한 지원을 하여야 한다.

제13조(農林水産業의 構造調整事業의 실시) 政府는 協定 이행과 관련하여 農林水産業의 構造調整事業을 施行하여야 하며, 協定發效 후 年 1回 施行 내용을 國會에 보고하여야 한다.

제14조(施行令) 이 法의 施行에 필요한 사항은 大統領令으로 정한다.

附　則〈제4858호, 1995. 1. 3〉

이 法은 公布한 날부터 施行한다.

불공정무역행위조사및산업피해구제에관한법률

(제정 2001. 2. 3. 법률 제6417호)

제1장 총 칙

제1조(목적) 이 법은 불공정무역행위 및 수입의 증가로 인한 국내산업의 피해를 조사하고 구제하는 절차를 정하여 공정한 무역질서를 확립함으로써 국민경제의 건전한 발전에 기여하는 한편, 세계무역기구설립을위한마라케쉬협정 등 무역에 관한 국제협약의 이행을 위하여 필요한 사항을 규정함을 목적으로 한다.

제2조(정의) 이 법에서 사용하는 용어의 정의는 다음과 같다.

1. "무역"이라 함은 대외무역법 제2조 제1호의 규정에 의한 무역을 말한다.

2. "물품 등"이라 함은 대외무역법 제2조 제1호의 규정에 의한 물품 등을 말한다.

3. "덤핑"이라 함은 관세법 제51조의 규정에 의한 덤핑을 말한다.

4. "보조금 등"이라 함은 관세법 제57조의 규정에 의한 보조금 또는 장려금을 말한다.

제3조(공정성·투명성 등의 확보) ① 제27조의 규정에 의한 무역위원회(이하 "무역위원회"라 한다)의 위원 및 그 소속공무원과 제37조의 규정에 의하여 조사업무를 수행하는 자는 이 법에 의한 조사·판정 등의 업무를 공정하고 투명하게 수행하여야 한다.

② 제1항의 규정에 의한 업무처리에 관한 구체적 기준은 대통령령으로 정할 수 있다.

제2장 불공정무역행위의 조사 등

제4조(불공정무역행위의 금지) 누구든지 다음 각 호의 1에 해당하는 행위(이하 "불공정무역행위"라 한다)를 하여서는 아니 된다.

1. 대한민국의 법령 또는 대한민국이 당사자인 조약에 의하여 보호되는 특허권·실용신안권·의장권·상표권·저작권·저작인접권·프로그램저작권·반도체집적회로의 배치설계권 또는 지리적 표시 및 영업비밀을 침해하는 물품 등(이하 "지적재산권침해물품 등"이라 한다)에 관한 다음 각목의 1에 해당하는 행위

가. 지적재산권침해물품 등을 수입하거나 수입된 지적재산권침해물품 등을 국내에서 판매하는 행위

　　나. 지적재산권침해물품 등을 수출하거나 수출을 목적으로 국내에서 제조하는
　　　　행위
　2. 다음 각목의 1에 해당하는 물품 등을 수출 또는 수입하는 행위
　　가. 원산지를 허위로 표시하거나 이를 오인하게 하는 표시를 한 물품 등
　　나. 원산지표시를 손상하거나 변경한 물품 등
　　다. 원산지표시를 하지 아니한 원산지표시대상물품
　3. 그 밖에 수출입질서를 저해할 우려가 있는 행위로서 대통령령이 정하는 행위

제 5 조(불공정무역행위의 조사신청 및 조사개시결정) ① 누구든지 불공정무역행위의
사실이 있다고 인정하는 때에는 이를 조사하여 줄 것을 무역위원회에 서면으로 신
청할 수 있다.
　② 제 1 항의 규정에 의한 불공정무역행위에 대한 조사신청은 위반행위가 있은 날부
터 1년 이내에 하여야 한다.
　③ 무역위원회는 제 1 항의 규정에 의한 신청이 있는 경우에는 30일 이내에 조사개
시 여부를 결정하여야 한다.

제 6 조(직권조사) 무역위원회는 불공정무역행위의 혐의가 있어 이를 조사할 필요성이
있는 경우에는 직권으로 조사할 수 있다.

제 7 조(잠정조치) ① 무역위원회에 조사를 신청하였거나 무역위원회가 직권으로 조사
중인 불공정무역행위로 인하여 회복할 수 없는 피해를 받거나 받을 우려가 있는 자
는 무역위원회에 불공정무역행위의 중지 그 밖에 피해를 예방할 수 있는 조치(이하
"잠정조치"라 한다)를 하여 줄 것을 신청할 수 있다.
　② 무역위원회는 잠정조치의 신청이 있는 경우 신속하게 조사를 완료하여 잠정조치
의 시행여부를 결정하여야 하며, 잠정조치의 시행을 결정한 경우에는 지체없이 당해
행위자에게 불공정무역행위의 중지를 명하거나 그 밖에 필요한 조치를 하여야 한다.
　③ 무역위원회는 잠정조치의 시행을 위하여 필요하다고 인정하는 때에는 관계행정
기관의 장에게 협조를 요청할 수 있다.

제 8 조(담보제공) ① 잠정조치를 신청하는 자는 무역위원회에 담보를 제공하여야 한다.
　② 제 1 항의 규정에 의한 담보의 종류·평가·제공방법과 담보의 변경·보충에 관
하여는 국세기본법 제29조 내지 제32조의 규정을 준용한다. 이 경우 "세무서장"은
각각 "무역위원회"로 본다.
　③ 무역위원회는 잠정조치의 신청을 받아들이지 아니하거나 제 9 조 제 1 항의 규정
에 의하여 불공정무역행위에 대한 조사·판정절차를 종료한 경우에는 담보를 반환
하여야 한다.

④ 제 1 항 내지 제 3 항에 정한 사항 외에 담보제도의 운영에 관하여 필요한 사항은 대통령령으로 정한다.

제 9 조(판정 및 통지 등) ① 무역위원회는 불공정무역행위에 대한 조사를 신속하게 완료하여 판정하여야 하며, 조사개시의 결정을 하는 때에는 판정의 시한을 정하여야 한다.

② 무역위원회는 불공정무역행위의 판정을 한 경우에는 지체없이 당사자 및 이해관계인에게 통지하여야 한다.

제10조(시정조치) ① 무역위원회는 제 4 조 제 1 호 또는 제 3 호의 규정에 해당하는 불공정무역행위가 있다고 판정한 때에는 당해 행위자에 대하여 당해 물품 등의 수출·수입·판매·제조행위의 중지, 당해 물품 등의 반입배제 및 폐기처분, 정정광고, 법위반사실의 공표 그 밖에 시정을 위한 필요한 조치를 명할 수 있다. 이 경우 무역위원회는 산업자원부장관의 의견을 들어야 한다.

② 무역위원회는 제 1 항의 규정에 의한 시정조치의 이행을 위하여 필요하다고 인정하는 때에는 관계행정기관의 장에게 협조를 요청할 수 있다.

③ 무역위원회는 제 4 조 제 2 호의 규정에 해당하는 불공정무역행위가 있다고 판정하는 때에는 당해 행위자에 대한 시정조치를 산업자원부장관에게 건의할 수 있다.

제11조(과징금) ① 무역위원회는 제 4 조 제 1 호 또는 제 3 호의 규정에 해당하는 불공정무역행위가 있다고 판정하는 때에는 당해 행위자에 대하여 대통령령이 정하는 거래금액에 100분의 2를 곱한 금액을 초과하지 아니하는 범위 내에서 과징금을 부과할 수 있다. 다만, 거래금액이 없거나 거래금액의 산정이 곤란한 경우로서 대통령령이 정하는 경우에는 5억 원을 초과하지 아니하는 범위 내에서 과징금을 부과할 수 있다.

② 제 1 항의 규정에 의하여 과징금을 부과하는 경우에는 산업자원부장관의 의견을 들어야 한다.

③ 무역위원회는 제 4 조 제 2 호의 규정에 해당하는 불공정무역행위가 있다고 판정하는 때에는 당해 행위자에 대한 과징금의 부과를 산업자원부장관에게 건의할 수 있다.

④ 제 1 항의 규정에 의한 과징금의 부과기준은 대통령령으로 정한다.

제12조(과징금납부기한의 연장 및 분할납부) ① 무역위원회는 과징금의 금액이 대통령령이 정하는 기준에 해당하는 경우로서 다음 각 호의 1에 해당하는 사유로 인하여 과징금을 납부하여야 하는 자(이하 "과징금납부의무자"라 한다)가 과징금의 전액을 일시에 납부하기가 어렵다고 인정되는 때에는 그 납부기한을 연장하거나 분할납

부하게 할 수 있다. 이 경우 무역위원회는 필요하다고 인정하는 때에는 담보를 제공하게 할 수 있다.

1. 재해 또는 천재지변 등으로 재산에 현저한 손실을 받은 경우
2. 무역 등 경제여건의 악화로 사업이 중대한 위기에 처한 경우
3. 과징금의 일시납부로 인하여 자금사정에 현저한 어려움이 예상되는 경우
4. 그 밖에 제 1 호 내지 제 3 호에 준하는 사유가 있는 경우

② 납부기한연장·분할납부의 신청절차 및 방법 등에 관하여 필요한 사항은 대통령령으로 정한다.

제13조(과징금징수 및 체납처분) ① 무역위원회는 과징금납부의무자가 납부기한 내에 과징금을 납부하지 아니한 경우에는 납부기한의 다음 날부터 납부하는 날까지의 기간에 대하여 과징금금액의 100분의 5의 범위 내에서 대통령령이 정하는 가산금을 징수한다.

② 무역위원회는 과징금납부의무자가 납부기한 이내에 과징금을 납부하지 아니한 때에는 기간을 정하여 독촉을 하고, 그 지정한 기간 이내에 과징금 및 가산금을 납부하지 아니한 때에는 국세체납처분의 예에 따라 이를 징수할 수 있다.

제14조(이의신청) ① 제10조 및 제11조의 규정에 의한 무역위원회의 처분에 대하여 불복이 있는 자는 그 처분의 통지를 받은 날부터 30일 이내에 무역위원회에 이의신청을 할 수 있다.

② 무역위원회는 제 1 항의 규정에 의한 이의신청에 대하여 60일 이내에 결정을 하여야 한다. 다만, 이의신청에 대한 조사과정에서 새로운 자료가 제출되어 조사에 추가시일이 소요되는 등 부득이한 사정으로 그 기간 이내에 결정을 할 수 없는 경우에는 30일의 범위 내에서 그 기간을 연장할 수 있다.

제 3 장   수입증가로 인한 산업피해조사 등

제15조(특정물품의 수입증가로 인한 국내산업피해의 조사신청) ① 특정한 물품의 수입증가로 인하여 동종물품 또는 직접적인 경쟁관계에 있는 물품을 생산하는 국내산업이 심각한 피해를 받거나 받을 우려가 있는 때에는 당해 국내산업에 이해관계가 있는 자 또는 당해 국내산업을 관장하는 관계중앙행정기관의 장은 무역위원회에 당해 특정물품의 수입이 국내산업에 미치는 피해를 조사하여 줄 것을 신청할 수 있다.

② 제 1 항의 규정에 의한 국내산업의 범위, 이해관계가 있는 자의 범위 및 신청의 절차 등에 관하여 필요한 사항은 대통령령으로 정한다.

제16조(국내산업피해의 조사) ① 무역위원회는 제15조 제 1 항의 규정에 의한 신청을

받은 때에는 관계중앙행정기관의 장의 의견을 들어 신청일부터 30일 이내에 조사개
시 여부를 결정하고, 그 결과를 신청인 및 관계중앙행정기관의 장에게 통지하여야
한다.

② 무역위원회는 제 1 항의 규정에 의하여 조사개시를 결정한 때에는 그 결정일부터
4월 이내에 당해 국내산업에 미치는 심각한 피해의 유무를 판정하여야 한다. 다만,
그 조사내용이 복잡하거나 신청인이 정당한 사유를 제시하여 그 기간의 연장을 신
청한 경우에는 2월의 범위 내에서 그 조사기간을 연장할 수 있다

제17조(세이프가드조치의 건의) ① 무역위원회는 제16조의 규정에 의한 조사결과 국
내산업이 심각한 피해를 받거나 받을 우려가 있다고 판정한 때에는 그 판정일부터
1월 이내에 다음 각 호의 1에 해당하는 조치(이하 "세이프가드조치"라 한다) 및 기간
(이하 "세이프가드조치기간"이라 한다)을 결정하여 관계중앙행정기관의 장에게 그 시
행을 건의할 수 있다.

1. 관세율의 조정

2. 수입물품수량의 제한

3. 기타 국내산업의 피해구제 또는 구조조정촉진을 위하여 대통령령이 정하는 조치

② 세이프가드조치기간은 4년을 초과하여서는 아니 된다. 다만, 제20조의 규정에
의하여 이를 연장하는 경우에는 그 연장기간과 최초의 세이프가드조치기간을 포함
한 전체의 기간이 8년을 초과하여서는 아니 된다.

③ 무역위원회는 제 1 항의 규정에 의하여 세이프가드조치 및 세이프가드조치기간을
결정함에 있어서는 당해 세이프가드조치가 관련산업, 국내물가, 소비자의 이익, 통
상관계 등에 미치는 영향을 종합적으로 고려하여야 한다.

④ 무역위원회는 제 1 항의 규정에 의하여 세이프가드조치 및 세이프가드조치기간을
결정함에 있어서는 당해 국내산업의 심각한 피해를 방지하거나 구제하고 산업구조
조정을 촉진하는 데 필요한 범위로 하여야 한다.

제18조(잠정세이프가드조치의 건의) ① 무역위원회는 제16조의 규정에 의한 조사중이
라도 긴급히 세이프가드조치를 하지 아니하면 조사의 대상이 되는 산업이 회복할
수 없을 정도로 심각한 피해를 받거나 받을 우려가 있다고 인정하는 때에는 관계
중앙행정기관의 장에게 제17조 제 1 항 제 1 호의 규정의 관세율조정에 관한 세이프
가드조치를 잠정적으로 하여 줄 것을 건의할 수 있다.

② 제 1 항의 규정에 의한 잠정세이프가드조치의 기간은 200일을 초과할 수 없다.

제19조(세이프가드조치의 시행 및 해제) ① 중앙행정기관의 장은 그 소관에 속하는
세이프가드조치 또는 제18조의 규정에 의한 잠정세이프가드조치를 건의받은 때에는

1월 이내에 세이프가드조치 또는 잠정세이프가드조치의 시행여부를 결정하고, 이를 무역위원회에 통보하여야 한다. 이 경우 세이프가드조치 또는 잠정세이프가드조치의 시행을 위하여 주요 이해당사국과의 협의, 법령의 개정 등의 준비조치가 필요한 때에는 그 준비에 소요되는 기간은 이에 포함되지 아니한다.

② 중앙행정기관의 장은 그 소관에 속하는 세이프가드조치 또는 잠정세이프가드조치의 시행여부를 결정함에 있어서는 국제통상관계와 국민경제 및 산업전반에 미칠 영향에 대하여 다른 관계중앙행정기관의 장의 의견을 들어야 한다.

③ 중앙행정기관의 장은 세이프가드조치기간이 1년 이상인 경우에는 세이프가드조치의 내용이 점진적으로 완화되도록 하여야 한다.

④ 중앙행정기관의 장은 세이프가드조치의 원인이 되는 사실이 소멸되는 경우에는 세이프가드조치를 해제하여야 한다. 이 경우 필요하다고 인정하는 때에는 무역위원회의 의견을 들을 수 있다.

⑤ 제4항의 규정에 의하여 세이프가드조치를 해제한 경우에 당해 세이프가드조치의 대상이었던 물품에 대하여는 당해 세이프가드조치기간이 종료한 날부터 그 세이프가드조치기간에 해당하는 기간(세이프가드조치기간이 2년 미만인 경우에는 2년)이 경과하기 전까지는 다시 세이프가드조치를 할 수 없다. 다만, 다음 각 호의 요건을 충족하는 경우로서 세이프가드조치기간을 180일 이내로 하는 때에는 그러하지 아니하다.

1. 당해 물품에 대한 세이프가드조치가 시행된 후 1년이 경과할 것
2. 최근 5년 동안 당해 물품에 대한 세이프가드조치가 2회 이내일 것

제20조(재검토) ① 무역위원회는 세이프가드조치에 대하여 세이프가드조치기간이 만료하기 전에 당해 세이프가드조치에 대한 완화·해제 또는 연장 여부를 재검토할 수 있다.

② 무역위원회는 세이프가드조치기간이 3년을 초과하는 경우에는 그 기간의 중간이 되는 날 이전에 제1항의 규정에 의한 재검토를 하여야 한다.

③ 무역위원회는 제1항 및 제2항의 규정에 의한 재검토결과 국내산업의 심각한 피해방지 또는 구제 등을 위하여 세이프가드조치가 계속 필요하다고 판정하는 경우에는 세이프가드조치기간의 연장을, 세이프가드조치를 완화 또는 해제할 필요가 있다고 판정하는 경우에는 세이프가드조치의 완화 또는 해제를 관계중앙행정기관의 장에게 건의할 수 있다. 이 경우 세이프가드조치의 연장을 건의하는 때에는 당해 세이프가드조치의 내용을 점진적으로 완화하여야 한다.

④ 중앙행정기관의 장은 제3항의 규정에 의하여 무역위원회로부터 그 소관에 속하

는 세이프가드조치의 완화·해제 또는 연장을 건의받은 때에는 제19조 제 1 항에 규정된 기간 이내에 제19조 제 2 항의 규정에 의한 다른 관계중앙행정기관의 장의 의견을 들어 그 시행여부를 결정한다. 이 경우 중앙행정기관의 장은 이를 무역위원회에 통보하여야 한다.

제21조(섬유 및 의류에 관한 세이프가드조치) ① 섬유및의류에관한협정이 적용되는 섬유 및 의류의 수입증가로 인하여 동종물품 또는 직접적인 경쟁관계에 있는 물품을 생산하는 국내산업이 심각한 피해를 받거나 받을 우려가 있는 때에는 당해 국내산업에 이해관계가 있는 자 또는 당해 국내산업을 관장하는 관계중앙행정기관의 장은 무역위원회에 당해 국내산업의 피해를 조사하여 줄 것을 신청할 수 있다.

② 무역위원회는 제 1 항의 규정에 의한 신청을 받은 때에는 이를 조사한 후 국내산업이 심각한 피해를 받거나 받을 우려가 있다고 판정한 때에는 산업자원부장관에게 세이프가드조치를 시행하여 줄 것을 건의할 수 있다.

③ 제 1 항의 규정에 의한 신청절차 및 제 2 항의 규정에 의한 조사절차 등에 관하여 필요한 사항은 대통령령으로 정한다.

제22조(서비스에 관한 세이프가드조치) ① 외국인에 의한 서비스의 공급증가로 인하여 동종의 서비스 또는 직접적인 경쟁관계에 있는 서비스를 공급하는 국내산업이 심각한 피해를 받거나 받을 우려가 있는 때에는 당해 국내산업에 이해관계가 있는 자 또는 당해 국내산업을 관장하는 관계중앙행정기관의 장은 무역위원회에 당해 국내산업의 피해를 조사하여 줄 것을 신청할 수 있다.

② 무역위원회는 제 1 항의 규정에 의한 신청을 받은 때에는 이를 조사한 후 국내산업이 심각한 피해를 받거나 받을 우려가 있다고 판정한 때에는 관계중앙행정기관의 장에게 세이프가드조치를 시행하여 줄 것을 건의할 수 있다.

③ 제 1 항의 규정에 의한 서비스의 범위 및 신청절차와 제 2 항의 규정에 의한 조사절차 등에 관하여 필요한 사항은 대통령령으로 정한다.

제 4 장 덤핑 및 보조금 등으로 인한 산업피해조사 등

제23조(덤핑으로 인한 산업피해조사 등) 덤핑으로 인한 산업피해의 조사개시결정, 덤핑사실의 조사, 덤핑으로 인한 산업피해의 조사·판정, 덤핑방지조치의 건의, 재심사 등은 관세법 제51조 내지 제56조에서 정하는 바에 따른다.

제24조(보조금 등으로 인한 산업피해조사 등) 보조금 등으로 인한 산업피해의 조사개시결정, 보조금 등의 지급사실의 조사, 보조금 등으로 인한 산업피해의 조사·판정, 상계조치의 건의, 재심사 등은 관세법 제57조 내지 제62조에서 정하는 바에 따른다.

제 5 장 산업경쟁력영향조사

제25조(산업경쟁력영향조사) 무역위원회는 외국으로부터의 물품의 수입 또는 서비스
의 공급이 국내산업의 경쟁력에 미치는 영향 등을 조사할 수 있다.

제26조(조사자료의 요구) 무역위원회는 제25조의 규정에 의한 조사를 위하여 필요하
다고 인정하는 때에는 관계중앙행정기관의 장 및 산업발전법 제38조의 규정에 의한
사업자단체 등 관련기관·단체에 대하여 자료의 제출을 요청할 수 있다.

제 6 장 무역위원회

제27조(무역위원회의 설치) ① 불공정무역행위에 대한 조사·판정, 수입증가·덤핑·
보조금 등으로 인한 국내산업의 피해조사·판정, 산업경쟁력영향조사 등에 관한 업
무를 수행하기 위하여 산업자원부에 무역위원회를 둔다.
② 제 1 항의 규정에 의한 업무 및 국제무역제도의 연구 등 무역위원회의 업무를 처
리하기 위하여 무역위원회에 사무기구를 둔다.

제28조(무역위원회의 소관업무) 무역위원회의 소관업무는 다음과 같다.
1. 불공정무역행위의 조사·판정 및 잠정조치의 결정
2. 불공정무역행위를 한 자에 대한 시정조치 및 과징금부과
3. 제16조의 규정에 의한 조사·판정
4. 세이프가드조치 또는 잠정세이프가드조치의 건의 및 재검토
5. 제25조의 규정에 의한 물품의 수입 또는 서비스의 공급이 국내산업의 경쟁력에
   미치는 영향 등의 조사
6. 관세법 제51조 내지 제56조의 규정에 의한 덤핑방지관세의 부과를 위한 산업피
   해의 조사개시결정, 덤핑사실의 조사, 덤핑으로 인한 산업피해의 조사·판정, 덤
   핑방지조치의 건의, 재심사 등
7. 관세법 제57조 내지 제62조의 규정에 의한 상계관세의 부과를 위한 산업피해의
   조사개시결정, 보조금 등의 지급사실의 조사, 보조금 등으로 인한 산업피해의
   조사·판정, 상계조치의 건의, 재심사 등
8. 국제무역에 관한 법규·제도 및 분쟁사례 등의 조사·연구
9. 다른 법령에 의하여 무역위원회의 소관으로 규정된 사항
10. 기타 공정무역의 촉진 등 무역위원회가 필요하다고 인정하는 사항의 조사 및
    건의

제29조(무역위원회의 구성 등) ① 무역위원회는 위원장 1인을 포함한 9인 이내의 위
원으로 구성한다.

② 위원 중 대통령령이 정하는 수의 위원은 상임으로 한다.

③ 위원장 및 위원은 다음 각 호의 1에 해당하는 자 중에서 산업자원부장관의 제청으로 대통령이 임명 또는 위촉한다.

1. 기업경영 또는 무역진흥분야에 10년 이상 종사한 경력이 있는 자

2. 대학에서 법률학·경제학·경영학 또는 행정학을 전공한 자로서 대학 또는 공인된 연구기관에서 조교수 이상 또는 그에 상당하는 직에 10년 이상 있던 자

3. 판사·검사 또는 변호사의 직에 10년 이상 있던 자

4. 산업정책 또는 무역진흥분야의 2급 이상의 공무원의 직에 있던 자

④ 위원장 및 위원의 임기는 3년으로 하고, 연임할 수 있다.

제30조(위원장) ① 위원장은 무역위원회를 대표한다.

② 위원장이 신체정신상의 장애 등 부득이한 사정으로 직무를 수행할 수 없는 때에는 상임위원 중 임명된 일자 순으로 그 직무를 대행한다.

제31조(위원의 신분보장) 위원은 다음 각 호의 1에 해당하는 경우를 제외하고는 그 의사에 반하여 면직 또는 해촉되지 아니한다.

1. 금고 이상의 형의 선고를 받은 경우

2. 장기간의 심신쇠약으로 인하여 직무를 수행할 수 없다고 산업자원부장관이 인정한 경우

제32조(회의의 의사 및 의결정족수) 무역위원회의 회의는 재적위원과반수의 출석으로 개의하고, 출석위원 2분의 1 이상의 찬성으로 의결한다.

제33조(의결의 공개) ① 무역위원회의 심리와 의결은 공개한다. 다만, 이해관계인의 영업상 비밀을 보호하거나 공익상 필요가 있다고 인정하는 때에는 그러하지 아니하다.

② 무역위원회의결을 위한 합의는 공개하지 아니한다.

제34조(위원의 제척) 위원은 다음 각 호의 1에 해당하는 사건에 대한 심리·의결에서 제척된다.

1. 위원 또는 위원의 배우자나 배우자이었던 자가 당사자이거나 공동권리자 또는 공동의무자인 사건

2. 위원이 당사자와 친족관계에 있거나 위원이 속한 법인이 당사자의 법률·경영 등에 대한 자문·고문 등으로 있는 사건

3. 위원 또는 위원이 속한 법인이 증언이나 감정을 한 사건

4. 위원 또는 위원이 속한 법인이 당사자의 대리인으로서 관여하거나 관여하였던 사건

제35조(조직 및 운영규정) 이 법에 정한 것 외에 무역위원회의 조직 및 운영 등에 관하여 필요한 사항은 대통령령으로 정한다.

제 7 장 보   칙

제36조(조사 및 의견청취 등) ① 무역위원회는 이 법의 시행을 위하여 필요하다고 인정하는 때에는 대통령령이 정하는 바에 따라 다음 각호의 행위를 할 수 있다.

1. 당사자·이해관계인 또는 참고인의 출석 및 의견의 청취
2. 감정인의 지정 및 감정의 위촉
3. 관계중앙행정기관, 전문연구기관, 사업자단체 또는 전문가 등에 대한 의견청취·자문 및 조사의뢰

② 무역위원회는 이 법의 시행을 위하여 필요하다고 인정하는 때에는 그 소속공무원으로 하여금 당사자 또는 이해관계인의 사무소·영업소·공장·사업장·점포·창고 그 밖의 필요한 장소에 출입하여 장부·서류 그 밖의 자료나 물건을 검사하게 하거나 질문하게 할 수 있다.

③ 제 2 항의 규정에 의하여 출입·검사 및 질문을 하는 공무원은 그 권한을 표시하는 증표를 지니고 이를 관계인에게 내보여야 한다.

제37조(조사단의 구성) ① 무역위원회는 이 법의 시행을 위하여 필요하다고 인정하는 때에는 다음 각호의 1에 해당하는 자로 조사단(이하 "조사단"이라 한다)을 구성할 수 있다.

1. 무역위원회의 소속공무원
2. 당해 산업을 관장하는 관계중앙행정기관의 소속공무원
3. 당해 산업과 관련 있는 정부출연연구기관등의설립·운영및육성에관한법률에 의한 정부출연연구기관 또는 사업자단체 등의 임원 및 직원
4. 그 밖에 산업·무역 및 국제경제에 관한 전문지식이 있는 자

② 무역위원회는 조사단을 구성하고자 하는 때에는 관계중앙행정기관의 장, 정부출연연구기관 또는 사업자단체 등의 장 등에게 필요한 협조를 요청할 수 있다.

③ 조사단의 구성 및 운영에 관하여 필요한 사항은 대통령령으로 정한다.

④ 무역위원회는 조사단의 구성원에 대하여 예산의 범위 안에서 수당 또는 여비를 지급할 수 있다.

제38조(비밀엄수의 의무) 이 법에 의한 직무에 종사하거나 종사하였던 위원·공무원 또는 조사업무를 수행하거나 수행하였던 자는 그 직무상 알게 된 비밀을 누설하거나 이 법의 시행을 위한 조사·판정 등의 목적 외에 이를 이용하여서는 아니 된다.

제39조(벌칙적용에 있어서의 공무원의제) 무역위원회의 위원 중 공무원이 아닌 위원 및 제37조 제1항 제3호 또는 제4호에 해당하는 자는 형법 기타 법률에 의한 벌칙의 적용에 있어서는 이를 공무원으로 본다.

제8장 벌   칙

제40조(벌칙) ① 다음 각 호의 1에 해당하는 자는 3년 이하의 징역 또는 3천만 원 이하의 벌금에 처한다.

1. 제7조 제2항의 규정에 의한 잠정조치명령을 위반한 자
2. 제10조 제1항의 규정에 의한 시정조치명령을 위반한 자
3. 제38조의 규정에 의한 비밀엄수의 의무를 위반한 자

② 제36조 제1항 제2호의 규정에 의하여 지정 또는 위촉을 받은 감정인으로서 허위의 감정을 한 자는 2년 이하의 징역 또는 2천만 원 이하의 벌금에 처한다.

제41조(양벌규정) 법인의 대표자나 법인 또는 개인의 대리인·사용인 기타 종업원이 그 법인 또는 개인의 업무에 관하여 제40조의 위반행위를 한 때에는 그 행위자를 벌하는 외에 그 법인 또는 개인에 대하여도 동조의 벌금형을 과한다.

제42조(과태료) ① 다음 각 호의 1에 해당하는 자는 500만 원 이하의 과태료에 처한다.

1. 제36조 제1항 제1호의 규정에 의한 출석을 거부·방해 또는 기피한 당사자 또는 이해관계인
2. 제36조 제2항의 규정에 의한 검사를 거부·방해 또는 기피하거나 질문을 방해한 자

② 제1항의 규정에 의한 과태료는 대통령령이 정하는 바에 의하여 무역위원회가 부과·징수한다.

③ 제2항의 규정에 의한 과태료처분에 불복이 있는 자는 그 처분의 고지를 받은 날부터 30일 이내에 무역위원회에 이의를 제기할 수 있다.

④ 제2항의 규정에 의한 과태료처분을 받은 자가 제3항의 규정에 의하여 이의를 제기한 때에는 무역위원회는 지체없이 관할법원에 그 사실을 통보하여야 하며, 그 통보를 받은 관할법원은 비송사건절차법에 의한 과태료의 재판을 한다.

⑤ 제3항의 규정에 의한 기간 내에 이의를 제기하지 아니하고 과태료를 납부하지 아니한 때에는 국세체납처분의 예에 의하여 이를 징수한다.

부   칙〈2001. 2. 3. 제6417호〉

제 1 조(시행일) 이 법은 공포 후 3월이 경과한 날부터 시행한다.

제 2 조(무역위원회위원의 자격규정에 관한 적용례) 제29조 제 3 항의 규정은 이 법 시
　행 후 임명 또는 위촉하는 위원부터 적용한다.

제 3 조(산업자원부장관의 처분 등에 관한 경과조치) 이 법 시행 당시 종전의 대외무
　역법에 의하여 산업자원부장관이 불공정무역행위와 관련하여 부과하거나 명한 처분
　또는 명령은 이 법에 의한 처분 또는 명령으로 본다.

제 4 조(불공정무역행위의 조사·판정·조치 등에 관한 경과조치) 이 법 시행 당시 종
　전의 대외무역법 제39조 제 3 항의 규정에 의하여 불공정무역행위의 조사절차가 진
　행중인 사항에 대하여는 종전의 규정에 의한다.

제 5 조(구제조치에 관한 경과조치) 이 법 시행 당시 종전의 대외무역법 제28조의 규
　정에 의하여 행한 구제조치는 이를 세이프가드조치로 본다.

제 6 조(벌칙 등에 관한 경과조치) 이 법 시행 전의 행위에 대한 벌칙·과태료 및 과
　징금의 적용에 있어서는 종전의 대외무역법의 규정에 의한다.

제 7 조(다른 법률의 개정) 대외무역법 중 다음과 같이 개정한다.

　제 4 장 제 1 절(제26조 및 제27조) 및 제 2 절(제28조 내지 제30조)을 각각 삭제한다.

　제31조의 제목 중 "輸入制限措置"를 "세이프가드조치"로 하고, 동조 제 1 항 중 "輸
入制限措置"를 "불공정무역행위조사및산업피해구제에관한법률 제21조의 규정에 의
한 세이프가드조치(이하 "세이프가드조치"라 한다)"로 하며, 동조 제 2 항 중 "輸入制
限措置"를 "세이프가드조치"로 한다.

　제 4 장 제 4 절(제32조 내지 제38조)을 삭제한다.

　제39조 제 3 항 및 제 4 항을 각각 삭제하고, 동조 제 5 항 중 "第 1 項 各號"를 "제 1
항 제 2 호"로, "第 4 項의 規定에 의하여 貿易委員會로부터"를 "貿易委員會로부터"
로 한다.

　제50조 제 1 항을 삭제하고, 동조 제 2 항 중 "産業資源部長官 또는 貿易委員會는"을
"産業資源部長官은"으로 한다.

　제59조 중 "貿易委員會의 委員長·委員, 産業資源部長官"을 "産業資源部長官"으로
한다.

[영문초록]

Building Rules of Law for the World Trading System

Dukgeun Ahn*

In order to secure rule of law, legal systems and rules must meet certain minimum standards of substantial and procedural justices, such as transparency, legal consistency, completeness of the rules(i.e., no no-law situations, prohibition of *non liquet*), democratic legitimacy and enforceability of the rules. In the WTO context, legal consistency is of particular importance also in view of the requirement, in the Preamble to the WTO Agreement, of developing an integrated multilateral trading system encompassing the GATT, the results of past trade liberalization efforts, and all of the results of the Uruguay Round.

In most democracies, however, the constitutional restraints are not effectively applied to the foreign trade policy powers of governments. The executive branches in many countries claim foreign policy powers to apply foreign policy measures even if they are inconsistent with international law. National courts usually recognize a legal obligation to construe national law in conformity with the international legal obligations of the country concerned; but they apply numerous techniques, such as political question and act of state doctrines, in order

---

* Associate Professor of International Trade Law and Policy, KDI School of Public Policy and Management, Director, WTO & Trade Strategy Center.

to exercise judicial self-restraint *via-a-vis* foreign policy measures and alleged violation of international law. Therefore, national legal systems continue to focus on the 'rule of national law' and often neglect the 'rule of international law' even if the international rules have been negotiated by the national government, democratically ratified by the national parliament, and form part of the national legal system.

In this research, I examine how 'rule of law' concept was evolved in the world trading system centered on the GATT and now the WTO. The role of the Appellate Body of the WTO is notable in this regard of developing 'rule of law' and rigorous jurisprudence for the world trading system. Furthermore, I will also examine whether and how national legal systems, especially the Korean legal system, differ considerably from international legal systems in their approaches to developing rule of law. The analysis of such congruence or inconsistency would shed some light on the question of how to promote the international rule of law, particularly in the context of the WTO. The policy question of how the interface mechanisms between national and international legal systems can be further improved so as to promote a mutually consistent 'rule of law' throughout our modern 'global village' will also be discussed.

제 **7** 장

국제기준에 비추어 본 기부관련법제의 개선방향

국제기준에 비추어 본 기부관련법제의 개선방향

박태규 · 박원순 · 손원익 · 하승수*

제 1 절   기부와 관련된 국제적인 기준에 대한 조사 · 검토

I. 조사 · 검토의 범위와 방법

기부는 자신의 재산을 사회공익을 위해 대가 없이 내놓는 것으로 사회공동체의 유지 · 발전을 위해 바람직한 행위이다.

기부(contribution, donation)와 관련된 법제도로는 크게 기부금을 모금하는 절차와 관련된 법제도, 기부자에 대해 세제혜택을 부여하는 것과 관련된 법제도가 있다. 그리고 모금관련제도나 기부자에 대한 세감면제도의 전제가 되는 것으로서 비영리조직(Non-Profit Organization)[1]의 설립이나 운영과 관련된 법제도가 존재한다.

---

* 박태규(연세대학교 경제학과 교수 · 아름다운재단 기부문화연구소 연구위원) · 박원순(아름다운재단 상임이사) · 손원익(한국조세연구원 박사 · 아름다운재단 기부문화연구소 연구위원) · 하승수 (참여연대 협동사무처장 · 아름다운재단 기부문화연구소 연구위원).

** 본 장은 서울대 법학연구소 MS법의 지배센터에서 진행한 2003년 연구프로젝트인 「국제기준과 법의 지배」의 지원으로 "아름다운재단 기부문화연구소"에서 실시한 연구보고서입니다.

1) NPO는 Nonprofit Organization, 즉 비영리조직(단체)을 의미한다. 비영리는 영리와 대립되는 개념으로 비영리조직은 영리를 목적으로 하지 않는 조직을 말한다. 가장 대표적인 영리조직이 기업, 특히 회사라면, 비영리조직은 다양한 내용의 활동을 하는 다양한 조직을 포함하는 개념이다. 그리고 비영리조직은 그 다양함 때문에 정형화하기 어려운 속성을 가지고 있다.

일반적으로 통용되는 비영리의 개념을 분석해 보면, (1) 비영리는 의도적 · 계획적인 이윤동기에서 이윤추구를 하지 아니하여야 한다. 따라서 비영리조직이라고 하더라도 그 본질에 반하지 않는 정도의 수익사업을 할 수는 있다. 각종 바자회나 전람회 등이 그 예이다. (2) 비영리조직은 사적 소유에 속하는 지분이 없고, 구성원들에 대한 이익배분이 없어야 한다. 영리기업의 경우에는 투자한 사람에게 이러한 법제도와 관련된 통일된 국제기준이 있지는 않다. 특히 기부자에 대한 세제 혜택에 있어서는 국가마다 세부적인 내용에 있어서 상당한 차이를 보이고 있다.

그러나 많은 국가들은 기부행위에 대해 세제혜택을 부여하는 등 기부를 활성 화하기 위한 제도를 갖추고 있고, 점차 확산되어 가는 추세이다. 여기에서는 기부 와 관련된 미국과 일본, 영국의 제도들을 검토하고, 이런 국가들의 사례에 비추어 볼 때에 기부와 관련된 보편적 기준은 어떤 것일지에 대해 검토해 보고자 한다.

Ⅱ. 미국의 기부관련법제도

미국은 비영리조직의 법인화, 비영리조직의 모금, 그리고 일정한 비영리조직 (Nonprofit Organization)에 대해 기부하는 기부금에 대해서 세제혜택을 부여하는 것 과 관련된 법제도를 보유하고 있다. 이에 대해 구체적으로 살펴보면 아래와 같다.

1. 미국의 비영리조직관련 법제도의 기본구조

미국의 기부관련법제도는 아래와 같은 기본구조를 가진다.

첫째, 비영리조직은 주정부와 연방정부에서 관할하는 법에 의해 복합적으로 규 율되고 있다. 비영리조직의 법인화는 주법(state laws)에 의해, 세감면지위획득에 대한 사항은 연방법(federal laws)에 의해 관장되고 있다. 즉 미국의 비영리조직의 법적인 지위는 (1) 주정부로부터 조직의 법적인 지위를 획득하고, (2) 연방정부로부 터 세감면의 지위를 획득하는 두 가지 절차로 구성된다.[2]

둘째, 미국에서는 법인격의 유무에 관계 없이 세무당국의 승인만 받으면 세감면 지위를 획득할 수 있다. 따라서 법인격취득과 세감면지위의 획득은 별개의 것이다.

셋째, 미국법상으로 비영리조직을 형성하는 것은 정부의 허가사항이 아니고 시 민들에게 주어진 권리로 인정되고 있다.

2. 비영리조직의 형태

미국에서 비영리조직은 그 형태에 따라 법인, 비법인단체, 그리고 신탁의 3가

주식이나 지분이란 것이 존재한다. 그리고 이익배분이 따른다. 그러나 비영리조직에는 지분이 있 을 수 없고, 설사 조직에 돈을 출연하였다고 하더라도 지분 같은 것은 인정될 수 없으며, 따라서 이익배분도 없다. (3) 비영리는 원가회수의 의사가 없이 일방적인 소비ㆍ지출을 한다.

2) 손원익, 비영리법인에 대한 과세제도개선방안(한국조세연구원, 1995. 7).

지로 나누어진다.

(1) 법 인(Corporations)

첫째, 거의 모든 주는 "비영리법인법"(nonprofit corporation law)을 가지고 있으며, 이 법에서 비영리조직의 법인화절차 등 구체적인 사항을 관장한다. 이 법에서는 통상적으로 비영리조직의 법인화의 조건으로 내부조직, 지배구조, 그리고 사업수행을 관장하는 규정 등을 담은 정관을 요구한다.

둘째, 비영리조직의 법인화의 장점은 법인화된 비영리조직의 임직원들은 사업수행과 관련해 유한책임을 진다는 것을 들 수 있다. 또한 법인화가 되면 미국의 국세청이 세감면의 지위를 부여하기 위해 시행하는 '조직시험'(organization test) 통과에 도움이 된다는 장점이 있다.[3]

셋째, 주정부가 관장하는 "비영리법인법"상으로 비영리조직이 갖춰야 할 조직 · 의무 등에 대한 구체적인 사항은 각 주마다 상이하게 다뤄지고 있다.

넷째, "비영리법인법"에서는 비영리법인이 발생한 이윤을 임직원이나 재정적인 도움을 주는 재정지원자들에게 배분하는 것을 금지하고, 발생한 이윤은 목적사업에 전부 사용할 것을 규정하고 있다.

(2) 비법인단체(unincorporated associations)

첫째, 비영리단체들이 반드시 법인화할 의무는 없으며, 법인의 지위를 갖지 않고서도 비영리조직으로서의 활동을 수행할 수 있다.

둘째, 법인이 아닌 비영리단체는 법인격을 갖지 않고서도 정관과 규정 등을 마련해서 연방 및 주의 세법상 세감면지위를 획득하는 데 필요한 '조직시험'을 통과할 수 있는 조건을 충족시킬 수 있다.

셋째, 비영리조직 중 많은 학술단체, 전문가단체, 그리고 사회단체 등이 법인격을 갖지 않고서 비영리활동을 수행하고 있다.

넷째, 법인이 아닌 비영리단체들은 비영리법인의 의무 등에 관한 주의 "비영리법인법"의 규정에 의해 제약을 받지 않는다는 장점을 가지고 있으나. 임직원에 대한 유한책임의 권리는 부여되지 않는다는 단점이 있다.

---

3) 주정부의 비영리법인법에 의하여 설립인가를 받은 조직이 모두 면세자격이 있지는 않다. 손원익, 비영리법인관련 세제의 선진화방안(한국조세연구원, 2000. 12).

(3) 신 탁(Trusts)

첫째, 비영리조직은 특수한 목적을 위해 재산을 주요 요소로 하여 구성된 신탁의 형태를 갖출 수 있다. 신탁형태의 비영리조직은 피신탁자에게 출연한 재산의 관리를 부여한다는 계약에 의해 형성될 수 있다.

둘째, 그러나 신탁의 형태로 비영리조직이 형성되는 경우에도 신탁의 임직원에 대한 유한책임의 권리는 부여되지 않는다.

3. 비영리조직의 등록절차

(1) 조직의 지위에 대한 등록절차

비영리조직은 법인의 지위를 갖거나 비(非) 법인단체로서의 지위를 가질 수 있다. 법인의 지위를 갖기 위해서는 해당 주의 국무부(Secretary of State)에 요구하는 서류를 제출한다. 제출서류에는 비영리조직의 목적, 주요 사무실의 소재, 임직원, 조직의 구성과 운영 등에 관한 정관과 규정이 포함된다.

(2) 모금에 관한 등록절차

비영리조직이 모금을 하기 위해서는 별도의 등록이 필요하다. 모금을 위한 등록은 각 주에 존재하는 모금법(Solicitation Act)에 따라 하여야 한다.

4. 기부금품모집에 대한 규제

미국의 헌법에서는 자선적 목적을 위한 기부를 권유하는 것을 '표현의 자유'로 인정하고 있으나, 비영리조직들이 자선을 목적으로 기부를 권유하는 경우 연방정부와 주정부의 규제를 받고 있다.

(1) 주정부의 규제

3개의 주를 제외하고는 모든 주가 기부금을 권유하는 과정의 규제와 관련하여 직·간접적인 법제를 마련하고 있으며, 35개의 주에서는 공식적으로 "자선을위한기부금의권유에관한법률"("Solicitation Act" 또는 "Solicitation of Funds for Charitable Purposes Act" 등 구체적 명칭은 다를 수 있다)을 마련하고 있다. 이 법률에서는 대체로 다음과 같은 내용을 담고 있다.

① 자선단체가 자선목적을 위한 기부금을 권유하기 위해 주정부에 등록하는 절차

② 비영리단체의 기부금모집 프로그램에 대한 정보보고에 대한 규정
③ 기부금모집규제에서 제외되는 비영리단체 또는 활동
④ 전문적 기부금모집인이 주정부에 등록하는 절차
⑤ 비영리단체·모금전문가 등의 장부작성의 조건
⑥ 비영리단체와 모금전문가 사이에 이뤄지는 계약내용에 대한 규정
⑦ 보다 엄격한 조건이 필요한 금지된 행위들의 제시
⑧ 기부금모집에 대한 각 주정부 사이 조정을 위한 상호 협약
⑨ 규제위원회에 대한 주정부관리들의 권한사항
⑩ 법의 규정을 준수하지 못하는 경우에 대한 제재사항

이와 같은 미국의 기부금모금관련 법제는 한국과는 달리 사안별로 정부의 사전허가를 요구하지 않는다. 자유롭게 모금을 하게 하고, 그 모금요구를 들어 주느냐는 시민의 판단에 맡기는 것이 원칙이다. 이처럼 미국의 모금법은 사전허가제가 아닌 사후감사에 초점을 두고 있다. 이 같은 조치를 통해 모금행위는 장려하되 사후 재정상의 부정·횡령 등은 막아 투명성을 확보하려는 것이다.

(2) 연방정부의 규제
연방정부차원에서 기부금의 권유와 모집에 대한 규정은 다음의 내용을 포함하고 있다.

1) 250$을 상회하는 기부금에 대해서는 기부금을 받은 단체가 서면으로 그 내용을 증명해야 한다.
2) 기부금을 받은 조직이 기부자에게 75$ 이상에 해당하는 대가를 지급한 경우에는 품목이나 서비스의 추정가격을 보고해야 한다.
3) 5,000$ 이상의 가치를 갖는 재산을 기부한 경우에는 독립적인 기관으로부터 재산가치에 대한 평가를 받아야 한다.
4) 국세청은 비영리조직이 면세지위를 획득하기 위해 신청할 때 기부금모집에 관한 프로그램에 대한 요약을 요구한다.
5) 비영리단체는 연차별로 기부금수입·기부금모집에 든 소요비용 등에 대해 국세청에 보고서를 제출한다.
6) 국세청과 법원은 기부금의 모집이 해당 비영리조직의 고유목적 사업과 무관한 사업(Unrelated Business)인지를 판단하기 위해 무관사업소득의 기준을 다각적으로 적용한다.
7) 국세청은 특정기부금의 모집을 한정하거나 장려하려는 의도에서의 로비를

제한한다.

8) 기부금의 모집과정은 기부금에 대한 세감면에 적용되는 규정에 의해 해석되고 적용된다.

9) 국세청은 기부금모집을 시행하는 자선단체를 조사하는 프로그램을 시행한다.

5. 기부금에 대한 세감면지위의 획득

(1) 세감면지위획득의 절차

비영리조직이 법인 또는 비법인단체로서의 지위를 획득하더라도 자동적으로 "기부금에 대한 세감면의 지위"(이하 "세감면지위"라 한다)를 획득하지는 않는다. 세감면의 지위를 획득하기 위해서는 세감면에 관한 연방조세법의 조항에서 요구하는 요건을 충족해야 한다. 세법(Internal Revenue Code: IRC) 제501조(C)(3)에 의한 자선단체의 경우에는 세감면의 신청서를 국세청에 제출해 명시적인 승인을 받아야 한다.

이 경우 지역국세청에 신청서를 접수해서 승인을 받아야 하는데, 비영리조직의 형태에 따라 특정한 신청서의 형식을 요구하고 있다. 신청서에는 활동영역에 대한 설명, 조직의 정관과 규정, 현재의 재정상태를 보여 주는 서류가 첨부되어야 한다. 자선목적비영리 조직의 경우는 재원조달의 방법, 모금프로그램, 이사회, 비영리조직이 수행하려는 서비스 또는 생산물에 대한 정보를 요구하고 있다. 이 서류에 의거해 국세청은 세감면의 지위를 부여하는 결정을 하게 된다. 만일 국세청에 의해 세감면의 지위가 거부되는 경우에는 국세청 내의 재심국에 재심을 신청할 수 있으며, 재심이 받아들여지지 않으면 법원에 판정을 요구할 수 있다. 세감면의 지위를 획득하기 위해서는 공익성테스트를 통과해야 한다.

(2) 비영리단체의 공익성테스트

세법(Internal Revenue Code: IRC) 제501조(C)(3)에 의하면 비영리조직에 기부한 기부자에 대한 세감면의 지위를 얻기 위해서는 아래와 같은 요건을 갖추고, 공익성테스트를 거쳐서 국세청(Internal Revenue Service)으로부터 인정을 받아야 한다.

1) 조직의 소득이 주주나 특정개인을 위한 이익으로 분배되어서는 안 된다

2) 조직의 실질적 활동이 정치적 선전활동 또는 입법에 대한 영향력행사를 위한 것이어서는 안 된다.

3) 공직후보에 대해 지지 또는 반대하는 정치적 운동에 참여·개입(출판 또는 연설문의 배포 포함)해서는 안 된다.

1) 조직테스트(organization test)

해당 조직의 정관에 (1) 그 목적을 하나 이상의 면세목적으로 제한하는 동시에 그 기관의 주요 활동으로서 면세불가한 활동에 가담하는 것을 명시적으로 허용해서는 안 되고, (2) 조직의 수입을 공익이 아닌 개인의 이익으로 사용해서는 안 되며, (3) 조직의 청산시 그 자산을 면세목적이나 면세기관에 분배하도록 하며,[4] (4) 여타의 입법로비·선거운동 등의 정치적 활동에 실질적으로 가담해서는 안 된다는 것을 규정해야 한다.

2) 운영테스트(operation test)

운영에 관한 테스트는 개인의 이익을 위한 행위의 금지, 정치적 활동의 금지와 밀접한 관련이 있으며, 한 조직이 운영에 관한 테스트를 통과하기 위해서는 개인적인 목적보다 공익적인 목적을 추구하기 위한 활동을 해야 하는 것이 중요하다. 운영테스트에 있어서는 기관활동의 성격, 지출의 성격, 재원, 조직운영의 후원자를 고려해야 한다.[5]

6. 기부자에 대한 세공제혜택

기부자들의 세감면혜택은 연방소득세, 증여세, 그리고 상속세에서 제공되고 있다.

증여세·상속세의 경우에는 세공제한도가 없으며, 기부금총액까지 세공제혜택이 부여된다. 소득세의 경우에는 개인의 경우 조정소득, 법인의 경우 세공제이전의 순소득에서 공제하되 한도를 초과한 기부에 대해서는 향후 5년까지 공제가 이월가능하다. 그리고 소득세상 세공제의 한도는 (1) 기부형태(현금·현물재산), (2) 현물재산인 경우 현물재산의 성격, (3) 피기부단체가 소득세면세를 받는 '자선단체'인지, (4) 현물재산이 기부되는 경우 기부재산의 사용용도 등에 의해 결정된다.

소득세세공제의 한도와 관련해 주요한 사항을 보면 다음과 같다.

첫째, 개인이 기부금에 대한 세감면을 받을 수 있는 단체에 기부금을 지출하면

---

4) 즉 청산될 때의 자산이 기증자, 이사 또는 주주, 조직의 구성원, 세법 제501조(c)(3)에 속하지 않은 기관이나 목적에 되돌려져서는 안 된다.

5) 손원익, 2001.

납세자의 조정 후 총 소득(adjusted gross income)의 50%(또는 30%)까지 공제를 받을 수 있고, 물품을 기부한 경우에는 조정 후 총 소득의 30%까지 공제를 받을 수 있다.

둘째, 법인의 경우 기부금의 손금한도액은 당해 연도기부금, 당해 연도의 배당금공제액, 결손금의 소급이월분, 자본손실의 소급이월분을 적용하지 않고 산정한 과세소득의 10%를 한도로 한다.

7. 세감면지위를 획득한 비영리단체의 정치활동

미국에서는 세감면지위를 획득한 비영리단체의 정치적 활동에 대해 상당한 제약을 규정하고 있다. 여기서 정치적 활동이란 정치캠페인활동, 입법에 영향을 주는 활동(로비)을 의미한다.

세법 제501조(C)(3)에서 규정되어 면세지위를 부여받는 자선단체는 '상당한 정도' 정치적 캠페인활동과 입법활동에 참여하는 것이 금지된다.

(1) 정치캠페인활동

정치캠페인활동에 대한 금지규정이 적용되기 위해서는 다음의 4가지 조건이 모두 충족되어야 한다. (1) 해당 비영리단체가 정치캠페인에 적극적으로 참가하거나 관여하며, (2) 정치활동이 적극적 정치캠페인이어야 하며, (3) 캠페인이 후보자로 나선 개인에 관한 캠페인이어야 하며, (4) 캠페인의 대상인 개인이 공직에 출마한 후보자여야 한다.

이런 조건에 비추어 볼 때 많은 종류의 정치적 활동은 정치캠페인으로 간주되지는 않는다. 예를 들어 입법을 위한 로비활동, 대통령후보확정을 위한 또는 반대하는 행위, 소송, 보이코트, 시위, 파업, 피케팅 등은 정치캠페인에 포함되지 않는다. 그러나 비영리단체는 이런 활동을 할 때 폭력, 다른 형태의 범법행위, 그리고 다른 형태의 공공정책에 반하는 행동을 해서는 안 된다.

연방내국세법 제501조(C)(3)에 해당하는 자선단체들은 정치적 캠페인활동을 하는 경우에는 면세의 지위를 잃게 된다. 그에 따라 그런 단체들에 대해서는 정치캠페인활동을 위한 지출액에 10%의 가산세를 부과하고, 또한 추가적으로 10%의 세금을 부과할 수 있다.

(2) 입법을 위한 활동(lobbying)

비영리단체의 법제정을 위한 로비활동에 대해서는 정치적 캠페인활동에 비해 비교적 덜 엄격한 규정을 적용하고 있다. 많은 비영리단체들이 —— 주로 사회복지단체, 산업단체, 전문가단체, 노동단체, 그리고 재향군인단체 등 —— 단체의 고유목적 사업을 추진하는 데 필요하기 위한 입법을 위해 로비활동을 제약 없이 실행하고 있는 실정이다. 연방내국세법 제501조(C)(3)에 규정된 자선단체들의 경우에도 로비활동을 할 수 있도록 허가하고 있으나, 로비에 사용하는 지출액은 일정한 범위 내에서 이뤄지도록 하는 제약을 받고 있다.

로비의 형태에는 비영리조직이 특정한 법의 제정을 위해 직접 입법기관, 의원, 입법기관의 피용자들과 입법에 대해 의견을 주고받는 '직접로비'의 형태와 비영리단체가 일반시민들을 대상으로 그들의 지역의 의원들에게 특정한 법률의 입법을 위해 의원들에게 접촉하거나 특별한 행동을 할 것을 호소하는 '민초로비'(grassroots lobbying)로 구분된다.

로비활동에 지나치게 많은 치중을 하는 경우 해당 비영리조직은 세감면지위를 상실하게 되고, 이로 인해 과다한 로비지출액의 5％에 해당되는 금액의 가산세가 부과된다. 또한 이런 과다한 로비활동에 합리적인 이유 없이 비용지출을 동의해 준 임원과 직원들에게도 가산세가 부과될 수 있다.

대부분의 자선단체들은 '지출테스트'라고 알려진 특정한 규정에 의해 로비활동의 정도를 측정하도록 하고 있으며, 4년 동안의 기간에 연평균(기부금모집을 위한 비용을 제외한) 전체지출액의 20％까지 지출할 수 있다. 그러나 '민초로비'에 지출할 수 있는 규모는 로비에 지출할 수 있는 전체금액의 25％ 이상을 초과할 수 없다.

비영리단체가 로비에 대한 '지출테스트'에서 비용지출의 한도액을 초과하는 경우 초과된 금액의 25％에 해당하는 금액의 가산세가 부과되고, 만일 초과금액이 한도액의 150％를 넘는 경우에는 면세지위를 박탈할 수 있다.

비영리단체는 회원들에게 회원들의 회비 중 몇 ％가 로비에 사용되었는지를 알리도록 의무화되어 있다. 또한 로비의 목적이 해당 비영리단체에 대한 기부자들의 사업상 목적으로 수행되고 있고, 기부의 주요한 목적이 사업상 비용공제제외의 규정을 회피하기 위한 것으로 간주되는 경우에는 기부자의 기부금액에 대해 세제상 공제를 인정하고 있지 않다.

Ⅲ. 일본의 기부관련법제도

1. 일본의 비영리조직에 대한 기본법제

일본의 비영리조직은 기본적으로 민법, 사회복지사업법, 사립학교법, 종교법인법, 의료법인법, 그리고 1999년에 새로이 도입된 특정비영리활동촉진법 등의 법률에 의해 법인화될 수 있다.

일본의 경우 비영리법인의 설립에 관하여 기본적으로 허가주의를 취하고 있으며, 특별법에서는 인가(인증)주의를 원칙으로 해서 법인화가 이뤄진다.

민법에 의한 허가주의에서는 정부가 법인허가에 대한 재량권을 광범위하게 갖고 있다. 그러나 특별법(특정비영리활동촉진법을 포함)에 의한 법인설립에 대해서는 인가 또는 인증이라는 용어를 채택하고 있다. 즉 특별법에 의한 법인설립에 대해서는 주무관청의 재량권이 허가주의와 같이 광범위하지는 않다. 그러나 법인설립에 필요한 요건을 충족시키는 경우, 자동적으로 법인허가를 내주는 준칙주의와는 근본적으로 다르기 때문에 법인설립은 관할주무관청의 판단에 최종적으로 달려 있다 (그러나 특정비영리활동촉진법에서는 법인설립에 대해 준칙주의에 가까운 인증주의를 원칙으로 하고 있다).

일본의 비영리법인은 사단 또는 재단의 형태로 이뤄진다.

2. 공익법인제도

일본에서 비영리활동을 하는 법인을 공익법인으로 지칭하고 있다. 공익법인은 두 가지 범주로 구분할 수 있다.

(1) 협의의 공익법인

비영리법인이 수행하는 '공익'은 일반적으로 사회 전체의 이익이나 불특정다수의 이익을 위해 수행하는 것을 의미한다. 민법 제34조에서는 공익법인의 공익사업으로 "제사·종교·자선·학술·기예"를 예시하고 있지만, 민법에서의 공익법인은 그 이외에도 환경보호·국제교류·지역발전 등의 공익을 위한 여러 사업활동을 포함한다.

민법에서는 공익법인의 공익에 대해 구체적으로 규정하고 있지는 않다. 그러나 "공익법인의설립허가및지도감독기준"에 의하면, 다음의 사항을 목적으로 하는 것은 공익법인으로 보지 않는다.

① 동창회·동호회
② 특정단체의 구성원 또는 특정지역에 있는 자만을 대상으로 하는 복리후생·상호
    구제 등을 위한 조직
③ 후원회 등 특정개인들에게 경제적·정신적 지원을 하기 위한 조직

민법에 의한 공익법인의 허가는 중앙정부의 부서가 관장하고 있는데, 공익법인
의 주요 사업의 내용에 따라 관할부서가 결정된다. 만일 공익법인이 두 가지의 공
익사업에 간여하는 경우에는 해당되는 두 개 관할정부부서의 허가를 받도록 되어
있다. 또한 공익법인의 사업활동이 특정한 지역에 국한되는 경우에는 지방자치단체
의 허가를 받도록 되어 있다. 비영리법인의 허가는 모두 120여 개 이상의 허가부
서에서 이뤄지고 있다.

법인설립의 허가 여부는 관할관청의 재량에 의해 결정된다. 법인설립허가는 반
드시 일정한 시간 내에 이뤄질 필요도 없으며, 법인설립 허가 또는 불허에 대한 명
백한 기준이 제시되고 있지 않다.

민법에 의한 비영리공익법인은 설립 후에도 관할관청의 감독을 받도록 되어
있으며, 매년 사업계획·예산서·사업보고·결산서 등을 관할관청에 제출토록 되
어 있다.

(2) 광의의 공익법인

광의의 공익법인은 민법에 의해 설립된 공익법인 이외에도 사회복지사업법·
사립학교법·종교법인법 등의 특별법에 의해 설립된 사회복지법인·학교법인·종
교법인·의료법인 등을 모두 포함한다.

공익도 영리도 목적으로 하지 않는 단체로 특별법에 의해 법인격을 취득한 것
을 일반적으로 중간법인이라 하는데, 예를 들면 노동조합법에 의한 노동조합, 신용
금고법에 의한 신용금고, 각종 협동조합법에 의한 협동조합, 각종 공제조합법에 의
한 공제조합이 있다.

〈표 7-1〉 비영리법인의 구분

	공익법인	중간법인
목 적	공 익	비공익
대 상	재단법인 사단법인 학교법인 사회복지법인 종교법인 의료법인 갱생보호법인 특정비영리활동법인	노동조합 신용금고 협동조합 공제조합

(주) : 중간법인이란 비영리법인으로서 불특정다수의 이익이 아닌 특정집단의 이익을 위한 단체
이다.
자료 : 總理府編, 平城11年版 公益法人白書(大藏省印刷局, 1999) ; 손원익, 비영리법인관련세제의
선진화방안(한국조세연구원, 2000. 12)에서 재인용.

(3) 특정비영리법인(NPO법인)

한편 종래의 공익법인제도에서는 비영리조직이 법인격을 취득하기가 어렵기
때문에 12개의 비영리영역에 걸쳐 활동하는 풀뿌리 NPO에게 법인격을 보다 쉽게
부여하기 위한 목적으로 특정비영리활동촉진법이 제정되었다. 특정비영리활동촉진
법에서는 비영리조직이 소재하는 지역의 광역지방자치단체장(도도부현(都道府縣))
이 비영리법인을 소관하는 관청이 되며, 만일 2개 이상의 지역에 걸쳐 사무실이
소재하는 경우에는 경제기획청장관이 관할하게 된다.

특정비영리활동촉진법 제 1 조에서는 "특정비영리활동을 행하는 단체에 법인격
을 부여함으로써 자원봉사활동을 비롯한 시민이 행하는 자유로운 사회공헌활동으
로서의 특정비영리 활동의 건전한 발전을 촉진하고 이를 통해 공익의 증진에 기
여"하는 것이 법제정의 목적이라고 밝히고 있다.

특정비영리활동촉진법에서 규정하는 비영리활동은 (1) 보건, 의료 또는 복지의
증진, (2) 사회교육의 추진, (3) 마을만들기(まちづくり)의 추진, (4) 학술, 문화, 예
술 또는 스포츠의 진흥, (5) 환경보전, (6) 재해구호활동, (7) 지역안전활동, (8) 인권
의 옹호 또는 평화의 추진, (9) 국제협력활동, (10) 남녀공동참여사회의 형성과 촉진,
(11) 아동의 건전한 육성, (12) (1)-(11)의 활동을 수행하는 단체의 운영 또는 활동에 관

한 연락, 조언 또는 원조활동으로 불특정다수의 이익증진에 기여하는 활동을 의미한다. 그리고 특정비영리활동촉진법이 개정되어 2003년 5월 1일부터 시행되고 있는데, 개정법률에서는 기존의 12개 활동영역에 '정보화사회의 발전을 도모하는 활동', '과학기술의 진흥을 도모하는 활동', '경제활동의 활성화를 도모하는 활동', '직업능력의 개발 또는 고용기회의 확충을 지원하는 활동', '소비자의 보호를 도모하는 활동'의 5개 영역을 추가하였다.

특정비영리활동촉진법에 의하여 특정비영리활동법인을 설립하려는 자는 관할청인 지방자치단체장(도도부현(都道府縣)의 지사)에게 (1) 정관, (2) 단체간부(役員)의 명부, (3) 정회원(社員) 10인 이상의 명부, (4) 재산목록, (5) 사업계획서, (6) 수지예산서를 제출하여 인증을 받도록 하고 있다. 또한 특정비영리활동법인에게는 매년 사업보고서·재산목록·대차대조표 등을 작성하여 사업소에 비치하는 동시에 관할청에 제출해야 하는 정보공개의 의무가 부과되고 있다.

특정비영리활동촉진법에 의해 법인격을 취득하게 되면, 네 가지 정도의 혜택이 있다.[6]

첫번째로 사회적으로 법인으로서 인정을 받게 된다는 것이다. 이는 보수적인 일본사회에서 비영리단체가 사회적 활동을 하는 데 있어서 중요한 의미를 가진다. 두 번째로 개호보험제도가 실시되면서 NPO법인이 되면 개호보험의 지정사업자가 되어 행정으로부터의 위탁업무 등을 수행할 수 있게 되었다. 즉 NPO법인이 개호보험에 따른 개호서비스를 제공하게 되면, 보험으로부터 개호보수를 지불받게 되어 안정적인 수입이 보장되는 것이다. 세 번째로 정부로부터 각종 지원을 받기가 용이해진다는 것이다. 그리고 마지막으로 기부 등에 대한 세제상의 우대조치를 받을 수 있게 된다는 것이다.

일본에서는 특정비영리활동촉진법이 제정된 이후 이 법에 의한 법인의 설립이 폭발적으로 이루어져 2003년 3월 현재 특정비영리활동촉진법에 의한 법인(NPO법인) 수는 10,664개에 이른다.

---

6) 정미애, "일본시민사회와 NPO," 국제지역연구(2002년 여름호).

〈표 7-2〉 민법에 의한 법인과 특정비영리활동법인의 비교

법 인 명	사단법인·재단법인	특정비영리활동법인
근 거 법	민 법	특정비영리활동촉진법
목 적	공익에 관한 일로 영리를 목적으로 하지 않는 일	특정비영리활동촉진법에 열거한 활동으로 불특정다수의 이익을 증진하는 데 기여하는 일
설 립 요 건	허가주의	준칙주의에 가까운 인가주의
구 성 원	(사) 사원. (재) -	사원: 10인 이상
이사의 여부	반드시 설치(1인 또는 다수)	반드시 설치(3인 이상)
이사의 권한	대표자, 사무집행권	대표권, 업무집행권
감사의 여부	임의	반드시 설치(1인 이상)
공 ′ 시	등기	등기
감 독	명령, 검사, 정관변경의 인가, 설립허가의 취소, 검사방해에 대한 처벌	보고징수, 입회검사, 개선명령, 설립인증의 취소
해 산 사 유	정관 또는 기부행위에 정한 해산사유의 발생, 법인의 목적을 수행하는 사업의 성공의 불능, 파산, 설립허가의 취소, 사원총회의 결의, 사원의 결망(사단법인에 해당)	사원총회의 결의, 정관에 정한 해산사유의 발생, 목적하는 특정비영리활동사업의 성공불능, 사원(社員)의 결원(缺亡), 합병, 파산, 설립인증취소
해 산 수 속	등기 및 주무관청에 제출	소관청의 인정, 소관청에 제출
합 병	-	다른 특정비영리활동법인과 합병가능

3. 비영리조직에 대한 기부금관련세제

(1) 기부금에 대한 세제의 개요

비영리조직에 기부한 경우 기부자에 대한 세제혜택의 개요는 기부자가 법인인

경우와 개인의 경우로 나누어서 살펴볼 필요가 있으며, 이에 관한 일본세법의 개요
는 〈표 7-3〉과 같다.

〈표 7-3〉 내국법인(공익법인 등을 제외한다)이 기부한 경우(법인세)

법인이 기부한 경우	손금산입한도액
국가 또는 지방공공단체	전액손금산입 가능
지정기부금	
일반기부금	손금산입가능. 다만 한도액 있음 한도액 = (자본금 × 0.0025 + 소득금액 × 0.0025) ÷ 2[1]
특정공익증진법인 또는 인정 NPO법인	일반기부금과 동일한 한도액까지 손금산 입가능(일반기부금과는 별도임)

(주): 1) 자본 또는 출자를 하지 않는 법인의 경우에는 소득금액 × 0.025.

〈표 7-4〉 개인이 기부한 경우(소득세 · 상속세)

개인이 기부한 경우	소득세공제한도액
국가 또는 지방공공단체	일정한도 내에서 공제가능 한도액 = 소득의 25% − 1만 엔
지정기부금	
정당 등	
특정공익증진법인 또는 인정 NPO법인	
개인이 상속 · 유증재산을 기부한 경우	상속세과세가액
국가 또는 지방공공단체	불산입(不算入)
특정의 공익법인	
인정 NPO법인	

자료: 內閣府 國民生活局 市民活動促進課(2001年 6月).

(2) 용어의 설명

1) 지정기부금

지정기부금은 공익법인 등에 대한 기부금 중 (1) 널리 일반에게 모집하는 것, (2) 교육 및 과학의 진흥, 문화의 향상, 사회복지에의 공헌 및 기타 공익증진에 기여하기 위한 지출로서 긴급을 요하는 것에 사용되는 것이 확실한 것이라는 두 가지 요건을 충족한다고 대장대신이 지명한 경우를 말한다. 지정기부금에는 포괄지정기부금과 개별지정기부금이 있다.

㈎ 포괄지정기부금

예를 들면 일본적십자사·일본사립학교진흥공제사업단·도도부현공동모금회에 대한 기부금 등으로 대장성고시에 의해 포괄적으로 정해지고 있다.

㈏ 개별지정기부금

모금단체의 신청에 근거해서 기부금의 용도·목표액·모집구역·대상자·모집기간·기부금의 관리방법 등의 사항을 심사해서 개별적으로 지정하는 기부금 (예: 여러 종류의 국제회의개최, 사립학교, 해외일본인학교의 설립, 박물관의 증·개축 등의 비용에 충당하는 기부금 등)이다.

2) 특정공익증진법인에 대한 기부금

특정공익증진법인은 공공법인·공익법인 중 교육 및 과학의 진흥, 문화향상, 사회복지에의 공헌 및 기타 공익의 증진에 현저히 기여하는 법인으로서 정령(政令)에서 정한 법인을 말한다. 특정공익증진법인은 1996년 현재 특수법인 26, 민법법인 중 개별적으로 열거된 법인 58, 민법법인 중 주무대신이 인정하는 법인 822, 학교법인 12,125, 사회복지법인 14,832, 갱생보호법인 163 등 모두 17,026개이다.

특정공익증진법인의 인정은 관할관청과 대장성의 협의에 의해 이루어지고 있는데, 특정공익증진법인의 자격에 대해서는 관련법에서 구체적으로 규정하고 있지 않다. 따라서 관할관청의 자의적 판단에 의해 결정될 가능성이 있다.

특정공익증진법인으로 지정받으면 세제혜택을 받게 되며, 매 2년 또는 5년 만에 한번씩 세감면의 자격을 갱신하도록 법인세법과 소득세법에서 규정하고 있다.

(3) 특정비영리활동법인(NPO법인)에 대한 기부금의 세감면규정

1) 경　　과

특정비영리활동촉진법에서는 이 법에 근거해 설립한 법인에 대해 세감면의 혜택을 부여할 수 있도록 하고 있다. 이에 따라 특정비영리활동촉진법에 의해 설립된 특정비영리활동법인(NPO법인)들에게 세제혜택을 부여하는 것을 내용으로 하는 세법개정안이 2001년 10월 1일부터 세법개정안이 시행되고 있다.

당초에 1998년 특정비영리활동촉진법(NPO법)이 제정될 때에는 시행 후 3년 이내에 특정비영리활동법인(NPO법인)에 대한 세제우대조치에 대해서 검토하여 결론을 내리기로 부대결의되었다. 이에 따라 2001년 1월에는 정부가 「세제개정요강」을 각의결정하고, 3월에는 조세특별조치법개정안이 국회를 통과하게 된 것이다.

그러나 새로운 세법에 의하더라도 모든 특정비영리활동법인(NPO법인)이 세제혜택을 부여받는 것은 아니고, NPO법인 중 국세청장관이 '일정한 요건'을 충족시킨다고 인정한 특정비영리활동법인(이하 "인정 NPO법인"이라 한다)에 대해서만 세제우대조치를 취하는 방식을 택하고 있다.

2) 인정요건

인정 NPO법인이 되기 위해서는 일정한 요건을 갖추어야 한다. 우선 특정비영리활동법인이 인정 NPO법인이 되기 위해서는 신청서류와 함께 신청직전 2년 동안의 사업보고서, 재산목록, 대차대조표 및 수지계산서를 제출해야 하기 때문에 인정 NPO법인이 되려면 최소 2년 동안 사업을 수행했어야 하는 조건이 필요하다.

인정 NPO법인이 되기 위해서는 이 밖에도 여러 종류의 요건을 갖추어야 하는데, 그 중 하나는 특정비영리활동법인이 1년 동안 받아들인 기부금총액이 전체총수입의 5분의 1 이상(당초에 3분의 1 이상이었으나, 지나치게 엄격한 요건이라는 비판에 따라 2003년 4월 1일 세법을 부분개정하여 2003년 4월 1일부터 2006년 3월 31일까지 3년간 한시적으로 5분의 1로 완화하였음)을 차지해야 한다는 것이다. 이는 기부금총액이 많아야 인정 NPO법인이 될 수 있다는 것을 의미한다. 그리고 기부금으로 간주되는 경우와 간주되지 않는 경우에 대해서도 구체적으로 규정하고 있다. 예를 들어 법인의 사원(정회원) 회비는 기부금으로 간주되지 않고, 그 밖의 회원이 지불하는 회비 중 법인이 제공하는 서비스·물품 등에 대한 금액을 제외한 부분에 대해 기부금으로 간주한다. 또한 기부자의 이름이 정확하지 않은 경우에는 기부금으로 간주되지 않는다. 그리고 동일한 기부자로부터 과다하게 많은 기부를 받는 경우에는 기부금에 포함되지 않는다. 재단법인·공익법인·기업·단체로부터의 조성금은 기부금으로 간주하나, 중앙정부·지방자치단체로부터의 보조금은 기부금에 산입하지 않는다.

그리고 사업활동의 50% 이상이 "회원등에 대한 자산의 양도 등이나 회원 상호간의 교류나 연락, 의견교환 등 회원들을 대상으로 한 활동인 경우" 등 불특정다수의 이익을 위해 활동한다고 볼 수 없는 경우에도 인정 NPO법인이 될 수 없다.

또한 특정비영리활동법인이 세제혜택의 인증을 받기 위해서는 법인운영조직의 적정성, 경리의 적정성조건을 충족해야 한다. 만일 법인이 특정한 사람에 의해 운영이 지배당한다면 인정 NPO법인이 될 수 없다. 즉 법인이 특정임직원의 친척 다수에 의해 지배받는다든가, 특정회사의 임직원에 의해 지배당하는 경우는 배제된다. 특정비영리활동법인이 세감면의 혜택을 받기 위해서는 국세청장에게 신청서를 접수해 인정을 받아야 한다. 그리고 한번 인정을 받으면 2년간 유효하다.

(4) 효 과

인정 NPO법인이 되면 인정 NPO법인에 기부한 개인이나 법인은 아래와 같은 세제혜택을 받게 된다.

첫째, 개인이 인정 NPO법인에 기부한 경우(연간소득의 25%−1만 엔)를 한도액으로 하여 소득세계산시 공제혜택을 받을 수 있다.

둘째, 법인이 인정 NPO법인에 기부한 경우에는 법인은 일반손금산입한도액과는 별도로 (특정공익증진법인에 대한 기부와 합쳐) (자본금액의 0.25%+연간소득의 2.5%) ÷ 2에 해당하는 한도까지 기부금을 손금산입할 수 있다.

셋째, 상속 또는 증여에 의해 재산을 취득한 자가 인정 NPO법인에 상속재산을 기부한 경우는 당해 기부에 해당되는 금액을 상속세의 과세대상으로 하지 않는다.

그러나 문제는 국세청장의 인정요건이 지나치게 까다로워서 매우 제한된 숫자의 NPO법인만이 인정 NPO법인으로 인정받고 있다는 것이다. 2003년 1월 현재 불과 10개의 NPO법인만이 인정 NPO법인으로 인정받고 있는 실정이다.[7]

---

7) www.npoweb.jp 참조.

4. 비영리조직의 정치활동에 대한 규제

일본의 비영리조직을 관장하는 민법에서는 공익법인이 정치적 활동을 하는 것을 금지하고 있지는 않다. 일반적으로 일본에서 비영리법인들은 재단·사단법인의 정관에서 규정하고 있는 활동과 배치되지 않는 한 정치적 활동을 포함한 광범위한 활동을 수행하고 있다. 다만, 특정비영리활동촉진법 제 3 조에서는 "특정비영리활동 법인은 특정정당을 위하여 이용되어서는 아니 된다"라는 규정을 두고 있다.

5. 비영리조직의 모금에 대한 규제

일본의 경우에는 비영리조직의 모금에 대해 별도의 법적 규제를 하지 않고 있다. 즉 모금을 위한 등록절차 등에 대한 규정이 존재하지 않는다.

Ⅳ. 영국의 기부관련법제도

1. 영국의 기부관련법제도의 개요

영국의 비영리조직은 비법인(unincorporated) 또는 법인화(incorporated)된 형태로 존재한다. 자선단체는 주로 신탁, 법인격 없는 사단, 보장유한회사의 형태로 존재하며, 영국에서는 재단법인은 존재하지 않는다. 공익단체의 대부분을 차지하는 형태는 신탁이다.

자선단체의 등록 및 모금과 관련하여서는 1993년 자선법(Charities Act 1993)이 존재한다. 영국의 England와 Wales지방의 자선단체(Charity)[8]들은 이 법에 따라 내무성산하의 자선위원회(Charity Commission)에 등록을 한다.[9]

자선위원회는 내무성장관(Home Secretary)이 임명하는 3-5인의 자선위원으로 구성되며, 그 중 2인은 법률전문가이어야 한다. 그리고 자선위원 중에 한 명이 Chief Charity Commissioner를 맡는다.[10] 자선위원회는 1853년 자선신탁법(Charita-

---

8) 영국법제에서의 Charity가 자선의 의미가 아니라고 하여 '공익단체'로 번역하기도 한다. 박영도, NPO(비영리조직)의 활성화를 위한 입법방향(한국법제연구원, 1997. 11). 그러나 이 글에서는 '자선단체'로 번역한다.

9) 모든 자선단체가 의무적으로 등록할 필요는 없지만 (1) 자선법에 따른 영속적 기탁재산을 가진 단체, (2) 토지를 사용 또는 점유하고 있는 단체, (3) 총 수입이 연간 1,000파운드를 초과하는 단체는 등록의무를 갖는다.

10) 2004년 4월 현재에는 John Stoker가 Chief Charity Commissioner를 맡고 있다(http://www.charity-commission.gov.uk/tcc/commissioners.asp).

ble trusts Act)에 의해 최초로 설립되었고, 1993년 자선법에 의해 법적 권위를 인정받고 있다. 자선위원회는 자선단체의 관리인(trustee)에게 공익단체에 영향을 미치는 사항에 관한 정보를 제공하거나 조언을 하며, 그 남용을 조사·검사하는 임무를 수행한다.

자선단체는 모금활동을 하고, 모금에 대한 사후감독을 받는다. 연간총수입에 따라서 연간총수입이나 총 지출이 1만 파운드를 초과하는 경우에는 등록감사인(registered auditor)에 의한 독립적 검사(independent examination)나 감사(audit)를 받아야 하는 등의 의무가 부여된다.

2. 영국에 있어서 기부자에 대한 세제혜택

자선단체에 대해서는 소득세·법인세·자본이득세·상속세·부가가치세 기타 다른 세금에 있어서 다양한 혜택이 인정되고 있다. 자선단체는 국세청(Inland Revenue)으로부터 면세자격을 승인받는 경우, 그 본래사업 및 주로 당해 자선단체의 수익자가 수행하는 본래의 사업에 관련하는 사업(관련사업)에 대해 법인세가 면제된다. 통상적으로 국세청은 자선위원회에 등록된 자선단체에 대해서는 거의 자동적으로 면세자격을 인정하고 있다. 이는 자선위원회가 등록을 승인하기에 앞서 국세청과의 협의를 하도록 의무화되어 있기 때문이다.[11]

〈표 7-5〉 자선단체(Charity)로 인정받을 경우의 이점과 제한

자선단체로 인정되는 경우의 이점	자선단체로 인정되는 경우의 제한
-소득세·법인세의 감면 -자본이득세의 면세 -상속세·증여세의 면세 -비거주용 자산의 감면 -특정사항에 대한 부가가치세의 감면 -위원회로부터 단체의 관리운영에 관한 조언·원조혜택 -비자선단체에 비해 일반대중이나 지방정부 등으로부터 자금원조를 받기 용이함	-단체의 정치활동의 금지 -계속적인 상업적 활동의 제한 -단체운영자가 단체로부터 보수를 받는 것에 대한 제한 -단체법상 기타제한

(주): 박영도, 전게서(1997), 20면에서 인용.

---

11) 박영도, 전게서(1997).

또한 자선단체에 개인이 기부를 할 때에는 기본세율에 의한 세액분을 공제하여 기부한다. 그리고 자선단체가 공제한 세액을 사후에 환급받는다. 한편 법인의 기부도 일정요건 하에서 손금산입이 인정된다.

V. 소 결 : 기부관련법제도의 국제기준

각국의 기부관련법제도는 그 나름의 오랜 역사를 가지고 있다. 따라서 구체적인 점들에 대해서는 많은 차이가 존재한다. 그러나 각국의 법제도들을 흐르는 몇 가지 원칙과 최근의 경향성은 발견할 수 있을 것이다.

첫째, 우선 미국·영국 등의 국가들은 비영리법인의 설립요건을 완화하여 비영리조직이 법인격을 취득하는 것을 용이하게 하고 있다. 이들 국가들은 일정한 요건을 갖추고 등록 또는 신고라는 절차만 밟으면 법인격을 취득할 수 있다. 또한 법인설립에 있어서 기본적으로 허가주의를 취하고 있던 일본도 1998년 특정비영리활동촉진법을 제정하여 일정한 요건만 갖추면 손쉽게 법인격을 취득할 수 있도록 하고 있다.

둘째, 비영리조직의 모금과 관련해서는 일본처럼 아예 이를 규제하기 위한 법제도를 두고 있지 않거나, 미국이나 영국처럼 등록이라는 간소한 절차만 거치면 모금을 할 수 있도록 하고 있다. 반면에 기부금을 모금한 이후의 사후감독은 엄격하다. 미국과 영국의 경우에는 국세청 또는 자선위원회에 대한 보고가 의무화되어 있

〈표 7-6〉 미국 · 일본 · 영국의 기부관련법제

	법인설립 · 등록	모 금	기부자에 대한 세제혜택
미 국	주차원의 Nonprofit Act	주차원의 Solicitation Act	연방세법(internal Revenue Code) · 주세법
일 본	민법 · 특정비영리활동촉진법 등	법 없음	조세특별조치법 등
영 국	Charitable Trustee Incorporation Act	Charities Act	Inland Revenue Act

(주) : 이창호, "기부금품모집규제법의 대체입법의 방향," 기부금품모집규제법에 관한 대토론회 자료집(한국사회복지협의회, 한국시민단체협의회, 1998. 11. 17) 등 참조.

〈표 7-7〉   미국·일본·영국의 기부관련법제

	법인격취득	모금관련규제	세감면지위획득과 법인 여부와의 관련성
미 국	일정액의 수수료를 납부하고 등록	등록 후 모금가능	법인 여부와 관련 없이 국세청의 공익성테스트를 통과하면 세감면지위 획득. 다만 법인인 경우 국세청의 공익성테스트에서 유리할 수는 있음
일 본	민법은 허가주의, 특정비영리활동법은 준칙주의에 가까운 인가주의	모금을 규제하는 법 없음	법인에 한해서만 기부자에 대한 세감면가능
영 국	회사법에 따름	등록 후 모금가능	세감면지위의 획득은 법인 여부와 관련 없음

으며, 이에 대해 사후감독도 비교적 철저하게 이루어지고 있다.

셋째, 법인격의 취득이 용이하든 그렇지 않든 간에 법인격의 유무와 세제혜택을 부여할 것인지 유무는 별개로 취급하는 것이 보다 일반적이라고 할 수 있다. 일본의 경우에는 법인만이 기부자에 대한 세감면지위를 획득할 수 있도록 되어 있지만, 미국이나 영국의 경우에는 세감면지위를 획득할 수 있는지의 문제는 법인격유무와는 관련이 없다. 즉 법인이 아닌 단체라도 국세청의 승인을 얻어 세감면지위를 획득할 수 있다.

제 2 절   한국의 기부관련법제도 현황

I. 한국의 비영리조직관련 법제도

1. 비영리법인제도의 개요

한국의 경우에 비영리조직들은 법인화가 되어 있는 경우와 '법인격 없는 단체'로 머물러 있는 경우로 나누어 볼 수 있다.

한국법상 법인(法人)이란 "자연인 이외의 것으로서 법인격(권리능력)이 인정된 것, 즉 권리·의무의 주체가 될 수 있는 것"을 말한다. 현행법상 일정한 목적과 조직 하에 결합한 사람의 단체인 사단(社團) 또는 조합과 일정한 목적에 바쳐진 재산인 재단(財團)이라는 실체에 대하여 법인격이 부여되면, 사단법인 또는 재단법인이 성립되도록 되어 있다.

법인은 법률의 규정에 의하지 아니하면 성립하지 못한다($\binom{민법}{제31조}$). 그리고 법인은 그 주된 사무소의 소재지에서 설립등기를 함으로써 성립한다($\binom{민법}{제33조}$). 비영리법인에 관하여 포괄적인 규정을 하고 있는 것은 민법이나 민법 이외에도 포괄적인 규정을 두고 있는 법률로 "공익법인의설립·운영에관한법률"이 있고, 그 외에 영역별로 사회복지사업법(사회복지법인)·의료법(의료법인)·사립학교법(학교법인) 등의 법률이 있다.

사단법인은 일정한 목적을 위하여 결합한 사람의 집단으로서 법인으로 성립한 것을 말한다. 사단법인은 '사람의 집단'이 실체라는 점에서 재단법인과 구별된다. 따라서 사단법인은 그 구성원으로서의 사원(社員)의 존재가 필요하며, 최고의사결정기구는 사원총회가 된다. 사단법인은 정관을 작성하고, 주무관청의 허가를 얻어 설립등기를 함으로써 성립한다.

재단법인은 일정한 목적을 위하여 결합된 재산의 집합에 대해 법인격이 부여된 것을 말한다. 재단법인은 재산이 실체이기 때문에 사람이 실체인 사단법인과는 차이가 많다. 우선 '사원'이나 '사원총회'라는 것이 있을 수 없다. 그리고 재산출연자의 의사가 존중되고, 최고의사결정기구는 이사회가 된다. 재단법인은 재산이 실체이기 때문에 영리 아닌 사업을 목적으로 하여 재산을 출연하고 정관을 작성해서 주무관청의 허가를 얻어 설립등기를 함으로써 성립된다.

한편 한국에서는 '비영리'와 '공익'의 의미가 구분되기 때문에 '비영리법인'과 '공익법인'도 법적으로 구분되어 있다. 모든 공익법인은 비영리법인의 범주에 포함된다고 할 수 있지만, 모든 비영리법인이 공익법인으로 인정되는 것은 아니다.

민법은 비영리법인에 대해 "학술·종교·자선·기예·사교 기타 영리 아닌 사업을 목적으로 하는 사단 또는 재단은 주무관청의 허가를 얻어 비영리법인으로 성립할 수 있다"고 하고 있다. 따라서 비영리법인의 의미는 "영리 아닌 사업을 목적으로 한다"는 소극적이고 포괄적인 의미이다.[12]

---

12) 그런 점에서 한국민법은 일본민법과 차이가 있다. 일본민법 제34조는 "제사·종교·자선·학술·기예 기타 공익에 관한 사단 또는 재단"이라고 규정함으로써 적극적인 '공익'의 개념을 강조하고

〈행정자치부소관 비영리법인의 설립절차〉

① 발기인구성 ⇒ ② 창립총회개최 ⇒ ③ 설립취지문 및 정관채택 ⇒

④ 이사장 및 임원선출 ⇒ ⑤ 사업계획서 및 예산서 작성

※ 재단법인의 경우에는 재산출연이 전제되어야 함

〈설립허가신청서류〉

① 설립허가신청서(별지 제 1 호 서식)

② 설립발기인의 주소/약력

③ 정관(법인의 기본규범)

④ 재산목록 및 입증서류

⑤ 사업계획서 및 수지예산서

⑥ 임원취임예정자 인적사항·취임승락서

⑦ 창립총회회의록

반면 공익법인의 개념은 좀더 적극적이다. 법률상으로 사용되는 공익법인이라는 단어는 비(非) 세법상의 개념과 세법상의 개념으로 구분된다. 비세법상의 '공익법인'의 개념을 정의해 놓은 공익법인의설립운영에관한법률에 의하면 "사회일반의 이익에 공여하기 위하여 학자금·장학금 또는 연구비의 보조나 지급·학술·자선에 관한 사업을 목적으로 하는 법인"이 공익법인의 범주에 들어간다. "사회일반의 이익에 공여(봉사)한다"는 적극적인 의미가 들어가 있는 것이다.

세법은 소득세법·법인세법 등 개별세법에서 비영리법인에 대한 세무상 취급을 어떻게 하는지에 대해 규정하고 있다. 그 중 상속세법은 상속세 또는 증여세가 비과세되는 비영리공익법인의 범위에 대해 규정하고 있는데, 여기에는 공익법인의설립운영에관한법률의 적용을 받는 공익법인뿐만 아니라 사회복지법인·의료법인 등이 포함된다.

2. 법인격 없는 비영리조직

(1) 법인격 없는 비영리조직의 의의

한국에서 많은 비영리조직들은 법인화를 하지 않고 활동하고 있다. 그러한 비영리조직들은 대부분 법적으로는 '법인격 없는 사단'으로 분류된다. '법인격 없는

있는 반면, 한국에서는 "학술·종교·자선·기예·사교 기타 영리 아닌 사업을 목적으로 하는"이라고 하여 영리를 목적으로 하지 않는다는 의미에서의 소극적인 '비영리'의 개념을 사용하고 있다.

사단'이란 단체의 실질이 사단임에도 불구하고 법인격이 없는 사단, 즉 법률에 의하여 권리능력을 부여받지 못하고 있는 사단을 말한다. 법인화를 위해서는 주무관청의 허가나 설립등기를 마쳐야 하는데, 이러한 절차를 밟지 않으면 '법인격 없는 사단'으로 존재하게 된다.

또한 일정한 목적을 위해 결합된 재산의 집합이 존재하는데, 법인격을 부여받지 않는 경우에는 '법인격 없는 재단'으로 존재하게 될 수 있다. 이러한 재단은 사적(私的) 소유를 벗어나 별개의 독립된 실체로 운영되고 있으나, 재단법인의 설립요건을 갖추지 못하여 주무관청의 허가를 받지 못하는 이유 등으로 생겨날 수 있다.

(2) '법인격 없는 사단'('권리능력 없는 사단'이라고 하기도 한다)의 법적 취급

그렇다면 '법인격 없는 사단'도 법적인 지위를 가지고 일정한 행위를 할 수 있다.

1) 법인격 없는 사단의 성립

법인격 없는 사단은 주무관청의 허가나 등기와 같은 절차를 밟지 않기 때문에 사단으로서의 실체를 갖춤으로써 성립한다. 한국민법학계의 통설에 의하면 '법인격 없는 사단'이라고 하기 위해서는 실체에 있어서 법인격 있는 사단과 같은 단체로서의 조직을 갖추어야 하고, 대표의 선정방법, 총회의 운영, 재산의 관리 기타 사단으로서 중요한 점에 대해 정관에 의하여 확정되어 있어야 한다. 즉 사단이 성립하기 위해서는 그 조직·운영에 있어서 구성원의 개인적 활동으로부터 독립하여 단체독자의 활동을 영위하고 구성원의 탈퇴나 가입에 의하여 그 동일성을 잃지 아니하며, 그 조직에 의하여 대표의 방법, 총회의 운영, 재산의 관리 기타 단체로서의 주요한 근본규칙이 확정되어 있어야만 한다는 것이다. 그리고 사단으로서 성립하려면, 최소한 다수결결의가 가능할 만한 3인 이상의 구성원이 있어야 할 것이다.

한편 법원의 판례는 (1) 사단의 규약, (2) 의사결정기관, (3) 업무집행기관, (4) 독자적·사회적 활동을 '법인격 없는 사단의 성립요건'으로 보고 있다. 그리고 법원은 각종 소송에 있어서 정관·총회회의록 등을 제출하면 법인격 없는 사단으로 인정하고 있다.

2) 소송에서의 당사자능력

법인격 없는 사단은 민사소송·행정소송에 있어서 원고나 피고가 될 수 있는 능력이 있다. 판결의 효력은 단체 자체에 대해 발생하고, 단체를 구성하는 각 구성원에게 미치는 것은 아니다.

3) 권리능력(권리주체성)

현재 우리 나라 법원은 '법인격 없는 사단'에 대해서도 일정한 범위 내에서 권리주체성을 인정하고 있다. 물건의 소유와 관련해서는 '법인격 없는 사단'의 구성원들은 집합체로서 물건을 소유하는 '총유'로 구분된다. 총유란 구성원들에게 지분이 없고 사용·수익권만 있는 소유의 형태이다. 총유물에 대한 사원의 권리·의무는 사원의 지위를 취득·상실함으로써 당연히 취득·상실한다. 재산의 처분은 사원총회의 결의로서 하고, 일부 구성원의 개인의사에 의하여 재산을 처분할 수 없다. 그리고 재산관리행위도 규약이나 총회의 결의에 의하여 하여야 한다.

그리고 현행 부동산등기법은 법인격 없는 사단에 대해서 등기권리자가 될 수 있도록 하고 있다. 따라서 법인격 없는 사단의 형태로 존재하는 비영리조직도 자신의 명의로 부동산에 관한 등기를 할 수 있다.

4) 인 격 권

법인격 없는 사단의 명예가 훼손된 경우에 손해배상청구를 할 수 있는지가 문제될 수 있다. 한국법원의 판례는 법인격 없는 사단의 구성원과는 별도로 '법인격 없는 사단' 자체에 대한 명예훼손도 성립한다고 보고 있다. 따라서 예를 들어 어떤 비영리조직이 언론 등에 의해 명예훼손을 당했다면, 조직 자체의 이름으로 손해배상청구를 할 수 있는 것이다.

5) 법인격 없는 사단의 내부관계

법인격 없는 사단에 대해서는 민법의 사단법인규정 중 법인격을 전제로 하는 규정을 제외하고는 유추적용된다고 본다.

법인격 없는 사단은 사단법인과 마찬가지로 자율성이 보장된다. 따라서 자신에 관한 사항에 대해 자율적으로 규율할 수 있다. 따라서 대표의 방법, 총회의 운영, 재산의 관리 등에 대해 정관이나 규약이 존재해야 한다. 정관에는 특별한 형식이 있는 것은 아니다.

법인격 없는 사단에 있어서는 사원총회(또는 회원총회)가 최고의결기관이다. 총회의 결의는 법률이나 정관에 다른 규정이 없으면 사원과반수의 출석과 출석사원과반수로써 한다. 법인격 없는 사단에도 대표자가 필수적이다.

6) 사단의 분열과 법률관계

법인격 없는 사단에 있어서 동시 또는 단기간 내에 다수의 구성원이 탈퇴하여 해산에 준하는 상태에 이르고, 탈퇴한 사람들이 새로운 별개의 조직을 결성한 경우에는 이를 분열이라고 한다. 사단의 분열은 대부분 교회의 경우에 많이 발생한다.

3. 비영리법인제도의 문제점

일반적으로 비영리조직이 법인격을 취득하면 사회적 공신력을 획득하는 데 유리하고, 정부로부터의 재정지원·세제지원을 받거나 기부자들로부터 모금을 하는 데 이점이 있다. 그러나 비영리조직이 법인격을 취득하는 데 어려움이 있다면, 법인격취득을 포기하거나 법인격을 취득하는 데 실패하여 타의에 의해 법인격 없는 비영리조직으로 남아 있는 경우들이 많아질 수 있다.

한국의 경우에는 비영리법인의 설립에 대해 지나친 규제를 하고 있다는 비판이 있다. 그리고 그러한 규제에도 불구하고 비영리법인의 운영에 있어서 투명성은 확보되고 있지 않다. 그런 점에서 한국의 비영리법인제도가 전면적으로 개선되어야 한다는 비판이 제기되고 있다.[13]

4. 비영리민간단체지원법

(1) 법의 목적과 특징

비영리민간단체지원법은 제 1 조에서 "비영리민간단체의 자발적인 활동을 보장하고 건전한 민간단체로의 성장을 지원함으로써 비영리민간단체의 공익활동 증진과 민주사회발전에 기여함을 목적으로 한다"라고 입법목적을 밝히고 있다. 비영리민간단체지원법은 2000년부터 시행되고 있다.

비영리민간단체지원법은 비영리조직의 법인화에 관한 법이 아니라는 점에서 일본의 특정비영리활동촉진법과는 구분된다. 또한 비영리민간단체지원법은 주된 초점을 정부에 의한 직접 재정지원[14]에 맞추고 있고, 세제지원에 관해서는 형식적인 규정만을 두고 있다는 특징을 가지고 있다.

---

13) 국회사무처 법제예산실, 비영리민간단체지원에 관한 입법방향과 정책과제(1999. 10); 박원순, "한국시민사회발전을 위한 고민과 대안"(2001).

14) 비영리조직에 대한 직접지원방식으로는 보조금제도와 사업계약제도가 있고, 간접지원방식에는 조세감면과 공공요금가면제도가 있다.

(2) 비영리민간단체의 정의

비영리민간단체지원법에서의 '비영리민간단체'란 영리가 아닌 공익활동을 수행하는 것을 주된 목적으로 하는 민간단체로서, 다음 각 호의 요건을 갖춘 단체를 말한다(제2조).

1. 사업의 직접수혜자가 불특정다수일 것
2. 구성원 상호간에 이익분배를 하지 아니할 것
3. 사실상 특정정당 또는 선출직후보를 지지·지원할 것을 주된 목적으로 하거나 특정종교의 교리전파를 주된 목적으로 하여 설립·운영되지 아니할 것
4. 상시 구성원 수가 100인 이상일 것
5. 최근 1년 이상 공익활동실적이 있을 것
6. 법인이 아닌 단체일 경우에는 대표자 또는 관리인이 있을 것

(3) 등   록

비영리민간단체지원법에서 모든 비영리민간단체의 등록을 의무화한 것은 아니다. 비영리민간단체지원법에 의하면, "이 법에서 정한 지원"을 받고자 하는 비영리민간단체만이 등록하면 된다. 즉 지원을 원하지 않는 단체의 경우에는 등록이 강제되지 않으며, 스스로의 판단에 따라 등록을 할 수도 있고 하지 않을 수도 있다.

등록신청은 당해 비영리민간단체의 주된 활동을 주관하는 장관이나 시·도지사에게 하여야 하며, 등록신청을 받은 주무장관이나 시·도지사는 등록을 수리하여야 한다. 다만, 비영리민간단체지원법 제2조의 정의규정에 부합하지 않는 단체에 대해서는 등록의 수리를 거부할 수 있을 것이다.

주무장관 또는 시·도지사는 비영리민간단체가 등록을 하면 관보 또는 공보에 이를 게재하고, 행정자치부장관에게 통보하여야 한다.

(4) 보조금의 지원(직접재정지원)

행정자치부장관 또는 시·도지사는 등록비영리민간단체에 대해 공익활동을 추진하기 위한 사업(공익사업)에 대한 소요경비를 지원할 수 있다. 지원하는 소요경비는 사업비를 원칙으로 한다.

행정자치부장관 또는 시·도지사는 매년 등록비영리민간단체가 참여할 수 있는 공익사업의 지원에 관한 사회적 수요를 파악하여 지원가능한 공익사업의 유형을 결정한다. 그리고 구체적인 선정기준을 마련하여 매년 1월 말까지 공고하거나 등

록비영리민간단체에 통지하여야 한다.

행정자치부장관 또는 시·도지사는 정해진 공익사업의 유형 내에서 공익사업선정위원회[15]가 결정하는 바에 따라 개별적인 지원사업 및 지원금액을 결정하도록 하고 있다.[16] 개별적인 지원사업의 선정은 공개경쟁방식을 원칙으로 한다.

(5) 사업계획서 및 사업보고서의 제출

보조금을 교부받고자 하는 비영리민간단체는 사업의 목적과 내용, 소요경비 기타 필요한 사항을 기재한 사업계획서를 당해 회계연도 3월 말까지 행정자치부장관 또는 시·도지사에게 제출하여야 한다.

또한 사업을 완료한 때에는 다음 회계연도 1월 말까지 사업보고서를 작성하여 행정자치부장관 또는 시·도지사에게 제출하여야 한다.

(6) 조세감면 · 우편요금감면 등(간접지원)

비영리민간단체지원법 제10조는 "등록비영리민간단체에 대하여는 조세특례제한법 기타 세법이 정하는 바에 의하여 조세를 감면할 수 있다"라고 규정하고 있다. 그러나 이 규정은 "조세특례제한법 기타 세법"의 개정이 없는 한 선언적 규정에 불과하며, 실제로 비영리민간단체에 대한 조세감면이 이루어지려면 개별 세법에 근거규정이 마련되어야 한다.

한편 비영리민간단체지원법 제11조는 비영리민간단체의 공익활동에 필요한 우편물에 대하여는 우편요금의 일부를 감액할 수 있도록 하고 있다.

---

15) 공익사업선정위원회는 임기가 2년인 10인 이상 15인 이내의 위원으로 구성하되 국회의장 또는 도의회의장이 추천한 3인과 등록된 비영리민간단체에서 추천한 관계전문가들로 구성한다(제 7 조 제 3 항). 공익사업선정위원회의 위원이 되려면 아래의 자격요건 중 하나를 갖추고 있어야 한다.
  1. 비영리민간단체에서 그 임 · 직원으로 5년 이상 활동하고 있는 자
  2. 대학이나 공공연구기관의 비영리민간단체 관련분야에서 부교수 이상 또는 이에 상당한 직의 경력을 가지고 있는 자
  3. 3급(시·도의 경우에는 4급) 이상의 공무원으로서 민간협력업무에 관한 실무경험이 있는 자
  4. 비영리민간단체에서의 활동경력을 가지고 있는 판사 · 검사 · 변호사 또는 공인회계사.
16) 개별적인 지원사업의 선정에 있어서는 (1) 독창성, (2) 경제성, (3) 파급효과, (4) 사회문제해결 및 주민욕구충족도, (5) 신청예산내역의 타당성 및 자체부담비율, (6) 전년도사업평가결과, (7) 단체의 전문성 · 책임성 · 개발성 및 최근의 공익활동실적 등.

Ⅱ. 한국의 모금관련법제도: 기부금품모집규제법

1. 기부금품모집규제법의 연혁

현행 기부금품모집규제법은 기부금품모집금지법의 후신이다. 기부금품모집금지법은 6.25사변으로 인한 사회적 혼란기에 국민회·애국부인회·청년단 등이 시국대책 또는 멸공구국운동 등을 이유로 시민들로부터 기부를 강요하는 변칙적인 행위가 성행하자, 그것을 막기 위해 1951년 11월 17일 제정된 법률(법률 제224호)이었다. 기부금품모집금지법은 1962년과 1970년 2차례에 걸쳐서 일부 개정되어 시행되어 왔다.[17)]

기부금품모집금지법에서는 원칙적으로 기부금품의 모집을 금지하고, 예외적인 경우에만 기부심사위원회의 심사를 거쳐 내무부장관(또는 도지사·서울특별시장)의 허가에 의해 기부금품을 모집할 수 있도록 하였다. 기부금품모집허가를 받아 기부금품을 모집할 수 있는 예외적인 경우는 아래의 7가지 경우로 규정되어 있었고, 그 이외에는 허가를 받는 것 자체가 봉쇄되어 있었다.

1. 국제적으로 행하여지는 구제금품
2. 천재, 지변 기타 이에 준하는 재액을 구휼하는 데 필요한 금품
3. 국방기재를 헌납하기 위한 금품
4. 현충기념시설의 설치와 자선사업에 충당하기 위한 금품
5. 전국적 규모로 사용할 수 있는 체육시설의 설치를 위한 금품과 올림픽에 참가할 선수의 파견을 위한 기금
6. 국제적인 반공기구의 설치를 위한 금품
7. 국제기능올림픽대회에 참석할 선수의 파견을 위한 금품

기부금품모집금지법은 결국 이 법 위반혐의로 기소된 노동운동가 권영길 씨가 제기한 위헌법률심판제청신청을 통해 위헌결정을 받게 된다. 헌법재판소는 1998년 5월 28일 권영길씨가 제기한 위헌법률심판제청신청에서 기부금품모집금지법은 국민의 기본권을 과도하게 규제하는 위헌의 법률이라고 판단했다. 즉 헌법재판소는 아래와 같이 판단했다.

"모집목적에 대하여 원칙적으로 제한을 두지 않으면서 공공의 안녕과 질서를 침해할 위험이 없고 모집행위의 합법적인 시행과 모집목적에 따른 기부금품의 사용이

---

17) 송웅재, "기부금품모집규제법령 개정해설," 지방재정 제16권 제 1 호 (한국지방재정공제회, 1997).

충분히 보장되는 경우에는 허가를 해주는 질서유지행정 차원의 허가절차를 통해서도
충분히 법이 의도하는 목적을 실현할 수 있으므로, 법이 의도하는 목적인 국민의 재
산권보장과 생활안정은 모집목적의 제한보다도 기본권을 적게 침해하는 모집행위의
절차 및 그 방법과 사용목적에 따른 통제를 통해서도 충분히 달성될 수 있다 할 것
이므로, 모집목적의 제한을 통하여 모집행위를 원칙적으로 금지하는 법 제 3 조는 입
법목적을 달성하기에 필요한 수단의 범위를 훨씬 넘어 국민의 기본권을 과도하게 침
해하는 위헌적인 규정이다"(헌법재판소 1998. 5. 28. 선고 96 헌가 5 판결).

그런데 위헌결정을 받기 전인 1995년 12월 30일 기부금품모집금지법은 기부금
품모집규제법으로 전문개정되어(법률 제5126호) 1996년 7월 1일부터 시행해 오고 있다. 그
리고 1997년 12월 13일과 1999년 1월 13일 두 차례에 걸쳐서 일부개정되기도 했
다. 개정된 법률에서도 기부금품의 모집을 원칙적으로 금지하고 있고, 단지 4개 분
야에 한하여 기부금품모집허가를 받아 기부금품을 모집할 수 있도록 규정하고 있다.

2. 기부금품모집규제(금지)법의 적용사례

기부금품모집규제법으로 개정되기 전의 기부금품모집금지법은 정부에 대해 비
판적인 사회운동이나 노동운동을 탄압하는 수단으로 악용되었다. 교직원노동조합
이 불법이던 시기에 전국교직원노동조합 결성을 위한 투쟁기금을 마련한다는 광고
를 신문에 게재한 것이 기부금품모집금지법 위반으로 처벌받기도 했다.[18]

또한 비록 법원에서 무죄판결을 받기는 했지만, 검찰은 민주노조건설을 표방하
며 노조위원장선거에 출마한 후보자가 지지하는 근로자들로부터 선거자금을 모금
한 것에 대해서도 기부금품모집금지법을 적용하기도 했다(서울지방법원 1993. 10. 26. 선고 93 노 3160 판결).

한편 기부금품모집금지법이 기부금품모집규제법으로 전문개정된 이후에도 정
부의 허가권한은 남용되었다. 1997년 7월 행정자치부는 북한어린이 살리기 의약품
지원본부가 기부금품모집허가를 내줄 것을 신청[19]하자 북한어린이를 위한 구제사

---

18) 전국교직원노동조합 결성을 위한 투쟁기금을 마련하고자 교사뿐만 아니라 전국민을 대상으로
신문에 광고를 게재하여 기부금품을 모집하였다면, 이는 위 노동조합을 결성하려는 사람들과 피거
출자들 사이에 금품모집의 이해관계 및 행위에 있어서 주체·객체의 구별이 없다 할 수 없을 뿐
만 아니라 동일한 지위에서 상호간의 공동이익을 위하여 위 기부금품을 거출한 것이라고도 보기
어려우므로 위 기부금품모집 행위는 기부금품모집금지법 제11조·제 3 조 제 1 항의 범죄를 구성한
다고 할 것이다(대법원 1990. 8. 14. 선고 90 도 870 판결).

19) 당시에 신청한 내용은 아래와 같다.
모집목적 : 북한지역에서의 식량기근으로 인하여 어린이들이 겪고 있는 영양실조와 그로 인한
전염성질환 및 기아관련질환으로부터 비롯되는 정신적·신체적 장애를 구하기 위하여 의약품
등을 지원하려 함.

업은 기부금품모집규제법에서 허용하고 있는 모금목적이 못되고 준조세근절 및 경제난극복 등이 요구된다는 이유로 허가를 내주기를 거부했다. 결국 법원으로 간 이 사건에서 대법원은 1999년 7월 23일 행정자치부의 기부금품모집 불허가처분이 잘 못되었다면서 북한어린이 살리기 의약품지원본부의 손을 들어 주었다.[20] 그러나 그 동안 북한어린이를 위한 성금 및 의약품모금이 금지됨으로써 북한어린이 구제 사업이 차질을 빚은 것은 판결로도 회복될 수 있는 성질의 것이 아니었다.

3. 기부금품모집규제법의 주요 내용

개정되기 전의 기부금품모집금지법은 기부금품의 모집을 원칙적으로 금지하고 7가지의 예외적인 경우에만 내무부장관이나 시·도지사, 서울특별시장의 허가를 받아 기부금품을 모집할 수 있도록 하였다. 그런데 전문개정된 기부금품모집규제법도 유사한 구조를 취하고 있으므로 위헌논란을 낳고 있다. 아래에서는 기부금품모집규제법의 주요 내용을 소개한다.

(1) 목   적

기부금품모집규제법은 "기부금품의 모집절차 및 사용방법 등에 관하여 필요한 사항을 규정함으로써 기부금품의 무분별한 모집을 규제하고, 모집된 기부금품이 적정하게 사용될 수 있게 함"을 목적으로 한다라고 규정되어 있다(제1조).

(2) 정   의

기부금품모집규제법에서 사용하는 용어는 아래와 같이 정의된다.

모집지역: 전국
모집방법: 시민들로부터 가두모금과 모금계좌로의 온라인입금, 제약회사와 약국들로부터 의약품 현품을 기부받음. 주식회사 한국통신의 후원 하에 자동응답전화 모금체계시스템을 사용하여 1 통화마다 2,000원씩의 자동모금.

20) 소송에서 쟁점이 된 것은 첫번째로 북한주민을 위한 구제사업이 기부금품모집규제법 제4조 제 2항 제1호에서 규정한 '국제적으로 행하여지는 구제사업'에 해당하여 허가가 가능한지였다. 행정 자치부는 기부금품모집을 불허한 것을 정당화하면서, "기부금품모집규제법의 규정은 북한과 같은 적국을 위한 기부금품의 모집을 예상하고 있지 아니한바, 위와 같은 기부금품의 모집에 대하여는 대북정책·국제정세·국내사정 등을 종합적으로 고려하여 모금의 시기·주체·방법·규모·전달 방법 등을 엄격하게 규제하여야 한다"라고 주장하였다. 이에 대해 대법원은 "국제적으로 행하여 지는 구제사업에서 유독 북한주민을 위한 구제사업만을 제외할 이유는 없다"고 보아서 북한어린 이를 위한 의약품지원에 필요한 성금 및 의약품 등을 모금하는 행위도 "국제적으로 행하여지는 구제사업"에 해당한다고 보았다. 또한 준조세폐해 근절 및 경제난극복을 이유로 북한어린이를 위한 의약품지원을 위하여 성금 및 의약품 등을 모금하는 행위 자체를 불허한 것이 재량권의 일탈· 남용 및 비례의 원칙에 위반된다고 보았다(대법원 1999. 7. 23. 선고 99두3690 판결).

1) 기부금품

기부금품은 환영금품·축하금품·찬조금품 등 명칭 여하에 불구하고 반대급부 없이 취득하는 금전 또는 물품을 말한다. 그러나 (1) 법인·정당·사회단체·종친회·친목단체 등이 정관이나 규약 또는 회칙 등에 의하여 그 소속원으로부터 가입금·일시금·회비 또는 그 구성원의 공동이익을 위하여 갹출하는 금품, (2) 사찰·교회·향교 기타 종교단체가 그 고유활동에 필요한 경비에 충당하기 위하여 신도로부터 갹출하는 금품, (3) 국가·지방자치단체·법인·정당·사회단체 또는 친목단체 등이 소속원 또는 제3자에게 기부할 목적으로 그 소속원으로부터 갹출하는 금품, (4) 학교기성회·후원회·장학회 또는 동창회 등이 학교의 설립 또는 유지 등에 필요한 경비에 충당하기 위하여 그 구성원으로부터 갹출하는 금품은 기부금품에서 제외된다.

2) 기부금품의 모집

기부금품의 모집이란 서신·광고 기타 방법으로 기부금품의 출연을 타인에게 의뢰·권유 또는 요구하는 행위를 말한다.

3) 모 집 자

기부금품의 모집자는 기부금품모집규제법 제4조의 규정에 의하여 기부금품모집허가를 받은 자를 말한다.

4) 모집종사자

모집종사자는 모집자로부터 지시·의뢰를 받아 기부금품의 모집에 종사하는 자를 말한다.

(3) 적용제외

정치자금에관한법률·결핵예방법·보훈기금법·문화예술진흥법·한국국제교류재단법에 의한 기부금품의 모집에 대해서는 기부금품모집규제법의 규정을 적용하지 아니한다.

(4) 모집허가의 절차

기부금품의 모집을 하고자 하는 자는 행정자치부장관 또는 특별시장·광역시장·도지사(이하 "허가권자"라 한다)의 허가를 받아야 한다. 허가받은 사항 중 중요사항을 변경하는 경우에도 또한 같다.

한편 허가권자는 기부금품모집허가를 하기 전에 미리 기부심사위원회의 심의를 거쳐야 한다.

(5) 모집허가의 요건

기부금품의 모집허가를 받을 수 있는 사업은 아래의 사업으로 한정된다.

1. 국제적으로 행하여지는 구제사업
2. 천재·지변 기타 이에 준하는 재난의 구휼사업
3. 불우이웃돕기 등 자선사업
4. 공익을 목적으로 국민의 적극적인 참여가 필요한 경우로서 대통령령이 정하는 바에 의하여 기부금품의 모집의 필요성이 인정된 사업

(6) 국가 등의 기부금품 모집·접수제한

국가 또는 지방자치단체 및 그 소속기관과 공무원은 기부금품의 모집을 할 수 없다. 그리고 국가 또는 지방자치단체 및 그 소속기관과 공무원은 자발적으로 기탁하는 금품이라도 법령에 다른 규정이 있는 경우를 제외하고는 이를 접수할 수 없다. 다만, 대통령령이 정하는 바에 의하여 사용용도와 목적을 지정하여 자발적으로 기탁하는 경우로서 기부심사위원회의 심의를 거친 경우, 또는 모집자의 의뢰에 의하여 단순히 기부금품을 접수하여 모집자에게 전달하는 경우에는 그러하지 아니하다.

(7) 기부금품의 접수장소 등

기부금품은 국가기관·지방자치단체·언론기관·금융기관 기타 공개된 장소에서 접수하여야 한다. 모집자 또는 모집종사자는 기부금품의 접수사실을 장부에 기재하고, 기부자에게 영수증을 교부하여야 한다. 다만, 익명기부 등 기부자를 알 수 없는 경우에는 그러하지 아니하다. 한편 모집종사자는 기부금품의 모집을 중단하거나 종료한 후 5일 이내에 모집자에게 접수내역과 접수금품을 인계하여야 한다.

(8) 검사 등 허가권자의 감독

허가권자는 기부금품의 모집 또는 접수행위가 이 법 또는 이 법에 의한 명령에 위반되는지의 여부를 확인하기 위하여 필요하다고 인정할 때에는 모집자 또는 모집종사자로 하여금 관계서류·장부 기타 사업보고서를 제출하게 하거나 소속공무원으로 하여금 모집자의 사무소·모금장소 등에 출입하여 장부 등을 검사하게 할 수 있다.

그리고 허가권자는 모집자가 이 법 또는 이 법에 의한 명령에 위반한 때에는 그 허가를 취소하고 모집된 금품을 기부자에게 반환할 것을 명할 수 있다. 만약 기부자를 알 수 없는 경우에는 모집자가 대통령령이 정하는 바에 의하여 허가권자의 허가를 얻어 모집목적과 유사한 용도에 처분할 수 있다. 허가권자가 기부금품모집 허가를 취소하고자 하는 경우에는 청문을 실시하여야 한다.

(9) 기부금품의 사용

모집된 기부금품은 모집목적 외의 용도로 사용할 수 없다. 다만, 다음 각 호의 1에 해당하는 경우에는 대통령령이 정하는 바에 의하여 허가권자의 허가를 얻어 모집목적과 유사한 용도로 사용할 수 있다.

1. 기부금품의 모집목적을 달성할 수 없는 경우
2. 모집된 기부금품을 그 목적에 사용하고 남은 금액이 있는 경우
3. 모집금품의 100분의 2를 초과하지 아니하는 범위 안에서 모집비용에 충당하는 경우

(10) 장부의 비치 및 공개의무

모집자는 기부금품의 모집상황 및 사용내역을 나타내는 장부·서류 등을 작성·비치하여야 한다. 또한 모집자가 기부금품의 모집을 중단 또는 완료한 때 및 모집된 기부금품을 사용하거나 다른 목적에 사용한 때에는 대통령령이 정하는 바에 의하여 그 결과를 공개하여야 한다.

(11) 형사처벌

허가를 받지 아니하고 기부금품을 모집하는 등의 행위에 대해 형사처벌을 하는 규정이 있다. 예를 들어 허가를 받지 아니하고 기부금품을 모집하면 3년 이하의 징역 또는 3,000만 원 이하의 벌금에 처한다. 또한 허가권자의 기부금품반환 명령에 따르지 아니하거나 허가 없이 기부금품을 모집목적과 유사한 용도로 사용한 자, 기부금품을 목적 외의 용도로 사용한 자도 마찬가지이다. 그 외에 장부에 기부금품의 접수사실을 허위로 기재한 자, 기부금품의 모집상황 및 사용내역을 나타내는 장부·서류 등을 비치하지 아니한 자, 모집 및 사용결과 공개의무를 이행하지 아니하거나 허위로 공개한 자는 1년 이하의 징역 또는 1천만 원 이하의 벌금에 처한다.

기타 공개된 장소가 아닌 장소에서 기부금품을 접수한 자 등에게는 500만 원

이하의 과태료를 부과할 수 있다.

4. 현행 기부금품모집규제법의 문제점

(1) 시대에 뒤떨어진 입법목적

앞서 언급한 것처럼 현행 기부금품모집규제법의 전신(前身)인 기부금품모집금지법은 6.25사변으로 인한 혼란기에 제정된 것이었다. 그런데 그 이후에 한국사회는 엄청난 변화를 겪었고, 국민들의 의식도 성장했다. 그러나 기부금품모집규제법은 그러한 시대적 변화의 흐름을 전혀 따라가지 못하는 법률이다. 참고로 이 문제에 대해 헌법재판소는 기부금품모집금지법에 대한 위헌결정문에서 아래와 같이 판단했다.

> "1951년 법이 제정된 이래 우리 사회는 정치·경제·문화 모든 분야에서 엄청난 변화를 겪었고, 입법 당시의 상황과는 비교할 수 없을 만큼 오늘날 국민의 생활수준이 향상되었으며, 국민의 의식 또한 크게 성숙하였다. 이제 우리 국민은 자신이 스스로 선택한 인생관·사회관을 바탕으로 사회공동체 안에서 각자의 생활을 자신의 책임 하에서 스스로 결정하고 형성하는 성숙한 민주시민으로 발전하였다. 국가재정 또한 그 사이 국가경제의 성장으로 인하여 크게 향상되었고, 이에 따라 국가가 주도하는 사업을 더 이상 국민의 성금에 의존하지 않고도 시행할 수 있게 되었다. 그럼에도 불구하고 법 제 3 조의 모집목적의 제한을 통한 모집행위의 원칙적인 금지는 바로 우리 헌법의 인간상인 자기결정권을 지닌 창의적이고 성숙한 개체로서의 국민을 마치 다 자라지 아니한 어린이처럼 다룸으로써 오히려 국민이 기부행위를 통하여 사회형성에 적극적으로 참여하는 자아실현의 기회를 가로막고 있다."

(2) 국민의 기본권에 대한 과도한 침해

헌법재판소는 기부금품모집금지법에 대한 위헌결정문에서 기부금품의 모집행위도 행복추구권에서 파생하는 일반적인 행동자유권에 의하여 기본권으로 보장된다고 하고 있다. 헌법 제10조 전문은 "모든 국민은 인간으로서의 존엄과 가치를 지니며, 행복을 추구할 권리를 가진다"라고 규정하여 행복추구권을 보장하고 있다. 행복추구권은 그의 구체적인 표현으로서 일반적인 행동자유권과 개성의 자유로운 발현권을 포함하기 때문에 기부금품의 모집행위는 행복추구권에 의하여 보호되는 것이다.

그리고 국가는 이러한 기본권을 최소한으로 제한하기 위해 노력해야 하는 것이 헌법상 과잉금지의 원칙에 비추어 볼 때 합당한 것이다. 즉 입법자는 공익실현을 위하여 기본권을 제한하는 경우에도 입법목적을 실현하기에 적합한 여러 수단 중에서 되도록 국민의 기본권을 가장 존중하고 기본권을 최소로 침해하는 수단을 선택해야 한다. 기본권을 제한하는 규정은 기본권행사의 '방법'에 관한 규정과 기본권행사의 '여부'에 관한 규정으로 구분할 수 있다. 침해의 최소성의 관점에서 입법자는 그가 의도하는 공익을 달성하기 위하여 우선 기본권을 보다 적게 제한하는 단계인 기본권행사의 '방법'에 관한 규제로써 공익을 실현할 수 있는가를 시도하고, 이러한 방법으로는 공익달성이 어렵다고 판단되는 경우에 비로소 그 다음 단계인 기본권행사의 '여부'에 관한 규제를 선택해야 한다.

그런데 현행 기부금품모집규제법도 기부금품의 목적 자체를 제한하고 있기 때문에 사실상 일정한 경우를 제외하고는 모집 자체가 금지될 수밖에 없다. 그러나 모집목적에 대하여 원칙적으로 제한을 두지 않더라도 모집행위의 절차에 관하여 규정하고 모집목적에 따라 기부금품이 사용되도록 사후통제를 강화하면, 기부금품모집규제법이 의도하는 목적인 '국민의 재산권보장과 생활안정'은 달성될 수 있다. 따라서 모집목적의 제한을 통하여 일정한 경우를 제외한 모집행위의 가능성을 봉쇄하고 있는 기부금품모집규제법은 입법목적을 달성하기에 필요한 수단의 범위를 훨씬 넘어 국민의 기본권을 과도하게 침해하는 위헌적인 요소를 지니고 있다.

(3) 법의 실효성상실

현실적으로 기부금품모집규제법은 기부행위에 관한 법률로서의 실효성을 상실하고 있다. 기부금품모집금지법이 위헌결정을 받고, 기부금품모집규제법이 가진 위헌성과 비현실성에 대한 비판이 가중되면서 기부금품모집규제법에 의한 허가건수는 극히 적은 수준에 머무르고 있다. 그리고 기부금품모집규제법에 의한 허가를 받지 아니한 모금행위도 상당히 이루어지고 있다.

현행 기부금품모집규제법 시행령상 모집금액이 3억 원(특별시의 경우에는 5억 원) 이하인 경우에는 시·도지사, 그것을 초과하는 경우에는 행정자치부장관의 허가를 받아야 하는데, 행정자치부장관의 허가를 받은 건수는 1997년에 3건, 1998년에 5건, 1999년에 21건, 2000년 상반기에 6건에 불과하다.

이처럼 허가를 받은 건수가 적은 것은 기부금품모집규제법이 모집목적 자체를 제한하고 있고, 모집허가절차가 까다로운 이유로 기부금품을 모집해야 하는 비영리단체들이 아예 허가신청을 하지 않기 때문인 것으로 추정된다. 또한 대부분의 사회복지기관·시민단체들의 경우 실제로는 모금을 하면서도 '후원금'이나 '회비' 또는 '회원모집'의 형식을 취함으로써 기부금품모집규제법을 회피하고 있는 실정이다. 그에 따라 기부금품모집규제법은 사실상 사문화되었다.

(4) 형평성의 문제

앞서 살펴본 것처럼 기부금품모집규제법에도 예외는 있다. 대표적인 것이 정치자금이다. 그리고 영화상영이나 공연시에 관람자들로부터 징수하는 문예진흥기금도 예외이다. 그 이외에도 결핵예방법·보훈기금법·한국국제교류재단법과 같은 특정법률에 의한 기부금품의 모집은 예외를 인정하고 있다.

그러나 현대사회에서 공익적인 목적의 활동은 다양한 영역에서 이루어지고 있고, 특정영역이나 특정기관에 의해 이루어지는 기부금품모집행위만이 더 공익적이라고 볼 근거는 전혀 없다. 따라서 특정영역이나 특정기관에 의한 기부금품모집행위에 대해서만 예외를 인정하는 것은 형평성에 어긋난다고 할 수 있다.

(5) 허가절차의 문제점

현행 기부금품모집규제법에 따르면, 허가권자가 허가를 하기 전에 기부심사위원회의 심의를 거치도록 하고 있다. 그리고 현행 기부금품모집규제법 시행령에 의하면 기부심사위원회의 위원장은 행정자치부장관, 부위원장 2인 중 1인은 행정자치부차관이다. 비영리민간단체의 모금허가권은 전적으로 행정자치부의 판단에 맡겨져 있는 셈이다. 이처럼 기부심사위원회의 전문성이나 독립성이 결여되어 있는 것도 기부금품모집규제법이 안고 있는 심각한 문제점 중의 하나이다.

(6) 사후통제는 전무

정부가 밝히고 있는 기부금품모집규제법의 입법취지는 기부금품의 무분별한 모집을 규제하고, 모집된 기부금품이 적정하게 사용될 수 있도록 한다는 것이다. 그렇다면 당연히 모금한 기부금품이 제대로 사용되었는지에 대한 사후통제가 필요하다. 그런데 현행 기부금품모집규제법은 사전허가를 통해 모집행위에 대해 엄격하게 규제를 하는 반면, 실제로 금품을 얼마나 모집하였는지, 그리고 모집한 금품을 어떻게 사용하였는지에 대한 사후통제는 거의 하고 있지 않다. 특히 금품의 모집결과를 행정자치부에 제출하게 한 규정마저 1999년 2월 5일부터 삭제되어 행정자치부가 얼마나 금품을 모집했는지에 대한 자료조차 가지고 있지 않은 실정이다. 모금의 허가권은 정부가 쥐고 있되 일단 허가가 되면 아무런 통제를 받지 않는 것이다.

현행 기부금품모집규제법상 존재하는 유일한 조항은 기부금품의 모집을 완료한 때에는 모집지역에서 발간되는 지방일간지에 1회 이상 공고하여야 하도록 하고, 다만 모집지역이 2개 이상의 특별시·광역시 또는 도에 해당되는 경우에는 중앙일간지에 1회 이상 공고하도록 하고 있으나, 이것 역시 사후감독이 제대로 되고 있지 않다.

(7) 비현실적인 모집비용

현행 기부금품모집규제법상으로는 단지 2%만이 모집비용으로 인정된다. 그러나 이것은 국제적으로 모금액의 20% 수준이 적정모금경비로 인정되고 있는 상황을 완전히 무시한 것이다. 현행법에 따르면 대부분의 모금단체가 범법자가 될 수밖에 없을 것이다. 모집비용에 대한 비현실적 규제는 없애고, 모집시에 기부자들에게 약속한 대로 사용을 했는지에 대한 사후통제를 강화하는 것이 바람직할 것이다.

Ⅲ. 한국에 있어서 기부자에 대한 세제지원현황

1. 한국세법상 비영리조직(NPO)의 취급

비영리조직(NPO)의 세법상 취급에 대해서는 비영리조직이 법인인 경우와 법인격 없는 사단이나 재단인 경우로 나누어서 생각해 볼 수 있다. 비영리조직이 법인인 경우에는 비영리법인과 관련된 법인세법의 규정을 적용받게 된다.

그런데 비영리조직이 법인격 없는 사단이나 재단인 경우에는 이를 세법상 법인으로 취급할 것이냐가 문제된다. 실질을 보면 법인이지만, 법인설립을 위한 절차를 거치지 않았기 때문이다. 이에 대해 국세기본법 제13조는 아래의 3 경우에는 법인으로 설립등기되지 않았다고 하더라도 법인으로 보도록 규정을 두고 있다.

① 주무관청의 허가 또는 인가를 받아 설립되거나 법령에 의하여 주무관청에 등록한 사단·재단 기타 단체로서 등기되지 아니한 것
② 공익을 목적으로 출연된 기본재산이 있는 재단으로서 등기되지 아니한 것
③ 법인격이 없는 단체 중에서 (1) 사단·재단 기타 단체의 조직과 운영에 관한 규정을 가지고 대표자 또는 관리인을 선임하고 있을 것, (2) 사단·재단 기타 단체 자

〈표 7-8〉 비영리법인의 수익사업에 대해 적용되는 법인세율

과세표준	2004 사업연도까지	2005 사업연도부터
1억 원 이하	15%	13%
1억 원 초과	27%	25%

신의 계산과 명의로 수익과 재산을 독립적으로 소유·관리할 것, (3) 사단·재단 기타 단체의 수익을 구성원에게 분배하지 아니할 것이라는 3가지 요건을 갖추고 대표자 또는 관리인이 관할세무서장에게 신청하여 승인을 받은 경우

이와 같은 규정이 존재하기 때문에 법인이 아닌 비영리조직도 법인으로 간주하게 되는 경우가 대부분이므로 비영리조직에 대해서는 법인세법상의 비영리법인에 관한 규정이 일차적으로 적용된다. 현행 법인세법상 비영리법인은 법인세법 제1조 제1항 각 호에서 규정하고 있는 수익사업 또는 수입에서 생긴 소득에 대해서만 법인세를 납부할 의무가 있게 되어 있다. 그에 따라 비영리법인의 경우에도 수익사업을 통해 벌어들인 소득에 대해서는 과세표준이 1억 원 이하인 경우에는 15% 그리고 1억 원 초과에 대해서는 27%의 세율이 적용된다(법인세법개정에 의하여 2005년 이후에 시작하는 사업연도부터는 과세표준 1억 원 이하에 대해서는 13%, 1억 원 초과에 대해서는 25%가 적용될 예정이다)(〈표 7-8〉 참조).

2. 비영리조직에 기부하는 기부자에 대한 세제지원현황

(1) 비영리조직에 내는 기부금에 대한 세제지원의 의미

비영리조직에 기부금을 내는 사업자(법인이나 개인사업자)나 근로소득자에게 세제혜택을 부여하는 문제는 매우 중요하다. 세제혜택이 부여되면, 사업자의 입장에서는 손금(필요경비)으로 인정되고, 근로소득자의 입장에서는 소득세계산시에 공제가 인정되므로 기부를 활성화하는 데에 도움이 된다. 반면에 비영리조직에 기부를 했는 데도 기부자에게 세제상 아무런 혜택이 없다면, 기부를 활성화하는 데에 저해요인이 될 수밖에 없다. 그리고 세제혜택이 부여된다는 것 자체가 비영리조직의 공신력을 높이는 데에 기여하기도 한다.

(2) 기부자에 대한 세제지원현황(법인의 경우)

비영리조직에 기부한 기부자가 법인인 경우에 기본적으로 법인세법의 적용을

받지만, 그 이외에 조세특례제한법에서도 몇 가지 특례조항을 두고 있다. 현행세법은 기부금[21]을 몇 가지 유형으로 나누고, 각 유형별로 일정한 한도액을 정하여 한도액의 범위 내에서 기부금을 손금으로 인정하고 있다. 현행세법상 법인이 내는 기부금은 법정기부금·특례기부금·지정기부금·비지정기부금으로 나누어진다.

1) 법정기부금

법인세법상 법정기부금은 손금으로 인정되며, 아래의 기부금을 의미한다.

① 국가 또는 지방자치단체에 무상으로 기증하는 금품의 가액. 다만, 기부금품모집규제법의 적용을 받는 기부금품은 동법규정에 의하여 접수하는 것에 한한다.
② 국방헌금과 국군장병위문금품의 가액
③ 천재·지변으로 생기는 이재민을 위한 구호금품의 가액

법정기부금은 당해 연도의 소득금액에서 이월결손금을 차감한 금액을 한도로 하여 한도액까지 손금산입한다.

> 한도액 = 기준소득금액 − 이월결손금(5년 내 발생분)

*기준소득금액이란 기부금을 손금산입하기 이전까지 법인세법의 규정에 의하여 계산한 소득금액을 말한다(이하 같다).

2) 특례기부금

조세특례제한법에 의하여 인정되는 기부금이 있다.

㈎ 정치자금의 손금산입특례

내국인이 정치자금에관한법률에 의하여 정당(동법에 의한 후원회를 포함한다)에 기부한 정치자금은 이를 지출한 당해 과세연도의 소득금액 계산에 있어서 일정한 한도액의 범위 내에서 손금에 산입한다(조세특례제한법 제76조 제1항).

> 한도액 = 기준소득금액 − 이월결손금(5년 내 발생분)

㈏ 50% 손금산입기부금

내국법인이 2006년 12월 31일 이전에 다음의 기부금을 지출하는 경우가 여기

---

21) 세법상 기부금이란 "자유로운 의사결정에 의하여 타인에게 사업과 직접 관련 없이 무상으로 금전 등을 증여하는 경제적 이익"으로 정의된다. 기부금은 업무와 관련 없이 지출된다는 점에서 업무와 관련하여 지출하는 항목인 '접대비'와는 구분된다.

에 해당한다(조세특례제한법 제73조 제 1 항).

1. 문화예술진흥법에 의한 문화예술진흥기금으로 출연하는 금액
2. 사립학교법에 의한 사립학교, 비영리교육재단(사립학교의 신축·증설, 시설확충 및 그 밖에 교육환경개선을 목적으로 설립된 비영리재단법인에 한한다), 기능대학법에 의한 기능대학, 평생교육법에 의한 원격대학형태의 평생교육시설, 국립대학병원설치법에 의한 국립대학병원, 서울대학교병원설치법에 의한 서울대학교병원, 서울대학교치과병원설치법에 의한 서울대학교치과병원 및 산업교육진흥및산학협력촉진에관한법률에 의한 산학협력단에 시설비·교육비 또는 연구비로 지출하는 기부금
3. 사내근로복지기금법에 의하여 기업이 종업원의 복지증진을 위하여 사내근로복지기업에 지출하는 기부금
4. 독립기념관법에 의하여 설립된 독립기념관에 지출하는 기부금
5. 특정연구기관육성법의 적용을 받는 특정연구기관(공동관리기구를 포함한다) 및 정부출연연구기관등의설립·운영및육성에관한법률에 의하여 설립된 한국생산기술연구원과산업기술기반조성에관한법률에 의하여 설립된 전문생산기술연구소에 지출하는 기부금
6. 사회복지공동모금회법에 의한 사회복지공동모금회에 지출하는 기부금
7. 정부출연연구기관등의설립·운영및육성에관한법률의 적용을 받는 정부출연연구기관(법률 제5733호로 동법이 시행되기 전의 특정연구기관육성법에 의한 특정연구기관 및 특정연구기관부설 연구기관으로서 정부출연연구기관에 포함되는 것에 한한다)으로서 대통령령이 정하는 연구기관에 지출하는 기부금
8. 한국교육방송공사법에 의하여 설립된 한국교육방송공사에 지출하는 기부금
9. 국립암센터법에 의한 국립암센터
10. 민법 제32조의 규정에 의하여 설립된 재단법인 2003년 대구하계유니버시아드대회조직위원회(이하 "대구하계유니버시아드대회조직위원회"라 한다)에 지출하는 기부금

이 종류의 기부금의 손금산입한도액은 아래와 같다.

$$\text{한도액} = (\text{기준소득금액} - \text{이월결손금(5년내 발생분)} - \text{정치자금·법정기부금 손금인정액}) \times 50\%$$

3) 지정기부금

법인세법상 지정기부금이란 사회복지·문화·예술·교육·자선·학술 등 공익성을 감안하여 아래에 열거하는 기부금을 말한다. 지정기부금은 다시 '지정기부금단체 등의 고유목적사업비로 지출하는 기부금', '학교장이 추천하는 개인에게 교육비·연구비·장학금으로 지출하는 기부금 등의 공익성기부금', '특별회비 등'으로 나누어진다.

㈎ 다음의 지정기부금단체 등의 고유목적 사업비로 지출하는 기부금

법인세법 시행령 제36조 제 1 항 1호는 일정한 비영리법인(단체를 포함하며, 아래에서는 "지정기부금단체 등"이라 한다)에 대하여 당해 지정기부금단체 등의 고유목적 사업비로 지출하는 기부금을 지정기부금으로 규정하고 있다. 이 때에 '고유목적사업비'라 함은 당해 비영리법인 또는 단체에 관한 법령 또는 정관에 규정된 설립목적을 수행하는 사업으로서 수익사업(보건 및 사회복지사업 중 의료업을 제외) 외의 사업에 사용하기 위한 금액을 말한다.

① 사회복지사업법에 의한 사회복지법인
② 초·중등교육법 및 고등교육법에 의한 학교, 기능대학법에 의한 기능대학 또는 평생교육법에 의한 원격대학
③ 정부로부터 허가 또는 인가를 받은 학술연구단체·장학단체·기술진흥단체
④ 정부로부터 허가 또는 인가를 받은 문화·예술단체(문화예술진흥법에 의하여 지정을 받은 전문예술법인 및 전문예술단체를 포함한다) 또는 환경보호운동단체
⑤ 종교의 보급 기타 교화를 목적으로 설립하여 주무관청에 등록된 단체
⑥ 의료법에 의한 의료법인
⑦ 가목 내지 바목의 지정기부금 단체 등과 유사한 것으로서 재정경제부령이 정하는 지정기부금단체 등

그리고 법인세법 시행령의 위임에 의해 법인세법 시행규칙 제18조 제 1 항에서는 "재정경제부령이 정하는 지정기부금단체 등"의 범위에 대해 아래와 같이 규정하고 있다.

1. 국민건강보험법에 의한 국민건강보험공단
2. 대한적십자사조직법에 의한 대한적십자사
3. 재일본대한민국민단 또는 주무관청의 장의 추천을 받아 재정경제부장관이 지정한 한일친선협회 및 한일협력위원회

4. 새마을운동조직육성법의 적용을 받는 새마을운동중앙본부(그 산하조직을 포함한다)

5. 어린이육성사업을 목적으로 설립된 비영리법인 중 공익법인의설립·운영에관한법률의 적용을 받는 법인

6. 한국보훈복지의료공단법에 의한 한국보훈복지의료공단

7. 보호관찰등에관한법률에 의한 한국갱생보호공단

8. 대한민국재향경우회법에 의한 대한민국재향경우회

9. 정부출연연구기관등의설립·운영및육성에관한법률에 의한 한국여성개발원

10. 한국해양소년단연맹육성에관한법률의 적용을 받는 한국해양소년단연맹

11. 결핵예방법에 의한 대한결핵협회

12. 법률구조법에 의한 대한법률구조공단

13. 법률구조법에 의한 법률구조법인 중 공익법인의설립·운영에관한법률의 적용을 받는 법인

14. 청소년기본법에 의한 한국청소년단체협의회(그 회원단체를 포함한다) 및 정부로부터 인가 또는 허가를 받은 단체로서 청소년기본법 제 3 조 8호의 규정에 의한 청소년단체

15. 학술진흥법에 의한 한국학술진흥재단

16. 근로자직업훈련촉진법에 의한 직업능력개발훈련법인

17. 도서관및독서진흥법에 의하여 등록하거나 신고된 도서관 또는 문고

18. 바르게살기운동조직육성법에 의한 바르게살기운동중앙협의회(그 산하조직을 포함한다)

19. 장애인복지법에 의한 한국장애인복지체육회

20. 한국사학진흥재단법에 의한 사학진흥재단

21. 환경정책기본법에 의한 환경보전협회, 주무관청의 장의 추천을 받아 재정경제부장관이 지정한 환경보전법국민운동추진협의회 및 환경운동연합

22. 박물관및미술관진흥법에 의하여 등록한 박물관 또는 미술관

23. 과학관육성법에 의하여 등록한 과학관

24. 에너지이용합리화법에 의한 에너지관리공단

25. 시설물의안전관리에관한특별법에 의한 시설안전기술공단

26. 국가유공자등단체설립에관한법률에 의하여 설립한 각 단체

27. 주무부장관이 추천하는 외국의 국제문화친선단체

28. 정신보건법에 의한 정신보건시설법인

29. 모자보건법에 의한 대한가족보건복지협회

30. 산업재해보상보험법에 의한 재단법인 산재의료관리원

31. 북한이탈주민의보호및정착지원에관한법률에 의한 재단법인 북한이탈주민후원회
31의2. 지역신용보증재단법에 의한 신용보증재단 및 전국신용보증재단연합회
32. 서울대학교병원설치법에 의한 서울대학교병원 및 국립대학병원설치법에 의한 국립대학병원
33. 스카우트활동육성에관한법률에 의한 스카우트주관단체
34. 한국청소년연맹육성에관한법률에 의한 한국청소년연맹
35. 한국자유총연맹육성에관한법률의 적용을 받는 사단법인 한국자유총연맹
36. 대한민국재향군인회법에 의한 대한민국재향군인회
37. 중소기업기술혁신촉진법에 의한 중소기업정보화경영원
38. 재외동포재단법에 의한 재외동포재단
39. 민법 제32조의 규정에 의하여 주무관청의 허가를 받아 설립된 비영리법인 중 다음 각목의 요건을 모두 충족한 것으로서 주무관청의 추천을 받아 재정경제부장관이 지정한 법인(지정일부터 5년 이내에 종료하는 연도의 말까지의 기간에 한한다)
    가. 수입을 회원의 이익을 위하여 사용하지 아니하고 사회복지 · 문화 · 예술 · 교육 · 종교 · 자선 · 학술 등 공익을 위하여 사용할 것
    나. 해산시 잔여재산은 국가, 지방자치단체 또는 유사한 목적을 가진 다른 비영리법인에게 귀속되도록 할 것

여기에서 특히 주목할 것은 마지막에 있는 법인세법 시행령 제18조 제 1 항 39호이다. 이 규정은 2002년 3월 30일 신설된 규정으로서, 지정기부금단체에 관한 규정 중에서 가장 포괄적이고 일반적인 조항이라고 할 수 있다. 다른 조항들은 모두 특정한 유형의 법인(사회복지법인 · 의료법인)이나 단체(문화예술단체 · 환경보호운동단체 · 종교단체 등)이나 개별적인 특수법인(국민건강보험공단 · 대한적십자사 등)을 언급하고 있는 반면, 법인세법 시행령 제18조 제 1 항 39호는 민법상의 비영리법인이 지정기부금단체가 될 수 있는 일반적 요건에 대해 규정하고 있기 때문이다.

이 조항에 의하면 지정기부금단체가 될 수 있는 요건은 4가지이다. 첫째 민법 제32조의 주무관청의 허가를 받아 설립된 비영리법인이어야 하고, 둘째 수입을 회원의 이익을 위하여 사용하지 아니하고 사회복지 · 문화 · 예술 · 교육 · 종교 · 자선 · 학술 등 공익을 위하여 사용해야 하며, 셋째 해산시 잔여재산은 국가, 지방자치단체 또는 유사한 목적을 가진 다른 비영리법인에 귀속되도록 해야 한다. 그리고 앞의 3가지 요건을 모두 갖추었다고 하여 모두 지정기부금단체가 될 수 있는 것은

아니고, 마지막으로 주무관청의 추천[22]을 받아 재정경제부장관으로부터 지정을 받아야 한다.

그리고 한번 지정을 받아도 그 지정이 영속적인 것은 아니며, 유효기간은 "지정일로부터 5년 이내에 종료하는 사업연도의 말까지"로 제한된다. 그리고 유효기간이 끝난 이후에도 지정받기 위해서는 주무관청이 재추천하고, 재정경제부장관이 새로 지정하여야 한다.

㈏ 공익성기부금

또한 법인세법 시행령 제36조 제 1 항 2호는 아래의 기부금도 지정기부금으로 규정하고 있다.

① 초·중등교육법 및 고등교육법에 의한 학교의 장, 기능대학법에 의한 기능대학의 장 또는 평생교육법에 의한 원격대학의 장이 추천하는 개인에게 교육비·연구비 또는 장학금으로 지출하는 기부금
② 상속세및증여세법시행령 제14조 각 호의 요건을 갖춘 공익신탁으로 신탁하는 기부금
③ 사회복지·문화·예술·교육·종교·자선·학술 등 공익목적으로 지출하는 기부금으로서 재정경제부령이 정하는 기부금

그리고 법인세법 시행규칙 제18조 제 2 항은 법인세법 시행령의 위임을 받아 아래의 기부금을 지정기부금으로 규정하고 있다.

1. 지역새마을사업을 위하여 지출하는 기부금
2. 불우이웃을 돕기 위하여 지출하는 기부금
3. 보건복지부장관이 인정하는 의료취약지역에서 비영리법인이 행하는 의료사업의 사업비·시설비·운영비로 지출하는 기부금
4. 국민체육진흥법에 의한 국민체육진흥기금으로 출연하는 기부금
5. 전쟁기념사업회법에 의한 전쟁기념사업회에 전쟁기념관 또는 기념탑의 건립비용으로 지출하는 기부금
6. 중소기업협동조합법에 의한 중소기업협동조합중앙회에 중소기업연수원 및 중소기업제품전시장의 건립 및 운영비와 중소기업경영 지원정보를 무상으로 제공하기 위한 데이터베이스의 구축 및 운영비로 지출하는 기부금

---

22) 법인세법 시행규칙 제18조 제 4 항에 의하면 추천을 하는 주무관청은 추천을 받는 법인의 사업목적, 기부금모집의 목적, 기부금 모집기간 및 목표액 등이 기재된 지정기부금단체추천서를 첨부하여야 한다.

7. 산림조합법에 의한 산림조합중앙회에 산림자원조성기금으로 출연하는 기부금

8. 근로자복지기본법에 의한 근로자복지진흥기금으로 출연하는 기부금

9. 발명진흥법에 의한 발명진흥기금으로 출연하는 기부금

10. 과학기술기본법에 의한 과학기술진흥기금으로 출연하는 기부금

11. 여성기업지원에관한법률에 의한 한국여성경제인협회에 여성경제인박람회개최비 또는 연수원 및 여성기업종합지원센터의 건립비로 지출하는 기부금

12. 방송법에 의하여 종교방송을 하는 방송법인에 방송을 위한 건물(방송에 직접 사용되는 부분에 한한다)의 신축비로 지출하는 기부금

13. 보호관찰등에관한법률에 의한 범죄예방자원봉사위원지역협의회 및 그 전국연합회에 청소년선도보호와 범법자재범방지활동을 위하여 지출하는 기부금

14. 한국은행법에 의한 한국은행 기타 금융기관이 금융감독기구의설치등에관한법률 제46조 2호 및 동조 3호의 규정에 의하여 금융감독원에 지출하는 출연금

15. 국제체육대회 또는 세계선수권대회의 경기종목에 속하는 경기와 씨름 및 국궁의 기능향상을 위하여 지방자치단체나 대한체육회(특별시·광역시·도체육회 및 대한체육회 가맹단체를 포함한다. 이하 이 호에서 같다)가 추천하는 자 또는 대한체육회에 운동선수양성·단체경기비용 등으로 지출하는 기부금

16. 국제기능올림픽대회에 참가할 선수의 파견비용으로 국제기능올림픽대회한국위원회에 지출하는 기부금

17. 법률 제5310호 노동조합및노동관계조정법 부칙 제6조 제1항의 규정에 의하여 사용자가 노동조합에 재정자립재원으로 지출하는 기부금

⑷ **기타 특별회비 등**

법인세법 시행령 제36조 제1항 3호는 아래의 회비를 지정기부금으로 규정하고 있다.

① 영업자가 조직한 단체로서 법인이거나 주무관청에 등록된 조합 또는 협회에 지급한 특별회비

② 기타 임의로 조직된 조합 또는 협회에 지급한 회비

한편 지정기부금의 손금산입 한도액은 아래와 같다.

> 지정기부금의 한도액 = {기준소득금액 − 이월결손금(5년 내 발생분)
>   − 법정기부금·정치자금손금인정액 − 특례기부금인정액×5%

4) 비지정기부금

법정기부금·특례기부금·지정기부금에 해당하지 않는 기부금은 전액손금에 산입되지 아니한다.

5) 기부금의 이월공제

50% 손금산입기부금과 지정기부금의 한도초과액은 당해 사업연도의 다음 사업연도 개시일부터 3년 이내에 종료하는 사업연도에 이월하여 손금에 산입할 수 있다.

(3) 개인의 경우

개인의 경우에도 기부금의 유형은 법정기부금, 조세특례제한법에 의한 기부금, 지정기부금, 비지정기부금으로 분류할 수 있다.

개인이 부동산임대소득·사업소득·산림소득이 있는 경우에는 법인과 유사한 방식으로 그 소득금액의 계산시에 기부금을 필요경비로 인정받는다. 한도액의 계산공식도 거의 유사하나 지정기부금의 한도액이 소득금액의 5%가 아니라 10%를 적용한다는 것이 다르다.

〈사업소득·부동산임대소득·산림소득이 있는 경우의 필요경비인정한도액〉

① 법정기부금 및 정치자금기부금

　한도액＝기준소득금액－이월결손금

② 조세특례제한법상의 50% 손금산입기부금

　한도액＝(기준소득금액－이월결손금－법정기부금 및 정치자금기부금 필요경비인정액)×50%

③ 지정기부금

　한도액＝(기준소득금액－이월결손금－법정기부금 및 정치자금기부금 필요경비인정액－50% 손금산입기부금 필요경비인정액)×10%

그 외에도 비영리조직에 기부한 개인은 소득세계산시에 종합소득금액(개인의 이자소득·배당소득·부동산임대소득·사업소득·근로소득·일시재산소득·연금소득 기타소득 중에서 분리과세되는 소득을 제외한 소득을 합산한 금액)에서 세법상 인정되는 기부금을 공제하는 방식으로 세제지원을 받는다.[23]

---

23) 비지정기부금 외의 기부금 중 사업소득·부동산임대소득이 있는 자가 사업소득·부동산임대소득의 계산시에 이미 필요경비로 산입한 기부금은 종합소득공제시에는 공제하지 않는다. 이중지원

종합소득공제가 인정되는 기부금의 범위는 법인의 경우와 유사하다. 다만, 법정기부금의 범위에 '사회복지시설 중 무료 또는 실비로 이용가능한 사회복지시설에 대한 기부금품', '불우이웃돕기 결연기관을 통한 불우이웃돕기 기부금품', '사립학교 등에 시설비·연구비·교육비·장학금으로 지출하는 기부금', '사회복지공동모금회에 지출하는 기부금'이 추가된다. 그리고 지정기부금의 범위에 '노동조합에 납부하는 노동조합비', '교원단체가입자가 납부하는 회비', '공무원직장협의회 가입자가 납부하는 회비', '우리사주조합에 지출하는 기부금'(우리사주조합원이 그가 속한 우리사주조합에 지출하는 기부금 제외)이 추가된다.

그리고 소득세법상의 기부금특별공제의 경우, 법인세법보다 지정기부금의 한도액이 높다.

〈기부금특별공제의 한도액〉

① 조세특례제한법상의 기부금한도액 = (종합소득금액 + 사업소득·부동산임대소득계산시 필요경비에 산입한 기부금가액 - 원천징수세율을 적용하는 이자·배당소득 - 법정한도 내의 법정기부금) × 50%

② 지정기부금한도액 = (종합소득금액 + 사업소득·부동산임대소득계산시 필요경비에 산입한 기부금가액 - 원천징수세율을 적용하는 이자·배당소득 - 법정한도 내의 법정기부금·정치자금기부금 - 법정한도 내의 조세특례제한법상의 기부금) × 10%

---

3. 상속·증여세제상의 조세지원

(1) 조세지원을 받는 공익법인 등의 범위

과거 법인세법 및 소득세법에서 규정한 지정기부금대상단체와 상속세및증여세법에 의한 공익법인의 범위가 달라서 혼선이 있었다. 정부는 2002년 세법을 개정하면서 그 범위를 일치시켰다. 따라서 "법인세법의 규정에 의한 지정기부금단체 등이 운영하는 고유목적사업"은 모두 공익법인의 범위에 해당하는 것으로 하였다 (상속세및증여세법 시행령 제12조)

현행 상속세및증여세법 시행령에 의할 때에 공익법인의 범위는 아래와 같다.

1. 종교의 보급 또는 교화에 현저히 기여하는 사업

을 받는 것을 피하기 위해서이다.

2. 초·중등교육법 및 고등교육법에 의한 학교를 설립·경영하는 사업
3. 사회복지사업법의 규정에 의한 사회복지법인이 운영하는 사업
4. 의료법 또는 정신보건법의 규정에 의한 의료법인 또는 정신의료법인이 운영하는 사업
5. 공익법인의설립·운영에관한법률의 적용을 받는 공익법인이 운영하는 사업
6. 예술 및 문화에 현저히 기여하는 사업 중 영리를 목적으로 하지 아니하는 사업으로서 관계행정기관의 장의 추천을 받아 재정경제부장관이 지정하는 사업
7. 공중위생 및 환경보호에 현저히 기여하는 사업으로서 영리를 목적으로 하지 아니하는 사업
8. 공원 기타 공중이 무료로 이용하는 시설을 운영하는 사업
9. 법인세법 시행령 제36조 제 1 항 1호 각목의 규정에 의한 지정기부금단체 등이 운영하는 고유목적사업. 다만, 회원의 친목을 또는 이익을 증진시키거나 영리를 목적으로 대가를 수수하는 등 공익성이 있다고 보기 어려운 사업을 제외한다.
10. 1호 내지 5호·7호 또는 8호와 유사한 사업으로서 재정경제부령이 정하는 사업

위와 같은 공익법인에 출연하는 재산에 대해서는 일정한 조건 하에 상속·증여세의 과세가액에 산입하지 않도록 하고 있다(상속세및증여세법 제16조 제1항). 그에 따라 지정기부금단체에 대한 기부금은 일정한 조건 하에 상속·증여세가 과세되지 않고 있다.

(2) 상속세과세가액불산입

상속재산을 공익법인에 출연하면 상속세과세가액을 계산할 때에 산입되지 않는 혜택을 받을 수 있다. 이러한 혜택을 받으려면 피상속인 또는 상속인이 상속세 신고기한(부득이한 사유발생시는 그 사유가 종료된 날로부터 6월 이내) 내에 공익법인에 상속재산을 출연해야 한다.[24] 그리고 상속인이 출연받은 공익법인 등의 이사가 아니어야 하며, 이사의 선임 기타 사업운영에 관한 중요 사항을 결정할 권한이 없어야 한다.

다만, 공익법인 등이 내국법인의 주식을 출연받은 경우로서 출연받은 주식과 다음의 주식 등을 합한 것이 당해 내국법인의 의결권 있는 발행주식총수 등의 5%를 초과하는 경우에는 그 초과부분은 상속세를 과세한다(상속세및증여세법 제16조 제2항).[25] 이는 재벌기업이 공익법인을 통해서 우회적으로 계열사를 지배하는 것을 막기 위해 도입된

---

24) 상속세과세가액에 산입하지 아니한 재산 및 그 재산에서 생기는 이익의 전부 또는 일부가 상속인 및 그와 특수관계에 있는 자에게 귀속되는 경우에는 상속인 및 그와 특수관계에 있는 자가 상속받은 것으로 보아 상속세를 부과한다.
25) 다만, 상호출자제한 기업집단에 속하지 아니하는 성실공익법인이 출연자와 특수관계가 없는 내

규정이다.

① 출연자가 출연할 당시 당해 공익법인 등이 보유하고 있는 동일한 내국법인의 주
식 등

② 출연자 및 그와 특수관계 있는 자가 당해 공익법인 등 외의 다른 공익법인 등에
출연한 동일한 내국법인의 주식 등. 그리고 피상속인 또는 상속인이 공인신탁을
통하여 공익법인에 출연하는 경우도 마찬가지로 상속세과세가액에 산입하지 아니
한다(상속세및증여세법
제17조 제1항   ).

(3) 증여세과세가액불산입

한편 공익법인 등이 출연받은 재산의 가액은 증여세과세가액에 산입하지 아니
한다. 다만, 상속세와 마찬가지로 공익법인 등이 내국법인의 주식을 출연받은 경우
로서 출연받은 주식 등을 합한 것이 당해 내국법인의 의결권 있는 발행주식총수
등의 5%를 초과하는 경우에는 그 초과부분은 증여세를 과세한다(상속세및증여세법
제48조 제1항   ).

또한 이처럼 증여세과세가액에 불산입한 경우라고 하더라도 출연재산을 직접
공익목적사업 이외의 용도로 사용하거나 3년 이내에 직접 공익목적사업 등에 사용
하지 않은 경우 등 일정한 사유가 발생하면 다시 증여세를 과세한다. 이는 출연 후
의 사후관리를 엄격하게 하기 위한 규정이다.

그리고 공익법인이 재산을 출연받으면 그 출연받은 재산의 사용에 대한 계획
및 진도에 관한 보고서를 관할세무서장에게 제출해야 한다.

또한 공익법인 등은 2년마다 출연받은 재산의 공익목적사업 사용여부 등에 대
하여 3인 이상의 변호사, 공인회계사 또는 세무사를 선임하여 세무확인을 받아 세
무서에 보고해야 한다.[26] 그리고 보고를 받은 세무서장은 세무확인결과를 일반에
공개해야 한다(상속세및증여
세법 제50조).

국법인의 주식을 보유하는 경우로서 주무부장관이 공익목적사업을 효율적으로 수행하기 위하여
필요하다고 인정하는 경우는 제외한다. 그러나 성실공익법인에 해당하지 않게 되거나 특수관계법
인의 주식 등을 당해 법인의 발행주식 총수의 5% 이상 취득하게 될 경우에는 다시 증여세과세가
액에 산입한다.

26) 아래의 공익법인은 세무확인의무가 면제된다.
  1. 과세기간 또는 사업연도 종료일 현재 대차대조표상 총 자산가액이 30억 원 미만인 공익법인
  2. 불특정다수인으로부터 재산을 출연받은 공익법인 등(특수관계자출연 재산합계액이 5%에 미
달하는 경우)
  3. 국가 또는 지방자치단체가 재산을 출연하여 설립한 공익법인 등으로서 감사원법 또는 관련법
령의 규정에 의하여 감사원의 회계검사를 받는 공익법인 등(회계검사를 받는 연도분에 한함).

제 3 절　국제기준과 한국의 기부관련법제도 비교

I. 국제기준과 한국의 비영리조직설립과 관련된 법제도비교

근대국가는 애초에 단체활동을 억압하는 정책을 펴고 특별한 명령이나 법률에 의해서만 법인의 설립을 인정하는 특허주의(特許主義)를 취하였다. 그러나 그 후 사회활동을 발전시킬 필요에 의해 법률이 정한 요건만 충족하면 당연히 법인으로 인정받을 수 있는 준칙주의를 채택한 국가들이 많으며,[27] 전체적인 추세는 법인설립의 자유를 보장하는 방향으로 나아가고 있다.[28]

다만, 일본이 공익법인에 대해 허가주의를 취하고 있으나, 일본도 비영리법인의 설립절차를 완화하는 방향으로 나아가고 있다. 즉 일본의 경우에도 특정비영리활동촉진법을 제정하여 보다 손쉽게 법인격을 취득할 수 있도록 하는 변화가 있었다.[29]

반면에 한국의 경우에는 비영리법인의 설립에 관하여 기본적으로 허가주의를 취하고 있다. 허가주의 하에서는 비영리법인의 설립을 위해서는 주무관청의 사전허가를 받아야 하는 등 까다로운 규제가 이루어진다. 또한 그 과정에서 행정관청에 의한 자의적 판단이 개입될 가능성이 존재한다.

즉 한국의 법제 하에서는 행정기관이 자기의 이익과 결부되는 단체에 대해서는 법인으로서 허가를 하지만, 그렇지 않은 경우에는 허가를 하지 않을 가능성이 있다. 그리고 비영리조직이 법인화되더라도 그 자주성이 저해될 수 있고, 그 활동에 행정의 간섭을 초래할 가능성이 많다.[30] 현행법인제도 하에서는 법인의 설립이

---

27) 미국・영국 등의 국가들에 있어서 비영리조직은 일정한 요건을 갖추고 등록이라는 절차만 밟으면 원하는 법적 자격을 취득할 수 있다.

28) 주요 선진국은 준칙주의 또는 인가주의를 택하여 설립절차를 간소화하고 있다. 국회사무처 법제예산실, 전게서(1999).

29) 허가주의: 법인의 설립을 위해서는 주무관청의 허가(자유재량행위)를 받아야 하는 주의. 법인의 설립에 관한 자유가 주무관청의 자유재량행위에 의해 제한된다.
인가주의: 일정한 조건을 갖추면 행정관청이 당연히 설립을 인가해 주는 주의. 일본의 특정비영리활동법인도 인가주의를 취하고 있다.
준칙주의: 법률이 미리 정한 법인설립에 관한 일정한 요건만 갖추면 당연히 법인으로 인정하는 주의. 관청의 인가를 받을 필요는 없고, 단지 조직과 내용을 공시하기 위한 등기나 등록을 성립요건으로 한다. 한국의 경우에는 상법상의 회사에 대해 준칙주의를 취하고 있다.

30) 국회사무처 법제예산실, 전게서(1999).

나 정관변경, 재산처분시에 주무관청의 허가를 받아야 하고, 임원취임시에도 주무관청의 승인을 받아야 하기 때문이다.

반면 한국의 비영리법인들의 운영실태를 보면, 오히려 매우 폐쇄적으로 운영되고 있다. 대부분의 비영리법인들은 재정 및 운영에 관한 정보를 일반에 공개하지 않고 있으며, 비영리법인들에 대한 주무관청의 감독도 매우 형식적으로 이루어지고 있다. 그에 따라 비영리법인들의 신뢰성에 손상을 주는 부패사건들이 발생하고 있기도 하다.

따라서 한국의 경우에는 법인의 설립을 보다 쉽게 함으로써 민간의 자율성과 자발성을 활성화시키는 한편, 비영리법인의 재정·운영상의 투명성과 책임성을 강화할 필요가 있다.

Ⅱ. 모금과 관련된 국제기준과 한국의 기부금품모집규제법

모금과 관련된 미국·일본·영국의 제도와 한국의 법제도를 비교해 보면 아래와 같다.

1. 모금관련법제의 존재 여부

모금과 관련한 외국의 법제를 보면 미국의 경우에는 주법에서 규율을 하고 있고, 일본의 경우에는 모금 자체를 규율하는 법이 없다. 그리고 영국의 경우에도 관련법이 존재한다.

2. 모금에 대한 규제

미국의 경우 대다수의 주들이 모금법(solicitation act)을 가지고 있다.[31] 미국의 경우 1955년 뉴욕주에서 소비자보호의 차원에서 자선단체등록부서(State Office of Charities Registration)의 설립을 한 이후 각 주들은 모금관련법들의 개정을 통해서 민간조직들의 모금계획에 대한 등록과 함께 모금방법과 모금내용의 상세한 보고, 모금전문가와의 계약관계의 상세한 보고, 기부금이 지출되는 내역의 상세한 보고를 요구하고 있다.[32]

---

31) 이창호, 전게서(1998).
32) 강철희, "한국 모금문화의 현재와 선진화과제," 한국 모금문화현실과 선진화방안토론회 자료집 (국회복지포럼, 사회복지공동모금회 주최, 1999. 7. 15).

그러나 미국의 경우에는 모금건별로 정부의 사전허가를 요구하지 않는다. 기본
적으로 등록만 하면 자유롭게 모금을 할 수 있는 체제이다. 미국 펜실베니아주 자
선모금법(Solicitation of Funds for Charitable Purposes Act 2001)에 의하면, 모금을
원하는 단체들은 주국무성에 등록(initial registration)을 해야 한다. 그리고 매년 갱
신등록(renewal registration)을 해야 하는데, 이 경우 회계연도종료 후 135일 이내에
갱신등록을 해야 한다. 이러한 등록의무가 면제되는 경우들도 존재하지만, 원칙적
으로 등록의무가 있다. 펜실베니아주의 경우에 주교육청에 등록된 교육기관, 공공
병원(주보건국이나 복지국에 등록된 병원)이나 병원재단이 운영하는 병원, 퇴역군인
조직, 비영리공공도서관 등은 등록의무가 면제된다. 그리고 연간모금액이 25,000달
러가 안 되는 단체도 등록의무가 면제된다. 워싱턴주의 1996년 모금법에서도 연간
모금액이 25,000달러 이하일 경우에 등록의무가 면제된다.[33]

영국의 경우에는 자선법(Charities Act)이 제정되어 있으며, 모금을 원하는 단
체가 등록을 하면 모금을 할 수 있도록 하고 있다. 영국도 한국과 같은 사전허가의
개념은 아니며, 등록만 하면 누구나 모금을 할 수 있도록 되어 있다.[34]

그리고 일본의 경우에는 모금에 대한 허가나 등록절차가 없다.

반면 한국의 경우에는 모금을 하려고 할 때에 정부로부터 건별로 사전허가를
받아야 한다. 그리고 사전허가를 받을 수 있는 모금목적 자체가 제한되어 있으며,
모금허가를 받기 위한 절차도 매우 까다롭게 되어 있다.

3. 사후감독

미국의 경우에 사후통제는 한국보다 엄격한 편이다. 펜실베니아주의 경우에 연
간 125,000달러 이상을 모금하는 단체의 경우에는 의무적으로 독립된 공인회계사
등으로부터 재무보고서(financial reports)에 대한 감사(audit)를 받아야 하게 되어
있다. 그리고 연간 50,000달러 이상 125,000달러 미만을 모금한 단체의 경우에는
독립된 공인회계사 등으로부터 재무보고서에 대한 검토(review)나 감사(audit)를 받
아야 한다. 감사는 미국공인회계사협회(American Institute of Certified Public Ac-
countants)의 감사기준(the Statements on Auditing Standards)에 따라 실시되며, 검토
(review)는 미국공인회계사협회의 회계 및 검토서비스기준(the Statements on Stan-

---

33) 이창호, 전게서(1998).
34) 이창호, 전게서(1998).

dards for Accounting and Review Services)에 따라 수행된다. 또한 펜실베니아주의 검찰총장실(Office of Attorney General) 산하에 전담부서(Charitable Trusts and Organizations Section)를 두고, 일상적으로 위법행위를 감시하고 있다.

영국의 경우에 내무성(Home Office) 산하에 감독기관으로 자선위원회(Charity Commission)를 두고 있다. 그리고 다음의 〈표 7-9〉에서 보는 것처럼 연간총수입에 따라서 연간총수입이나 총 지출이 1만 파운드를 초과하는 경우에는 등록감사인에 의한 독립적 검사나 감사를 받아야 하는 등의 의무를 부여하고 있다.[35] 여기서 독립적 검사(independent examination)는 감사(audit)보다는 완화된 형태의 조사방식이다.

반면 한국의 경우에는 허가권자가 필요할 경우에 자료제출을 요구하거나 소속

〈표 7-9〉 1993년 자선법(Charities Act 1993)에 의한 감사·검사를 받을 의무

구 분	회계처리방식	검사나 감사를 받을 의무	보고의무
총 수입과 총 지출 모두 10,000 파운드 이하	현금주의 또는 발생주의 선택가능	원칙적으로 독립적 검사나 감사를 받을 의무 없음. 다만 예외적으로 자선위원회가 감사를 요구할 수 있는 경우가 있음	자선위원회에 Annual Return을 제출할 의무 없음
총 수입 또는 총 지출 10,000파운드 초과(단, 총 수입 100,000파운드 이하)	〃	등록감사인(registered auditor)에 의한 독립검사(independent examination) 또는 감사(audit)를 받아야 함	회계연도종료 후 10개월 내에 Annual과 연간보고서(Annual Report)를 자선위원회에 제출해야 함
총 수입 100,000 파운드 초과	발생주의로 회계처리해야 함	〃	〃
총 수입 250,000 파운드 초과	〃	등록감사인(registered auditor)에 의한 감사(audit)를 받아야 함	〃

자료 : Charity Commission, CC61-Charity Accounts: The Framework, 2002. 10.

---

35) http://www.charity-commission.gov.uk/publications/cc61.asp 참조.

공무원으로 하여금 검사하게 할 수 있지만, 그것은 허가권자의 재량에 맡겨져 있다. 또한 회계감사나 검사가 의무화되어 있지도 않다. 그리고 모금을 중점적으로 사후관리하는 전담기구도 없는 실정이다. 더구나 금품의 모집결과를 행정자치부에 제출하게 한 규정마저 1999년 2월 5일부터 삭제된 상태이다.

4. 모집비용

미국·영국은 모금액대비 모집비용의 비율에 대해 법적 제한을 가하지 않고 있다. 기본적으로 기부자들의 판단에 맡기는 태도이다. 그런데 한국의 경우에는 기부금품모집규제법에서 모집비용을 모금액의 2%로 제한하고 있다. 그러나 이러한 모집비용은 매우 비현실적이라는 비판을 받고 있다. 또한 과연 모집비용을 법으로 규제하는 것이 타당한 것인지에 대한 근본적인 의문도 존재한다. 모집비용을 과다하게 지출하는 단체에 대해서는 기부자들 스스로의 판단에 의해 기부를 하지 않도록 하면 되고, 그것을 위해서는 모금한 금품의 사용내역만 투명하게 공개되면 되기 때문이다.

Ⅲ. 기부자에 대한 세감면제도에 대한 국제기준과 한국의 비교

1. 기부자에 대한 세감면지위획득과 법인격

미국과 영국의 경우에는 법인격의 취득과 같은 비영리조직의 법적 형식이 세감면지위의 획득요건은 아니다. 미국의 경우에는 비영리조직이 일정한 공익성테스트를 거치면 법인인지 여부에 관계 없이 세감면지위를 획득할 수 있다.

반면 일본의 경우에는 법인만이 세감면지위를 획득할 수 있었다. 그러나 법인격의 취득을 위해서는 행정관청의 허가를 받아야 하는 상황에서 세감면지위의 획득을 법인격취득과 연계시키는 것은 문제가 있었다. 즉 비영리조직이 세감면지위를 획득하는 절차가 기본적으로 매우 까다롭고, 세감면지위의 획득 여부가 행정관청의 재량에 의해 좌우될 수 있는 요소들이 있었다. 일본의 경우에는 이러한 비판을 수용하되 법인격의 취득을 쉽게 하고, 법인격을 취득한 법인들에 대해서 일정한 자격요건 하에 국세청장관이 세감면지위를 부여하는 시스템으로 전환하였다. 즉 특정비영리활동촉진법을 제정하고 특정비영리활동촉진법에 의한 특정비영리활동법인의 설립에 대해서는 준칙주의에 가까운 인가주의를 취함으로써 법인설립의 자유를 대폭 확대하였다. 그리고 설립된 특정비영리활동법인(NPO법인)이 일정한 요건을 충족하면 기부자에 대해서도 세감면혜택을 줄 수 있는 인정 NPO법인이 될 수 있게 하였다. 물론 아직은 인정 NPO법인이 되는 자격요건이 까다로운 점이 비판의 대상이 되고 있다.

한국의 경우에는 특정법인(단체) 유형이나 특정법인(기관)은 과세관청에 의한 심사 없이 자동적으로 세감면지위를 획득하게 하고 있다. 반면 법인이 아닌 경우에는 원칙적으로 세감면지위를 획득하는 길을 봉쇄해 놓았다. 미국·영국·일본과 비교할 때에 한국의 법제가 안고 있는 문제점을 보다 구체적으로 지적하면 아래와 같다.

첫째, 한국은 법인의 설립을 엄격하게 규제하는 법제를 취하고 있으면서도 법인이 아닌 비영리조직(NPO)에 기부하는 기부자에 대해서는 세제혜택을 원칙적으로 부여하지 않는 형태의 제도를 취하고 있다. 비영리조직이 기부자에 대한 세감면지위를 획득할 수 있는 가장 일반적인 조항인 법인세법시행규칙 제18조 제 1 항 39호에서는 명시적으로 '법인'만이 지정기부금단체가 될 수 있다고 표현하고 있다. 그러나 미국의 경우에는 법인 여부에 관계 없이 일정한 요건을 갖추면 세감면지위를 획득할 수 있다. 결사의 자유가 보장되는 나라에서 법인화를 할 것인지 말 것인지는 결사체가 스스로 선택할 문제이고, 국가가 법제도를 통해 불합리한 차별을 할 필요는 전혀 없다. 또한 법인화하지 않은 시민단체의 공익성이 법인보다 떨어지는 것도 아니다. 오히려 비영리법인 중에서도 친목도모적인 성격의 활동을 하는 단체가 있는 반면, 법인 아닌 단체들 중에서도 시민단체처럼 사회일반의 공익을 위해 활동하는 단체도 있다. 국가가 비영리조직에게 조세지원을 해 줄 당위성은 바로 비영리조직이 하는 활동의 공익성 때문이다.

둘째, 일관성이 없다. 현행세법은 법인이 아닌 단체는 원칙적으로 지정기부금단체가 될 수 없도록 규정하고 있으면서도 '정부로부터 허가 또는 인가를 받은 학술연구단체, 장학단체, 기술진흥단체, 문화·예술단체 또는 환경보호운동단체', '종교의 보급 기타 교화를 목적으로 설립하여 주무관청에 등록된 단체', '정부로부터 인가 또는 허가를 받은 단체로서 청소년기본법 제 3 조 8호의 규정에 의한 청소년단체', '도서관및독서진흥법에 의하여 등록하거나 신고된 도서관 또는 문고', '과학관육성법에 의해 등록한 과학관'은 법인 여부와 관계 없이 지정기부금단체에 포함되는 것처럼 규정하고 있다. 또한 종교단체나 도서관, 문고, 과학관의 경우에는 등록이나 신고만 되어도 지정기부금단체가 될 수 있는데, 다른 영역에서 활동하는 시민단체의 경우에는 행정관청에 등록이 되어 있어도(비영리민간단체지원법에 의한 등록이 대표적인 예이다) 기부자에 대한 조세지원이 안 된다는 것은 모순이라고 할 수 있다.

셋째, 민법상의 법인인 경우에도 일정한 요건만 충족되면 지정기부금대상단체가 될 수 있는 것이 아니라, 주무부처장관의 추천과 재정경제부장관의 승인을 받도록 되어 있어 세감면지위의 획득과정이 불투명하고 자의가 개입될 소지도 많다.

넷째, 사회복지법인 · 의료법인과 같은 특정유형의 법인은 심사도 없이 지정기부금대상단체가 되고 있다. 그러나 세감면지위는 국가의 조세수입 감소를 무릅쓰고 부여하는 것이기 때문에 그 법인의 공익성을 담보하기 위해서는 과세관청이 엄격한 사전심사와 사후감독을 시행해야 한다. 현재의 제도를 보면, 공익성심사 없이 당연하게 조세지원을 받는 법인과 단체들의 범위가 지나치게 넓다. 그리고 그런 법인과 단체들의 재무상태의 투명성 · 적정성을 보장하는 장치는 제대로 갖추어져 있지 않다.

2. 세법상 인정되는 손금산입(공제)의 한도액

한국의 경우에는 미국이나 일본과 비교할 때에 비영리조직에 기부한 개인이 받을 수 있는 소득세공제의 한도액이 낮은 편이다. 미국의 경우 자선단체에 기부한 개인은 소득의 50%까지 공제받을 수 있고, 일본의 경우에도 개인소득의 25%에서 1만 엔을 공제한 금액만큼 공제받을 수 있다. 반면 한국세법상으로는 지정기부금의 경우 개인소득의 10%가 한도액설정기준이 되고 있다(법정기부금이나 조세특례제한법상의 기부금은 예외).

물론 공제한도를 상향조정하기 위해서는 기부금의 모집과 사용내역이 투명하게 공개되고, 과세당국에 의해 철저하게 사후관리가 될 필요가 있다. 기부자에 대한 조세지원은 공익적 목적의 기부활성화를 위해 국가가 일정한 세수감소를 감수하는 것이기 때문이다.

Ⅳ. 총 평: 기부문화활성화에 역행하는 낙후된 한국의 법제도

미국 · 영국 · 일본과 비교해 볼 때에 한국의 법제도는 비영리법인의 설립과 운영, 모금에 대해서 정부가 사전(事前)에 과도한 규제와 개입을 하고 있다는 특징을 가지고 있다. 이는 국민의 결사의 자유와 행복추구권에 대한 제한과 침해이다. 반면에 비영리법인의 운영이나 모금한 기부금품의 사용내역에 대한 사후관리는 매우 부실하다. 그리고 이에 대해 전문성이 있는 행정인력도 전담조직도 없는 상태이다.

한편 세감면지위의 획득과 관련해서도 상당히 후진적인 시스템을 유지하고 있다. 세감면지위획득의 가능성을 법인으로 제한하면서도 특정유형의 법인(단체)이나 특정기관에 대해서는 심사 자체를 하지 않는 이중적인 태도를 보이고 있다. 또한 비영리조직의 세무에 대한 사후관리도 철저하게 이루어지지 못하고 있는 실정이다.

이러한 문제점들은 기부와 관련된 한국의 법제도가 전반적으로 후진성을 면하지 못하고 있음을 보여 준다. 따라서 한국의 기부관련 법제도는 전면적인 개선이 필요하다.

제 4 절 한국의 기부관련법제도의 개선방향

Ⅰ. 비영리법인의 설립·운영과 관련한 개선방향

1. 개선의 기본방향

현재 허가주의를 취하고 있는 비영리법인제도의 근본적인 개선이 필요하다. 민법을 개정하여 비영리법인의 설립에 대해 전면적으로 준칙주의 또는 인가주의를 도입하는 방안도 검토할 수 있을 것이다. 그리고 일본이 취한 방식대로 특정한 범위의 비영리공익법인에 대해서만이라도 우선적으로 인가주의를 도입한 후에 점진적으로 허가주의를 인가주의나 준칙주의로 전환하는 것도 생각할 수 있을 것이다. 전자보다는 후자가 점진적인 접근법이라고 할 수 있다.

이처럼 비영리조직이 법인격을 취득하는 것이 보다 쉬워지면, 다양한 분야에서 활동하는 비영리조직들이 보다 쉽게 사회적 실체를 인정받고 공신력을 획득할 수 있을 것이다.

2. 비영리민간단체지원법의 문제

한편 한국의 현행법제도상 비영리법인제도를 개선하려고 할 때에 현행 비영리민간단체지원법의 문제도 함께 검토할 필요가 있다. 현행 비영리민간단체지원법은 일본의 특정비영리활동촉진법을 상당부분 참조하여 입법된 법률이다. 그러나 근본적인 차이가 있다. 그것은 일본의 특정비영리활동촉진법은 법인격취득의 용이화(특정비영리활동법인의 설립)에 초점을 맞추고 있는 반면, 현행 비영리민간단체지원법은 직접적인 재정지원에 초점을 맞추고 있기 때문이다. 그러면서도 현행 비영리민간단체지원법은 정부가 비영리민간단체에 지원하는 모든 재정지원을 규율하는 법률도 아니며, 행정자치부 일반회계예산 속에 편성되는 비영리민간단체지원금에 대해서만 적용되는 법률에 불과하다. 행정자치부를 제외한 타중앙부처는 비영리민간단체지원법에 의하지 않고 해당 부처의 예산 속에 민간단체에 대한 보조금을 편성하여 집행하고 있으며, 지방자치단체는 지방자치단체 나름대로 예산 속에 각종 사회단체에 대한 보조금을 편성하여 집행하고 있다. 따라서 현상태로는 비영리민간단체지원법의 존재의미가 의심스러운 상황이다. 또한 비영리민간단체지원법에 의한 등록제도도 정부의 재정지원을 위한 절차정도에 지나지 않는 것이어서 다른 정부부처는 그에 대해 공신력을 부여하지 않고 있다.

3. 개선을 위한 움직임

전국시민단체들의 연대조직인 시민사회단체연대회의는 일본의 특정비영리활동촉진법과 유사한 민간공익활동촉진법(안)을 추진하고 있다. 민간공익활동촉진법(안)은 기존의 비영리민간단체지원법의 문제를 극복하고, 비영리민간단체지원법을 흡수·대체하기 위하여 추진되고 있는 법률이다.

민간공익활동촉진법(안)의 주요 골자는 (1) 민간공익활동법인의 설립을 허용하고, (2) 민간공익활동법인에 대해서는 인가주의를 도입하여 비영리조직의 법인격취득을 손쉽게 하고,[36] (3) 민간공익활동법인에 대해서는 주무관청에서 엄격하게 사후관리를 하도록 하는 내용을 담고 있다.

다만, 민간공익활동촉진법(안)이 일본의 특정비영리활동촉진법과 다른 점은 일본의 특정비영리활동촉진법은 17개 비영리활동영역을 열거하고 그 영역에 한해서 특정비영리활동법인의 설립을 허용하고 있는 반면, 민간공익활동촉진법(안)에서는

---

36) 민간공익활동법인을 설립하고자 하는 자는 정관·임원명부·재산목록 등의 서류를 첨부하여 신청서를 주무관청에 제출하고 설립인가를 받을 수 있도록 한다. 그리고 주무관청은 인가신청이 법령의 규정에 적합하면, 반드시 그 설립을 인가하도록 하여 주무관청의 재량에 따라 인가 여부를 결정할 수 없도록 하였다.

민간공익활동을 포괄적으로 정의하고 있다는 것이다.[37] 일본의 특정비영리활동촉
진법처럼 17개의 비영리활동영역을 열거하는 경우에 법인인가에 대한 주무관청의
재량권을 축소하는 기능을 할 수가 있으나, 비영리조직의 활동이 시대에 따라 다양
하게 변화하는 것을 반영하기가 어렵다는 문제가 있다.

   또한 시민사회단체연대회의가 발표한 민간공익활동촉진법(안)은 단지 법인격
의 취득에 관한 내용뿐만 아니라, 정부가 비영리조직에 재정지원을 하는 것에 대한
원칙과 절차, 사후감독에 대해서도 규정을 두고 있다. 이 점도 일본의 특정비영리
활동촉진법과는 다른 점이다. 민간공익활동촉진법(안)에 의하면, 현행 비영리민간
단체지원법상의 재정지원조항을 흡수하고 개별법에서 분산적으로 운영되고 있는
비영리민간단체의 재정지원조항을 통합운영하도록 하고 있다. 또한 정부재정지원
의 공정성과 투명성을 제고하기 위하여 지원사업의 선정과 심사에 있어서 엄격한
기준을 정하고 있다.

Ⅱ. 기부금품모집규제법의 개선방향

1. 기부금품모집규제법 개정논의의 현황

   기부금품모집규제법은 그 위헌성·비현실성·불공평성 등의 문제 때문에 폐지
또는 개정되어야 한다는 문제제기가 끊임없이 나왔다. 1999년에는 월드비전 등을
중심으로 한 87개 단체가 '기부금품모집규제법폐지추진위원회'를 구성하고, 이 법
의 전면개정 또는 폐지를 주장하고 나섰다.

   이러한 움직임의 결과로 16대 국회에서는 국회의원들이 발의하거나 정부가 발
의한 기부금품모집규제법개정안이 4건 제출되었다. 그 중 1건은 정부가 발의한 것
이고, 나머지 3건은 의원발의가 된 것이다. 의원발의가 된 것 중 1건은 송석찬 의
원이 대표발의한 것인데, 초점은 기부강요행위 금지 및 위반시 벌칙부과, 모집결과
신고의무부여 및 위반시 과태료부과이다. 또한 정부발의안의 핵심요지는 기부강요
행위 금지 및 위반시 처벌, 모집비용허용한도를 2%에서 5%로 상향조정하는 것이
다. 이러한 송석찬 의원 대표발의(안)와 정부(안)는 기존의 사전허가제를 유지하는
것을 전제로 하고 있으므로 시민사회단체들이 그 동안 주장해 온 것과는 거리가

---

37) 민간공익활동촉진법(안) 제 3 조 제 1 항에 의하면, 민간공익활동이라 함은 불특정다수 또는 사
   회일반의 이익증진에 기여하는 것을 목적으로 하는 민간활동을 말한다.

면 방향이라고 할 수 있다.

행정자치부는 허가제의 기본골격을 그대로 유지하려는 입장을 보이고 있다. "건전한 시민단체의 활동을 제약하지 않도록 모금대상사업의 확대·세분화"와 동시에 "허가신청사업에 대하여 하자가 없는 한 최대한 허용"하고 허가권을 기속재량행위로 운용하겠다는 것이다.

이에 반해 의원발의된 나머지 2건은 이병석·전갑길 의원이 중심이 되어 발의된 (안)인데, 2차례에 걸쳐서 발의된 이유는 첫번째 (안)을 일부 수정하여 다시 발의했기 때문이다. 이병석·전갑길 의원이 두 번째로 대표발의한 (안)의 핵심골자는 "기부금품모집규제법"이란 명칭을 "기부금품모집법"으로 변경하고, 기부금품모집에 대한 허가제를 신고제로 전환하고, 기부금품을 모집할 수 있는 주체를 공익법인의설립·운영에관한법률에 의해 설립된 공익법인, 민법상 비영리법인, 그리고 비영리민간단체지원법에 의해 등록된 비영리민간단체로 한정하고, 기부금품모집비용의 한도액을 모금액의 20%로 확대하고, 기부금품모집과 관련된 사후감독책임을 행정자치부나 시·도지사 외에 국세청에게도 부여하였다.

그러나 이러한 기부금품모집규제법 개정안은 제16대 국회에서 심의되다가 통과되지 못하고 자동폐기되게 되었다.

2. 기부금품모집규제법에 관련된 쟁점들

17대 국회가 구성되면 기부금품모집규제법에 대한 논의가 다시 시작될 것이다. 기부금품모집규제법을 개선함에 있어서 현재까지 쟁점으로 형성되었고, 앞으로도 쟁점이 될 사항들에 관하여 정리하면 아래와 같다.

(1) 폐지냐 개정이냐

기부금품모집에 대해 정부가 규제할 필요가 없고, 모금한 돈의 사용처에 대해서는 각종 검찰·경찰 등의 수사기관과 국세청이 사후관리를 수행하면 되므로 '신고제'라는 형태로도 기부금품모집규제법을 존속시키는 것은 타당하지 못하다는 지적도 있다. 기부금품의 모집 자체에 대해서는 원칙적으로 국가가 관여할 일이 아니라는 것이다. 그리고 만약 강요 등의 불법행위가 있으면 형사절차에 따라 처벌하면 되고, 국세청에서 비영리법인에 대한 관리감독을 강화하면 된다는 것이다. 또한 신고제라는 형식으로라도 기부금품모집규제법이 존속할 경우에는 정부의 불필요한 규제나 간섭이 계속될 수 있다는 우려도 존재한다.

〈이병석·전갑길 의원이 대표발의한 기부금품모집규제법 개정(안)의 주요 골자〉
 1. 제명을 "기부금품모집규제법"에서 "기부금품모집법"으로 함.
 2. 기부금품모집자격을 공익법인설립·운영에관한법률에 의한 공익법인, 민법 제32조에 의한 비영리법인, 비영리민간단체지원법에 의한 비영리민간단체로 규정함(안 제4조 제1항).
 3. 기부금품을 모집하고자 하는 자는 모집목적 및 모집기간 등을 포함한 모집계획을 수립하여 행정자치부장관 또는 특별시장·광역시장·도지사(이하 시·도지사라 한다) 및 국세청장에게 각각 신고하여야 함(안 제4조 제2항).
 4. 기부금품은 공익과 자선을 목적으로 하는 외에는 모집할 수 없음(안 제4조 제3항).
 5. 모집종사자가 기부금품을 모집할 수 있는 근거규정을 삭제하고, 모집자만 모집할 수 있도록 하였으며, 국세청이 제작한 영수증을 사용하도록 하였음(안 제6조 제2항).
 6. 기부금품을 강요하는 행위는 하지 못하며, 기부금품을 강요받은 자는 기부금품모집에 있어 행정자치부장관 또는 시·도지사에게 모집금지를 서면으로 요청할 수 있도록 함(안 제7조 제1항).
 7. 모집자가 서신·광고 그 밖의 방법으로 모집행위를 하는 경우에 기부금품모집의 신고일자 및 신고번호를 명시 또는 고지하고 모집을 중단하거나 종료한 경우, 그 결과를 30일 이내에 행정자치부장관 또는 시·도지사 및 국세청장에게 신고하도록 함(안 제8조).
 8. 기부금품모집법에 따라 모집된 기부금품에 대하여 법인세법, 소득세법 및 조세특례제한법 등 조세에 관한 법령이 정하는 바에 따라 조세를 감면할 수 있도록 함(안 제9조).
 9. 행정자치부장관 또는 시·도지사는 모집자가 이 법 또는 이 법에 의한 명령을 위반하는 때에는 그 모집의 금지를 명할 수 있음(안 제11조).
10. 모집금품 중 모집비용으로 충당할 수 있는 금액의 범위를 모집금품의 100분의 2에서 100분의 20으로 확대하되 그 세부내용은 대통령령으로 정함(안 제12조).
11. 모집자는 기부금품의 수입·지출결산서를 작성하여 매년 사업종료 후 3월까지 행정자치부장관 또는 시·도지사 및 국세청장에게 제출하여야 함(안 제13조의2 제1항).
12. 국세청장은 기부금품모집목적 외 사용 및 유사용도사용 등을 확인하고 일반인이 열람할 수 있도록 함(안 제13조의2 제2항).

그러나 당장 폐지하는 것이 어렵다면, 잠정적으로 신고제로 전환하되 장기적으로는 폐지하는 것을 검토해야 할 것이다. 신고제로 전환하더라도 현행 행정절차법에서 신고요건을 갖추지 못한 신고서가 제출된 경우에는 보완을 요구할 수 있고, 보완이 되지 않는 경우에는 이유를 명시하여 반려할 수 있도록 되어 있으므로 신고요건을 갖추지 못한 신고서에 대해서는 행정관청이 반려할 권한이 있다.

따라서 신고제로 전환한다고 하여 요건이 미비한 기부금품모집이 남발되지는 않는다. 달라지는 것은 신고제로 전환되면 허가제처럼 허가 여부가 행정관청의 재량사항이 되는 것이 아니고, 신고요건을 갖춘 경우에는 행정관청이 반드시 수리해야 하므로 행정관청이 재량권을 남용하지 못하게 되는 효과가 있는 것이다.

또한 기부금품의 모집이 가능한 모집목적을 열거하고, 그에 해당하지 않으면 기부금품의 모집 자체를 불허하는 것도 개선되어야 한다. 기부금품의 모집목적에 대해서는 정부가 판단해서 규제할 문제가 아니라 기부자들이 판단할 문제이기 때문이다. 그리고 다양한 비영리활동의 수요를 법률에서 미리 예측하여 모집목적을 일일이 열거한다는 것은 사실상 불가능하기 때문이다.

(2) 모집비용의 인정한도

현행 기부금품모집규제법에서 모집비용을 모금액의 2%로 제한하고 있는 것은 매우 비현실적인 규정이다. 그에 따라 이병석·전갑길 대표발의(안)에서는 모집비용을 모금액의 20%로 확대하자는 제안을 하고 있다. 이처럼 모집비용을 모집한 기부금품의 일정비율로 제한하자는 것은 언뜻 보기에는 그럴 듯해 보이지만, 실제로는 논리적으로 모순이 있다. 그것은 모집의 실제 과정상 불가능한 요구이기 때문이다. 예를 들어 어떤 법인이 1억 원을 모집하려고 하는 계획을 세웠다고 하자. 그리고 그 법인은 1억 원의 20%인 2천만 원을 모집비용으로 사용했다. 그런데 모집이 예상보다 부진해서 5천만 원밖에 모이지 않았다. 그렇게 되면 모집비용의 비율이 40%가 되게 된다. 즉 모집비용은 모집을 하는 과정에서 쓰이는 것이고, 모집금액대비 모집비용의 비율은 모집이 끝났을 때 사후적으로 산출되는 것이다. 그런데 예상보다 모집이 부진해서 모집비용의 비율이 당초의 예상보다 높아진 경우에는 법을 위반한 셈이 되게 된다. 결국 모집비용을 법으로 제한하는 것은 여러 가지로 불합리한 결과를 초래할 수밖에 없다.

모집비용문제도 결국 기부자의 판단에 맡겨야 한다. 만약 기부금품을 모집했는

데, 모금액 중에 너무 많은 비율을 모집비용으로 사용한 법인이나 단체가 있고 그 정보가 기부자들에게 정확하게 전달만 된다면, 그런 사실을 안 기부자들이 그 법인이나 단체에 대한 기부를 기피하게 될 것이다. 그렇기 때문에 모집주체는 어떻게 해서든 모집비용의 비율을 낮추려고 할 수밖에 없다. 따라서 이런 부분에 대해 정부가 개입하려는 것은 논리적 모순만을 낳을 뿐이다. 국가는 모금내역과 모금한 돈의 사용내역, 그리고 모집비용의 사용에 관한 정보들이 기부자들에게 제공될 수 있도록 법제도만 마련하면 된다. 그 이후의 판단은 기부자들에게 맡기는 것이 바람직할 것이다.

(3) 사후감독의 책임주체

기부금품이 모집된 이후에 모집 당시에 밝힌 목적대로 제대로 사용되는 것은 매우 중요하다. 따라서 엄격한 사후감독이 필요하다. 이와 관련하여 모집자가 기부금품수입·지출결산서를 작성하여 공인회계사의 회계검사를 받아 행정자치부장관 및 시·도지사에게 제출하도록 하는 방안들이 제시되어 왔다. 또한 이병석·전갑길 의원 대표발의(안)에서는 국세청이 행정자치부 및 시·도지사와 함께 모금에 관한 사후관리를 수행하는 방안도 제시되고 있다.

기부금품의 모집은 모집만으로 끝나는 것이 아니라, 기부금품을 낸 기부자에 대한 세감면혜택과 연결되어 있다. 그리고 세감면에 대한 사후관리는 국세청이 수행해야 하는 것이므로 기부금품의 모집결과 등이 국세청에 보고되고, 국세청이 적극적인 사후감독책임을 수행하는 것이 바람직할 것이다. 미국과 영국의 경우에도 국세청이 모금에 대한 사후감독책임을 수행하고 있다.

Ⅲ. 기부자에 대한 세제지원의 개선방향

1. 기본방향

(1) 법인 아닌 비영리조직에 대한 문호개방과 원칙의 재정립

우선 기부자에 대한 세제지원을 법인에 기부하는 경우로 한정해서 해야 한다는 원칙은 없으므로 법인이 아닌 NPO에 대해서도 공익성테스트를 통해 지정기부금단체로 지정받을 수 있는 길을 터 주어야 한다. 결사의 자유가 보장되는 나라에서 법인화를 할 것인지 말 것인지는 결사체가 스스로 선택할 문제이고, 국가가 법제도를 통해 불합리한 차별을 할 필요는 전혀 없다. 그리고 실제로 현행 한국의 법제도상으로 법인이 아닌 단체도 소송행위·부동산등기 등 거의 모든 행위를 할 수 있는 자격이 있으므로 실질적인 능력에 있어서 법인과의 차별성이 거의 없다. 또한 비록 입법예고 후에 철회하였지만, 정부도 지난 2002년 2월 15일 법인세법시행규칙 개정안을 입법예고하면서, '비영리민간단체지원법에 의하여 등록한 참여연대', '비영리민간단체지원법에 의하여 등록한 경제정의실천시민연합'을 지정기부금단체로 명시하겠다고 함으로써[38] 법인 아닌 단체도 지정기부금단체가 될 수 있음을 인정한 바 있다.

특히 비영리조직에 기부하는 기부자에 대해 세감면혜택을 부여하는 것은 그 비영리조직의 활동이 공익적이라는 전제가 있기 때문이다. 따라서 법인이냐 아니냐라는 형식적 기준이 아니라, 가장 중요한 '공익성' 기준에 의해 세감면지위가 부여될 수 있도록 해야 한다.

(2) 투명하고 공정한 공익성검증제도의 도입

지금은 지정기부금대상단체로 지정되기 위해서는 법인세법시행령 및 시행규칙에서 열거한 특정유형의 법인(단체)에 해당하든지, 아니면 법인으로서 주무장관의 추천을 받아 재정경제부장관의 지정을 받아야 한다. 이러한 절차는 기본적으로 투명성과 공정성을 담보하기에는 미흡하다는 문제점을 안고 있다.

그러나 세감면지위의 획득과정도 최대한 객관적이고 투명할 수 있도록 관련제도를 보완해야 한다. 이를 위해서는 미국과 같은 공익성검증제도의 도입이 필요하다. 즉 비영리조직이 세감면지위를 획득하는 과정에서도 해당 단체의 공익성을 객관적인 기준에 의해 공정하고 투명하게 검증할 수 있는 제도적 장치가 필요한 것이다. 지금처럼 특정유형의 법인(단체)이라고 하여 아무런 심사 없이 세감면지위를 획득하는 것은 객관성과 공정성을 결여한 것이다. 또한 법인세법시행규칙 제18조 제1항 19호에서 민법상의 비영리법인에 대해서는 '주무장관의 추천'과 '재정경제부장관의 승인'이라는 과정을 거치게 하고 있지만, 이것은 공익성검증절차로서는

---

38) 당시에 정부의 이런 입법예고안은 많은 비판을 받았다. 그것은 첫째 동일하게 비영리민간단체지원법에 의해 등록된 단체임에도 그 중에서 특정단체만을 지정기부금대상단체로 지정하겠다는 것은 조세평등주의의 원칙상 타당하지 않다는 것, 둘째 비영리민간단체지원법 제10조는 특정단체가 아니라 동법에 의해 등록된 모든 단체에 조세감면혜택을 부여할 것을 규정하고 있다는 것, 셋째 조세지원규정도 일반적인 요건을 정하는 식으로 규정되어야 하는 것인데, 특정단체만을 세제지원 대상으로 규정하는 것은 법형식상으로도 문제가 있다는 지적들이었다.

크게 부족한 것이다.[39] 따라서 원칙적으로는 법인 여부에 관계 없이, 그리고 특정
영역의 단체인지에 관계 없이 일정한 공익성요건을 충족하는지에 검증(테스트)을
거쳐야만 세감면지위를 획득할 수 있도록 해야 할 것이다. 또한 공익성을 판단하는
기준은 객관적으로 설계되어야 하며, 공익성검증과정의 투명성과 객관성을 보장하
는 장치도 필요하다. 이는 미국과 같은 시스템을 한국세법에 도입함으로써 한국의
비영리관련 세제의 수준을 한 단계 높이는 것이기도 하다.

(3) 국세청에 의한 사후관리강화

비영리조직은 여러 가지 세제혜택을 받고 있고, 비영리조직에 기부하는 기부자
들도 손금인정이나 소득공제의 혜택을 받고 있다. 그리고 이러한 세제혜택은 국가
가 비영리조직의 공익성을 인정하여 세수감소를 감수하고 있는 것이다. 그렇다면
과세관청으로서는 비영리조직에 대한 세무관리를 철저히 하고, 세감면혜택을 받는
비영리조직의 경우에는 기부받은 기부금이 공익목적에 사용될 수 있도록 사후감독
을 철저히 해야 할 것이다. 또한 국세청 내에 비영리조직을 전담하는 부서와 인력
을 마련하는 것도 추진되어야 한다.

(4) 개인기부자의 공제한도확대

기부금품의 모금 및 사용이 투명해지고 사후관리를 엄격하게 하는 것과 함께
개인기부자에게 인정되는 소득세공제한도액을 상향조정할 필요가 있다. 현행소득
세법처럼 소득금액의 10%를 기준으로 한도액을 설정하는 것은 지나치게 낮은 수
준이고, 이는 기부의 활성화를 저해하는 요소가 될 수 있다. 미국·일본의 예를 볼
때에 소득금액의 25% 정도를 기준으로 한도액을 설정할 필요가 있다.

2. 공익성검증체계 도입 및 사후관리강화를 위한 구체적인 개선방안

법인 아닌 비영리조직에게도 현행세법상의 지정기부금대상 단체가 될 수 있는
문호를 개방하고, 지정기부금대상단체 지정체계를 공익성기준으로 재정립하기 위
해서는 몇 가지 구체적인 문제들에 대한 검토가 필요하다. 즉 심사기준의 문제, 지
정기부금대상단체로 지정받고자 하는 단체가 있을 경우에 누가 심사를 할 것인가

---

39) 추천주체가 각 부처이므로 일관성이 결여될 수 있다. 또한 지정주체인 재정경제부장관에게 전권
이 있는 것으로 되어 있고, 심사주체의 독립성과 전문성을 담보할 수 있는 장치가 없다. 또한 공
익성요건에 대한 구체적인 규정이 미비하다. 공익성검증시스템은 정교하게 고안되고, 객관적이고
일관성 있게 수행될 수 있어야 한다.

라는 심사주체의 문제, 지정기부금대상단체로 인정된 단체에 대한 사후관리를 어떻게 할 것인가의 문제가 검토되어야 한다.

(1) 심사주체

비영리조직이 수행하는 활동의 공익성을 평가하기 위해서는 그에 합당한 전문성과 독립성을 갖춘 기관이 필요하다. 따라서 지정기부금대상단체로 인정할 것인지를 심사하는 것은 비영리조직에 대한 전문성과 신뢰할 만한 독립성을 갖춘 인사들로 구성된 위원회에서 하는 것이 바람직하다. 이를 위해 '지정기부금대상단체심사위원회'를 구성하고, 그 위원회에서 심사를 수행하도록 할 필요가 있다.

'지정기부금대상단체심사위원회'에는 '비영리법인 또는 단체의 임직원', '변호사, 공인회계사, 세무사 등 비영리법인 또는 단체에 대한 법률·회계·세무전문가', '대학교수 등 비영리활동에 대한 전문성을 가지고 있는 연구자', '관련공무원'이 구성원으로 참여해야 할 것이다. 그리고 비영리조직의 다양성을 고려하여 위원회는 구체적인 심사기준을 자체적으로 정할 수 있도록 하고, 필요한 경우 서류검토 이외에 현지실사·관계인의견청취 등을 할 수 있는 것으로 하면 될 것이다.

그리고 위원회는 심사기준을 정하고 최초심사를 하는 것 이외에 요건을 충족시키지 못하게 된 단체에 대한 승인을 철회하는 것도 심사할 수 있어야 할 것이다.

(2) 공익성검증기준

아래와 같이 조직기준·운영기준·재정기준을 생각해 볼 수 있을 것이나, 아주 구체적인 부분은 실제 운영과정에서 위원회가 정해 나가는 것이 바람직할 것이다.

1) 조직기준

첫째, 사람으로 구성된 단체(사단법인 또는 법인 아닌 사단)의 경우에는 정기적으로 회비를 내는 회원의 숫자가 일정수(예를 들면 20인, 이것은 일본의 NPO법은 정회원이 10인 이상이면 NPO법인을 설립할 수 있도록 하고 있음) 이상일 것. 현행 비영리민간단체지원법에서는 '상시 구성원숫자가 100인 이상일 것'이라고 규정하고 있으나, 회원숫자를 형식적으로 늘리는 것을 막기 위해서는 정기적으로 회비를 내는 회원의 숫자를 기준으로 하는 것이 바람직하다. 그러나 그 숫자가 높으면 풀뿌리 지역활동을 하는 단체나 특정영역에서 자원봉사활동을 하는 소규모의 자발적 단체가 불이익을 받을 수 있으므로 일본의 예처럼 20인 이상으로 규정하는 것이 바람직하다.

둘째, 활동으로 인한 이익이 사회일반 또는 불특정다수에게 돌아갈 것

셋째, 구성원 상호간에 이익분배를 하지 아니할 것

넷째, 특정정당 또는 선출직후보를 지지ㆍ지원할 것을 주된 목적으로 하거나, 특정종교의 교리전파를 주된 목적으로 설립ㆍ운영되지 아니할 것. 또한 특정정당에 소속된 자가 대표자(사실상의 대표자를 포함한다) 또는 사무의 집행책임을 맡고 있지 아니할 것

다섯째, 최근 1년 이상 공익활동실적이 있을 것

여섯째, 단체의 정관 또는 규약이 존재하고 대표자 또는 관리인이 선임되어 있을 것

일곱째, 단체의 재산 및 회계가 독립적으로 관리되고 있을 것

여덟째, 단체의 해산 또는 청산시에 잔여재산이 국가, 지방자치단체 또는 유사한 목적의 비영리조직에 귀속되도록 규정되어 있을 것

2) 운영기준

첫째, 조직기준에서 설정한 기준이 실제 활동 속에서 달성되고 있는지를 점검하는 것이며, 이를 위해 단체는 임원 및 회원 현황, 최근 1년간의 사업실적, 수지결산서를 제공하여야 한다.

둘째, 특히 정치적 활동에 편향되어 있거나, 개인의 이익을 위한 행위가 존재할 경우에는 운영기준에 미달하는 것으로 한다.

3) 재정기준

첫째, 단체의 총 연간수입 중에서 회비ㆍ후원금ㆍ기부금의 비중 또는 금액이 '지정기부금대상단체심사위원회'가 정한 비율 또는 금액 이상일 것. 이러한 요건은 회비도 내지 않는 회원으로 단체를 급조할 경우를 방지하기 위한 것이다.

둘째, 단체가 매년 수입ㆍ지출결산서 등 위원회가 정하는 부속서류들을 인터넷 등을 통해 공개할 것. 국가로부터 조세지원을 받는 만큼 재정운영상황을 공개하여야 할 것이고, 구체적인 서류와 공개방식은 위원회에서 정하는 것으로 하면 될 것이다.

(3) 심사대상 법인과 단체

원칙적으로 지정기부금단체로 지정받고자 하는 모든 법인과 단체는 심사를 거쳐 지정기부금대상단체로 인정을 받아야 한다. 다만, 심사를 대체할 수 있는 정도의 다른 공익성검증 절차를 거치는 경우(정부감사기관이나 타감사기관으로부터 정기

적으로 감사를 받는다든지 하는)에는 예외를 인정할 수도 있을 것이다.

또한 심사절차를 거치지 않고 당연히 지정기부금대상단체로 인정받고 있던 법인이나 단체에 대해서도 일정한 유예기간 이후에는 공익성검증을 받게 해서 지정기부금대상단체로 계속 인정할 것인지를 결정하도록 해야 할 것이다. 특정유형의 단체(법인) 또는 특정단체에게만 특혜를 주는 것은 바람직하지 않다. 그리고 국가의 조세지원은 당연히 주어지는 것이 아니라, 그러한 지원에 상응하는 공익적 효과가 달성되고 있는지를 확인하면서 주어져야 하기 때문이다.

(4) 사후감독

국세청·지방국세청 내에 지정기부금단체에 해당하는 법인 및 단체들에 대한 사후감독을 담당하는 인력을 확보하고, 철저한 사후감독을 할 필요가 있을 것이다. 정기적으로 서류를 제출받아 심사기준에 어긋나는 점이 없는지를 확인하도록 하고, 문제가 있으면 '지정기부금대상단체심사위원회'의 심의를 거쳐 지정기부금단체에서 해제해야 할 것이다. 또한 한번 심사를 통과했다고 하더라도 일정한 주기로 재심사를 받도록 하는 방안도 검토해야 할 것이다.

제 5 절　법의 지배와 기부관련법제도

'법의 지배'는 비영리영역에 있어서도 실현되어야 한다. 그러나 한국의 비영리영역, 특히 기부관련법제는 비현실적으로 국민의 기본권을 침해하는 제도로 평가받고 있고, 공정성과 투명성을 결여한 제도로 인해 사문화되거나 불신을 받고 있다. 또한 그처럼 법 자체의 정당성이 취약한 상황에서 여러 가지 불법과 변칙에 의해 '법의 지배'는 실현되지 못하고 있다. 비영리영역에서 드러나고 있는 갖은 불법사례, 기부자의 기부금을 유용했다는 의혹이 제기된 사례[40]들을 보면 한국에서 이러한 영역에 대한 '법의 지배'는 매우 취약하다고 볼 수 있다.

따라서 '법의 지배'가 실현되기 위해서는 기부관련법제도 자체를 국제적인 기준에 맞게 정비하는 것이 우선되어야 한다. 그럼으로써 사문화되는 법이 아니라 실효성 있는 법으로 다시 태어나야 한다. 그리고 법이 비영리영역 전반과 기부문화의

---

40) 사회적 지명도가 있는 종교계인사가 운영하던 사회복지시설에서조차 이러한 사례들이 발견되고 있는 실정이다.

투명성·객관성을 제고하는 방향으로 기여하는 역할을 수행해야 한다. 이러한 방향으로 법제도가 정비되면 한국에도 올바른 기부문화가 정착되고, 다양한 비영리조직들이 활성화되는 데 크게 기여할 수 있을 것이다.

참고문헌

국회 법제예산실, 비영리민간단체지원에 관한 입법방향과 정책과제(1999. 10).

국회 행정자치위원회, 기부금품모집규제법 개정에 관한 공청회 자료집(2003. 4. 23).

강성남, "건전한 기부문화의 활성화방안," 건전한 기부문화활성화방안 세미나 자료집(시민을 위한 정책연구원, 2003).

강철희, "한국 모금문화의 현재와 선진화과제," 한국 모금문화현실과 선진화방안 토론회 자료집(국회복지포럼, 사회복지공동모금회 주최, 1999. 7. 15).

김진수, 공익법인에 대한 과세제도의 개선방향(한국조세연구원, 1996. 12); 기업의 기부행위와 조세정책방향(한국조세연구원, 1997. 12).

박영도, NPO(비영리조직)의 활성화를 위한 입법방향(한국법제연구원, 1997. 11).

김진수, "공익법인에 대한 과세제도의 개선방향"(서울: 한국조세연구원 연구보고서, 1996).

박원순, NGO, 시민의 힘이 세상을 바꾼다(예담, 1999); "한국시민사회발전을 위한 고민과 대안"(2001); 한국의 시민운동: 프로크루스테스의 침대(당대, 2002).

박태규, "미국의 비영리관련법제," NGO법제개선을 위한 워크샵 자료집(시민사회단체연대회의, 2002); "일본의 비영리관련법제," 같은 자료집(2002).

손원익, 비영리법인에 대한 과세제도개선방안(한국조세연구원, 1995. 7); 비영리법인 관련 세제의 선진화방안(한국조세연구원, 2000. 12); "NPO 및 기부금관련 최근 동향," 재정포럼 2002년 7월호(한국조세연구원).

송웅재, "기부금품모집규제법령 개정해설," 지방재정 제16권 제 1 호(한국지방재정공제회, 1997).

이근주, NGO지원과 정부(한국행정연구원, 2000. 12).

이창호, "기부금품모집규제법의 대체입법의 방향," 기부금품모집규제법에 관한 대토론회 자료집(한국사회복지협의회, 한국시민단체협의회, 1998. 11. 17).

정구현·이혜경 편, 한국공익재단의 환경변화와 발전방향(연세대학교 동서문제연구원, 1995).

정구현·박태규·황창순, "한국비영리법체제에 관한 연구," 비영리조직에 대한 법과 규제(연세대학교 동서문제연구원 비영리부문보고서 1, 1999).

정미애, "일본시민사회와 NPO," 국제지역연구(2002년 여름호).

정무성, "비영리조직의 재정확보를 위한 바람직한 기부문화활성화방안," 바람직한 기부문화조성을 위한 정부와 민간의 역할 시민운동지원기금 토론회 자료집(2000. 7).

하승수, "한국의 시민운동, 정말 시민 없는 시민운동인가—자립성의 도그마에 대하여—," 시민과 세계 제 3 호(당대, 2003).

Silk, Thomas, *PHILANTHROPY AND LAW IN ASIA*(Jossey-Bass Publishers San Francisco, 1999).

SALAMON, LESTER M., *The International Guide to Nonprofit Law*(John Wiley & Sons, Inc., 1997).

Club, Siera, *Grassroots Organizing Training Mannual*(1999).

Office of attorney general, Solicitation of Funds for Charitable Purposes Act, 2002, Pennsylvania Charity Commission, CC61-Charity Accounts:The Framework, 2002.

www.charity-commission,gov.uk.

www.legislation.hmso.gov.uk.

NPOと法·行政, 山本啓 雨宮孝子 新川達郎 共編著, ミネルヴァ書房, 2002.

NPO法人のすべて : 特定非營利活動法人の設立·會計·稅務/齋藤力夫; 田中義幸 編著, 稅務經理協會, 2003.

NPO法人をつくろう: 設立·申請·運營/米田雅子 著, 東洋經濟ぎょうせい, 新聞社, 2003.

NPOと事業/谷本寬治; 田尾雅夫 共編著, ミネルヴァ書房, 2002.

民意民力: 公を擔う主體としてのNPO/NGO/澤昭裕; 經濟產業研究所, 公を擔う主體としての民, 研究グループ 共編, 東洋經濟新聞社, 2003.

特定非營利活動促進法の意義と解說/熊代昭彦 編著, ぎょうせい, 2003.

民法講義, 五十嵐淸 外 6, 有斐閣, 1976.

「シーズ＝市民活動を支える制度をつくる會」 홈페이지(www.npoweb.Jp) 등.

[영문초록]

Present Global Standards and Suggestions for Improvement of Donation-Related Legislations in Korea

Park, Tae-kyu · Park, Won-soon · Son, Won-ik · Ha, Seung-soo*

This project aims to compare donation — related legislations and policies of Korea to those in foreign countries where philanthropic culture is more active and established — thereby examining current status and analyzing problems arising from donation — related legislations and policies in Korea, to present suggestions for improvement of donation — related legislations that will promote philanthropic culture and create a more mature civic society.

Legal stipulations on public donation are different among countries, but they show certain principles and trends. First, we see a trend towards relaxation in requirements for establishing non-profit organizations(NPO), thus facilitating their incorporation. As for NPOs' fund raising, most nations either do not regulate such activities or require simple registration process. However, post supervision of such fund-raising activities is strict in advanced nations. Also, it is a general

---

* Park, Tae-kyu(Professor, Department of Economics Yonsei University) · Park, Won-soon(Executive Director, The Beautiful Foundation) · Son, Won-ik(Fellow, Korea Institute of Public Finance) · Ha, Seung-soo(Lawyer, People's Solidarity for Participatory Democracy).

trend to allow tax exemption/reduction status to NPO's, regardless of their in-corporation(along with tax advantages to their donators).

Compared to the legal and policy trends of the U.S., U.K., and Japan, the Korean legal jurisdiction on NPO establishment, operation and fund-raising is characterized as allowing excessive control and interference by the government prior to such NPO activities. On the other hand, the government's post supervision on NPO operation and the manner in which donation fund and materials are spent is deficient. Also, the Korean legal system falls behind other countries in granting NPOs tax exemption/reduction status to allow tax benefits to their donors. Thus, while the qualification for acquiring tax exemption/reduction status is limited in principle to corporate entities, post-auditing is not even conducted on certain types of corporations or organizations, showing a hypocritical policy. In addition, post-supervision of NPO tax affairs is not being performed thoroughly by the National Tax Service.

Based on this reality, this study proposes to introduce unilateral 'Principle of Legal Criteria' or 'Principle of Permit' for NPO jurisdiction. If NPO incorporation process is made easier, it will facilitate numerous NPOs in various fields in obtaining proper social recognition and trust. Also, we view that the present 'Law on Control of Donations & Contributions,' which controls all NPO fund-raising activities excessively in advance, should either be amended considerably or abolished. Furthermore, regarding tax exemption/reduction status of NPOs, we propose to introduce a system of testing the public benefit character of NPOs, like that of the U.S., so that NPOs could be granted tax exemption/reduction status if they satisfy certain requirements of public benefit regardless of their in-corporation status.

제 **8** 장

GLOBAL STANDARDS

GLOBAL STANDARDS

Thomas Heller*

This volume centers on the movement toward global legal standards, an increasingly recognized dimension of the quest to improve the rule of law. Although the drive to make law uniform across disparate political jurisdictions has a rich and imposing history, the contemporary enterprise to enact and enforce standard legal norms and procedures in fields as diverse as the law of companies, financial regulation, labor, constitutional dimensions of trade disputes resolution, environment and criminal procedure is clearly a growth industry. On the surface, the primary question posed by explaining this push toward standardization is why standard setting is emerging as a more prominent mechanism through which legal uniformity is pursued. There are numerous traditional and contemporary modes of extending the law across polities, among which the recent trend toward standardization commands particular attention. But just below the surface lie two related questions posed by the multiple movements toward legal homogenization.

The first subsidiary, but essential, question is what justifies the specific content and character of the legal norms, rules and practices that are being standardized. There is an analytical literature in economics that examines when and whether standardization is an optimal way to manage the process of innovation,

* Professor of Law, Stanford University.

trading off the benefits of reducing the costs that come with diverse, interconnected transactions against the risk that a system locks in around inefficient solutions that seemed preferable early on during a period of change.[i] This literature pushes us to ask what is the objective(e.g. economic growth, specific norms of justice) that motivates the campaigns for legal reform expressed as arguments for increased uniformity. Second, there are long-standing debates about how legal change actually occurs and where should reformers expect serious sources of resistance to such change that must be overcome. Without an effective theory of legal change, standardization, however well justified by functional or symbolic objectives, will either become stalled or remain as formal law on the books with no real impact on behavior. Yet, in both the understanding of what ought to constitute the tie between law and societal objectives and of how legal change actually flows from theory and ideals to revised social practice, there is contest and uncertainty.

To evaluate fully the growth of standardization would suggest that we comment on four issues: (1) why might there be an increased push to make law uniform across jurisdictions; (2) why is standardization becoming a relatively more preferred method of implementing this push; (3) what goals and causal inferences explain why the law should be standardized around one set of rules and procedures rather than alternatives; (4) how has the legal field changed so that such standardized proposals have a better chance of displacing the separate legal orders currently in place. While a short essay within a volume is obviously not the place to answer these questions systematically, what I can do, drawing largely on work in political economy, is to set out positive hypotheses about issues one and two and critically comment on what I perceive as the inadequate foundation in theory or empirical inquiry on the more normative and instrumental issues three and four. In the end, my argument will suggest that we have a better grasp on what is actually going on than on what should be happening in legal reform or how we can reform effectively.

Legal change, including change that extends the reach of one legal system

---

i) W. Brian Arthur, *Increasing Returns and Path Dependence in the Economy*(University of Michigan Press, Ann Arbor, 1994).

into new territories and contributes to greater legal uniformity, has been a constant in the history of the law. Both conquest and colonialism have been incessant causes of legal transformation, with the "modernization" of legal systems often a major justification for the intrusion of outsiders in the first place. Within national and religious legal systems, the existing state of rules and practices is constantly subject to pressures for reexamination and reform. Most of these pressures are internal to legal systems with their incentives for, and mechanisms of, re-litigating the orthodoxy of interpretation dominant at any moment. But there is also a well-defined tradition of legal transplants by which academic, judicial, legislative and administrative actors scan external legal orders to improve the quality of their own systems. The normal past practice of transplantation has been confined within distinct legal traditions. Whether their commitment to a particular legal culture lies in collective choice or imperialism, civil lawyers monitor other civil law societies, common lawyers cite the authority of common law cases and statutes across the scope of the once British empire, and religious lawyers look systematically to the opinions of their co-believers. Whatever the intricacies and varieties of detail of the dynamics of exceptional processes of imposed legal change and the normalized revisions of litigation/transplantation, it is apparent that the law has long presented an unending flux motivated by political, normative and organizational factors both external and internal to legal institutions.

Beyond the traditional tides of legal change and extension across jurisdictions, even casual observation will note contemporary flows that add to the pace and scope of change. National legal systems, facing transactions whose scale and effects exceeds the classical bounds of their territories, experiment with extraterritorial applications of their competition, regulatory or criminal conspiracy laws. The United States and the European Union(EU), both through the jurisprudence of the European Court of Justice and through its membership in the European Court of Human Rights, take cognizance of tort or statutory violations involving only non-citizens acting wholly outside their spatial limits. There is increasing participation in multiple transnational regimes like the World Trade Organization(WTO) or the Montreal Protocol for Ozone Depleting Substances and accession to regional governments like the EU or North American Free Trade Agreement(NAFTA) that superimpose homogenous laws over pre-existing national legal diversity. The condition for entry to the EU is the legal priority of the *acquis communitaire* and the legal transformations thereto exemplify the semivoluntary nature of much modern change. Sovereignty is willingly compromised by national applicants to transnational regimes because, given the operational interdependencies between modern states, exclusion from the benefits is more costly than submission to externally generated and exercised legal authority.[ii] And, as emphasized in this volume, along side, or in competition with, unilateral extensions of extraterritoriality and commitment to proliferating transnational regimes, both legal actors and nations engage increasingly in the quest to harmonize laws and practices through consensual agreement on, and enactment of, legal standards that promise the added value of uniform norms without the disadvantages of either coercion or surrender of operational autonomy.

While it is not overly controversial to postulate a rising volume of legal change in the direction of transnational uniformity across national legal systems, it is harder to define widespread agreement on the causes that explain the shifting pace or the specific modes of these changes. The standard citations in the literature of legal change often describe change in an evolutionary discourse that took centuries as its scale and was murky in its account of mechanisms. For example, Maine saw the universal displacement of status by contract and Savigny imagined the early modern emergence of subjectivist civil codes within a teleology of legal development that assumed, with the full confidence of both the pure Enlightenment and its Hegelian restatement, the direction and necessity of such

---

ii) Public international law, as a source or uniformity across national laws, may generally be seen as a special case of an accession to regime theory in that in its classical and still predominant conception, only those states that consent to its recognition by means of treaties or their commitment to widely consensual practice(customary international law) are bound by its norms. While such treaty-driven efforts to establish universal legal rules and practices have been underway since at least the anti-slave trade agreements of the early 19th century, see Roger S. Clark, "Steven Spielberg's Amistad ⋯," 30 *Rutgers L.J.* 371, pp. 435−36(1999), there is little question that programmatic treaties that define international law have proliferated in the second half of the 20th century. Less orthodox interpretations of international law in which states, and, increasingly, non-state actors, are said to be bound without their consent merit separate discussion, but are not normally associated with the growth of standardization.

reform. Weber turned from an idealist to a more explicitly materialist and sociological story of a potentially universal transformation from irrational (patronistic, oracular, precedential) and substantively rational(religious, class- based) legal systems to law that was both formal(systematic) and procedurally rational.[iii] Weberian change was the unspecified joint product of the competitive power of logically formal law(as best exemplified in the German Civil Code of 1896) to foster national economic efficiency and the professional drive of legal theorists to articulate universal legal categories that could encompass pluralistic communities within a common frame of institutions. Even though such macro-scale evolutionary impulses still characterize the mood of inexorable modernization, with ever more problematic justification, in much current Rule of Law(formerly law and development) activity and is reflected in the continuing theme that efficient law will in the long run prevail in contemporary law and economics, less overarching, more micro-level hypotheses are needed to deal with problems at the reduced scale of why the rate or favored mechanisms of legal change toward uniformity are variable.

Donald Horowitz, putting grand evolutionary theory to one side, recently suggested that explanations of legal reform should be divided into social change motivated, utilitarian, and intentionalist.[iv] Social change advocates, while they share with the utilitarians an axiom that legal change is caused by factors external to the legal system itself, attribute change in the law to more basic, underlying trends in social mores and shifts in normative patterns and beliefs. This class of explanation seems to fit less well in an account of the contemporary standardization for two reasons. First, there is no evident emergent social value of standardization for its own sake. Second, while a normative revival of universal categories, such as that reflected in the human rights movement, is notable, the origins of the change seem as deeply rooted in the law itself as they do in any ex-

---

iii) The standard reference to Weber's typology of the alternative forms of legitimate domination (rational domination including legal domination, traditional domination and charismatic domination) is Max Rheinstein, *Max Weber on Law in Economy and Society*(Cambridge: Harvard University Press, 1954), xxxix-xlii, pp. 322-337.

iv) Donald Horowitz, "The Qura'n and the Common Law: Islamic Reform and the Theory of Legal Change," 42 *American J. of Comp. L.* 233(1994), pp. 244-252.

ternal social field. I will return to this latter point below, as well as to the somewhat different sociological observation that professional networks may play a growing role in reinforcing the trend toward standardization.

Utilitarians differ from social change theorists in that they emphasize the causal effects of economic or political forces by which the transformation of legal rules and practices may be explained. They assert that the law does or should maximize social welfare in some form, whether through a Paretian criterion or some exogenous social welfare function. In spite of the repeated remonstrances of economic historians like Douglass North and Mancur Olsen that competition between polities has never ensured that any given nation, or even a majority of nations in any period, will adopt optimal institutions according to utilitarian criteria (let alone that any of these criteria is a successful survival strategy), the combination of a faith that only the efficient perdure and a minimalist normative argument that justifies the argument the law should properly be understood as a tool for economic growth provide an, often unstated, foundation for law and economics theory in general and its application to the political economy of global standardization in particular.

Finally, I note that it is not easy to distinguish intentionalist accounts of legal change cleanly from other theories, like the utilitarian, that stress causal factors external to the legal system. Conquerors, like Napoleon, who impose their law through arms, are prime exemplars of intentional actors. So are politicians committed to maximizing social welfare through their legislative agendas. Nevertheless, what we may take away from this distinction is the focus Horowitz gives in his examples of legal intentionalism to legal changes that arise from the practices and beliefs of actors internal to the legal system. His primary reference is to legal transplants across legal systems, normally, though with consequential exceptions to which we will return below, within legal traditions.[v] However, for

---

v) Alan Watson, *Legal Transplants*(Charlottesville: University Press of Virginia, 1974); important exceptions to transplantation of legal thought and practice across legal traditions, as well as the difficulty of those changes being accepted as such might include Jeremy Bentham's efforts to systematize the common law on a the model of civil law codes or Langdell's attempts to import legal science from continental jurisdictions to American law through inductive organization(case method) of common law legal materials.

the specific problem of global standardization, the well-taken observation that most legal reforms historically have been endogenous to the legal system would seem to pose a difficulty. Internal monitoring by legal actors of other legal rules and practices within the established legal traditions might lead to legal consolidation within affiliated polities while creating resistances to more comprehensive uniformity. An explanation of global standards would have to discredit or displace this aspect of intentionalism as it is historically contextualized.

For my immediate purposes, I want to underline only two points growing from this analysis. In its current state, the theory of legal change is too disparate and conflated to offer obvious guidance or direction to a positive analysis of standardization. In particular, the classical formulations of intentionalism push against standardization and utilitarians offer no credible legal mechanisms to explain externally driven legal change. Moreover, I shall argue in the final section of this essay that the most plausible utilitarian or functionalist accounts of legal objectives that might explain normatively why legal systems are homogenizing are insufficiently specified in their legal content to justify this development. Nonetheless, it is worthwhile to assert that any adequate positive explanation of a significant legal change, like the proliferation of global standards, must be attuned to two somewhat separable dimensions. It should look for shifts in the external field in which the law develops that would indicate why legal systems that have normally been organized and operated within limited territorial jurisdictions and relatively hermetic alternative legal traditions would be sufficiently disturbed to challenge such long-standing and deeply embedded practices. At the same time, it must examine how such external shifts will be received and interpreted by the judges, lawyers, and law teachers and commentators who are the custodians and ideologues of the legal system as an autonomous institution. An explanation, or a strategy, that picks up only the external dimensions of change, even a change as profound as accession to a transnational or regional regime, is likely to founder on the unwillingness of established legal actors to use the discretion to interpret and adapt that all legal systems allow in the cause of stasis.[vi] But, to pay attention exclusively to the internal dimensions of change will

---

vi) Gunther Teubner, "Legal Irritants: Good Faith in British Law or How Unifying Law Ends

likely underestimate the probability that within established legal cultures the re-
levant legal elites are satisfied with existing legal conduct so as to preclude the
reformist outcomes that are to be explained.[vii] The next section will attempt a
two-sided(external and internal) positive explanation of standardization. The final
section will come back to the issue of whether this explanation makes good nor-
mative sense.

* * * * * * * *

If we accept the argument above that an adequate positive causal explana-
tion of the recent rise in global standardization must include both an objective
account of changes in the external political economy in which the legal system
operates and a subjective account of how legal actors re-conceive the internal
logic and legitimacy of the law, we may proceed sequentially to examine the
structural and phenomenological changes that must occur coincidently for legal
change to take hold. We need not claim here that either external or internal fac-
tors have causal priority, as much as that their conjuncture, for what may be
quite independent reasons, is necessary for reform. I will look at the political
economic context first, leaving evolutionary hypotheses aside as demanding too
wide a sweep of history and institutions to explain more specific changes like an
increased pace of legal harmonization or standardization. The last half of the 20th
century has witnessed a good deal of extension of legal systems across once
more fragmented polities through the expression of national power. Conquests
generating the formal spread of American legal rules and practices shave
stretched from post-war Japan's company, labor and competition laws to Iraq's
forthcoming legal reordering by contracted consultants. Extraterritorial applica-
tions of antitrust, securities, and racketeering statutes to transactions begun and

---

Up in New Divergences," *Mod. L. Rev.*(1998), 61:11; see also See J.W.F. Allison, *A Continen-
tal Distinction in the Common Law*(Clarendon Pres Oxford, 1996) for discussion of the com-
plexities of legal transplants in practice.

vii) On the distinction between internal and external perspectives in the law, see Thomas C.
Heller, "Political Science and Law: How Much Common Ground?," especially Part II, in C.
Engel and A. Heritier & …,   (2003); on explorations in the practice of legal change
see generally Erik Jensen and Thomas C. Heller, *Beyond Common Knowledge: Empirical Investiga-
tions of the Rule of Law*(Stanford Press, Stanford, 2003).

completed wholly outside national space have moved from a presumptively disallowed status to applications so regular that they have motivated "clawback" or similar defensive responses on a normal basis.[viii] Still more controversial expressions of raw power to extend national law like the American prohibitions on foreign entities dealing with organizations beneficiaries of properties expropriated during the Cuban revolution are controversial because they can be effectively enforced.[ix] But, while power can explain a putative increase in an as yet virtual index that would measure an aggregate global level of legal concentration(an increase perhaps more than fully offset by the multiplication of national jurisdictions that have succeeded to the earlier legal homogeneity imposed by colonial power), it cannot do very much to help us with the growth of standardization as the mechanism for greater uniformity.

A more plausible account of legal reform that ends with a rise of standardization might begin with a prime external cause of change being conditional compensation. This mechanism has taken a variety of forms in recent decades. Its more obvious applications could focus on bilateral and multilateral aid programs (official development assistance or ODA) whose funding demands that recipient nations bring their laws or legal institutions into conformity with some extra-national template. Current lending programs from the World Bank dependent on transparent administration or the adoption of environmental protections may only presage expanding aid offers like the proposed US Millennium Challenge Account wherein improved legal performance is one of the conditions of eligibility. A more subtle, and important, application of conditional compensation as the driver of legal change is accession to international regimes. Arguably, the most effective contemporary incentive to make wholesale reforms in legal institutions and rules has been the requirement that the acceptance of the EU legal order is the precondition to EU membership. However, accession to NAFTA and to the widening portfolio of WTO domains have also brought about lesser, though meaningful, conformity to externally imposed legal practices. National subscriptions to proliferating international legal treaties in the environment, financial regulation,

---

viii) George A. Berman, *Transnational Litigation*(West, St. Paul MN, 2003), pp. 237–247.
ix) *Ibid.*, pp. 247–249.

enforcement of judgments and too many other legal subjects to name only add to the virtual legal concentration index.

I want to make three points about conditional compensation as an indirect cause of standardization. First, it reflects at bottom a growing demand for global public goods that are more often supplied at present by minilateral than by multilateral regimes or polities. The capacities of nations to provide these goods individually has substantially diminished, in part because of the larger prevalence of cross-boundry spillovers and in part because of the greater commitment to national borders more open to trade and capital flows that has grown in waves following the successive economic and security debacles of the first half of the last century and the decline of socialist economics in the second. Next, at least in a formal legal sense, the acceptance of conditional legal change is voluntary since the benefits of aid or accession must outweigh the costs of legal subsumption. While the effects of interdependence have undoubtedly altered the incentives of nations asymmetrically to make the choice for legal homogenization, there is a price to be paid in explaining the rise of standardization if we conflate legal changes brought about by the unilateral exercise of external power and the more nuanced process of conditional compensation.

The final observation about the compensation mechanism builds upon Wolfgang Reinicke's recent argument about the changing character of transnational regimes.[x] Transnational regimes can be institutionally constructed as if they are near exact structural homologues of centralized nation states, lifted up to a more inclusive territorial expanse. In such cases, perhaps evidenced by the fear of Brussels(or Geneva) as the future sovereign that Paris once was, authority would be transposed from middle-scale to more inclusive political jurisdictions as it formerly passed from city-states to nations. Unitary bodies would make, enforce and adjudicate law at the supranational level to resolve the global goods issue without structural discontinuity with familiar patterns of governance. In such a transformation, although there would surely be more legal homogeneity, it would be unlikely to take the form of increasing standardization. What is needed

---

x) Wolfgang H. Reinicke, *Global Public Policy: Governing Without Government?* (Brookings, Washington, 1998), pp. 75-101.

to complete an explanation of standardization is a demonstration that transnational regimes are themselves being reorganized more along lines such as those Reinicke denominates as vertical and horizontal subsidiarity.

Vertical subsidiarity denotes regime institutions that operate simultaneously at multiple levels of governance, with the model being the emergent European Union order that maintains fluidity against potential and resisted trends toward excessive centralization by assuming a shifting balance of competences between member states and European institutions, as well as allowing the possibility of overlapping jurisdiction of subject matters between them. The actual harmonization of European law is not complete as it would be if uniform decrees emanated consistently from Brussels. Rather, laws are harmonized to minimal uniform standards, with deviation and competition of regulatory choices beyond the required threshold. Similarly, horizontal subsidiarity connotes the growing proclivity to delegate rule making and interpretation to quasi-private, public-private bodies or even wholly private groups of stakeholders rather than monopolizing these functions in purely public institutions. My hypothesis is that it is the particular nature of how conditional compensation through accession is unfolding that opens spaces, vertically for ongoing regulatory competition and horizontally for private action, in which standardization is both motivated and likely.

In developing the case that accession is the primary mechanism of compensated legal change, I suggested that the increased interest of states to enter into transnational regimes was a product of recognized strong demand for collective goods and the declining capacity of nations to supply these as independent polities. While a portion of this incapacity can be traced to the technical characteristics of the goods in demand(e.g., environmental spillovers), another measure must be attributed to an evolving disenchantment with the centralized state that questions both the efficiency of governmental provision of these goods and the consequences of public policies such as barriers to international trade and factor flows enacted as protective complements to highly regulated national political economies. Ignoring the intricacies that must accompany a serious academic presentation of any sweeping generalization, I'll simply propose here that the majority of post-Second World War nations constituted what we might call state-based systems. By this term I imply that an expansive role in governing the national political economy has been exercised by centralized administrative bureaus that coordinated the structure and performance of private markets and dominated the importance of the legislature and the judiciary in so doing. Effecting a broad range of policies through a portfolio of state enterprises, political cooperation with organized business and labor in key sectors, ministerial control of financial institutions and their use for selective capital allocation, protected oligopolistic in-dustrial organization, and asymmetric trade practices increasingly reliant on non-tariff barriers, the modern state-based system substituted specific regulation and particularistic corporatist negotiation(often informal) for generalized legal rules that framed the more chaotic activity of private markets.

The evidence for administrative regulation as the totemic form of gover-nance in the latter half of the 20th century is varied, but pervasive. In Europe, the development of the state as the progenitor and reproducer of national identi-ty, defense against predation of neighboring sovereigns, industrial policy to im-prove national capacity and reputation, and social welfare measures to share among co-nationals the risks of a modern economy led to the delegation of such sophisticated objectives to national administrations that were at once expert and flexible in their operations, unhindered by either much detailed legislative direc-tion or judicial review.[xi] This vision of the scope and composition of the modern activist state was pushed to hyperbolic levels in the socialist bloc, with special emphasis on state monopoly of strategic production, the internalization of welfare functions to industrial groups, and the insulation of the national economy from wider trade and capital movements. In former imperial states, expansive Europe-an style administrative governance already put in place by the colonial office was appropriated locally at independence to continue the full menu of state programs, even if more often in organizational formalities alone that in practice led to per-verse results. In East Asia, where rapid growth was real after the 1960s, the

---

xi) See Eugen Wever, *Peasants into Frenchmen*(Stanford Press, 1976), Alexander Gershenkron, *Economic Backwardness in Historical Perspective: A Book of Essays*(Cambridge: Belnap Press, 1962), see also generally, Heller *supra* note vii).

reach and methods of the development state became a subject of deep international debate that differed more in its evaluations of whether the state erased or only skillfully coordinated market activity.[xii] Even in the United States, the residues of the New Deal and wartime administration created administrative ambition and power unmatched before or since.[xiii]

The shift toward what is usually called "deregulation" in America and what may be better named "re-regulation" around the market in Europe and beyond has as many dynamics as the locations in which it proceeds. In the United States, the recession of the forward tide of administration and its co-adapted organizations(labor unions, expanding public expenditure for social security) was in part a regression toward the historical norm. Even as new arenas of regulation were added(environment, securities markets), they were institutionalized with a consistent emphasis on regulation through generalized rules and judicial controls that restricted administrative leeway and, often, effectiveness.[xiv] In the European Community, the situation was more complex given the pre-existing practices of pervasive administration that were divided one from another by the national idiosyncracies that demarcated the regulatory identities of distinct European political cultures.

The unification of Europe was imagined and organized as a stratagem to prevent further the devastation of continuing European wars by building economic interdependencies among competitor nations. From the beginning there was tension as to whether the internal political economy of the integrated European space would be more market liberal or a transposed modern European statism from the national to a more comprehensive territory. However, except for the common agricultural policy, it became quickly apparent that the several distinct regulatory cultures of even the original six member states would be hard to fuse into a shared centralized administration. With subsequent expansion from six to nine and twelve, in the absence of a political commitment to majority rule that

---

xii) Chalmers Johnson, Alice Amsden, Robert Wade(Japan, Korea, Taiwan).

xiii) Thomas C. Heller, "Modernity, Membership and Multiculturalism," 5 *Stanford Humanities Rev.* 2(1997).

xiv) Richard B. Stewart, "A New Generation of Environmental Regulation?," *Capital U.L.Rev.* (2001), p. 21.

was itself impeded by its implications for the preservation of differentiated national political administrations, the liberalizing dimensions of European integration were enhanced *faute de mieux*.

Reinforced by the assertive constitutional initiatives of the European Court of Justice that could strike down national barriers to a unified economic space, but lacked the affirmative power to order any specific positive program of public policy, the European Community, and its main institutional organ the European Commission, became agents of a liberalization that was far less their principled choice than a pragmatic tactic to speed integration on the only platform politically possible.[xv] Even with the passage in 1987 of the Single Act that might have afforded the constitutional basis for a European Union integrated by a common administrative regime, the effort to harmonize the laws and regulations of the wider European space proved too contested and stifling of an economic reform toward less controlled markets that was already on the global horizon. As noted above, harmonization could advance only through directives that allowed national variability above minimal common rules, a process that by the time of the negotiation of the Mastrict treaty in 1992 was colored by widespread demands for the subsidiarity of EU to national regulation as far as possible and the political recognition of the multiple cultures of the national peoples(*demoi*).

In the shadow of American and European governance reforms, a movement toward re-regulation around the market was palpable across the globe. The collapse of the Soviet Union and its peripheral client states subjected many successor polities to profess, if not adopt, faith in fundamental restructuring. Across Eastern Europe the combination of a prospect of accession to the Union and important EU preparatory-to-accession assistance programs for institutional reordering brought about radical change. In Russia and the newly independent states along its southern edge, substantial American and European ODA flows proffered conditional compensation to stimulate a first blush of market-oriented legal reform, whose material effects are yet to be proven. In Asia, the Chinese evolu-

---

xv) for discussion of the comparative politics of negative and positive integration measures in Europe see F. Scharpf, for the central role of the European Court of Justice, see Joseph Weiler, *Yale Law J.*(1991?).

tion toward a "socialist market" has been marked by non-farm economic growth initiated by innovative forms of semi-private organizations like Township and Village enterprises or export driven joint ventures with hard budgets and non-bank financing that competed with moribund state enterprises.[xvi] While the early operations of these enterprises have been more often outside than regulated by the official institutional framework, the jobs and income they produce has afforded time for the gradual, if yet uncertain, reorganization of courts and financial markets. At the same time, stagnation in Japan has called into question throughout the region the most celebrated state-centered development model, destabilizing the tight consensus in Tokyo that carefully coordinated domestic competition could continue to generate acceptable economic gains.[xvii] Finally, throughout the developing world nations from Latin America through South Asia, anxious for new capital and disillusioned with the failed claims of authoritarian-led growth evident by and through the 1980s, faced the challenge of regulatory competition for external resources. Accepting accession to an expanded WTO regime, scrutinized by multinational rating services that ranked their institutional performance for political stability, corruption, corporate governance and the rule of law, and confronting multilateral financial agencies like the IMF and World Bank themselves converted to theories of micro-institutions as the keys to growth, the pressures in the 1990s to conform to the norms of market re-regulation were pervasive.

The dynamics of re-regulation around the market have, in general, increased the (virtual) index of legal uniformity and, in particular, occasioned standardization as a principal mechanism for homogenization. While the appetite for and digestibility of re-regulation has varied widely among nations to produce a large array of new institutional landscapes in practice, certain directional features of the announced patterns of change in governance are notable. The scale of administrative interventions in the economy is reduced, while the legal character of those regulatory domains that remain in place is transformed. Administrative

---

xvi) Edward S. Steinfeld, *Forging Reform in China*(Cambridge U. Press, 1998), pp. 27-44.
xvii) Tom Ginsburg, "Dismantling the 'Developmental State'? Administrative Procedure Reform in Japan and Korea," 49 *Am. J. Comp. Law* 585(2001).

agencies are more often independent of immediate political(ministerial) control, rendered more transparent in their operations by new acts of administrative procedure, and subject to more assertive and substantial judicial and constitutional challenge and review. Their scope for mandating or inducing policy conformity through flexible arrangements with regulated firms or sectors and their use of informal negotiations with leading private actors whose conformity to resulting policy norms is secured through selective financing, public procurement or other forms of subsidization and protection have been reduced. Regulatory options are increasingly confined to the issuance of generalized framing rules, open to judicial appraisal and public protest, which have long hindered effective regulation in the United States. In turn, private actors are at once less politically empowered (through industrial associations, labor unions) and more dependent on courts to fill in the incomplete terms of contracts and property rules that define the terms of market organization. Between the new demands of both private and public re-regulation around the markets, the judiciary is forced to assume a more activist role in governance, for which in many legal systems used to a subordinate passivity relative to pervasive administration the legal culture is wholly unprepared. The new burdens on adjudication have expanded to include matters such as a competition law that is more than formal and the monitoring of corporate governance and securities markets previously left to political agencies and semi-official industrial associations. While I want to underscore the point that the degree and practice of re-regulation around the market continues to vary widely by nation and by legal field(e.g. financial law is more uniform across states than is labor/social policy law), it is hard to contest that the ideal of re-regulation around the market has emerged as a focal point for legal change.

In the context of widening re-regulation around the market, the potential for regulatory competition has grown space. First, contrary to common intuition, regulatory competition is likely to increase when diversity in political economic organization narrows. Extensive variation in forms of governance has induced nations to put in place legal barriers to restrict flows of goods and capital in order to insulate domestic public policy from was perceived as unfair competition with

unregulated foreign actors. Because polities with relatively homogeneous condi-
tions of market governance, like those inside the United States and, more recent-
ly, in the European Union, are less prone to suffer from(or to interpret their con-
stitutions to tolerate) effective pressures to close off trade among their peers,
more uniform and open markets become more vulnerable to claims that the rela-
tively minor advantages accorded by particular regulatory choices allow highly
mobile capital better to bargain for location.[xviii] Second, modes of regulatory
competition have multiplied beyond the simple mobility of goods and capital to
include the export of laws and the increased ability of actors to choose the legal
system under which they will operate. The extended availability of offshore arbi-
tration with party choice of forum and substantive law, the ability of public cor-
porations to arrange their legal relations with investors by choosing their jurisdic-
tion of incorporation and by listing on foreign stock exchanges with different
regulatory regimes, and the growing, if still sporadic, capacity to litigate in judi-
cial systems wholly unconnected to the underlying transactions in contest all con-
tribute to legal uniformity.[xix] Finally, the province of regulatory competition has
been enhanced by the gradual thickening in practice of the concept of the rule
of law to encompass substantive subjects like competition or corporate gover-
nance. As investors evaluate the relative quality of a broader range of legal insti-
tutions, states with aspirations to attract international capital seek more conform-
ity across their legal system. Whether nations accede only to very loose transna-
tional regimes like the WTO that expose their markets and demand little sub-
stantive law reform or enter into stronger regimes like the European Union or
NAFTA that require degrees of minimum legal homogeneity for accession and
leave room for national variation thereafter, the political effects of regulatory

---

xviii) The claim that regulatory competition actually influences capital location is highly contest-
   able and contested. Its threat to political actors may be its more effective form of motivating
   legal uniformity.

xix) In particular on corporate mobility see John Coffee, "The Future as History: The Prospects
   for Global Convergence in Corporate Governance and its Implications," 93 *Northw. L. Rev.* 641
   (1999).
   and the recent holdings of the European Court of Justice in Centros and Dutch cases allowing
   relatively free incorporation within the Union not unlike that long available in the United
   States. See Berman, *supra* note viii at 195-210 on the expansion of the U.S. Alien Torts
   Claim Act and other forms of universal jurisdiction.

competition complement those of conditional compensation in swelling the wave of legal uniformity.

The missing thread to the argument for standardization to this point remains why uniformity should come through standardization. Throughout the 20th century as the pace of technological innovation accelerated, standardization has been a constant theme in the economics and engineering debate about how to approach systems integration. As new technical possibilities came on line, there were inevitable questions about how to prevent redundant costs associated with competing variants of their applications and how to link the new with existing systems of production or communication. Engineers, usually more confident about *ex ante* optimization of design through professional consultation and analysis, tend to prefer standardization bodies composed of technical experts to resolve these interconnection issues. Economists, more professionally disposed toward a process of competitive experimentation, tend to opt for *ex post* optimization through markets to avoid the lock-in of inefficient standards, even at the cost of resources misallocated to non-surviving applications and to creating temporary gateways between applications during the period of experimentation.[xx] The same structure of argument can be imposed on regulatory and legal innovation. Standardization can reduce the transaction costs of operations across discontinuous, but interlinked systems, like those more connected by open trade and factor flows. Whether standardization by legal experts is more or less likely to minimize these costs and mitigate the potential for stable lock-in around poor legal techniques relative to the enactment of uniform legal rules by political authorities remains weakly analyzed.

A second argument for standardization is that it preferable to mandatory regulation as a response to regulatory competition that undercuts the strongly felt demand for collective goods that continues in political economies re-regulated around the market. This hypothesis recognizes the seeming paradox that contemporary governance has moved toward a *cul de sac* wherein the demand for global goods exceeds the capacity of reorganized states to provide them. However, building on the distrust manifest in public choice theory and popular politics

---

xx) Paul David.

about the efficiency of public production by state agencies, it is asserted that private firms and stakeholders with greater practical knowledge of the collective problems to be solved should be delegated the authority to manage them through voluntary standards associations. Much of the current fervor for private-public partnerships, best practice comparisons, performance bench marking and soft law coordination can be traced to the concept that the organization of the new space between the state, individuals and firms that has been created by re-regulation around the market will be better handled by those immediately concerned than by more representative, even if democratic, politics.

Standardization, understood as the compendium of these new institutions and mechanisms, with or without more complex specifications about how best to structure the more voluntary and soft processes that determine which standards emerge as the attractors for uniform practice, then may stand for a component strain in the effort to provide a reasonably efficient quantity of new public goods in an era of disenchantment with the more obvious and time-tested strategy of public monopoly by hierarchical governmental organizations.[xxi] This larger effort would include greater reliance on a portfolio including providing goods of a more inclusive or global character through multiple, minilateral, competing transnational regimes than through multilateral centralization; EU style multi-level governance with vertical integration constrained by only partial harmonization (Reinicke's vertical subsidiarity) within political hierarchies; and the horizontal subsidiarity of delegated standardization. The motivation to reshape political economy implicit in the standardization movement is reinforced by the increasingly dense and specialized professional networks that have proliferated along side conditional compensation and re-regulation around the market. As the population of independent regulators of banking, securities, energy and telecommunications markets has grown so has the frequency of their interaction as professionals with technical expertise that is institution, rather than nation, specific. Judges, constitutional and civil, arbitrators, and private lawyers charged with new re-

---

xxi) See, for example, on the uses of competition within this new institutional space Susan Helper, John Paul MacDuffie, and Charles Sabel, "Pragmatic Collaborations: Advancing Knowledge While Controlling Opportunism"(draft paper, May 2000 on file with author).

sponsibilities by re-regulation and operating under the universal flag of the rule of law meet internationally and interact more on the basis of their shared tasks and experience than their national legal cultures.[xxii] The sociological dynamics of peer organizations create identities that stress professional commonalities, recently re-labeled epistemic communities, as they expand the demand for the delegation of projects to be managed by these networks.[xxiii] Standardization grows through positive feedback that increasingly thickens an institutional framework that claims and justifies its own jurisdiction.

In summary, we have contended that over the last several decades the homogenization of rules and institutional powers has grown in varied legal fields across many legal systems against an external context of increasing interdependence of political economies and a rising demand for transnational collective goods and services. Under the inducements of conditional compensation, especially in the form of accession to a plethora of regional and multilateral regimes, and a comprehensive trend in governance to re-regulate around the market, incentives to limit diversity in legal practice have been widely felt. At the same time, among the portfolio of mechanisms through which greater uniformity might be sought, standardization by means of relatively more voluntary agreements has assumed new prominence. This particular surge is itself an artifact of a widened distrust in the likelihood that modern governments, as organizations with characteristic peculiarities and infirmities recently exposed in theory and conduct, should be the primary agents in satisfying these shifting demands to the exclusion of substantial, sometimes dominant, delegation of powers to private experts and stakeholders. As international professional networks of these experts and stakeholders expand and consolidate, they reinforce through their availability and self-legitimation the trend to employ non-traditional methods of governance, including standardization.

---

xxii) Jenny Martinez, *Stanford L. Rev.*(2004).

xxiii) See Walter W. Powell, "Neither Market nor Hierarchy: Network Forms of Organization," *Research in Organizational Behavior*(1990), 12:295; see also Peter Haas, "Epistemic Communities"(1992). It is important to point out that transnational networks have grown not only in the private and scientific sectors, but among non-governmental and non-profit organizations whose claim to participate and actual participation in these networks has grown space.

Trends in political economy, like those in technology and fashion, no matter how well motivated or widely subscribed, are neither necessarily efficient nor effective. Two dangers stand out. The first problem with bandwagons is that they may be headed in the wrong direction. For example, within the professional networks that are charged or charge themselves with legal and institutional reform, the influence of multilateral bodies like the World Bank or the Organization for Economic Cooperation and Development(OECD) is often recognized. These organizations have contributed to the thesis that best practice in reform is oriented to the positive effects of good law on economic growth. They subscribe to and propagate an emergent consensus that expert knowledge has established a series of propositions about the security of property rights(including complex rights like those of minority shareholders or intellectual property owners) and the roles of courts in securing them. As I will question below, consensus is not propriety and premature standardization around a poor practice is no panacea.

The second risk of trends and fashionable movements is formalism. Organizational sociology has detailed how actors and nations flock to the symbols of modernity in order to proclaim their adherence to the up-to-date.xxiv) Fancy airports in the national capital, educational curricula that mirror those of leading edge schools, scientific institutes in fields barely known proliferate around the world for their announcement effects in spite of the absence of flights, teachers or scientists. Legal reform is equally today a symbol of modernity. Nations sign international treaties that are unenforced and unenforceable. Legislation passes that has no impact on practice. Independent regulators administer markets without competitors and act transparently when there is no one to examine their actions. In the remainder of this essay, I will briefly examine how the risks of formalism(effectiveness) and propriety(here efficiency) may play out in the context of legal standardization. With respect to formalism, I will return to my earlier

---

xxiv) John W. Meyer, *et. al.* "The Structuring of a World Environmental Regime, 1870-1990," *International Organization*(1997), 51:623; also John Meyer, John Boli, George Thomas and Francisco Ramirez, "World Society and the Nation State," 103 *Am. J. Sociology* 144(1997); Francisco Ramirez and John Meyer, "Dynamics of Citizenship Development and the Political Incorporation of Women," in C. McNeely(ed.), *Public Rights, Public Rules: Constituting Citizens in the World Polity and National Policy*(Garland, 1998), pp. 59-80.

argument that unless shifts in the external context of the law are coincident with changes in its internal culture, the behavior of legal actors will remain fixed in established patterns. Campaigns for legal change will be marked by the frequently lamented gap between law and the books and law in action. With respect to propriety, I can do more than note how legal and institutional reform has emerged as the best practice of economic growth and pose a series of puzzles, for better exploration elsewhere, about what we really know about justifiable legal standards.

The internal landscape of legal cultures has been the traditional domain of diversity, rather than uniformity. Not only are legal rules and practices everywhere distinctive in their details, but legal actors — lawyers, judges, law professors and commentators — divide themselves into grand legal traditions like civil, common or Islamic law. Though they quibble endlessly over the boundaries of these traditions, they profess great certainty over the core distinctions they have long struggled to protect. I have argued elsewhere that there may or may not be much coherence or accuracy in these images of the legal culture's core.[xxv] Civil law judges have often been active interpreters of the law; common law judges regularly unbound by precedents. However much reified stereotypes and generalizations about legal traditions may be, they have normally been quite resistant to transplants of rules, procedures or sources of authority that originate outside their frontiers. On the other hand, legal change within a legal tradition is constant, under the rubric of perfecting the law according to the textual, logical or evolutionary canons that organize the internal structure of the legal culture. My point is that legal change is always present, but in processes that run against the tide of globalization more than in its favor.

If we look into self-representations of legal systems and actors beyond the normal internal dynamics they envision, nearly every legal culture incorporates some normatively charged hierarchy of sources. In other words, its norms are ranked in descending order of authority and legal deference is owed to those at the top of the order. For example, normally in the absence of constitutional priorities discussed below, the enactments of the legislator or the word of the prin-

---

xxv) Heller, *supra* note vii), especially part 1.

cipal text and its immediate interpreters take precedence over lesser regulators or judges. With the recent growth in the scope of international law through treaty accessions, in most legal systems these norms have direct superiority(self-execution) over national laws such that an increase in uniformity would be automatic. To the extent that international law expands further through the acceptance of customary(i.e. non-treaty) law, the internal hierarchy of norms of diverse legal systems may itself operate against diversity in practice. However, the scale of these slightly perverse consequences of multiple legal traditions are constrained by the lack of consensus on the nature of customary international law and by the dynamics of even self-executing agreements. Most such treaties are written at considerable levels of abstraction, allowing room for adaptation of their prescriptions to local legal practice. They famously provide occasions and anecdotes wherein the formal bows of national legal elites to their mandates run very thin in conduct. The maxim from the experience of the Spanish empire — *se obedece, pero no se cumple*(we obey, but we do not comply) — has constant echoes far beyond that time or place.[xxvi]

Although neither internal change within legal traditions nor their internal recognition of a hierarchy of norms seems to provide a good foundation for a reformed culture among legal subjects that would complement coincident contextual pressures to explain effective legal change, two other contemporary movements within the law — constitutionalism and functionalism — may be more useful. Constitutionalism, understood as the active interpretation by courts, whether of general or specialized jurisdiction, of an explicit legal text whose norms are recognized as supreme within a legal hierarchy and which thereby trump both legislation and regulation inconsistent with them, has only recently entered the mainstream of legal thought. Still, its diffusion across legal systems is prolific. From its idiosyncratic roots in the United States, it gained a serious hold in European law, in part through the American occupation of Germany and its attempt to impose institutional limits on unrestrained state power seen to have unleashed the

---

xxvi) David G. Victor, Kal Raustiala, and Eugene B. Skolnikoff, eds., *The Implementation and Effectiveness of International Environmental Commitments: Theory and Practice*(Cambridge: MIT Press, 1998).

Second World War. Whatever its initial motivations, the idea and practice of constitutionalism quickly took on its own forms and momentum within civil law systems that had no indigenous legal categories of this character. From that alien base, it has spread across national jurisdictions more generally in its amended European version than in the American original.

In this process of adaptation and diffusion, the political instincts that once defined the constitutionalist variant of democratic theory as no more than a series of negative mandates on the scope and instruments of state action have been transformed to demand, in some cases, the positive assertion of governmental duties.[xxvii] Moreover, constitutional adjudication has been generally severed from courts of general jurisdiction and assigned to new specialized bodies with legal capabilities to review legislative and executive action in advance of, or subsequent to, its exercise. As constitutionalism, however varied in its particular institutionalization, has spread from European national courts to the European Court of Justice and European Court of Human Rights, to the wide range of developing countries caught up in the democracy movement of the 1990s, and finally to the Commonwealth states with a common law tradition that most resisted it(save India that has had its own peculiar brand of aggressive judicial constitutionalism almost since independence), it has homogenized the propriety across legal traditions of an increased activist enmeshment of courts in the design and execution of legitimate governance.[xxviii]

The rate and form of the general acceptance of constitutionalism into the internal logic of legal cultures is not easily explained through either political coercion(e.g. U.S. military occupations) or the wave of democratic social movements that grew up after the authoritarian excesses of the 1970s and 1980s in developing and socialist nations. These forms constitutionalism has assumed are too much artifacts of preexisting political and legal traditions in the converting jurisdictions to be seen as foreign impositions. Nor do democratic political campaigns lay their stress on the constitutional, as much as the populist, strains of reform.

---

xxvii) for discussion of the adaptation of constitutional theory to a European context, see Donald P. Kommers, "German Constitutionalism: A Prolegomenon," 40 *Emory L. J.* 837(1991).
xxviii) Goldsmith, 49 *Am. J. Comp. Law*(2001).

Instead, some of the impulse toward constitutionalism within this external context and nearly all of its evolving substantive content came from the subjective incorporation by legal elites of the categories of constitutional law as an internal legal discourse. In other words, constitutionalism has spread and developed as a movement within and across legal networks that look principally to the concepts and practices of other legal(constitutional) actors for their justification and references. In these circumstances, constitutionalism has been transnational and promotional of increasing legal uniformity for two reasons. First, because legitimating references are thin within the legal categories of traditionally non-constitutionalist legal systems, there is a tendency to look for guidance and confirmation outside to the actions of other constitutional professionals rather than within the established national legal tradition. Second, constitutionalism represents an appropriation of relatively more independent judicial authority against other branches and agencies of national governments. Given the existing positivist political traditions of state-centered governance that had limited judicial activism in the name of the direct sovereignty of national peoples, constitutionalists are more prone to seize upon universalist terms and principles to rationalize their greater assertion of institutional powers.

The internal evolution of constitutional law as a transnational practice has commanded an expanding legal domain, locating itself sequentially in national, regional, and multilateral(e.g, the International Criminal Court) tribunals. However, its major dynamic is in the reach and ambition of its claims to substantive jurisdiction. The minimal content of constitutional law is contained by the idea of the *Rechtstaat* wherein judicial review is constrained to the examination of the formal conformity of legislative or executive pronouncements with mandates of whatever process is traditionally due. Notions of public notice of the law, not exceeding delegated authority, giving reasons, or general applicability of rules define the scope of traditional judicial intrusions on governance. More recently, especially following the more substantive concepts of review widely propagated under the flag of proportionality by the European Court of Justice, constitutional courts have consistently reduced their deference to administrative bureaus. Even further, constitutional courts have become the institutional locus and advocates of generalized human rights to classical liberal freedoms and formal equality of treatment. The material(i.e. non-procedural) claims of the rule of law to personal liberties and associational voice have been transposed from natural law to national constitutional law discourses with largely common, if not universal, content with far greater success than they have been instantiated through international or multilateral adjudication.

Finally, there are still experimental substantive constitutional claims that threaten to thicken still further what constitutional protections are generally alleged. Some of these are grounded in newer dimensions of the original constitutional function of preserving property rights, now scaled up to include particular ownership interests like those of holders of patents or public securities. Others grow up from the comprehensive portfolio of expansive social, economic, and environmental rights that characterized the constitutional texts and norms of European and developing nations far more than they did the original American constitutional landscape. Whatever the outcomes of these newer legal arguments, for the purposes of this paper, the points to be noted are the exploding reach of constitutionalism, its now deep embedding inside the legal cultures of most of the world's legal systems, and the internal legitimacy of constitutional references to legal discourse and networks that lie beyond national borders. Constitutionalism has come to constitute a subjective acceptance by legal actors of homogenizing practice that allows and encourages universal standards.

A second opening within established legal cultures that has reduced legal diversity between them is the growing tolerance in legal thought for more overtly functionalist conceptions of law in economy and society. As with constitutionalism, the dynamics of this change internal to legal cultures are too complex to allow simple, comfortable assertions of cause that run from shifts in law's external context to modifications in the self-representation of legal actors. As with constitutionalism, minority currents of dissent and critique of diversity could be found within separate legal cultures prior to a notable increase in legal uniformity. And again, the unpredictable specific ways in which legal change is adapted, organized and resisted suggest a more modest argument for a loose coincident association between reform within legal culture and developments in wider social fields.[xxix] However we theorize the causal relations between the prevailing subjectivity of legal actors and their external situation, it is clear that functionalism as a mode of self-understanding within legal theory challenges well-established, though quite different, concepts of legal autonomy in the both the common and civil law traditions.

For common law actors, institutionally tuned to a British empiricism that cut across fields from psychology to gardening, the autonomy of the law was less an articulated position than a form of life.[xxx] Although it might be rationalized by modern Burkeans as an evolutionary standard for truth finding through marginal deviations from established practice, for its legal practitioners from judges through advocates the virtue of common law method was its self-discipline in referring to no arguments beyond internal legal precedents for justifiable decision. This innate conservatism was reinforced even in times of radical legal activism, like those that surrounded Lord Coke's judicial attacks on incipient early modern British absolutism, in that the defense of legal change was framed as a return to legal origins whose legitimacy lay in "time out of mind."[xxxi] If functionalism in legal thought begins with the proposition that well-formed law ought refer to some explicit social or economic criterion to rationalize its propriety, it still lies uneasy in the purer common law domains whence it emerged.

The disturbance of legal functionalism to actors in civil law cultures is still greater. Civil law theorists have consistently viewed the superiority of their tradition in its unwavering commitment to the autonomy of law and legal decision from its surrounding environment. The self-representation of the core of the civil law as a systematic and consistent hierarchy of legal concepts that can be professionally applied without reference to texts, arguments or influences external

---

xxix) Teubner, following the systems theory of Niklas Luhmann, has used the term "structural coupling" to denote this loose association. Gunther Teubner, *Recht als Autopoietisches System* (Frankfurt: Surkamp, 1989).

xxx) On the breadth and depth of the British commitment to empiricism, see Stephen Toulmin, *Return to Reason*(Harvard Press, Cambridge, 2001), pp. 37-40.

xxxi) See J. G. A. Pollack, *The Ancient Constitution and the English Law* (··············).

to the appropriate codes is far more explicit and celebrated than is the corresponding canon of autonomy in the common law. The philosophical, perhaps normative, sources of the civilian lawyer's creed that better law is law insulated from context are not as evident today as is the faith itself. Analysts of Continental intellectual history could assimilate the civil law quest for a true and autonomous legal science to the more comprehensive effort to describe what Toulmin has formulized as "a rational method, an exact language and a unified science."[xxxii] In other words, continental theorists, including their legal peers, sought to ground their knowledge of the world in natural kinds of being, unmediated by either psychologically complex processes of perception or languages that demanded conventional agreements on the meaning of concepts. The role of legal theorists was to clarify and organize legal concepts so that they corresponded only to such natural classifications, free of the distorting impacts of political or economic ideologies.

In fact, as has often been pointed out by critics within the civil law tradition, the natural kinds imagined by the classical legal theory of civilian autonomy began with individual subjects whose centrality and construction are artifacts of unspoken social conventions that corrupted the purity of the law in the moment of its formation. These legal critics could have fortified their assaults with citations to the wave of deconstruction of the rationalist canon from Wittgenstein's views on exact language through Kuhn's on unified science, but it is not clear that their suggested turn to some form of legal functionalism as the corrective for misplaced belief in objective legal categories would have succeeded in upsetting the civil lawyer's basic faith in legal autonomy. Rather, by the mid-20th century this belief had become central both to the defense of a (limited) judicial sphere of action theoretically insulated(or institutionally protected) against administrative intrusion and to the implicit political norms of liberal subjectivity frozen in the core civilian legal categories. Any pretended exposure of weak philosophical foundations had every reason to go unattended.

How then, especially in the plurality of legal systems attached to the civil law tradition, does legal functionalism emerged as an effective movement accept-

---

xxxii) see Toulmin, *supra note* xxx), at 67-77.

ed widely among legal actors in multiple legal systems that invites standardization and reduces legal diversity between established traditions? In the United States in the first decades of the last century, criticism of traditional common law culture that relied on claims that the law was more the actual product of social forces, political positions, or the psychological disposition of judges and other lawmakers were particularly strong. Disconnected from the British assurance that the common law reflected a continuous community history, faced with contextual change that proceeded at unprecedented rates, and dealing with a judiciary with no reason to fear eclipse of its power by an exuberant political administration, sociological and realist schools gained a foothold inside the American legal system far more stable than did their *Freirecht* or other comparable intellectual brethren in civilian Europe or the United Kingdom. However, legal realism was never able to formulate a coherent counter-narrative to reconstitute a new normative basis for a post-autonomous law and remained suspended in fragmented critiques whose accuracy offered legal actors little consolation for their prospective surrender of theoretical independence. Further discredited by the claim that the absence of a *nomos* of legality had contributed in Europe to the rise of dictatorship, external attacks in the United States on law's internal logic were displaced after the Second World War by legal theories that sought to reestablish the principles of legal culture on different objectivist foundations.

Following a flirtation with a re-conception of the theory of law based on neutral principles and legal processes that were too open ended to provide a compellingly determinate account of justifiable legal practice, the American legal community gradually honed in on an overtly functionalist position through the application of normative economics to the problem of legal choice. As elaborated by legal theorists and as interpreted by judges and other law-makers, law and economics entered and transformed legal discourse and culture because it, at one moment, offered an expert technique for legal decision and explicitly mirrored a normative commitment to a market-centered social order. In their desire to re-equilibrate a well-functioning but poorly theorized American legal culture, legal actors at all levels gradually revised their internal self-representation to privilege an objective technology of law with a comfortable, even if externally grounded, normative fit.

Law and economics as a functionalist legal theory has spread from the United States across diverse legal systems through legal, not political, networks that were essentially marginal to the core actors in the established legal cultures. Its diffusion rarely posed a direct threat to legal elites grounded in claims to legal autonomy as much as it colonized new arenas of law that had little recognized legal orthodoxy. In numerous states where re-regulation around the market gave rise to experimentation with new independent administrative bodies that sought to re-structure previously monopolized sectors like telecommunications or energy, the techniques of law and economics implanted themselves as operational methods. As competition law was reformulated in national and growing transnational economies as something other than industrial policy, law and economics provided the formerly absent theory. As public capital markets replaced banks as the principal sources of corporate capital, the statutory base of securities law was transplanted widely from known American models and American concepts of corporate governance became relevant in legal systems where corporate behavior was earlier monitored largely by industrial ministries and associations. Especially in as much as these new fields of law practice were most often also the arenas in which larger, non-traditional law firms emerged that were able to compete with American firms and support specialists competent to manipulate the innovative legal technologies, the reorganization of the bar reinforced the internal legitimacy of the imported legal culture. These firms, in turn, increasingly sent their junior associates to the United States for graduate legal education that further integrated formerly diverse legal systems around an internal cross-national community of law actors, unified through its normative underpinning to an external referent (normative economics).

In effect, a schism within legal traditions has grown up that is wide enough to allow the non-traditional legal culture to accumulate an empowered and numerous coterie of national legal actors who welcome and seek standardization of law as a functionalist technique from the inside of once insulated legal communities. Through their participation in transnational professional networks specific to these integrated legal fields, they press for a legal engineering of standardized norms as best practice that replicates the concurrent practice of technical(ISO) standardization now rampant in industrial products and processes. But, it is important to remember that legal cultures have only partially opened to functionalist standardization. The segments of the bar, legal academia and the higher judiciary familiar and complicit with these developments are frequently both influential and shallow within the larger legal community. In the case of constitutionalism as a progenitor of legal uniformity, although there is little explicit discord about the institutional legitimacy of constitutional courts, there remains great question about the penetration of their rulings into the lower reaches of the legal order. In the case of functionalism, there is still an absence of consensus about its propriety that ought to stimulate suspicion about the level of formalism that may attach to the enforcement throughout the legal culture of practices increasingly standardized. A positive theory of legal change that requires both a shift in external context and a revision of internal legal culture to produce effective reforms across legal systems with diverse legal traditions would suggest that we remain agnostic about what the tide of standardization will yield.

* * * * * * * * *

Standardization faces two challenges. The first, discussed above, is whether standardized legal rules and procedures will remain formal and unimplemented. The second is whether the standards will, if implemented, produce the normative outcomes that motivate their adoption. With respect to constitutionalism, the normative justifications for such issues as the standardization of procedural fairness and the definitions of human rights are mainly internal to legal discourse. Debates about impartiality of decisions, the objectivity of evidence, and equality of treatment may be general problems of method that apply to areas across the natural and the human sciences, but they are probably better and in more concrete detail developed within the legal realm than outside it. If the propriety of standards circulating through constitutionalism is law defined, the normative content of functionalist standards is externally derived. For our immediate purposes, let me assume that functional legal debate is largely confined to law and economics and that the normative relation that underlies the case for adhering to standardized laws and practices is that of well-structured laws and institutions to economic growth. While I obviously have neither will nor ability to evaluate seriously this relation here, what may be useful is to sketch out the path that has led to the current focus on the hypothesis that proper law and institutions are strongly correlated with economic growth and unsystematically raise a series of questions that might give us concern about what we really know about the standardized legal programs we tend to advocate.

The recent history of economic growth theory has only lately turned to law and institutions as they are now commonly understood. Basically, over the last fifty years, specific policies and programs dominated the debate over how nations might grow, with law and institutions playing an instrumental role in effecting these measures. In other words, if a particular tax policy were important for capital accumulation that was seen as the driver of economic take-offs, then the tax law should be brought into conformity with that policy objective. There was no real discussion of the quality of law or legal institutions generally as a functional requisite for economic performance during the several decades in which growth theorists sequentially shifted their attention from the need in developing countries for added supplies of financial capital and foreign exchange, for physical infrastructure provision, for human capital formation, and for improved technological innovation and total factor productivity. The role of the developmental state was always to increase the amount of the neglected factors; the law was an implement to do so.

Faced with the failure of most nations outside of East Asia to sustain the growth programmed through these policies, by the 1970s and 1980s theorists turned to macroeconomic concerns including budgetary macro-stability, exchange rate accuracy, and trade openness as the necessary conditions for expansion. Again, there was minimal attention paid to legal rules or institutions for economic purposes, although these same years and the excesses of declining authoritarian regimes did stimulate an initial turn to constitutionalism as one dimension of broad based democracy movements. It was not until the still stalled pace of economic development across much of the globe pushed analysts in the 1990s to look for additional missing elements in the growth agenda that micro-institutions and the quality of law commanded center stage. The limelight stimulated the rapid emergence of a new legal orthodoxy, to which I turn below, that pre-scribed what institutional reforms ought to become standard and, in even more contemporary work, an increasing examination of what are the historical condi-tions that are more or less favorable to their occurrence.[xxxiii] I do not contest the importance of the evolution in growth theory from remedial policies to accu-mulate difference types of capital to macro-policies to micro-institutions. Instead, I have some questions about the propriety of our standardized knowledge about the tie between growth and legal institutions.

First, what do we mean by growth, if that is the index by which we calcu-late the utility of micro-institutions? Is the apt measure per capita income in-crease, poverty reduction, or even a complex value that looks at a combination of absolute income growth and openness to immigrants who share in the incre-mental wealth(as they lower per capita income)? Do we understand enough about the sources of growth to design institutions that facilitate it? Smith and Ricardo emphasized the scale of division of labor, with access to trade and geographic ease thereto as consequential. Later associations have challenged these links, sub-stituting those between growth and physical factors like disease, availability of water, or natural resources. For each positive relation one can imagine appropri-ate institutions such as tariff and customs administration, public health laws, the rules to structure efficient water markets or to re-invest natural resource rents. Or, should we think of diverse aspects of growth as separate problems to which different sets of institutions should be fitted?[xxxiv] The initial phases of growth in Vietnam may now involve principally the removal of established inefficient

---

xxxiii) Candidates historical conditions argued to be favorable to good legal quality have varied from common law traditions, to having been a British settler colony, to the ethnic make up of the national state. For good discussion of these hypothesis, see Damon Acemoglu, Simon John-son and James Robinson, "The Colonial Origins of Comparative Development: An Empirical In-vestigation," 91 *American Economic Rev.* 1369-1401(2001).

xxxiv) See Lant Pritchett, "A Toy Collection, a Socialist State, and a Democratic Dud? Growth restrictions that release resources to new uses. Capital long tied up in the repressive Chinese state banking systems can be released to more productive employ without the need for efficient financial markets. In Japan, Taiwan and Korea early growth was robust with closed national markets to trade. In Mauritius, the economy took off because it found niches to exploit within the generally deplored institutional fabric of the Multi-Fiber(trade) Agreement and the European Union's discriminatory rules of sugar trade. Beyond the initial stages of growth, what are the institutions best programmed for dealing with macro-economic shocks to which developing nations are particularly sensitive? How does one manage through law the social redistribution of the burdens of shocks such that political stability is maintained? Or, is the new legal orthodoxy only really appropriate for the steady state growth that has characterized the core European and American states for the last one hundred years? Is law and economics about the refinements of total factor productivity alone rather than the sharper bursts of growth from one steady state to a higher level? If so, perhaps the canon of micro-institutions is an attribute of a sequential theory of growth that calls upon orthodoxy only when more extreme growth phases have run into some natural limit. I have no doubt there are better and worse laws and institutions to deal with growth spurts, macro-shocks and steady state growth, but is it true that they are always the same?

Second, let's bypass the intricacies of how we define and understand economic growth or its several stages and ask what have we come to mean by good institutions therefore? Micro-institutional orthodoxy, benefiting from the pioneering work of North and Olsen and the more industrial scale labors of law and economics as a field, recommends a standard program of stabilization(both regime and macro-stability), liberalization, privatization and democratization(especially for its constitutional and political restrictions on the tendencies of governments and majorities to expropriate).[xxxv] In a recent formulation, prelude to a more cautious revi-

Theory, Vietnam and the Philippines," in Dani Rodrik(ed.), *In Search of Prosperity: Analytic Narratives on Economic Growth*(Princeton Press, Princeton and Oxford, 2003), pp. 125-134.

xxxv) Douglass C. North and Robert Paul Thomas, *The Rise of the Western World*(Cambridge: Cambridge University Press, 1973), pp. 91-156; Douglass C. North, *Institutions, Institutional Change and Economic Performance*(Cambridge: Cambridge University Press, 1990), pp. 107-140.

sionist view on exactly which institutions are right for development, Rodrik writes:

> "Institutions that provide dependable property rights, manage conflict, maintain law and order, and align economic incentives with social costs and benefits are the foundation of long-term growth⋯ [C]ases of success ⋯ owe their performance to the presence(or creation) of institutions that have generated market-oriented incentives, protected the property rights of current and future investors and enabled social and political instability(sic)." xxxvi)

Each element of the standard formula can broken down more finely. Democratization may imply transparency, widespread participation in politics or multi-party electoral rules. Liberalization and privatization refer to the institutions and legal structures of market-dominated political economies, with differing emphases on getting prices straight, minimizing distorting taxes, strengthening the role and competence of courts to frame private action and control arbitrary government, de-politicizing labor markets, building up effective corporate governance and intellectual property or policing market competition. However, rather than multiply the attributes of well-constructed law and institutions, I'll just concentrate here on the core learning of legal orthodoxy—the protection of property rights.

Good institutions must protect property to foster the multi-period, especially collective, investment that all economists agree is the lynchpin of economic growth. The problem is how to specify these rights. It is easy to decry predation, in the sense of Olson's classic stationary bandit as the representation of the state, which steals from its subjects the returns from their productive projects. But such predation is not the stuff of a realistic history in as much as governments across the ages have seen such activity as a bad organizational strategy that brings them little stable return. In fact, governments have usually been the entities that ended the short periods of anarchic predation by gangs or other small-ambition tyrants who played games with short-term horizons. The preliberal

---

Mancur Olson Jr., *Power and Prosperity*(New York: Basic Books, 2000).
xxxvi) Rodrik, *supra* note xxxiv), 11.

state —— mercafntile, authoritarian or colonial ——, though fully lacking the legal and institutional attributes prescribed by modern orthodoxy, has normally limited through organizational self-interest its revenues to the rents from the monopolization, through state enterprise or state franchise, of specific high-value sectors like arms, mines, canals, ceramics, salt or foreign trade.

If predation is not the normal form of derogation of property rights, do we then mean expropriations like those in the natural resources industry in the 1970s? But these were carried out in the particular context of the assertion of long-standing private appropriation of resource rents, managed with variable compensation, and have fallen away in frequency. If these extreme cases of absence use of property rights lack relevance, we might shift our inquiry to the instability of investment returns through lesser, more usual intrusions like those produced, often differentially for local and foreign investors, by regulation, taxation, inflation, devaluation or corruption. Here, however, micro-institutional orthodoxy has yet little to say about the propriety or effects on growth of these derogations of pure property entitlements. Rather, the field is turned over to the fine tuning of conventional law and economics whose inquiries into comparative static efficiency may be good practice for the steady state growth of advanced economies, but lack any empirical grounding concerning the relations of such laws to what we conventionally think of as economic development.

There are two lines of inquiry that might follow from this observation. On one hand, there remains considerable room for investigation whether it is true that liberal or market-centered legal institutions can maximize total factor productivity in ways that the administrated wealthy political economies of France, Germany and Japan could not, at least on a sustained basis. On the other hand, there is ongoing uncertainty about the value of orthodox micro-institutions for fast growth from one steady state to another. Even if we use only the recent set of studies of growth and institutions collected by Rodrik, it is evident that there are, as one would expect, cases of high growth and good(orthodox) institutions(Poland, Botswana) and of low growth and bad institutions(Bolivia, Romania). The problem is that there are equally cases of low growth and good institutions

(Venezuela) and high growth and unorthodox institutions(China, Mauritius, Japan). The array instigates added concern of what we might mean by good institutions.

Third, as suggested by the empirical cases just cited, what do we know about the substitutability of alternative institutions, legal and non-legal, for the standard functionalist proscriptions for law and institutions? If we understand that the law, as conventionally defined, is a public good monopolized by government enterprises, it is apparent that the cost and efficiency of its production is likely to be problematic. Substitutes will be more or less imperfect depending on the quality and relative costs of their services in comparison with actual state provision, since it would be and unrealistic to compare the costs of possible substitutes for law with law as ideally delivered. It is an empirical question how actors will best compose a portfolio of legal and other means of reducing transactional risk or whatever other functional value legal services deliver. There is a rich and growing literature on social and civic capital, reputation, or the non-state provision of legal services like arbitration that provides an entry into this field.[xxxvii] Related work divides on whether predictable corruption is a close or remote substitute for enforceable contracts where courts function poorly. But, these inquiries are the tip of the iceberg. The costs of weak law may be altered profiles of investment or other behavioral substitutes. How much is development impeded by more labor-intensive industrial structures or the use of penultimate technologies to minimize the legal risks to physical or intellectual property? What is the price in growth of the underground economy that substitutes for over-regulated legal systems? Or what is the degree of substitutability within legal systems themselves? Can active markets for corporate control with thick private networks of private market monitors substitute effectively for elected directors, activist securities regulators, or judicial remedies for breaches of fiduciary duties? Can greater specification of terms in thicker contracts make up for the uncertainties introduced by jury trials or more passive judges in the United States than in Germany?[xxxviii] Does it matter in India if cases never come to a

---

[xxxvii] Avner Grief, Partha Dasgupta, For analysis of dimensions of substitutability from an economic theorist's position, see Avrish Dixit(forthcoming Princeton Press, Princeton and Oxford, 2004).

[xxxviii] John Langbein, "The German Advantage."

close as long as adequate motions practice defines who has effective controls of resources?

In all of the Rodrik volume studies of high growth and low quality institutions, some creative account explains how unorthodox institutions have been effectively substituted for legal orthodoxy. For example, China is said to have employed township and village owned enterprises(TVEs) as functional substitutes for private property rights, relied on a cash heavy economy to reduce the possibility of government expropriation of more transparent transactions, and used financial decentralization of government authority to stimulate a productive internal regulatory competition.[xxxix] But the same volume finds that a cash(underground) economy is prime evidence of institutional failure in Bolivia and my own experience in rural China has made clear that local government protectionism and private appropriation of nominally state property with substantial demoralization effects are rife.[xl] While I subscribe to the emerging revisionist view that the substitutability of non-orthodox institutions for the standard prescriptions is probably high, I also believe that to empty the conventional micro-institutional program of any generalizable content is not a happy result.

Fourth, we might ask how the marginal benefits of legal rules and practices standardized around the orthodox economic growth program will vary with the extent to which they are effectively implemented. The usual institution building accounts seem to assume that legal standards will penetrate throughout the legal system and be consistently enforced. But the positive analysis of legal change in this paper led towards a suspicion of formalism and descriptions of the legal systems operating in most developing countries regularly note that the acceptance and reach of the law declines rapidly with the distance of institutions and actors from the national capital and from higher to lower courts.[xli] Although Kaufman and others have properly insisted that it is not the number of well-devised laws and regulations enacted but the scope and quality of their implementation that is statistically related to output, statistical correlations of formal laws on the books

---

xxxix) Yingyi Qian, "How Reform Worked in China," in Rodrik, *supra* note xxxiv), pp. 297-333.
xl) D. Kaufmann, M. Mastruzzi, and D. Zavaleta, "Sustained Macroeconomic Reforms, Tepid Growth: A Governance Puzzle in Bolivia," in Rodrik *supra* note xxxiv), p. 334, pp. 361-375.
xli) see, for example, the ethnographic study of the organizational incentives and behavior of

and economic indicators continue to cloud the intellectual horizon.[xlii]

Fifth, do we know the causal direction between law, institutions and economic growth? Lipset argued that democracy did not precede economic development, but was its consequence.[xliii] Subsequent work has never demonstrably overturned this finding.[xliv] In the case of law and growth, we not only have the unorthodox institutional patterns that have characterized the high growth periods of China and the East Asian rim countries, but could ask hard questions about the state of the courts, corruption and legal rules during the most rapid period of expansion of the U.S. economy in the later 19th century.[xlv] If orthodox legal institutions are basically about refinements in total factor productivity, they could well be the artifact of growth from low to high steady states of economic performance rather than its precondition.

Finally, how much do we know about effective strategies for improving the performance of the legal institutions charged with implementing the legal standards on which we normatively settle? The recent history of the substantial funds devoted by official development assistance agencies to rule of law reform is almost wholly unpromising.[xlvi] Yet, without a decent organizational program able to improve the output of resources invested in the quality of public legal services relative to resources dedicated to(or saved by) managing risks through legal substitutes, we cannot estimate the real cost effectiveness of orthodox prescriptions of law reform.

* * * * * * * * * *

Given the normative uncertainty of the functional program of law and growth theory, we in the end must fall back to more modest, positive conclusions about the case for legal standardization. There is a notable, if yet proble-

---

lower Indian courts, Robert Moog, ...

xlii) Kaufmann, et. al., supra note xxxix), pp. 337-361.

xliii) Seymour Martin. Lipset, *Political Man*(Garden City: Doubleday, 1960).

xliv) Adam Przeworski & Fernando Limongi, "Political Regimes and Economic Growth," 7 *Journal of Economic Perspectives*(1993), pp. 51-69.

xlv) World Bank, *The East Asian Miracle: Economic Growth and Public Policy*(Oxford: Oxford University Press, 1993), pp. 1-26; Qian, *supra* note xxxviii).

xlvi) see Jensen & Heller, *supra* note vii), at ....

matic and still partial, turn within national legal cultures that cuts through the classical legal traditions to reorder legal rules around common constitutional and economic precepts. This shift in the internal self-construction of law coincides with a widespread disenchantment with state-centered political economies seen as too much locked into established routines in a period when innovation is prized. In the resultant push to move polities toward a re-regulation around the market, greater regulatory competition and accession to transnational regimes have increased legal uniformity across diverse legal systems. Standardization is more often the form the legal homogenization assumes as professional networks of private and non-governmental actors claim increased jurisdiction in the new organizational space that re-regulation exposes. From this point forward, to bring our normative instincts into line with more effective and efficient practice, legal scholars and theorists still have much work to do.

색 인

편저자약력

정인섭(제 1 장)
숭실대학교 법학과 조교수(2003. 3-현재)
수원대학교 법학과 조교수(2000. 4-2003. 2)
수원대학교 법학과 전임강사(1998. 3-2000. 3)
사단법인 국제노동법연구원 연구원·연구위원(1992. 1-1998. 2)
서울대학교 대학원 법학과 석·박사(1986. 3-1997. 8)

송옥렬(제 2 장)
서울대학교 법과대학 조교수(2003. 4-현재)
Kim & Chang 변호사(2002. 9-2003. 2)
하버드법과대학 법학박사(S.J.D.)(1999. 9-2002. 6)
하버드법과대학 법학석사(LL.M.)(1998. 9-1999. 6)
서울대학교 법과대학 법학석사(1994. 3-1998. 2)
육군법무관(1994. 3-1998. 2)
사법연수원 제23기(1992. 3-1994. 2)

김준기(제 3 장)
연세대학교 국제학대학원 조교수·부교수(1998-현재)
홍익대학교 경영대학 조교수(1995-1998)
미국 Foley & Lardner 변호사(1992-1995)
조지타운법과대학 법학박사(J.D.)(1989-1992)
연세대학교 국제학대학원 석사(1988-1991)

신동운(제 4 장)
서울대학교 법과대학 교수(1996. 4-현재)
서울대학교 법과대학 부교수(1991. 4-1996. 3)
서울대학교 법과대학 조교수(1987. 4-1991. 3)
서울대학교 법과대학 전임강사(1984. 11)
독일 프라이부르크대학교 법학박사(1980. 10-1984. 8)
서울대학교 대학원 법학과 박사과정수학(1979. 3-1980. 10)
서울대학교 대학원 법학과 졸업(법학석사)(1975. 3-1979. 2)
서울대학교 법과대학 법학과 졸업(1975. 2)

조홍식(제 5 장)
서울대학교 법과대학 법학부 조교수·부교수(1999. 10-현재)
서울대학교 법과대학 법학부 전임강사(1997. 9-1999. 9)
환경법연구소소속 변호사(1996. 9-1997. 8)
U.C. Berkeley 법과대학 객원연구원(Visiting Scholar)(1996. 1-1996. 8)
U.C. Berkeley 법과대학 법학박사(J.S.D.)(1993. 8-1995. 12)
미국 뉴욕주변호사(1993)
U.C. Berkeley 법과대학 법학석사(LL.M.)(1992. 8-1993. 5)
법무법인 한미 변호사(1991. 7-1992. 6)
부산지방법원 판사(1989. 3-1991. 5)
사법연수원 수료(1989. 2)

안덕근(제6장)
KDI 국제정책대학원 교수(2000-현재)
WTO 통상전략센터 소장(2003-현재)
세계무역기구(WTO) 상소기구 위원(1998)
법무법인 세종 변호사(1997)
미시간법과대학 법학박사(J.D.) · 뉴욕주변호사(1999. 5)
미시간대학 경제학박사(M.I.)(1996. 5)

박태규(제7장)
연세대학교 경제학과 조교수 · 부교수 · 교수(1980-현재)
연세대학교 동서문제연구원 원장(2004. 5-현재)
한국비영리학회 회장(2003-현재)
Voluntas 편집위원(국제비영리학회 학술지)(1996. 1-현재)
한국비영리학회 학술지 편집위원장(2000. 10-2003. 5)
한국공공경제학회 회장(1999. 11-2000. 11)
통계청 경제분과위원회 위원(1996. 1-1999. 12)
한국경제학회 국문학술지 「경제학연구」 편집위원(1993. 2-1995. 2)
미국 Indiana University(Bloomington, Indiana) 경제학박사(전공분야: 재정학)(1980)

박원순(제7장)
아름다운재단/가게 상임이사(현재)
시민사회단체 연대회의 상임운영위원장(2001. 2-현재)
부패방지입법시민연대 공동대표(2000)
참여연대 사무처장(1995-2002. 2)
대구지방검찰청 검사(1982-1983)
하버드법과대학 객원연구원(1993)
역사문제연구소 이사장(1986)

손원익(제7장)
한국조세연구원 연구위원(현재)
미국 University of California-Santa Cruz 객원교수
한국문화경제학회 감사 · 이사
비영리학회 편집위원
재정경제부/국세청 규제개혁위원
미국 University of Wisconsin-Madison 경제학 석 · 박사(Ph.D. in Economics)

하승수(제7장)
참여연대 협동사무처장(현재)
국가기록물관리위원회 위원(현재)
한국조세연구원 연구자문위원(현재)
국세청 과세자료관리위원회 위원(현재)
사법연수원 제27기 수료(1998)
제37회 사법시험 합격(1995)
서울대학교 경영학과 졸업(1993)
제27회 공인회계사시험 합격(1992)

Thomas Heller(제 8 장)

Stanford University, Professor of Law

Fellow, International Legal Center, Bogoto, Colombia, 1968-1970; Law and Modernization, Yale, 1970-1971.

Visiting Professor, Center for Law and Economics, U. of Miami, 1977-1978; Stanford, 1978-1979 Member of the Stanford faculty since 1979; director, Overseas Studies Program, 1985-1992; Deputy Director, Institute for International Studies, 1989-1992(affiliated professor since 1993); Shelton Professor, Law School, 1996-; Associate Dean, Law School, 1997-2001 Kellogg National Fellow, 1981-

Fellow, Humanities Research Institute, UC-Irvine, 1989

Jean Monnet Visiting Professor, European U. Institute, 1992-1993, 1996-1999

AB, Princeton, 1965

LLB, Yale, 1968

장승화(편저자)

서울대학교 법과대학 부교수 · 법의지배센터장(현재)

서울 민 · 형사지방법원 판사(1988-1991)

WTO분쟁해결 Panelist, Arbitrator(1998-현재)

스탠포드, 듀크 법과대학 방문교수(1999-2000, 2004)

동경대학 법학부 객원교수(2004)

법의지배센터 연구시리즈
국제기준과 법의 지배

2004年　7月　10日　　初版印刷
2004年　7月　20日　　初版發行

編著者　張勝和(서울대학교 법학연구소
　　　　　　법의지배센터)
發行人　安 鍾 萬
發行處　博 英 社

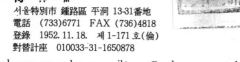

서울特別市 鍾路區 平洞 13-31番地
電話 (733)6771　FAX (736)4818
登錄 1952. 11. 18.　제 1-171 호(倫)
對替計座　010033-31-1650878

www.pakyoungsa.co.kr　e-mail: pys@pakyoungsa.co.kr

定 價　28,000원　　　　　ISBN 89-10-51218-0